Alfons Axmann, Roland Dosch, Reinhold Nowak,
Manfred Scherer, Bernd Utpatel

Betrifft Sozialkunde/ Wirtschaftslehre

Lehr- und Arbeitsbuch für gewerbliche Berufe

5. Auflage

Bestellnummer 0106S

Bildungsverlag EINS

www.bildungsverlag1.de

Bildungsverlag EINS
Sieglarer Straße 2, 53842 Troisdorf

ISBN 978-3-8242-**0106**-8

Lernbaustein 3: Beteiligung in Arbeitswelt und Gesellschaft

Lernbaustein Wirtschaft: Grundzüge des Wirtschaftens

Vorwort

Liebe Schülerinnen und Schüler,

täglich übermitteln uns die Medien die aktuellen Nachrichten aus Deutschland und der ganzen Welt. Hinter Schlagworten wie Arbeitslosigkeit, Hartz IV, Globalisierung, Klimakatastrophe, Terrorismus usw. verbergen sich wirtschaftliche und politische Entscheidungen, Prozesse und Probleme, die jeden von uns betreffen.

Nun können wir uns natürlich bequem zurücklehnen und sagen, die Politiker und Unternehmen werden schon richtig handeln. Aber wir leben in einem demokratischen Staat. Die Demokratie braucht aktive Bürgerinnen und Bürger, die sich mit aktuellen Themen auseinander setzen, sich in die Politik einmischen und den eigenen Standpunkt vertreten. Ein sinnvolles und verantwortungsbewusstes Verhalten setzt voraus, dass wir die wirtschaftlichen und politischen Zusammenhänge und Sachverhalte kennen und beurteilen können.

Das neue **„Betrifft Sozialkunde/Wirtschaftslehre"** will dazu einen Beitrag leisten. Autoren und Verlag haben ein Lehr- und Arbeitsbuch entwickelt, das sowohl aktives Lernen im Unterricht als auch die selbständige Erarbeitung und Prüfungsvorbereitung zu Hause ermöglicht.

Das Buch umfasst die **Lernbausteine 1–3 und den Lernbaustein Wirtschaft,** die von dem neuen Lehrplan Sozialkunde/Wirtschaftslehre für Rheinland-Pfalz vorgegeben sind. Jeder Lernbaustein ist in mehrere Lernbereiche oder Kapitel gegliedert. Jedes Kapitel beginnt mit einem interessanten Einstieg plus Erschließungsfragen zu der nachfolgenden Thematik. Informationstexte vermitteln die notwendigen Kenntnisse und werden durch grafische Darstellungen, Statistiken, Fotos, Karikaturen und Quellentexte ergänzt. Die zahlreichen Erarbeitungsfragen zu den Materialien und dem Informationstext bilden die Grundlage für einen lebendigen Unterricht.

Am Ende jedes Lernbereichs – bzw. bei sehr großen Lernbereichen am Ende jedes größeren thematischen Abschnitts – gibt es einen grafisch besonders hervorgehobenen Block:
- **Wiederholungsaufgaben** prüfen das erworbene Wissen noch einmal strukturiert.
- **Handlungsimpule** bieten Ideen und Vorschläge für Projekte und praxisorientierte Aufgabenstellungen.

Eine kleine Aufgabenlegende:

Einstiegs- und Erarbeitungsfragen zu bestimmten Materialien sind in violetter Farbe gekennzeichnet.

Erarbeitungsfragen zum gesamten Kapitel sind mit diesem Symbol gekennzeichnet.

Wir wünschen Ihnen bei der Arbeit mit „Betrifft Sozialkunde/Wirtschaftslehre" viel Spaß und Erfolg. Kritik und Anregungen nehmen wir gerne entgegen.

Die Verfasser und die Verlagsredaktion

Lernbaustein 1

Menschenrechte und Grundzüge des politischen Systems der Bundesrepublik Deutschland

1 Die Geschichte der Menschenrechte

ca. 300 v. Chr.

Bereits im antiken Griechenland taucht die Idee des selbstständigen (autonomen) Staatsbürgers auf, dessen Würde geachtet werden müsse. Doch dieses Recht gilt nur für Männer.

Nach dem Jahre 0

Die Verbreitung des Christentums stärkt die Menschenrechtsidee durch den Glauben an die Gleichheit aller Menschen vor Gott.

16./17. Jahrhundert

Aus diesem religiösen Gleichheitsideal leiten dann die Philosophen der Aufklärung ihre Überzeugung von der natürlichen Gleichheit und Freiheit aller Menschen ab (Naturrecht).

1628 Petition of Rights/1679 Habeas-Corpus-Akte/1776 Unabhängigkeitserklärung der Vereinigten Staaten von Amerika

Erste Erfolge auf dem Weg zu einem umfassenden Menschenrechtsverständnis zeigen sich in England. Die Petition of Rights schützt die Bürger vor willkürlicher Verhaftung, die Habeas-Corpus-Akte, ergänzt durch die Bill of Rights, erweitern den Freiheitsrahmen gegenüber dem König. Diese Entwicklung setzt sich in Nordamerika fort. Die Siedler der Neuenglandstaaten verweigern dem englischen König die Steuerzahlungen und erklären ihre Unabhängigkeit vom Mutterland. Dieses Ereignis kennzeichnet den Beginn der Vereinigten Staaten von Amerika (USA). Die „Virginia Bill of Rights" (Verfassung des Staates Virginia) verzeichnet erstmalig die Menschenrechte.

1789 Erklärung der Rechte der Menschen und Bürger in Frankreich

Die Vorgänge in Nordamerika wirken auf Europa zurück. Im Zusammenhang mit der Französischen Revolution beschließt die von Bürgern einberufene Nationalversammlung eine Menschenrechtserklärung mit umfassenden Freiheits- und Gleichheitsrechten (klassische Menschenrechte), die von da an in fast alle nachfolgenden demokratischen Verfassungen in anderen Ländern übernommen werden.

1948 Allgemeine Erklärung der Menschenrechte der Vereinten Nationen

Nach dem 2. Weltkrieg versuchen die Völker der Welt den Neuaufbau einer friedlichen und gerechten Welt. Die von den UN verfasste Erklärung ist aber kein bindendes Recht, sofern die Regelungen nicht in die Verfassung der einzelnen Länder eingearbeitet werden. Dennoch wird damit ein allgemeingültiger Maßstab geschaffen, an dem Unrechtshandlungen gemessen werden.

1. **Weshalb wird England als „Wiege der Demokratie" bezeichnet?**
2. **Wo liegen die geistigen Wurzeln der politischen Vorgänge in Nordamerika und in Frankreich?**

1.1 Die Menschenrechtserklärung der Vereinten Nationen (UN)

Am 10. Dezember 1948 beschließt die Generalversammlung der Vereinten Nationen die **Allgemeine Erklärung der Menschenrechte**. Damit wird erstmals von einer Versammlung, der fast alle Staaten der Welt angehören, ein umfassender Katalog von Individualrechten (persönliche Rechte) verkündet. Das ist ein wichtiger Schritt auf dem mühsamen Weg zur Durchsetzung der Menschenrechte.

Allgemeine Erklärung der Menschenrechte der Vereinten Nationen vom 10.12.1948

Artikel 1–3
Diese Werte sollen das menschliche Zusammenleben bestimmen: Freiheit, Gleichheit, Brüderlichkeit

Artikel 4–5
Dieses soll verhindert werden: Sklaverei, Folter und jede Form der Erniedrigung

Artikel 6–11
Dieses soll für alle Menschen garantiert werden: Gleichheit vor dem Gesetz, faire und öffentliche Gerichtsverhandlung

Artikel 12–13
Darauf haben alle Menschen Anspruch: Wahrung der Privatsphäre (z. B. das Briefgeheimnis), Wahl eines freien Wohnsitzes

Artikel 14–15
Alle Menschen haben Anspruch auf Schutz und eine feste Gemeinschaft: Asyl, Staatsangehörigkeit

Artikel 16–17
Alle Menschen dürfen ihr Leben frei gestalten: Wahl des Partners (Ehe und Familie), Eigentum

Artikel 18–21
Die Gedanken sind frei: Gedanken-, Gewissens- und Religionsfreiheit …

Artikel 22–24
Alle Menschen sollen sich im Beruf verwirklichen können: Arbeit, freie Berufswahl …

Artikel 25–27
Alle Menschen haben Grundbedürfnisse wie Gesundheit, Ernährung, Kleidung, Bildung …

Artikel 28
Jeder hat Anspruch auf eine soziale und internationale Ordnung, in der die in dieser Erklärung verkündeten Rechte und Freiheiten voll verwirklicht werden können.

Artikel 29
Alle Menschen sind verpflichtet, die Menschenrechte zu verwirklichen: Verbot von Handlungen gegen die Menschenrechte

1.2 Soziale Menschenrechte

Soziale Menschenrechte – gibt's die?

Wenn in den Medien von Menschenrechten und Menschenrechtsverletzungen die Rede ist, dann sind meist die politischen und die Bürgerrechte gemeint. Die sozialen Menschenrechte werden kleingeschrieben. Aber ist der erschreckende Tatbestand, dass alle drei Sekunden ein Kind an den Folgen von Armut und Hunger stirbt, ein geringeres Verbrechen gegen die Menschlichkeit als der Völkermord in Ruanda vor dreizehn Jahren? Zur Aburteilung der Verbrechen in Ruanda hat der UNO-Sicherheitsrat ein Sondertribunal eingesetzt. Wer verfolgt und verurteilt diejenigen, die dafür verantwortlich sind, dass mehr als eine Milliarde Menschen von einem Dollar pro Tag leben müssen, während der Reichtum in der Welt ständig wächst? (...)

Und ist das Recht auf Nahrung und Wasser weniger wichtig als das Recht auf freie Meinungsäußerung? Die bange, aber verständliche Frage „Soziale Menschenrechte – gibt's die?" beantworte ich so: Ja, es gibt solche Rechte. Aber ein einigermaßen verlässlicher Mechanismus für ihre Durchsetzung fehlt. Sie werden missachtet und gebrochen. Dennoch: Es gibt sie, und sie sind nicht bloß wohlfeile politische Postulate, sondern völkerrechtlich verbindliche Normen. Sie liefern einen Forderungskatalog für eine sozial gerechtere Welt (...)

Gregor Schirner, http:www.unikassel.de/fb5/frieden/themen/Menschenrechte/soziale.html, 10.06.2007 (gekürzt)

Die Menschenrechte sind umfassend. Neben den sogenannten klassischen Menschenrechten (S. 9) gibt es die sozialen Menschenrechte, die in dem **Internationalen Pakt über wirtschaftliche, soziale und kulturelle Rechte (Sozialpakt)** niedergelegt sind. Dazu gehören u. a. das Recht auf Arbeit, gerechte Arbeitsbedingungen, Bildung, soziale Sicherheit, angemessenen Lebensstandard, körperliche und geistige Gesundheit und das Recht auf Teilnahme am kulturellen Leben. Das Grundübel bei der Verwirklichung der sozialen Menschenrechte ist aber die große Armut vieler Menschen und die Kluft zwischen reichen und armen Ländern. Während z. B. ein Einwohner Luxemburgs ein durchschnittliches Jahreseinkommen von gut 65 000 US-Dollar hat, bleiben einem Einwohner Burundis nur knappe 90 Dollar zum Überleben.

Grundsätzlich besteht dieses Problem nicht nur für die Armen in der Dritten Welt, sondern auch für Arbeitslose und Notleidende in den reichen Industrieländern. Deshalb hat der Europarat schon vor der UN die „Europäische Sozialcharta" beschlossen, die für die Bundesrepublik seit 1965 gilt. Unter anderem wird in dieser Vereinbarung gefordert, dass jeder die Möglichkeit haben müsse, seinen Lebensunterhalt durch frei übernommene Tätigkeit im Rahmen von gerechten und gesundheitsunbedenklichen Arbeitsbedingungen zu verdienen.

1. **Was ist mit den sozialen Menschenrechten gemeint?**
2. **Was ist Ihrer Meinung nach der Hauptgrund dafür, dass die sozialen Menschenrechte nicht überall verwirklicht werden?**

1.3 Menschenrechte in der Bundesrepublik Deutschland

Die Durchsetzung der Menschenrechte in Deutschland ist gekennzeichnet durch nachhaltige politische Erschütterungen im 20. Jahrhundert. Der 1. Weltkrieg von 1914 bis 1918 und der 2. Weltkrieg von 1939 bis 1945 sind massive Einschnitte in die Lebensverhältnisse in Deutschland. Nach dem 1. Weltkrieg begibt sich Deutschland als Weimarer Republik auf einen demokratischen Weg. Das grundlegende Verfassungswerk, die Weimarer Verfassung, enthält in Form von Grund- und Freiheitsrechten wesentliche Menschenrechte. Die nationalsozialistische Diktatur ab 1933 macht diesen demokratisch-freiheitlichen Ansatz zunichte. Erst nach Ende des 2. Weltkrieges und dem damit verbundenen Untergang des Nationalsozialismus (NS) kann die demokratische Entwicklung in Deutschland wieder aufleben.

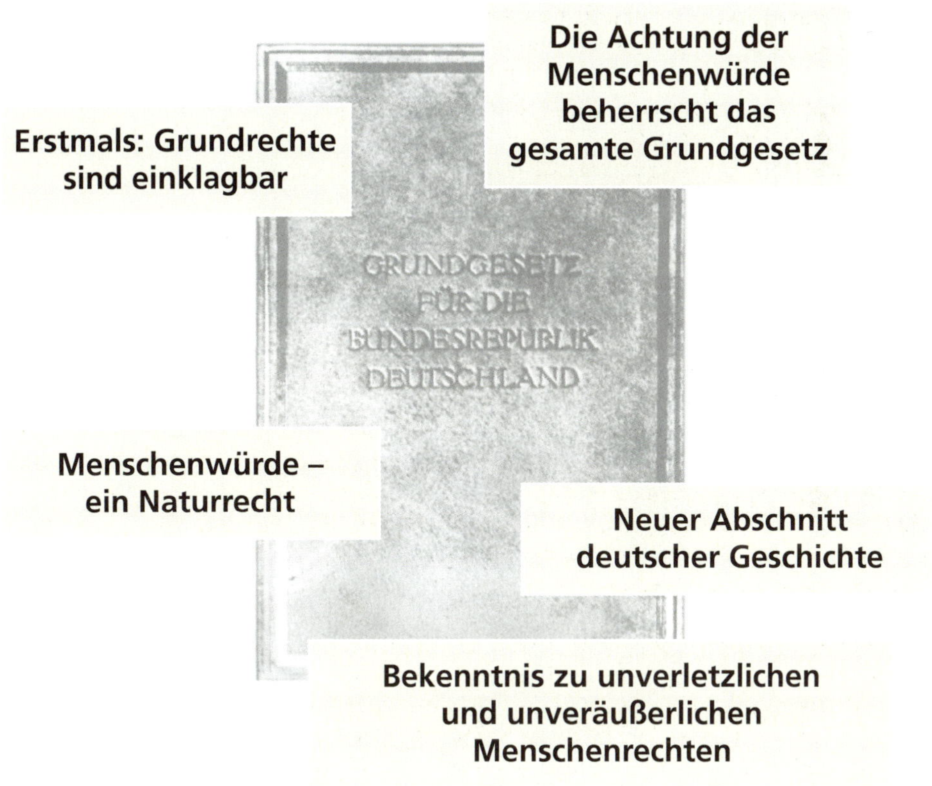

Das am 23. Mai 1949 in Kraft getretene **Grundgesetz (GG)** ist die Verfassung der Bundesrepublik Deutschland. Darin wird die Einhaltung der Menschenrechte für den Staat und seine Bürgerinnen und Bürger zum unausweichlichen Auftrag gemacht. Die im Grundgesetz niedergelegten Menschenrechte werden als Grundrechte bezeichnet. Richtungsweisend ist hierbei der Stellenwert der Menschenwürde.

Artikel 1 Grundgesetz

(1) Die Würde des Menschen ist unantastbar. Sie zu achten und zu schützen ist Verpflichtung aller staatlichen Gewalt.
(2) Das Deutsche Volk bekennt sich darum zu unverletzlichen und unveräußerlichen Menschenrechten als Grundlage jeder menschlichen Gemeinschaft, des Friedens und der Gerechtigkeit in der Welt ...

Bei der Ausarbeitung des Grundgesetzes durch den Parlamentarischen Rat sind die Grundrechtsregelungen aus früheren demokratischen Verfassungen (Paulskirchenverfassung 1848 und Weimarer Verfassung 1919) einbezogen worden, aber erstmalig stehen die Grundrechte gleich am Beginn des Verfassungstextes. Das weist auf die Bedeutung hin, die den Grundrechten zuerkannt wird.

Schutz der Menschenwürde

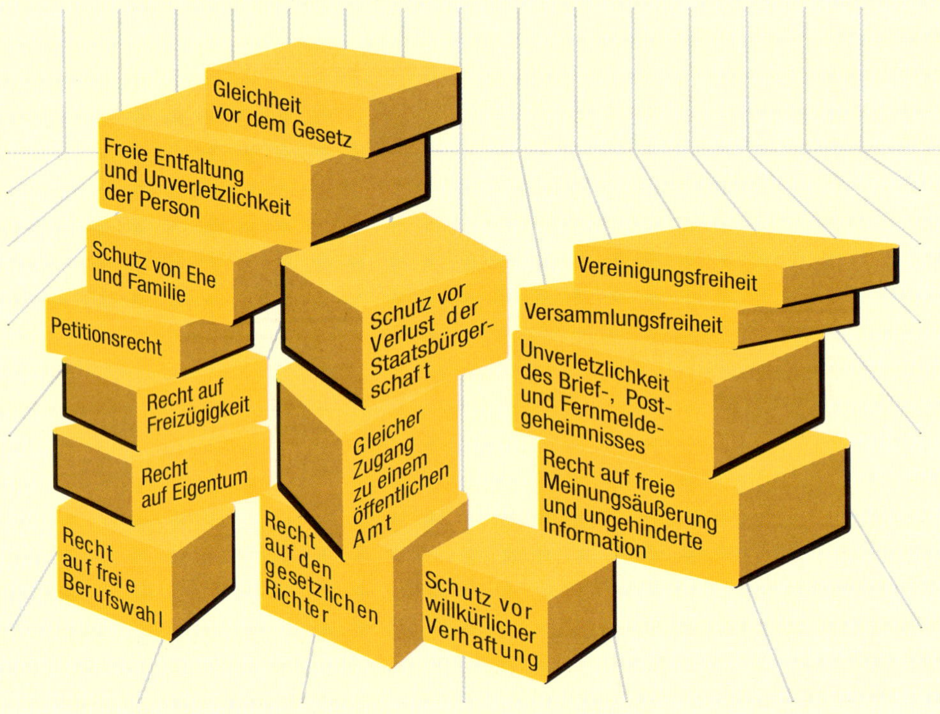

1. **Inwiefern ist das Grundgesetz ein „neuer Abschnitt deutscher Geschichte"?**
2. **Erklären Sie die Begriffe „unverletzlich" und „unveräußerlich" im Zusammenhang mit Artikel 1 Grundgesetz.**

Die Grundrechte sind das „Herz" des Grundgesetzes. Sie
- schützen den Einzelnen vor Übergriffen des Staates,
- verpflichten den Staat zum Schutz des Menschen und
- ordnen das gesellschaftliche Zusammenleben.

Die Grundrechte im Grundgesetz der Bundesrepublik Deutschland, ebenso wie künftig die Regelungen der **EU-Grundrechtscharta**, sind keine politischen Absichtserklärungen zugunsten der Bürgerinnen und Bürger, sondern unmittelbar geltendes Recht, auf das sich jede Person vor den Gerichten berufen kann. Bei Rechtsfällen mit allgemeiner Bedeutung fällt als höchste Instanz das **Bundesverfassungsgericht** eine Entscheidung.

Immer mehr Bürger beschweren sich in Karlsruhe

Noch nie haben so viele Bürgerinnen und Bürger das Bundesverfassungsgericht angerufen. Die 6115 Eingänge 2006 sind ein neuer Jahresrekord (...) Auffallend viele Strafgefangene wandten sich an Karlsruhe (...) Das Gericht hatte mehrfach überlange Untersuchungshaft gerügt und Untersuchungshäftlinge auf freien Fuß setzen lassen. Aber auch Beschwerden gegen Haftbedingungen hatten Erfolg (...) In den kommenden Monaten wird das Bundesverfassungsgericht mehrere mit großer Spannung erwartete Entscheidungen veröffentlichen. Eine betrifft die Kontenabfrage durch die Finanzämter. Die Finanzbehörden können auf die Konto- und Depotverbindungen zugreifen, um Steuerhinterziehungen leichter auf die Spur zu kommen. Die Kontenstände werden allerdings nicht mitgeteilt (...)

U. Knapp, Frankfurter Rundschau, 03.03.2007, S. 5, (Auszug)

Bürger und Bürgerinnen in Deutschland haben wie die anderen Einwohner der im Europarat vertretenen 45 Staaten die Möglichkeit, sich in Menschenrechtsfragen direkt an den **Europäischen Gerichtshof für Menschenrechte** in Straßburg zu wenden. Voraussetzung ist jedoch, dass alle Rechtsmöglichkeiten im Heimatland ausgeschöpft worden sind. Gegen die Urteile des Gerichtshofes gibt es grundsätzlich keine Berufung. Das Bundesverfassungsgericht könnte allenfalls einschreiten, wenn ein Urteil des Europäischen Gerichtshofes dem Grundgesetz nicht entsprechen würde. Dieser Fall erscheint jedoch kaum möglich. Die verurteilten Staaten müssen Entschädigungen zahlen oder Gesetze ändern. Allein im Jahre 2005 hat der Gerichtshof 1105 Urteile gesprochen. 270 Urteile betreffen die Türkei, 119 die Ukraine und 100 Griechenland.

1. **Unter welchen Umständen ist es möglich, sich bei Rechtsverletzungen direkt an das Bundesverfassungsgericht zu wenden?**
2. **In welchen Fällen ist es möglich, den Europäischen Gerichtshof für Menschenrechte in Straßburg anzurufen?**

Zur Wiederholung

1. Seit wann gibt es die Idee der Menschenrechte?
2. Wie, wann und warum kam es zur Allgemeinen Erklärung der Menschenrechte?
3. Wie verlief der Weg von der „Geburt" der Idee bis zur Allgemeinen Erklärung der Menschenrechte?
4. Wie stark ist die rechtliche Wirkung der Allgemeinen Erklärung der Menschenrechte?
5. Worauf gründet der Anspruch auf soziale Menschenrechte?
6. Welche rechtliche Bedeutung haben die Grundrechte im Grundgesetz der Bundesrepublik Deutschland?
7. Erläutern Sie den Inhalt des Artikels 1 des Grundgesetzes.
8. Aus welchem Grund stehen die Grundrechte am Beginn des Grundgesetz-Textes?
9. Nennen Sie die Erwartungen, die mit der Formulierung der Grundrechte verbunden wurden.
10. Welche Funktion hat das Bundesverfassungsgericht bezüglich der Grundrechte?
11. Welche Aufgabe hat der Europäische Gerichtshof für Menschenrechte in Straßburg in Bezug auf die Menschenrechte?

Handlungsimpulse

Gestalten von Bildgalerien (Klassenraum oder Schulgebäude)

a) Gliedern Sie den Text über die Geschichte der Menschenrechte in kurze, leicht lesbare Sinneinheiten auf. Übertragen Sie die einzelnen Kurztexte auf ein großformatiges (mindestens 30 x 40 cm) Blatt und illustrieren Sie den Text mit Fotos oder eigenen Zeichnungen.
Die fertigen Blätter werden auf eine feste Unterlage aufgezogen oder in einen vorgefertigten Bilderrahmen eingepasst.

b) Übertragen Sie die einzelnen Textgruppen der Allgemeinen Erklärung der Menschenrechte gemäß der zuvor beschriebenen Arbeitsweise. Zusammen mit zwei erläuternden Text-/Bildtafeln lässt sich die Bildgalerie auch als Jahreskalender (12 Einzelausfertigungen!) ausgestalten.

c) Besorgen Sie sich ein Exemplar des Grundgesetzes und stellen Sie die Grundrechte gemäß der zuvor beschriebenen Arbeitsweise im Klassenraum oder im Schulgebäude dar.

2 Die Missachtung der Menschenrechte in der nationalsozialistischen Diktatur

Der Gesuchte wird mitgenommen und in einem auf der Straße stehenden Auto nach den Großen Bleichen gebracht.

…

Vom ersten Augenblick an muss man in den Räumen mit dem Gesicht zur Wand stehen. Dann geht es in den nach hinten befindlichen großen Raum. Hier findet die erste Vernehmung statt. Sie beginnt damit, dass ein SA-Mann (SA = „Sturmabteilung") auf dem Wege nach dem Zimmer durch Tritte die nötige Vorarbeit leistet. Im Zimmer selbst wird man von mehreren jungen Leuten sofort mit Schlägen empfangen. Hat die Vernehmung nicht den gewünschten Erfolg, geht es in das von SA-Leuten als Folterkammer bezeichnete Zimmer.

Kaum, dass die erste große „Säuberungswelle" vorbei war, wurden „Miesmacher" und „Kritiker" verfolgt. Planmäßig zu neuen Terroraktionen präsentierte die „Reichsregierung" die entsprechenden juristischen „Rechtfertigungen", so Weihnachten 1934 das „Gesetz gegen heimtückische Angriffe auf Staat und Partei", wonach kritische Äußerungen gegenüber Staat und NS-Partei unter Strafe – mit Einschluss der Todesstrafe – gestellt wurden.

…

Mit Kriegsbeginn wurde dann auch noch das Abhören ausländischer Sender ausdrücklich verboten. Diese neuen „Rechtsgrundlagen" machten aus politischen Gegnern Straftäter.

Henning Timpke, zitiert nach: Bundeszentrale für politische Bildung: Leben im Dritten Reich, S. 18 (leicht verändert)

Den Tod im Vernichtungslager Auschwitz verwaltete die SS („Schutzstaffel") mit größter Genauigkeit. Starb ein Häftling, musste zuerst eine „Totenmeldung" ausgestellt werden. In den Schreibstuben der „Reviere" arbeiteten Häftlinge in Tag- und Nachtschicht.

…

Obwohl niemand in Auschwitz eines natürlichen Todes starb, die Inhaftierten hingegen vergast, erschossen, erschlagen, zu Tode gespritzt, erhängt wurden, obschon sie verhungerten und erfroren, an Krankheiten zugrunde gingen und pseudomedizinischen Experimenten zum Opfer fielen – ließen die Mörder in den „Sterbeeinträgen" Krankheiten angeben, die die Opfer niemals gehabt hatten.
Den Mord an den Lagerinsassen galt es verwaltungstechnisch als gewöhnlichen Todesfall abzulegen. Der Lagerleitung ging es darum, der Außenwelt gegenüber den im Lager an den Insassen begangenen Massenmord zu verschleiern und geheim zu halten.

Werner Renz: Manchmal schickte die SS ein Beileidstelegramm, in: Frankfurter Rundschau, 27.01.1996, S. 23 (Auszug)

1. **Was sagen die Texte über die Achtung der Menschenwürde in der nationalsozialistischen Diktatur aus?**
2. **Mit welchen Mitteln wurden in der NS-Diktatur Unrechtshandlungen verschleiert?**

2.1 Von der Demokratie in die nationalsozialistische Diktatur

Im Herbst 1918 ist das deutsche Kaiserreich politisch und militärisch am Ende. Am 3. November 1918 meutern in Kiel Marinesoldaten, am 5. und 6. November finden erste Generalstreiks statt. Die revolutionäre Entwicklung greift rasch auf ganz Deutschland über. Kaiser Wilhelm II. dankt unter dem Druck der Revolution ab. Am 18. November wird der Waffenstillstand unterzeichnet.

Am 19. Januar 1919 finden in Deutschland die ersten demokratischen Wahlen zu einer verfassunggebenden Nationalversammlung in Weimar statt. Am 14. August tritt die Verfassung der Weimarer Republik in Kraft.

Grundlegende Menschenrechte sind im Katalog der Grundrechte festgehalten:

Artikel 109

Alle Deutschen sind vor dem Gesetz gleich. Männer und Frauen haben grundsätzlich dieselben staatsbürgerlichen Rechte und Pflichten.

Artikel 114

Die Freiheit der Person ist unverletzlich.

Artikel 118

Jeder Deutsche hat das Recht, innerhalb der Schranken der allgemeinen Gesetze seine Meinung durch Wort, Schrift, Druck, Bild oder in sonstiger Weise frei zu äußern. Eine Zensur findet nicht statt.

Artikel 123

Alle Deutschen haben das Recht, sich ohne Anmeldung oder besondere Erlaubnis friedlich und unbewaffnet zu versammeln.

Artikel 124

Alle Deutschen haben das Recht, Vereine oder Gesellschaften zu bilden.

Artikel 135

Alle Bewohner des Reiches genießen volle Glaubens- und Gewissensfreiheit.

1. **Stellen Sie anhand einer GG-Ausgabe fest, wie die entsprechenden Grundrechtsartikel im Grundgesetz lauten und an welcher Stelle sie stehen.**
2. **Artikel 109 spricht von „staatsbürgerlichen Pflichten".**
   Stellen Sie fest, ob es im Grundgesetz eine ähnliche Formulierung gibt.
   Was könnte mit „staatsbürgerlichen Pflichten" gemeint sein?

Den Gegnern des parlamentarischen Systems bedeuten die Grundrechte jedoch nichts. Rechtsradikale sehen darin eher schwächliche Zugeständnisse des Staates gegenüber seinen Bürgerinnen und Bürger. Viel lieber hätten sie an der Spitze des Staates eine machtvolle, „strenge und gerechte" Führungsperson. Linksradikale sehen in den Grundrechten den Ausdruck einer vom Bürgertum geprägten Gesellschaftsform, die sie bekämpfen. Statt Grundrechte für den Einzelnen fordern sie verbriefte Gruppenrechte v. a. für die Arbeiter.

Rechte und linke Gruppen bekämpfen die Republik und schrecken auch vor Gewalttaten nicht zurück. Bedenklich ist vor allem, dass die Justiz gegenüber rechtsradikalen Tätern sehr milde urteilt, bei linksradikalen Tätern jedoch hohe Gefängnisstrafen verhängt.

Die Bedingungen des Friedensvertrages von Versailles (28. Juni 1919) und Wirtschaftskrisen schwächen die demokratischen und stärken die radikalen Kräfte.

Nach den Bedingungen des Friedensvertrages verliert Deutschland 17 % seines Staatsgebietes, 75 % der Eisenerz- und 28 % der Steinkohlevorkommen. Zudem müssen hohe Geld- und Sachleistungen erbracht werden. Um einer Besetzung durch Alliierte zuvorzukommen, stimmt der Reichstag notgedrungen zu. Aber die rechtsradikalen Parteien sind nicht bereit, sich der Mehrheitsentscheidung zu beugen. Sie nutzen die Stimmung aus, die in der Bevölkerung gegen die Friedensbedingungen herrscht, und beschimpfen die politischen Entscheidungsträger als „Erfüllungspolitiker" und als „Landesverräter".

Schon während des 1. Weltkrieges beginnt der Zerfall der Reichsmark. Um die Kriegskosten zu decken, druckt der Staat immer mehr Geld, ohne dass ein entsprechender Warenwert vorhanden ist. Die hohen Reparationen (Wiedergutmachungszahlungen und -lieferungen) belasten die Wirtschaft zusätzlich und beschleunigen die Inflation (Geldentwertung). 1923 besetzen französische und belgische Truppen wegen rückständiger Reparationsleistungen das Ruhrgebiet. Viele Menschen machen die Republik für die wirtschaftlichen Probleme verantwortlich und verlieren das Vertrauen in Staat und Regierung.

Preis für (in RM)	1914	1918	1922	August 1923	November 1923
1 Ei	0,08	0,25	180,00	5 000,00	80 000 000,00
1 kg Fleisch	1,80	4,00	2 400,00	180 000,00	6 400 000 000,00
1 kg Butter	2,80	6,00	4 800,00	300 000,00	12 000 000 000,00
1 kg Kartoffeln	0,08	0,24	160,00	4 000,00	100 000 000,00

1. Wie wirkt sich eine Inflation auf Sparguthaben aus?
2. Wer sind die Leidtragenden, wer die Nutznießer einer Inflation?

1929 beginnt in den USA eine schwere Wirtschaftskrise. Als die Aktienkurse sinken, kommt es zu Panikverkäufen und zum großen Börsenkrach („Schwarzer Freitag"). Die Krise weitet sich aus zur Weltwirtschaftskrise. Deutschland erlebt die größte Arbeitslosigkeit seiner Geschichte. Im Winter 1931/32 sind schließlich über 6 Millionen Menschen, das sind 30 % der Arbeitnehmer, ohne Arbeit. Die amtierende Regierung scheitert 1930 an dem Problem der Arbeitslosenunterstützung.

Bei den darauffolgenden Reichstagswahlen 1930 wird die rechtsradikale Hitler-Partei NSDAP (Nationalsozialistische Deutsche Arbeiterpartei) zweitstärkste Fraktion; sie erhöht ihre Abgeordnetenzahl von 12 auf 107. Über die antidemokratische Einstellung des Nationalsozialismus gibt es keinen Zweifel.

Damit ist die Bewegung aber antiparlamentarisch, und selbst die Beteiligung an einer parlamentarischen Institution kann nur den Sinn einer Tätigkeit zu deren Zertrümmerung besitzen, zur Beseitigung einer Einrichtung, in der wir eine der schwersten Verfallserscheinungen der Menschheit zu erblicken haben.

Adolf Hitler: Mein Kampf, 2. Auflage, München 1930, S. 379

Auch die linksradikale KPD (Kommunistische Partei Deutschlands) gewinnt 23 Sitze hinzu. Das Wahlergebnis bedeutet das Ende der parlamentarischen Demokratie, denn der neue Reichskanzler hat keine Mehrheit im Reichstag und kann nur noch mithilfe von Notverordnungen des Reichspräsidenten regieren. In ihrer Not klammern sich viele Bürger an die Versprechungen der radikalen Parteien.

KPD	77
SPD/Zentrum/DDP/DVP insgesamt	280
NSDAP und andere Rechtsparteien	220
Abgeordnete zusammen	**577**

Wahlplakat der NSDAP von 1932

Artikel 48 der Weimarer Reichsverfassung (Notverordnung)

Der Reichspräsident kann, wenn im Deutschen Reiche die öffentliche Sicherheit und Ordnung erheblich gestört oder gefährdet wird, die zur öffentlichen Sicherheit und Ordnung nötigen Maßnahmen treffen, erforderlichenfalls mithilfe der bewaffneten Macht einschreiten. Zu diesem Zwecke darf er vorübergehend die in den Artikeln 114, 115, 117, 118, 123, 124 und 153 festgesetzten Grundrechte ganz oder teilweise außer Kraft setzen.

1. **In welcher Situation befinden sich nach der Reichstagswahl 1930 die demokratischen Parteien SPD, Zentrum, DDP (Deutsche Demokratische Partei) und DVP (Deutsche Volkspartei)?**
2. **Welche Gefahren gingen vom Notverordnungsrecht für die demokratische Ordnung und die Einhaltung der Grundrechte aus?**

Die Regierungsbildung scheitert, ebenso wie der Versuch, mit Notverordnungen zu regieren. Der Reichspräsident Paul von Hindenburg löst den Reichstag auf und schreibt Neuwahlen aus. Im Wahlkampf fällt die Sturmabteilung (SA) der NSDAP durch besondere Brutalität auf. Angesichts des überwältigenden Wahlsieges der NSDAP (37,4 %) fordert Hitler, obwohl er keine Regierung bilden kann, für sich das Amt des Reichskanzlers. Noch zögert der Reichspräsident, doch einflussreiche Berater in seiner Umgebung zerstreuen seine Bedenken. Am 30. Januar 1933 wird Hitler zum Reichskanzler ernannt.

2.2 Die Errichtung der Diktatur

Nachdem Hitler zum Reichskanzler ernannt ist, beginnt er zielstrebig, die Weimarer Republik in eine Diktatur umzuwandeln. In seinen Reden verbreitet er sein nationalsozialistisches Weltbild, Deutschland stehe am Rande des Abgrunds und könne nur durch hartes Durchgreifen der Regierung gerettet werden.

1. Februar 1933

Auf Wunsch Hitlers löst Hindenburg den Reichstag auf. Neuwahlen werden auf den 5. März festgelegt. Der Wahlkampf steht ganz im Zeichen des Terrors. Die Mitglieder der SA werden zu Hilfspolizisten ernannt, die rücksichtslos gegen Andersdenkende vorgehen. In Kellern kommt es zu grausamen Folterungen und Morden, deren erste Opfer vor allem Angehörige der KPD sind.

27. Februar 1933

In Berlin brennt der Reichstag. Die Hintergründe der Brandstiftung sind nie ganz geklärt worden. Der Regierung dient der Brand als Anlass für eine groß angelegte Verhaftungswelle von Kommunisten und Sozialdemokraten.

28. Februar 1933

Auf Betreiben Hitlers erlässt Hindenburg die „Notverordnung zum Schutz von Volk und Staat", die die wichtigsten demokratischen Grundrechte außer Kraft setzt und Hitler die Möglichkeit gibt, willkürlich gegen seine innenpolitischen Gegner vorzugehen.

5. März 1933

Die NSDAP verfehlt bei der Reichstagswahl die absolute Mehrheit und erhält nur 43,9 % der Stimmen. Die Vollmachten der „Brandverordnung" reichen Hitler nun nicht mehr aus, um sein System zu festigen.

24. März 1933

Hitler fordert vom Reichstag – angeblich um die allgemeine Notlage der Bevölkerung beheben zu können – das Recht, alleine Gesetze erlassen zu dürfen. Zur Billigung dieses sogenannten Ermächtigungsgesetzes muss der Reichstag mit Zweidrittelmehrheit zustimmen. Deshalb lässt Hitler die 81 Mandate der KPD kurzerhand für nichtig erklären. Die meisten KPD-Abgeordneten befinden sich bereits in Gefängnissen. Nur die 94 anwesenden Abgeordneten der SPD – die übrigen 26 sind in „Schutzhaft" oder untergetaucht – stimmen gegen das Gesetz. Mit dem Ermächtigungsgesetz hat Hitler freie Hand, um seine unmenschliche Politik ungezügelt zu verwirklichen. Von diesem Zeitpunkt an hat der Reichstag nur noch die Aufgabe, als Propagandainstrument der NSDAP die Beschlüsse der Regierung zu bestätigen.

1. **Wie verändert sich durch das Ermächtigungsgesetz das Verhältnis zwischen Legislative (Gesetzgebung) und Exekutive (Regierung)?**
2. **Gegen welches Recht der Abgeordneten verstößt deren Verhaftung?**

2.3 Terror und Überwachung

Der Terror des nationalsozialistischen Regimes findet auch Ausdruck in der Errichtung von Konzentrationslagern.

Jeder, der sich kritisch gegenüber dem neuen System äußert, wird entweder ins Gefängnis oder in eines der ab 1933 überall in Deutschland entstehenden Konzentrationslager gebracht. Dort werden die Häftlinge brutal misshandelt und müssen hart arbeiten, sodass viele an Überanstrengung, Unterernährung oder den Folgen der Folterung sterben.

Auch in den eigenen Reihen macht Hitlers Terror nicht halt. Ernst Röhm, Stabschef der SA, möchte die SA zum Kern einer neuen deutschen Wehrmacht formen. Hitler dagegen fürchtet den Konflikt mit der Reichswehr und löst das Problem auf seine Weise. Am 30. Juni 1934 werden Röhm und andere missliebige Personen, unter dem Vorwand, einen Putsch geplant zu haben, verhaftet und zum größten Teil ohne Gerichtsverfahren erschossen.

Am 3. Juli beschließt die Reichsregierung ein Gesetz, in dem die Verhaftungen und Morde nachträglich als „rechtmäßige Maßnahmen der Staatsnotwehr" legalisiert werden. Hitler selbst bezeichnet sich vor dem zum Zustimmungsorgan abgestuften Reichstag als „des deutschen Volkes oberster Gerichtsherr". Hauptstützen des nationalsozialistischen Terrorsystems sind von nun an SS (Schutzstaffel), Gestapo (Geheime Staatspolizei) und SD (Sicherheitsdienst). Die Angst vor Verhaftung und Terror macht die Menschen stumm. Keiner weiß, ob er seinem Nachbarn, seinem Freund, seinem Kollegen im Betrieb noch trauen kann. Denunziationen (Meldungen bei Polizei oder Partei) sind an der Tagesordnung und helfen mit, das Regime zu festigen.

1. **Welchen Eindruck vermittelt das obige Foto?**
2. **Was bedeutet Hitlers Äußerung, wonach er als „des deutschen Volkes oberster Gerichtsherr" anzusehen sei, für die Unabhängigkeit und Neutralität der Rechtsprechung?**

2.4 Antisemitismus und Rassenwahn

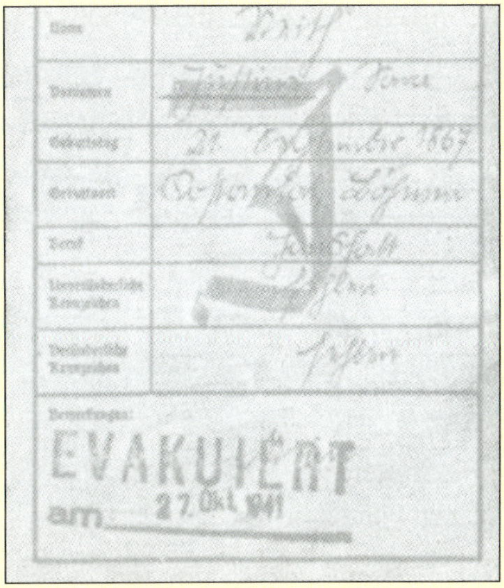
EVAKUIERT
am 27. Okt. 1941

Würde man die Menschheit in drei Arten einteilen: in Kulturbegründer, Kulturträger und Kulturzerstörer, dann käme als Vertreter der ersten wohl nur der Arier infrage

...

Den gewaltigsten Gegensatz zum Arier bildet der Jude

...

Der Jude ist und bleibt der typische Parasit, ein Schmarotzer, der wie ein schädlicher Bazillus sich immer mehr ausbreitet, sowie nur ein günstiger Nährboden dazu einlädt. Die Wirkung seines Daseins aber gleicht ebenfalls der von Schmarotzern, wo er auftritt, stirbt das Wirtsvolk nach kürzerer oder längerer Zeit ab.

...

So ist der Jude heute der große Hetzer zur restlosen Zerstörung Deutschlands. Wo immer wir in der Welt Angriffe gegen Deutschland lesen, sind Juden ihre Fabrikanten

...

Alle Zitate aus: Adolf Hitler: Mein Kampf, 2. Auflage, München 1930, S. 318, 329, 334, 702

1. **Welches Menschenbild wird in Hitlers Ausführungen deutlich?**
2. **Inwiefern kündigt sich bereits in Hitlers „Mein Kampf" die spätere Judenverfolgung an?**

Die nationalsozialistische Rassenlehre benutzt und verändert die Evolutionstheorie des englischen Biologen Charles Darwin (1809–1882). Der Forscher geht davon aus, dass die verschiedenen Tierarten durch natürliche Auslese entstanden seien, wobei sich die Starken immer gegen die Schwachen durchgesetzt hätten. Überträgt man diese Vorstellung auf die Menschen, so kann damit die Unterdrückung schwacher und benachteiligter Völker und sozialer Schichten als natürlich begründet werden (Sozialdarwinismus).

Die Rassenlehre der Nationalsozialisten dient in den Jahren 1933 bis 1945 als Rechtfertigung für die Verfolgung aller „minderwertigen" Menschen, insbesondere der Juden. Im Dritten Reich wird für dieses Vorgehen der Begriff „Arisierung" eingeführt.

Sie dient außerdem dazu, den Deutschen das Gefühl zu geben, besser zu sein als die Angehörigen anderer Völker, und damit die Überlegenheit und Herrschaft über andere Nationen zu begründen. Auch in schlechten Zeiten soll jeder Deutsche sich als Teil der großen Volksgemeinschaft empfinden. Die Juden dagegen werden als „Sündenböcke" abgestempelt und für alles Unheil und Unrecht verantwortlich gemacht.

Der Rassenwahn der Nationalsozialisten richtet sich auch gegen körperlich und geistig Behinderte und Menschen mit Erbkrankheiten. Sie werden aus „rassehygienischen" Gründen in Heilanstalten eingeliefert und umgebracht. Das Programm zur „Vernichtung unwerten Lebens" zeigt, wie wenig Achtung Hitler und seine Anhänger vor dem Leben und der Würde des Menschen gehabt haben.

2.5 Der Leidensweg jüdischer Bürgerinnen und Bürger

SA-Leute 1933 als Boykottposten vor einem jüdischen Kaufhaus.

Sexualbeziehungen zwischen jüdischen und „arischen" Deutschen wurden als „Blut- und Rassenschande" gebrandmarkt. Hier verhöhnen SA-Leute ein Paar öffentlich.

1933 bis 1938 Benachteiligung und Diskriminierung

01.04.1933	Boykott jüdischer Geschäfte, Rechtsanwälte und Ärzte
07.04.1933	Entlassung der jüdischen Beamten mit Ausnahme der Frontkämpfer des 1. Weltkrieges
22.09.1933	Ausschaltung jüdischer Schriftsteller und Künstler durch das Reichskulturkammergesetz
15.09.1935	„Nürnberger Gesetze" – „Reichsbürgergesetz": Grundlage für die Ausschaltung der Juden aus dem öffentlichen Leben und die Aberkennung des Wahlrechts – „Blutschutzgesetz": Verbot der Eheschließung zwischen Juden und Nichtjuden, Beginn der „Rassentrennung" – Aufgrund des „Ermächtigungsgesetzes" sind die „Nürnberger Gesetze" **formal** rechtmäßig
1937	Beginn der „Arisierung" der Wirtschaft
09.06.1938	Zerstörung der Münchner Synagoge
05.10.1938	Einziehung der Pässe und Kennzeichnung mit „J"
18.10.1938	Ausweisung von 15 000 Juden, die polnische Staatsangehörige waren

1. **Gegen welche Menschenrechte verstoßen die aufgelisteten Maßnahmen? Informieren Sie sich auch über den Begriff der „Arisierung".**
2. **Können die „Nürnberger Gesetze", die formal rechtmäßig zustande gekommen sind, überhaupt gegen Menschenrechte verstoßen?**

1938 bis 1942 Verfolgung

07.11.1938	Herschel Grynszpan, dessen Eltern unter dem Rassenwahn der Nazis leiden, erschießt in Paris einen deutschen Botschaftsangehörigen. Goebbels nimmt dies zum Anlass für die:
09./10.11. 1938	„Reichspogromnacht“: Staatlich organisierte Aktion gegen die Juden in Deutschland, die als spontaner Racheakt der Bevölkerung dargestellt wird. Jüdische Geschäfte, Wohnhäuser und Synagogen werden zerstört oder angezündet, 26 000 Juden verhaftet und ins KZ verschleppt.
12.11.1938	– Antijüdische „Sühnemaßnahmen“. Kollektivstrafe von 1 Milliarde Mark, Beseitigung der Schäden an den Gebäuden – Einzug der Versicherungsleistungen
23.09.1939	Beschlagnahme aller Rundfunkgeräte bei Juden
12.10.1939	Erste Deportation von Juden nach Polen
16.10.1940	Befehl zur Errichtung des Warschauer Ghettos

1941 bis 1945 Ermordung der Juden

31.07.1941	Befehl zur Evakuierung aller europäischen Juden – Beginn der systematischen Ermordung
01.09.1941	Einführung des Judensterns für alle Juden ab dem sechsten Lebensjahr
20.01.1942	„Wannsee-Konferenz“: In knapp 90 Minuten entscheiden die Konferenzteilnehmer über die Ermordung von Millionen Juden in Deutschland und in den von deutschen Soldaten besetzten Gebieten.
März 1942	Eintreffen der ersten Judentransporte in Auschwitz
04.07.1942	Beginn der Massenvergasungen in Auschwitz

Von diesem Zeitpunkt an beginnt das letzte Kapitel des Leidensweges der europäischen Juden. Die Nationalsozialisten organisieren die Massenvernichtung. Wie Schlachtvieh werden die Juden in Eisenbahnwaggons zusammengepfercht und in die Vernichtungslager Auschwitz, Chelmno, Treblinka, Sobidor, Majdanek und Belzec transportiert.

Die systematisch organisierte Vernichtung der Juden durch die Nationalsozialisten ist einmalig in der Geschichte der Menschheit. Nach dem Krieg ist häufig die Frage gestellt worden, wie es möglich gewesen ist, dass Menschen solche Gräueltaten begehen können. In den NS-Prozessen, die vor deutschen Gerichten stattgefunden haben, ist von den Angeklagten zur Rechtfertigung ihres Verhaltens oft gesagt worden, sie hätten nur die Befehle ihrer Vorgesetzten ausgeführt.

Zur Wiederholung

1. Welche Ereignisse führen zur Entstehung der Weimarer Republik?
2. Unter welchen Belastungen steht die Weimarer Republik von Anfang an?
3. Wodurch wird die Inflation (Höhepunkt November 1923) ausgelöst?
4. Wie wirkt sich die Weltwirtschaftskrise nach 1929 in Deutschland aus?
5. Erklären Sie, weshalb nach 1930 die Reichsregierung nur noch mithilfe von Notverordnungen regieren konnte.
6. Mit welchen Mitteln gelangen Hitler und die von ihm geführte NSDAP an die Macht?
7. Beschreiben Sie Hitlers Vorgehensweise bei der Beseitigung demokratischer Einrichtungen und Kontrollen.
8. Zu welchen Verstößen gegen die Menschenrechte kommt es nach Hitlers Machtantritt?
9. Worauf gründet die nationalsozialistische Rassenlehre?
10. Wie stellt Hitler die Juden dar?
11. Welche Konsequenzen hat die nationalsozialistische Rassenlehre für Juden sowie für körperlich und geistig benachteiligte Menschen?
12. Beschreiben Sie den Leidensweg jüdischer Bürgerinnen und Bürger.
13. Inwiefern gibt es einen Zusammenhang zwischen dem Ermächtigungsgesetz und den Nürnberger Gesetzen von 1935?
14. Wie beurteilen Sie das Ausmaß der „Reichspogromnacht" im Zusammenhang mit dem Attentat auf einen deutschen Botschaftsangehörigen in Paris?
15. Inwiefern wird bei der sogenannten „Wannsee-Konferenz" die Menschenverachtung des NS-Regimes besonders deutlich?

Handlungsimpulse

Spuren der Vergangenheit aufsuchen

Stellen Sie anhand der Schrift: „Die Zeit des Nationalsozialismus in Rheinland-Pfalz, Band 2 („Für die Außenwelt seid ihr tot!")" der Landeszentrale für politische Bildung, Mainz, fest, welche Lager des Nationalsozialismus sich in Ihrer Umgebung befunden haben. Dort befindet sich heute eine Gedenkstätte. Suchen Sie diese Stätte auf und fertigen Sie einen Bericht über das ehemalige Lager und die heutige Gedenkstätte an. Stellen Sie den Zusammenhang mit den menschenverachtenden Handlungen des NS-Regimes her.
Die Schrift ist zu beziehen bei der Landeszentrale für politische Bildung, Rheinland-Pfalz, Am Kronberger Hof 6, 55116 Mainz. Möglicherweise findet sich die Veröffentlichung auch in der Schülerbibliothek Ihrer Schule.

3 Engagement für die Menschenrechte

Martin Niemöller in einem Gespräch nach 1945

„Als die Nazis die Kommunisten holten,
habe ich geschwiegen;
ich war ja kein Kommunist.

Als sie die Sozialdemokraten einsperrten,
habe ich geschwiegen!
ich war ja kein Sozialdemokrat.

Als sie die Gewerkschafter holten,
habe ich geschwiegen;
ich war ja kein Gewerkschafter.

Als sie mich holten, gab es keinen mehr,
der protestieren konnte."

http://www.martin-niemoeller-stiftung.de

1. **Was will Martin Niemöller über menschliches Verhalten bei erkennbarem Unrecht sagen?**
2. **Welche Ereignisse werden von Martin Niemöller angesprochen?**

Pfarrer Martin Niemöller spricht aus, was viele Deutsche nach dem Ende der nationalsozialistischen Herrschaft empfunden haben mögen. Das Unrecht beim Namen nennen ist in menschenverachtenden Diktaturen ein lebensbedrohliches Verhalten. Niemöller selbst bringt diesen Mut auf. Bereits 1937 wird er verhaftet und in verschiedenen Konzentrationslagern gefangen gehalten. Zusammen mit anderen Häftlingen wird er aus dem KZ Dachau nach Südtirol verschleppt, wo er ermordet werden soll. Alliierte Soldaten können ihn und seine Mithäftlinge jedoch befreien.
Auch in unserer Zeit ereignen sich tagtäglich Menschenrechtsverletzungen. In einer Demokratie, in der Menschenrechte ernst genommen werden, bietet sich jedoch die Chance, auf Menschenrechtsverletzungen offen hinzuweisen, ohne dass daraus persönliche Nachteile erwachsen. Aber auch dieses Verhalten erfordert Mut.

3.1 Widerstand gegen das Unrecht in der nationalsozialistischen Diktatur

Am Beispiel der Person Oskar Schindlers (1908–74) soll eine Form des Widerstandes gegen die nationalsozialistische Diktatur aufgezeigt werden. Zunächst sieht es so aus, als würde Oskar Schindler das nationalsozialistische Unrechtssystem freiwillig unterstützen. Er tritt 1938 in die Sudetendeutsche Partei ein, deren Führer ein enger Gefolgsmann von Hitler ist. Noch nach Ausbruch des 2. Weltkrieges arbeitet Schindler für die deutsche Abwehr in Polen. Aber er bewahrt den Blick für den Anspruch aller Menschen auf menschenwürdige Behandlung.

Ab Ende 1939 beginnt er zu handeln.

Ende 1939 baut Schindler im besetzten Polen eine eigene Fabrik auf: die Deutsche Emailfabrik in Krakau. Sie gilt bald als kriegswichtig, weil Aufträge der Wehrmacht ausgeführt werden.

Zunächst beschäftigt Schindler polnische Arbeiter. 1940 fordert er einhundertfünfzig jüdische Arbeiter aus dem Krakauer Ghetto (Zwangswohnort der Juden) an. Seit 1939 hat Schindler immer wieder erfahren, mit welcher Brutalität die deutschen Besatzungsbehörden gegen Polen und Juden vorgehen. Nun entschließt er sich, den entrechteten und vom Tod bedrohten Menschen zu helfen. Durch die Beschäftigung von Juden in seiner Fabrik kann er deren Deportation in die Vernichtungslager verhindern. Er weitet die Produktion aus und kann deshalb immer mehr jüdische Arbeiter einstellen. Um diese vor der Deportation zu schützen, errichtet er 1942 ein fabrikeigenes, von der SS bewachtes Lager, in dem nahezu eintausend jüdische Arbeiter untergebracht sind. Er nimmt auch Arbeiter anderer Fabriken bei sich auf.

Ein großer Teil der Fabrikation muss auf dem schwarzen Markt (unter Umgehung gesetzlicher Vorschriften sich bildender Markt) abgesetzt werden, um Nahrungsmittel, Kleidung und Decken beschaffen zu können. Auch die ärztliche Versorgung der Häftlinge bezahlt Schindler, der fast ständig SS- und Gestapomitarbeiter bestechen muss, aus den Gewinnen seiner Produktion. Häufig spricht er bei den Behörden vor, wenn einer „seiner“ Juden bei einer Razzia oder Kontrolle verhaftet worden ist, um ihn zu befreien.

Als die Ostfront näher rückt, muss Schindler seine Fabrik verlegen. Nach zähen Verhandlungen erhält er die Genehmigung, die nahezu eintausend Juden – 700 Männer, 300 Frauen – als Arbeitskräfte in das ihm zugewiesene Fabrikgebäude in Brünnlitz/Mähren mitzunehmen. Zusätzlich nimmt er einhundert völlig entkräftete Auschwitz-Häftlinge bei sich auf, die seine Frau gesund pflegt. Fast alle überleben das Kriegsende. Oskar und Emilie Schindler sind seit 1945 finanziell ruiniert. Oskar Schindler stirbt 1974 in Frankfurt am Main – bis zu seinem Tod wird er von seinen ehemaligen Schutzbefohlenen unterstützt.

Peter Steinbach, Johannes Tuchel, Gedenkstätte Deutscher Widerstand, Faltblatt 22.3

Sicherlich ist Schindler ein herausragendes Beispiel für mutigen Widerstand gegen die menschenverachtenden Praktiken des nationalsozialistischen Systems. In der Gedenkstätte Deutscher Widerstand in Berlin sind jedoch mehrere eindrucksvolle Beispiele dokumentiert, wie Frauen und Männer unter dem Einsatz ihres Lebens politisch und rassisch Verfolgte in ihren Wohnungen verborgen, sie mit Kleidung und Nahrung versorgt oder ihnen falsche Papiere besorgt haben.

1. **Wie beurteilen Sie Schindlers Handlungsweise hinsichtlich der Bewahrung der Menschenrechte?**
2. **Welche Gründe haben Ihrer Meinung nach andere Unternehmer davon abgehalten, sich ähnlich wie Schindler zu verhalten?**

3.2 Eintreten für Menschenrechte in der Gegenwart

Moderne Helden
Sie werden bedroht, verhaftet und misshandelt. Dennoch kämpfen sie unerschrocken weiter für ihre Ziele – für Rechtsstaatlichkeit, Gleichberechtigung und Meinungs- und Versammlungsfreiheit, gegen Diskriminierung, Willkür und Folter. Vier Porträts aus vier Kontinenten.

Girgorij Pasko, Russland: „Ein Staat, der sich durch die Arbeit eines Jounalisten angegriffen fühlt, diskreditiert sich selbst."

Menschenrechtsverteidiger werden strafrechtlich verfolgt, nur weil sie ihr Recht auf freie Meinungsäußerung friedlich wahrnehmen. Nichtregierungsorganisationen werden seit Ende 2005 von der Regierung verschärft überwacht.

Frauen besitzen kein Wahlrecht, homosexuelle Beziehungen werden mit Peitschenhieben bestraft. Häufig kommt es zu willkürlichen Festnahmen und unfairen Prozessen.

Ibrahim al-Mugaiteeb, Saudi-Arabien: „Vielleicht werde ich am Flughafen verhaftet, vielleicht wird mein Pass wieder eingezogen. Aber ich werde trotzdem weitermachen."

Adwoa Kufuor, Sudan: „Die Angriffe durch bewaffnete Milizen gehen unaufhörlich weiter. Die Gewalt gegen Frauen ist besonders dramatisch."

Über eine Million Menschen floh in das Nachbarland. Die Meinungsfreiheit wird in dem gesamten Land unterdrückt. Willkürliche Festnahmen, Inhaftierungen und Folter sind alltäglich.

Willkürliche Festnahmen, Misshandlung von Gefangenen und Folter – diese Vorwürfe werden in Mexiko auch heute noch ständig laut. Es kommt immer wieder zu Polizeiübergriffen.

Felipe Arreaga, Mexiko, kämpft gegen die Zerstörung der Wälder durch skrupellose Grundbesitzer.

Tatjana Schütz, Regina Spöttl, Anouk Henry, Wolf-Dieter Vogel: in: amnesty journal, 07/08/06, S. 15–18 (Auszüge)

Die vier Beispiele zeigen, dass es auch heute mutige Menschen gibt, die für die Einhaltung der Menschenrechte eintreten. Ihr unerschrockenes Handeln und das von vielen tausend anderen Menschen ist wichtig angesichts der bedrückenden Zahl von Menschenrechtsverletzungen weltweit. Die Menschenrechtsorganisation amnesty international hält in ihrem Jahresbericht 2007 (Berichtszeitraum 2006) fest, dass 57 Staatsregierungen Menschen aus politischen Gründen inhaftiert haben. In 102 Ländern werden Inhaftierte gefoltert und misshandelt; 2 Millionen Menschen, meist Frauen und Mädchen, sind skrupellosen Menschenhändlern ausgeliefert. In dem Bericht wird zudem eine allgemeine Verschlechterung der Menschenrechtslage durch viele „Anti-Terrorgesetze" beklagt. Zwecks Erhöhung der Sicherheit vor terroristischen Anschlägen werden Einschränkungen z. B. bei dem Recht auf freie Meinungsäußerung und Vereinigungsfreiheit in Kauf genommen.

Angesichts dieser Zahlen liegt es nahe, nur die einzelnen Staaten und deren Regierungen für die unbefriedigende Menschenrechtssituation verantwortlich zu machen und eigenes Handeln für überflüssig zu halten. Dagegen steht die Meinung, dass der Schutz der Menschenrechte eine Herausforderung für alle bedeutet und alle angeht. Engagiertes Eintreten für die Menschenrechte ist zunächst ein Unterlassen aller Äußerungen, die andere Menschen verunglimpfen. Angesichts der weltweiten Menschenrechtsproblematik ist es besonders bedenklich und bedauerlich, wenn Bürgerinnen und Bürger der Bundesrepublik Deutschland die Sicherheit des Rechtsstaates dazu missbrauchen, um ihrerseits Menschenrechtsverletzungen zu begehen. Hierzu gehören in unserer Gesellschaft besonders die gegen Ausländer nicht-weißer Hautfarbe, Asylbewerber, Aussiedler, ausländische Arbeitnehmer und ihre Familien sowie gegen Juden gerichteten Anfeindungen und tätlichen Übergriffe.

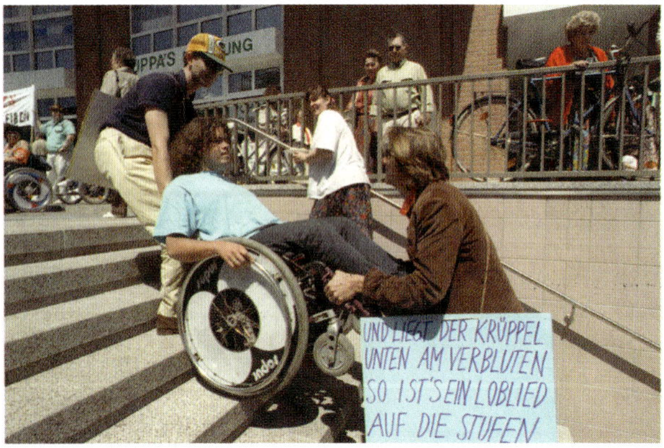

Der einzige Zugang zu einer S-Bahn-Station in Frankfurt.

Engagiertes Eintreten für die Menschenrechte bedeutet auch die bewusste Respektierung der Würde anderer Menschen. Mit Bedacht hat der Parlamentarische Rat die Forderung nach Einhaltung der Menschenwürde an den Anfang des Grundgesetzes gestellt. Dass diese Verfassungsnorm für behinderte und benachteiligte Menschen immer wieder missachtet wird, zeigt sich daran, wie schwierig es diese Menschen haben, am gesellschaftlichen Leben gleichberechtigt und selbstbestimmt teilzunehmen. Besonders empörend ist, dass Beschimpfungen und Angriffe gegen diese Menschen in den letzten Jahren zunehmen. Die Verfassungswirklichkeit entspricht demnach nicht dem Auftrag des Grundgesetzes, alle Menschen gleich zu behandeln und ihre Würde zu schützen.

1. **Welche Situationen sind denkbar, in denen die Menschenrechte behinderter Menschen verletzt werden?**
2. **Betiteln Sie das Bild im Hinblick auf die Forderung: „Menschenrechte für alle".**

3.3 Auseinandersetzung mit dem Rechtsextremismus

1. **Was will die Karikatur zum Ausdruck bringen?**
2. **Wie bewerten Sie das Verhalten der beiden Personen?**

Trotz der offenkundigen Missachtung der Menschenrechte durch den Nationalsozialismus entstehen auch nach dem Zweiten Weltkrieg rechtsextremistische Organisationen und Parteien. Die dort vertretenen Ansichten führen mehr oder minder offen auf nationalsozialistisches Gedankengut zurück. Sie leugnen die fundamentale Gleichheit aller Menschen und lehnen Minderheiten- und Oppositionsrechte ebenso ab wie das Prinzip der Gewaltenteilung. Rassismus, extremer Nationalismus, Führerprinzip, die Diffamierung (Verächtlichmachung) anderer Meinungen und/oder die Akzeptanz gewaltsamer Problem„lösungen" kommen als Merkmale hinzu. Um einem Verbot zu entgehen, tarnen sich rechtsextremistische Organisationen und Parteien (NPD, DVU u. a.) mit scheinbar demokratischen Satzungen.

Das rechtsextremistische Weltbild übt auf einige Jugendliche eine besondere Faszination aus. Rechtsextremisten geben vor, eine Heimat bieten zu können; nicht nur gedanklich, sondern auch gefühlsmäßig. Sie greifen die Ängste der Menschen auf, z. B. ihre Furcht vor Arbeitslosigkeit und Kriminalität. Sie werben mit Parolen, die alles versprechen, aber – bei genauer Betrachtung – keine konkreten Aussagen machen, gerne aber Menschen mit anderen Überzeugungen oder anderer Herkunft zu „Sündenböcken" stempeln. Dadurch wird auch die Bereitschaft zur Gewaltanwendung gefördert.

Deutlich mehr rechte Straftaten in Rheinland Pfalz

Rheinland-Pfalz. Rechtsextremisten haben 2006 in Rheinland-Pfalz deutlich mehr Straftaten begangen als im Jahr zuvor. Die Zahl der politisch motivierten Taten von Anhängern der rechten Szene stieg laut Verfassungsschutzbericht von 486 auf 558. Dabei wurden 310 Straftaten von Rechtsextremisten verübt – 58 mehr als im Vorjahr. Die Zahl der rechtsextremistischen Gewalttaten stieg um 2 auf 24 (...)

Der Verfassungsschutz registrierte 2006 in Rheinland-Pfalz rund 1 550 Anhänger der rechtsextremen Szene (...), darunter 100 gewaltbereite. Sorgen bereiten den Verfassungsschützern vor allem die intensiven Werbeaktionen rechtsextremistischer Gruppen unter Jugendlichen. Eine zentrale Rolle spielt dabei die Musik: „Sie ist Einstiegsdroge und Integrationsmittel zugleich", heißt es in dem Bericht. Im vergangenen Jahr gab es in Rheinland-Pfalz mit fünf Skinhead-Konzerten drei mehr als 2005. Die rechtsextreme NPD hat im zweiten Jahr hintereinander deutliche Mitgliederzuwächse verzeichnet.

Wolfgang Fischer, Rhein-Zeitung, 16. 05. 2007, S. 1

Bundesweit bewegen sich etwa 100 Skinhead-Bands in der Musikszene, um vor allem Jugendliche mit modischen Songs anzulocken. Aber nicht nur mithilfe des Mediums Musik versuchen Rechtsextremisten ihre nationalistischen, rassistischen, antisemitischen und gewaltverherrlichenden Botschaften zu verbreiten. Mit etwa 1000 Homepages (steigende Tendenz) wird auch das Internet verstärkt als Kommunikations- und Propagandamittel genutzt. Auf einschlägigen Seiten sind z. B. Hass schürende Videoclips zu sehen oder rechte Songs werden zum Download angeboten. Populär sind auch anonyme Chatrooms, in denen offen menschenverachtende Inhalte zur Sprache kommen.

1. **Womit versuchen rechtsextremistische Organisationen und Parteien insbesondere junge Menschen anzulocken?**
2. **Worin besteht der Zusammenhang zwischen dem Wahlplakat einer rechtsextremistischen Partei mit dem Text „Arbeit zuerst für Deutsche" und brutalen Übergriffen gegen Ausländer?**

Zur Wiederholung

1. Weshalb erforderte es sehr viel Mut, in der nationalsozialistischen Diktatur offen auf Menschenrechtsverletzungen hinzuweisen?
2. Wie gelingt es Oskar Schindler, jüdische Arbeitskräfte vor dem sicheren Tod in einem Vernichtungslager zu bewahren?
3. Geben Sie einen kurzen Überblick über die Menschenrechtssituation im Jahre 2007.
4. Erläutern Sie den Zusammenhang zwischen Demokratie und Beachtung der Menschenrechte.
5. Inwiefern ist der Schutz der Menschenrechte eine Herausforderung für die staatlichen Organe und jede/n einzelne/n Staatsbürgerin/Staatsbürger?
6. Welche Personengruppen in unserer Gesellschaft sind häufig Opfer von Menschenrechtsverletzungen?
7. Welche Gründe dürften dafür maßgeblich gewesen sein, dass die Forderung nach Schutz der Menschenwürde am Anfang des Grundgesetzes steht?
8. Erklären Sie den Unterschied zwischen Verfassungsnorm und Verfassungswirklichkeit am Beispiel des Umgangs mit Behinderten.
9. Nennen Sie die Merkmale rechtsextremistischer Organisationen und Parteien.
10. Worin sehen Sie die Nähe von nationalsozialistischem und rechtsextremistischem Gedankengut?
11. Womit werben rechtsextremistische Organisationen?
12. Zeigen Sie die Gefahr auf, die sich aus rechtsextremistischem Gedankengut für die Menschenrechte ergibt.

Handlungsimpulse

A Erkunden Sie in Ihrer Schule, in Ihrer Gemeinde und/oder in öffentlichen Verkehrsmitteln, welche Hilfen für körperlich behinderte Menschen geschaffen worden sind.

B Stellen Sie im Rahmen einer Gruppenarbeit die Ihnen bekannt gewordenen Vorwürfe und Anfeindungen gegen ausländische Mitbürgerinnen und Mitbürger zusammen und verfassen Sie jeweils eine Entgegnung.

C Suchen Sie nach Motiven für ausländerfeindliches Verhalten Einzelner oder von Gruppen in unserer Gesellschaft.

D Besorgen Sie sich vom Bundesverfassungsschutz über die Internet-Adresse aktuelle Informationen über die Straftaten von rechtsextremistischen Gruppen (http://www.verfassungsschutz.de) und fordern Sie das Faltblatt „Verfassungsschutz gegen Rechtsextremismus" an.

E Besorgen Sie sich bei der Polizei (www.polizei.rlp) Tipps, was man bei gewalttätigen Übergriffen rechtsextremistischer Gruppen tun kann.

4 Deutschland nach 1945

4.1 Die deutsche Teilung

Zeitgeschichte …

… vom Zusammenbruch des Nationalsozialismus über die Besatzungspolitik der Alliierten bis zum Neubeginn des politischen Lebens nach 1945:

Die Kapitulation	Am 8. Mai 1945 unterzeichnet die militärische Führung Deutschlands die bedingungslose Kapitulation. Damit ist der Zweite Weltkrieg in Europa zu Ende.
Viermächte-erklärung	Am 5. Juni 1945 proklamieren die vier Siegermächte die Übernahme der Regierungsgewalt im ehemaligen Deutschen Reich.
Konferenz von Potsdam	Am 2. August 1945 werden von den USA, Großbritannien und der der Sowjetunion (Frankreich kommt erst später dazu) weitere wichtige Entscheidungen für das zukünftige Deutschland beschlossen: 1. Demobilisierung (völlige Abrüstung und Entmilitarisierung Deutschlands) 2. Denazifizierung (Auflösung der nationalsozialistischen Partei und ihrer Gliederungen) 3. Demokratisierung (lokale Selbstverwaltung nach demokratischen Grundsätzen) 4. Dezentralisierung (Verwaltung und Wirtschaftsleben)
Nürnberger Prozess Entnazifizierung	Im November 1945 beginnt in Nürnberg vor einem internationalen Militärgerichtshof der Prozess gegen Hauptverantwortliche des „Dritten Reiches" mit dem Ziel, Kriegsverbrecher zu bestrafen und aktive Nationalsozialisten aus ihren Stellungen in Wirtschaft, Verwaltung und Erziehung zu entfernen.
Parteien in Ost und West	1945–1946 werden Parteien neu gegründet oder wieder zugelassen. In der sowjetischen Besatzungszone findet die Zwangsvereinigung von SPD und KPD zur SED statt, die so zur stärksten Partei in der Sowjetzone wird. In der Westzone sind die CDU (CSU in Bayern) und SPD die führenden politischen Parteien. Nur die FDP erreicht neben den großen Parteien einen längerfristigen Einfluss auf die Politik.
Wahlen	1946–1947 finden die ersten Wahlen auf Gemeinde-, Kreis- und Landesebene statt.

1. **Beschreiben Sie die politische und wirtschaftliche Gestaltung Deutschlands, die sich auf der Grundlage der Konferenz von Potsdam ergibt.**
2. **Diskutieren Sie das unterschiedliche Vorgehen der Amerikaner und der Sowjets bei der Demokratisierung Deutschlands.**

4.2 Die Entstehung der beiden deutschen Staaten

Die Teilung Deutschlands als Folge des Ost-West-Konfliktes

Als sich die Gegensätze zwischen den Westmächten und der Sowjetunion weiter verschärfen und eine Einigung über die Zukunft Deutschlands immer unwahrscheinlicher wird, ändern die Westmächte ihre Deutschlandpolitik.

Deutschland kommt als Nahtstelle im Ost-West-Konflikt eine besondere politische Bedeutung zu.

Als im harten Winter 1946/47 die Versorgungs- und Wirtschaftslage in Deutschland einen absoluten Tiefstand erreicht, ergreifen die USA und Großbritannien die Initiative.

Schritt für Schritt vollzieht sich die Teilung Deutschlands

- **1. Januar 1947:** Die amerikanische und britische Zone schließen sich zur **Bizone** zusammen. Die Sowjetunion und zunächst auch Frankreich lehnen eine Mitarbeit ab. Erst im April 1949 tritt die französische Zone bei, es entsteht die **Trizone**. Sie bildet die Vorstufe der späteren Bundesrepublik Deutschland.
- **5. Juni 1947:** Der amerikanische Wirtschaftsminister **Marshall** kündigt ein wirtschaftliches **Aufbauprogramm** für ganz Europa an. Die Sowjetunion und die osteuropäischen Staaten lehnen eine Beteiligung ab. Ziel des Programms ist die Beschleunigung des wirtschaftlichen Aufbaus und die Erschließung neuer Absatzmärkte für die amerikanische Wirtschaft.
- **20. März 1948:** Nachdem alle Außenministerkonferenzen der Siegermächte ergebnislos verlaufen sind, treffen sich die Westmächte und die Benelux-Staaten in London zu einer **Sechsmächtekonferenz**, um über die Zukunft Deutschlands zu beraten. Aus Protest verlässt die Sowjetunion den Alliierten Kontrollrat. Die Spannungen verschärfen sich, es beginnt die Zeit des „Kalten Krieges".
- **20. Juni 1948:** Um den wirtschaftlichen Wiederaufbau vorantreiben zu können, ist eine Neuordnung des Geldwesens notwendig. Nach Scheitern einer gemeinsamen **Währungsreform** wird im Alleingang der Westmächte das neue Geld ausgegeben. Jeder Deutsche erhält zunächst 40 Mark, später weitere 20 Mark. Allmählich bessert sich die wirtschaftliche Lage.
- **24. Juni 1948:** Als Reaktion auf die westliche Währungsreform sperrt die Sowjetunion alle Land-, Wasser- und Schienenwege nach Westberlin.

1. **Inwiefern hat der Marshall-Plan für Europa eine große Bedeutung?**
2. **Marshall-Plan und Währungsreform bringen einen wirtschaftlichen Aufschwung. Begründen Sie, warum sie auch einen Schritt in Richtung der Spaltung Deutschlands bedeuten.**

Die Gründung der Bundesrepublik Deutschland
Über die wirtschaftliche Vereinigung der Westzonen (Bizone – Trizone) wird die Gründung der Bundesrepublik Deutschland vorbereitet. In der Bizone wird ein Wirtschaftsrat gebildet, dem Vertreter der Landtage angehören.

Applaus für das Grundgesetz: Am 8. Mai 1949 stimmten 53 gegen 12 Abgeordnete dafür, die Gegner (links) blieben demonstrativ sitzen.

Der Wirtschaftsrat übernimmt die Aufgaben eines Parlamentes und beschließt Gesetze, die allerdings noch von den Militärregierungen genehmigt werden müssen. An der Spitze dieses „Vorläufers des Bundestages" steht der Direktor für Wirtschaft. 1948 wird **Ludwig Erhard** (CDU) in diese Funktion gewählt. Erhard, der jede Lenkung der Wirtschaft durch den Staat ablehnt, entwickelt seine Idee von der **sozialen Marktwirtschaft**, die sich in den folgenden Jahren auch durchsetzt. Die Vorbereitung für die Gründung eines westdeutschen Staates ist durch die Verwaltung der Bizone so weit fortgeschritten, dass die Westmächte nun auch den letzten Schritt zur Gründung vollziehen.

- **1. Juli 1948:** Die drei Militärgouverneure übergeben den elf Ministerpräsidenten der drei Westzonen die **„Frankfurter Dokumente"**, in denen die Länder aufgefordert werden, eine Verfassung auszuarbeiten und über ein Besatzungsstatut zu beraten.
- **1. September 1948:** 65 Abgeordnete der Landtage kommen zur ersten Sitzung des Parlamentarischen Rates zusammen, zu dessen Vorsitzenden **Konrad Adenauer** (CDU) gewählt wird.
- **23. Mai 1949:** Das **Grundgesetz für die Bundesrepublik Deutschland** wird unterzeichnet. Es betont die Vorläufigkeit des neuen Staates. Gleichzeitig tritt das **Besatzungsstatut** in Kraft, das den drei Westmächten gewisse Kontrollrechte sichert.
- **14. August 1949:** In der Bundesrepublik Deutschland findet die erste Bundestagswahl statt, an der sich 16 Parteien beteiligen. **Konrad Adenauer** wird zum Bundeskanzler gewählt und bildet eine Regierung aus CDU/CSU, FDP und DP. Erster Bundestagspräsident wird **Theodor Heuss** (FDP).

Bei der Formulierung des Grundgesetzes bringen die Abgeordneten des Parlamentarischen Rates deutlich zum Ausdruck, dass sie die Bundesrepublik Deutschland als vorläufigen Staat betrachten, der nur so lange besteht, bis die Wiedervereinigung Deutschlands verwirklicht wird.

Die Gründung der Deutschen Demokratischen Republik (DDR)
In der sowjetischen Besatzungszone bildet die Militärregierung bereits im Juli 1945 Zentralverwaltungen, im September beginnt in Sachsen die **Bodenreform**. Großgrundbesitzer werden enteignet und das Land wird unter der Landbevölkerung aufgeteilt.

Im Oktober 1946 beginnt auch in der Industrie die **Enteignung der Betriebe**. Beim politischen Wiederaufbau unterstützt die Sowjetunion massiv die KPD. Durch die

Zwangsvereinigung von KPD und SPD zur SED wird sichergestellt, dass die SED bei den Landtagswahlen im Oktober 1946 als stärkste Partei hervorgeht. Das Gewicht der Kommunisten nimmt zu, der Einfluss der SPD ab. Als deutlich wird, dass die Westmächte die Gründung der Bundesrepublik Deutschland in die Wege leiten, beginnen auch in der sowjetischen Besatzungszone die Vorbereitungen für die Bildung eines eigenen Staates. Eine wichtige Rolle spielt dabei die von der SED **im Dezember 1947** gegründete **„Volkskongressbewegung"**.

- **März 1948:** Tagung des „Zweiten Deutschen Volkskongresses". Es wird ein aus 400 Mitgliedern bestehender **„Deutscher Volksrat"** gebildet, den man als Vorläufer der Volkskammer bezeichnen kann. Er beschließt im Oktober 1948 einen Verfassungsentwurf für den neu zu bildenden Staat.
- **Mai 1949:** Wahlen zum „Dritten Deutschen Volkskongress". Den Wählern wird die Frage gestellt, ob sie für die Einheit Deutschlands und einen Friedensvertrag seien. Damit verbunden ist die Wahl einer **„Einheitsliste der Nationalen Front"**, bei der die Sitzverteilung im Parlament bereits vor der Wahl feststeht. Für diese Einheitsliste stimmen jedoch nur 66,1 % der Wähler.
- **7. Oktober 1949:** Der aus dem „Dritten Deutschen Volkskongress" hervorgegangene „Zweite Deutsche Volksrat" tritt am 7. Oktober als „Provisorische Volkskammer" zusammen und wählt **Wilhelm Pieck** zum Präsidenten und **Otto Grotewohl** zum Ministerpräsidenten der DDR. Am 15. Oktober 1950 werden dann die ersten **Volkskammerwahlen** durchgeführt.

In den folgenden Jahren entwickelt sich die DDR zu einem marxistisch-leninistischen Staat nach dem Vorbild der Sowjetunion. Parallel zur politischen, wirtschaftlichen und militärischen Eingliederung der Bundesrepublik Deutschland in den Westen schließt sich die DDR dem Ostblock an. Die beiden Staaten werden zu einem festen Bestandteil des jeweiligen Blocks. Obwohl sie mehrfach die Wiedervereinigung fordern, scheitern alle Vorstöße an den unterschiedlichen Standpunkten.

4.3 Der „Kalte Krieg"

Der Begriff „Kalter Krieg" kam um 1947 in den USA auf und wurde seit 1949 allgemein gebräuchlich. Er bezeichnet die mit nicht militärischen Mitteln durchgeführten internationalen Auseinandersetzungen, bei denen der Gegner durch diplomatischen, wirtschaftlichen und propagandistischen Druck, insbesondere durch die verhüllte oder offene Bedrohung mit dem eigentlichen Krieg, zum Einlenken gebracht werden soll. Der Ausdruck „Kalter Krieg" wird vor allem für die gegenseitigen Maßnahmen der beteiligten Mächte im Ost-West-Konflikt seit dem

Zweiten Weltkrieg angewandt, während vorher im ähnlichen Sinn von Nerven-Krieg gesprochen wurde ...
Besonders deutlich sichtbar wurden die Auseinandersetzungen in der politisch-ideologischen Propaganda (Radio- und Fernsehkrieg), der Aufrüstung, den Militärbündnissen, in technologischer und wirtschaftlicher Rivalität.

Hans Rudolf Guggisberg: Geschichte der USA, Teil II, Stuttgart 1975, S. 226 f.

Berlin, das nach dem Zweiten Weltkrieg in vier Sektoren aufgeteilt wird und von den Siegermächten gemeinsam verwaltet werden soll (Viermächtestatus), wird zu einem Brennpunkt des „Kalten Krieges".

- **1948/49:** Nach der Blockade aller Land- und Wasserwege nach Berlin (West) wird die Stadt elf Monate über eine **britisch-amerikanische Luftbrücke** versorgt.

  Im Oktober 1948 beschließt der Wirtschaftsrat der Bizone ein Hilfsprogramm für Berlin. Die Lohnsteuer wird mit einem Zuschlag als **„Notopfer Berlin"** belastet.

  Der Versuch der Sowjetunion, Berlin (West) als Druckmittel gegen die Gründung eines westdeutschen Staates zu benutzen, scheitert. Die Widerstandskraft und der Wille zum Durchhalten bei den Westmächten und der Berliner Bevölkerung zwingen die Sowjetunion zum Nachgeben.

  Am 12. Mai 1949 endet die Blockade.

- **17. Juni 1953:** Die Streiks Ostberliner Arbeiter am 16. und 17. Juni weiten sich zu einem **Aufstand gegen die DDR-Regierung** aus, der von den sowjetischen Soldaten niedergeschlagen wird. Die sowjetischen Militärbehörden verhängen über Stadt- und Landkreise den Ausnahmezustand.

Ursachen des Arbeiteraufstandes am 17. Juni 1953
Die SED sowie die Regierung der DDR kündigen 1952 den beschleunigten Aufbau des Sozialismus an. Die Auswirkungen auf die Bevölkerung sind negativ: niedrige Löhne, Hungerrationen auf Lebensmittelkarten, wenige frei verkäufliche Waren zu erhöhten Preisen, Zwangsmaßnahmen verschiedener Art. Selbstständige werden enteignet. In dieser Situation beschließt die DDR-Regierung die Erhöhung der Arbeitsnormen um 10 %. Damit sind die Arbeiter die am meisten belastete Gruppe, von der Opfer verlangt werden. Dies führt zu Streiks und Protesten. Die Unzufriedenheit in der DDR-Bevölkerung wächst, die Zahl der Flüchtlinge steigt im ersten Halbjahr 1953 auf 200 000 an.

Die Bemühungen um eine Wiedervereinigung werden durch die Ereignisse des 17. Juni 1953 eher erschwert. In der Bundesrepublik Deutschland wird der Arbeiteraufstand als Volksentscheid gegen die Herrschaft der SED und als Ausdruck des Freiheits- und Einheitswillen der Bevölkerung gewertet und als „Tag der Deutschen Einheit" begangen.

- **1958:** Das **Ultimatum der Sowjetunion**, Westberlin zur freien Stadt zu erklären, wird von den Westmächten abgelehnt, was zu einer Verschärfung der Lage des Ost-West-Konfliktes in Berlin führt.

Die Sowjetunion überreicht
ultimative Noten – Sechs Monate Frist

**Kreml fordert:
West-Berlin muss
„freie Stadt" werden**

- **13. August 1961:** Als der Flüchtlingsstrom der DDR-Bürger in den Westen immer stärker anwächst, riegelt die DDR den Ostsektor von den Westsektoren ab und errichtet eine **Mauer quer durch Berlin**. Dies führt dazu, dass nach und nach alle Verbindungen zwischen den beiden Teilen der Stadt unterbrochen, Familien und Freundschaften auseinandergerissen werden.

1. **Ab wann sprechen wir vom „Kalten Krieg"? Nennen Sie die Mittel, mit denen die Auseinandersetzung im Ost-West-Konflikt geführt wird.**
2. **Nennen Sie die wichtigsten Berlin-Krisen.**
3. **Begründen Sie den Mauerbau in Berlin aus der Sicht der DDR-Regierung.**
4. **Inwieweit tragen der Arbeiteraufstand am 17. Juni 1953 und das „Berlin-Ultimatum" zu einer Verschärfung des Ost-West-Konfliktes bei?**

4.4 Entspannungspolitik

Der Bau der Mauer 1961 markiert einen tiefen Einschnitt in die Nachkriegsgeschichte beider deutscher Staaten. Eine Wiedervereinigung rückt in weite Ferne. Die Berlin-Krise und insbesondere die Kuba-Krise 1962 machen deutlich, dass der „Kalte Krieg" jederzeit in einen bewaffneten Konflikt umschlagen kann.
Die neue Situation verlangt ein radikales **Umdenken in der Deutschlandpolitik**.

- Von **1963 bis 1965** schließen der Berliner Senat und die Regierung der DDR **acht Passierscheinabkommen** ab, die es den Westberlinern ermöglichen, zu Weihnachten, Ostern und Pfingsten ihre Verwandten in Ostberlin zu besuchen.

- Ab **1965** dürfen Rentnerinnen und Rentner aus der DDR **zu längeren Besuchen** in die Bundesrepublik Deutschland reisen.

- Während der Regierungszeit von Kanzler Ludwig Erhard **(1963–1966)** schließt die Bundesregierung mehrere **Wirtschaftsabkommen** mit osteuropäischen Staaten ab.
- Ab **1969** entwickelt Bundeskanzler **Willy Brandt** eine neue **Deutschland- und Ostpolitik**. Sie geht von der Anerkennung der nach dem Zweiten Weltkrieg entstandenen Realitäten in Europa aus. Dazu gehören insbesondere die Anerkennung der DDR als zweiter deutscher Staat und der Oder-Neiße-Linie als Westgrenze Polens.
- **1970** kommt es zu einer ersten **Begegnung** zwischen den **Regierungschefs der beiden deutschen Staaten**, Willy Brandt und Willi Stoph.

Im Rahmen der neuen Ost- und Deutschlandpolitik schließt die Bundesrepublik eine Reihe von Verträgen ab:

- **Ostverträge:**
  - **1970** deutsch-sowjetischer Vertrag,
  - **1970** deutsch-polnischer Vertrag,
  - **1973** deutsch-tschechoslowakischer Vertrag.

  Die wichtigsten Bestimmungen der Ostverträge:
  - Wunsch nach Entspannung und friedlicher Zusammenarbeit
  - Unverletzlichkeit der Grenzen einschließlich der Oder-Neiße-Grenze als Westgrenze Polens und der Grenze zwischen der Bundesrepublik Deutschland und der DDR
  - Verzicht auf Drohung und Anwendung von Gewalt

- **1971 wird das Viermächteabkommen über Berlin geschlossen:** Alle Verträge der vier Siegermächte haben das Ziel, einen Beitrag zur Entspannung zwischen Ost und West zu leisten, praktische Fragen der Zusammenarbeit zu regeln, Reisemöglichkeiten zu verbessern und menschliche Erleichterungen durchzusetzen. Ein Auseinanderleben der Menschen in beiden Teilen Deutschlands soll verhindert werden.

- **Deutsch-deutsche Verträge:**
  - **1971** Transitabkommen
  - **1972** Verkehrsvertrag

- **21. Dezember 1972 Grundlagenvertrag:** Fundament weiterer Beziehungen. Die beiden deutschen Staaten erklären die Grenze als unverletzlich, achten gegenseitig ihre Unabhängigkeit und Selbstständigkeit. Eine völkerrechtliche Anerkennung lehnt die Bundesregierung ausdrücklich ab. Der Vertrag ermöglicht auch, dass beide Staaten im September 1973 in die UNO aufgenommen werden. Damit ist die erste Phase der Entspannungspolitik abgeschlossen.

Trotz der Vertragspolitik bleibt das Verhältnis zwischen BRD und DDR gespannt und sehr schwierig.

- Am **3. Juli 1973** wird die **„Konferenz zur Sicherheit und Zusammenarbeit" (KSZE)** in Helsinki eröffnet und am **1. August 1975** unterschreiben die politischen Repräsentanten der KSZE-Staaten die **Schlussakte**. Für die BRD unterzeichnet Bundeskanzler **Helmut Schmidt**, für die DDR **Erich Honecker**.

  In der Schlussakte wird die Souveränität aller Staaten in Europa und die Unverletzlichkeit ihrer Grenzen bekräftigt. Alle Staaten bekennen sich zum Gewaltverzicht und zur Nichteinmischung in die inneren Angelegenheiten anderer Staaten. Sie verpflichten sich, die Menschenrechte und Grundfreiheiten zu achten.

Im **Oktober 1980** werden seitens der DDR Forderungen nach einer eigenen DDR-Staatsbürgerschaft und einer Umwandlung der ständigen Vertretung in Botschaften gestellt und weitere Fortschritte in der deutsch-deutschen Beziehung davon abhängig gemacht. Trotzdem sind beide deutschen Regierungen bestrebt, den Dialog zwischen Ost und West nicht zum Stillstand kommen zu lassen. **1981** reist Bundeskanzler **Schmidt** zu Gesprächen in die DDR. **1987** besucht der DDR-Staatsratsvorsitzende **Honecker** die Bundesrepublik.

1. **„Nach dem Mauerbau war ein Umdenken in der Deutschlandpolitik notwendig." Begründen Sie diese Feststellung.**
2. **Inwiefern sind die Vereinbarungen des Viermächteabkommens für die Ost-West-Beziehungen wichtig?**
3. **Nennen Sie die im Grundlagenvertrag festgelegten Vereinbarungen.**

Zur Wiederholung

1. Nennen Sie die wichtigsten Ergebnisse der Postdamer Konferenz.
2. Ost und West beschuldigen sich gegenseitig, für die Teilung Deutschlands verantwortlich zu sein. Nehmen Sie dazu Stellung.
3. Beschreiben Sie die Ziele, die die Siegermächte bei ihrer Besatzungspolitik verfolgen.
4. Nennen Sie die Schritte der Teilung Deutschlands.
5. Diskutieren Sie den Einfluss der Siegermächte auf die Gründung der beiden deutschen Staaten.
6. Erklären Sie die wesentlichen Unterschiede zwischen der Gründung der DDR und der der Bundesrepublik.
7. Nennen Sie Gründe dafür, dass die Teilung Deutschlands eine Folge des Ost-West-Konfliktes ist.
8. Diskutieren Sie die Frage, ob sich Grundlagenvertrag und Wiedervereinigungsgebot nicht widersprechen.
9 Erläutern Sie das Politikverständnis, das der sozialistischen Demokratie zugrunde liegt.
10. Nennen Sie die Ursachen des Arbeiteraufstandes am 17. Juni 1953.
11. Inwieweit verlangte der Bau der Berliner Mauer 1961 ein Umdenken in der Deutschlandpolitik?

Handlungsimpulse

A Setzen Sie sich in kleinen Gruppen zusammen und fassen Sie in Tabellenform die Ereignisse der Entstehung beider Staaten zusammen.
Arbeiten Sie dabei besonders die wesentlichen Unterschiede zwischen der Gründung der BRD und DDR heraus.
Vergleichen Sie Ihre Ergebnisse mit denen der anderen Gruppen.

B Die Entspannungspolitik ist ein wesentlicher Meilenstein auf dem Weg zu einem friedlichen Nebeneinander der beiden deutschen Staaten. Diskutieren Sie die Feststellung, dass als Ursache der Entspannungspolitik ein radikales Umdenken in der Deutschlandpolitik vorausging.

5 Der Prozess der Wiedervereinigung

5.1 Die gewaltlose Revolution in der DDR

Für die friedliche Revolution in der DDR sind vor allem zwei Gründe maßgebend:

- **Perestroika und Glasnost**
  Michael Gorbatschow, seit 1985 Generalsekretär der Kommunistischen Partei der Sowjetunion, verkündet als Programm Perestroika (Umbau) und Glasnost (Offenheit). Er strebt eine Umgestaltung der Sowjetunion an und setzt sich für Abrüstung und die Errichtung eines gemeinsamen europäischen Hauses ein. Die Demokratie- und Bürgerrechtsbewegungen in Mittel- und Osteuropa erhalten durch Gorbatschows Politik starken Auftrieb: Die kommunistischen Parteien verlieren ihren beherrschenden Einfluss in Staat und Gesellschaft; Reformen werden in den Staaten Osteuropas möglich.

- **Opposition in der DDR**
  Viele Bürger in der DDR hoffen nun auch auf Reformen in ihrem Land. In Oppositionsgruppen, meist unter dem Dach der Kirche, sammeln sich Regimegegner. Die SED-Führung lehnt jedoch jegliche Reformpolitik ab, verfolgt die Oppositionellen. Als Ungarn im Mai 1989 die Grenzen zu Österreich öffnet, setzt eine Massenflucht von Bürgerinnen und Bürgern der DDR in die Bundesrepublik Deutschland ein. Die Regierung der DDR gibt keine Visa mehr für Ungarnreisen aus. Nun stürmen die Flüchtlinge die Deutsche Botschaft in Prag.

Erklären Sie die Begriffe „Perestroika" und „Glasnost".

Das Ende der SED-Herrschaft – Fall der Mauer
Im September 1989 verschärft sich die Lage in der DDR. Am 7. Oktober, dem 40. Jahrestag der DDR, gibt es in zahlreichen Städten Demonstrationen, die von der Stasi und der Volkspolizei gewaltsam aufgelöst werden. Am 9. Oktober demonstrieren mit dem Ruf „Wir sind das Volk" über 70 000 Menschen in Leipzig. Um die Herrschaft der Partei doch noch zu retten, beschließt das Politbüro der SED die Absetzung Erich Honeckers. Sein Nachfolger wird Egon Krenz.

Dem Versprechen der neuen SED-Führung, den Staat demokratisch zu erneuern, wird nicht geglaubt. Die Demonstrationen gehen unvermindert weiter. Anfang November demonstrieren über eine Million Menschen in Ostberlin für freie Wahlen, Demokratie, Menschenrechte und Reisefreiheit. Am 7. November muss die gesamte Regierung zurücktreten. Am 9. November wird ein neues Reisegesetz bekannt gegeben. Zehntausende strömen an die Grenze. Die Grenze ist offen, die Mauer gefallen.

5.2 Der Einigungsprozess

Der „Runde Tisch"

Nach der Öffnung der Mauer am 9. November 1989 beginnt in der DDR ein Demokratisierungsprozess. Die SED verliert Stück für Stück ihre beherrschende Stellung in Staat und Gesellschaft.
In Ostberlin wird ein „Runder Tisch" unter der Moderation von Kirchenvertretern gebildet, an dem alle Oppositionsgruppen beteiligt sind. Ihnen gegenüber sitzen die Vertreter der Regierung. Die Oppositionsgruppen ringen der Regierung Modrow freie Wahlen ab.
Weiterhin werden die Auflösung des Staatssicherheitsdienstes, verschiedene Verfassungsänderungen (u. a. die Streichung der führenden Rolle der SED) sowie Reformen in Wirtschaft, Bildung und Ökologie beschlossen.
Am 17.11. erfolgt die Erklärung der Regierung Modrow.

Volkskammerwahl

Im Zusammenhang mit der friedlichen Revolution und dem Demokratisierungsprozess in der DDR entstehen viele neue Parteien.
Zur Volkskammerwahl am 18. März 1990 treten insgesamt 23 Parteien an. Der Wahlausgang wird mit großer Spannung erwartet, können doch die Bürgerinnen und Bürger zum ersten Mal nach 57 Jahren frei wählen. Im Wahlkampf spielt die Frage über den schnellsten Weg zu einer Vereinigung der beiden deutschen Staaten die entscheidende Rolle. Bundeskanzler Kohl und der neue Ministerpräsident Lothar de Maizière setzen sich für eine rasche Vereinigung ein. Unter dem Druck der wirtschaftlichen Verhältnisse einigen sich die beiden Regierungen auf einen Beitritt nach Artikel 23 des Grundgesetzes.

Die Wirtschafts-, Währungs- und Sozialunion – der erste Staatsvertrag

Am 16. Mai unterzeichnen Bundeskanzler Kohl und Ministerpräsident de Maizière den Staatsvertrag zur Schaffung einer Wirtschafts-, Währungs- und Sozialunion.
Dieser Staatsvertrag regelt auch Fragen des Arbeits- und Sozialrechtes und ab 1. Juli 1990 gelten entsprechende Gesetze der BRD.
Mit der Einführung der D-Mark im Umtauschkurs 1:2 ist der erste Schritt zur Vereinigung getan. BRD und DDR bilden ab dem 2. Juli 1990 ein gemeinsames Wirtschaftsgebiet.

Einigungsvertrag

Die Grundlage zur Herstellung der Einheit Deutschlands ist der zwischen den Regierungen der beiden deutschen Staaten ausgehandelte Einigungsvertrag, der am 3. Oktober 1990 in Kraft tritt. Es handelt sich dabei um ein sehr kompliziertes und umfangreiches Vertragswerk, denn schließlich müssen zwei völlig unterschiedliche Systeme miteinander in Einklang gebracht werden.
Der 3. Oktober wurde 1990 zum „Tag der Deutschen Einheit" erklärt und ist seitdem gesetzlicher Feiertag.

Erläutern Sie, warum 1990 der Ruf nach Wiedervereinigung immer lauter wurde.

5.3 Internationale Regelungen

Grenzgarantie
für Polen durch beide deutsche Parlamente, später durch gesamtdeutsches Parlament

Einbeziehung der DDR in die EG
Vereinbarung von Übertragungsregelungen

„Wir sind so weit, Dachdecker, Beeilung!"

Neue Sicherheitsordnung für Europa
durch Fortentwicklung der KSZE (Konferenz über Sicherheit und Zusammenarbeit in Europa)

2-plus-4-Gespräche
(DDR + BR Deutschland + 4 Siegermächte) über **Vorbehaltsrechte, Truppenstationierung, Berlin** Deutschland und seine Stellung zu **NATO/Warschauer Pakt, Sicherheitsinteressen der UdSSR**

Der Vereinigungsvertrag ist nicht nur eine Angelegenheit der beiden deutschen Staaten. Es sind auch eine Reihe internationaler Fragen zu klären.

Besonders schwierig ist es, die Zustimmung der Sowjetunion zur Vereinigung Deutschlands zu erreichen. Bei einem Gipfeltreffen im Kaukasus einigen sich Kohl und Gorbatschow auf die wichtigsten Punkte eines deutsch-sowjetischen Vertrages:

- Die Sowjetunion stimmt der Vereinigung zu.
- Das vereinte Deutschland kann Mitglied der NATO sein.

- Solange noch sowjetische Truppen auf dem Gebiet der DDR stationiert sind, gilt die DDR nicht als NATO-Gebiet.
- Der Abzug der sowjetischen Truppen aus der DDR soll bis 1994 erfolgen.
- Die Bundesrepublik Deutschland beteiligt sich an den Stationierungs- und Abzugskosten mit 6,5 Mrd. EUR.

Der **Zwei-plus-Vier-Vertrag** (am 12. September 1990 unterzeichnet) ist mehr als nur ein Vertrag zwischen sechs beteiligten Staaten. Er zieht einen Schlussstrich unter die Nachkriegszeit und hat die **Bedeutung eines Friedensvertrages**. Ohne das Einverständnis der vier Siegermächte hätte die Einheit Deutschlands nicht vollzogen werden können. Auf dem KSZE-Gipfel unterschreiben am 19. November 1990 die Staats- und Regierungschefs der NATO und des Warschauer Paktes eine 10-Punkte-Erklärung (Die 10 Punkte von Paris), in der der „Kalte Krieg" für beendet erklärt wird.

Ende 1990 ist die Vereinigung aus internationaler Sicht abgeschlossen. Deutschland erhält seine **Souveränität**.

Untersuchen Sie die internationale Rolle Deutschlands seit 1990 bis heute.

5.4 Politische Folgen der Vereinigung

Streiflichter aus dem Jahr 16 der Einheit

Für eine neue Zukunft entschieden

Von Sachsen-Anhalt nach Baden-Württemberg ohne Reue

Bietigheim-Bissingen (wde) Seit März 2006 leben und arbeiten Stefanie und Sven in Baden-Württemberg. Eine Entscheidung, die sich die beiden jungen Leute nicht einfach gemacht haben. „Sehr bewusst", so die 24-Jährige, hat sie sich mit ihrem 24-jährigen Freund auf diesen doch so grundlegenden Schritt vorbereitet. Für einen beruflichen und privaten Neuanfang in den „alten Bundesländern" gab es aus ihrer Sicht keine sinnvolle Alternative. Beruflich und geografisch. Stefanie ist der Meinung, dass ihre „Landsleute noch mehr flexibel werden müssen", das gelte gerade auch dann, wenn sie „in der Heimat bleiben wollen".

Zur Zeit der Wende waren die jungen Leute acht Jahre alt. Den damaligen Wechsel in die Marktwirtschaft haben sie bewusst nicht mitbekommen. Jetzt, wo sie für sich selbst verantwortlich sind, wollen sie sich „etwas Neues aufbauen". Natürlich ist auch ein „höherer Lebensstandard" erstrebenswert, aber man muss auch „selber etwas dafür tun". Heute kann man nicht auf der Stelle bleiben, sondern muss sich „den Gegebenheiten anpassen". Eine spätere Rückkehr in ihre Heimat ist nicht ausgeschlossen. Das Ziel war und ist, eine Arbeitsstelle zu haben. Das gemeinsame Urteil nach einem Jahr: „Uns geht es hier gut, wir haben den Schritt nicht bereut."

Home, Leben und Mitreden in Ihrer Erlebniswelt, 2007; http://www.wde.de

Haben Sie keinen Kindergarten?

Immer noch große Unwissenheit über den Arbeitsmarkt

Leipzig / Stuttgart (wde) Die „gute alte Zeit" ist vorbei – leider haben es bis heute nicht alle verstanden. 16 Jahre nach dem Zusammenschluss der ehemaligen DDR und der BRD gibt es immer noch Bürger in den „neuen Bundesländern", die nicht erkannt haben, dass sich einiges geändert hat. Das ist schade. Dabei stehen sie sich selbst im Weg und verbauen sich damit konkrete Berufschancen. Der Beruf bzw. eine Arbeitsstelle ist aber die Grundvoraussetzung für ein persönliches Wohlbefinden für sich und die Familie.
Einem Koch aus Leipzig, der arbeitslos ist, wurde über die Arbeitsagentur eine Arbeitsstelle mit Unterkunft in Mallorca in einem Hotel angeboten. Die Unterkunft für seine Familie wurde abgelehnt. Er wollte daraufhin nur sein Kind mitnehmen. Auch das musste der Arbeitgeber ablehnen. Darauf der Koch: „Was denn, Sie haben keinen Kindergarten?" Es ist schade, dass es immer noch Unwissen über grundsätzliche Unterschiede in der Berufswelt zwischen der ehemaligen DDR und dem Westen gibt. Einige der bestimmt engagierten Arbeitnehmer in den „neuen Bundesländern" müssen lernen, dass Arbeitsplätze und Privatleben zwei Seiten des Lebens sind. Lassen Sie uns daran arbeiten, dass das gegenseitige Verständnis größer wird. Dann werden wir ganz bestimmt auch „ein Volk", das die Stärken und Schwächen des anderen versteht.

Home, Leben und Mitreden in Ihrer Erlebniswelt, 2007; http://www.wde.de

1. Geben Sie Gedanken aus diesen Meinungen wieder, die die Frage „Warum die Einheit noch keine ist" berühren.
2. Diskutieren Sie Probleme, die aus diesen Meinungen sichtbar werden.

Politische Aspekte

Ein Überblick

- Höchstes Wachstum seit 2000: Die deutsche Wirtschaft ist im vergangenen Jahr so stark wie seit dem Jahr 2000 nicht mehr gewachsen, jedoch reicht der Aufschwung nicht für alle – vom Wirtschaftsboom profitieren viele, die sozialen Verwerfungen nehmen zu.
- Die Lasten der Wiedervereinigung sind ein gutes Stück abgearbeitet, die Wechselkursschocks der Euro-Einführung sind überwunden und die Unternehmen sind auf den Weltmärkten so wettbewerbsfähig wie lange nicht.
- Im Schatten des Aufschwungs nehmen die sozialen Probleme zu: Während die gut ausgebildeten Kurzzeitarbeitslosen zu Hunderttausenden profitieren, bleibt die Besserung bei den Langzeitarbeitslosen bescheiden. Die Zahl der Menschen, die neben einer regulären Beschäftigung „Hartz IV" beantragen, wächst explosionsartig.
- Was tun? Die Politik scheint überfordert. Die Globalisierung drückt auf die Einkommen und die Jobchancen im Niedriglohnsektor. Wer keine Ausbildung hat, wessen Produktivität nicht ausreicht, rutscht ab in prekäre Beschäftigungsverhältnisse – Schnittstelle zwischen Sozialhilfe, Arbeitslosigkeit und Gelegenheitsjobs –, das wohl größte Problem unserer Zeit, das die Politik zu lösen und dabei den Wandel zu gestalten hat.

(Auszug: Peter Hahne, Berlin, Ostthüringer Zeitung, 21. Mai 2007)

Wie steht es mit der inneren Einheit?

Gefühlte Nähe zwischen Ost- und Westdeutschen

Befragt wurden im Dezember 2006 insgesamt 500 Personen in den neuen Bundesländern und 502 in den alten Bundesländern. Die Untersuchung ist repräsentativ für die deutsche Bevölkerung ab 18 Jahren.

In der westdeutschen Bevölkerung wird überwiegend das Verbindende zwischen Ost und West gesehen. 44 % sind der Ansicht, dass sich Ost- und Westdeutsche im siebzehnten Jahr nach der Wiedervereinigung eher nahestehen. Nur jeder Vierte (25 %) hat das Gefühl, Ost- und Westdeutsche seien sich eher fern. Die übrigen 31 % geben an, dass sich West- und Ostdeutsche weder besonders nah noch fern sind. Die Einschätzung, wonach das Ost-West-Verhältnis eher durch Nähe und weniger durch Distanz geprägt ist, zeigt sich im Westen fast durchgängig. Allerdings ist der Grad, in dem die Nähe zum Osten empfunden wird, durchaus unterschiedlich. Vor allem in der Altersgruppe der 18- bis 29-Jährigen wird das Verhältnis von Ost und West besonders eng empfunden.

Institut für Marktforschung GmbH Leipzig, www.imleipzig.de/Presse_29_01_2007

Berichten Sie über Ihre Erfahrungen und Beobachtungen, inwieweit sich die Menschen in beiden Teilen Deutschlands nähergekommen sind.

5.5 Wirtschaftliche und soziale Folgen der Vereinigung

Die Arbeitslosigkeit in Deutschland ist erstmals seit Jahren gesunken. Die Quote sank von 11,7 % auf 10,8 %. Weiterhin katastrophal ist die Lage auf den ostdeutschen Arbeitsmärkten mit Quoten zwischen 19% (Mecklenburg-Vorpommern) und 15,6 % (Thüringen). Für das Jahr 2007 wird eine Erholung auf dem Arbeitsmarkt erwartet und es kann (so die Prognose) die Zahl der Arbeitslosen 2008 sogar unter die Vier-Millionen-Grenze fallen.

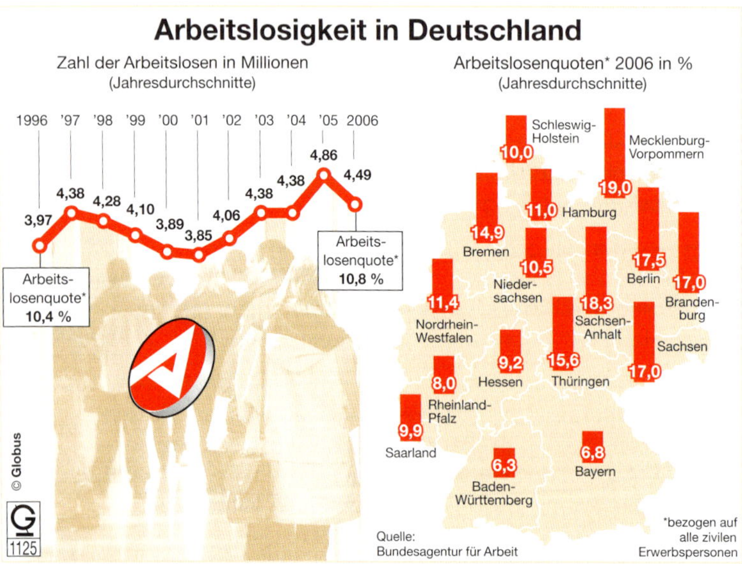

Wirtschaftliche Aspekte

Der wirtschaftliche Aufholprozess der neuen Länder vollzieht sich sehr langsam. Trotz großer Erfolge in der Modernisierung der Infrastruktur, in den Sonderwirtschaftszonen, durch Leuchtturmpolitik und passive Sanierung, in der Förderung der gewerblichen Wirtschaft, in der sozialen Sicherung und durch mehr Wettbewerb auf Länderebene geht die angestrebte Ost-West-Angleichung schleppend voran.

- Forschungsinstitute beziffern den Sonderbedarf in den neuen Ländern nach Ablauf des Solidarpaktes I 2004 auf 250 Mrd. EUR. Allein zur Schließung der Infrastrukturlücke seien noch rund 150 Mrd. EUR nötig.
- Der Solidarpakt wird mit dem Solidarpakt II ab 2005 fortgeschrieben. Bis einschließlich 2019 werden rund 160 Mrd. EUR folgen. Es besteht die Forderung an die neuen Bundesländer, diese Mittel für den Aufbau einer selbsttragenden Wirtschaft und nicht zur Finanzierung laufender Ausgaben zu verwenden.
- Die Arbeitsmarktpolitik bleibt ein wichtiges Handlungsfeld der Transformationspolitik. Das am 1. August 2006 in Kraft getretene Gesetz zur Fortentwicklung der Grundsicherung für Arbeitssuchende (Arbeitslosengeld II), die angestrebte Einführung von Mindestlöhnen und Veränderungen im Kündigungsschutz sollen helfen, die Beschäftigungssituation zu verbessern.
- Das Wirtschaftswachstum in Ostdeutschland liegt um 0,4 % niedriger als in Westdeutschland.

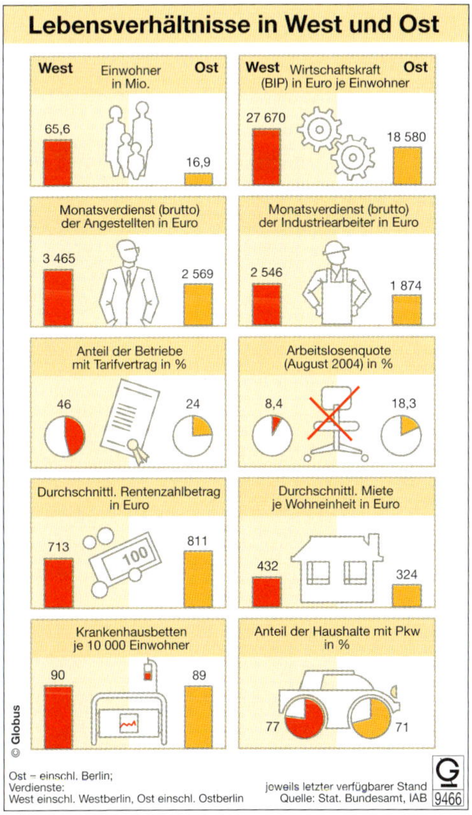

Ist die immer wieder auftretende Diskussion um die Kosten der Einheit ihrer Ansicht nach angemessen? Begründen Sie Ihre Auffassung.

Soziale Aspekte

Die Frage der inneren Einheit wird besonders häufig mit der Angleichung der materiellen Lebensverhältnisse und der wirtschaftlichen Entwicklung verbunden.

Gefühle und Befinden der Bürger aus Ost- und Westdeutschland haben in steigendem Maße **wirtschaftliche und soziale Bedeutung**. Hinsichtlich des Erwerbseinkommens, der Renten, der Beschäftigten- und Arbeitslosenzahlen und einheitlichen Arbeitsbedingungen ergibt sich ein differenziertes Bild. Die Arbeitsbedingungen, **Arbeitszeiten** (bis zu 117 Stunden mehr an Jahresarbeitszeit im Osten) und die **Löhne und Gehälter** werden immer noch angeglichen (bis zu 41 % Lohngefälle zwischen Ost und West).
Ausgabenstruktur und **Konsumverhalten** der Privathaushalte sind in Ost- und Westdeutschland weitgehend deckungsgleich. Im Osten arbeiten in Betrieben 11 % der Arbeitnehmer mit Haustarifverträgen, in den alten Ländern sind es 8 % – ganz **ohne Tarifvertrag** – und damit ohne tarifvertraglich festgelegte Lohngruppen, Arbeitszeiten und Urlaubsregelungen. Der erfolgreiche Kampf gegen **Jugendarbeitslosigkeit** wird mit der Aufstockung der Zahl der Kompetenzagenturen fortgesetzt. Die Chancen arbeitsloser Jugendlicher sollen ab 1. Oktober 2007 weiter verbessert werden. Arbeitgeber können einen Qualifizierungs- oder Eingliederungszuschuss beantragen. Damit sollen 50 000 junge Menschen ins Arbeitsleben integriert werden.

Der Sozialreport 2006 „Angst vor der Zukunft im Osten" stellt fest:

- Die allgemeine Lebenszufriedenheit der Ostdeutschen ist vor dem Hintergrund der Reformdebatten weiter gesunken. (39 % der Befragten Ostdeutschen waren mit ihrem Leben alles in allem zufrieden; 2000 waren es noch 59 %.)
- Die Zukunftsverunsicherungen hätten – insbesondere bei älteren Bürgern – zugenom-men. Nur 8 % haben vor allem Hoffnung mit Blick auf die Zukunft; 38 % vor allem Befürchtungen; sie ziehen sich in eine „Zuschauerdemokratie" zurück.
- Der von der großen Koalition proklamierte wirtschaftliche Aufschwung erreicht weder in der Realität noch im Bewusstsein die Mehrheit der Bürger. Es gebe zudem eine neue Armut – sie ist gekennzeichnet durch Armut trotz Arbeit, Armut von Familien mit Kindern und eine zunehmende Altersarmut.
- Das Vertrauen in die politischen Instanzen ist niedrig und die Zufriedenheit mit dem Stand der Demokratieentwicklung ist gering. Die Untersuchungsergebnisse verweisen darauf, dass Rechtsextremismus und ausländerfeindliches Verhalten nicht auf gewaltbereite, gering qualifizierte, ausgegrenzte junge Menschen reduzierbar sind, sondern alle Altersgruppen erfassen.

Sozialwissenschaftliches Forschungszentrum Berlin-Brandenburg e.V., 16.01.07, Auszüge

Ost-West Wanderung
Von dem wirtschaftlichen und demografischen Wandel, der ganz Deutschland erfasst, sind die neuen Bundesländer überproportional betroffen. Der massenhafte Verlust an Arbeitsplätzen seit der Wende und die daraus resultierende Abwanderung haben vor allem in den peripheren Regionen zu einer sozialen Erosion geführt. Die Abwanderung von jungen Frauen hat Folgen vor allem für die Altersstruktur. Die Alterspyramide wird sich im Osten Deutschlands dramatisch verändern.

1. **Listen Sie auf, welche gesellschaftlichen und sozialen Probleme sich durch die wachsende Abwanderung besonders junger Leute aus Ostdeutschland ergeben.**
2. **Nennen Sie die Ursachen für Aggressivität und Gewalt und ihre Auswirkungen.**

Zur Wiederholung

1. Versuchen Sie die Wünsche und Ängste der Bürger in Ost- und Westdeutschland nach verschiedenen Gesichtspunkten (z. B. nach wirtschaftlichen, politischen, persönlichen Aspekten) zusammenzustellen.
2. Nehmen Sie Stellung zu dem Ausspruch „Die Mauer in den Köpfen bleibt".
3. Nennen Sie Gründe, weshalb noch bestehende Spannungen zwischen den Menschen in Ost- und Westdeutschland abgebaut werden müssen.
4. Suchen Sie aus den geäußerten Meinungen die Probleme und Vorurteile heraus, die gleichermaßen für Jugendliche in den neuen wie in den alten Bundesländern typisch sind.
5. Untersuchen Sie anhand aktueller Materialien, inwieweit man von gleichen Lebensverhältnissen in beiden deutschen Staaten sprechen kann.
6. „Wir leben nicht im vereinten Deutschland, sondern in einer erweiterten Bundesrepublik" (Schorlemmer). Interpretieren Sie diese Aussage.
7. Stellen Sie fest, worauf Ost- und Westdeutsche sich jeweils in den kommenden Jahren einstellen müssen.
8. Inwiefern haben die Deutschen gemeinsam in den nächsten Jahren große nationale und internationale Herausforderungen zu bewältigen?
9. Erläutern Sie die Schwierigkeiten bei der wirtschaftlichen Entwicklung in den neuen Bundesländern. Informieren Sie sich über die aktuellen Entwicklungen.
10. Diskutieren Sie angesichts der hohen Arbeitslosenzahlen folgende These: „Arbeit ist ein Privileg, das geteilt werden muss."
11. Vielfach wird in Bezug auf die Verteilung der Kosten für die deutsche Einheit von einer „Gerechtigkeitslücke" gesprochen. Gibt es Gründe für diese Behauptung?
12. Nehmen Sie Stellung zu der Aussage: „Zwischen Ost und West gibt es Verständigungsprobleme, keine Missverständnisse. Die Mauer in den Köpfen ist vor allem eine Verständigungsbarriere."

Handlungsimpulse

A Ostdeutsche fühlen sich oft als „Bürger 2. Klasse". Sammeln Sie Materialien, in denen Erwartungen und Wünsche, aber auch Ängste in beiden Teilen Deutschlands zum Ausdruck kommen. Versuchen Sie in einem Rollenspiel die gegenseitigen Positionen, aber vor allem auch Verbindendes herauszustellen.

B Diskutieren Sie Probleme und Chancen für eine weitere Gestaltung der deutschen Einheit. Stellen Sie in den Mittelpunkt Ihrer Überlegungen besonders die Herausforderungen, die die Deutschen in den nächsten Jahren zu bewältigen haben. Fertigen Sie zu den Problemen, Chancen und Herausforderungen eine Dokumentation an.

6 Die Grundlagen der demokratischen Ordnung

6.1 Das Grundgesetz

Einigkeit und Recht und Freiheit
Für das deutsche Vaterland!
Danach lasst uns alle streben
Brüderlich mit Herz und Hand!
Einigkeit und Recht und Freiheit
Sind des Glückes Unterpfand –
Blüh im Glanze dieses Glückes,
Blühe, deutsches Vaterland!

Hoffmann von Fallersleben

Alle Staaten der Welt haben Symbole, die die Zusammengehörigkeit und Gemeinsamkeit der Bürger dieses Staates zeigen sollen. Die Staatssymbole der Bundesrepublik Deutschland sind: das Wappen, die Flagge und die Nationalhymne.

1. **Welche Bedeutung haben Symbole für einen Staat?**
2. **Recherchieren Sie die geschichtlichen Hintergründe der Symbole.**

Jeder Staat ist durch **drei Merkmale** gekennzeichnet:

1. ein **Staatsgebiet** mit eindeutig bestimmbaren Grenzen. Das Staatsgebiet der Bundesrepublik umfasst 357 093 km^2;
2. ein **Staatsvolk**, dessen Staatsbürger mit bestimmten Pflichten und Rechten ausgestattet sind. Die Bevölkerung in Deutschland setzt sich aus ca. 75,1 Millionen deutschen Staatsbürgern und ca. 7,3 Millionen ausländischen Mitbürgern zusammen;
3. eine **Staatsgewalt**, die Regeln für das Zusammenleben festlegen kann. In welcher Form und durch wen die Staatsgewalt ausgeübt wird, ist in demokratischen Staaten in der Verfassung geregelt.

1. Mit welchen Staaten hat Deutschland eine gemeinsame Grenze (vgl. Grafik S. 114)?

2. Ermitteln Sie die Gesamtzahl der Bevölkerung in Deutschland und bestimmen Sie das Bundesland mit den meisten und das mit den wenigsten Einwohnern.

Das **Grundgesetz** ist die Verfassung der Bundesrepublik Deutschland. Es wird am 23. Mai 1949 vom **Parlamentarischen Rat** ausgearbeitet und von den Landtagen der elf westlichen Bundesländer beschlossen. Am 3. Oktober 1990 treten die östlichen Bundesländer der Bundesrepublik Deutschland bei. Seitdem gilt das Grundgesetz für Gesamtdeutschland.

Konrad Adenauer unterschreibt das Grundgesetz.

Präambel

Im Bewusstsein seiner Verantwortung vor Gott und den Menschen, von dem Willen beseelt, als gleichberechtigtes Glied in einem vereinten Europa dem Frieden der Welt zu dienen, hat sich das Deutsche Volk kraft seiner verfassungsgebenden Gewalt dieses Grundgesetz gegeben.

Artikel 1 und **Artikel 20** bilden den **Kern des Grundgesetzes**. Sie enthalten die grundlegenden Werte und Prinzipien der Verfassung (Demokratie, Sozialstaat, Rechtsstaat, Bundesstaat). Gegenüber den anderen Artikeln des Grundgesetzes haben Sie eine Sonderstellung: Sie dürfen nach **Artikel 79** nicht verändert werden.

Artikel 20 bestimmt das staatliche Gefüge der Bundesrepublik Deutschland durch vier Prinzipien, die als tragende Säulen die **freiheitlich-demokratische Grundordnung** kennzeichnen.

Freiheitlich-demokratische Grundordnung

Demokratie	Rechtsstaat	Bundesstaat	Sozialstaat
Träger der Staatsgewalt ist das Volk **(Volkssouveränität)**. Darum muss sich der Herrschaftsanspruch der staatlichen Organe aus dem Willen des Volkes herleiten. Der Wille des Volkes äußert sich in Wahlen und Abstimmungen.	Alle Staatsorgane sind in ihrem Handeln an die Verfassung und die Gesetze gebunden. Die staatliche Gewalt ist auf verschiedene Organe für Gesetzgebung, Vollziehung und Rechtsprechung verteilt (**Gewaltenteilung**).	Der Gesamtstaat (**Bund**) besteht aus verschiedenen Gliedstaaten (**Länder**). Die Länder unterstehen zwar dem Recht des Bundes, sind aber selbst an der Gesetzgebung des Bundes beteiligt. Jedes Bundesland besitzt das Recht, in bestimmten Bereichen selbst zu entscheiden.	Der Staat ist zu einer Politik der **sozialen Gerechtigkeit,** d. h. des Ausgleichs sozialer Interessen verpflichtet. Wie das Sozialstaatsprinzip im Einzelnen verwirklicht werden soll, ist immer wieder Gegenstand der politischen Diskussion.

Artikel 1 Grundgesetz

(1) Die Würde des Menschen ist unantastbar, sie zu achten und zu schützen ist die Verpflichtung aller staatlichen Gewalt.

(2) Das Deutsche Volk bekennt sich darum zu unverletzlichen und unveräußerlichen Menschenrechten als Grundlage jeder menschlichen Gemeinschaft, des Friedens und der Gerechtigkeit in der Welt.

(3) Die nachfolgenden Grundrechte binden Gesetzgebung, vollziehende Gewalt und Rechtsprechung als unmittelbar geltendes Recht.

Artikel 20 Grundgesetz

(1) Die Bundesrepublik Deutschland ist ein demokratischer und sozialer Bundesstaat.

(2) Alle Staatsgewalt geht vom Volke aus. Sie wird in Wahlen und Abstimmungen durch besondere Organe der Gesetzgebung, der vollziehenden Gewalt und der Rechtsprechung ausgeübt.

(3) Die Gesetzgebung ist an die verfassungsmäßige Ordnung, die vollziehende Gewalt und die Rechtsprechung sind an Gesetz und Recht gebunden.

(4) Gegen jeden, der es unternimmt, diese Ordnung zu beseitigen, haben alle Deutschen das Recht zum Widerstand, wenn andere Abhilfe nicht möglich ist.

Artikel 79 Grundgesetz

(1) Das Grundgesetz kann nur durch ein Gesetz geändert werden, das den Wortlaut des Grundgesetzes ausdrücklich ändert oder ergänzt (…)

(2) Ein solches Gesetz bedarf der Zustimmung von zwei Dritteln der Mitglieder des Bundestages und zwei Dritteln der Stimmen des Bundesrates.

(3) Eine Änderung dieses Grundgesetzes, durch welche die Gliederung des Bundes in Länder, die grundsätzliche Mitwirkung der Länder bei der Gesetzgebung oder die in den Artikeln 1 und 20 niedergelegten Grundsätze berührt werden, ist unzulässig.

1. **Weshalb haben die Väter das Grundgesetzes beschlossen, dass die Artikel 1 und 20 unter ein Veränderungsverbot gestellt werden?**
2. **Welche Bedeutung hat Art. 20 (4) und wie ist seine Einbeziehung ins Grundgesetz geschichtlich zu erklären? (Vgl. S. 16)**

6.2 Die Gewaltenteilung

Gewaltenteilung und Freiheit

Man muss sich gegenwärtig halten, was Unabhängigkeit und was Freiheit ist. Freiheit ist das Recht, alles zu tun, was die Gesetze erlauben (...) Politische Freiheit findet sich (...) nur dann, wenn man die Macht nicht missbraucht; aber es ist eine ewige Erfahrung, dass jeder, der Macht hat, ihrem Missbrauch geneigt ist: Er geht so weit, bis er auf Schranken stößt (...)
Um den Missbrauch der Macht zu verhindern, muss vermöge einer Ordnung der Dinge (d. h. einer Verfassung) die Macht der Macht Schranken setzen (...)
Wenn in derselben Person oder der gleichen obrigkeitlichen Körperschaft die gesetzgebende Gewalt mit der vollziehenden vereinigt ist, gibt es keine Freiheit; denn es steht zu befürchten, dass derselbe Monarch oder derselbe Senat tyrannische Gesetze macht, um sie tyrannisch zu vollziehen.
Es gibt ferner keine Freiheit, wenn die richterliche Gewalt nicht von der gesetzgebenden und vollziehenden getrennt ist (...)
Alles wäre verloren, wenn derselbe Mensch oder die gleiche Körperschaft der Großen, des Adels oder des Volkes diese drei Gewalten ausüben würde: die Macht, Gesetze zu geben, die öffentlichen Beschlüsse zu vollstrecken und die Verbrechen oder die Streitsachen der Einzelnen zu richten (...)

Charles de Montesquieu: Vom Geist der Gesetze, 1748

1. **Warum ist die Freiheit des Menschen nach Montesquieu gefährdet?**
2. **Durch welche Maßnahme will Montesquieu die Freiheit schützen?**

In einer Demokratie kann das Volk seine Herrschaft direkt über Abstimmungen (**unmittelbare** oder **plebiszitäre Demokratie**) oder indirekt über gewählte Vertreter (**mittelbare** oder **repräsentative Demokratie**) ausüben. Die Demokratie in Deutschland beruht zwar auf dem Gedanken der Repräsentation, wird aber – vor allem auf kommunaler Ebene – zunehmend durch Möglichkeiten der Volksabstimmung ergänzt. Damit soll dem wachsenden Verlangen nach einer größeren politischen Beteiligung der Bürger entgegengekommen werden.

Die Herrschaft des Volkes drückt sich zunächst in der Gesetzgebung aus. In einer repräsentativen Demokratie erfolgt sie über die gewählten Volksvertreter im Parlament (gesetzgebende Gewalt oder **Legislative**). Es reicht jedoch nicht, gesetzliche Regelungen wie die Steuerpflicht nur zu beschließen, sie müssen auch umgesetzt werden. Die dafür zuständige Gewalt ist die Regierung und die ihr unterstellte Verwaltung (ausführende Gewalt oder **Exekutive**). Die Anwendung von Gesetzen lässt sich nicht lückenlos regeln, Streitfälle treten zwangsläufig auf. Zur Klärung solcher Rechtsfälle können die Gerichte angerufen werden (rechtsprechende Gewalt oder **Judikative**).

Seit der Aufklärung im 17./18. Jahrhundert (vgl. S. 227) gilt der Grundsatz der Trennung der Staatsgewalten und der ihnen zugeordneten Staatsorgane als wesentlicher Bestandteil einer freiheitlichen Ordnung (horizontale Gewaltenteilung). Dadurch soll die Macht der einzelnen Staatsgewalt durch gegenseitige Kontrolle begrenzt werden.

Mit dem staatlichen Zusammenschluss zur Bundesrepublik Deutschland haben die Länder nicht alle Befugnisse abgegeben. Die Verfassungsväter entscheiden sich bewusst für den **Föderalismus** (Bundesstaat) und gegen eine Bündelung der Entscheidungskompetenzen (**Zentralstaat**). Die Folgen der Machtkonzentration unter der nationalsozialistischen Herrschaft sind allen in frischer Erinnerung. Im Grundgesetz wird die Gesetzgebungskompetenz zwischen Bund und Ländern zerlegt, die Staatsgewalt also zusätzlich zwischen den Organen des Bundes und der Länder aufgeteilt (**vertikale Gewaltenteilung**). Die Gemeinden haben zwar eigenständig Aufgaben zu erfüllen (Kommunale Selbstverwaltung) und sind damit ein weiteres Glied der Gewaltenteilung, jedoch können die Begriffe der klassischen Staatsgewalten nicht auf sie übertragen werden. Bürgermeister und Gemeinderat sind beide Teil der Verwaltung und unterstehen der Rechtsaufsicht des Landes.

1. **Welche Gesetze werden derzeit auf den verschiedenen Ebenen diskutiert?**
2. **Der Bund hat beschlossen, dass jedem Kind ein Platz im Kindergarten zusteht. Für deren Bereitstellung sind jedoch die Kommunen bzw. Länder zuständig. Welche Probleme sind mit dieser Aufgabenverteilung verbunden?**

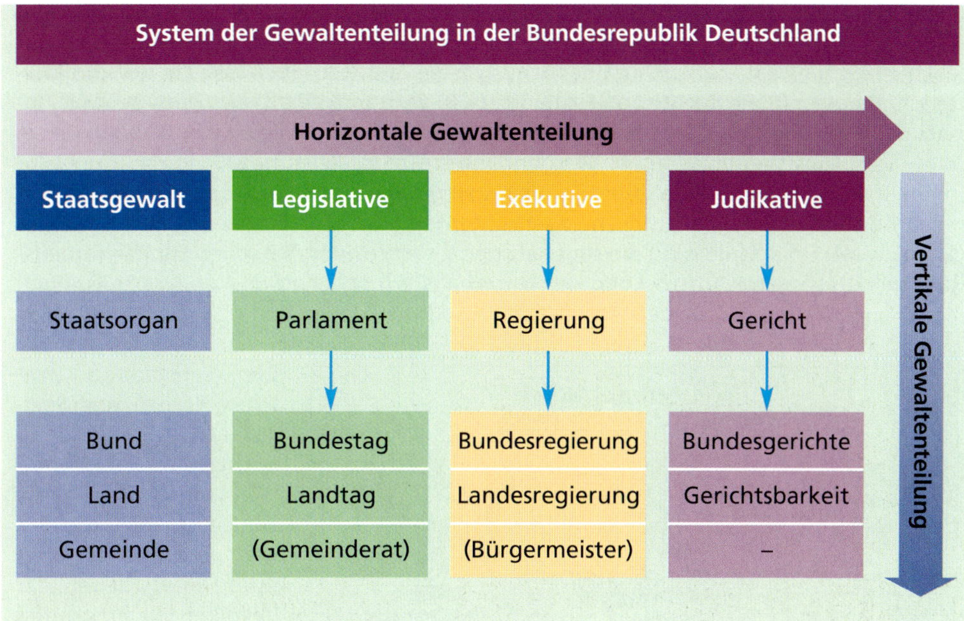

6.3 Der soziale Rechtsstaat

Kinderkrach kein Grund zur Kündigung der Wohnung!

Meldung einer Zeitung

Wir haben einen Rechtsstaat!
Wo bleibt der Schutz des Eigentums? Noch haben wir einen Rechtsstaat. Mit seinem Geld hat der Vermieter sein Haus gebaut. Abgestimmt auf seine Wohnbedürfnisse. Nun darf er noch nicht einmal bestimmen, wer dort wohnen darf! Selbst dann nicht, wenn ihn der Mieter in seiner Ruhe stört. Das Mieterschutzgesetz gehört abgeschafft!

Leserbrief eines Hauseigentümers

Wir haben einen Sozialstaat!
Kinder gehören zu unserer Gesellschaft. Wir alle profitieren von ihnen. Ohne Kinder gibt es keine Rente. Niemand darf deshalb wegen seiner Kinder benachteiligt werden. Wir leben in einem Sozialstaat. In ihm ist das Recht auf Eigentum nicht das Maß aller Dinge. Was zählt, ist die soziale Gerechtigkeit, deshalb brauchen wir den Mieterschutz.

Leserbrief einer Mutter

1. **Welche Meinung vertreten Sie in dieser Frage?**
2. **Welche staatlichen Eingriffe in das Eigentumsrecht kennen Sie noch?**

Die Bundesrepublik ist ein **Rechtsstaat**. Zu seinen **Merkmalen** gehört die verfassungsrechtliche Verankerung der **Menschenrechte**. Ferner muss jeder auf die Gültigkeit seiner persönlichen Rechte vertrauen können (**Rechtssicherheit**) und niemand darf rechtlich bevorzugt werden (**Rechtsgleichheit**). Durch **unabhängige Richter** muss jeder Staatsbürger die Möglichkeit haben, seine Rechte verbindlich durchzusetzen.

Eigentum verpflichtet, heißt es in Art. 12 (2) des Grundgesetzes, sein Gebrauch soll dem Wohl der Allgemeinheit dienen. Damit ist die Bundesrepublik neben einem Rechtsstaat auch ein Sozialstaat. Zum Schutz der Schwächeren greift er über Gesetze wie das Mieterschutzgesetz in die Rechte von Einzelnen (z. B. Vertragsfreiheit) ein. Nach dem Grundsatz der **Subsidiarität** soll er aber nur tätig werden, wenn sich die zu schützenden Personen nicht selbst helfen können. Werden Unterstützungsleistungen wie das Arbeitslosengeld II beschlossen, dann sollen sie gleichzeitig dabei mitwirken, dass die Betroffenen zukünftig aus eigener Kraft ihren Lebensunterhalt bestreiten können **(„vorsorgender" Sozialstaat)**. Ein Beispiel sind die sogenannten Ein-Euro-Jobs. Sie sollen Langzeitarbeitslosen einerseits eine Aufstockung des Unterhalts ermöglichen und andererseits ihnen die Chance bieten, sich an den Arbeitsalltag wieder zu gewöhnen.

Die Verbindung zwischen Rechts- und Sozialstaat wird als **sozialer Rechtsstaat** bezeichnet. Wie stark die Politik zum Ausgleich sozialer und persönlicher Interessen in das Leben der Bevölkerung eingreifen darf, ist heftig umstritten (vgl. S. 68).

Die Sozialleistungen der Bundesrepublik Deutschland im Überblick

soziale Sicherheit	Sicherung des Existenzminimums	sozialer Schutz/ soziale Teilhabe	sozialer Ausgleich
• Krankenversicherung • Unfallversicherung • Rentenversicherung • Arbeitslosenversicherung • Pflegeversicherung	Arbeitslosengeld II • Regelsatz 345 EUR (West) 331 EUR (Ost) • Wohngeld (Miete, Heizung, Strom) • SV-Beiträge • Sonstige Zuschüsse (u. a. Übergangsgeld)	• Arbeitsschutz • Kündigungsschutz • Mutterschutz • Mieterschutz • innerbetriebliche Mitbestimmung	• progressive Einkommensteuer • Familienförderung (Ehegatten-Splitting, Kinderfreibeträge, Kindergeld) • Vermögensbildung • Ausbildungsförderung
Leistungen erhält, wer Beiträge an die Versicherung gezahlt hat **(Versicherungsprinzip)**.	Leistungen erhält, wer seine Bedürftigkeit nachweisen kann **(Bedürftigkeitsprinzip)**.	Der Gesetzgeber stärkt die rechtliche Position des Schwächeren **(Prinzip der Waffengleichheit)**.	Der Gesetzgeber stärkt die wirtschaftliche Situation des Schwächeren **(Solidaritätsprinzip)**.

7 Die politische Willensbildung

Warum sollte ich mich für Politik interessieren?

Auszug eines Streitgesprächs zwischen Berufsschülern und einem Bundestagsabgeordneten

Oliver Herr Abgeordneter, Sie sagten, wir sollten uns mehr in das politische Geschehen einmischen. Warum?

Abgeordneter Weil politische Entscheidungen jeden Einzelnen betreffen, seine Gegenwart und Zukunft. Nehmen Sie das Beispiel Mineralölsteuer. Wird sie erhöht, muss jeder Autofahrer mehr bezahlen – das schmerzt. Auf der anderen Seite könnte dies eine Entwicklung einleiten, die das Verkehrswesen umweltverträglicher macht und zu Produkten führt, deren Herstellung Arbeitsplätze sichert!

Tobias Hoffentlich verhindern Sie einen solchen Blödsinn. Die Mineralölsteuer ist schon heute viel zu hoch. Sie sollte eher gesenkt werden, damit sich auch Auszubildende das Autofahren noch leisten können.

Eva Hoffentlich stimmen Sie im Bundestag für eine Erhöhung dieser Steuer, damit Leute wie Tobias endlich lernen, sich umweltbewusst zu verhalten, und mit dem Zug oder Fahrrad fahren.

Tobias Typisch Eva, will anderen vorschreiben, wie sie sich zu verhalten haben.

Eva Typisch Tobias, denkt nicht an die Klimakatastrophe, nicht an die Zukunft, nur an sich selbst und seine Bequemlichkeit.

Tobias Alles Quatsch. Erstens wurde im Fernsehen berichtet, dass es überhaupt keine Klimakatastrophe gibt, und zweitens brauche ich mein Auto, um morgens pünktlich zu meinem Ausbildungsplatz zu kommen. Die Politiker sollten sich besser um unsere Übernahme nach der Ausbildung kümmern.

Oliver Hört endlich auf zu streiten, wir sind hier doch nicht im Bundestag.

Eva Genau! Streit bringt uns nicht weiter. Statt uns gegenseitig die Köpfe einzuschlagen, sollten wir uns lieber zusammentun und endlich etwas gegen Probleme wie die Umweltverschmutzung oder die Arbeitslosigkeit tun!

Tobias Da muss ich Eva ausnahmsweise zustimmen. Die Politiker streiten nur. Zumeist versteht man überhaupt nicht, um was es geht. Kein Wunder, dass jeder sofort das Programm wechselt, wenn ein Politiker im Fernsehen erscheint. Es gibt wirklich Interessanteres, als deren Sprüche anzuhören.

Abgeordneter Schade, dass Sie sich in Ihren Vorbehalten gegenüber Politikern wieder einig sind. Wie wichtig und strittig Politik ist, haben Sie doch gerade erst sehr anschaulich selbst gezeigt! …

1. **Welche Vorbehalte werden von den Schülern eingebracht?**
2. **Diskutieren Sie die Vorbehalte in Ihrer Klasse.**

7.1 Wozu politische Willensbildung?

Das Zusammenleben in einer Gesellschaft ist durch eine Vielfalt unterschiedlicher Lebenslagen, Lebensstile und Lebensläufe gekennzeichnet (**Pluralismus**). Gegensätzliche Interessen mit unterschiedlichen Forderungen an die Gesellschaft bleiben nicht aus. Sie führen zu Streitfragen, die in einer Demokratie vom Volk über staatliche Organe entschieden werden müssen. Alle Staatsbürger sind aufgefordert, sich über die gesellschaftlich bedeutsamen Streitfragen zu informieren und an der politischen Willensbildung durch Wahlen und Volksentscheide teilzunehmen. Zur besseren Durchsetzung eigener Vorstellungen können sie sich in Interessengruppen zusammenschließen und in Parteien mitwirken. Politische Entscheidungen beschleunigen den gesellschaftlichen Wandel. Durch neue Lebenswelten entstehen neue Interessen. Neue Forderungen werden erhoben, neue Streitfragen sind zu entscheiden. Die politische Willensbildung ist deshalb niemals abgeschlossen, sie ist ein ständiger Handlungsauftrag an alle politischen Akteure.

Der deutsche Philosoph **Immanuel Kant** (1724–1804) begründet in seiner Schrift „Was ist **Aufklärung**?" Mündigkeit als Grundlage der Willensbildung. Dagegen ist Unmündigkeit „das Unvermögen sich seines Verstandes ohne Leitung eines anderen zu bedienen" (vgl. S. 228).

1. **Worauf führt Kant die Unmündigkeit des Menschen zurück?**
2. **Trifft die Auffassung von Kant auch heute noch zu?**

Die Demokratie lebt von der Mündigkeit ihrer Bürger, d. h. von deren Fähigkeit, sich eigenständig und verantwortungsbewusst zu entscheiden. Dies setzt die rechtliche Möglichkeit zur ungehinderten Informationsbeschaffung und freien Urteilsbildung voraus.

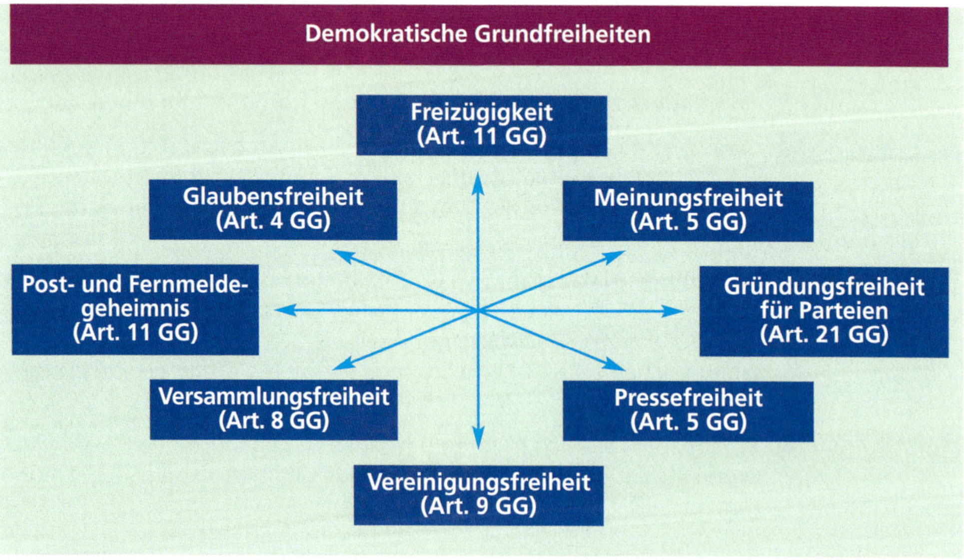

7.2 Die Parteien

7.2.1 Die Aufgaben der Parteien

§ 2 Begriff der Partei

Was sind Parteien?
Parteien sind Vereinigungen von Bürgern, die dauernd oder für längere Zeit für den Bereich des Bundes oder eines Landes auf die politische Willensbildung Einfluss nehmen und an der Vertretung des Volkes im Bundestag oder einem Landtag mitwirken wollen, wenn sie nach dem Gesamtbild der tatsächlichen Verhältnisse, insbesondere nach Umfang und Festigkeit ihrer Organisation, nach der Zahl ihrer Mitglieder und nach ihrem Hervortreten in der Öffentlichkeit eine ausreichende Gewähr für die Ernsthaftigkeit dieser Zielsetzung bieten.

Parteiengesetz

1. **Welcher Vorwurf wird den Parteien mit der Karikatur gemacht?**
2. **Welcher Widerspruch besteht zwischen dem Parteienbild des Karikaturisten und dem des Parteiengesetzes?**

Die Geschichte der Parteien beginnt mit der Entstehung der repräsentativen Demokratie. In ihr wählt das Volk Abgeordnete, die die Vorstellungen der Bürger im Parlament widerspiegeln sollen. Gleich gesinnte Volksvertreter schließen sich zu politischen Gruppierungen zusammen, um ihre Ideen besser durchsetzen zu können. Mit der Öffnung dieser politischen Kreise für alle Bürger entstehen Parteien. Besonders stark werden sie als politische Vereinigung der Arbeiterschaft. Mit einer Partei können sich breite Volksschichten auf der politischen Bühne Gehör verschaffen und ihre Interessen in den Parlamenten vertreten. Parteien sind also eine Form der demokratischen Beteiligung. Heute werden sie als verfassungsrechtlich notwendiger Bestandteil der freiheitlich-demokratischen Grundordnung angesehen. Sie sind im Grundgesetz verankert und übernehmen durch das Parteiengesetz eine Fülle von politischen Aufgaben.

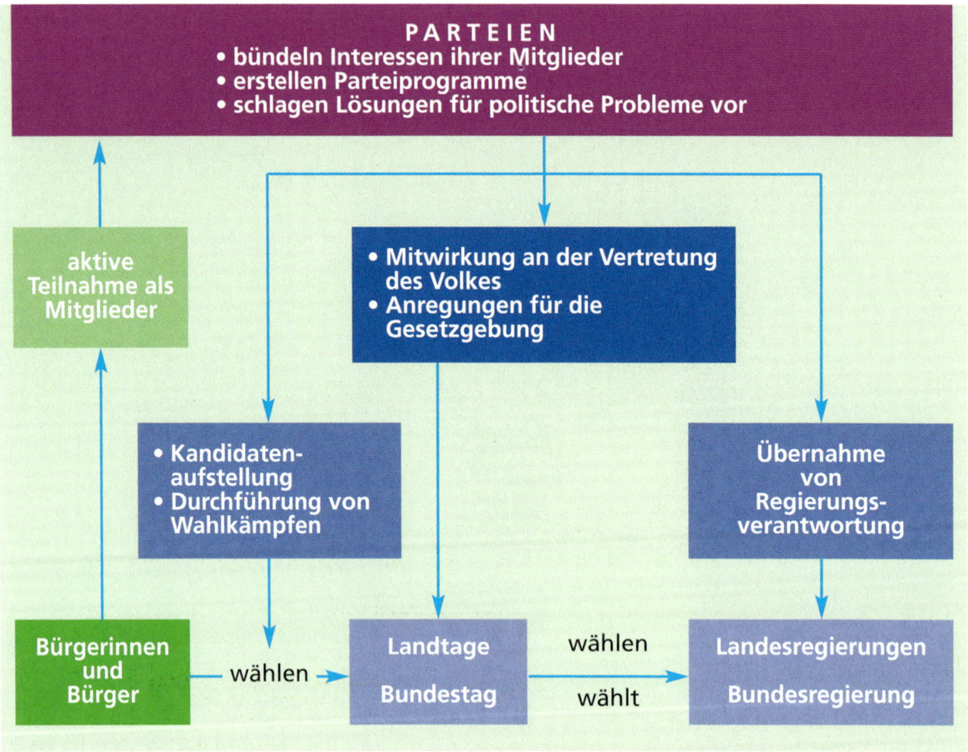

Innere Ordnung der Parteien

Artikel 21 Grundgesetz

(1) Die Parteien wirken bei der politischen Willensbildung des Volkes mit. Ihre Gründung ist frei. Ihre innere Ordnung muss demokratischen Grundsätzen entsprechen (...)

1. **Welche Anforderungen stellt das Grundgesetz an die Parteien?**
2. **Weshalb wurden diese Anforderungen ausdrücklich ins Grundgesetz aufgenommen?**

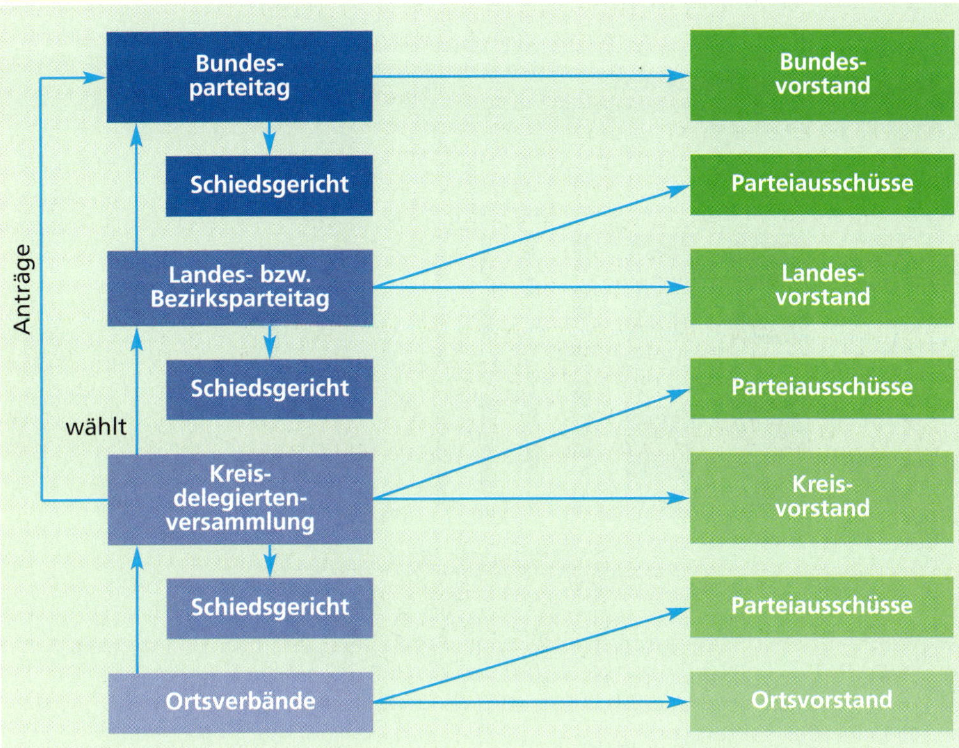

1. **Beschreiben Sie den organisatorischen Aufbau der Parteien.**
2. **Welche Möglichkeiten hat ein einfaches Parteimitglied, um seine Vorstellungen durchzusetzen?**

Parteien sind eine wichtige Säule unserer demokratischen Ordnung. Wir leben in einem **Parteienstaat**. Die Lebensfähigkeit der Demokratie hängt deshalb wesentlich von der demokratischen Qualität der Parteien ab. Die Willensbildung muss von unten nach oben erfolgen, Parteiämter müssen durch Wahl bestimmt werden und Schiedsgerichte müssen die Rechte jedes Parteimitgliedes schützen. Parteien sind das Bindeglied zwischen den Staatsbürgern und den staatlichen Organen. Über sie kann der einzelne Bürger auch zwischen den Wahlterminen auf die Politik einwirken. Er kann durch Wahlen mitbestimmen, welche Personen die Partei in Vorständen, als Delegierte auf Parteitagen oder als Kandidaten für die Besetzung öffentlicher Ämter repräsentieren. Er kann auf Parteiversammlungen durch eigene Anträge und durch sein Abstimmungsverhalten auf die Meinung Einfluss nehmen, die die Partei zu bestimmten Fragen vertreten soll.

7.2.2 Die Finanzierung der Parteien

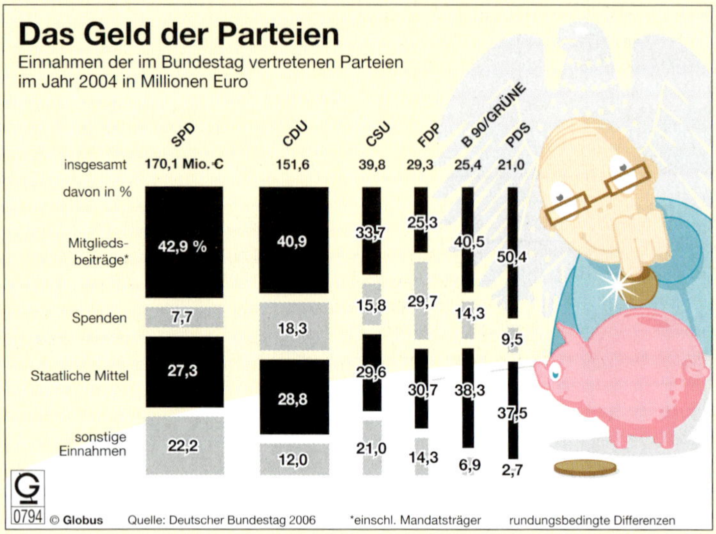

1. **Welche Unterschiede lassen sich zwischen den Parteien bei ihrer Finanzierung feststellen?**
2. **Diskutieren Sie die Frage, ob die staatlichen Zuwendungen an die Parteien gestrichen werden sollten.**

Parteien brauchen Geld, um ihre Aufgaben erfüllen zu können. Sie erhalten finanzielle Zuwendungen durch Mitgliedsbeiträge, Spenden, staatliche Zuschüsse und sonstige Einnahmen. Die Finanzierung der Parteien darf jedoch nicht die Chancengleichheit zwischen ihnen gefährden oder sie von Geldgebern politisch abhängig machen. Im Parteiengesetz ist deshalb geregelt, wie sich Parteien zu finanzieren haben und in welcher Höhe sie Zuwendungen vom Staat erhalten.

Die staatlichen Zuwendungen an alle Parteien zusammen dürfen jährlich 133 Millionen EUR nicht überschreiten. Der Höchstbetrag für eine Partei entspricht der Summe aller erhaltenen nichtstaatlichen Zuwendungen. Maßstab für die Verteilung der staatlichen Gelder zwischen den Parteien ist folglich ihre Verankerung in der Gesellschaft. Damit soll ihre Bürgernähe belohnt werden. Vom Staat erhalten sie jedoch auch eine Wahlkampfkostenerstattung. Die Parteien erhalten pro Jahr für jede gewonnene Wählerstimme Geld. Vorausgesetzt, sie erzielen mindestens 0,5 % der Wählerstimmen bei der jeweils letzten Europa- oder Bundestagswahl beziehungsweise mindestens 1,0 % bei den jeweils letzten Landtagswahlen. Diese sehr niedrige Schwelle soll sicherstellen, dass die Gründung neuer Parteien nicht über Gebühr erschwert wird. Für die ersten vier Millionen Wählerstimmen bekommen die Parteien 0,85 EUR, für jede weitere Stimme 0,70 EUR.

Darüber hinaus erhalten die Parteien für jeden Euro aus Mitglieds- und Mandatsträgerbeiträgen sowie aus rechtmäßig erlangten Spenden zusätzlich 0,38 EUR. Privatpersonen dürfen im Gegensatz zu Unternehmen ihre Spenden an Parteien jährlich bis zu einer Höhe von 3300,00 EUR steuerlich absetzen. Über das Spendenaufkommen muss jede Partei öffentlich Rechenschaft ablegen. Geschieht dies nicht oder falsch, muss sie mit einer Strafe rechnen.

... so wie immer!

1. **Was will der Zeichner mit seiner Karikatur aussagen?**
2. **Welche Beispiele zur Kritik an der Finanzierungspraxis der Parteien kennen Sie?**

7.2.3 Das Parteienverbot

Aussteiger: „NPD beerbt die NSDAP"

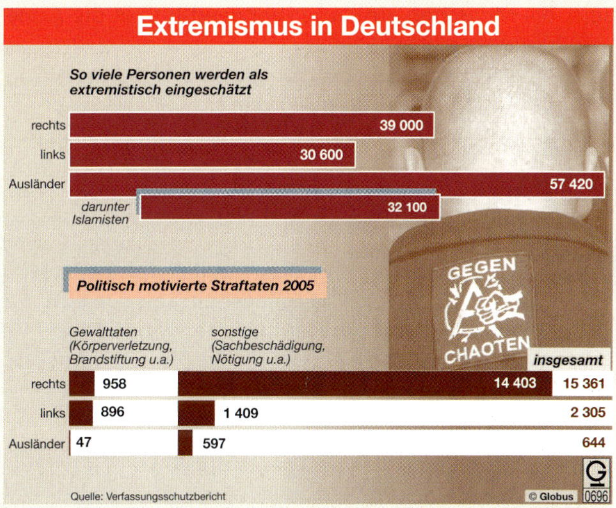

Herr Fischer, Sie sind 1991 aus dem Nazi-Milieu ausgestiegen. Wie hat sich die rechte Szene seitdem verändert?
Sie ist deutlich jünger, weil sie wesentlich attraktiver für Jugendliche geworden ist. Es gibt mittlerweile eine richtige braune Subkultur, eine rechte Erlebniskultur. Die Nazis bedienen heute jeden Musikgeschmack, von Heavy Metall bis Rap. Es wird Nazi-Unterwäsche und Schmuck verkauft, sie betreiben eigene Freizeiteinrichtungen. Es hat sich also eine rechte Parallelgesellschaft entwickelt, die beinahe jeden Lebensbereich abdeckt.

Um diesen Tendenzen entgegenzuwirken: Wäre es sinnvoll, neuerlich ein Parteienverbot für die NPD anzustreben, wie es einige Politiker fordern?
Ich bin aus einem praktischen und einem inhaltlichen Grund dafür. Der praktische: Die NPD würde vom Geld abgeschnitten, welches sie als anerkannte Partei vom Staat bekommt, etwa als Wahlkampfkostenerstattung. Dies ist ein unerträglicher Zustand, denn die steuerzahlenden Migranten finanzieren mit ihrem Geld indirekt die NPD. Inhaltlich bin ich dafür, da die NPD ganz offen gegen die Demokratie ist. Sie ist faktisch die Nachfolgeorganisation der NSDAP.

© Malte Arnsperger stern.de – 12.9.2006 – 10:30; URL: http://www.stern.de/politik/deutschland/569861.html?nv=cb

Artikel 21 Grundgesetz

(2) Parteien, die nach ihren Zielen oder nach dem Verhalten ihrer Anhänger darauf ausgehen, die freiheitliche demokratische Grundordnung zu beeinträchtigen oder zu beseitigen oder den Bestand der Bundesrepublik Deutschland zu gefährden, sind verfassungswidrig. Über die Frage der Verfassungswidrigkeit entscheidet das Bundesverfassungsgericht (...)

Parteien können auf Antrag vom Bundesverfassungsgericht verboten werden. Bisher ist ein solches Verfahren erst zweimal – erfolgreich – durchgeführt worden: 1952 gegen die rechtsradikale „Sozialistische Reichspartei (SRP)", 1956 gegen die linksradikale „Kommunistische Partei Deutschlands (KPD)". Ob ein Verbot solcher Parteien einen wirksamen Schutz der Demokratie vor ihren Feinden darstellt, ist umstritten. Dagegen spricht die Gefahr, dass die Extremisten in den Untergrund abwandern und nicht mehr in ihrer Bedrohung wahrgenommen werden. Ein Verbot der Organisation bewirkt zudem noch keine Veränderung im Denken der Extremisten. Hier könnte die politische Bildung an Schulen einen wichtigen Beitrag leisten, indem sie Beweggründe für extremistische Einstellungen aufzeigt und offen diskutiert. Entscheidend für die Bekämpfung des politischen Extremismus dürfte aber die Behebung jener sozialen Probleme sein, die Menschen aus lauter Verzweiflung in die Arme der Radikalen treibt.

1. **Ist die NPD nach Ihrer Auffassung verfassungswidrig?**
2. **Sollte die NPD verboten werden?**

7.2.4 Die Krise der Parteien

Nina „Ich könnte mir niemals vorstellen, einer Partei beizutreten. Warum sollte ich Mitgliedsbeiträge für eine Partei bezahlen, nur damit sie Wahlplakate kleben kann? Warum sollte ich meine Freizeit opfern, nur um mich abends auf Parteiversammlungen mit anderen zu streiten? Warum sollte ich mich in die Fußgängerzone stellen, nur um mich von enttäuschten Wählern beschimpfen zu lassen?"

Nina, 17, Auszubildende

1. **Würden Sie einer Partei beitreten?**
2. **Diskutieren Sie die Vor- und Nachteile der Mitgliedschaft in einer Partei.**

Die rückläufige Mitgliederzahl vor allem in den großen Volksparteien bereitet vielen Politikern Sorgen. Insbesondere junge Menschen bleiben den Parteien fern. In keiner der im Bundestag vertretenen Partei liegt der Anteil der unter 25-Jährigen nach eigenen Angaben über 5 %. Der Anteil der über 60-Jährigen dagegen beträgt bei SPD und CDU schon mehr als ein Drittel. Die Folgen sind absehbar: Das Meinungsspektrum in den Parteien weicht von dem in der Bevölkerung ab. Die Parteien verlieren noch mehr Vertrauen. Ein Teufelskreis. Am Ende können politische Ehrenämter nicht mehr besetzt werden oder werden wegen der Überbelastung der wenigen verbliebenen Mitglieder nur noch sehr eingeschränkt ausgefüllt.

Wir wollen neue Wege der innerparteilichen Demokratie beschreiten. Insbesondere soll angestrebt werden, dass sich alle Mitglieder an der innerparteilichen Willensbildung direkt beteiligen können. Wir werben auch um die Mitarbeit von Persönlichkeiten, die nicht Parteimitglied sind und die wegen ihrer Integrität, ihrer Kompetenz und Einsatzbereitschaft anerkannt sind. Wir wollen die Bürger auch für projektbezogene, zeitlich und thematisch begrenzte Mitwirkungsmöglichkeiten innerhalb unserer Partei gewinnen. Wir erwarten von unseren Amts- und Mandatsträgern eine eigenständige Position und Unabhängigkeit von Interessengruppen, geistige Selbstständigkeit, Urteilsfähigkeit und Widerstandskraft gegen jeden Opportunismus ebenso wie Ehrlichkeit und Integrität.

Grundsatzprogramm der CDU. Beschlossen auf dem 5. Parteitag vom 21. bis 23. Februar 1994 in Hamburg, Internet http://www.cdu.de/doc/pdf/grundsatzprogramm.pdf (Abruf: 3.9.2007)

Wir verfügen über ein parlamentarisch-repräsentatives System, das sich insgesamt bewährt hat. Dieses sollte aber durch mehr direkte Bürgerbeteiligung (Volksentscheid) ergänzt werden. Immer mehr Menschen möchten direkter auf zentrale Grundentscheidungen Einfluss nehmen können – und dies jenseits der offiziellen Wahltermine. Viele politische Probleme haben heute einen europäischen oder internationalen Zuschnitt. Daraus folgt zwingend, dass ihre Lösung nur auf europäischer oder internationaler Ebene gefunden werden kann. Auf mittlere Sicht ist der wirkliche europäische Zusammenschluss der Parteien eine zwingende Notwendigkeit. Wir benötigen eine gemeinsame Programmatik und eine engere organisatorische Verzahnung. Im Kern geht es mir darum, wie Volkssouveränität unter den Bedingungen der Globalisierung verwirklicht werden kann.

Heidemarie Wieczorek-Zeul, damalige Stellvertretende Vorsitzende der SPD, in: Demokratie braucht Partei, Berlin, 2. April 2000, Vortrag im Willy-Brandt-Haus. Internet http://www.bpb.de/popup/popup_grafstat.html?url_guid=GJSE82 (Abruf: 3.9.2007)

1. **Alle Parteien haben ähnliche Überlegungen, wie die Bürgerinnen und Bürger zur Mitarbeit gewonnen werden können. Wie beurteilen Sie die geäußerten Vorstellungen?**
2. **Welche Maßnahmen müssen die Parteien nach Ihrer Vorstellung ergreifen, damit vor allem mehr junge Menschen sich für Politik interessieren und in den Parteien mitarbeiten?**

1. **Interpretieren Sie die Karikatur.**
2. **Beurteilen Sie die gemachten Aussagen.**

Nicht nur die Parteien leiden unter einer rückläufigen Zahl der Mitglieder. Auch die Gewerkschaften, die Kirchen und die sonstigen Verbände sind davon betroffen. Viele sehen darin einen Rückzug des Einzelnen aus der gesellschaftlichen Verantwortung und beklagen diese Entwicklung als Ausdruck eines wachsenden Egoismus in unserer Gesellschaft. Für andere ist dieser Trend eher ein Zeichen für die zunehmende Freiheit, die der Einzelne gegenüber gesellschaftlichen Verpflichtungen gewinnt (**Individualisierung**). Die Bindung an eine Partei hat sich bisher aus dem sozialen Milieu ergeben, in das der Einzelne hineingeboren wurde. Der katholische Landwirt hat eine andere Prägung als der protestantische Gewerkschafter erfahren. Mit dem fortschreitenden Wechsel ihrer Lebensumstände müssen sich die heutigen Menschen jedoch immer wieder neu orientieren und fühlen sich dadurch nicht mehr selbstverständlich einer bestimmten Partei zugehörig. Dies zeigt sich vor allem an der ständigen Abnahme der **Stammwähler**, das sind jene Bürger, die immer die gleiche Partei wählen. Nach einer Studie der Konrad-Adenauer-Stiftung (2002) sank ihr Anteil bei den Volksparteien auf zuletzt rund 10 % der Wahlberechtigten. Gleichzeitig stieg der Anteil der parteipolitisch ungebundenen **Wechselwähler** seit 1990 von 22 auf 47 %. Sie entscheiden sich situationsabhängig und meist sehr kurzfristig. Zu den **Nichtwählern** wechseln nach Infratest dimap (2002) vor allem die „einfachen Leute". Insgesamt wird das Wähler- bzw. das Nichtwählerverhalten immer beweglicher und damit immer unberechenbarer. Für die Parteien ist dies eine Herausforderung: Sie müssen Wege finden, wie sie die Wahlberechtigten mit aktuellen und interessenspezifischen Themen ansprechen.

1. **Beschreiben Sie das unterschiedliche Wählerverhalten.**
2. **Diskutieren Sie die Gefahren und Chancen des neuen Wählerverhaltens.**

Wer ist schuld an der Parteiverdrossenheit?

Verglichen mit einer Pyramide, lassen sich moderne Industriegesellschaften in vier verschiedene Ebenen unterteilen. An der Spitze steht in der jeweiligen Gesellschaft 1 % von Entscheidungsträgern, das sehr gut und umfassend informiert ist. Darunter steht ein Anteil von 10 % von Menschen, die sind politisch sehr interessiert und lesen z. B. mehrere Tageszeitungen. Weitere 15 % bilden die Ebene darunter: Sie sind allgemein interessiert, sehen z. B. relativ regelmäßig zumindest die Abendnachrichten. Die verbleibenden 75 % der Bevölkerung sind jedoch nur sehr gering oder gar nicht interessiert an Politik. Sie lesen oftmals nicht einmal mehr eine Tageszeitung, und sie nutzen vor allem das Zerstreuungsangebot der Programme von Privatsendern. Das Problem für die Parteien ist, dass Wahlen auf der Ebene dieser 75 % gewonnen werden. Die besser informierten 25 % sind wichtig als Multiplikatoren und wirken als Meinungsbildner hinein in andere Milieus. Wahlen gewinnt jedoch nur, wer seine Botschaft an die 75 % der wenig Interessierten bringen, deren Zustimmung gewinnen und Bereitschaft, auch tatsächlich wählen zu gehen, erreichen kann.

Matthias Machnig: Moderne Parteistrukturen, ttp://www.tenner-institut.at/download/texte/machnigv.pdf (Abruf: 3.9.2007)

Wahlen gewinnt nicht, wer selbst überzeugend und stark ist, sondern wer sich gerade weniger blamiert hat. In den Achtziger- und frühen Neunzigerjahren hatte Kohl nie wirklich eine Wahl gewonnen –

die SPD hatte sie verloren. 1998 und 2002 war es umgekehrt. Wessen Krise momentan kleiner wirkt, gewinnt. Die Parteien befinden sich in einer dauerhaften Krise der Auszehrung. Das liegt daran, dass ihnen niemand mehr ernsthaft eine umfassende Problemlösung zutraut – was wenig erstaunt, weil keine der Parteien über ernsthafte Lösungskonzepte verfügt. Die seit Langem sinkende Wahlbeteiligung ist die rationale und zwangsläufige Folge dieser Situation, „Parteienverdrossenheit" ist das Gegenteil von Politikverdrossenheit: Sie ist Folge akuten Politikmangels. Politik als Gestaltung findet nicht mehr statt, sie reduziert sich selbst auf das mittelmäßige Administrieren einerseits und den willigen Nachvollzug von Vorgaben aus Wirtschaft und Ideologiefabriken andererseits. Der Substanzverlust von Politik findet schließlich seinen Ausdruck in ihrer leeren Selbstinszenierung durch die Medien. Politik ist Talkshow, in der man öffentlich Politik simuliert.

Jochen Hippler, Tiefe Taschen, in: Freitag, 3. Dezember 1999

Vor allem aber haben Parteien selbst einige der Gründe zu verantworten, die zum Verdruss über sie geführt haben. Dazu gehören die bekannten und berüchtigten Parteifinanzierungs-, Diäten- und Korruptionsaffären. Viel schwerer wiegt aber die Tatsache, dass Parteien in der Hochzeit ihrer Blüte – und zuweilen auch noch heute – den Eindruck erweckt haben, als seien sie allzuständig, als verfügten sie über ein Monopol in der politischen Willensbildung. Parteien haben ihre Kompetenzen überdehnt und sind in Bereiche eingedrungen, in denen sie nichts zu suchen haben. Zu nennen sind hier die berühmt-berüchtigten Rundfunk- und Fernsehräte, in denen (...) nach parteipolitischen Gesichtspunkten abgestimmt wird (...) Warum bei der Ernennung von Theater- und Opernintendanten Parteizugehörigkeit eine Rolle spielt, ist in der Öffentlichkeit ebenso wenig verständlich zu machen wie die Tatsache, dass in manchen Landstrichen der Bundesrepublik eine Beförderung vom Studienrat zum Oberstudienrat ohne ein bestimmtes Parteibuch nicht gelingen will. Auf der lokalen Ebene schienen und scheinen Parteien allgegenwärtig zu sein: Sie mischen in den Vereinen mit, beim Sport- und Gesangsverein, beim Schützenverein und bei der Freiwilligen Feuerwehr. Diese Allgegenwart verstärkt den Eindruck, Parteien seien allzuständig. Genau hier liegt aber das Problem, das in den letzten Jahren auf die Parteien wie ein Bumerang zurückgekommen ist. Sie haben nämlich aufgrund ihres Allzuständigkeitsanspruches Erwartungen geweckt, die sie in der politischen und gesellschaftlichen Realität der Bundesrepublik nicht zu erfüllen vermochten und vermögen. Wegen ihres Monopolanspruchs werden sie heute für vieles verantwortlich gemacht, für das sie überhaupt nicht zuständig sind. Konkret: Einzelne Parteien können für die Globalisierung der Kapitalmärkte, die Internationalisierung der Arbeitsmärkte, die Defizite in den öffentlichen Haushalten oder die Notwendigkeit, den Sozialstaat umzubauen, nicht verantwortlich gemacht werden.

Peter Lösche: Parteienstaat in der Krise: Überlegungen nach 50 Jahren Bundesrepublik Deutschland, Forschungsinstitut der Friedrich-Ebert-Stiftung, Historisches Forschungszentrum, Bonn 1999

1. Welche Gründe für die Parteienverdrossenheit werden aufgeführt?
2. Wie können die Parteien bei den Wahlberechtigten Vertrauen erwerben?

7.2.5 Parteienstreit: Das Beispiel Mindestlohn

SPD: Mindestlohn – gerechte Löhne für gute Arbeit

(...) über 2,1 Millionen ArbeitnehmerInnen (12 % aller Vollzeitbeschäftigten) beziehen einen Lohn, der weniger als 50 % des bundesdeutschen Durchschnittsverdienstes beträgt (...) Viele FriseurInnen, Angestellte in der Gastronomie oder auch VerkäuferInnen – um nur einige zu nennen – können als erwachsene Menschen ohne staatliche Zuschüsse nicht auf eigenen Beinen stehen (...) Besondere Aufmerksamkeit verdienen die Kinder Betroffener (der sog. „workingpoor"), deren Erfolgs- und Teilhabechancen durch die finanzielle Situation der Familie von Beginn an eingeschränkt sind. Vor diesem Hintergrund ist die Forderung nach einem Mindestlohn, einem „Arbeitslohn statt Hungerlohn" mehr als gerechtfertigt (...) Die SPD (...) akzeptiert diese ungerechte Lohnsituation nicht und sieht sogar eine erhebliche Gefahr für den sozialen Frieden. In einem ersten Schritt sollen tarifliche Einigungen über die Höhe des Mindestlohnes den Vorrang haben. Bei einer Einigung der Tarifpartner auf Lohnuntergrenzen soll anschließend der Staat diese Mindestlöhne branchenweit für „allgemeinverbindlich" erklären. (...) Führen die vorgenannten Schritte nicht zum Ergebnis, ist aus unserer Sicht ein gesetzlicher Mindestlohn unausweichlich. Beim Thema Mindestlohn können wir übrigens viel von unseren europäischen Nachbarn lernen: In 18 von 25 EU-Ländern wurden bereits Mindestlöhne eingeführt, ohne dass sich dies – wie gerne von Mindestlohnkritikern behauptet – negativ auf die Anzahl der Beschäftigten ausgewirkt hätte. So beträgt der Mindestlohn in Frankreich derzeit 8,27 EUR pro Stunde, in den Niederlanden 8,08 EUR, in Belgien 7,48 EUR und in Großbritannien 7,36 EUR pro Stunde.

Christian Kleiminger,
http://www.christian-kleiminger.de/index.php?option=com_content&task=view&id=132&Itemid=41 (27.8.2007)

CDU: Was spricht eigentlich gegen Mindestlöhne?

(...) Wenn ein Frisörmeister zwei Angestellte zu einem Stundenlohn von 3,50 Euro beschäftigt und ein Mindestlohn von 7,50 Euro eingeführt wird, (...) dann muss entweder der Haarschnitt doppelt so viel kosten wie heute oder eine(r) der Angestellten verliert seinen Job und ist arbeitslos (...) Unternehmen haben Alternativen. Sie können im billigeren Ausland produzieren oder Maschinen statt Menschen einsetzen. Arbeitnehmer, insbesondere die gering qualifizierten, haben im Zweifel keine Alternative – außer der Arbeitslosigkeit. Löhne sind Preise und werden für Arbeit bezahlt. Sie haben einen Markt wie andere Güter auch, und es gelten im Grundsatz die Regeln von Angebot und Nachfrage. Das klingt zunächst hartherzig, aber es beschreibt die Realität (...) Der Staat sollte grundsätzlich keine Lohnpolitik betreiben. Das ist aus guten Gründen Sache der Gewerkschaften und der Arbeitgeber. Würde die Politik sich hier einmischen, wäre die Lohnfindung sehr schnell von parteitaktischen und wahlkampforientierten Interessen überlagert. In Deutschland gilt außerdem die Vertragsfreiheit. Ein Mindestlohn würde es verbieten, unterhalb dieser Grenze Verträge abzuschließen, selbst wenn sie von beiden Seiten gewollt wären und beiden Seiten Vorteile brächten. Vor allem aber sind Löhne Ansporn, etwas zu leisten und auch mehr zu leisten als andere. Ein Mindestlohn könnte den Ansporn zu weiterer Qualifikation und Anstrengung beseitigen (...) Eine Absage an Mindestlöhne heißt auch nicht, dass die Betroffenen in Armut leben müssen. Wer ein Einkommen aus gering bezahlter Arbeit hat, das für ihn und seine Familie zum Leben nicht ausreicht, erhält ergänzende staatliche Unterstützung.

Norbert Röttgen, Parlamentarischer Geschäftsführer der CDU in: Frankfurter Allgemeine Zeitung v. 5. April 2007

1. Worin unterscheiden sich die Parteien? Recherchieren Sie die Positionen der anderen Parteien im Internet.

2. Welche Auffassung vertreten Sie im Hinblick auf die Einführung gesetzlicher Mindestlöhne?

7.3 Die Interessenverbände

BUND (Bund für Umwelt und Naturschutz)

Angelika Zahrnt, BUND-Vorsitzende: „Die ökologische Steuerreform ist ein Erfolgsmodell. Sie entlastet die Umwelt, schafft neue Arbeitsplätze und senkt die Lohnnebenkosten. Sie hat noch Schwächen, aber es lohnt sich, sie zu verbessern und fortzuführen. Der Klimaschutz verträgt keine Pause, es geht darum, neue energieeffiziente Innovationen anzustoßen. Die rot-grüne Koalition muss Weitblick beweisen und die ökologische Finanzreform noch in diesem Jahr weiter entwickeln."

BUND-Pressemitteilung vom 4.11.2004

DGB (Dt. Gewerkschaftsbund)

So vorrangig es ist, gesamtgesellschaftliche Ausgaben nicht mehr über die Sozialversicherungen, sondern über das Steuersystem zu finanzieren, so notwendig ist es, eine gerechte Finanzierung der Sozialversicherung zu erreichen. Hohe Arbeitseinkommen und Einkommen aus Vermögen tragen zur Finanzierung der Sozialversicherung nicht ausreichend bei. Geringe Einkommen werden besonders belastet. Ein Weg dazu wurde bereits mit der sogenannten „Ökosteuer" eingeschlagen. Diese Zusatzsteuer auf Energieverbrauch wird zur Mitfinanzierung der Rentenversicherung genutzt. Bei einer behutsamen Weiterentwicklung müsste darauf geachtet werden, dass die Wettbewerbsposition energieintensiver Produktion nicht unangemessen behindert wird.

Reformanstöße des DGB für Wachstum und Beschäftigung, Bildung und Innovation, Ausgabe Nr. 13, Januar 2004

ADAC (Allg. dt. Automobilclub)

Wegen der Rekord-Benzinpreise in Deutschland fordert der ADAC die vorübergehende Senkung der Ökosteuer. „Die Menschen fürchten um ihre Mobilität. Die Bundesregierung muss schnell handeln", sagte ADAC-Chef Peter Meyer (...) Der Benzinpreis an der Tankstelle besteht zu rund 70 % aus Steuern und Abgaben. Die Mineralöl- und Ökosteuern betragen fast 65,5 Cent je Liter und verändern sich nicht, wenn die Preise steigen. Auf den Preis – und auch auf die bereits eingerechneten Steuern – werden nochmals 16 % Mehrwertsteuer berechnet.

http://onwirtschaft.t-online.de/c/19/40/68/1940686.html, 7. Mai 2004

VDA (Verband der Automobilindustrie)

„Es ist unerträglich, dass die Grünen das Sommerloch mit der Forderung nach einer weiteren Ökosteuerstufe ausfüllen", kommentiert der Verband der Automobilindustrie (VDA) die Aussagen des umweltpolitischen Sprechers der Grünen-Fraktion Winfried Hermann. Mit solchen unsinnigen Vorschlägen werde alles getan, um die sich gerade wieder stabilisierende Automobilkonjunktur im Keim zu ersticken und die Autofahrer erneut zu verunsichern. Bei den Abgaben, mit denen der Autofahrer bereits heute belastet ist, sei das Ende der Fahnenstange längst erreicht.

VDA, 14. August 2003

EKD (Ev. Kirche in Deutschland)

„Die Lage ist zu ernst, als dass es Sinn macht, um zehn Cent mehr oder weniger Ökosteuer endlose politische Streitigkeiten anzuzetteln", so der Ratsvorsitzende der Evangelischen Kirche in Deutschland (EKD), Präses Manfred Kock (...) Die nötige Trendwende zur „nachhaltigen Entwicklung" stehe noch aus, die Reichtümer der Erde würden von den Industriegesellschaften über ein erträgliches Maß hinaus in Anspruch genommen.

http://www.ekd.de/synode/pm146_2002_kock.html

Ökosteuer = Steuer auf Kraftstoff, um umweltschädlichen Autoverkehr zu verringern und Arbeit durch Zuschüsse an die Sozialversicherung zu verbilligen.

1. **Was ist unter der ökologischen Steuerreform zu verstehen?**
2. **Worin unterscheiden sich die Vorstellungen der Interessenverbände?**

Artikel 9 Grundgesetz

[Vereinigungs-, Koalitionsfreiheit]

(1) Alle Deutschen haben das Recht, Vereine und Gesellschaften zu bilden (...)

Lobby
Unter dem Begriff Lobby wurde ursprünglich die Vorhalle des Parlamentes verstanden. Dort suchten Interessenvertreter das Gespräch mit Abgeordneten, um ihre Sichtweise in die politische Diskussion einzubringen. Heute ist damit allgemein der Prozess der interessenbezogenen Einflussnahme auf die Politik gemeint.

1. Auf welche Gefahren des Lobbyismus weist die Karikatur hin?
2. Durch welche Verbände lassen Sie Ihre Interessen vertreten?

Interessenvereinigungen können im direkten Kontakt mit Abgeordneten und Vertretern der Ministerien ihren Einfluss geltend machen. Die Geschäftsordnungen von Bundestag und Bundesministerien erlauben ausdrücklich diese Zusammenarbeit mit Sachverständigen aus den Verbänden. Häufig sind Verbandsfunktionäre sogar selbst Mitglieder von Parlamenten. Über solche Verbindungen muss der Präsident des Deutschen Bundestages jedoch informiert werden. Verstößt ein Abgeordneter gegen diese Regel, kann dies vom Präsidenten veröffentlicht werden. Eine weitere Methode des **Lobbyismus** ist die Beeinflussung der öffentlichen Meinung. Politische Vorhaben und verabschiedete Gesetze können über Stellungnahmen in den Medien kritisiert werden. Vor Wahlen können die Verbände über Wahlempfehlungen versuchen, die Politik zu beeinflussen. Wegen ihrer hohen politischen Bedeutung werden sie deshalb auch nach den Medien als „fünfte" Gewalt im Staat bezeichnet.

(...) Empfehlungen von Verbänden (können) nützlich sein, die das zeitraubende und im Detail schwierige Geschäft praktiziert haben, die Parteiprogramme zu lesen, zu vergleichen und die Übereinstimmung mit eigenen Vorstellungen zu bewerten (...) Das ist Wahlhilfe im doppelten Sinn. Aber die Wähler sollten nicht vergessen zu prüfen, ob die Verbandssicht auch die ihre ist.

Die Rheinpfalz, 14.08.1998

1. Welche Gefahren gehen von der engen Zusammenarbeit zwischen Politikern und Verbandsfunktionären aus?
2. Wie würden Sie sich verhalten, wenn ein Verband, dem Sie angehören, zur Wahl einer bestimmten Partei aufrufen würde?

Die „fünfte" Gewalt

Das moderne **Lobbying** unterscheidet sich grundlegend von der verbandlichen Interessenvertretung der vergangenen Jahrzehnte (...) Die Verbände (hatten) überwiegend den Anspruch, den nackten Interessenkampf zu zähmen und breitere Interessen zu formen. Anders ist dies beim Lobbying. Es ist punktueller und situationsbezogener. Es artikuliert in der Regel ein konkretes, eng definiertes Einzelinteresse. Im Fall der Strom- und Gaspreise war dies das Interesse der vier Energieerzeuger E.on, RWE, Vattenfall und EnBW an hohen Preisen in ihren Versorgungsgebieten. Die Energiemärkte wurden mithilfe der Politik neu aufgeteilt; vom versprochenen Wettbewerb hat der Verbraucher bislang jedoch nicht profitiert. Die Partikularisierung der Interessenvertretung hat Folgen für den Politikbetrieb (...) So hat die SPD-Fraktion zum Ende der ausgelaufenen Legislaturperiode (2005) das neue Gesetz zu Öffentlich-Privaten Partnerschaften zum Teil von der Kanzlei Hogan & Hartson Raue L.L.P. mit Sitz am Potsdamer Platz in Berlin schreiben lassen. Das Gesetz schafft die Grundlage dafür, dass Straßen und öffentliche Gebäude von Privaten gebaut und betrieben werden können. Zwar waren in den verschiedenen Arbeitsgruppen auch Parlamentarier am Arbeitsprozess beteiligt. Der Fall zeigt aber: Immer häufiger kommen Gesetzesentwürfe nicht mehr aus der Ministerialbürokratie, sondern von Lobbyisten und politikberatenden Think Tanks (...) Die Macht der Interessengruppen war für Demokratien schon immer eine Herausforderung. Das quantitativ zunehmende und qualitativ professionalisierte Lobbying verschärft dieses Problem aber noch. Interessengruppen aus der Wirtschaft (Wirtschaftsverbände, Unternehmen, Handelskammern, Gewerkschaften) haben in unserem politischen System einen höheren Stellenwert als sogenannte *public interest groups* wie Verbraucher, Arbeitslose, Rentner, Kinder, Umwelt oder künftige Generationen. Ein wichtiges Kennzeichen des Lobbyings ist sein informeller Charakter. Es gibt keine Verfahren und Regeln für die lobbyistische Politikbeeinflussung. Darüber hinaus gehen Lobbyisten ihren Geschäften gezielt abseits der Öffentlichkeit nach (...) Politik verlagert sich dadurch immer mehr in „graue Entscheidungsbereiche" (Wolf-Dieter Zumpfort, TUI) abseits der Öffentlichkeit und jenseits des Parlaments. Lobbying kommt daher dem Anspruch von Demokratien nach größtmöglicher Transparenz und Regelhaftigkeit des Regierungshandelns nicht nach. Ministerialbeamte, Minister und Staatssekretäre sind dem Gemeinwohl verpflichtet. Interesseunabhängigkeit ist ihr Vertrauenskapital. Die Öffentlichkeit hat deshalb das Recht, zu erfahren, welche Interessen bei politischen Entscheidungen im Spiel waren. Dies wird aber immer schwieriger, wenn komplette Gesetzesvorlagen von den Lobbyisten ohne erkennbaren Absender geliefert werden (...) (Es) sind Regeln für das Lobbying überfällig (...) Ein Vorschlag geht dahin, die Abgeordneten in ihrer Rolle als Wahrer des Gemeinwohls zu stärken. Ihnen sollen mehr Ressourcen zur Verfügung stehen, um nicht allein auf die „Expertise" der Lobbyisten angewiesen zu sein. Eine andere Idee kommt aus den USA (...) Lobbyisten (sind) zu zahlreichen Angaben verpflichtet. Sie müssen Auskunft geben über ihre Honorare, ihre Kunden, ihre Ausgaben, die Themen, zu denen sie gearbeitet haben, und zu welchen Regierungsbehörden sie in diesem Zusammenhang Kontakt hatten. Diese Angaben sind für jedermann über das Internet einsehbar. Hinzu kommen ethische Selbstverpflichtungen, welche Methoden akzeptabel sind und welche nicht.

Thomas Leif und Rudolf Speth, Wie Lobbyisten die Prinzipien der parlamentarischen Demokratie unterlaufen, ZEIT online, 2.3.2006, 04/2006

1. **Welche Veränderungen werden bei der Arbeit der Interessenvertreter festgestellt?**
2. **Diskutieren Sie Möglichkeiten, um die Interessenvertreter stärker zu kontrollieren.**

7.4 Die Bürgerinitiativen

Bürgerinitiative will Tempo 30 im gesamten Wohngebiet

Unterschriftensammlung für Abstimmung im Gemeinderat

Tempo 30 ist kinderfreundlich

Ich bin eine alleinerziehende Mutter und den ganzen Tag berufstätig. Meine schulpflichtige Tochter muss deshalb ihre Wege im Wohngebiet zumeist alleine zurücklegen. So wie zu meiner Kindheit auch. Jeden Tag habe ich jedoch mehr Angst um sie. Der Autoverkehr steigt und die Rücksicht nimmt ab. Aus dem Physikunterricht weiß jeder, dass die Verletzungsgefahr eines Fußgängers mit der Aufprallgeschwindigkeit ansteigt. Je langsamer also gefahren wird, desto sicherer sind unsere Straßen. Die Forderung der Bürgerinitiative zur Einführung einer Tempo-30-Zone ist deshalb sehr vernünftig. Die wenigen Sekunden, die man deshalb vielleicht später ankommt, sollten einem die Kinder schon wert sein. Oder sollen wir sie zu Hause einsperren?

Sandra S., L.

Tempo 30 ist frauenfeindlich

Die Forderung der Bürgerinitiative zur Geschwindigkeitsbegrenzung in unserem Wohngebiet lehne ich als frauenfeindlich ab. Als allein erziehende Mutter stehe ich unter ständigem Zeitdruck. Schule, Arbeitsplatz, Einkaufen, Flötenunterricht, Kinderarzt und mehr müssen zeitlich unter einen Hut gebracht werden. Da ist jede Sekunde kostbar. Warum soll ich dann Tempo 30 fahren, wenn die Straße frei ist? Natürlich muss man auf Kinder im Straßenverkehr Rücksicht nehmen. Dies erreicht man jedoch nicht mit Zwang, sondern nur mit Vertrauen. Oder soll etwa das Leben aller reglementiert werden, nur weil ein paar Verrückte sich nicht an die Spielregeln halten?

Franziska K., L.

§ 17 Gemeindeordnung (Einwohnerantrag) des Landes Rheinland-Pfalz

Bürger und Einwohner, die das 16. Lebensjahr vollendet haben, können beantragen, dass der **Gemeinderat** über bestimmte Angelegenheiten der örtlichen Selbstverwaltung, für deren Entscheidung er zuständig ist, berät und entscheidet. Das Begehren muss u. a. schriftlich begründet sein und je nach Gemeindegröße eine bestimmte Zahl von Unterschriften enthalten.

1. **Welche Argumente werden von den Kontrahenten vorgebracht?**
2. **Würden Sie einer Bürgerinitiative beitreten, wenn sie mit den gleichen Zielen in Ihrem Wohngebiet antreten würde?**
3. **Diskutieren Sie die Chancen und Gefahren, die mit der Möglichkeit des Einwohnerantrages verbunden sind.**

In einer pluralistischen Gesellschaft sind die Interessen der Menschen sehr verschieden. Parteien und Verwaltung können in ihrem politischen Handeln nicht jedes Einzelinteresse berücksichtigen. Häufig werden völlig entgegengesetzte Forderungen gestellt und Kompromisse lassen sich kaum schließen. Fühlen sich Bürger benachteiligt, finden sie sich häufig mit anderen Betroffenen zu **Bürgerinitiativen** zusammen, um ihr konkretes Anliegen durchzusetzen. Dabei spielen ihre sonstigen Meinungsverschiedenheiten kaum eine Rolle. Gegner von Bürgerinitiativen betonen oftmals deren Egoismus, weil sie persönliche Interessen verfolgen. Manche sehen in ihnen auch eine Aushöhlung der Demokratie, weil sie Mehrheitsentscheidungen infrage stellen.

Bürgerinitiativen gewinnen ihre Anhängerschaft vor allem unter den besser Ausgebildeten und Besserverdienenden. Das hat Auswirkungen auf die von ihnen vertretenen Ziele. Manchmal reagieren Verwaltungen auf dieses Faktum so, dass sie heikle Planungen (wie z. B. die Trassenführung einer Straße) durch solche Gegenden legen, deren soziale Struktur weniger Widerstand erwarten lässt.

Hans Georg Wehling: Gesellschaftliche Akteure in der Kommune, in: Informationen zur politischen Bildung 1/1994, S. 32

Oft haben Bürgerinitiativen eine Schrittmacherfunktion. Als Betroffene wissen sie genauer, wo den Menschen der Schuh drückt. Sie weisen auf Fehlentwicklungen hin, die am „grünen Tisch" der Verwaltung nicht einkalkuliert waren. Darüber hinaus üben sie eine Form der demokratischen Kontrolle aus. Sie schützen die Persönlichkeitsrechte des Einzelnen vor dem Machtanspruch der Mehrheit.

1. **Sind Bürgerinitiativen egoistisch?**
2. **Mit welchen Maßnahmen können Bürgerinitiativen ihre Forderungen durchsetzen?**
3. **Diskutieren Sie die Chancen und Gefahren, die mit der wachsenden Zahl von Bürgerinitiativen verbunden sind.**

7.5 Die Medien als Informationsquelle

Wer sich eine möglichst sachgerechte politische Meinung bilden möchte, muss sich zuvor gründlich informieren. Wer eine bestimmte politische Entscheidung herbeiführen möchte, muss andere überzeugen. In großen Gesellschaften gelingt beides nur über Medien, die ein Massenpublikum erreichen. Neben den elektronischen Medien (Radio und TV) und den Printmedien (Zeitungen, Zeitschriften, Bücher usw.) sind mit dem Computer neue **Massenmedien** (CD-ROM) und neue Möglichkeiten der Massenkommunikation (z. B. Internet) entstanden. Die Bedeutung der Massenmedien geht heute weit über die bloße Information über Sachthemen hinaus. Unsere Gesellschaft wird von ihnen umfassend geprägt und deshalb auch als **Mediengesellschaft** bezeichnet (vgl. Kap. 9.6).

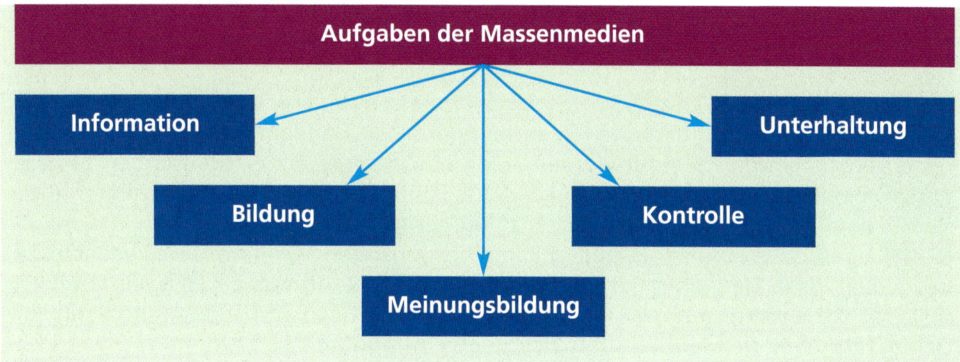

Die Verlierer der Informationsgesellschaft

1. **Erläutern Sie die Aufgaben der Massenmedien.**
2. **Welche Gefahren werden durch die Karikatur ausgedrückt?**
3. **Über welche Fähigkeiten sollte ein Nutzer des Internets verfügen, damit er es sinnvoll nutzen kann (Medienkompetenz)?**

Die politischen Vorstellungen des Einzelnen werden zwar wesentlich durch das persönliche Umfeld geprägt, dennoch haben die Massenmedien einen großen Einfluss auf die Meinungsbildung der Bevölkerung. Durch Auswahl und Darstellungsweise können sie vorhandene Einstellungen und Verhaltensweisen verstärken.

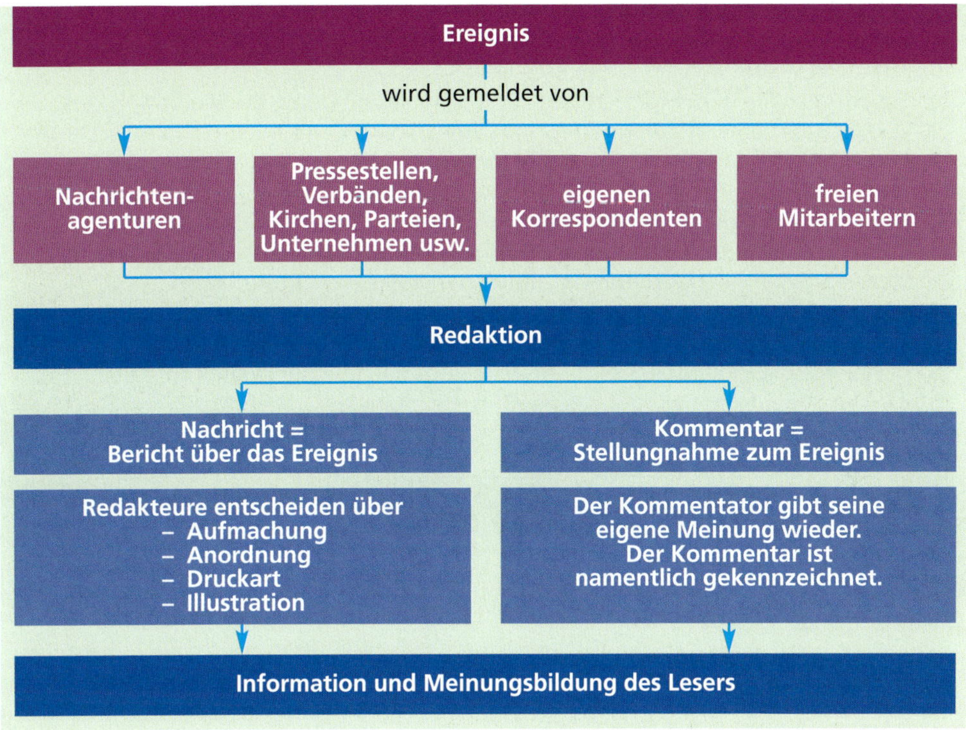

Manipulation

Sie dient der bewussten und zielstrebigen Beeinflussung des Menschen und bevormundet ihn in seiner Denkweise, seinen Gefühlen, seinen Interessen und seinem Verhalten. Sachverhalte und Sichtweisen werden verschwiegen oder besonders hervorgehoben, Zusammenhänge unterschlagen oder künstlich hergestellt. Ereignisse und Personen werden in ihrer Bedeutung für die Öffentlichkeit auf- oder abgewertet. Bestimmte Politiker dürfen sich ausführlich und häufig äußern, andere weniger oder sie werden in ihren Ausführungen unterbrochen.

Thurich Eckart: Die öffentliche Meinung, Bonn 1996

1. **Erläutern Sie den Begriff „Manipulation". Geben Sie Beispiele.**
2. **Wie kann man sich gegen eine Manipulation durch die Medien schützen?**

Zur Wiederholung

1. Erläutern Sie die Kennzeichen einer pluralistischen Gesellschaft.
2. Zählen Sie die Akteure der politischen Willensbildung auf.
3. Beschreiben Sie die Phasen der politischen Willensbildung.
4. Welche Freiheiten sind Grundlage der demokratischen Willensbildung?
5. Erläutern Sie die Aufgaben der Massenmedien.
6. Beschreiben Sie die Möglichkeiten zur Manipulation durch die Medien.
7. Was ist unter einer Mediengesellschaft zu verstehen?
8. Diskutieren Sie die Chancen und Gefahren des Internets.
9. Erläutern Sie die Bedeutung der Parteien in der Demokratie.
10. Beschreiben Sie die Willensbildung in einer demokratischen Partei.
11. Wie ist die Parteienfinanzierung in der Bundesrepublik Deutschland geregelt?
12. Stellen Sie die Möglichkeiten dar, um radikale Parteien zu verbieten.
13. Welche Ursachen und Entwicklungen sprechen für eine Krise der Parteien?
14. Erläutern Sie an einem Beispiel unterschiedliche Auffassungen der Parteien.
15. Stellen Sie die Bedeutung der Interessenverbände in einer Demokratie dar.
16. Welche Bedeutung haben die Bürgerinitiativen in der Demokratie?

Handlungsimpulse

A Das eigene Medienverhalten erforschen

Legen Sie einen Tag fest, an dem Sie Ihr Medienverhalten untersuchen wollen. Schreiben Sie an diesem Tag genau auf, welche Medien Sie benutzt haben und wie lange. Sammeln Sie die Ergebnisse aller Schüler ein, ermitteln Sie die Durchschnittswerte und bestimmen Sie eine Rangfolge nach Häufigkeit. Erfragen Sie Gründe für das erforschte Medienverhalten und bestimmen Sie Gefahren, die damit verbunden sein können. Präsentieren Sie das Ergebnis vor Ihrer Klasse.

B Eine Hitliste der besten Zeitungen erstellen

Wählen Sie in Ihrer Klasse eine politische Streitfrage aus. Sammeln Sie Fragen, deren Beantwortung Sie für eine sachgerechte Urteilsbildung für notwendig halten. Teilen Sie die Fragen auf Gruppen auf. Besorgen Sie sich von verschiedenen Zeitungen Beiträge zu diesem Thema. Suchen Sie nach Antworten, die die Beiträge auf Ihre Fragen enthalten. Schreiben Sie Ihr Ergebnis auf ein Plakat und präsentieren Sie es der Klasse. Bewerten Sie die Zeitungsbeiträge nach Verständlichkeit, Umfang, Objektivität und ansprechender Gestaltung.
Erstellen Sie eine Rangliste der besten Zeitungen.

C Pro und Kontra diskutieren

Stimmen Sie in Ihrer Klasse ab: Soll die Mineralölsteuer erhöht werden, um den Schienenverkehr auszubauen? Bilden Sie eine Pro- und eine Kontragruppe. Sammeln Sie Argumente für Ihren Standpunkt und halten Sie diese stichwortartig auf einem Plakat fest. Präsentieren Sie Ihre Argumente vor der Klasse und stimmen Sie erneut ab. Erfragen Sie gegebenenfalls die Gründe für einen Meinungswechsel.

D Ratschläge für ein Streitgespräch erstellen

Melanie ist Redaktionsmitglied der Schülerzeitung „Stachel". Der Schwerpunkt der nächsten Ausgabe soll dem Thema „Rechtsradikalismus an unserer Schule" gewidmet sein. Melanie hat sich deshalb auf dem Schulhof zu diesem Thema umgehört. Sie ist auf eine Gruppe gestoßen, die sich für die Abschaffung der Demokratie und die Errichtung eines Staates nach nationalsozialistischem Vorbild ausspricht. Sie möchte der Gruppe die Gelegenheit bieten, ihre Auffassungen in der Schülerzeitung darzulegen und zur Diskussion zu stellen. In der Redaktionskonferenz wird ihr von Sven widersprochen. Er meint, rechtsradikalem Gedankengut dürfe man nicht die Chance geben, veröffentlicht zu werden. Bilden Sie zwei Gruppen, die Argumente für die jeweilige Sichtweise sammeln. Wählen Sie Schüler aus, die vor der Klasse in einem zeitlich festgelegten Rededuell die jeweilige Meinung vertreten. Schreiben Sie während der Diskussion auf, was auf Sie überzeugend wirkt und was nicht. Sammeln Sie anschließend in Ihren Gruppen die Beobachtungen und erstellen Sie auf einem Plakat eine Liste mit „Ratschlägen für ein Streitgespräch!". Präsentieren Sie anschließend das Ergebnis vor der Klasse.

E Einen Leserbrief schreiben

Was müssen die Parteien tun, um junge Leute zu gewinnen?

Seit zwanzig Jahren bin ich Ortsvorsitzender meiner Partei.
Ich würde gerne mein Amt an einen Jüngeren abtreten. Es ist aber niemand da! Auf unserer letzten Mitgliederversammlung waren wir wieder allein. Wir, das ist ein mittlerweile ergrautes Häuflein von Staatsbürgern, denen das Wohl unserer Gesellschaft am Herzen liegt. Wir wollen nicht zum Seniorenclub werden, sondern eine lebendige Partei sein. Wo also seid ihr, meine lieben jungen Mitbürger? Warum kommt ihr nicht zu uns? Was müssen wir tun, damit ihr euch bei uns engagiert?

(Heinz W., Ortsvereinsvorsitzender)

Bilden Sie Gruppen und erarbeiten Sie einen Leserbrief als Antwort. Lesen Sie sie anschließend der Klasse vor. Vergleichen Sie die Leserbriefe nach ihrer Wirkung auf die Öffentlichkeit. Erstellen Sie Ratschläge für das Verfassen von Leserbriefen.

F Eine Karikatur interpretrieren

„Geringe Wahlbeteiligung bei den jüngsten Landtagswahlen."

Interpretieren Sie die Karikatur und diskutieren Sie die Frage, ob der Zeichner mit seiner Auffassung recht hat.

Burkhard Mohr, 03.04.2006, Das Parlament

8 Politische Beteiligung durch Wahlen

8.1 Welche Bedeutung haben Wahlen?

Das erste Mal

Zwei Kreuzchen auf zwei Zetteln aus Ökopapier – mehr musst du nicht machen bei der Bundestagswahl. Nur: Welche Partei willst du wählen? Bringt das was? Erstwählerinnen diskutieren über Chancen, Risiken und Nebenwirkungen

YM … wenn man den jüngsten Umfragen glaubt, will rund ein Drittel der Schüler und Lehrlinge in eurem Alter nicht wählen.

Juliane Ich glaube, viele gehen nicht, weil sie nicht wissen, was sie wählen sollen. Und die Mühe, sich vorher zu informieren, machen sich nur die wenigsten.

Antje Stimmt, manche denken, sie hätten was Besseres zu tun, als an einem Sonntag wählen zu gehen. Aber viele sind auch echt frustriert. Weil sie glauben, dass die Politiker sowieso nur an sich denken. So nach dem Motto: „Die sind mit ihren Posten gut versorgt und schweben über allen Problemen. Während wir hier unten oft nicht einmal Arbeit haben." Und dann wählen sie eben gar nicht.

Jana Ich versteh das nicht. Die Leute meckern über die Regierung, gehen aber nicht mal zur Wahl. Wie soll sich da was ändern?

Aus: Young Miss 09/1998

1. **Setzen Sie das Gespräch in Ihrer Klasse fort.**
2. **„Ich bin Nichtwähler, aber kein Demokratiegegner. Ich stelle nur fest, dass alle demokratischen Parteien im Prinzip die gleiche Politik betreiben. Alle haben den guten Willen, für das Volkswohl zu sorgen. Sollte unsere Demokratie jedoch durch radikale Parteien gefährdet sein, würde ich wählen gehen. Aber das sehe ich zum Glück nicht auf uns zukommen." Stimmen Sie dieser Auffassung zu? Begründen Sie Ihre Meinung.**

In einer Demokratie geht die Staatsgewalt vom Volk aus. Zur Machtausübung benötigt es Organe (Parlament, Regierung), die in seinem Namen handeln. Über Wahlen wird entschieden, wer im Rahmen dieser Organe politische Macht ausüben darf. Wahlen haben drei **Aufgaben** zu erfüllen:

- Über Wahlen kann der einzelne Staatsbürger als Teil des Volkes sein Letzentscheidungsrecht, sein Souveränitätsrecht ausüben (**Partizipation**).
- Über Wahlen wird die Berechtigung verliehen, politische Macht auszuüben (**Legitimation**).
- Über Wahlen kann die Berechtigung entzogen werden, politische Macht auszuüben (**Kontrolle**).

8.2 Das Wahlrecht

© Erich Schmidt Verlag

Ali, 18, Auszubildender

Ich bin in Deutschland geboren und aufgewachsen. Hier ist meine Heimat. Ich arbeite und bezahle Steuern und Sozialabgaben. Von der Politik im Bundestag bin ich wie jeder andere betroffen. Als Türke darf ich jedoch nicht wählen. Das finde ich nicht in Ordnung. Natürlich kann ich meinen türkischen Pass gegen einen deutschen eintauschen, das würde mir aber sehr schwer fallen. Vielleicht will ich einmal in die Türkei zurückkehren. Das Beste wäre eine generell mögliche doppelte Staatsbürgerschaft. Sie würde mein Problem lösen.

Daniela, 17, Auszubildende

Wer die deutsche Staatsangehörigkeit haben will und damit das Recht mitzubestimmen, wer in Deutschland die politische Verantwortung tragen soll, der muss sich auch ohne Wenn und Aber zu Deutschland bekennen. Entweder ist man Deutscher oder man ist kein Deutscher. Man kann nicht beides zugleich sein. Jeder Staatsbürger hat zudem bestimmte Pflichten, z. B. die Wehrpflicht. Wenn einer zwei Pässe besitzt, könnte er sich immer aussuchen, welche staatliche Regelung für ihn am bequemsten ist.

1. **Welche Rechte sind mit der deutschen Staatsangehörigkeit verbunden?**
2. **Halten Sie eine doppelte Staatsbürgerschaft für sinnvoll?**

Regeln einer demokratischen Wahl

In vielen Wahllokalen werden inzwischen elektronische Wahlgeräte eingesetzt, die den Stimmzettel ersetzen.

Stimmabgabe bei Urnenwahl

Wenn der Wähler den Wahlraum betritt, zeigt er nach Aufforderung seine Wahlbenachrichtigung (...) vor. Der Wähler erhält einen amtlichen Stimmzettel. Er begibt sich damit in die Wahlzelle, kennzeichnet dort seinen Stimmzettel (vgl. S. 84) und faltet ihn in der Weise, dass seine Stimmabgabe nicht erkennbar ist (...)
Sobald der Schriftführer den Namen des Wählers im Wählerverzeichnis gefunden hat (...) und die Wahlberechtigung festgestellt ist und kein Anlass zur Zurückweisung des Wählers besteht, gibt der Wahlvorsteher die Stimmabgabe frei.
Der Wähler wirft seinen Stimmzettel in die Wahlurne. Der Schriftführer vermerkt die Stimmabgabe im Wählerverzeichnis und sammelt die Wahlscheine.

Paul Schuck, Manfred Unglaub: Bundeswahlrecht mit Erläuterungen. Meininger Verlag: Neustadt a.d.W. 2002, S. 65

1. **Spielen Sie am Beispiel der Wahl eines Klassensprechers die Regeln für eine demokratische Wahl nach.**
2. **Anja darf zum ersten Mal wählen gehen. Mit ihrer Mutter besucht sie das Wahllokal. In der Wahlkabine wird sie unsicher, wen sie wählen soll. Sie bittet deshalb ihre Mutter zu sich in die Wahlkabine. Frau Müller fragt Sie, ob sie zu ihrer Tochter in die Wahlkabine darf. Wie würden Sie entscheiden?**

Über die Wahl verleiht das Volk politische Macht. In Diktaturen wird deshalb oftmals versucht, die eigene Macht durch manipulierte Wahlen zu rechtfertigen. So wird beispielsweise der politische Gegner an der Stimmabgabe gehindert oder Gegenstimmen werden bei der Stimmenauszählung für ungültig erklärt. Um einen solchen Machtmissbrauch zu verhindern, werden für jeden Stimmbezirk Bürger in einen ehrenamtlichen Wahlvorstand berufen. Ihre Aufgabe ist es, für einen ordnungsgemäßen Ablauf der Wahl im Wahllokal zu sorgen.

Die grundlegenden Merkmale für eine demokratische Wahl sind im Art. 38 des Grundgesetzes festgelegt (**Wahlgrundsätze**):

- **allgemein:** Niemand darf willkürlich von der Wahl ausgeschlossen werden.
- **frei:** Niemand darf zur Wahl gezwungen oder unter Druck gesetzt werden.
- **gleich:** Jede Stimme zählt gleich.
- **geheim:** Niemand darf in die Wählerentscheidung Einsicht nehmen.
- **unmittelbar:** Gewählt wird ohne Zwischenschaltung von Wahlmännern. (Dieser Grundsatz gilt für die Bundestagswahl, kann aber nicht als Voraussetzung für eine demokratische Wahl angesehen werden.)

8.3 Die Wahlsysteme

Verhältniswahl (Listenwahl)

Bei der reinen Verhältniswahl erhält jede Partei anteilsmäßig genau so viele Mandate im Parlament, wie sie prozentual an der Gesamtzahl der Wählerstimmen gewonnen hat (30 % der Wählerstimmen entsprechen dabei 30 % der Parlamentssitze). Somit wird der Wählerwille der Bevölkerung genau abgebildet, denn jede Wählerstimme wird berücksichtaigt. Kleinere Parteien erhalten so eine Möglichkeit der Mitbestimmung im Parlament. Damit droht jedoch die Gefahr, dass die Parlamente durch eine Vielzahl von Parteien zersplittern. Die Folge: Stabile Mehrheiten für die Regierungsbildung werden erschwert und die Regierung wechselt häufig. Um diesen Nachteil auszugleichen, ist oft ein Mindestanteil am Wahlergebnis vorgeschrieben, der zum Einzug ins Parlament berechtigt (etwa die Fünf-Prozent-Hürde). Das Ergebnis einer Verhältniswahl kann nach verschiedenen mathematischen Verfahren in eine Sitzverteilung umgerechnet werden. In der Bundesrepublik Deutschland wurde bis 1985 das d´Hondtsche Verfahren angewendet, seitdem kommt das Hare-Niemeyer-Verfahren zum Einsatz.

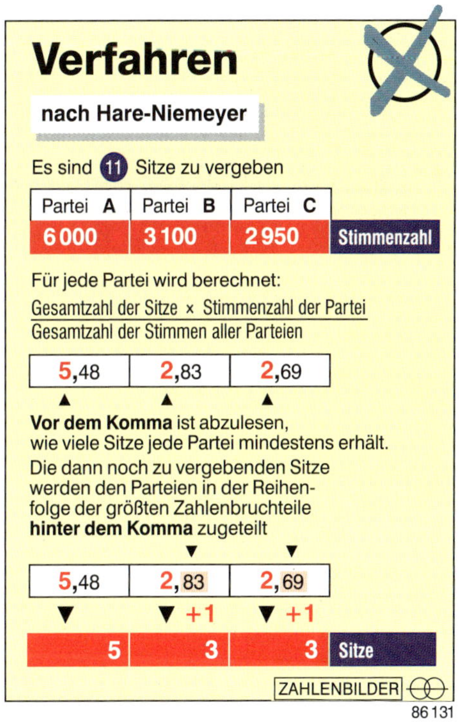

Mehrheitswahl (Personenwahl)

Beim Mehrheitswahlsystem wird das Wahlgebiet in so viele Wahlkreise eingeteilt, wie Sitze im Parlament zu vergeben sind. Die Parteien stellen in den Wahlkreisen Einzelkandidaten zur Wahl auf. Ins Parlament zieht ein, wer im Wahlkreis die meisten Stimmen erhalten hat. Zwei Varianten lassen sich unterscheiden. Bei der relativen Mehrheitswahl hat der Kandidat einen Parlamentssitz errungen, der in seinem Wahlkreis die meisten Stimmen auf sich vereinen konnte. Bei der absoluten Mehrheitswahl sind mindestens 50 % der Wählerstimmen notwendig, um sofort ins Parlament einzuziehen. Wird dieser Wert von niemandem erreicht, kommt es in einem zweiten Urnengang zur Stichwahl unter den beiden Kandidaten mit der höchsten Stimmenzahl. Bei der Mehrheitswahl bleibt somit ein Großteil der Wählerstimmen in der Parlamentszusammensetzung unberücksichtigt, da aus jedem Wahlkreis nur der Gewinner ein Mandat erhält. Daher ist es von besonderer Bedeutung, wie die Wahlkreise eingeteilt sind. Die Wählerschaft muss nicht nur gleich groß sein, sondern in ihrer sozialen Zusammensetzung ausgewogen sein. Andernfalls wäre es möglich, dass eine Partei zwar landesweit die meisten Wählerstimmen auf sich vereinen konnte, aber nicht die Mandatsmehrheit im Parlament erhält.

1. **Ermitteln Sie anhand des Beispiels die Sitzverteilung nach den jeweiligen Wahlsystemen.**
2. **Welche drückt nach Ihrer Ansicht den Wählerwillen am ehesten aus?**
   S-WK = Stimmen/Wahlkreis
   B-WK = Wahlbeteiligung/Wahlkreis
   S-P = Gesamtstimmen/Partei
   A-S-P = Anteil der Parteistimmen an den Gesamtstimmen
   A-G-P = Anteil der Parteistimmen an den Wahlberechtigten

Parlamentssitze	10	Wahlkreise (WK)	10
Wahlberechtigte	2 000	Stimmen/Wahlkreis	200
Gesamtstimmen (S-G)		Wahlbeteiligung (B-G)	

	Partei	Partei	Partei	Partei	Partei	S-WK	B-WK
WK	A	B	C	D	E		
1	83	59	10	4	1		
2	65	69	9	6	1		
3	60	63	12	6	1		
4	53	59	13	7	1		
5	81	49	15	4	1		
6	65	68	8	6	1		
7	56	60	12	8	1		
8	68	45	15	4	0		
9	60	62	15	9	0		
10	21	16	5	2	22		
S-P							
A-S-P							
A-G-P							

3. **Diskutieren Sie die beiden Wahlsysteme mithilfe der folgenden Fragen: Welches System bietet die beste Chance …**
   a) … für eine stabile Regierung?
   b) … für eine Berücksichtigung von Minderheitspositionen im Parlament?
   c) … für den Einzug neuer Parteien ins Parlament?
   d) … für einen engen Kontakt zwischen Abgeordneten und Wählern?
   e) … für die Durchsetzung von Parteiprogrammen?
   f) … für den Einzug von fachlichen Experten ins Parlament?

8.4 Die Wahlen zum Deutschen Bundestag

Viele Wähler wissen nicht Bescheid

Jena (dpa) – Mindestens die Hälfte der Wahlberechtigten kennt den Unterschied zwischen Erst- und Zweitstimme bei der Bundestagswahl nicht. Die Unkenntnis darüber sei in Ost und West ähnlich groß, sagte der Politikwissenschaftler Prof. Karl Schmitt (...)

Sonntag Aktuell, 23.08.1998

1. **Kennen Sie den Unterschied zwischen beiden Stimmen?**
2. **Wie erklären Sie sich die große Unkenntnis über das Wahlverfahren?**

Die Wahlen zum Deutschen Bundestag finden in der Regel alle vier Jahre statt (Legislaturperiode). Grundlage ist ein Verhältniswahlverfahren, das mit Vorteilen des Mehrheitswahlsystems kombiniert ist (**personalisiertes Verhältniswahlsystem**). Die Parlamentssitze werden zur Hälfte über Wahlkreise und zur Hälfte über Parteilisten auf Länderebene vergeben. Jeder Wähler hat zwei Stimmen, eine Personenstimme und eine Parteienstimme. Die Stimmabgabe ist auch als Briefwahl möglich.

- Mit der **Erststimme** entscheiden die Wähler, wer einen Wahlkreis im Bundestag vertreten soll (Persönlichkeitswahl).
- Mit der **Zweitstimme** entscheiden die Wähler, wie viele Sitze eine Partei im Bundestag erhält (Listenwahl). Sie legt fest, welche Chancen eine Partei hat, die Regierung zu bilden. Sie entscheidet über das politische Kräfteverhältnis im Parlament und ist deshalb die wichtigere Stimme.

Nach der Wahl werden Bundestagssitze nur an solche Parteien vergeben, die bundesweit mindestens 5 % der abgegebenen gültigen Zweitstimmen erhalten haben (**Sperrklausel**) oder in drei Wahlkreisen ein Direktmandat gewinnen konnten.

Schritte zur Sitzverteilung

1. Ermittlung der Anzahl der Sitze, die einer Partei nach der Anzahl der erhaltenen Zweitstimmen zustehen (Verhältniswahlverfahren).
2. Ermittlung der jeweiligen Sieger in den Wahlkreisen durch die relative Mehrheit der erhaltenen Erststimmen (Mehrheitswahlverfahren).
3. Von der Anzahl der Parlamentssitze, die einer Partei nach der Zweitstimme zustehen, wird die Anzahl der Mandate abgezogen, die direkt gewonnen wurden. Die verbleibenden Sitze werden der Reihe nach an die Kandidaten der Landesliste vergeben.
4. Hat eine Partei mehr Direktmandate erhalten, als ihr Sitze nach der Zweitstimme (Verhältniswahl) zustehen, wird der Bundestag um diese Anzahl der Sitze erweitert und den Wahlkreissiegern zugeteilt (Überhangmandate).

Muster-Stimmzettel

für die Wahl zum Deutschen Bundestag im Wahlkreis 199 Neuwied

am 18. September 2005

Sie haben 2 Stimmen

hier 1 Stimme für die Wahl **eines/einer Wahlkreis-abgeordneten**

Erststimme

1	**Wittlich,** Werner August Elektromeister, MdB Kurtscheid Im Tiergarten 13	**CDU** Christlich Demokratische Union Deutschlands	◯
2	**Bätzing,** Sabine Diplom-Verwaltungswirtin Altenkirchen Hermann-Löns-Straße 1	**SPD** Sozialdemokratische Partei Deutschlands	◯
3	**Hoff,** Elke Vizepräsidentin Lohmar Am Wildpfad 31	**FDP** Freie Demokratische Partei	◯
4	**Dr. Lingnau,** Hildegard Angestellte Mammelzen Über dem Berg 9	**GRÜNE** BÜNDNIS 90/ DIE GRÜNEN	◯

hier 1 Stimme für die Wahl **einer Landesliste (Partei)**

- maßgebende Stimme für die Verteilung der Sitze insgesamt auf die einzelnen Parteien -

Zweitstimme

◯	**CDU**	Christlich Demokratische Union Deutschlands Joachim Hörster, Prof. Dr. Maria Böhmer, Peter Rauen, Peter Bleser, Norbert Schindler	1
◯	**SPD**	Sozialdemokratische Partei Deutschlands Fritz Rudolf Körper, Doris Barnett, Klaus Hagemann, Andrea Nahles, Gustav Herzog	2
◯	**FDP**	Freie Demokratische Partei Rainer Brüderle, Dr. Volker Wissing, Elke Hoff, Dr. Edmund Peter Geisen, Bettina Muth	3
◯	**GRÜNE**	BÜNDNIS 90 / DIE GRÜNEN Ulrike Höfken-Deipenbrock, Josef Philip Winkler, Corinna Rüffer, Daniel Köbler, Jutta Blatzheim-Roegler,	4

Direktmandate und Landeslisten 2005

Fraktion	Direktmandate	Landeslisten	gesamt
CDU/CSU	148[3]	76	224
SPD	145	77	222
FDP	–	61	61
DIE LINKE	3	50	53
BÜNDNIS 90/DIE GRÜNEN	1	50	51
Fraktionslose	(1)[1]	(1)[2]	2
Bundestag gesamt	**298**	**315**	**613**
16 Überhangmandate, 7 für die CDU/CSU, 9 für die SPD			

1) Der Abgeordnete Henry Nitzsche wurde als Direktkandidat der CDU gewählt und schied am 15. Dezember 2006 aus der Fraktion CDU/CSU aus.

2) Der Abgeordnete Gert Winkelmeier wurde über die Landesliste DIE LINKE. gewählt und schied am 13. Februar 2006 aus der Fraktion DIE LINKE. aus.

3) Der Abgeordnete Matthias Wissmann wurde als Direktmandat der CDU gewählt und schied am 1. Juni 2007 aus dem Bundestag aus. Solange wie Überhangmandate für die betreffende Partei in einem Bundesland bestehen, wird das ausgeschiedene Mitglied nicht durch Nachrücken ersetzt.

http://www.bundestag.de/parlament/wahlen/sitzverteilung/1541_16.html (27.08.2007)

1. **Welche Bedeutung haben die Überhangsmandate für die aktuelle Zusammensetzung des Bundestages?**
2. **Diskutieren Sie den Vorschlag, die Überhangsmandate ganz abzuschaffen.**

8.5 Die Wahlen zum Landtag von Rheinland-Pfalz

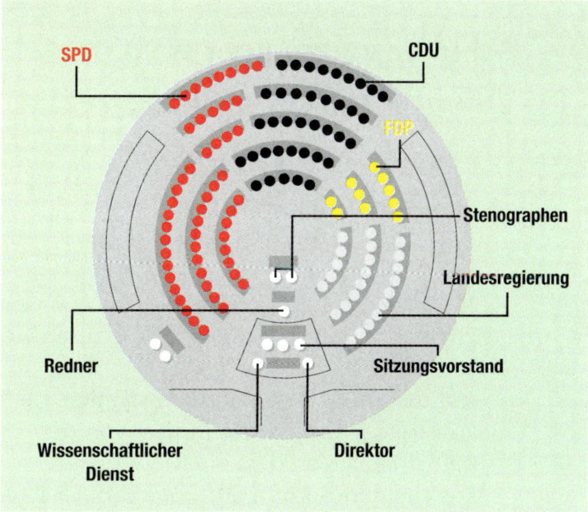

Das **Parlament** von Rheinland-Pfalz heißt Landtag (siehe S. 55). Es besteht aus 101 Abgeordneten. Sie werden alle fünf Jahre gewählt. Wie bei der Bundestagswahl hat der Wähler zwei Stimmen. Eine Stimme für die Wahl eines Wahlkreisabgeordneten (Wahlkreisstimme) und eine Stimme für die Wahl einer Landes- oder Bezirksliste (Landesstimme) (§ 27 LWahlG). Mit der Landesstimme wird die zahlenmäßige Zusammensetzung des Landtags nach Parteien und Wählervereinigungen bestimmt, mit den Wahlkreisstimmen, welche Abgeordneten direkt gewählt sind. Beide Stimmen werden auf einem Stimmzettel unabhängig voneinander abgegeben. Der Gesetzgeber hat sich für die Bezeichnungen **„Landesstimme"** und **„Wahlkreisstimme"** entschieden, weil die im Bundeswahlrecht gebräuchlichen Bezeichnungen „Erst- und Zweitstimme" erfahrungsgemäß bei zahlreichen Wählern Missverständnisse über den Wert der beiden Stimmen hervorrufen. Der Landtag beschließt die Landesgesetze und wählt den Ministerpräsidenten.

	Landtagswahl 2006				Landtagswahl 2001					
	Wahlkreisstimmen		Landesstimmen		Wahlkreisstimmen			Landesstimmen		
	Anzahl	%	Anzahl	%	Anzahl	%	Differenz	Anzahl	%	Differenz
Wahlberechtigte	3 075 577		3 075 577		3 025 090			3 025 090		
Wähler	1 791 072	58,2	1 791 072	58,2	1 879 960	62,1	–3,9	1 879 960	62,1	–3,9
Ungültige Stimmen	58 664	3,3	37 962	2,1	62 040	3,3	0,0	46 114	2,5	–0,4
Gültige Stimmen	1 732 408	96,7	1 753 110	97,9	1 817 920	96,7	0,0	1 833 846	97,5	0,4
SPD	750 380	43,3	799 377	45,6	789 660	43,4	–0,1	820 610	44,7	0,9
CDU	668 637	38,6	547 329	32,8	723 214	39,8	–1,2	647 238	35,3	–2,5
FDP	134 746	7,8	140 865	8,0	134 729	7,4	0,4	143 427	7,8	0,2
Grüne	86 260	5,0	81 411	4,6	92 702	5,1	–0,1	95 567	5,2	–0,6

http://www.wahlen.rlp.de/ltw/wahlen2006/index.html?mode=hidemenu (Abruf: 3.9.2007)

1. **Erläutern Sie die Wahl und die Aufgaben des Landtages.**
2. **Analysieren Sie das Wahlergebnis.**
3. **Recherchieren Sie im Internet die Landtagsergebnisse in Ihrem Wahlkreis (www.statistik.rlp.de) und die Zusammensetzung der Landesregierung (www.rlp.de).**

8.6 Die Wahlen in den Kommunen von Rheinland-Pfalz

Schulen sollen mehr Geld für Computer erhalten!

Müllgebühren werden erhöht!

Neues Baugebiet geplant!

Neuer Kindergarten wird eröffnet!

Jugendtreff wurde geschlossen!

1. **Nennen Sie Ereignisse, die in Ihren Gemeinden diskutiert werden.**
2. **Welche Kommunalpolitiker kennen Sie mit Namen?**

Auf der Ebene der politischen Gemeinde (Ortsgemeinde, Verbandsgemeinde, Landkreis, kreisfreie Stadt) ist der Bürger von den Entscheidungen der Politik am unmittelbarsten betroffen. Sei es, dass ein Kindergarten schließt oder dass eine Straße gesperrt wird. Das Entscheidungsorgan auf kommunaler Ebene ist der **Gemeinderat**. Er ist Teil der Verwaltung und kann deshalb nicht als reines Parlament bezeichnet werden (vgl. Seite 55). Seine Mitglieder werden von der Bürgerschaft für fünf Jahre nach dem Verhältniswahlsystem bestimmt. Jeder Bürger hat dabei so viele Stimmen, wie Sitze zu vergeben sind. Kreuzt er eine Liste an, erhält jeder Listenplatz eine Stimme. Will der Wähler, dass bestimmte Kandidaten von ihm keine Stimme erhalten, kann er sie durchstreichen. Die dann überzähligen Stimmen werden von oben nach unten an die anderen Kandidaten verteilt. Gefällt ihm ein Kandidat besonders gut, kann er ihm bis zu drei Stimmen geben (**Kumulieren**). Hat ein Kandidat von einem Wähler drei Personenstimmen erhalten, wird ihm keine Listenstimme mehr zugeteilt. Seine Stimmen kann ein Wähler auf Kandidaten verschiedener Listen verteilen (**Panaschieren**). In diesem Fall darf er jedoch nicht mehr Stimmen vergeben, als ihm zustehen. Anderenfalls ist sein Wahlzettel ungültig. An der Spitze der Verwaltung steht der **Bürgermeister** (in einem Landkreis der Landrat, in einer kreisfreien Stadt der Oberbürgermeister). Er hat eine Stimme im Gemeinderat und leitet dessen Sitzungen. Sein Amt wird ihm durch eine direkte Wahl der Bürger für acht Jahre verliehen.

Partei A		⊗		
1	Metz, Michael			
2	~~Oflaz, Dilara~~			
3	Mark, Christine			
4	Erhard, Gisela			
5	Franz, Daniela			
6	Schornsheim, Klaus			
7	Herz, Johannes	X		
8	Şanli, Senay			

Partei B		○		
1	Götz, Ilona	X	X	
2	Pfeiffer, Rolf			
3	Bauer, Hans			
4	Abide, Cenk	X		
5	Wedel, Ulla			
6	Gutschalk, Gertrud			
7	Seebach, Tanja			
8	Ludwig, Gerd			

1. **Von welchen Wahlmöglichkeiten wurde Gebrauch gemacht?**
2. **Wer würde nach diesem Wähler in die Gemeindevertretung einziehen?**

8.7 Die direkte Bürgerbeteiligung in den Kommunen

Stadtrat will Freibad schließen

Der Stadtrat hat gestern die Schließung des Freibades beschlossen. Eine grundlegende Sanierung wäre dringend notwendig, dafür fehle jedoch das Geld. Der Bürgermeister: „Wir müssten an den Schulen sparen und könnten unser Gemeindehaus nicht ausbauen." Die stark rückläufigen Besucherzahlen würden zudem zeigen, dass auch die Bürgerschaft kein großes Interesse mehr am Freibad habe.

Bürger sollen über die Schließung des Freibades abstimmen!

Eine Elterngruppe hat sich zu einer Bürgerinitiative zusammengeschlossen und will einen Bürgerentscheid über die Schließung des Freibades herbeiführen. Das Freibad sei der Treffpunkt der Jugend, so die Sprecherin der Gruppe, es liege im Zentrum der Stadt und könne zu Fuß oder mit dem Fahrrad erreicht werden. Den Ratsmitgliedern wird vorgeworfen, nicht mehr die Wünsche der Bevölkerung zu kennen. Wer das Bürgerbegehren unterstützen wolle, könne sich in eine Unterschriftenliste an der Kasse des Freibades eintragen.

Als eine Antwort auf die wachsende Politikverdrossenheit wurde in Rheinland-Pfalz die Gemeindeordnung geändert und durch plebiszitäre Elemente erweitert (**Plebiszit** = Entscheidung durch Volksabstimmung). Neben zusätzlichen Auswahlmöglichkeiten bei der Bestimmung der Bürgervertreter und der **Direktwahl** der Bürgermeister wurde der Bürgerentscheid eingeführt. Voraussetzung ist allerdings ein vorausgehendes **Bürgerbegehren**, das von mindestens 15 % der wahlberechtigten Einwohner mit Namen und Anschrift unterzeichnet sein muss. Damit ein **Bürgerentscheid** Rechtskraft erlangt, müssen sich mindestens 30 % der wahlberechtigten Bürger an der Abstimmung beteiligt haben (vgl. S. 93).

Bürgerbegehren und Bürgerentscheid (§ 17a GemO)

(1) Die Bürger einer Gemeinde können über eine wichtige Angelegenheit der Gemeinde einen Bürgerentscheid beantragen (Bürgerbegehren). Wichtige Angelegenheiten sind:
1. die Errichtung, wesentliche Erweiterung und Aufhebung einer öffentlichen Einrichtung, die der Gesamtheit der Einwohner zu dienen bestimmt ist,
2. (…)

1. **Ist der Bürgerentscheid über die Schließung eines Freibades rechtlich möglich?**
2. **Diskutieren Sie die Chancen und Gefahren, die mit diesem Instrument der politischen Willensbildung verbunden sind (vgl. S. 93).**

8.8 Der Wahlkampf

Der Wahlkampf kann beginnen...

1. Welche Aussage über den Wahlkampf macht die Zeichnung?
2. Wodurch ist die heiße Phase des Wahlkampfes gekennzeichnet?

Der Wahlkampf ist der Höhepunkt in der politischen Auseinandersetzung. Viele empfinden, dass in dieser Zeit die Töne schriller und die Slogans nichtssagender werden. Die Präsenz der Parteien ist allgegenwärtig. Es geht um die politische Macht. Viele Wähler stören sich an den Formen und Worthülsen, sehen keinen Unterschied mehr zur normalen Produktwerbung. Sie fühlen sich nicht als mündige Bürger, sondern als Konsumenten angesprochen. Wahlkämpfer beschränken sich nicht auf politische Aufklärung. Die wird Interessierten über Druckerzeugnisse und Medienbeiträge geboten. Sie wollen vor allem ihre Stammwähler mobilisieren und Nichtwähler aufrütteln. Nach Auffassung der Wahlkampfmanager gelingt dies in der Regel nicht über umfangreiche und differenzierte Sachdarstellungen, sondern nur über werbepsychologisch geschickte Slogans und Medieninszenierungen. Ob damit allerdings die wachsende Zahl der kritischen Wechselwähler gewonnen werden kann, darüber sind die Wahlforscher uneins.

1. Welche Wahlslogans kennen Sie?
2. Wie sollte nach Ihrer Ansicht eine Partei für sich werben?

Zur Wiederholung

1. Erläutern Sie die Bedeutung der Wahlen in einer Demokratie.
2. Nennen Sie die rechtlichen Bestimmungen zur Wahl des Bundestages.
3. Beschreiben Sie den Wahlvorgang in einem Wahllokal.
4. Kennzeichnen Sie die Grundsätze für eine demokratische Wahl.
5. Beschreiben Sie die verschiedenen Wahlsysteme.
6. Diskutieren Sie die Vor- und Nachteile der verschiedenen Wahlsysteme.
7. Erläutern Sie das Wahlsystem zum Deutschen Bundestag.
8. Stellen Sie dar, wie ein Überhangmandat zustande kommt.
9. Erläutern Sie das Wahlsystem zum Landtag von Rheinland-Pfalz.
10. Erläutern Sie das Kommunalwahlsystem in Rheinland-Pfalz.
11. Welche Bedeutung hat der Wahlkampf in einer Demokratie?
12. Zählen Sie die Möglichkeiten zur direkten politischen Beteiligung in Rheinland-Pfalz auf.

Handlungsimpulse

A Die Gründe für Wahlenthaltung erforschen

Sammeln Sie mögliche Gründe, die für eine Wahlenthaltung sprechen könnten. Formulieren Sie die gefundenen Argumente als Thesen.
Erstellen Sie nach folgendem Beispiel eine Liste. Vervielfältigen Sie die Liste und verteilen Sie sie an eine Gruppe von Schülern, die nach ihrer Zusammensetzung die Schülerschaft repräsentieren.
Werten Sie die Ergebnisse aus und und bilden Sie eine Rangfolge nach der Häufigkeit der Punkte. Präsentieren Sie das Ergebnis Ihrer Klasse.

Nr.	Warum gehe ich nicht wählen?	0 = stimme nicht zu 5 = stimme stark zu					
1.	Keine Partei vertritt meine Interessen!	0	1	2	✗	4	5
2.	Ich habe keine Lust, Zeit für den Wahlgang zu opfern!	0	1	✗	3	4	5
3.	…	0	1	2	3	4	5
4.	…	0	1	2	3	4	5

B Verbesserung des Schulgebäudes

Untersuchen Sie Ihre Schule nach möglichen Mängeln, laden Sie Vertreter des Gemeinderats ein und suchen Sie gemeinsam nach Lösungen.

9 Das parlamentarische Regierungssystem der Bundesrepublik Deutschland

9.1 Der Bundestag

1. **Die Sitzordnung des Deutschen Bundestages ist fest geregelt. Ordnen Sie die richtige Zahl den Begriffen zu:**
   Präsident, Rednerpult, Regierungsbank,
   Schriftführer, Abgeordnete, Bundesratsbank.
2. **Welche Zusammensetzung hat der Deutsche Bundestag seit der letzten Wahl?**
3. **Was wird zurzeit in den Medien über den Bundestag berichtet?**

Der Deutsche **Bundestag** ist das zentrale Organ der politischen Willensbildung, weshalb er auch als das **„Hohe Haus"** bezeichnet wird. Er besteht aus 598 Abgeordneten. Hinzu kommen die Sitze durch Überhangmandate. Die Volksvertreter werden in der Regel für vier Jahre (**Legislaturperiode**) gewählt. Zur Vereinfachung der Parlamentsarbeit schließen sich die Abgeordneten einer Partei bzw. von Parteien, die in den Bundesländern nicht miteinander im Wettbewerb stehen, zu **Fraktionen** zusammen. Dadurch erhalten sie zusätzliche Gelder für die Geschäftsführung, sind in wichtigen Gremien vertreten und können ihre politische Arbeit untereinander koordinieren. Eine Fraktion muss aus mindestens 5 % aller Mitglieder des Bundestages bestehen (zurzeit 34 Abgeordnete). Um eine Regierungsmehrheit zu erreichen, schließen sich Fraktionen zu einer **Koalition** zusammen. Die Abgeordneten, die ihr nicht angehören, bilden die **Opposition**.

Die Stellung der Abgeordneten

Die Abgeordneten haben ein **freies Mandat**. Nach Art. 38 GG sind sie an Aufträge und Weisungen nicht gebunden. Im Bundestag stimmen die Abgeordneten einer Fraktion jedoch meist geschlossen ab. Dadurch wollen sie für stabile Mehrheiten sorgen. Unterschiedliche Standpunkte werden in vorausgehenden Fraktionssitzungen diskutiert und durch Abstimmung entschieden. Die **Fraktionsdisziplin**, also die Erwartung, mit der Fraktion auch dann zu stimmen, wenn sich die Auffassungen im konkreten Fall unterscheiden, wird jedoch bei solchen Fragen aufgehoben, die das Gewissen der Abgeordneten betreffen (z. B. Abstimmung über die Strafregelung beim Schwangerschaftsabbruch). Gibt es zwischen einem Abgeordneten und seiner Fraktion grundsätzliche Differenzen, kann er sie verlassen, ohne sein Mandat zu verlieren.

Der Bundestag als Wahlorgan

In einer parlamentarischen Demokratie wie der Bundesrepublik Deutschland wird der Regierungschef vom Parlament bestimmt. Dementsprechend wählt der Bundestag den **Bundeskanzler**. Die Suche nach einem chancenreichen Kandidaten ist Aufgabe des Bundespräsidenten. Er schlägt dem Bundestag einen Bewerber vor, der ihn ohne Aussprache mit der Mehrheit seiner Mitglieder wählt. Der Gewählte ist vom Bundespräsidenten zu ernennen. Findet der Vorschlag des Bundespräsidenten keine Mehrheit, kann der Bundestag innerhalb von 14 Tagen mit der Mehrheit seiner Mitglieder einen anderen Kandidaten zum Bundeskanzler wählen. Kommt eine Wahl innerhalb dieser Frist wieder nicht zustande, findet unverzüglich ein neuer Wahlgang statt. Der Bundespräsident hat danach innerhalb von sieben Tagen die Wahl, jemanden zum Bundeskanzler zu ernennen, der nur die einfache Mehrheit der Stimmen erhält, oder aber den Bundestag aufzulösen und neu wählen zu lassen.

Neben dem Bundeskanzler werden vom Bundestag die Hälfte der Richter am Bundesverfassungsgericht gewählt. Ferner wirkt der Bundestag über die Bundesversammlung an der Wahl des Bundespräsidenten und über den Richterwahlausschuss an der Berufung der Bundesrichter mit.

1. **Interpretieren Sie die Karikatur.**
2. **Wie beurteilen Sie das Zustandekommen der Regierung im Bundestag?**

Der Bundestag als oberstes Gesetzgebungsorgan

Der Bundestag ist das Forum der Demokratie. In ihm wird diskutiert und entschieden, was für die Bevölkerung rechtlich verbindlich sein soll. Das Recht, einen Gesetzesantrag im Bundestag einzubringen (**Initiativrecht**), steht der Bundesregierung, dem Bundesrat und den Mitgliedern des Bundestages (mindestens 5 % der Abgeordneten) zu. Über die Gesetzesvorlagen wird in drei **Lesungen** debattiert und in der dritten Lesung mit der Mehrheit der abgegebenen Stimmen entschieden. Für bestimmte Gesetze wie Verfassungsänderungen schreibt das Grundgesetz eine Mehrheit von zwei Dritteln der Mitglieder des Bundestages fest.

In das Gesetzgebungsverfahren des Bundes sind die Länder über den Bundesrat eingebunden. Ihm sind alle vom Bundestag verabschiedeten Gesetze zur Abstimmung vorzulegen. Lehnt der Bundesrat ein Gesetz ab, das vom Bundestag beschlossen wurde, kann der Bundestag bei **einfachen Gesetzen** den Widerspruch mit einfacher Mehrheit zurückweisen. Gesetze, für die das Grundgesetz eine Zustimmung des Bundesrates ausdrücklich vorsieht (**zustimmungsbedürftige Gesetze**), sind in diesem Fall gescheitert. Durch Anrufung des Vermittlungsausschusses kann das Gesetzgebungsverfahren fortgesetzt werden. Er setzt sich je zur Hälfte aus Mitgliedern des Bundestages und des Bundesrates zusammen. Seine Aufgabe ist die Formulierung von Kompromisslösungen, die beiden Kammern wieder zur Abstimmung vorgelegt werden.

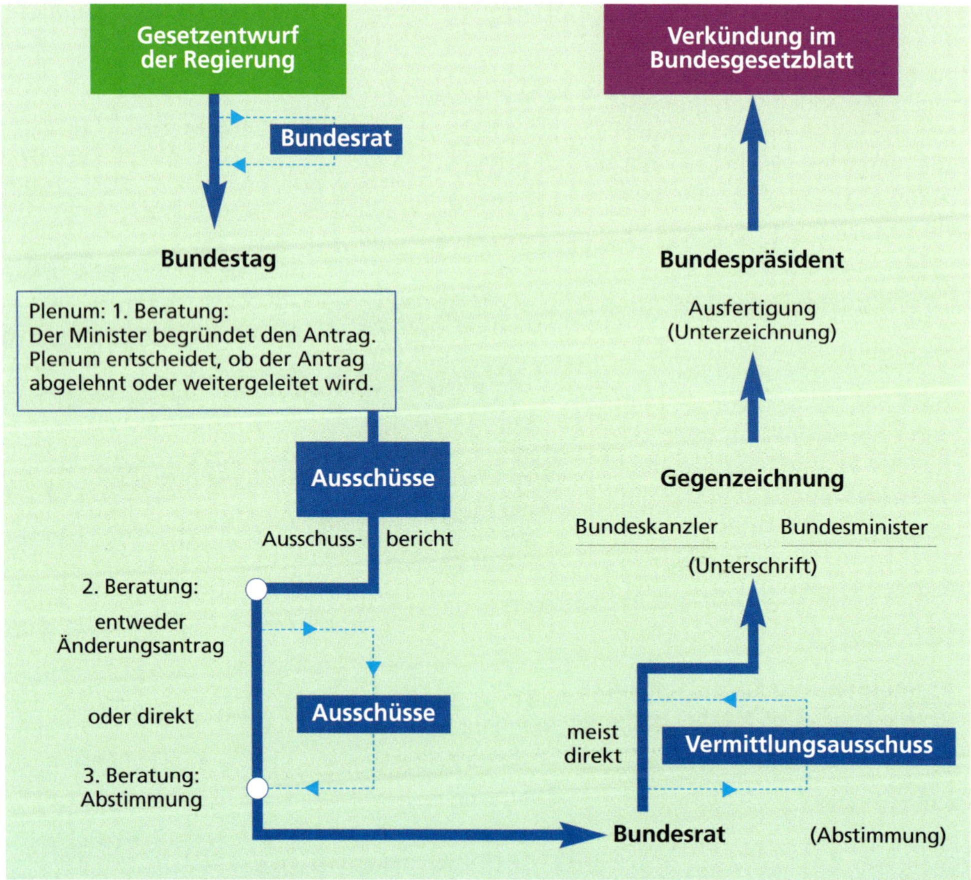

Soll das Volk selbst entscheiden?

„Sind wir uns ja einig, bin auch für den bundesweiten Volksentscheid!“

1. **Interpretieren Sie die Karikatur.**
2. **Beziehen Sie zu Ihrer Kernaussage kritisch Stellung.**

Bei einem **Volksentscheid** – auch Plebiszit genannt – entscheidet die Mehrheit der Stimmbürger in einer direkten Abstimmung (lat. Referendum) endgültig über einen Verfassungs- oder Gesetzesentwurf. In Deutschland ist der Volksentscheid in Artikel 20 des **Grundgesetzes** geregelt. Danach kann er auf Landes- und Bundesebene durchgeführt werden und wird grundsätzlich auf die gleiche Stufe wie die Wahlen gestellt. Derzeit ist er jedoch auf Bundesebene, außer bei einer Neugliederung des Bundesgebietes, nicht vorgesehen und auf Landesebene nicht in allen Bundesländern. Im kommunalen Bereich sind direkte Bürgerentscheide regelmäßig zulässig.

„Es gibt ein insgesamt gereiftes demokratisches Bewusstsein“, freut sich der Staats- und Verwaltungsrechtler Jörn Ipsen. Den Regierenden in Kommunen oder Ländern tue es gut, in den vier Jahren zwischen den Wahlen das „Damoklesschwert des **Bürgerentscheides**“ über sich hängen zu haben. „Anstelle des Regierens per Verwaltungsakt tritt die Aktivierung des mündigen Bürgers“. Ipsen meint, es hätte auch bei der Einführung des Euro oder vor dem Beitritt zur Europäischen Union einen bundesweiten Volksentscheid geben sollen, wie er in Dänemark und Norwegen stattfand. Auch die Rechtschreibreform sei eine solche „Schicksalsfrage der Nation“, bei der eine bundesweite Volksabstimmung besser gewesen wäre als ein Regierungsakt von oben. Andere Experten sehen die direkte Demokratie indes kritischer. Everhard Holtmann, Politologe an der Universität Halle-Wittenberg, stellt fest, dass der Volksentscheid eben nicht dem Normalbürger die Möglichkeit zur Mitbestimmung einräume, sondern vielmehr „zum Exerzierfeld außerparlamentarischer Partei- und Verbandsarbeit wird“. Massenorganisationen verfügen ohnehin über das Geld und die Mittel, Wähler zu mobilisieren. So wurde in Baden-Württemberg jeder zweite kommunale Bürgerentscheid von Parteien oder Verbänden initiiert. Und auch in der Schweiz ist es üblich, dass sich die bei Abstimmung im Nationalrat unterlegene Partei auf die Referenden stürzt. Problematisch können auch die Folgen eines Bürgerentscheids werden, die dann wieder Politik und Verwaltung zu tragen haben. So muss die Münchner Stadtverwaltung den Mittleren Ring laut vox populi an drei Stellen untertunneln. Woher die dafür notwendigen 0,8 Milliarden EUR kommen sollen, weiß niemand.

Uli Heiman, zitiert nach: http://www.politik-digital.de/archiv/hintergrund/stimmedesvolkes.shtml (27.8.2007, Auszüge)

1. **Stellen Sie die Argumente beider Seiten gegenüber.**
2. **Suchen Sie weitere Argumente für die jeweilige Position (vgl. S. 87).**

Der Bundestag als Kontrollorgan

Silke Die Opposition im Bundestag ist immer nur am Nörgeln. Die sagen nie, wie etwas besser geht, sondern immer nur, wie etwas nicht geht!

Thomas Die Opposition muss die Finger in die Wunden der Regierung legen, damit diese ihre politischen Entscheidungen sehr sorgfältig trifft.

Michael Die Opposition hat doch gar keine Chance gegen die Regierung. Die hat doch den ganzen Verwaltungsapparat und die Medien hinter sich. Die Opposition kann nur hoffen, dass das Volk irgendwann die Regierung satt hat und sie abwählt.

1. **Welche Rolle sollte nach Ihrer Ansicht die Opposition spielen?**
2. **Welche Kritik wird derzeit von der Opposition an der Regierung geübt?**

Ein Ziel der Gewaltenteilung ist die Kontrolle der Regierung durch das Parlament. In der Praxis kommt diese Aufgabe im Wesentlichen der **Opposition** zu, da die Mehrheitsparteien ihre Regierung in der Regel unterstützen. Die Regierungsmehrheit hat in dieser parlamentarischen Auseinandersetzung gewisse Vorteile. Sie kann sich auf die Arbeit der Beamtenschaft in den Ministerien stützen, erhält Informationen aus „erster Hand" und verfügt über ministerielle Pressesprecher. Die Opposition kann demgegenüber Forderungen erheben, ohne für deren unmittelbare Verwirklichung einstehen zu müssen. Sie kann sich auf Schwachstellen der Regierung konzentrieren und dadurch deren Bild in der Öffentlichkeit prägen. Zur Kontrolle stehen der Opposition folgende Möglichkeiten zur Verfügung:

- Die **kleine Anfrage** kann von mindestens 15 Abgeordneten gestellt werden und wird vom zuständigen Ministerium schriftlich beantwortet.
- Die **große Anfrage** erfordert die Unterstützung von mindestens 30 Abgeordneten. Der zuständige Minister muss in einer Plenardebatte Stellung beziehen.
- Ein **Untersuchungsausschuss** muss auf Antrag eines Viertels der Abgeordneten eingesetzt werden. Solche Untersuchungsausschüsse werden gebildet, wenn bestimmte Missstände durch das Parlament untersucht werden sollen. In Untersuchungsausschüssen gelten die Vorschriften über den Strafprozess. So können Zeugen vereidigt werden und bei Falschaussagen wegen Meineids bestraft werden.
- Mithilfe des **konstruktiven Misstrauensvotums** kann die Opposition den Kanzler und seine Regierung stürzen. Dies ist jedoch nur möglich, wenn die Mehrheit der Mitglieder des Bundestages einen neuen Kanzler wählt. Das konstruktive Misstrauensvotum hat also nur dann Erfolg, wenn es der oppositionellen Minderheit gelingt, Abgeordnete einer Regierungsfraktion für ihr Vorhaben zu gewinnen.

9.2 Der Bundesrat

3 Jedes Land hat mindestens 3 Stimmen

4 Länder mit mehr als 2 Mio. Einwohnern haben 4 Stimmen

5 Länder mit mehr als 6 Mio. Einwohnern haben 5 Stimmen

6 Länder mit mehr als 7 Mio. Einwohnern haben 6 Stimmen

35 Stimmen = Mehrheit
46 Stimmen = Zweidrittelmehrheit
69 Stimmen = Gesamtstimmen
http://www.bundesrat.de/Wissen/index.html

1. **Wie viele Stimmen hat Rheinland-Pfalz im Bundesrat?**
2. **Bestimmen Sie die gegenwärtigen Machtverhältnisse im Bundesrat.**

Der **Bundesrat** vertritt die Interessen der Länder beim Bund. Über ihn wirken sie an der Gesetzgebung mit. Er besteht aus Vertretern der Landesregierungen. Die Stimmenanzahl richtet sich nach der Einwohnerzahl der Länder. Die Stimmen eines Landes können aber nur einheitlich abgegeben werden.

Auch wenn der Bundesrat weniger im Zentrum des öffentlichen Interesses steht, hat er einen wesentlichen Einfluss auf die **Gesetzgebung** des Bundes. Dies zeigt sich insbesondere dann, wenn sich die politische Mehrheit im Bundesrat von der im Bundestag unterscheidet. In Streitfällen wirft ihm die Regierungsmehrheit oft vor, er betreibe eine reine Blockadepolitik gegenüber der Bundestagsmehrheit.

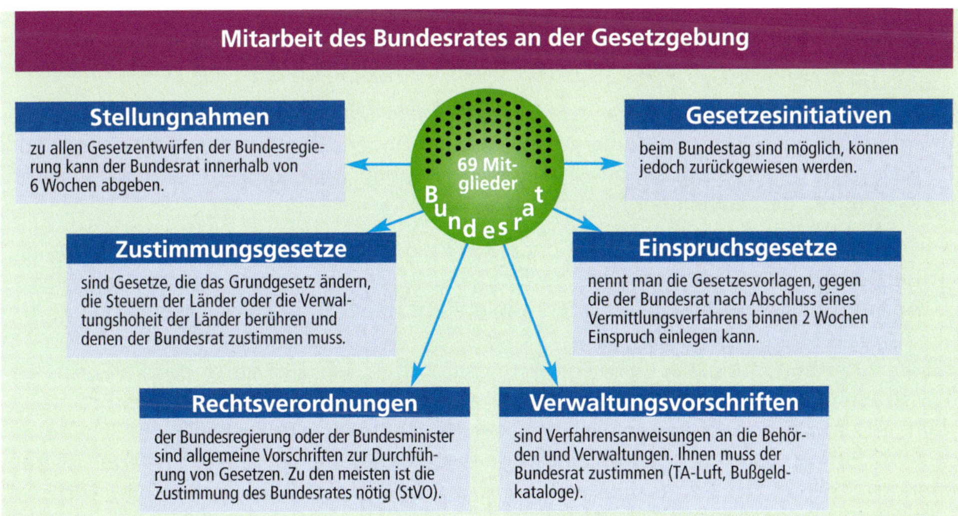

9.3 Die Bundesregierung

1. **Welche bisherigen Kanzler der Bundesrepublik Deutschland sind Ihnen bekannt?**
2. **Wie heißen die gegenwärtigen Bundesminister und welchen Ressorts stehen sie vor?**

Die Bundesregierung (**Bundeskabinett**) besteht aus dem Bundeskanzler und den Bundesministern, die auf seinen Vorschlag vom Bundespräsidenten ernannt werden. Als Exekutivorgan sorgt sie für die Verwirklichung der Bundesgesetze. Mit eigenen Initiativen wirkt sie an der Gestaltung der Bundespolitik aktiv mit. Ihre Vorstellungen legt sie durch Regierungserklärungen dem Bundestag und der Öffentlichkeit dar. Die Zusammenarbeit in der Bundesregierung ist von drei grundgesetzlich verankerten Prinzipien geprägt.

- **Das Kanzlerprinzip:** Der Bundeskanzler bestimmt die Zahl und den Geschäftsbereich der einzelnen Ministerien. Bei Meinungsverschiedenheiten hat er die Richtlinienkompetenz, ist also letztlich für alle Entscheidungen der Regierung verantwortlich.

- **Das Ressortprinzip:** Jeder Minister verwaltet sein Ministerium eigenverantwortlich. In Einzelfragen ist er an keine Weisungen gebunden. Der Kanzler kann verlangen, dass nicht gegen seine allgemeinen Ziele verstoßen wird, aber im Konfliktfall steht es ihm frei, den jeweiligen Minister zu entlassen.

- **Das Kabinettsprinzip:** Beschlüsse der Regierung werden von allen Kabinettsmitgliedern durch Mehrheitsbeschluss gefasst. Weicht der Bundeskanzler von der Mehrheitsmeinung ab, kann er seine Richtlinienkompetenz in Anspruch nehmen.

Verliert der Bundeskanzler seine Regierungsmehrheit, kann er durch das konstruktive Misstrauensvotum (siehe Kontrollmöglichkeiten der Opposition, S. 94) gestürzt werden. Er kann aber auch selbst die Vertrauensfrage stellen und im Falle des Scheiterns die Auflösung des Bundestages beim Bundespräsidenten beantragen. Wegen dieser starken Stellung des Regierungschefs wird die Bundesrepublik Deutschland auch als **„Kanzlerdemokratie“** bezeichnet.

9.4 Das Bundesverfassungsgericht

Die Pflicht zum Anbringen von Kreuzen in Klassenzimmern staatlicher Schulen verstößt nach einem Beschluss des Bundesverfassungsgerichts gegen die vom Grundgesetz in Artikel 4 garantierte Religionsfreiheit. Die Schulordnung Bayerns, die Kruzifixe in Volksschulen vorschreibt, sei in diesem Punkt verfassungswidrig und dürfte nicht angewendet werden. Mit dem Beschluss gab der Erste Senat der Verfassungsbeschwerde von Eltern und deren drei minderjährigen Kindern statt.

Nach: Wochenschau II, Nr. 5, 1995

1. Welche politische Rolle kommt dem Bundesverfassungsgericht zu?
2. Kennen Sie weitere Grundsatzentscheidungen?

Das oberste Gericht der Bundesrepublik Deutschland ist das Bundesverfassungsgericht. Es besteht aus zwei Spruchkammern (**Senate**) mit jeweils acht Richtern. Der Präsident des Bundesverfassungsgerichtes ist Vorsitzender des Ersten Senats, sein Stellvertreter Vorsitzender des Zweiten Senats. Die Richter werden je zur Hälfte vom Bundestag und vom Bundesrat gewählt. Als **„Hüter der Verfassung"** trifft das Gericht Entscheidungen über

- Verfassungsbeschwerden der Bundesbürger,
- Streitigkeiten zwischen Bundesorganen oder zwischen Bund und Ländern,
- die Vereinbarkeit von Bundes- oder Landesrecht mit dem Grundgesetz und
- die Verfassungswidrigkeit von Parteien.

Politisch umstrittene Fragen werden häufig von der Politik an das Bundesverfassungsgericht als letzte Entscheidungsinstanz weitergegeben. Gegen diese Rolle als „Schiedsrichter" der Nation sprechen sich immer wieder einzelne Bundesverfassungsrichter aus. Sie befürchten, dass diese Haltung die Demokratie untergräbt, weil sie die politische Entscheidungsmacht auf wenige Richter konzentriert. Nach ihrer Meinung sollten die demokratisch gewählten Politiker bemüht sein, selbst zweckmäßige Kompromisse zu finden und das Bundesverfassungsgericht nur in wirklich grundlegenden Verfassungsfragen anzurufen.

Susanne Wenn es politischen Streit darüber gibt, ob eine bestimmte rechtliche Regelung mit dem Geist unserer Verfassung übereinstimmt oder nicht, dann sollte das ganze Volk durch Abstimmung entscheiden und nicht wenige Frauen und Männer in roten Richterroben.

Susanne, 18

1. Wie lassen sich verfassungsrechtliche Konfliktlagen vermeiden?
2. Nehmen Sie zu Susannes Aussage Stellung.

9.5 Der Bundespräsident

Sven, 17 Als Staatsoberhaupt stelle ich mir eine ältere Person mit viel Lebenserfahrung vor. Sie sollte ausgleichend wirken und für alle Menschen ansprechbar sein.

Sonja, 18 Ein Staatsoberhaupt muss eine Person sein, die das Volk mit unbequemen Wahrheiten provoziert. Sie muss wie ein Stachel wirken und alle zur Tat antreiben.

Bundespräsident Horst Köhler

1. **Welche Eigenschaften sollte ein Bundespräsident haben?**
2. **Wie beurteilen Sie das gegenwärtige Staatsoberhaupt?**
3. **Welche ehemaligen Bundespräsidenten kennen Sie?**

Der Bundespräsident ist das Staatsoberhaupt der Bundesrepublik Deutschland. Aus den Erfahrungen der Weimarer Republik wurde seine politische Macht begrenzt. Das Amt ist so angelegt, dass er beraten und ausgleichen soll. Damit schöpft das Amt seine Kraft aus der Persönlichkeit des jeweiligen Amtsinhabers. Er wird nicht vom Volk direkt gewählt, sondern von der **Bundesversammlung**, die sich aus den Mitgliedern des Bundestages und einer gleichen Anzahl von Delegierten der Länderparlamente zusammensetzt. Zu seinen Aufgaben gehören:

- die völkerrechtliche Vertretung des Bundes gegenüber anderen Staaten im In- und Ausland,
- Vorschlag, Ernennung und Entlassung des Bundeskanzlers,
- die Ernennung und Entlassung der Bundesminister, Bundesrichter, Bundesbeamten und Offiziere,
- die Ausfertigung und Verkündung der Gesetze,
- die Verkündung des Gesetzgebungsnotstandes.

Direktwahl des Bundespräsidenten	
Pro	**Kontra**
Demokratie heißt Volksherrschaft. Warum wählt es dann nicht den Bundespräsidenten? Er könnte sich so direkt auf das Vertrauen des Volkes stützen und den Politikern auch unliebsame Wahrheiten sagen.	Das Amt steht über den Parteien und darf nicht Gegenstand heftiger Wahlkämpfe sein. Populistische Wahlsieger könnten durch fehlende Klugheit und Erfahrung im In- und Ausland viel Schaden anrichten.

1. **Vergleichen Sie die Argumente und beziehen Sie selbst Stellung.**
2. **Sollte sich der Bundespräsident kritisch über die aktuelle Politik äußern?**

9.6 Die Medien als „vierte" Gewalt im Staat

So doof sind unsere Schulabgänger

Schlagzeile in der BILD-Zeitung vom 26.7.2007

Der SPIEGEL 40/2006

1. **Welche Aussage über die Medien enthält die Karikatur?**
2. **Gibt es Gemeinsamkeiten der Titelbilder?**

Politiker in einer Demokratie wollen gewählt werden. Das gelingt ihnen nur, wenn sie sich dem Volk mitteilen und ihre Vorhaben so verständlich machen, dass sie beim Wähler auf Zustimmung stoßen. Dazu sind sie in der modernen **„Massengesellschaft"** auf „Vermittler" wie die Presse oder das Fernsehen angewiesen.

Artikel 5 Grundgesetz

(1) Jeder hat das Recht, seine Meinung in Wort, Schrift und Bild frei zu äußern und zu verbreiten und sich aus allgemein zugänglichen Quellen ungehindert zu unterrichten. Die Pressefreiheit und die Freiheit der Berichterstattung durch Rundfunk und Film werden gewährleistet. Eine Zensur findet nicht statt.
(2) Diese Rechte finden ihre Schranken in den Vorschriften der allgemeinen Gesetze, den gesetzlichen Bestimmungen zum Schutze der Jugend und in dem Recht der persönlichen Ehre.

Die Medien sind jedoch kein Erfüllungsgehilfe der Politik. Sie entscheiden selbst, worüber und mit welcher Tendenz sie berichten. Sie sollen das politische Geschehen mit kritischen Augen verfolgen und Verfehlungen öffentlich anprangern. Damit nehmen sie Einfluss auf die Willensbildung des Wählers und üben indirekt politische Macht aus. Wegen dieser Kontrollfunktion werden sie häufig auch als „Vierte Gewalt" im Staat bezeichnet.

Helmut Markwort, Chefredakteur der Wochenzeitschrift Focus, über die Kampagne des Axel Springer- und Spiegelverlages zur Rücknahme der Rechtschreibreform:

„Ich habe wenig Verständnis dafür. Ich sehe sogar, wenn ich die „Bild-Zeitung" ansehe, einen Missbrauch von Medienmacht. Ich beobachte voller Sorge die Kampagne bei einigen dieser Blätter. Die „Süddeutsche" ist fair und korrekt und lässt auch die zu Wort kommen, die anderer Meinung sind. Aber bei „Bild" gibt es in der Berichterstattung keine Gegenposition. Der Leser erfährt überhaupt nicht – in „Welt" und „FAZ" kaum –, dass so große Verlage wie Gruner+Jahr, Holtzbrinck mit „Zeit", „Tagesspiegel" und auch viele Regionalzeitungen, Burda mit „Focus", „Bunte" und alle anderen weiter so schreiben wie bisher. Das halte ich für eine problematische journalistische Methode.

http://www.netzeitung.de/medien/299710.html (27.8.2007)

1. **Worin sieht Helmut Markwort einen Missbrauch von Medienmacht?**
2. **Wie beurteilen Sie die Wirkung solcher Kampagnen?**
3. **Kampagnen können sich auch gegen das vermeintliche Fehlverhalten einzelner Politiker richten. Wo sehen Sie die Grenzen, die der Art. 5 GG setzt?**

Mediokratie

Auf der anderen Seite brauchen die Medien die Politiker. Ein Journalist, der nichts erfährt, kann nichts berichten. Damit übt die Politik umgekehrt auch Macht auf die Medien aus. Jeder Politiker kann frei entscheiden, wem er ein Interview mit Hintergrundinformationen gewährt. Zwischen Politik und Medien besteht somit ein Wechselspiel der Macht.

„Als eine Verirrung unseres Berufs ist mir immer die persönliche Versippung mit der Politik erschienen, die um sich zu greifen scheint. Das Duzen, das wechselseitige Einladen zu Geburtstagen und Hochzeiten ist sehr ausgeprägt ... Es hat für die Berichterstattung schwerwiegende Folgen, denn wenn man sich nicht schon vorher geduzt hat, duzt man sich spätestens dann, und von einem solchen befreundeten Menschen, der auch Geschenke überreicht, wenn er umgekehrt zum Geburtstag eingeladen wird, mal den Rücktritt zu fordern, ist schon eine sehr hohe Hürde."

Hans-Ulrich Jörges, http://www.bpb.de/veranstaltungen/3VTW3C,0,0,Embedded_in_Berlin.html (27.8.2007)

1. **Welche Kritik übt Hans-Ulrich Jörges am Verhältnis von Medien und Politik?**
2. **Wie sollten sich beide Seiten verhalten, um ihre Unabhängigkeit zu wahren?**

Auf dem Medienmarkt gelten die gleichen Gesetze wie auf dem Gütermarkt. Unternehmen können nur bestehen, wenn ihre Produkte auf den Geschmack der Kunden eingehen. Auch die Medien wollen ihren Absatz steigern und passen sich dementsprechend den Wünschen der Mehrheit an oder sie bilden gezielt „Formate", um Minderheiten als zusätzliche Abnehmer zu gewinnen. Diese Entwicklung lässt die Politik nicht unberührt. Wer als Politiker über die Medien wahrgenommen werden will, muss sich so präsentieren, dass er den Gewohnheiten der Mediennutzer entgegenkommt. Die Demokratie in der Mediengesellschaft wird deshalb als Mediokratie gekennzeichnet.

(...) Wenn nun die Politik zunehmend den Medienregeln folgt, mit all dem, was sich gefällig darstellen lässt, was dem großen Publikum gefällt, so ist das eine Kolonisierung, eine Besiedelung der Politik durch die Medien (...) Wir haben jetzt schon die Situation, dass relativ unpolitische Journalisten, die sich nur um die Inszenierung kümmern, Politikern gegenüberstehen, die erhebliche Stäbe beschäftigen, um die gefälligste, durchdringendste Inszenierung zu bringen. So geht das Politische selber unter (...) Gegen die Medien eine langfristige für sich selber sprechende Politik zu machen, das riskiert heute keiner mehr (...) Mediokratie heißt auch die Vorherrschaft der absoluten Gegenwart, weil ja alles, was die Politik will, sagt oder macht, nicht nur tagesaktuell, sondern in Echtzeit sofort eine Medienresonanz findet. Sodass viele der längerfristigen Themen im Bereich der Ökologie oder der ferner liegenden Themen im Bereich der globalen Gerechtigkeit in der Medienwelt überhaupt keine Chance haben. Dieses Jetztzeitdiktat verhindert sicherlich vieles von dem, was längerfristig und global geboten wäre.

Thomas Meyer, in: Die Furche, 1.3.2002

Wo der gemeinsame Gesprächsstoff ausgeht, weil sich jeder nur noch in seinem ihm seit Jahren vertrauten Format beheimatet fühlt, wo die Neugier auf Neues und Anderes verschwindet, weil die einzelnen Formate sich mit ihren Angeboten innerhalb eines beschränkten Horizonts bewegen (...) da entsteht eine neue Klassengesellschaft: Auf der einen Seite die Klasse der Informierten, die die Medien gezielt nach Nachrichten, Hintergrundsendungen, Kommentaren und Diskussionen absuchen und Materialien zur eigenen Meinungsbildung sammeln. Auf der anderen Seite eine an der Einschläferungs- und Ablenkungswirkung der Medien interessierte Mehrheit. Die Gefahren für die Demokratie sind unübersehbar, denn eine gemeinsam erlebte Kommunikation ist Voraussetzung für zielgerichtetes Gemeinschaftshandeln.

Ernst Elitz, 6. Thüringer Mediensymposium am 5./6. Oktober 2001 in Erfurt, http://www.thueringen.de/tkm/hauptseiten/grup_thmedien/medsymp6/rede_elitz.htm

1. **Welche Gefahren für die Demokratie werden beschrieben?**
2. **Mit welchen Maßnahmen könnte ihnen begegnet werden?**

Zur Wiederholung

1. Durch welche Merkmale ist ein Staat gekennzeichnet?
2. Erläutern Sie die besondere Stellung, die der Artikel 20 GG besitzt.
3. Stellen Sie die Verfassungsprinzipien des Grundgesetzes dar.
4. Beschreiben Sie die Möglichkeiten, die das Volk in einer Demokratie hat, um seine Herrschaft auszuüben.
5. Nennen Sie das Staatsorgan, das die jeweilige Staatsgewalt verkörpert.
6. Erklären Sie, was unter der horizontalen Gewaltenteilung zu verstehen ist.
7. Stellen Sie die gesetzgeberische Aufgabenverteilung zwischen Bund und Ländern dar.
8. Kennzeichnen Sie die Merkmale eines Rechtsstaates.
9. Erklären Sie, was unter einem Sozialstaat zu verstehen ist.
10. Zählen Sie Sozialleistungen auf, die von der Bundesrepublik Deutschland erbracht werden.
11. Erläutern Sie die Bedeutung der Fraktionen im Bundestag.
12. Beschreiben Sie das Verhältnis zwischen den Abgeordneten im Bundestag und ihrer Fraktion.
13. Erklären Sie, wie der Bundeskanzler gewählt wird.
14. Beschreiben Sie den Gang der Gesetzgebung.
15. Stellen Sie die Möglichkeiten des Bundestages dar, seine Kontrollfunktion gegenüber der Bundesregierung auszuüben.
16. Erläutern Sie die Aufgaben des Bundesrates.
17. Erklären Sie die Zusammensetzung des Bundesrates.
18. Auf welchen Prinzipien beruht die Zusammenarbeit im Bundeskabinett?
19. Erläutern Sie die Aufgaben des Bundesverfassungsgerichtes.
20. Wer wählt die Mitglieder des Bundesverfassungsgerichtes?
21. Erläutern Sie die Aufgaben des Bundespräsidenten.
22. Wer wählt den Bundespräsidenten?
23. Erläutern Sie das Wechselspiel der Macht zwischen Medien und Politik.
24. Welche Gefahren sind mit der Medienorientierung der Politiker verbunden?

Handlungsimpulse

A Pro und Kontra des Föderalismus diskutieren

Anita und Hanna wohnen an der Landesgrenze von Rheinland-Pfalz. Beide lernen den Beruf einer Fachverkäuferin im Nahrungsmittelhandwerk – Anita in einer Bäckerei ihres Heimatortes, Hanna in der Nachbarstadt jenseits der Landesgrenze. Die für Anita zuständige Berufsschule befindet sich ca. 50 km von ihrem Wohnort entfernt. An ihrem Berufsschultag muss sie morgens sehr früh losfahren und kommt erst spät am Abend nach Hause. Die Berufsschule ihrer Freundin liegt gleich neben ihrer Ausbildungsstelle. Anita möchte an die Berufsschule ihrer Freundin wechseln. Ihr Bäckermeister lehnt jedoch ab. Er ist der Meinung, Backwaren seien von landesbezogenen Besonderheiten geprägt, weshalb eine Berufsschule auf die jeweilige Region zugeschnitten sein müsse. Soll Anita weiterhin die Berufsschule in Rheinland-Pfalz besuchen müssen? Stimmen Sie in Ihrer Klasse ab und halten Sie das Ergebnis an der Tafel fest. Bilden Sie auf der

Grundlage der Abstimmung Pro- und Kontragruppen. Sammeln Sie Argumente für die jeweilige Auffassung und stellen Sie diese der Klasse vor. Stimmen Sie erneut ab und erfragen Sie gegebenenfalls die Argumente für einen Meinungswechsel.

B Pro und Kontra des Volksentscheides diskutieren

In einer Stadt muss das mehrfach umgebaute Theater grundlegend saniert werden. Die Architekten schlagen vor, den ursprünglichen Jugendstil wiederherzustellen, auch wenn dies zu einem erheblichen Anstieg der Sanierungskosten führt. Der Stadtrat schließt sich nach einer Anhörung von Experten der Meinung der Architekten an. Eine Bürgerinitiative ist wegen der hohen Verschuldung der Stadt dagegen. Sie sammelt Unterschriften, um einen Bürgerentscheid über diese Frage durchführen zu lassen.
Soll die Bürgerschaft direkt abstimmen? Stimmen Sie in Ihrer Klasse ab und halten Sie das Ergebnis an der Tafel fest. Bilden Sie auf der Grundlage der Abstimmung Pro- und Kontragruppen. Sammeln Sie Argumente für die jeweilige Auffassung und stellen Sie sie der Klasse vor. Stimmen Sie erneut ab und erfragen Sie gegebenenfalls die Argumente für einen Meinungswechsel.

C Über Koalitionen verhandeln

Formulieren Sie in Gruppen politische Forderungen, die Sie für besonders wichtig halten. Tragen Sie Ihre Programme der Klasse vor und verhandeln Sie anschließend mit den anderen Gruppen über ein Koalitionsprogramm. Entscheiden Sie sich für eine Gruppe, die Sie für die Bildung einer Koalition geeignet halten. Stellen Sie Ihr Koalitionsprogramm der Klasse vor und stimmen Sie anschließend geheim über die jeweiligen Koalitionsprogramme in der Klasse ab.

D Eine Karikatur interpretieren

Die Bundesregierung startet eine Initiative zur richtigen Ernährung. Ulla Schmidt, Bundesgesundheitsministerin, regt sogar ein Fach „Ernährung" in der Schule an.

Heiko Sakurai, 10.05.2007

1. Wie beurteilt der Zeichner die Maßnahme der Politik?
2. Beziehen Sie selbst Stellung.

Deutschland in der internationalen Gemeinschaft

1 Die Europäische Union

1.1 Europa zwischen Euphorie und Apathie

1. Wenn Sie an Europa denken, welche der in der Karikatur präsentierten Haltungen und Erwartungen entspricht Ihrer persönlichen Einstellung?
   Rufen Sie das Stimmungsbild Ihrer Lerngruppe mit einer Ein-Punkt-Abfrage ab, indem Sie auf einer Pinnwand Ihre Wertung mit Markierungspunkten deutlich machen.
2. Wenn Sie an Europa denken – welche Chancen, Probleme, Fragen und Visionen fallen Ihnen ein?
   a) Notieren Sie Ihre Gedanken in Form von Kurzsätzen auf Pinnkarten.
   b) Erläutern Sie kurz nacheinander Ihre Notizen und befestigen Sie Ihre Karte an der Pinnwand. (Karten mit ähnlichen Gedanken sollten Sie nahe zusammenheften.)
   c) Versuchen Sie gemeinsam, die Pinnkarten thematisch in Gruppen zu ordnen (clustern), und formulieren Sie für jede Gruppe eine Überschrift.
   d) Ergänzen Sie, wenn nötig, die Gruppen mit weiteren Gedanken-Karten.
   e) Wählen Sie mithilfe einer Drei-Punkt-Abfrage (höchstens zwei Punkte pro Themengruppe) die Themen, die Sie in der Lerngruppe bearbeiten wollen.

1.2 Motive für ein vereintes Europa

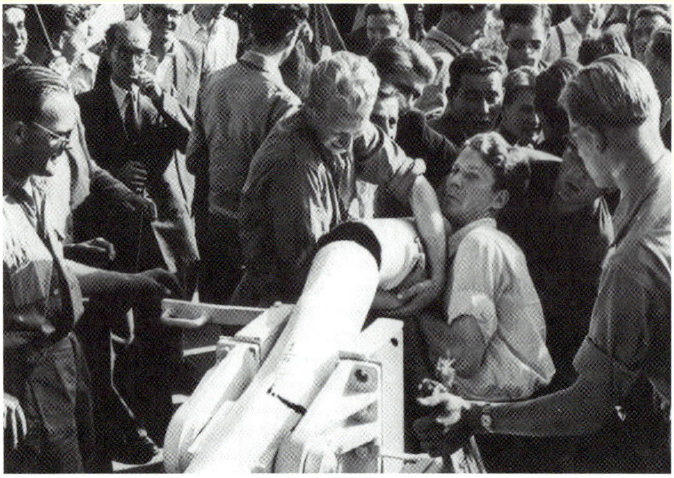

Europa-Begeisterung 1951: Studenten reißen Schlagbäume nieder und fahren nach Straßburg, um für ein vereintes Europa zu demonstrieren.

1. Warum rufen die Studenten gerade kurz nach dem Zweiten Weltkrieg dazu auf, den Nationalstaat zu beseitigen?
2. Welche Schwierigkeiten und Hemmnisse mussten und müssen noch beseitigt werden auf dem Weg zu einem vereinten Europa?

Rede Winston Churchills in Zürich am 19. September 1946

„In welcher Lage befindet sich Europa heute? ... In weiten Gebieten starrt eine riesige, geängstigte Menge geschundener, hungriger, sorgenvoller und bestürzter Menschen die Ruinen ihrer Städte und Wohnungen an und sucht am dunklen Horizont nach einer neuen Gefahr, einer neuen Tyrannei, einem neuen Schrecknis. Unter den Siegern herrscht eine misstönende babylonische Sprachverwirrung; unter den Geschlagenen das trotzige Schweigen der Verzweiflung. Das ist es, was die in so viele alte Staaten und Nationen aufgeteilten Europäer, was die deutschen Mächte damit erreicht haben, dass sie einander zerfleischten und Verwüstung über weite Gebiete trugen (...)

Winston Churchill

Doch es gibt ein Heilmittel (...) Worin besteht dieses Allheilmittel? Darin, dass man die europäische Familie oder doch einen möglichst großen Teil davon wieder aufrichtet und ihr eine Ordnung gibt, unter der sie in Frieden, Sicherheit und Freiheit leben kann. Wir müssen eine Art Vereinigte Staaten von Europa schaffen. Nur dann können viele hundert Millionen arbeitender Menschen sich wieder den einfachen Freuden und Hoff-

nungen hingeben, die das Leben lebenswert machen.
(...)
Ich möchte jetzt etwas sagen, das Sie in Erstaunen setzen wird. Der erste Schritt zur Neubildung der europäischen Familie muss eine Partnerschaft Deutschlands und Frankreichs sein. Nur so kann Frankreich die moralische Führung in Europa wiedererlangen. Es wird keine Erneuerung Europas geben ohne ein geistig großes Frankreich und ein geistig großes Deutschland. Wenn das Gebäude der Vereinigten Staaten von Europa gut und gewissenhaft errichtet wird, muss darin die materielle Stärke eines einzelnen Staates von untergeordneter Bedeutung sein. Kleine Nationen werden ebenso viel zählen wie große und sich durch ihren Beitrag zur gemeinsamen Sache Ehre erwerben (...)“

R. H. Foerster (Hrsg.): Die Idee Europas 1300–1946. Quellen zur Geschichte der politischen Einigung, München 1963

1. Vor welcher Situation beschwor Churchill die Idee der europäischen Einigung?
2. Erläutern Sie sein „Allheilmittel“.

Der Gedanke, ein vereintes Europa zu schaffen, beschäftigt schon seit Jahrhunderten die Fantasie europäischer Denker und Staatsmänner. Aber erst die Katastrophe des Zweiten Weltkrieges hat dazu geführt, dass den großen Plänen endlich konkrete Taten folgten.

Nach zwei furchtbaren Weltkriegen wird vielen Menschen bewusst, dass der Nationalstaat und der Nationalismus die Hauptursache für das unsägliche Leid und die furchtbaren Zerstörungen waren. Will man ähnliche Kriege in Zukunft verhindern, muss der Nationalstaat überwunden und die Einigung Europas vorangetrieben werden.

Überwindung der Nationalstaaten bedeutet aber zugleich Einschränkung der Hoheitsrechte und der Souveränität der Staaten. Zu Beginn der Fünfzigerjahre sind die Regierungen der meisten europäischen Staaten nicht bereit, freiwillig auf diese Rechte zu verzichten oder sie beschränken zu lassen. Dies ist verständlich, ist doch die Souveränität nach der NS-Fremdherrschaft ein wiedergewonnenes hohes Gut. Auf der anderen Seite wächst die Einsicht, dass langfristig nur durch die Beschränkung nationaler Hoheitsrechte und eine verstärkte europäische Zusammenarbeit Frieden und Wohlstand für ganz Europa zu erreichen sind.

Auf dem Gebiet der Wirtschaft ist eine gemeinsame Politik am ehesten möglich, da wirtschaftliche Erfolge nach dem Zweiten Weltkrieg Vorrang haben. Der französische Außenminister Robert Schuman legt 1950 den nach ihm benannten **Schumanplan** vor. Darin bietet Frankreich nur fünf Jahre nach Kriegsende seinem ehemaligen Kriegsgegner und „Erzfeind“ Deutschland eine Zusammenlegung der Kohle- und Stahlproduktion an. Dieser Industriebereich ist die Grundlage der Rüstungsindustrie. Durch eine gemeinsame Politik auf diesem Gebiet soll für alle Zukunft ein Krieg unmöglich werden.

1.3 Von der Montanunion zur EG

Im Jahre 1951 werden die Verträge zur Gründung der **Gemeinschaft für Kohle und Stahl (EGKS)** unterzeichnet. Ihr treten neben Frankreich und der Bundesrepublik Deutschland auch Italien, Belgien, Luxemburg und die Niederlande bei. Mit der Unterschrift wird die Bundesrepublik wieder zu einem gleichberechtigten Partner auf der internationalen Bühne. Der Vertrag tritt 1952 in Kraft und hat eine Laufzeit von 50 Jahren. Die **Montanunion**, wie die EGKS auch genannt wird, endet vertragsgemäß 2002.

Unterzeichnung des Schuman-Plan-Vertrages 1952

Für den gemeinsamen Markt für Kohle und Stahl werden überstaat-liche Organe der Legislative, Exekutive und Judikative (vgl. S. 55) geschaffen. Damit ist die EGKS die erste **supranationale** (= überstaatliche) Organisation Europas. Die Organe der EGKS erhalten im Verlauf des Einigungsprozesses immer mehr Kompetenzen und werden in ihrer Struktur bis heute ständig fortentwickelt (vgl. S. 127). Die EGKS ist somit das Fundament, auf dem das heutige Europa aufbaut.

In einem weiteren Schritt gründen 1957 die EGKS-Staaten durch die sogenannten **„Römischen Verträge"** zwei weitere Gemeinschaften: die **Europäische Wirtschaftsgemeinschaft (EWG)** und die **Europäische Atomgemeinschaft (Euratom)**. Mit ihnen wird die gemeinsame Politik über die Bereiche Kohle und Stahl hinaus auf weitere Felder der Wirtschaft ausgedehnt.

Vor allem der Abbau der Binnenzölle und die Schaffung eines gemeinsamen Agrarmarktes beschleunigen die weitere Entwicklung und führen 1967 zur Gründung der **Europäischen Gemeinschaften (EG)**, die als Dachorganisation die drei Gemeinschaften EWG, EGKS und Euratom zusammenschließt. 1993 wird die EWG wegen ihrer vielfältigen Aufgaben auf nichtwirtschaftlichem Gebiet in Europäische Gemeinschaft umbenannt und erhält ebenfalls das Kürzel EG. Sie ist aber weiterhin nur ein Teil der Europäischen Gemeinschaften.

1. **Erläutern Sie die Bedeutung der EGKS für die Entwicklung des gemeinsamen Europa.**
2. **Stellen Sie den Aufbau der Europäischen Gemeinschaften dar.**

1.4 Die EG in der Krise

Karikatur: Fritz Behrendt/CCC

Die Entscheidungen in der EG werden in wichtigen Fragen zunächst einstimmig gefasst. Dies behindert den politischen Prozess erheblich. Zwar sehen die „Römischen Verträge" die Einführung von Mehrheitsentscheidungen vor, jedoch scheitert dies am Widerstand Frankreichs: Die französische Regierung nimmt an Sitzungen nicht teil, die diese Vereinbarung umsetzen soll („Politik des leeren Stuhls"). Im **Luxemburger Kompromiss** (1966) wird schließlich festgeschrieben, dass strittige Fragen nur durch Einstimmigkeit gelöst werden können **(Konsensregelung)**. Jedes Mitglied hat damit faktisch ein Vetorecht, kann also jede Entscheidung auf europäischer Ebene blockieren.

Da in den Siebziger- und Achtzigerjahren des vorigen Jahrhunderts die EG-Staaten verstärkt ihre nationalen Eigeninteressen verfolgen und darunter die europäische Kompromissbereitschaft leidet, gerät der Einigungsprozess ins Stocken. Viele sprechen von einer Phase der Europamüdigkeit **(„Eurosklerose")**.

Erst 1987 mit der Einheitlichen **Europäischen Akte (EEA)** wird die Möglichkeit qualifizierter Mehrheitsentscheidungen geschaffen. Die Trendwende geht vor allem auf die Überzeugung der Regierenden zurück, dass Europa unbedingt handeln muss, wenn es seine Wettbewerbsfähigkeit in der Welt nicht verlieren will. In einem Binnenmarkt soll sich deshalb der Wettbewerb zwischen den Marktteilnehmern voll entfalten und dadurch die Innovationskraft gestärkt werden. Der hierfür notwendige Abbau wirtschaftlicher Schranken zwischen den EU-Staaten ist jetzt möglich, da wichtige Entscheidungen nicht mehr am Veto einzelner Staaten scheitern. Der Raum ohne Binnengrenzen ist ab 1993 Wirklichkeit (vgl. S. 123).

Gewitter oder Sommerregen?

Gerhard Mester

1. Was sagen die Karikaturen über die Entwicklung der EU aus?
2. Diskutieren Sie die Vor- und Nachteile von Mehrheitsentscheidungen in der EG.

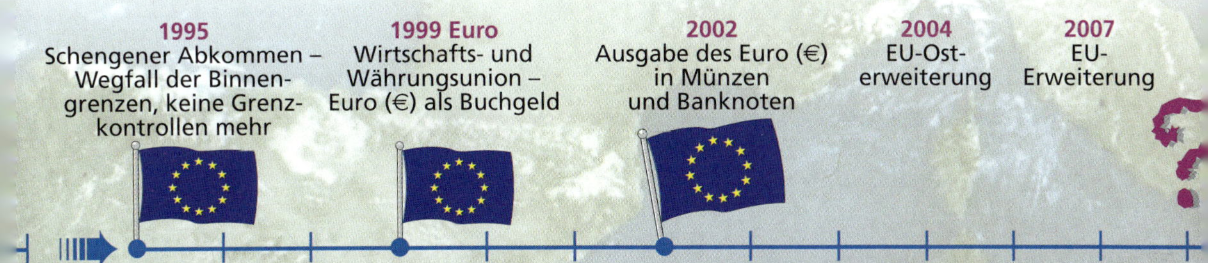

1.5 Die Gründung der Europäischen Union (EU)

Mit dem **Vertrag von Maastricht** (1983) erhält die europäische Integration einen weiteren Schub nach vorn.

Die EG wird weiterentwickelt:

- Das Entscheidungsverfahren zwischen den europäischen Organen wird demokratischer (mehr Rechte für das Europäische Parlament).
- Die Regionen werden in die europäische Politik eingebunden (Ausschuss der Regionen).
- Die Bürger erhalten die Möglichkeit, Beschwerden einzureichen (Amt des europäischen Bürgerbeauftragten).
- Die Bürger erhalten eine Unionsbürgerschaft mit mehr Rechten (freies Aufenthaltsrecht innerhalb der Gemeinschaft sowie ein europaweites kommunales aktives und passives Wahlrecht am Wohnort).
- Die Gemeinschaft wird eine Wirtschafts- und Währungsunion (Einführung des Euro).
- Die Wirtschaftsgemeinschaft wird zur Sozialgemeinschaft erweitert (soziale Grundrechte wie beispielsweise Mindeststandards beim Arbeitsschutz).
- Den ärmeren Mitgliedstaaten wird finanziell geholfen, um wirtschaftlich zu den anderen Ländern aufzuschließen (Kohäsionsfonds).
- Der Aufgabenbereich wird erweitert (Bildung, Erziehung, Kultur, Gesundheitswesen, Verbraucherschutz).

Zwei neue Politikfelder werden in die europäische Zusammenarbeit eingebunden:

- die Gemeinsame Außen- und Sicherheitspolitik **(GASP)**;
- die polizeiliche und justizielle Zusammenarbeit in Strafsachen **(PJZS)**.

GASP und PJZS unterstehen nicht den Organen der EG, sondern sind eigenständige Säulen der europäischen Politik. Entscheidungen werden zwischen den Regierungen **(intergouvernemental)** getroffen.

Die europäische Flagge und die Hymne sind ursprünglich die Symbole des Europarates (vgl. S. 119). Später wurden sie auch Symbole der Europäischen Union. Heute stehen sie für eine gemeinsame europäische Identität.

htt://europa.eu/abc/symbols/pdf/print_de.pdf

Die Dachorganisation für alle Formen der Integration ist die Europäische Union (EU).

Europäische Union		
Gemeinsame Außen- und Sicherheitspolitik (GASP)	**Europäische Gemeinschaften (EG, Euratom)**	**Polizeiliche und Justizielle Zusammenarbeit**
Politikbereiche: • Außenpolitik: Koordination der nationalen Politiken, Erhaltung des Friedens, Förderung von Demokratie und Menschenrechten durch gemeinsame Strategien, Standpunkte und Aktionen • Sicherheitspolitik: schrittweise Festlegung einer gemeinsamen Verteidigungspolitik, rüstungspolitische Zusammenarbeit, Krisenbewältigung	**Politikbereiche** • Zollunion und Binnenmarkt • Wettbewerbspolitik • Visa-, Asyl- und Einwanderungspolitik • justizielle Zusammenarbeit in Zivilsachen • Wirtschafts- und Währungsunion • Agrarpolitik • Handelspolitik • Sozial- und Beschäftigungspolitik • Bildung und Kultur • Gesundheitswesen • Verbraucherschutz • Regionalpolitik, wirtschaftlicher und sozialer Zusammenhalt • Forschung • Umwelt	**Politikbereiche:** • Justizielle Zusammenarbeit in Strafsachen (Eurojust) • Polizeiliche Zusammenarbeit (Europol)
Regierungszusammenarbeit (intergouvernemental)	**Gemeinschaftspolitik (supranational)** **Gemeinschaftsverträge: EGV, EuratomV**	**Regierungszusammenarbeit (intergouvernemental)**
Vertrag über die Europäische Union (EUV)		

Grafik nach: Dietmar Herz, Die Europäische Union, München 2002, S. 70

Meinungen zur EU:

Fünfzig Jahre nach der Unterzeichnung der Römischen Verträge scheint sich die Geschichte zu wiederholen. Die europäische Integration begann mit Kohle und Stahl. Heute ist Energie wieder ein zentrales Thema. Wir stehen vor der Notwendigkeit, unsere Wirtschaftsprozesse umweltfreundlicher zu gestalten und den Ausstoß von Treibhausgasen drastisch zu reduzieren. Dies ist ein Paradebeispiel für eine Aufgabe, bei der die Mitgliedstaaten nur gemeinsam erfolgreich sein können. Die EU sollte hier entschlossen vorangehen und der Welt beweisen, dass nachhaltige Energieversorgung und profitables Wirtschaften miteinander in Einklang zu bringen sind, ja dass sie einander sogar verstärken.
Jan Peter Balkenende, Ministerpräsident des Königreichs der Niederlande

FAZ, 23.03.2007, Nr. 70 / Seite E7

Das Problem besteht darin, dass Europa nicht so funktioniert, wie es das sollte, dass es lahmgelegt ist von der Suche nach Konsens – während es zugleich bedrängt wird von internationalen Krisen, die nach sofortigem Handeln verlangen und nicht von einzelnen Ländern im Alleingang gemeistert werden können.
Romano Prodi, Ministerpräsident der Italienischen Republik

FAZ, 23.03.2007, Nr. 70 / Seite E4

1. **Welche Vorteile hat der Maastrichter Vertrag für die EU-Bürger gebracht?**
2. **Diskutieren Sie die Frage, ob die Klimapolitik besser durch die EU oder die Nationalstaaten erfolgen sollte!**

1.6 Die Erweiterung der EU

RHEINISCHER MERKUR:
■ *Mit 15 Mitgliedern scheint die EU an die Grenze ihrer Handlungsfähigkeit zu stoßen. Warum sollen jetzt noch weitere Länder Mittel- und Osteuropas dazukommen?*

NIKOLAUS G. VAN DER PAS (Leiter der EU-Beitrittsverhandlungen):
Allein der Gedanke, was passiert, wenn sie draußen bleiben, spricht für die Erweiterung. Die Spannungen zwischen dem reichen Westen und dem armen Osten würden wachsen. Wenn wir dauerhaft Frieden wollen, dann darf die EU nicht an der ehemaligen Ost-West-Grenze Halt machen. Aber es gibt auch ganz praktische Gründe. Die Aussicht auf Erweiterung hat die Exporte der EU in die Länder Mittel- und Osteuropas beflügelt. Das Gewicht Europas in der Welt wird durch die Erweiterung zunehmen.

■ *In Deutschland und Österreich fürchten viele Bürger um ihre Arbeitsplätze und lehnen die Osterweiterung deshalb ab.*

Solche Ängste sind nicht neu. Sie wurden schon geäußert, als Spanien und Portugal Mitglieder wurden. Deshalb gab es damals bei der Freizügigkeit Übergangsfristen von bis zu sieben Jahren. Wir haben diese Fristen dann aber laufend verkürzt, weil Spanier und Portugiesen schon bald wieder nach Hause zurückgekehrt sind, da die Aussicht auf eine bessere Wirtschaftslage im eigenen Land bestand. Man sollte also bei der Osterweiterung keine Panik schüren. Ich glaube, dass alle Menschen lieber zu Hause glücklich sind als draußen in einer Umgebung, wo sie wenig toleriert werden.

Rheinischer Merkur, 31.07.1998

Begrüßungsansprache und -ansprüche

Will ein Staat der EU beitreten, muss er nachweisen, dass er politisch und wirtschaftlich einen Entwicklungsstand wie ein EU-Land erreicht hat: Er muss u. a. die Menschenrechte achten, demokratische Strukturen besitzen und die Marktwirtschaft eingeführt haben. Nach dem Beitritt muss er wie jedes andere EU-Mitglied einen finanziellen Beitrag an die Staatengemeinschaft leisten. Für das Beitrittsland bedeutet dies zumeist enorme Einsparungen und Umschichtungen im Staatshaushalt. Das wiederum heißt: Einschränkung von Subventionen und Sozialausgaben. Soziale Spannungen und Proteste bleiben nicht aus. Gelingt es jedoch nicht, die Sparpolitik durchzusetzen, läuft das Beitrittsland Gefahr, mehr Geld in die EU-Kasse einzuzahlen, als es von dort bekommt: Ohne Eigenbeteiligung gibt es kein Geld aus Brüssel. Somit stellt der EU-Beitritt ein Land vor eine enorme finanz- und innenpolitische Herausforderung

1. **Diskutieren Sie die Pro- und Kontraargumente zur Osterweiterung.**
2. **Interpretieren Sie die Karikatur und beziehen Sie kritisch Stellung.**

Die EU-Osterweiterung mit polnischen Augen gesehen

Die Maciejewskis betreiben etwa einhundert Kilometer nordöstlich von Warschau eine typisch polnische Landwirtschaft, wie sie in Deutschland nur noch in Bilderbüchern zu sehen ist. Auf dreieinhalb Hektar Land bauen sie Roggen und auf einem halben Hektar Kartoffeln an. Dazu kommt noch ein Hektar Weide. Im Stall stehen sieben Kühe und vier Schweine, auf dem Hof gackert eine Schar garantiert ökologischer Freilandhühner. Der Stall ist blitzsauber, die Euter der Kühe werden von der Melkerin gründlich gewaschen, und die rahmige Milch, die die Bäuerin dreimal in der Woche auf den Markt bringt, schmeckt hervorragend. Dennoch ordnet die Molkerei, die an den übrigen Tagen die Milch abholt, Frau Maciejewskis Milch in die zweite Kategorie ein. Das veraltete Kühlgerät der Maciejewskis schafft mit Mühe und Not eine Temperatur von elf Grad – im Sommer kann auch davon nicht die Rede sein. Viele Nachbarn, die nur zwei oder drei Kühe besitzen, haben überhaupt kein Kühlgerät. Um aber die Bakterienzahl in der Milch gering zu halten, wäre der Kauf eines neuen Gerätes, das auf acht Grad abkühlt, unumgänglich – doch diese Anschaffung würde sich nie rentieren. Bis Herbst 1997 war für die Maciejewskis die Welt noch in Ordnung. Ihr Hof ermöglichte ihnen und ihren Eltern ein bescheidenes Auskommen. Dann aber hatte die EU Kontrolleure in polnische Molkereien geschickt und danach für gut ein Jahr den Import von polnischen Milchprodukten in die EU verboten. In der EU nämlich trinkt man nur Milch der Klasse eins – und erst als Polens Molkereien nach umfangreichen Investitionen in der Lage waren, diese Qualität zu gewährleisten, durfte der Export wieder aufgenommen werden, nur so billig wie vorher war die Milch nicht mehr. Wieder einmal zeigte sich, dass ein Preisvorteil, der einzig aus der Rückständigkeit resultiert, nur kurze Beine hat in der EU, wo für alle dieselben Standards gelten. Die Molkerei nimmt seitdem mit Handkuss jeden Liter Milch Klasse eins entgegen, aber nur wenige Bauern können sie liefern. Maciejewskis stehen nun vor der Wahl: entweder mehr Kühe anschaffen, investieren, sich verschulden oder spätestens 2007 mit der Milchproduktion aufhören. Dann nämlich, drei Jahre nach dem EU-Beitritt, wird die etwas schlechtere Milch endgültig auch vom polnischen Binnenmarkt verschwinden müssen. Das Dilemma der Maciejewskis haben auch viele andere. Mit etwa 1,3 Millionen Milcherzeugern hat Polen etwa ebenso viele Milchproduzenten wie die übrige EU zusammen. Die meisten von ihnen besitzen nur drei bis vier Kühe, die jedoch wesentlich zum meist kargen Lebensunterhalt ihrer Eigentümer beitragen. Die Landwirtschaft bindet viele Arbeitskräfte, gibt den Menschen wenigstens ein karges Auskommen, eine Heimat und verhindert, dass um die Großstädte herum, wie in Afrika oder Südamerika, Elendsviertel entstehen. Sie stellt genügend her und gewährleistet die Versorgung des Landes mit den wichtigsten Agrarprodukten und sie arbeitet aus Not ökologisch, weil die Bauern nur wenig Geld für Dünger, Pflanzenschutz- und Unkrautvertilgungsmittel haben.

Niedersächsische Landeszentrale für politische Bildung, Hannover 2003

1. Vor welchen Veränderungen stehen die polnischen Bauern durch den EU-Beitritt?
2. Welche Vor- und Nachteile sind damit für sie verbunden?

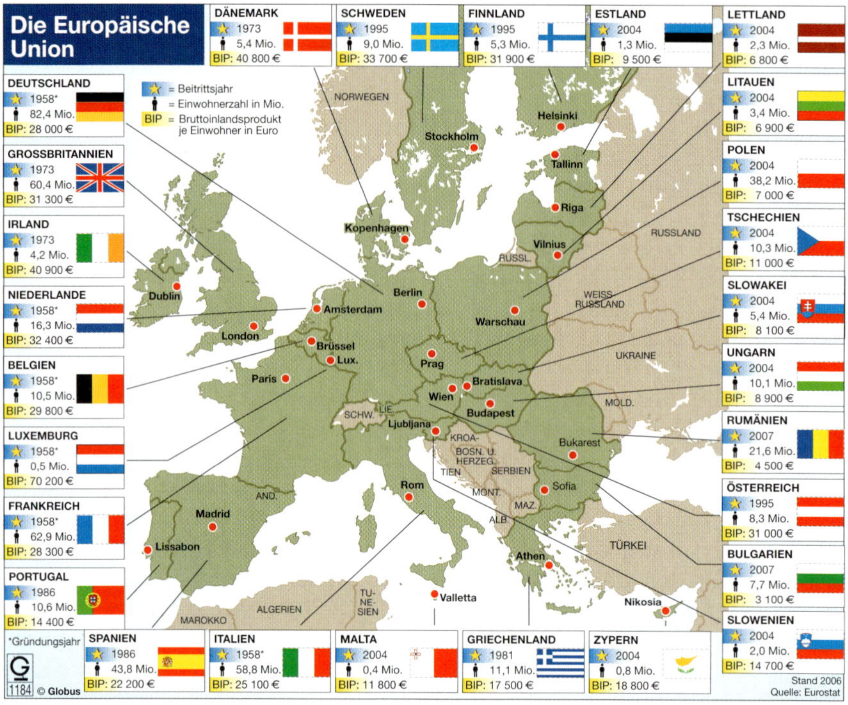

Bulgarien und Rumänien hinken bei den EU-Justizstandards weiter hinterher

Laut zwei Berichten der EU-Kommission weisen die beiden neuen EU-Mitgliedstaaten noch erhebliche Defizite beim Kampf gegen Korruption und organisierte Kriminalität auf. Bestochen werde vor allem „in höheren Gefilden", erklärte der zuständige EU-Kommissar Franco Frattini. Konsequenzen drohen beiden südosteuropäischen Ländern jedoch vorerst nicht. Die EU-Behörde verzichtete darauf, sogenannte Schutzklauseln zu empfehlen. Sie würden eine vorübergehende Aussetzung besonderer Rechte der EU-Mitgliedschaft oder sogar ein Einfrieren von EU-Mitteln ermöglichen. Die EU-Länder können in den ersten drei Jahren der Mitgliedschaft von Bulgarien und Rumänien Sanktionen erlassen, wenn diese Vorgaben aus Brüssel nicht erfüllen. „Wir wollen nicht mit dem Finger auf sie zeigen. Wir wollen helfen, nicht jemanden anklagen", erklärte Frattini und bescheinigte den beiden Staaten „große Fortschritte". Vor allem aus dem Europäischen Parlament kam lautstarke Kritik: „Die Defizite sind nach wie vor groß. Wenn keine Besserungen erkennbar werden, dürfen wir auch vor einer Anwendung der Schutzklauseln nicht zurückschrecken. Die Kommission hat offenbar nicht den Mumm, das vorzuschlagen. Dies kann nicht nur die Glaubwürdigkeit der Europäischen Union beschädigen, sondern auch die Reformanstrengungen in Bulgarien und Rumänien untergraben."

Dirk Müller-Thederan, http://www.welt.de/politik/article980293/Bruessel_ruegt_Bulgarien_und_Rumaenien.html

Klar ist mit den Problemen aus der Osterweiterung auch, dass das außenpolitische Instrument „EU-Beitritt" seine Grenzen erreicht hat. Statt die Zone der Stabilität an den Rändern der Union auszudehnen, importiert die EU mit verfrühten Erweiterungen Instabilität und gefährdet ihren eigenen Bestand von innen heraus.

Nach: Christoph Prantner/DER STANDARD, Printausgabe, 14.06.2007, http://derstandard.at/?url=/?id=2879746 (17.08.2007)

1. **Diskutieren Sie, ob Sanktionen gegen die EU-Neulinge ergriffen werden sollen.**
2. **Beziehen Sie Stellung zu der These, die EU-Erweiterung habe ihre Grenzen erreicht.**

Debatte: Soll die Türkei Mitglied der EU werden?

Das ist deutlich, Sakurei, 10.11.2006

1. **Sammeln Sie Informationen über die politische und wirtschaftliche Lage der Türkei (befragen Sie gegebenenfalls Ihre Mitschüler mit türkischem Migrationshintergrund)!**
2. **Stellen Sie die wichtigsten Argumente zusammen, die für und gegen den EU-Beitritt der Türkei sprechen!**
3. **Führen Sie in Ihrer Klasse eine Debatte mit anschließender Abstimmung zum Thema durch!**

PRO	CONTRA
Sicherheit: Mit der Türkei wird die politische Rolle der EU gegenüber der islamischen Welt gestärkt. Sie kann ihr gegenüber unabhängig von den USA neue Akzente in der Sicherheitspolitik setzen. Es wird verhindert, dass sich die Türkei zulasten Europas einseitig in Richtung der arabisch-islamischen Welt orientiert und zur weiteren Destabilisierung der Region beiträgt.	**Sicherheit:** Mit der Türkei macht sich die EU eine Krisenregion zum Nachbarn. In Konfliktlagen muss sie dort eingreifen und erhöht so ihr eigenes Sicherheitsrisiko. Geostrategisch kann die Türkei nicht viel weiter in die EU eingebunden werden, da sie schon Nato-Partner ist. Das türkische Militär ist bereits ein Gegengewicht zu religiös-politischem Fanatismus.
Menschenrechte: Die Aussicht auf den EU-Beitritt bestärkt die Türkei in ihrem demokratischen Reformbestreben. Durch eine Ablehnung könnte die Entwicklung wieder zurückgeschraubt werden.	**Menschenrechte:** Die Türkei hat bis heute immer noch nicht genug getan, um die Menschenrechte auch im Alltag durchzusetzen. Die Religionsfreiheit für Nicht-Muslime und die Meinungsfreiheit sind eingeschränkt.
Kosten: Die Türkei ist heute etwa so arm, wie es Portugal zum Zeitpunkt seiner EU-Aufnahme war. Um den Entwicklungsstand der EU zu erreichen, bräuchte die Türkei als Finanzhilfe laut EU-Kommission nicht viel mehr als 0,1 % EU-Bruttosozialprodukts. Davon würde vor allem die Exportwirtschaft der EU-Mitglieder profitieren und auf diesem Weg das Geld zurückfließen.	**Kosten:** Die Türkei hat in zehn Jahren etwa so viele Einwohner wie Deutschland, aber nur ein Sechstel seiner Wirtschaftskraft. Laut EU-Kommission müssten zur Angleichung des Lebensstandards jedes Jahr EU-Hilfen zwischen 16,5 und 27,5 Milliarden Euro in die Türkei fließen. Durch die schon bestehende Zollunion der EU mit der Türkei wird der Export davon kaum Impulse erhalten.
Integration: Die Angst vor islamischer Überfremdung der EU ist unbegründet. Erstens ist die Türkei ein laizistischer Staat, zweitens wird in ihr auch die Geburtenrate zurückgehen und drittens kann die Abwanderung von dort mit sehr langen Übergangsfristen sozial verträglich geregelt werden. In der EU wäre das Stimmengewicht der Türkei nicht größer als das von Deutschland. Gegen den Willen der anderen kann die Türkei nichts bewirken. Die Türkei würde der Welt zeigen, dass die EU kein rein christlicher Klub ist.	**Integration:** Durch die wachsende türkische Bevölkerung könnten Hunderttausende in anderen EU-Ländern nach Arbeit suchen. Das Zuwanderungspotenzial aus der Türkei wird langfristig auf 2,7 Millionen Menschen geschätzt. Dies könnte bei gleichzeitigem Geburtenrückgang in den europäischen Kernstaaten zu einer „Islamisierung" Europas führen. Durch das Stimmengewicht der Türkei in den EU-Gremien könnten sich die politischen Linien der ganzen Union verschieben.

1.7 Die EU als staatliche Besonderheit

Schwierige Richtungswahl

Hoheitsrechte
Hoheitsrechte stehen jedem Staat zu, damit er seinen Pflichten nachkommen (den „Staatszweck erfüllen") kann. Zu den Hoheitsrechten zählen z. B. das Recht, Gesetze zu erlassen (Rechtsetzungsgewalt), Verstöße gegen Gesetze zu verfolgen (Polizeigewalt) und zu bestrafen (Gerichtsbarkeit), ferner das Recht, sich gegen Angriffe von außen zu verteidigen (Wehrhoheit), sowie das Recht, zur Finanzierung der Staatsausgaben Steuern zu erheben (Finanzhoheit). Selbstständige, souveräne Staaten verfügen über allumfassende, von keiner Fremdmacht eingeschränkte Hoheitsrechte, sie können also allein und unabhängig ihre Politik im Inneren und nach außen bestimmen.

Mit dem Vertrag von Maastricht (1992) haben die EG-Länder einen großen Schritt in Richtung europäische Vereinigung vollzogen. Die EU ist jedoch kein **Bundesstaat** wie die Bundesrepublik Deutschland. Um ein Staat zu sein, fehlt ihr ein europäisches Volk, auf das sie sich stützen kann, und das Recht, über ihre Grundordnung selbst zu bestimmen **(Kompetenzkompetenz)**. Welche Aufgaben und Strukturen die EU hat, wird von den Mitgliedstaaten untereinander in Verträgen festgelegt. Die EU ist folglich erst ein eigenständiger Staat, wenn sie das Recht auf Selbstbestimmung hat und die dafür notwendigen demokratischen Staatsorgane besitzt. Ist dies der Fall, dann gehen die Mitgliedstaaten zwar nicht in der EU auf, aber das Verhältnis zu ihr kehrt sich um. Als Bundesstaat legt die EU fest, welche Aufgaben sie ihren Mitgliedern belässt. Diese sind dann gegenüber der EU in einer Position, die derjenigen der deutschen Bundesländer ähnelt.

Die EU ist zwar kein Bundesstaat, aber sie ist mehr als ein **Staatenbund**. In diesem schließen sich Staaten vertraglich zusammen, ohne ihre Souveränität aufzugeben. Die Mitgliedstaaten haben jedoch zwischenzeitlich der EU viele ihrer Hoheitsrechte übertragen. Sie übt damit Staatsgewalt aus, ohne selbst ein Staat zu sein. In der EU ist die politische Herrschaft nicht mehr ein Monopol des Mitgliedstaates und die Staatsgewalt nicht mehr ein Monopol der nationalen Regierung. Diese Zwitterstellung der EU zwischen Bundesstaat und Staatenbund wird als **Staatenverbund** bezeichnet.

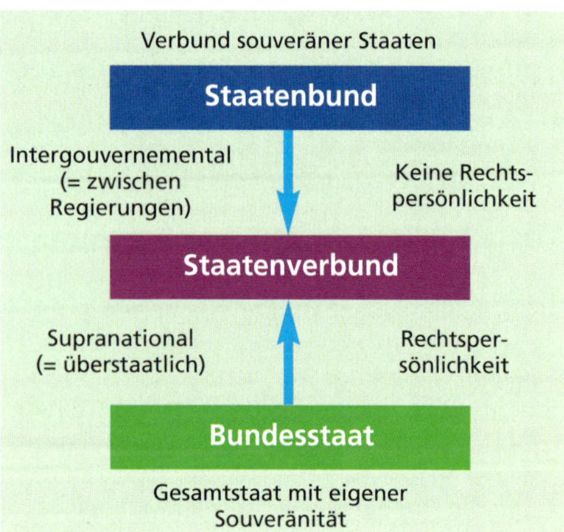

1. **Auf welche Problematik macht die Karikatur aufmerksam?**
2. **Welche Vor- und Nachteile sind mit dem Integrationskonzept der EU verbunden?**

1.8 Das Institutionengefüge der EU

Die Europäische Union benötigt wie ein Nationalstaat Einrichtungen, welche die politischen Regelungen vorbereiten, entscheiden, ausführen und überwachen. Kern der politischen Willensbildung ist das sogenannte **„institutionelle Dreieck"** (Ministerrat, EU-Parlament, Kommission), das mit anderen europäischen und nationalen Einrichtungen verflochten ist.

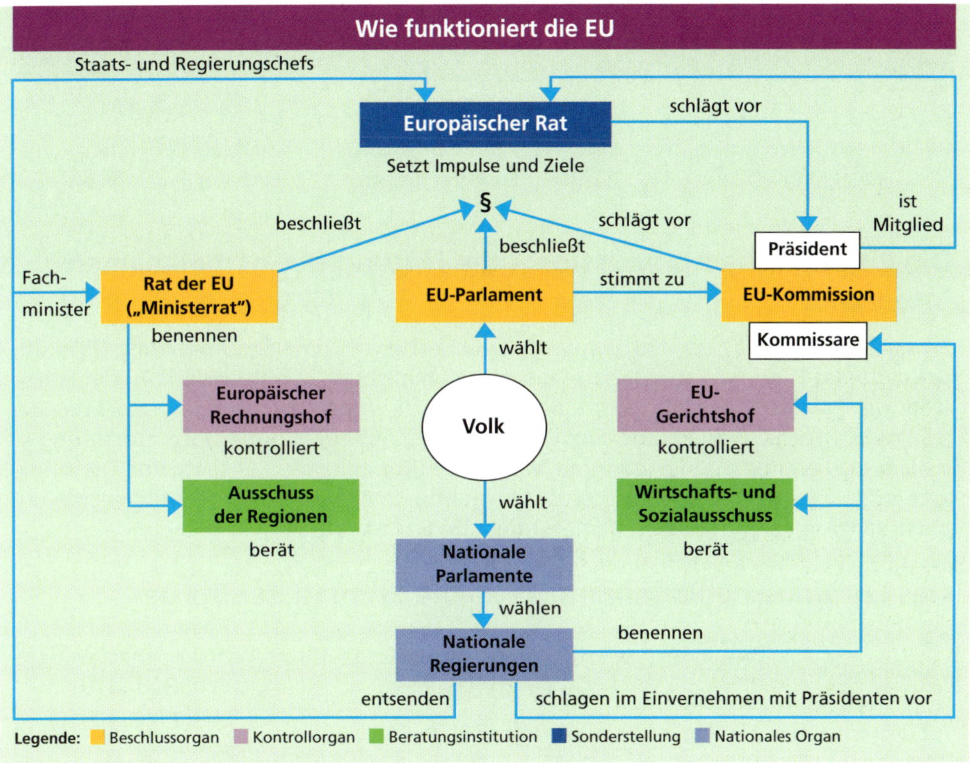

Der Europäische Rat – der „Europäische Gipfel"

Er legt die Leitlinien für die Entwicklung der Union fest und klärt Fragen, die im Ministerrat nicht geregelt werden konnten. Mitglied sind die Staats- und Regierungschefs sowie der Präsident der Kommission. Der Vorsitz wechselt alle sechs Monate im Rotationsverfahren (Präsidentschaft). Die „EU-Gipfel" finden mindestens zweimal im Jahr statt. Tagungsort ist in der Regel **Brüssel**. Der Europäische Rat ist zwar kein ordentliches Organ der EU, aber heute doch mehr als ein informelles Krisentreffen wie zu Beginn seiner Entstehung.

Der Rat der Europäischen Union – die Stimme der Mitgliedstaaten!

Er ist das wichtigste Entscheidungsgremium der EU **(Legislative)**. In seinen neun Fachformationen (z. B. Landwirtschaft) ist jeder Mitgliedstaat mit dem zuständigen Fachminister vertreten. Deshalb wird er auch **„Ministerrat"** genannt. Der Vorsitz richtet sich nach der Präsidentschaft im Europäischen Rat. Jeder Minister handelt verbindlich für seine Regierung und ist mit ihr gegenüber seinem nationalen Parlament verantwortlich. Eine Mehrheit ist im Rat erreicht, wenn die Mehrheit der Staaten zustimmt. Für die meisten Sachverhalte ist jedoch eine **qualifizierte Mehrheit** nötig. Sie ist gegeben, wenn zusätzlich von den 345 gewichteten Stimmen des Rats 255 dafür sind **(„Doppelte Mehrheit")**. Das Stimmengewicht eines Staates orientiert sich dabei näherungsweise an dessen Bevölkerungszahl (3 bis 29). Auf Antrag eines Mitgliedslandes kann sogar als drittes Kriterium verlangt werden, dass die abgegebenen Ja-Stimmen mindestens 62 Prozent der EU-Bevölkerung repräsentieren **(„Dreifache Mehrheit")**. Für sehr wichtige Angelegenheiten ist die **Einstimmigkeit** notwendig. Sitz des Rates ist **Brüssel**.

Rechtsakte der EU		
Verordnung	**Richtlinie**	**Entscheidung**
= unmittelbar verbindlich in jedem Mitgliedsland	= Ziel verbindlich, Umsetzung über nationales Recht	= verbindlich für die im Einzelfall Betroffenen

Die Europäische Kommission – die Hüterin der gemeinsamen Interessen

Sie schlägt „Gesetze" zur Abstimmung vor und überwacht deren Umsetzung **(Exekutive)**. Jedes EU-Land hat einen Vertreter in der Kommission (27 Mitglieder). An der Spitze steht der **Präsident**. Er wird vom Europäischen Rat vorgeschlagen und bedarf der Zustimmung des EU-Parlaments. Im Einvernehmen mit den nationalen Regierungen schlägt er diesem dann die weiteren Mitglieder **(Kommissare)** zur Wahl vor. Die Amtszeit entspricht der des EU-Parlaments (fünf Jahre). In dieser Zeit ist die Kommission unabhängig von den nationalen Regierungen. Ihr Sitz ist **Brüssel**.

Das Europäische Parlament (EP) – die Stimme der Bürger

Die 732 Abgeordneten werden alle fünf Jahre direkt vom Volk gewählt („Europawahlen"). Die Zahl der Volksvertreter eines Landes richtet sich nach der Bevölkerungsgröße. Innerhalb des Parlaments schließen sie sich länderübergreifend zu Fraktionen zusammen. In vielen Politikfeldern ist das EP durch das sogenannte **„Mitentscheidungsverfahren"** in der Gesetzgebung dem Ministerrat gleichgestellt **(„Legislative")**. Zudem kontrolliert es die Arbeit der anderen EU-Organe, insbesondere die Kommission, die es durch ein Misstrauensvotum stürzen kann. Sitz des Europäischen Parlaments ist **Straßburg**.

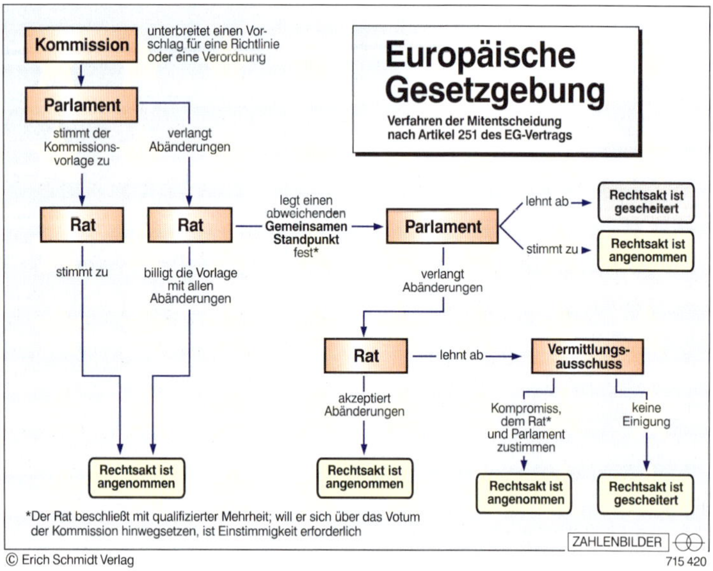

© Erich Schmidt Verlag

Der Europäische Gerichtshof (EUGH) – der Hüter des Rechts

Jede Regierung eines EU-Landes entsendet einen Richter an den Gerichtshof. In grundlegenden Sachverhalten klären diese zusammen Streitigkeiten über das EU-Recht und sorgen so für eine europaweit einheitliche Rechtsauslegung **(Judikative)**. Klagen kann dort jeder EU-Bürger, jedes EU-Unternehmen, jedes Mitgliedsland und jedes EU-Organ. Sitz des EUGH ist Luxemburg.

Der Europäische Rechnungshof – das Auge der Sparsamkeit

Er überprüft als unabhängiges Organ die rechtmäßige Haushaltsführung der EU-Organe. Jedes EU-Land hat einen Vertreter im Rechnungshof, der jeweils vom Ministerrat für sechs Jahre ernannt wird. Die Mitglieder des Hofs wählen aus ihrer Mitte einen Präsidenten.

Der Europäische Wirtschafts- und Sozialausschuss (EWSA) – Bürger gestalten mit

Er bindet die „organisierte Bürgergesellschaft" (z. B.: Arbeitgeber-, Arbeitnehmer-, Verbraucherverbände) beratend in die Politik der EU ein. Seine 344 Mitglieder werden von den EU-Regierungen für vier Jahre benannt und nehmen zur Wirtschafts- und Sozialpolitik Stellung.

Der Ausschuss der Regionen (AdR) – Die Stimme der lokalen Verwaltung

Durch ihn wirken die regionalen und kommunalen Gebietskörperschaften (z. B. Landräte und Bürgermeister) an der EU-Politik beratend mit. Seine 344 Mitglieder werden von den EU-Regierungen vorgeschlagen und vom Ministerrat für vier Jahre ernannt.

1. **Teilen Sie sich in so viele Gruppen auf, wie es Institutionen gibt, die in die europäische Politik eingebunden sind. Stellen Sie arbeitsteilig die jeweilige Einrichtung vor der Klasse dar.**
2. **Vergleichen Sie den politischen Aufbau der EU mit dem der Bundesrepublik.**

Der Europarat – nicht mit den EU-Räten verwechseln!

COUNCIL OF EUROPE CONSEIL DE L'EUROPE

Der *Europarat* ist kein Organ der EU, sondern eine eigenständige internationale Organisation. Seine Mitglieder haben sich verpflichtet, die Demokratie, die Menschenrechte und die Rechtsstaatlichkeit zu wahren. Darüber hinaus wollen sie das gemeinsame kulturelle Erbe und den sozialen Fortschritt fördern. Das Beschlussorgan des Europarats ist das Ministerkomitee. Die Entscheidungen haben jedoch nur appellativen Charakter, da es bei Verstößen keine Sanktionsmöglichkeiten gibt. Der einzelne Bürger kann sich bei Rechtsverletzungen an den **Europäischen Gerichtshof für Menschenrechte (EGMR)** wenden. Zurzeit gehören dem Europarat 46 Mitgliedsländer an. Die USA, Kanada, Japan, Mexiko und der Vatikan haben einen Beobachterstatus. Der Europarat hat seinen Sitz in Straßburg. Gegründet wurde er 1949. Deutschland ist seit 1950 Mitglied.

1.9 Die EU im Wandel

Nachdem der erste Anlauf für eine europäische Verfassung am Nein einiger Mitgliedstaaten gescheitert ist, vereinbart der Europäische Rat im Juni 2007, das **Primärrecht** (= Verträge zwischen den Mitgliedsstaaten) der EU bis 2009 durch einen Änderungsvertrag zu reformieren.

Hase = Bundeskanzlerin Merkel, die „Gipfelpräsidentin", Igel = Regierungschef Kaczynski aus Polen

Karikatur: Tomicek, 22.6.07

Wenn alle Mitgliedstaaten zustimmen, werden in die bisherigen Verträge die folgenden Neuerungen eingearbeitet:

- Das **Mitentscheidungsverfahren** ist das „ordentliche Gesetzgebungsverfahren" (Regelfall).
- Die **Kommission** besteht aus zwei Dritteln der Zahl der Mitgliedstaaten. Die Besetzung erfolgt durch Rotation.
- Der **Präsident der EU-Kommission** wird unter Berücksichtigung der Wahlen zum EU-Parlament bestimmt, d. h., die Parteipräferenz der Wähler wird berücksichtigt.
- An der Spitze des **Europäischen Rats** steht ein **Präsident**. Er wird für zweieinhalb Jahre von den Staats- und Regierungschefs gewählt und darf kein anderes Regierungsamt bekleiden.
- Der **Europäische Rat** ist ordentliches Organ der EU („institutionelles Viereck").
- Die **Präsidentschaft im Ministerrat** wird im Rotationssystem für eineinhalb Jahre von einem Team (drei Staaten) ausgeübt.
- Die **Außen- und Sicherheitspolitik** der EU (GASP) wird von einem „Hohen Vertreter" geleitet (faktisch „Außenminister"). Er wird vom Europäischen Rat im Einvernehmen mit dem Kommissionspräsidenten ernannt. Der Amtsinhaber ist ständiger Vertreter des Rats der Außenminister und zugleich Vizepräsident der Kommission („Doppelhut").
- Die **qualifizierte Mehrheit** im Ministerrat wird durch die **„doppelte Mehrheit"** erreicht (55 % der Mitgliedstaaten, die 65 % der EU-Bevölkerung repräsentieren).
- Die EU ist eine **eigene Rechtspersönlichkeit** (Vertragsabschlusskompetenz).
- Die Mitgliedstaaten haben das Recht, die EU zu verlassen **(Austrittsklausel)**.
- Die Bürger haben das Recht auf ein **Bürgerbegehren**. Durch eine Million Unterschriften aus vielen Mitgliedstaaten können sie die Kommission auffordern, bestimmte Rechtsakte („Gesetze") in die Gesetzgebung einzubringen.
- Die **nationalen Parlamente** sind in die EU-Gesetzgebung eingebunden. Wenn die Hälfte von ihnen glaubt, ein Vorschlag der Kommission verletzte das Subsidiaritätsprinzip, können sie dagegen Einspruch erheben. Diesem wird stattgegeben, wenn 55 % des Ministerrats oder des EU-Parlaments zustimmen.

1. **Problematisieren Sie die Stellung des „Hohen Vertreters" im Institutionengefüge der EU.**
2. **Der Kompromiss über die neue Vertragsgrundlage der EU war nur möglich, weil auf das Wort „Verfassung", die Erwähnung der „Symbole" der EU und die Bezeichnung „Außenminister" verzichtet wird. Wie erklären Sie sich diesen Sachverhalt?**

1.10 Die Kompetenzen der EU

Seilbahngesetz fürs flache Land

Mecklenburg-Vorpommern bekommt ein Seilbahngesetz mit 32 Paragrafen, obwohl es in dem flachen Land gar keine Seilbahn gibt. „Ein Gesetz, das niemand will und niemand braucht", sagte Wirtschaftsminister Otto Ebnet (SPD), als er den Gesetzentwurf in den Landtag einbrachte. Hintergrund ist eine EU-Richtlinie, nach der in allen Ländern gleiche Standards gelten sollen. Ignoriert das Land das, drohen bis zu 791 000 Euro Strafe pro Tag. „Wir bemühen uns, Bürokratie abzubauen und Gesetze abzuschaffen, und dann zwingt die Brüsseler Bürokratie uns ein Gesetz auf, das niemand braucht", schimpfte Ebnet und appellierte an die Abgeordneten: „Bringen wir's schnell hinter uns." Er versprach: „Es wird in Zukunft niemand in das Gesetz hineinschauen müssen." In Mecklenburg-Vorpommern gibt es zwei Wasserski-Anlagen und eine Sommerrodelbahn mit Lift, die aber nicht unters Seilbahngesetz fallen.

dpa, erschienen im Hamburger Abendblatt am 1. April 2004

„Wenn einem nichts mehr einfällt ..."

ZEIT: In den Mitgliedländern (wächst) das Gefühl, dass Europa zu viel reglementiert – und damit den Menschen, aber auch den Unternehmen das Leben unnötig erschwert.
Verheugen: Natürlich gibt es viele EU-Regeln. Aber weit über 90 % beziehen sich auf den Binnenmarkt, sorgen für gemeinsame Standards und haben nationale Regeln ersetzt. Es ist schon merkwürdig, dass sich früher in Deutschland und anderen Mitgliedstaaten niemand über bestimmte Vorschriften aufgeregt hat, seit diese aber aus Brüssel kommen, über zu viel Regulierung geschimpft wird. Dabei gibt es heute statt 25 nationaler Regeln oft nur noch eine. Und die betrifft den normalen Bürger zudem kaum. Oft sind es Produktstandards, die nur für die betreffenden Hersteller wichtig sind.

Günter Verheugen ist deutscher Vizepräsident der EU-Kommission, (c) DIE ZEIT 09.06.2005 Nr. 24B

1. Worin unterscheiden sich die Auffassungen der beiden Politiker?
2. Beziehen Sie einen eigenen Standpunkt.

Zuständigkeitsbereiche der EU (Kompetenzkategorien)		
Ausschließliche Zuständigkeit	Geteilte Zuständigkeit	Ergänzende Zuständigkeit
= Nur die EU darf tätig werden.	= Die Mitgliedstaaten können tätig werden, wenn die EU nicht tätig wird.	= Die EU darf nur Maßnahmen zur Koordinierung, Ergänzung oder Unterstützung der Mitgliedstaaten ergreifen.
z. B.: Handelspolitik, Zollunion	z. B.: Binnenmarkt, Landwirtschaft	z. B.: Gesundheit, Bildung
Vertrag zur Gründung der Europäischen Gemeinschaft Artikel 308 (Flexibilitätsklausel) Erscheint ein Tätigwerden der Gemeinschaft erforderlich, um im Rahmen des Gemeinsamen Marktes eines ihrer Ziele zu verwirklichen, und sind in diesem Vertrag die hierfür erforderlichen Befugnisse nicht vorgesehen, so erlässt der Rat einstimmig auf Vorschlag der Kommission und nach Anhörung des Europäischen Parlaments die geeigneten Vorschriften.		

Um der Angst vor einer zentralistischen EU, die alles regelt, entgegenzuwirken, wird durch den Vertrag von Maastricht das Prinzip der **Subsidiarität** in die EU-Politik eingeführt. Es besagt, dass politische Entscheidungen im Bereich geteilte Zuständigkeit nach Möglichkeit bürgernah auf der niedrigsten Ebene zu treffen sind, also durch nationale, regionale oder lokale Beschlussorgane. Die EU ist nach diesem Prinzip nur unterstützend tätig, sie handelt nur dann, wenn vor Ort die Politik nicht in der Lage ist, die Probleme selbstständig und in angemessener Form zu lösen.

Werden Regelungen durch die EU getroffen, dann unterliegen sie dem **Prinzip der Verhältnismäßigkeit**. Nach diesem Grundsatz sind Maßnahmen nur angemessen, wenn nach einer offenen Abwägung die Vorteile gegenüber den Nachteilen überwiegen. Spricht sich eine Mehrheit der nationalen Parlamente in der EU gegen einen Richtlinien-Entwurf der EU-Kommission aus, so muss diese ihren Vorschlag überprüfen. Will sie ihn unverändert beibehalten, muss sie eine begründete Stellungnahme abgeben. Diese Stellungnahme und die Gegenargumente der nationalen Parlamente müssen dann bei der Beratung des Richtlinien-Entwurfs im EU-Ministerrat und im Europaparlament berücksichtigt werden.

Kritik der Europäischen Union aus demokratiepolitischer Perspektive!

Ein zentrales Grundprinzip der EU ist der „Grundsatz der begrenzten Einzelermächtigung". Er besagt, dass die Union nur für diejenigen Bereiche zuständig ist, für die ihr die Mitgliedstaaten Aufgaben ausdrücklich zugewiesen haben. Doch laut der Flexibilitätsklausel kann die EU unter Umgehung dieses Grundsatzes Maßnahmen ergreifen, wenn der Ministerrat dies einstimmig beschließt und das Europäische Parlament zustimmt. Diese Binnenmarktgeneralklausel war in der Vergangenheit eine der am häufigsten genutzten Rechtsgrundlagen der EU. Sogar eine Verordnung zur Terrorismusbekämpfung wurde trotz fehlender Kompetenzgrundlage über dieses Instrument erlassen, was zeigt, wie stark in Brüssel die Versuchung ist, den Grundsatz der begrenzten Einzelermächtigung zu umgehen. Die Flexibilitätsklausel ist also ein Instrument, das im Dienste einer weiteren Zentralisierung ohne mitgliedstaatliche Legitimierung steht.
Eine wirksame vorbeugende Subsidiaritätskontrolle gibt es ausgerechnet nicht für die Organe, die am dringendsten darauf angewiesen wären – die nationalen Parlamente. Diese haben nach dem neuen Grundlagenvertrag lediglich ein Beschwerderecht und auch dies nur, wenn die Hälfte der nationalen Parlamente innerhalb von acht Wochen eine entsprechende Stellungnahme abgeben. Innerhalb dieser kurzen Frist ist es für die nationalen Parlamente kaum möglich, neben der Kontrolle ihrer nationalen Regierung und der nationalen Gesetzgebung auch noch die zahlreichen Rechtsaktsentwürfe der EU auf die Vereinbarkeit mit dem Subsidiaritätsprinzip zu kontrollieren. Und selbst wenn es der Hälfte der nationalen Parlamente gelingen sollte, innerhalb der Frist eine Verletzung dieses Prinzips darzulegen, so führt dies nur zu einer erneuten „Überprüfung" des Entwurfes des Rechtsaktes durch die Europäische Kommission. Kommt es zu keiner Änderung, muss sich schon eine absolute Mehrheit im Rat oder im EU-Parlament für den Einspruch aussprechen, damit das Handeln der EU gestoppt wird.

Michael Efler, http://www.democracy-international.org/fileadmin/di/pdf/papers/md-analysis-de.pdf (05.05.2005)

1. **Erläutern Sie das politische Handlungsfeld der EU.**
2. **Beziehen Sie zu der aufgeführten Kritik Stellung.**

1.11 Handlungsfeld: Europäischer Wirtschaftsraum

Will ein Winzer aus Rheinland-Pfalz Wein in die USA verkaufen (Außenhandel), muss er sich erst eine Genehmigung der US-Zollbehörde einholen. Will er ihn nach Hamburg verkaufen (**Binnenhandel**), unterliegt er keinerlei Beschränkungen. Ein **Binnenmarkt** ist ein Wirtschaftsgebiet ohne innere Handelshemmnisse. Es gibt keine Zölle und keine Rechtsvorschriften, die den Austausch von Waren, Personen, Dienstleistungen oder Kapital behindern.

Damit ein Binnenmarkt funktioniert, müssen viele Voraussetzungen erfüllt sein. So müssen beispielsweise die technischen Normen einheitlich und die Bildungsabschlüsse vergleichbar sein, die verbraucherschutzrechtlichen Vorschriften und die Steuerregelungen dürfen sich nicht von Region zu Region widersprechen (**Harmonisierung**).

Ein Binnenmarkt ist gewöhnlich identisch mit dem Hoheitsgebiet eines Staates. Der **Europäische Binnenmarkt** geht darüber weit hinaus: Seit 1993 umfasst er alle Mitglieder der Europäischen Union. Mit seinen fast 500 Millionen Verbrauchern ist er der größte Markt der Welt. Auch wenn er noch immer nicht vollständig ist, hat sich in ihm der freie Wettbewerb im Wesentlichen durchgesetzt. Dort, wo noch landesbezogene Marktregelungen bestehen, dürfen sie die Wareneinfuhr nicht behindern. Sofern die EU-Mindeststandards eingehalten werden, müssen ausländische Produktvorschriften akzeptiert werden (**Anerkennungspflicht**). Verstößt ein EU-Staat gegen die Binnenmarktvorschriften, kann er von der Kommission beim Europäischen Gerichtshof verklagt werden.

Verbraucher können Waren für den Eigenbedarf überall in der EU kaufen und ohne weitere Versteuerung in ihr Heimatland einführen – von Zigaretten bis zu Arzneimitteln. Nur wer die vorgeschriebenen **Richtmengen** überschreitet, muss nachweisen, dass er die Waren tatsächlich für den privaten Verbrauch und nicht für gewerbliche Zwecke einführt. Frei sind beispielsweise 800 Zigaretten, 10 Liter Spirituosen und eine Füllung des Autotanks plus Reservekanister. Der Kauf von Waren unterliegt auch in der EU dem Verbraucherschutz.

Allgemeine Produktsicherheit
Haftung für fehlerhafte Produkte

Innerhalb der EU haften alle Hersteller für fehlerhafte Produkte. Sie sind verpflichtet, die Verbraucher auf mögliche Gefahren hinzuweisen und die Produkte entsprechend zu kennzeichnen.

Kundenschutz
beim Teleshopping

Der Verbraucher kann bei allen Vertragsabschlüssen innerhalb von sieben Arbeitstagen ohne Strafe und Angabe von Gründen vom Vertrag zurücktreten. Verträge müssen – falls nicht ausdrücklich anders vereinbart – innerhalb von 31 Tagen erfüllt werden.

1. **Welche Europäischen Normen kennen Sie aus Ihrem Betrieb?**
2. **Diskutieren Sie die Chancen und Gefahren der Harmonisierung des Binnenmarktes.**

1.12 Handlungsfeld: Europäischer Mobilitätsraum

Freier Personenverkehr (**Freizügigkeit**) heißt für den einzelnen EU-Bürger, dass er innerhalb der EU frei reisen, wohnen, arbeiten oder sich selbstständig machen kann. Am Arbeitsplatz darf er im EU-Ausland nicht schlechter gestellt werden als die Inländer. So hat er beispielsweise Anspruch auf das gleiche Arbeitsentgelt oder den gleichen Kündigungsschutz und er genießt die gleichen sozialen und steuerlichen Vergünstigungen.

Die neue Dienstleistungsrichtlinie
Einen Touristenbus durften in Rom bisher nur einheimische Reiseführer begleiten. Wollte eine deutsche Aufzugsfirma in Frankreich einen Lift warten, musste sie ihre Techniker eine Woche vorher bei den Behörden anmelden. Ein Malermeister, der gleich hinter der Grenze das Treppenhaus einer belgischen Firma streichen wollte, wurde von der belgischen Gewerbeaufsicht schon einmal aufgefordert, seine Farbeimer in einem Auto mit belgischem Kennzeichen zu transportieren. Mit der neuen EU-Richtlinie ist damit Schluss: Jeder, der in seinem Heimatland ordnungsgemäß ein Gewerbe ausübt, darf seine Dienstleistung auch im EU-Ausland anbieten, ohne dort gleich eine Niederlassung zu gründen. Er muss nur die Bestimmungen des Landes einhalten, in dem er seine Dienste anbietet (**Ziellandprinzip**). Das bedeutet unter anderem: Mindestlöhne, Bestimmungen der Tarifverträge, Arbeitszeitbestimmungen oder Bauvorschriften müssen eingehalten werden. Das gilt auch für das Vertragsrecht: Bei Reklamationen kann sich zum Beispiel ein deutscher Kunde, der eine Leistung von einer tschechischen Handwerksfirma erbringen lässt, auf das deutsche Recht berufen. Ausnahmeregelungen gelten unter anderem für das Gesundheitswesen und bei sozialen Diensten wie der Kinderbetreuung oder der Altenpflege.

Während es zwischen den Mitgliedstaaten der EU keine Personenkontrollen gibt, werden an deren Außengrenze Einreisende durch das sogenannte **Schengener Abkommen** konsequent überprüft und erhalten bei Visapflicht eine einheitliche Einreise-Erlaubnis. Um den Missbrauch offener Grenzen durch illegale Einwanderung oder das internationale Verbrechen zu verhindern, haben die Schengen-Staaten eine engere Zusammenarbeit ihrer Polizei- und Justizbehörden vereinbart. Das gemeinsame Fahndungs- und Informationssystem ermöglicht den nationalen Polizei- und Justizbehörden, Fahndungsdaten auszutauschen, beispielsweise über gestohlene Fahrzeuge oder Kunstwerke bzw. über Personen, die steckbrieflich gesucht werden oder die ausgewiesen werden sollen.

1. Ursprünglich sollte in der EU-Dienstleistungsrichtlinie das sogenannte **Herkunftslandprinzip** gelten. Danach hat sich der anbietende Unternehmer nur nach den gesetzlichen Regelungen seines Heimatlandes zu richten. Diskutieren Sie die Vor- und Nachteile.
2. Diskutieren Sie die Kritik des Zeichners am „Schengener Abkommen".

1.13 Handlungsfeld: Europäischer Bildungsraum

Die Freizügigkeit auf dem europäischen Arbeitsmarkt kann nur in Anspruch genommen werden, wenn die erbrachten Qualifikationen überall anerkannt werden. Um dies zu gewährleisten, hat die EU einen **Europäischen Qualifikationsrahmen** (EQF) entwickelt, der die verschiedenen nationalen Berufsqualifikationen vergleichbar machen soll. Als Zuordnungshilfe werden darin acht Niveaustufen beschrieben, die die gesamte Bandbreite von der angelernten Arbeitskraft bis hin zur hoch qualifizierten Fachkraft abdecken.

Zugleich soll ein **System von Leistungspunkten** (European Credit System for Vocational Education and Training, kurz ECVET) geschaffen werden, das die im Verlauf des Ausbildungs- und Berufsweges erworbenen Kompetenzen im Einzelnen erfasst, sodass sie im Zuge des lebensbegleitenden Lernens in ganz Europa angerechnet werden können. Damit der einzelne Arbeitnehmer seine erbrachten Qualifikationen dokumentieren und gegenüber dem Arbeitgeber belegen kann, erhält er auf Nachfrage von der EU ein Nachweisheft (**Europass**).

Von besonderer Bedeutung für eine Tätigkeit im Ausland ist die Sprachkompetenz. Sie kann im **„Europass Sprachen"** näher beschrieben werden. Er wird vom Inhaber selbst ausgefüllt und regelmäßig aktualisiert. Als Vorlage für die Aktualisierung dient ein Raster, das dem Sprachenpass beiliegt. Die Sprachkenntnisse können so anhand gemeinsamer, in ganz Europa anerkannter Kriterien erfasst und selbst bewertet werden. Wer sich in einer Berufsausbildung befindet, kann sich seine Fremdsprachenkompetenz (Stufe A2, B1 und B2) freiwillig durch eine Prüfung an seiner Schule zertifizieren lassen.

europass

Europass-Sprachenpass

Der Sprachenpass ist Teil des vom Europarat entwickelten Europäischen Sprachenportfolios

COUNCIL OF EUROPE CONSEIL DE L'EUROPE

Nachname(n) Vorname(n)	**Sonja?Mustermann??**
Geburtsdatum (*)	20/1/1980
Muttersprache(n)	Deutsch
Sonstige Sprache(n)	Englisch, Französisch

Sprache	**Englisch?**				
Selbstbeurteilung der Sprachkenntnisse (**)	**Verstehen?**		**Sprechen?**		**Schreiben?**
	Hören	Lesen	An Gesprächen teilnehmen	Zusammenhängendes Sprechen	
Europäische Kompetenzstufe (***)	Kompetente Sprachverwendung(C1)	Kompetente Sprachverwendung (C1)	Selbstständige Sprachverwendung (B2)	Selbstständige Sprachverwendung (B2)	Selbstständige Sprachverwendung(B2)

Diplom(e) oder Zertifikat(e) (*)	English Proficiency Certificate	London Chamber of Commerce	31.08. 1999	
	Bezeichnung d. Diplome(s) oder Zertifikate(s)	Ausstellende Stelle	Datum	Europäische Kompetenzstufe (***)
Sprachliche Erfahrung(en) (*)	Aufenthalt als Au-Pair bei einer englischen Familie in London mit parallelem Besuch von Sprachkursen		1/9/1998	31/8/1999
	Beschreibung		Von	Bis
	Praktikum bei der BBC London, Redaktion Westeuropa		1/7/2001	31/8/2001
	Beschreibung		Von	Bis

Europäische Kompetenzstufen – Raster zur Selbsteinstufung

	Kompetente Sprachverwendung
C 2	Kann praktisch alles, was er/sie liest oder hört, mühelos verstehen. Kann Informationen aus verschiedenen schriftlichen und mündlichen Quellen zusammenfassen und dabei Begründungen und Erklärungen in einer zusammenhängenden Darstellung wiedergeben. Kann sich spontan, sehr flüssig und genau ausdrücken und auch bei komplexeren Sachverhalten feinere Bedeutungsnuancen deutlich machen.
C 1	Kann ein breites Spektrum anspruchsvoller, längerer Texte verstehen und auch implizite Bedeutungen erfassen. Kann sich spontan und fließend ausdrücken, ohne öfter deutlich erkennbar nach Worten suchen zu müssen. Kann die Sprache im gesellschaftlichen und beruflichen Leben oder in Ausbildung und Studium wirksam und flexibel gebrauchen. Kann sich klar, strukturiert und ausführlich zu komplexen Sachverhalten äußern und dabei verschiedene Mittel zur Textverknüpfung angemessen verwenden.
	Selbstständige Sprachverwendung
B 2	Kann die Hauptinhalte komplexer Texte zu konkreten und abstrakten Themen verstehen; versteht im eigenen Spezialgebiet auch Fachdiskussionen. Kann sich so spontan und fließend verständigen, dass ein normales Gespräch mit Muttersprachlern ohne größere Anstrengung auf beiden Seiten gut möglich ist. Kann sich zu einem breiten Themenspektrum klar und detailliert ausdrücken, einen Standpunkt zu einer aktuellen Frage erläutern und die Vor- und Nachteile verschiedener Möglichkeiten angeben.
B1	Kann die Hauptpunkte verstehen, wenn klare Standardsprache verwendet wird und wenn es um vertraute Dinge aus Arbeit, Schule, Freizeit usw. geht. Kann die meisten Situationen bewältigen, denen man auf Reisen im Sprachgebiet begegnet. Kann sich einfach und zusammenhängend über vertraute Themen und persönliche Interessengebiete äußern. Kann über Erfahrungen und Ereignisse berichten, Träume, Hoffnungen und Ziele beschreiben und zu Plänen und Ansichten kurze Begründungen oder Erklärungen geben.
	Elementare Sprachverwendung
A 2	Kann Sätze und häufig gebrauchte Ausdrücke verstehen, die mit Bereichen von ganz unmittelbarer Bedeutung zusammenhängen (z. B. Informationen zur Person und zur Familie, Einkaufen, Arbeit, nähere Umgebung). Kann sich in einfachen, routinemäßigen Situationen verständigen, in denen es um einen einfachen und direkten Austausch von Informationen über vertraute und geläufige Dinge geht. Kann mit einfachen Mitteln die eigene Herkunft und Ausbildung, die direkte Umgebung und Dinge im Zusammenhang mit unmittelbaren Bedürfnissen beschreiben.
A 1	Kann vertraute, alltägliche Ausdrücke und ganz einfache Sätze verstehen und verwenden, die auf die Befriedigung konkreter Bedürfnisse zielen. Kann sich und andere vorstellen und anderen Leuten Fragen zu ihrer Person stellen – z. B. wo sie wohnen, was für Leute sie kennen oder was für Dinge sie haben – und kann auf Fragen dieser Art Antwort geben. Kann sich auf einfache Art verständigen, wenn die Gesprächspartnerinnen oder Gesprächspartner langsam und deutlich sprechen und bereit sind zu helfen.

Quelle: Margit Müller, http://www.kmk-fremdsprachenzertifikat.lernnetz.de/handr/rr.htm (27.08.2007)

1. **Ordnen Sie Ihre Mutter- und Fremdsprachenkompetenz dem Raster zu.**
2. **Diskutieren Sie die Chancen und Risiken, die sich aus dem Europäischen Bildungsraum ergeben.**

1.14 Handlungsfeld: Europäischer Sozialraum

Das ursprüngliche Motiv der EU ist die Sicherung des Friedens durch wirtschaftliche Zusammenarbeit. Sie hat aber auch den Auftrag, Europa sozial zu gestalten. So bekennt sich die EU zur **Europäischen Grundrechtecharta** mit den darin enthaltenen Grundwerten Demokratie, Freiheit und soziale Gerechtigkeit. Was das konkret bedeutet, zeigen die sozialstaatlichen Gemeinsamkeiten der Mitgliedstaaten, die trotz der vielen sozialpolitischen Unterschiede bestehen. Zusammen genommen machen sie das **Europäische Sozialmodell** aus. Seine **Merkmale** sind u. a.:

- soziale Sicherungssysteme, die die großen Lebensrisiken wie Krankheit oder Arbeitslosigkeit absichern,
- Arbeitsbedingungen, die die Beschäftigten beispielsweise vor körperlichen Gefahren oder wirtschaftlicher Ausbeutung schützen,
- Beteiligungs- und Mitbestimmungsrechte der Arbeitnehmer, die die Demokratie auch in den Betrieben wirksam werden lässt,
- soziale Dienste, die die Würde der Menschen in Notlagen gewährleisten,
- Förderprogramme, die das Wohlstandsgefälle zwischen den Regionen abbauen (Strukturpolitik).

Ein wichtiges Instrument der EU-Sozialpolitik ist hierbei die Vorgabe von **Mindeststandards**, die die Arbeits- und Lebensbedingungen der EU-Bürger angleichen. So beruht beispielsweise der Arbeitsschutz weitgehend auf EU-Vorgaben.

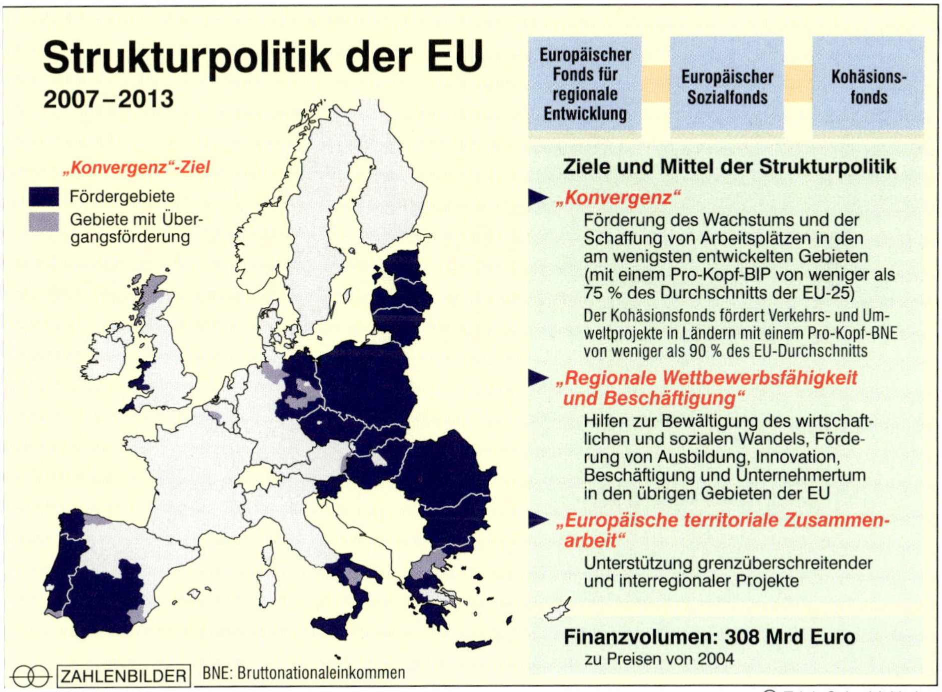

725 368 © Erich Schmidt Verlag

1. **Diskutieren Sie die Vor- und Nachteile eines europäischen Mindestlohns.**
2. **Erläutern Sie mithilfe der Grafik die Strukturpolitik der EU.**

1.15 Handlungsfeld: Europäischer Währungsraum

Der Euro wird die wichtigste Weltwährung

Im Jahr 2015 wird der Euro die wichtigste Währung der Welt sein (...) Weil der Euro schon heute die Währung mit der größten *Verbreitung als Bargeld* ist. Die Menschen fragen ihn nach. Auch weil Europa ein attraktives Reiseziel ist (...) Und der Euro wird mehr und mehr im internationalen Handel eingesetzt werden. Das gilt definitiv für China. Also: Ich kann mir durchaus vorstellen, dass in Zukunft 50 Prozent des Welthandels in Euro abgewickelt werden. Als *Anlagewährung* wird der Euro an Bedeutung gewinnen, ebenso als internationale *Transaktionswährung*. Dies sind die drei Säulen, auf denen eine Weltwährung steht. Das wird einige Zeit dauern, aber es wird so kommen.

Sultan Nasser al-Suweidi, Notenbankchef der Vereinigten Arabischen Emirate; http://www.manager-magazin.de/unternehmen/artikel/0,2828,483596,00.html (25.05.2007)

Mit dem Beschluss zur **Wirtschafts- und Währungsunion (WWU)** 1999 wurde der Euro zur einheitlichen Währung der Europäischen Union. Zunächst nur für den bargeldlosen Zahlungsverkehr und dann 2002, als Euro-Banknoten und -Münzen ausgegeben wurden, für sämtliche Zahlungen. Dank der einheitlichen Währung können die Preise in der gesamten Eurozone miteinander verglichen werden und die Kosten für den Währungsumtausch fallen weg. Das soll den Wettbewerb ankurbeln und die Preise niedrig halten. Tatsächlich liegt die Inflation seit Einführung des Euro bei etwa 2 % und ist damit viel niedriger als in den vorausgegangenen Jahrzehnten. Dass die Preise auch weiterhin stabil bleiben, ist Aufgabe der **Europäischen Zentralbank** in Frankfurt am Main. Sie ist als unabhängige Einrichtung für die Währungspolitik in der Eurozone verantwortlich.

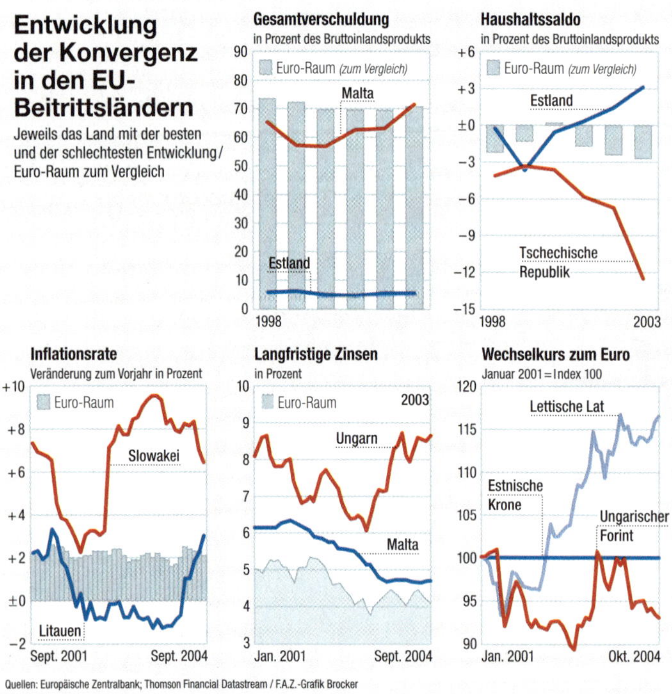

FAZ, 21.10.2004, S. 11

Ab 2008 gehören mit Malta und Zypern 15 EU-Staaten dem **„Euroland"** an.

Weitere EU–Staaten werden beitreten, sofern sie die folgenden Bedingungen (**Konvergenzkriterien**) erfüllen: Der Verlauf der Inflation, der langfristigen Zinsen und des Wechselkurses muss dem im Euro-Raum entsprechen. Der Schuldenstand muss unter 60 % des Bruttoinlandsprodukts (BIP) und das Haushaltsdefizit (Neuverschuldung) unter 3 % des BIP liegen. Die nationale Zentralbank muss rechtlich unabhängig sein.

1. **Stellen Sie die Vorteile des Euro als einheitliche europäische Währung dar.**
2. **Was müssen die Kandidaten der Eurozone tun, um die Konvergenzkriterien zu erreichen?**

Im Euroland müssen alle Mitglieder die Grenzen der Neu- und Gesamtverschuldung einhalten **(Stabilitäts- und Wachstumspakt)**. Bei Verstößen muss mit einem „blauen Brief" der Kommission gerechnet werden. Ändert sich nichts, können empfindliche Geldstrafen verhängt werden. Diese Begrenzung der Staatsverschuldung ist in der Finanzpolitik strittig:

Deutschland drängt in Brüssel auf eine Flexibilisierung des Stabilitätspaktes.

Kontra Verschuldungsbegrenzung:

„Drohende Sanktionen wegen Überschreitung einer willkürlich gesetzten Verschuldungsgrenze in einer Stagnationsphase können die Stagnation nur verstärken (...) Durch Sparen und eine Reduktion der öffentlichen Leistungen lässt sich das öffentliche Defizit in einer Stagnation nicht vermindern, sondern es wird festgeschrieben, wie Ex-Finanzminister Hans Eichel schmerzhaft feststellen musste. Stagnation ist extrem kostspielig, sie vernichtet Jobs und Einkommen. Deutschland lebt nicht über seine Verhältnisse, sondern es zehrt von der Substanz, wie sich am Zustand der öffentlichen Infrastruktur unschwer erkennen lässt. Es bedarf dringend einer Belebung der binnenwirtschaftlichen Nachfrage, was nicht nur den Wohlstand hebt und die öffentlichen Haushalte entlastet, sondern auch für Innovationen förderlich ist, den Bereich, wo die deutsche Wettbewerbsfähigkeit bisher am stärksten war."

Ronald Schettkat, VDI nachrichten, Wuppertal, 13.04.2006

Pro Verschuldungsbegrenzung:

„Schuldenmachen heißt von der Zukunft leben – und wenn man es so beherzt betreibt wie derzeit, dann ist das offener Raubbau am Wohlstand von morgen. Nicht einmal mit gewaltigen Steuererhöhungen und einer boomenden Wirtschaft im Rücken gelingt es unserer Regierung, auch nur ausgeglichene Haushalte vorzulegen (...) Nicht die großen Konzerne, sondern der Staat reißt immer größere Anteile vom Volksvermögen an sich (...) So haben die Deutschen noch nie in ihrer Geschichte mehr Steuern gezahlt als heute – in diesem Jahr werden es mehr als 500 Milliarden Euro sein. Die Staatsquote erreicht 45,5 % (...) Vor 100 Jahren machten die Staatsausgaben bescheidene 10 % der Wirtschaftsleistung aus, vor 50 Jahren waren es erträgliche 30 %, heute dagegen sind es fast die Hälfte.

Wolfram Weimer, Cicero, 01.06.2007

1. **Die Karikatur zeigt den ehemaligen Finanzminister Hans Eichel und Bundeskanzler Schröder auf der einen Tischseite und die EU-Kommission auf der anderen. Was will der Zeichner zum Ausdruck bringen?**
2. **Diskutieren Sie die Vor- und Nachteile der Konvergenzkriterien.**

1.16 Handlungsfeld: Europäischer Friedensraum

Frieden in Europa ist nur möglich, wenn es Frieden in der Welt gibt. Als stärkste Wirtschaftsmacht in der Welt kommt der Europäischen Union eine besondere Verantwortung für die globale Sicherheit zu. Mit ihrer zweiten Säule, der **Gemeinsamen Außen- und Sicherheitspolitik (GASP)**, will sie dieser Rolle gerecht werden. Die EU stützt und fördert die internationale Sicherheit, indem sie sich aktiv für Demokratie, Rechtsstaatlichkeit und für die Achtung der Menschenrechte einsetzt.

Dies bedeutet jedoch nicht, dass die europäische Außen- und Sicherheitspolitik die nationale ersetzt. Jeder EU-Staat bleibt in diesem Politikbereich selbstständig. Taucht jedoch eine Frage von „allgemeiner Bedeutung" auf, unterrichten sich die Länder gegenseitig und stimmen ihr Verhalten ab **(intergouvernemental)**. Hierbei kann der Rat einen „gemeinsamen Standpunkt" beschließen, an dem sich die Einzelstaaten orientieren müssen. Die weitestgehende Zusammenarbeit ist eine „gemeinsame Aktion", die für alle EU-Mitglieder bindend ist. Dazu ist allerdings Einstimmigkeit erforderlich. Der **Hohe Vertreter für die Gemeinsame Außen- und Sicherheitspolitik** unterstützt den Rat bei seinen politischen Entscheidungen. Auf Ersuchen des Vorsitzenden führt er im Namen des Rates den politischen Dialog mit Drittstaaten.

Teil der GASP ist **die Europäische Sicherheits- und Verteidigungspolitik (ESVP)**. Sie ermöglicht es der EU, in internationale Krisenherde militärisch einzugreifen, um Konflikte beizulegen. Dabei stützt sie sich auf die Streitkräfte der Mitgliedstaaten, die jedoch dem Einsatz zustimmen müssen. In Deutschland erfordert dies die Zustimmung des Deutschen Bundestages. Geplant ist zudem die Bildung einer EU-Eingreiftruppe von 50 000 bis 60 000 Soldaten, die innerhalb von 60 Tagen eingesetzt werden kann.

EU-Einsatz im Kongo

(Bonn/Berlin, 10. Mai 2006). UN-Sicherheitsrat und Europäische Union haben beschlossen, die Wahlen in der Demokratischen Republik Kongo durch einen europäischen Militäreinsatz zu schützen. Viele Entwicklungshilfeorganisationen im Kongo erhoffen sich von einer europäischen Militärpräsenz eine stabilisierende Wirkung und eine Stärkung der UN-Friedensmission „MONUC". Doch: Die Erwartungen gehen über den Einsatz in Kinshasa hinaus. Mit der Entsendung deutscher Soldaten verbindet sich die Hoffnung auf eine länger anhaltende Präsenz europäischer Truppen – vor allem in den Regionen Kongos, in denen Menschen seit vielen Jahren unter dem Bürgerkrieg leiden. Nach Aussagen des Evangelischen Entwicklungsdienstes (EED) ist nicht zu erwarten, dass eine kurzfristige Militärpräsenz der Europäer über die Wahlen hinaus zu einer langfristigen Befriedung des Landes führt. Die gesellschaftlichen Konflikte und die Entwicklungsprobleme im Kongo lassen sich nur mit langem Atem, erheblichem Einsatz der Menschen vor Ort und dem staatlichen und zivilgesellschaftlichen Engagement des Nordens überwinden. Anders als andere Hilfswerke fordert der EED die Entsendung deutscher Truppen nicht.

Nach: © 2007, Evangelischer Entwicklungsdienst

1. **Beziehen Sie zu der Forderung Stellung, die EU müsse in der Außenpolitik mit einer Stimme sprechen und deshalb wie bei der Handelspolitik supranational agieren!**
2. **Diskutieren Sie am Beispiel des Kongo über den Militäreinsatz der EU in Krisenherden. (Informieren Sie sich über den Verlauf und das Ergebnis dieser Aktion.)**

Zur Wiederholung

1. Die Europäische Union ist nicht identisch mit Europa. Informieren Sie sich in Lexika über den Begriff „Europa".
2. Welche Länder
   a) sind Mitglied der EU,
   b) wollen in naher Zukunft Mitglied der EU werden?
3. Was versteht man unter den Abkürzungen EGKS, EWG, Euratom, GASP, WWU, EZB?
4. Nennen Sie die Organe der EU und deren Aufgaben.
5. Was versteht man unter dem Subsidiaritätsprinzip in der EU?
6. Vergleichen Sie das Stimmungsbild der EU-Bürger mit Ihren eigenen Ansichten.

Europäer und Deutsche sehen Zukunft der EU optimistisch

Berlin/London, 10. August 2007 – 69 % der Bürger Europas und 75 % der Deutschen sehen der weiteren Entwicklung der Europäischen Union optimistisch entgegen. Skeptisch äußert sich ein Viertel der Europäer (...) Dass die Europäische Union in 50 Jahren zu den führenden außenpolitischen Mächten gehört, glauben 61 % der Europäer und 72 % der Bundesbürger. Lediglich ein Viertel der Europäer bezweifelt, dass die EU auf längere Sicht im Konzert der Großmächte mitspielen wird. Dass die EU innerhalb der nächsten 50 Jahre ihre heutige ökonomische Spitzenposition einbüßen könnte, befürchten nur 31 % der EU-Bürger. Während die Deutschen mit ihren Abstiegsängsten im Schnitt aller EU-Bürger liegen, sind Zypern (56 %), Griechen (48 %), Slowenen (41 %), Kroaten (46 %), aber auch Briten (45 %) vergleichsweise häufig von der Sorge getrieben, Europa könnte wirtschaftlich in die zweite Liga absteigen.

http://www.tns-infratest.com/03_presse/Presse/2007_08_15_TNS_Eurobarometer_ZukunftEU.pdf
Michael Knippelmeyer

Warum die EU mehr Demokratie wagen muss

Die Akzeptanz eines demokratischen Europas hängt ganz entscheidend davon ab, dass Integration nicht nur mit Markt, Arbeitsplatzverlusten und Abbau von sozialen Standards identifiziert wird. Dass erst die Vollendung und Vertiefung des Binnenmarkts in den letzten Jahren Europa Wachstum und Wohlstand gebracht habe, wird zwar andauernd behauptet, entspricht aber der sozialen Erfahrung vieler Menschen in den EG-Gründungsländern keineswegs (...)
Das damit verbundene Misstrauen vermehrt sich durch die Ferne des europäischen Institutionensystems und das kaum lösbare Demokratieproblem Europas. Wenn man den obersten Verfassungsgrundsatz, nach dem alle Staatsgewalt vom Volk ausgeht, ernst nimmt, sind Wahlen immer auch politische Richtungsentscheidungen. Wenn aber 50 % oder gar 75 % aller gesetzlichen Regelungen hierzulande nur noch ausfüllen oder nachvollziehen, was aus Brüssel im Kern schon vorgegeben ist, welche echte Richtungsentscheidung ist im nationalen Rahmen eigentlich noch zu treffen?
Nun mag man einwenden, dass wir ein Europaparlament wählen, das bei ungefähr drei Vierteln der europäischen Verordnungen und Richtlinien ein echtes Mitentscheidungsrecht hat, und als Wähler wenigstens mittelbar auch über unsere Vertretung im Ministerrat entscheiden. Aber wer weiß das? Wer durch-

schaut schon das komplizierte Zusammenspiel des europäischen Institutionengefüges?
Und welche europäische Öffentlichkeit diskutiert denn über die großen Entscheidungsalternativen?
(...) Es gibt nationale Öffentlichkeiten und nationale Medien, die in aller Regel auch europäische Themen unter je nationalen Aspekten diskutieren. Es ist nicht erkennbar, dass sich dies auf irgendeine Sicht wesentlich ändern sollte. Und die meisten Brüsseler Entscheidungen werden von Beamten getroffen, nicht einmal vom Ministerrat.

Hubert Kleinert in: SPIEGEL ONLINE – 26. März 2007, 14:26 URL: http://www.spiegel.de/politik/ausland/0,1518,473826,00.html

7. Welche Kritik wird am Zustand der EU geübt? Beziehen Sie kritisch Stellung.

Handlungsimpulse

A Ein Zukunftsbild entwerfen

Die Europäische Union ist unsere wirtschaftliche, politische und soziale Zukunft.
Entwerfen Sie ein Zukunftsbild „Europa 2050", indem Sie zunächst in Form eines Brainstormings Ideen sammeln, die Stichworte unter Oberbegriffen ordnen, in Gruppen Zukunftsbilder (z. B. in Form von Texten oder Collagen) entwerfen.

B Internet-Recherche

Informieren Sie sich über die aktuelle Politik der Europäischen Union über die Internetseiten der EU:
http://www.europa.eu.int

C Pro- und Kontra-Plädoyers

Sammeln Sie in Gruppen Argumente für und gegen die Erweiterung der Europäischen Union.
Tauschen Sie die Pro- und Kontra-Argumente in Form von Plädoyers aus.
Gewichten Sie die Argumente, indem Sie in Ihrer Lerngruppe eine Schlussabstimmung durchführen.

D Eine Umfrage durchführen

Führen Sie eine Befragung zum Thema „Europäische Vereinigung" (in Ihrer Lerngruppe/in Ihrer Schule/in der Fußgängerzone Ihres Schulortes) durch.
Dazu sollten Sie einen eigenen Fragebogen entwickeln.
Veröffentlichen Sie die Ergebnisse (an der Wandtafel/in der Schülerzeitung/in der Regionalpresse).

2 Globalisierung

2.1 Erscheinungsformen der Globalisierung

Die Welt im Umbruch

Aus einem Gespräch zwischen Schülern über das Internet

Laura: Gestern habe ich meinen Familiennamen als Suchbegriff ins Internet eingegeben und eine Vielzahl von Internet-Adressen erhalten. Sogar aus Amerika!

Sarah: Jetzt kannst du dich mit deinen Namensvettern in Verbindung setzen. Im Internet habt ihr eine gemeinsame Anlaufstelle zur weltweiten Kommunikation.

Laura: Toll, man sitzt zu Hause am Computer, surft kurz nach Amerika zur Homepage eines Freundes, klickt sich in seine Chat-Seite ein, liest, welchen Witz gerade der Kumpel aus China reißt, speichert ihn ab, surft zur Freundin nach Schweden und hinterlegt ihn ihr als Geburtstagsgruß. Die Welt ist ein Dorf!

Sarah: So ist es, im Internet spielen Grenzen keine Rolle mehr, man sitzt hier und ist doch dort und gleich wieder woanders!

Marko: Wenn man Englisch spricht und mit dem Computer umgehen kann …

Peter: … und genügend Geld für Computer und Gebühren hat.

Sarah: Die Kosten kannst du ausgleichen, wenn du einen weltweiten Preisvergleich im Internet durchführst und die günstigsten Waren kaufst.

Peter: Wenn wir unsere Musik übers Internet kaufen, können die Musikläden in der Stadt dichtmachen …

Marko: … und die CD-Fabrik in Deutschland muss schließen, weil die Chinesen für einen Bruchteil unseres Lohnes arbeiten!

Sarah: Zumindest erhalten die Musiker und Produzenten ihre Lizenzgebühren.

Peter: Oder auch nicht. Unser Staat hat doch gar keine Möglichkeit, gegen illegale Downloads und CD-Produktion im Ausland vorzugehen.

Laura: Das Problem löst sich doch von selbst: Die Chinesen können für uns gar keine CDs herstellen, weil sie ganz einfach den Geschmack der deutschen Jugend nicht kennen!

Marko: Quatsch. Der Geschmack der Jugend ist doch überall gleich. Das kommt durch das Satellitenfernsehen. Alle sehen die gleichen Videoclips in den gleichen Musiksendern. Alle tragen dann die gleichen Klamotten und lieben die Hamburger amerikanischer Kettenrestaurants. Die Welt wächst zusammen!

Peter: Das glaube ich nicht! Das Satellitenfernsehen treibt die Menschen auseinander. In unserer Nachbarschaft wohnt ein Türke, der schaut nur türkische Sender und kauft nur in türkischen Läden ein. Sein Körper ist zwar in Deutschland, aber mit seinem Kopf ist er in der Türkei. Wir wohnen zwar an einem Ort, aber wir leben in unterschiedlichen Welten.

1. **Hat der Wohnort für unsere Lebenseinstellung an Bedeutung verloren?**
2. **Beurteilen Sie die Entwicklung eher positiv oder negativ?**

2.1.1 Was ist unter Globalisierung zu verstehen?

Die Welt befindet sich im Umbruch. Sicherlich ist das schon immer der Fall gewesen. Nichts ist beständiger als der Wandel. Heute drängt sich jedoch der Eindruck auf, als gebe es eine spürbare Beschleunigung dieses Prozesses, als hätten wir es zu Beginn des 21. Jahrhunderts mit einer Veränderung von epochaler Tragweite zu tun.

Die Welt wächst immer stärker zusammen. Die Jugend von Asien liebt die gleiche Musik wie die in Europa, die von Amerika bevorzugt die gleiche Kleidung wie die in Australien. Modetrends sind nicht mehr ortsgebunden, sie sind weltumspannend. Die Angst vor einer Klimakatastrophe treibt Menschen in Montreal genauso auf die Straße wie in Berlin, AIDS hat das Sexualverhalten der Nigerianer genauso beeinflusst wie das der Koreaner. Die Umweltverschmutzung macht vor keiner Grenze Halt, Viren lassen sich durch keine Zollbeamten zurückweisen. Die Zahl der Internetanschlüsse wächst in Thailand wie in Brasilien unaufhörlich, die Helden japanischer Zeichentrickfilme sind den Kindern in Marokko genauso bekannt wie denen in Chile. Internet und Satellit machen Informationen im Prinzip für alle zugänglich.

Der geografische Raum als Begrenzung des menschlichen Denkens und Handelns verliert an Bedeutung. Der Globus in seiner Gesamtheit wird zum Handlungsfeld des einzelnen Menschen. Man sagt, die Welt werde zu einem globalen Dorf, wo jeder jeden treffen kann. Wie die Herausbildung einer weltweiten Jugendkultur zeigt, führt dieser Abbau von Grenzen zu einer Angleichung der Lebensformen. Er macht aber auch auf Unterschiede aufmerksam. So wird beispielsweise die eigene Kultur – etwa durch Zuwanderung – mit den Kulturen anderer Völker konfrontiert. Dieser **Prozess der weltweiten Vernetzung der Menschen** wird mit dem Begriff **Globalisierung** gekennzeichnet. Er gilt vielen bereits als das hervorstechende Merkmal des 21. Jahrhunderts.

Globalisierung ist ein vielfältiger Prozess. Er zeigt sich in Politik und Wirtschaft, Wissenschaft und Technik, Kunst und Kultur. Die einzelnen Bereiche lassen sich jedoch nicht klar voneinander trennen, sie wirken vielmehr gegenseitig aufeinander ein und beschleunigen dadurch zusätzlich die weltweite Vernetzung.

Am deutlichsten und wirkungsvollsten zeigt sich die Globalisierung in der Wirtschaft. Zwar werden die Exporte und Importe deutscher Unternehmen noch mehrheitlich innerhalb der Europäischen Union getätigt, die Wirtschaftsbeziehungen sind also eher noch regional als global, dennoch lassen sich einige Grundtendenzen des globalen Zeitalters erkennen.

Stufen der ökonomischen Globalisierung

Phase 1	Phase 2	Phase 3	Phase 4
Neue Märkte werden erschlossen Es werden lediglich Waren exportiert	**Erste Montageaufträge** Teile werden im Ausland produziert Kostenvorteile sollen genutzt werden	**Komplette Auslandsfertigung auf neuen Märkten** Wird durch Verbesserung der Informationstechniken möglich Firmenteile arbeiten selbstständig vor Ort	**Globale Strategien** Strategische Partnerschaften sollen Wettbewerbsvorteile und Wissensvorsprung sichern

2.1.2 Weltweiter Handel

Noch einmal Exportweltmeister

Deutschland hat 2006 mit einem Ausfuhrrekord zum vierten Mal in Folge den Titel des Exportweltmeisters gewonnen. Der Wert der ausgeführten Waren wuchs um 13,7 % auf den Rekordwert von 893,6 Milliarden Euro, teilte das Statistische Bundesamt mit. Auf Platz zwei beim Weltexport liegen nach wie vor die USA mit umgerechnet rund 825 Milliarden Euro. Drittplatzierter ist mit 770 Milliarden Euro die aufstrebende Wirtschaftsmacht China. Das Land wird in diesem Jahr voraussichtlich die USA überholen und 2008 Deutschland den Weltmeistertitel streitig machen (...)

Daniel Rhee-Piening, 09.02.2007, http://www.tagesspiegel.de/wirtschaft/;art271,1991510

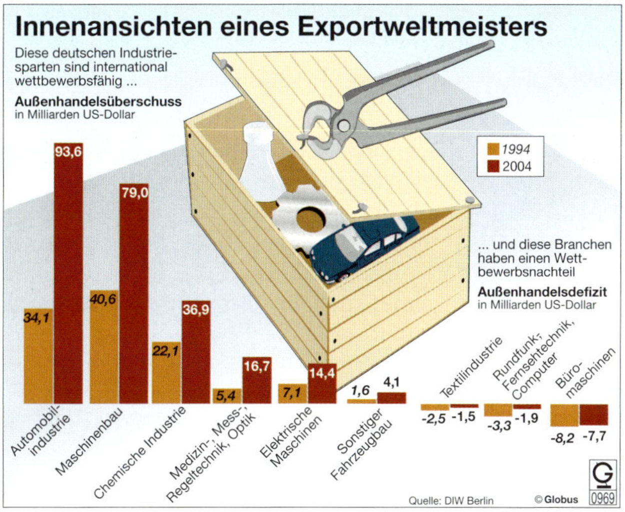

Vom **Welthandel** sind wir alle betroffen. Gleichgültig, wo wir leben. Der Tee oder der Kaffee auf unserem Frühstückstisch kommt aus fernen Ländern, in denen umgekehrt die Autos, die wir hier bauen, gefahren werden.

Der Austausch von Gütern wächst schneller als deren Produktion. Dies ist ein Zeichen dafür, dass die **weltweite Arbeitsteilung** zunimmt. Mehr und mehr Länder – arme wie reiche – sind eingebunden. Die Weltwirtschaft ändert sich rasant und mit ihr auch unsere Lebensweise.

Allein Deutschland hat nach Angaben des Statistischen Bundesamtes innerhalb von 10 Jahren die Ausfuhr **(Export)** und die Einfuhr **(Import)** von Waren mehr als verdoppelt. Seit Jahren übersteigt in unserem Land der Export den Import **(Handelsbilanzüberschuss)**.

Die Europäische Union mit ihren 27 Ländern ist mit Abstand die größte Handelsmacht der Welt. Obwohl die Region nur rund 10 % der Weltbevölkerung stellt, beträgt ihr Anteil über 20 %. Prognosen gehen jedoch davon aus, dass sich die Bedeutung der EU wegen der hohen Wachstumsraten vor allem in China in den nächsten Jahren relativ verringert.

1. **Schauen Sie nach, wo die Produkte in Ihrem Lebensumfeld hergestellt wurden.**
2. **Wie lässt sich die innere Struktur des deutschen Außenhandels erklären.**

2.1.3 Weltweite Investitionen

Die Zukunftsinvestition

Die Ludwigshafener BASF, das größte Chemieunternehmen der Welt, und die Sinopec-Tochter Yangzi Petrochemical aus Nanjing haben im September 2005 das gemeinsame Chemiewerk BYC am Jangtse eröffnet. „Mit dem neuen Standort ist die Verbundwelt der BASF in China angekommen", sagte der BASF-Chef Jürgen Hambrecht bei der Eröffnung in Nanjing (...) Nanjing war in vielerlei Hinsicht der perfekte Ort für das gemeinsame Projekt. Die Stadt und der Bezirk Luhe, die Geburtsstätte der chinesischen Chemieindustrie, liegen im Herzen des am schnellsten wachsenden Chemiemarkts in China (...) Das Projekt Nanjing ist wohl eine der ehrgeizigsten Direktinvestitionen, die je eine ausländische Firma in China getätigt hat. Für BASF ist es das größte Einzelinvestment in der 140-jährigen Unternehmensgeschichte (...) „Viele unserer Industrie-Kunden haben bereits ihren Schwerpunkt in Asien. Dieser Trend wird sich verstärken", sagt Hambrecht. „Für uns als global aufgestelltes Unternehmen gilt daher: Wir sind da, wo unsere Kunden sind." (...) Bis zum Jahr 2010 will das Joint-Venture (= Gemeinschaftsunternehmen) rund 20 % von Umsatz und Gewinn bei den Chemieaktivitäten in der Region Asien-Pazifik erzielen, der Anteil der lokalen Produktion soll dabei auf 70 % erhöht werden.

Sybille Wilhelm, 19.05.2006, http://www.magazine-deutschland.de/magazin/CH-BASF_3-06.php

Noch mehr als der Warenhandel haben weltweit die **Direktinvestitionen** zugenommen. Sie haben sich in den letzten zehn Jahren weltweit fast verzehnfacht (Dt. Bundesbank). Direktinvestitionen sind Investitionen inländischer Unternehmen im Ausland bzw. ausländischer Unternehmen im Inland. Über die Direktinvestitionen sind weltwirtschaftlich orientierte Unternehmen auf ihren Exportmärkten unmittelbar vertreten. Sie verwandeln sich dabei immer mehr in **transnationale Unternehmen**, die keinem einzelnen Land mehr zuordenbar sind.

Porsche Cayenne zu zwei Dritteln aus dem Ausland

(In Leipzig) bekommt der Geländewagen nur seinen Feinschliff, nämlich die sportlichen Motoren und einige Ausstattungsdetails. Die Karosserie wird dagegen im slowakischen Bratislawa zusammengeschweißt, lackiert und mit der Inneneinrichtung versehen. Das Ganze läuft unter der Regie von VW, die dort auch das Schwestermodell Touareg fertigen. Nach Berechnungen von Ferdinand Dudenhöffer von der Fachhochschule Gelsenkirchen werden zwei Drittel der Wertschöpfung des geländegängigen Sportlers im Ausland geleistet. Das entspricht bei 34 000 EUR Produktionskosten für einen 61 000 EUR teuren Cayenne einer Summe von 22 870 EUR. Das Unternehmen selbst gibt den deutschen Anteil an den Fertigungskosten mit 55 % an.

Allerdings sind genaue Berechnungen schwierig. So werden am Band in Bratislawa Teile internationaler Zulieferer verbaut. Das fängt bei den Scheinwerfern von Hella (Deutschland) an, geht über die Armaturen von Faurecia (Frankreich) und hört bei den Sitzen von Johnson Controls (USA) noch lange nicht auf. Der Firmensitz eines Zulieferers sagt aber nichts darüber aus, woher die Teile wirklich stammen. Zudem kommen rund ein Drittel der Motorkomponenten für die Hochleistungsaggregate aus Zuffenhausen aus dem Ausland, schätzt der Auto-Professor.

Annette Marquardt, Dr. Marga Jennewein, in: Auto-Presse, 11.01.2006; http://www.cesifo-group.de/portal/page/ifoHane/e-pr/e3echo/_echobasar?item_eink=echo-Auto-Presse-11-01-06.htm

1. **Welche internationale Verflechtung hat Ihr Ausbildungsbetrieb?**
2. **Erläutern Sie die Bedeutung der Direktinvestitionen für den Standort Deutschland.**

2.1.4 Weltweite Standortkonkurrenz

Transnationale Unternehmen suchen überall auf der Welt nach der Investitionsmöglichkeit mit den höchsten Gewinnen. Deshalb werden sie auch **„Global Players"** genannt. Wurden früher die Handelsbedingungen zwischen den Einzelstaaten festgelegt und dadurch der Waren- und Kapitalaustausch kontrolliert, so können die neuen Weltunternehmen unter ihrem Dach nunmehr beides frei verschieben. Die Steuerpflicht lässt sich unterlaufen und dadurch der wirtschaftliche Druck auf die Regierungen erhöhen. Nach Angaben der globalisierungskritischen Organisation attac werden über 40 % des Welthandels konzernintern abgewickelt (vgl. www.attac.de). Ein deutsches Beispiel für diesen Unternehmenstyp ist die Siemens AG, die weltweit mehr als 400 000 Mitarbeiter, davon über die Hälfte im Ausland, und 300 Fertigungsstätten in über 50 Ländern hat. Von den Gesamtumsätzen entfielen über 70 % auf das Ausland.

Produktion im Ausland sichert Arbeitsplätze in Deutschland

VDI Nachrichten, Düsseldorf, 7.1.05 – rok. Eine Alternative zur Auslagerung von Arbeitsplätzen an kostengünstigere Standorte gab und gibt es nicht. Mit Arbeitsplätzen im Ausland alimentieren Unternehmer Arbeitsplätze in Deutschland. So Stefan Ortseifen, Sprecher (einer Bank) im folgenden Beitrag.

(...) Bekanntlich ist Deutschland ein Hochlohnland. Diese Tatsache steht im internationalen Wettbewerb täglich auf dem Prüfstand und lässt sich nur bei einer hohen Produktivität der Beschäftigten aufrechterhalten.

Eine steigende Zahl von Arbeitsplätzen ist jedoch vor allem aufgrund der hohen Lohnzusatzkosten im internationalen Vergleich nicht mehr wettbewerbsfähig. Um als deutsches Unternehmen überhaupt Bestand zu haben, müssen Arbeitsplätze in Länder mit niedrigeren Herstellungskosten verlagert werden. In den letzten Jahren waren dies vor allem die Standorte Polen, Tschechische Republik, Ungarn und – als jüngste Entwicklung – Slowakei und baltische Staaten.

Analysiert man die Sektoren, die vor allem wegen der zu hohen Arbeitskosten den deutschen Standort weitgehend verlassen haben, dann sind dies in erster Linie die Textil- und Bekleidungsindustrie, die Leder- und Schuhindustrie, die Holzbearbeitung sowie Zulieferer aus der Automobilindustrie und dem Maschinenbau.

Um es klar zu sagen: Eine Alternative hierzu gab es nicht. Hätten die deutschen Mittelständler diesen Weg der Produktionsverlagerung nicht beschritten, wäre das Gros dieser Arbeitsplätze in Deutschland ohnehin verloren gegangen. Denn im internationalen Wettbewerb wären sie nicht länger rentabel gewesen. Durch die Verlagerung war es immerhin möglich, im Rahmen einer Mischkalkulation einen Teil der Arbeitsplätze in Deutschland zu halten. Oder wie es neulich ein Kunde von uns sagte: „Ich brauche die Erträge im Ausland, um Arbeitsplätze in Deutschland zu alimentieren."

Stefan Ortseifen, in: VDI Nachrichten, 07.01.2005 (gekürzt)

1. **Wie beurteilen Sie die Aussagen des Bankchefs?**
2. **Welche Möglichkeiten sehen Sie, den Produktionsstandort Deutschland bei angemessenen Löhnen zu halten?**

2.1.5 Weltweite Kapitalströme

Unternehmen müssen investieren, wenn sie im globalen Wettbewerb bestehen wollen. Dazu brauchen sie Geld. Eine Möglichkeit besteht darin, an der Börse Anteile am Unternehmen **(Aktien)** zu verkaufen. Selbst kleinere Unternehmen machen davon zunehmend Gebrauch. Die Käufer erhoffen sich eine hohe Gewinnausschüttung (Dividende) und einen steigenden Verkaufswert (Kursgewinn) ihres Anteils. Treffen ihre Erwartungen nicht zu, werden die Anteile in der Regel wieder verkauft. Durch das Internet hat sich der An- und Verkauf solcher Wertpapiere erheblich beschleunigt. Von zu Hause aus können in Sekundenschnelle Wertpapiere aus der ganzen Welt ge- und verkauft werden. Auf der Suche nach der höchsten Verzinsung **(Rendite)** fließt das Kapital rund um die Erde. Dies macht die **Finanzmärkte** sehr empfindsam: Selbst kleinere negative Nachrichten können blitzschnell tief greifende Störungen der Weltwirtschaft auslösen. Um dem zu begegnen, wird vielfach eine Steuer gefordert, die die Finanzgeschäfte verteuert und dadurch den globalen Kapitalfluss verlangsamt **(Tobin-Steuer)**.

Rettung durch Heuschrecken

So sehr Hedge-Fonds in Deutschland auch als Heuschrecken verschrieen sind, sie steuern Liquidität in Situationen bei, in denen traditionelle Geldgeber keine Kredite mehr vergeben. Es hat sich gezeigt, dass mehrere deutsche Unternehmen mit diesem Kapitaleinsatz von Hedge-Fonds gerettet werden konnten. Andernfalls gäbe es diese Unternehmen heute nicht mehr.

FAZ, 16.12.2005, Nr. 293 / Seite 27

Neben Einzelwerten können alternativ Anteile an einem Wertpapierkorb **(Investmentfonds)** erworben werden. Sie sind besonders für Kleinanleger attraktiv, da der An- und Verkauf der darin enthaltenen Wertpapiere durch Manager gegen Provision erfolgt. **Hedge-Fonds** sind Fonds ohne Kaufbeschränkungen. Sie können sogar Kredite aufnehmen, um Kapitalanlagen zu finanzieren. Hedge-Fonds gehen sehr hohe Risiken ein, um sehr hohe Gewinnchancen zu erhalten. Je erfolgreicher sie dabei sind, desto höher ist der Wert ihrer Fondsanteile und damit das globale Kaufinteresse. Das wissen die Fondsmanager und wirken deshalb über ihre Rechte als Eigentümer auf die Unternehmenspolitik ein. Häufig führt dies dazu, dass sie nur noch die Gewinninteressen ihrer internationalen Kapitalanleger im Auge haben und die Interessen der Beschäftigen oder der Umwelt völlig außer Acht lassen.

Hedge-Fonds erpressen Cewe Color

Der größte europäische Fotoentwickler, Cewe Color, teilte mit, dass US-amerikanische Hedge-Fonds Management und Aufsichtsrat stürzen und eine Sonderausschüttung erzwingen wollen. Nach Angaben des Unternehmens drängen die Hedge-Fonds auf eine Sonderdividende von 37 bis 120 Millionen Euro, obwohl bei Cewe Color Umsatz und Gewinn schrumpfen. Das Eigenkapital beläuft sich auf 113 Millionen Euro. Um die Ausschüttung finanzieren zu können, soll Cewe neue Schulden machen. Der Cewe-Color-Chef sagte, vergangenes Jahr seien 700 von 3 700 Stellen abgebaut worden. Cewe Color benötige Kapital für Investitionen und die Sicherung der verbleibenden Arbeitsplätze. „Mit mir wird es keine Sonderausschüttung geben, wenn zugleich Mitarbeiter entlassen und Sozialplanverhandlungen geführt werden", sagte der Vorstandschef.

Martin Hesse, Süddeutsche Zeitung, 31.01.2007

1. **Weshalb wird der globale Finanzmarkt immer empfindlicher?**
2. **Diskutieren Sie die Vor- und Nachteile der Hedge-Fonds.**

2.1.6 Weltweite Kultur

„Fast Food passt nicht zu unserer Lebensart"

McDonald's in Kreuzberg? Undenkbar, sagen viele Kreuzberger und sind dabei, sich dagegen zu formieren. Viele haben Angst davor, dass die Kiez-Atmosphäre durch eine Niederlassung der Fast-Food-Kette zerstört wird. McDonald's passe nicht in den Kiez, in dem es viele alternative Restaurants und Läden gibt, darunter etliche, die naturbelassenes Essen anbieten. Dieses Vorhaben treibt auch eine Bürgerinitiative um: „Wir wollen verhindern, dass die Schüler das Schulessen für ein ungesundes Fast-Food-Menü stehen lassen." Außerdem habe man Angst, dass der Großkonzern den kleinen Unternehmen und Gewerbetreibenden im Kiez das Leben schwer machen könnte; „Das vielfältige Angebot, das den Charakter dieses Stadtteils prägt, darf nicht zerstört werden."

Nach: Regina Köhler, 13.05.2007;
http://www.welt.de/berlin/article870536/Fast_Food_passt_nicht_zu_unserer_Lebensart.html

Die Globalisierung der Wirtschaft beeinflusst auch die Kultur der Menschen, das heißt die Art und Weise, wie sie leben: Die Fast-Food-Kette McDonald's prägt rund um den Erdball das Essverhalten junger Leute. Das Format der Quizsendung „Wer wird Millionär?" wurde an nahezu alle TV-Sender der Welt verkauft und formt überall die Sehgewohnheiten der TV-Zuschauer. Dieser globalen Konkurrenz sind die lokalen Produkte oft nicht gewachsen und verschwinden vom heimischen Markt. Übrig bleibt ein Warenangebot, das sich überall gleicht und die Lebensweise der Menschen weltweit vereinheitlicht **(Harmonisierung)**.

Darin liegt die Gefahr, dass die Menschen ihre Beziehung zur traditionellen Kultur verlieren: Ihre lokale Identität nimmt ab und ihr sozialer Zusammenhalt wird geringer. Häufig stößt dies eine Gegenbewegung an: Die kulturellen Eigenarten werden bewusst gelebt, teils neben anderen Kulturkreisen **(Differenzierung)**. Die globalen Warenproduzenten greifen diese Tendenz auf und variieren ihre Produkte nach den speziellen Lebensweisen ihrer Kunden. So bietet beispielsweise McDonald's Hamburger an, die „Halal" sind, das heißt nach islamischen Vorgaben hergestellt wurden **(„Glokalisierung")**.

Die kulturelle Vielfalt wird vor allem in **„Global Cities"** wie New York, London oder Tokio sichtbar. Von dort aus steuern transnationale Unternehmen ihre weltweiten Netzwerke. Dazu beschäftigen sie Arbeitskräfte aus allen Kulturkreisen der Erde. Aus der Begegnung der Kulturen entstehen Mischformen **(Hybridisierung).** Ein Beispiel ist die Rap-Musik, die neben ihren karibischen und afroamerikanische Wurzeln mittlerweile auch europäische, arabische und asiatische Stilelemente in sich aufgenommen hat.

Jenseits aller unterschiedlichen Bewertungen, Hoffnungen, Befürchtungen ist ein Faktum gewiss: Die Zuordnung nach der Volksgruppe wird immer komplizierter. Die Zahl derer wächst, die aus den unterschiedlichsten Gründen ihre Heimat verlassen, für kürzere oder längere Zeit, vielleicht auch für immer; die Ländergrenzen überschreiten, hier geboren werden, da aufwachsen, dort heiraten und Kinder bekommen. Es ist keine Seltenheit mehr weiß und asiatisch oder arabisch und jüdisch zu sein.

Elisabeth Beck-Gernsheim (Soziologin):
Juden, Deutsche und andere, Erinnerungslandschaften, Frankfurt am Main, Suhrkamp, 1999

1. **Suchen Sie aus Ihrem Lebensbereich Beispiele der kulturellen Globalisierung.**
2. **Diskutieren Sie die Chancen und Gefahren der kulturellen Globalisierung.**

2.2 Ursachen der Globalisierung

2.2.1 Die Idee des Freihandels

Marion

Daniela

Marion In meiner Nachbarschaft hat ein schicker Laden mit ausländischem Obst eröffnet. Dort gibt es Äpfel, die hast du auf deutschen Bäumen noch nicht gesehen.

Daniela Und die deutschen Obstbauern bleiben auf ihren Produkten sitzen und gehen vielleicht in Konkurs. Man sollte den Obstimport verbieten!

Marion Dann kaufen die Südländer auch nicht mehr unsere guten Maschinen.

Daniela Jeder sollte für seinen eigenen Markt produzieren.

Marion Wenn man das macht, dann haben wir kleine Äpfel und die Südländer schlechte Maschinen, da bin ich doch eher für große Äpfel und gute Maschinen überall!

1. **Welche ausländischen Produkte bevorzugen Sie?**
2. **Diskutieren Sie die Vor- und Nachteile des freien Warenverkehrs.**

Der weltweite ungehinderte Austausch von Gütern und Dienstleistungen, der globale Freihandel, gilt als eine der Triebkräfte der Globalisierung. Er fußt auf der Theorie der **„komparativen Kostenvorteile"** von **David Ricardo**. Danach ist der Freihandel kein Nullsummenspiel, bei dem sich einzelne Staaten über den Export auf Kosten anderer bereichern. Die Theorie behauptet vielmehr, dass alle Staaten profitieren, wenn sie sich auf das spezialisieren, was sie am besten können, und dann untereinander Handel treiben. Dies liegt daran, dass durch die Spezialisierung größere Produktionsmengen hergestellt und Rationalisierungsvorteile wahrgenommen werden können.

Der Freihandel befördert zudem den Wettbewerb. Er treibt Innovationen an und steigert so die Produktivität. Importe wirken als Motor des wirtschaftlichen und technischen Fortschritts. Ohne Freihandel wären die Volkswirtschaften zudem von der internationalen Forschung ausgeschlossen und müssten sozusagen das „Rad" immer wieder selbst neu erfinden.

Der Freihandel ist nicht ohne Risiko, weshalb immer wieder Maßnahmen zum Schutz der eigenen Volkswirtschaft gefordert werden (**Protektionismus**).

Schutzzölle statt Freihandel

Der globale Wettbewerb nutzt nur dann allen Völkern, wenn die Bedingungen fair sind. Das Hauptproblem liegt in dem enormen Wettbewerbsdruck der Niedriglohnländer. Die Löhne in Asien betragen nur einen Bruchteil der deutschen. Solche Unterschiede lassen sich nur in wenigen Fällen durch eine höhere Produktivität ausgleichen. Durch Produktionsverlagerungen gehen vor allem einfache Tätigkeiten verloren. Nur wenige hoch qualifizierte und gut bezahlte bleiben übrig. Die Löhne geraten allgemein unter Druck, Konsum und Wachstum gehen zurück, das Einkommensgefälle steigt sprunghaft an, der soziale Friede ist gefährdet. Deshalb: vorübergehende Schutzzölle vor Dumpinglöhnen!

Autorentext

2.2.2 Der Liberalisierungstrend in der Politik

Grundlage der Globalisierung sind die Bedingungen des freien Marktes. Damit diese weltweit zur Geltung kommen können, müssen die Einzelstaaten ihre Märkte öffnen und durch Gesetz die staatlichen Handelsbeschränkungen aufheben. Diese Politik heißt **Liberalisierung**. Zölle, Einfuhr-, Kapital- und Devisenverkehrsbeschränkungen sind zu beseitigen, Investitionen und geistiges Eigentum zu schützen. Seit Kriegsende wurden die durchschnittlichen weltweiten Zölle von ca. 40 % auf ca. 4 % gesenkt.

Der Liberalisierungstrend führt 1995 zur Gründung der Welthandelsorganisation **WTO** (World Trade Organization) mit Sitz in Genf. Als Sonderorganisation der **UNO** (United Nations Organization) hat sie die Aufgabe, den Welthandel zu fördern und zu überwachen. Sie achtet beispielsweise darauf, dass die Nationalstaaten nicht durch finanzielle Zuwendungen (Subventionen) oder gezielte Auftragsvergabe ihre heimischen Unternehmen gegenüber der ausländischen Konkurrenz begünstigen. Durch multilaterale (= mehrstaatliche) Abkommen versucht die WTO den Welthandel weiter zu liberalisieren. So wurde u. a. vereinbart, dass die nationalen Telefonnetze auch ausländischen Unternehmen der Telekommunikation offenstehen.

Unterhalb der Weltwirtschaft wird die Globalisierung durch eine verstärkte regionale Integration der Wirtschaft beschleunigt. Beispiele hierfür sind die **Europäische Union** (vgl. Kap. EU) oder die **APEC** (Asia-Pacific Economic Cooperation).

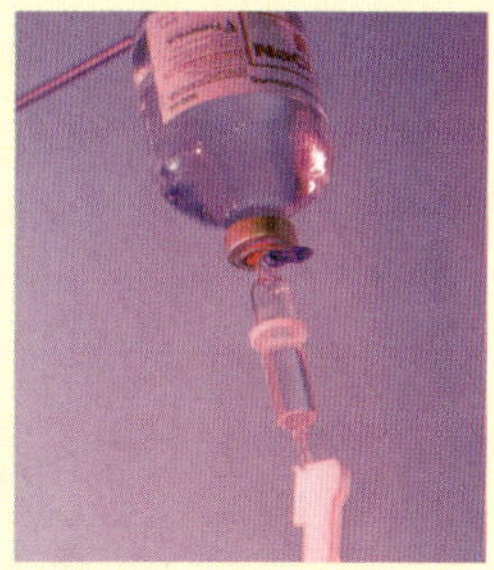

Was, wenn ein Zigarettenkonzern die Grundschule übernähme?
Was, wenn ein Nahrungsmittelmulti die Wasserversorgung übernähme?
Was, wenn eine Briefkastenfirma die Müllentsorgung übernähme?
Was, wenn ein Designfood-Konzern Krankenhäuser übernähme?

GATS (General Agreement on Trade in Services) ist ein Abkommen für die weltweite Liberalisierung der Dienstleistungsmärkte (Wasserversorgung, Bildung usw.) im Vertragswerk der Welthandelsorganisation (WTO). Alle sollen sie den WTO-Prinzipien des Marktzuganges und der Gleichbehandlung in- und ausländischer Anbieter unterworfen werden. Das GATS zielt dabei u. a. darauf ab, dass staatliche Unterstützungsmaßnahmen (Steuervergünstigungen, Subventionen usw.) für öffentliche oder im öffentlichen Auftrag erbrachte Dienste in gleichem Maße ausländischen Privatanbietern gewährt werden. Als negative Effekte dieser zunehmenden Konkurrenz werden von den GATS-Gegnern Qualitätseinbußen, Preissteigerungen, erschwerter Zugang für Arme, Entlassungen, Lohnsenkungen oder prekäre Beschäftigungsverhältnisse befürchtet.

1. **Diskutieren Sie die Chancen und Gefahren, die mit GATS verbunden sind.**
2. **Welche Grenzen sollte die Politik dem freien Welthandel setzen?**

2.2.3 Der technische Fortschritt

Überhaupt wird der technische Fortschritt die Arbeitswelt radikaler umkrempeln, als man heute weithin ahnt, meint Ian Pearson, Chef-Futurologe der British Telecom: „Schon jetzt kann man IT-Jobs nach Indien oder China outsourcen. 2020 werden diese Jobs wahrscheinlich von Maschinen übernommen." Übrig bleiben nur noch Jobs für Kreative und solche Arbeiten, die eine unmittelbare physische Präsenz verlangen.

Quelle: Wolfgang Stieler, Eine Frage des Vertrauens, Der Spiegel, SPIEGEL ONLINE – 17. Januar 2006, 07:11; http://www.spiegel.de/wirtschaft/0,1518,395489,00.html

Arbeit gibt es im Jahre 2025 genug. Sie erfordert allerdings ein hohes Maß an Flexibilität. 60-Stunden-Wochen sind genauso alltäglich wie wochenweise Freizeit. Individuelle Arbeitszeitmuster prägen den Markt. Und sie machen es immer schwieriger, das Privatleben zu planen. Denn die meisten Tätigkeiten werden kurzfristig angeboten. Sie sind projektbezogen – und somit auch befristet. Die Anforderungen der Wissensgesellschaft sind hoch. Ihre Dienstleister müssen jederzeit über aktuellstes Know-how verfügen – angeeignet über selbst bezahlte Fortbildung. Wer hier nicht investiert, dem geht die Arbeit aus.

Quelle: nano online, 19.09.2000; http://www.3sat.de/3sat.php?http://www.3sat.de/nano/vision/10283/

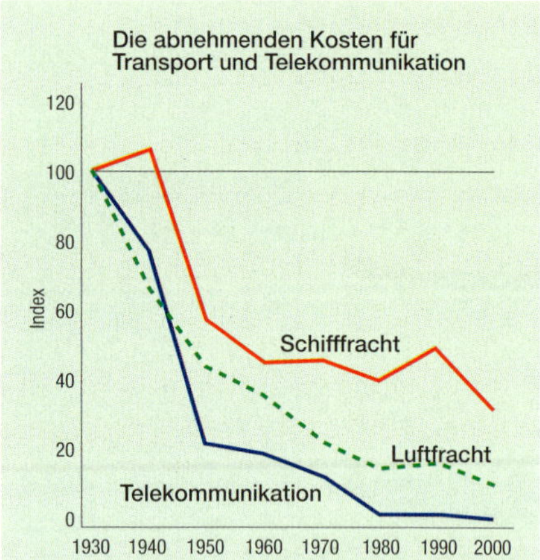

Hinweis: Alle Werte im Jahr 1930 sind gleich 100 gesetzt
Source: Busse (2003).

Die Globalisierung wird wohl am stärksten durch den technischen Fortschritt angetrieben: Neue **Transporttechnologien** (Luftfahrttechnik, Containertechnologie, Antriebssysteme usw.) senken die Transportkosten und ermöglichen es, Güter an weltweit verstreuten Standorten herzustellen. Zur Koordination des globalen Produktionsprozesses werden neue **Informations- und Kommunikationstechnologien** eingesetzt (Satellitentechnik, Computertechnik, Internet usw.). Technische **Innovationen** lösen nicht nur vorhandene Probleme, sie stoßen auch Neuerungen in anderen Bereichen der Technik an. Dieses Wechselspiel der Erfindungen beschleunigt die Globalisierung erheblich.

Durch den technischen Fortschritt verändert sich zugleich die Lebens- und Arbeitswelt der Menschen. Sie arbeiten zeitgleich im Team weltweit zusammen oder sie reparieren Maschinen über große Entfernungen hinweg. Damit ändern sich auch die beruflichen Anforderungen und die Lebensformen. Je mehr Menschen sich beispielsweise dem Internet anschließen, desto stärker wächst der Druck auf alle anderen, dies ebenfalls zu tun.

Ferngesteuert über den Acker
In zehn Jahren werden die ersten vollautomatischen Landmaschinen über die Äcker ziehen, meint Hermann Auernhammer, Professor für Landtechnik an der TU München-Weihenstephan. Das Steuer übernimmt der Satellit. Der Landwirt kann dann theoretisch von daheim aus die Feldarbeit überwachen. Das ist nicht nur bequem, sondern spart auch Geld und schont die Umwelt. Nach einer Bodenanalyse verteilt die Maschine genauso viel Saatgut und Dünger, wie notwendig ist (…)

http://www.br-online.de/wissen-bildung/thema/galileo/praxis.xml (27.08.2007)

1. **Welche Veränderungen zeichnen sich durch den technischen Fortschritt an Ihrem Arbeitsplatz ab?**
2. **Diskutieren Sie die Chancen und Risiken des technischen Fortschritts für die Arbeitswelt.**

2.3 Gefahren und Chancen für die Erwerbstätigkeit

2.3.1 Der globale Arbeitsmarkt

Ausländer gegen Arbeitskräftemangel

Der Standort Deutschland ist nach einer Studie der OECD für deutsche Krankenschwestern und Ärzte immer weniger attraktiv. Im internationalen Vergleich steht Deutschland, was die Abwanderung von medizinischen Fachkräften ins Ausland betrifft, nach den Philippinen und Großbritannien auf Platz drei. Auf der anderen Seite reicht die Zuwanderung von qualifiziertem Personal nicht aus, um die klaffende Lücke in der Pflege zu stopfen. Auch in anderen Branchen werden qualifizierte Arbeitskräfte durch den demografischen Wandel in Zukunft Mangelware. Die Statistik zeigt, dass bereits bis 2010 eine Arbeitskräftelücke von 1,3 % aufreißen wird. Tendenz: weiter steigend. Falls sich an der Migrationspolitik und der Attraktivität Deutschlands nichts ändert, wird die Erwerbsbevölkerung hierzulande bis zum Jahr 2020 um gut 6 % schrumpfen – mit negativen Auswirkungen für das wirtschaftliche Wachstum.

Nach: Nina Mareen Spranz am 25.06.2007;
http://www.welt.de/politik/article974489/Auslaender_gegen_den_Arbeitskraeftemangel.html?r=RSSa

Durch die weltweite Vernetzung der Produktionsstätten verlieren auf dem Arbeitsmarkt die räumlichen Grenzen an Bedeutung: Arbeitsplätze und Arbeitskräfte ziehen rund um den Globus. Die Wanderung von Arbeitskräften (= **Arbeitsmigration**) ist nicht neu. In den 1950er-Jahren kommen beispielsweise Millionen Flüchtlinge aus der DDR in den Westteil Deutschlands. Dort werden sie für den Wiederaufbau dringend gebraucht. Mit dem Mauerbau 1961 kommt dieser Zustrom von Menschen zum Stillstand. Um den weiterhin hohen Bedarf an Arbeitskräften zu decken, werden Menschen aus vielen Ländern für eine Tätigkeit in Deutschland angeworben. Seit der Wirtschaftskrise 1973 ist die Anwerbung gestoppt. **Zuwanderung** erfolgt nur aus Gründen der Familienzusammenführung, der Verfolgung oder der Vertreibung. Zwischenzeitlich werden jedoch wieder Stimmen laut, die eine Erleichterung der Zuwanderung insbesondere von qualifizierten Arbeitskräften fordern. Als Grund wird die rückläufige Bevölkerungszahl in Deutschland aufgeführt.

1. **Suchen Sie Beispiele von Arbeitsmigration aus Ihrem eigenen Lebensumfeld.**
2. **Diskutieren Sie den Inhalt der Karikatur.**

2.3.2 Gefahren der Globalisierung für den Arbeitsmarkt

These 1:
Zu hohe Arbeitskosten können zur **Verlagerung** von **Arbeitsplätzen** ins Ausland führen. Im internationalen Vergleich liegt Deutschland auf einem Spitzenplatz. Das liegt vor allem an den Lohnnebenkosten (z. B. Sozialversicherungsbeiträge oder Urlaubstage). Rund zwei Drittel aller Produktionsverlagerungen haben Kostengründe.
Gegenthese:
Die Verlagerung von Produktionsteilen „vernichtet" nicht nur Arbeitsplätze. Durch die Zulieferung kostengünstiger Einzelteile hilft sie den deutschen Standort zu sichern. Entscheidend für den Kostenvergleich ist die Arbeitsproduktivität, d. h. das Verhältnis von Lohnkosten und der erzielten Wertschöpfung. Auch hier hat Deutschland eine Spitzenposition. Hohe Löhne können demnach international konkurrenzfähig sein, wenn die Arbeit durch den Einsatz moderner Technologien und Organisationsformen ebenfalls effektiv ist.

These 2:
Importe billiger Konkurrenten können inländische Anbieter verdrängen. In den letzten zehn Jahren hat sich der Import nach Deutschland fast verdoppelt (vgl. Statist. Bundesamt). Auch wenn sie vom Export übertroffen werden, verweisen sie auf eine verschärfte Konkurrenzsituation. Inländische Unternehmen sind gezwungen, zu rationalisieren und gegebenenfalls Arbeitsplätze abzubauen. Die Volkswagen AG hat beispielsweise innerhalb von zehn Jahren die Produktivität so stark gesteigert, dass ein Auto mit der Hälfte der Mitarbeiter hergestellt werden kann.
Gegenthese:
Damit sichert sich das Unternehmen zugleich seine internationale Wettbewerbsfähigkeit und kann durch eine Absatzsteigerung seine Beschäftigtenzahlen halten. Die Anpassung durch Rationalisierung ist ein ständiger Prozess und nur dann erfolgreich, wenn die weltweit neuesten Technologien importiert und in der heimischen Wirtschaft eingesetzt werden.

Nationaler Arbeitsmarkt

These 3:
Ein offener globaler Arbeitsmarkt kann zu einer Zuwanderung in Hochlohnländer führen und den **Wettbewerbsdruck für die inländischen Arbeitskräfte** erhöhen.
Gegenthese:
Nationale Lohnunterschiede haben jedoch nur eine untergeordnete Bedeutung für die Wanderung von Arbeitskräften. Dies tritt in der Regel nur ein, wenn das eigene Einkommen das Verdienstniveau des Heimatlandes erheblich unterschreitet oder eine gezielte Anwerbung erfolgt. Qualifizierte Arbeitskräfte sind mobiler. Ihr Wissen und Können ist weltweit gefragt. Wird ihr Know-how für die heimische Wirtschaft gewonnen, tragen sie zur Sicherung der Wettbewerbsfähigkeit des Standortes erheblich bei.

1. **Erläutern Sie die Gefahren der Globalisierung auf dem Arbeitsmarkt.**
2. **Welche Argumente lassen sich dagegen vorbringen?**

2.3.3 Chancen der Globalisierung für den Arbeitsmarkt

Tobias (32) hat in seiner pfälzischen Heimatstadt Kfz-Mechaniker gelernt. Jetzt ist er Ausbilder im US-Werk eines europäischen Autoherstellers. Schon während der Ausbildung nahm er an einem Austauschprogramm mit Frankreich teil. Fremdsprachen wurden zum Hobby. Seine internationale Karriere fing als Geselle in einem Kfz-Betrieb in Straßburg an. Seither war er mit wechselnden Aufgaben in fünf verschiedenen Ländern tätig. Tobias ist fachlich versiert, hat vielfältige praktische Erfahrungen, ist mehrsprachig. Und er ist flexibel genug, längere Zeit im Ausland zu arbeiten.

Spezialisten wie er haben gerade im Zeitalter der Globalisierung auf dem Arbeitsmarkt große Chancen und werden gut bezahlt. Diese „Global Player" sollen sich in fremde Kulturen und Mentalitäten einfügen, ausländische Mitarbeiter trainieren und multinationale Teams steuern können.

Betriebe, die global tätig sind, brauchen Mitarbeiter, die global tätig sein können. Das ist für den einzelnen Arbeitnehmer sicherlich eine Herausforderung, und zwar lebenslang. Es bietet ihm aber auch die Möglichkeit, sich beruflich und persönlich weiterzuentwickeln.

Um sich auf die globale Arbeitswelt vorzubereiten, besteht für Auszubildende die Möglichkeit, während der Ausbildung ein **Praktikum im Ausland** zu absolvieren. Azubis, die diese Chance ergreifen, ...

- lernen neue Techniken und Arbeitsmethoden kennen.
- haben neue berufliche Fähigkeiten erworben.
- können sich besser in einer Fremdsprache ausdrücken.
- lernen ein anderes Land und eine andere Mentalität kennen.
- beweisen Selbstständigkeit und Eigeninitiative.
- zeigen, dass sie engagiert, lernbereit, mobil und flexibel sind.
- haben ein selbstsichereres Auftreten.
- bekommen ein besseres Verständnis für andere Menschen.
- haben davon einen Nutzen für die gesamte weitere Ausbildung.
- können sich vorstellen, in einem anderen Land zu arbeiten.
- haben den Grundstein für lebenslange Weiterbildung gelegt.

Die im Ausland erworbenen persönlichen Fähigkeiten, Kompetenzen und Qualifikationen werden im **„Europass"** dokumentiert. Er vermittelt zusammen mit anderen Angaben ein umfassendes Bild einer Person und erleichtert in Bewerbungsverfahren die Vergleichbarkeit mit Arbeitskräften aus anderen europäischen Staaten. (Siehe S. 125)

1. Diskutieren Sie die Vor- und Nachteile von Auslandspraktika für Azubis.
2. Wie können sich Arbeitnehmer dauerhaft auf den globalen Arbeitsmarkt einstellen?

2.4 Entwicklungspolitik im globalen Zeitalter

2.4.1 Das Wohlstandsgefälle

Globalisierung

1. **Auf welches Problem macht die Zeichnung aufmerksam?**
2. **Worauf führt der Zeichner die Probleme zurück?**

Der Wohlstand auf unserer Erde ist ungleich verteilt. Den obersten 10 % der erwachsenen Weltbevölkerung gehören nach einer Studie der Vereinten Nationen rund 85 % des **Weltvermögens** (Netto-Haushaltsvermögen), der unteren Hälfte nur 1 %. 90 % des weltweiten Reichtums befinden sich in Nordamerika, Europa und im asiatisch-pazifischen Raum (Japan, Australien).

Etwa eine Milliarde Menschen (2004) muss pro Tag mit einer Kaufkraft von weniger als einem US-Dollar auskommen (**„absolute Armut"**), während die 500 reichsten Frauen und Männer gemeinsam ein größeres **Einkommen** als die ärmsten 416 Millionen haben. Das Durchschnittseinkommen in den Entwicklungsländern betrug um 1900 ein Viertel von dem in den Industrieländern. Inzwischen liegt das Verhältnis bei 1 zu 30.

Nicht nur zwischen Industrie- und Entwicklungsländern ist der Reichtum gespalten, sondern auch innerhalb der Industrieländer. In den USA entfallen beispielsweise 70 % des gesamten Privatvermögens auf gerade mal 10 % der Bevölkerung. In den wohlhabenden Staaten gibt es zwar in der Regel durch die Sozialgesetzgebung keine die Existenz bedrohende Armut wie in den Entwicklungsländern, jedoch ist dort eine in den letzten Jahren zunehmende **„relative Armut"** festzustellen. Diese liegt vor, wenn der Lebensstandard eines Menschen erheblich unter dem allgemeinen Durchschnitt liegt. Betroffen sind vor allem junge Menschen. So müssen in Deutschland im Jahr 2006 ca. 1,9 Millionen Kinder unter 15 Jahren von Sozialleistungen leben (Bremer Institut für Arbeitsmarktforschung und Jugendberufshilfe).

2.4.2 Entwicklungspartnerschaft

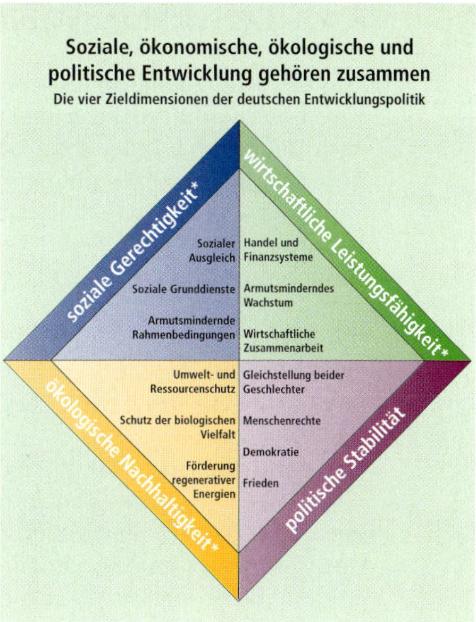

Quelle: Orientierungsrahmen für den Lernbereich Globale Entwicklung im Rahmen einer Bildung für nachhaltige Entwicklung. Ergebnis eines gemeinsamen Projekts der Kultusministerkonferenz und des Bundesministeriums für wirtschaftliche Zusammenarbeit und Entwicklung (BMZ) Bonn, Juni 2007

Wir leben in einer Welt, aber in verschiedenen Zonen des Wohlstands: im Norden die wohlhabenden Industriestaaten (**„Erste Welt"**) und im Süden die sogenannten ärmeren Entwicklungsländer (**„Dritte Welt"**). Letztere teilen sich noch einmal auf: in Staaten, die wirtschaftlich aufschließen (**„Schwellenländer"**), und in Staaten mit sehr geringen Entwicklungschancen (**„Vierte Welt"**). Daneben gibt es die Staaten des ehemaligen Ostblocks (**„Zweite Welt"**). Sie werden heute als „Transformationsstaaten" bezeichnet, weil sie sich im Übergang zur Marktwirtschaft befinden.

Seit dem Ende des Zweiten Weltkrieges bemüht sich die Weltgemeinschaft, das globale Wohlstandsgefälle abzumildern. Nicht nur aus moralischen Erwägungen, sondern auch aus der Einsicht heraus, dass Verhältnisse, die als ungerecht empfunden werden, Spannungen auslösen, die nicht selten in Terror, Krieg und Bürgerkrieg umschlagen. Wer in Frieden und Sicherheit leben will, so die Auffassung der Vereinten Nationen, der muss sich für Gerechtigkeit, Wohlstand, Demokratie und eine gesunde Umwelt auf dem gesamten Globus einsetzen. Zur Jahrtausendwende haben sich deshalb die UN-Mitgliedstaaten verpflichtet (**Millenniumserklärung**), bis 2015 die folgenden Ziele („Millennium Development Goals", kurz „MDGs") zu erreichen:

Ziel 1:	Die Zahl der unter Hunger und Armut leidenden Menschen halbieren!
Ziel 2:	Allen Kindern eine Grundschulausbildung ermöglichen!
Ziel 3:	Die Gleichstellung der Frauen fördern!
Ziel 4:	Die Kindersterblichkeit verringern!
Ziel 5:	Die Gesundheit der Mütter verbessern!
Ziel 6:	HIV/AIDS, Malaria und andere übertragbare Krankheiten bekämpfen!
Ziel 7:	Den Schutz der Umwelt verbessern!
Ziel 8:	Eine weltweite Entwicklungspartnerschaft aufbauen!

Kritik der Welthungerhilfe:
„Wir können die Ziele nur erreichen, wenn wir in Fachkräfte im Gesundheitswesen und in Lehrer investieren (...) Stattdessen verfolgt die EU offenbar andere Prioritäten (...) Nur eine davon betrifft die Millenniumsentwicklungsziele. „Bei den anderen geht es darum, die afrikanischen Länder zu Maßnahmen gegen Migration, für Handelsliberalisierung und Terrorismusbekämpfung zu bewegen", sagt die EU-Expertin der Welthungerhilfe Dederichs-Bain. „Die Eigeninteressen der EU stehen also ganz offensichtlich vor der Armutsbekämpfung."

http://www.welthungerhilfe.de/entwicklungshilfe-2015-watch.html

1. **Welche Kritik wird von der Welthungerhilfe an der EU geübt?**
2. **Diskutieren Sie, ob die EU dem Vorschlag der Welthungerhilfe folgen soll.**

2.4.3 Entwicklungsländer an der Schwelle zum Industrieland

Was ein **Schwellenland** kennzeichnet, ist nicht eindeutig geklärt. Gemeinsam ist allen eine hohe wirtschaftliche Wachstumsrate, die die der Industriestaaten übertrifft. Je nach Definition werden bis zu 40 Staaten als Schwellenländer bezeichnet. Die größten sind die Volksrepublik China, Indien, Südafrika, Brasilien und Mexiko. Einige Schwellenländer werden zwischenzeitlich den Industriestaaten gleichgesetzt wie die sogenannten **„vier kleinen Tiger"** Taiwan, Südkorea, Singapur und Hongkong (seit 1997 als Sonderverwaltungszone zu China gehörend).

Die Vergangenheit zeigt, dass die wirtschaftliche Entwicklung der Schwellenländer immer wieder starken **Rückschlägen** unterworfen ist. Ende des vergangenen Jahrhunderts halbierte sich beispielsweise in Thailand das Durchschnittseinkommen innerhalb von zwei Jahren. Unruhen und politische Instabilität bleiben in diesen Phasen nicht aus. Die **Ursachen** dieser Krisen liegen zum einen bei den jeweiligen Schwellenändern selbst: In vielen gibt es Korruption und eine große Zahl leichtfertiger Spekulanten (z. B. Immobilienmarkt). Zum anderen sind die Krisen eine Folge der globalen Kapitalströme: Das Geld fließt immer schneller um den Globus und die internationalen Geldgeber nehmen keine Rücksicht auf die lokalen Wirtschaftsverhältnisse. (Siehe S. 138)

Gefordert wird deshalb eine neue **Weltwirtschaftsordnung**, in der zum Schutz der Schwächsten und der Umwelt der globale Markt Regeln unterworfen ist. Die Einhaltung der Vorschriften wird darin über demokratische Einrichtungen gewährleistet, über die die Weltgemeinschaft schon heute verfügt. Die Organisation für wirtschaftliche Zusammenarbeit und Entwicklung (**OECD**) hat als ersten Schritt die Aufgabe bekommen, Gespräche zwischen Industrie- und Entwicklungsländern über Themen wie Investitionsfreiheit, den Schutz geistigen Eigentums, Entwicklungshilfe oder Energieeffizienz zu führen.

Schwellenländer als Herausforderung:

Solange die Macht, also die Geldverhältnisse (...) klar waren, sprachen die westlichen Mächte von Freiheit und meinten: Ökonomie (...) Aber Freiheit heißt vor allem Freiheit für die westlichen Unternehmen. Längst machen China und Indien Profite mit deutschem Know-how. Mit dem Geländewagen „Landwind" greift die chinesische Automobilindustrie den europäischen Markt an – unschlagbar günstig, Geiz ist geil und China billiger als Aldi. Noch ist die deutsche Technik überlegen. Aber wie lange noch? Wie können wir die neue Form der Globalisierung überleben? (...) Durch welche Stärken können wir in Zukunft bestehen? In der Bevölkerungsentwicklung haben China und Indien die Nase vorn. Sie sind jung, zukunftsorientiert und immer besser ausgebildet: zweieinhalb Milliarden Menschen. Demgegenüber steht die Überalterung der deutschen Bevölkerung. Die Angst vor dem „gelben Mann" ist so aktuell wie nie. Was lässt sich ihr entgegensetzen?

Karsten Umlauf für Kulturzeit, 26.09.2005; http://www.3sat.de/kulturzeit/themen/83667/index.html

1. **Welchen Problemen sind die Schwellenländer ausgesetzt?**
2. **Geben Sie Antworten auf die Fragen im Textauszug.**

2.4.4 Die Situation der armen Entwicklungsländer

1. **Interpretieren Sie die Karikatur.**
2. **Über welche Katastrophen in Afrika wird derzeit berichtet?**

In den ärmsten Entwicklungsländern (**Least Developed Countries, kurz LDC**) leben zusammen rund 500 Millionen Menschen. Sie befinden sich überwiegend in Afrika. Nach Angaben der Welthungerhilfe müssen drei Viertel von ihnen mit weniger als zwei Dollar am Tag auskommen. Ein Drittel aller Kleinkinder ist unterernährt, die Lebenserwartung ist infolge von Aids auf 44 Jahre gesunken. Zwei von drei Einwohnern haben keinen Zugang zu sauberem Wasser.

Die **Ursachen** für diesen Zustand sind vielfältig. Sehr häufig werden die **Subventionen** (staatliche Zuschüsse) für die Landwirtschaft in den Industrieländern verantwortlich gemacht. Sie machen deren Produkte auf dem Weltmarkt so billig, dass sie die der Bauern aus den Entwicklungsländern vom Markt verdrängen. Die Produktion geht dann dort zurück, Arbeitsplätze gehen verloren, die Armut steigt und die Abhängigkeit von Nahrungsmittelimporten nimmt zu.

Sprit für die Welt

Das Getreide, das nötig ist, um den 120 Liter fassenden Tank eines Geländewagens mit Ethanol zu füllen, reicht aus, um einen Menschen ein Jahr lang zu ernähren (...) Seit fast alles, was essbar ist, zu Treibstoff verarbeitet werden kann – ob Weizen, Reis, Sojabohnen oder Zuckerrohr – verschwimmen die Grenzen zwischen der Nahrungsmittel- und der Energieindustrie (...) Wenn der Ölpreis steigt, wird es immer profitabler, aus Agrarprodukten Biogas, Ethanol oder Biodiesel herzustellen (...) Fällt der Preis für die Verwertung als Nahrungsmittel unter den Preis für Benzin, verkaufen die Hersteller ihr Getreide an die Sprit- statt an die Brotfabriken (...) Für die zwei Milliarden ärmsten Menschen der Welt, die mindestens die Hälfte ihres Einkommens für Nahrung ausgeben, könnten steigende Getreidepreise schnell lebensbedrohlich werden. Sie könnten Aufstände um Nahrungsmittel in den Ländern auslösen, die auf Getreide-Importe angewiesen sind, und so den globalen ökonomischen Fortschritt gefährden.

SPIEGEL Special 1/07, Lester Brown

1. **Ein EU-Landwirt erhält 2,50 EUR pro Rind und Tag. Beurteilen Sie diese Subvention vor dem Hintergrund der Armut in Afrika.**
2. **Diskutieren Sie die Konflikte aus der steigenden Produktion von Treibstoff aus Agrarprodukten und zeigen Sie Lösungswege auf.**

2.4.5 Maßnahmen zur Entwicklungshilfe

„In der Entwicklung des globalen Marktplatzes dürfen die Menschenrechte nicht verloren gehen. Freiheit an sich ist zu wertvoll, ihr Geist ist zu wichtig für den Fortschritt, als dass sie im Kampf um Wohlstand verschachert werden dürfte."

Kofi Annan, damaliger UN-Generalsekretär, AP-Meldung vom 18.09.1998

In der Entwicklungspolitik hat ein **Umdenken** eingesetzt. Der alte Glaube, die armen Länder seien arm, weil ihnen Kapital fehle, wird von vielen Experten mittlerweile als Täuschung gewertet. Der Schlüssel zu einer erfolgreichen Entwicklung liege vielmehr bei den nationalen Eliten, also bei jenen führenden Politikern, Unternehmern, Beamten usw., die die Entwicklung im Lande steuern. **„Good Governance"**, eine gute, korrekte Regierungsführung, sei die wichtigste Voraussetzung dafür, dass ausländische Hilfe überhaupt etwas bewirken könne.

Ein Ländervergleich in der Dritten Welt hat ergeben, dass überall dort, wo schwerpunktmäßig in die **Entwicklung der menschlichen Fähigkeiten** investiert wurde, die Arbeitslosigkeit abgenommen hat. Bildung, Gesundheit und Nahrung sind der Motor des wirtschaftlichen Fortschrittes. Hinzu kommt eine Vermögensverteilung, die allen die Chance gibt, aus eigener Kraft für den Lebensunterhalt zu sorgen.

Hilfeschrei gen Heiligendamm ...

Der Friedensnobelpreisträger Muhamad Yunus zur Entwicklungspolitik:

„Für mich steht immer eine Frage im Mittelpunkt: Was ändert sich durch die Entwicklungshilfe im Leben eines armen Menschen? (...) Lassen Sie mich das an einem Beispiel verdeutlichen. Zu Beginn meiner Arbeit in Bangladesch traf ich Frauen, die nur ein Kleid hatten und ihre Unterkunft nicht verlassen konnten, nachdem sie es gewaschen hatten. Wenn sie zwei Kleider haben, dann ist das eine gelungene Entwicklungshilfe (...) Wenn man eine Brücke bauen will, dann sollte den Auftrag ein Straßenbauunternehmen erhalten, dessen Eigentümer die armen Einheimischen sind. Sie erhalten durch die Brücke die Möglichkeit, Einnahmen zu erzielen. Wenn Menschen die Brücke nutzen wollen, müssen sie dafür zahlen. Wenn nicht, müssen sie den Fluss eben auf andere Weise überqueren. Zentral an meiner Idee ist, dass die Armen die Eigentumsrechte an dieser Brücke erhalten, denn dann kümmern sie sich auch um den Erhalt ihrer Einnahmequelle."
(Muhamad Yunus ist Gründer der Grameen Bank, der es durch die Vergabe von Kleinkrediten gelungen ist, zahlreiche Arme in Bangladesch aus ihrer hoffnungslosen Lage zu befreien.)

FAZ, 24. Mai 2007, Man darf die Weltbank nicht hassen

1. **Welche Kritik wird durch die Karikatur an der Entwicklungshilfe geübt?**
2. **Diskutieren Sie das Konzept der Entwicklungshilfe von Muhamad Yunus.**

2.4.6 Dritte Welt und Tourismus

„Wir haben nichts gegen die deutschen Touristen. Aber (...) sie kommen aus Deutschland in deutschen Fliegern, organisiert von deutschen Führern, wohnen im deutschen Hotel, was sicher von deutschem Personal geführt wird. Das ist doch Ausbeutung!“

Professor Sergio Carvalho, Goa/Indien

Touristen in Ephesus, Türkei

1. **Fragen Sie Ihre Mitschüler, welche Reiseziele Sie bereits besucht haben, und lassen Sie sie von ihren Eindrücken berichten.**
2. **Beziehen Sie Stellung zu dem Zitat.**

Die Krise als Chance nutzen

Die Motive, aus denen radikale Islamisten die USA angegriffen haben, sind die gleichen, aus denen die Separatisten im Baskenland oder auf Korsika agieren. Je größer das Gefühl der Unterdrückung und Hoffnungslosigkeit, umso stärker wird der Druck, der sein Ventil sucht. Ventile können zielführende Verhandlungen oder Streiks sein – oder eben Terror. Und was bedeutet das alles für die Tourismusbranche? Denken wir doch einmal an die vielen Luxushotels in Ländern wie Tunesien, Marokko und Ägypten oder in noch ärmeren Ländern wie Gambia oder dem Senegal. Da kommen die Gäste an die üppigen Büfetts und beschweren sich, wenn mal ein braunes Blatt im Salat ist. Das Ganze geschieht unter den Augen der einheimischen Hotelangestellten, deren Familien oft in großer Armut leben. Sie beobachten, wie ihr wertvolles Wasser verschwendet wird, damit die Golfplätze schön grün sind und die Touristen täglich duschen können. Kleine Kinder lernen, dass sie mit Betteln mehr Geld verdienen können als der Vater, und gehen deshalb nicht zur Schule. Wir verstehen den Tourismus als Möglichkeit, den Lebensstandard des Gastlandes zu verbessern. Die Menschen bekommen Jobs in den Hotels und müssen nicht mehr hart auf den Feldern arbeiten. Doch genau dort fehlen diese Hände, und Lebensmittel müssen nun importiert werden. Hier muss angesetzt werden, wenn man das Problem grundlegend lösen möchte. Jeder Einzelne kann einen Beitrag zur dauerhaften Lösung dieses Problems leisten. Wir Touristiker, indem wir unsere Kunden für die Verantwortung gegenüber fremden Menschen und Kulturen sensibilisieren: Lassen Sie uns den Tourismus als Garanten für Frieden, Verständnis und Miteinander in der Welt verstehen und den Kultur-Tourismus und die Völkerverständigung fördern. Wenn wir das schaffen, so meine feste Überzeugung, wird die Branche gestärkt aus der Krise hervorgehen.

Rainer Nuyken, Atouro Gruppen- und Sonderreisen, 74199 Untergruppenbach, www.atouro.de http://www.tourism-watch.de/dt/24dt/24.krise/index.html (Oktober 2001)

1. **Welche Gefahren des Tourismus in der Dritten Welt werden aufgeführt?**
2. **Diskutieren Sie die angeführten Lösungsvorschläge.**

Zur Wiederholung

1. Erläutern Sie, was unter dem Begriff „Globalisierung" zu verstehen ist.
2. Stellen Sie die Bedeutung und die Struktur des deutschen Außenhandels dar.
3. Vergleichen Sie die Vor- und Nachteile von Direktinvestitionen ins Ausland für Deutschland.
4. Begründen Sie die Behauptung, das Internet mache die Finanzmärkte störanfälliger.
5. Diskutieren Sie die Forderung, Hedge-Fonds zu verbieten.
6. Stellen Sie die drei Formen der kulturellen Globalisierung dar.
7. Diskutieren Sie die These, der Freihandel förderte den Wohlstand aller.
8. Erläutern Sie die Rolle der WTO im Zusammenhang mit der Globalisierung.
9. Analysieren Sie die Rolle des technischen Fortschritts für die Globalisierung.
10. Stellen Sie den geschichtlichen Hintergrund der Migration nach Deutschland dar.
11. Beurteilen Sie die Forderung nach Zuwanderung in Deutschland.
12. Diskutieren Sie die Gefahren der Globalisierung am Arbeitsmarkt.
13. Erörtern Sie die Frage: „Soll ich ein Auslandspraktikum absolvieren?"
14. Beschreiben Sie das Wohlstandsgefälle auf unserer Erde.
15. Stellen Sie das Modell der vier Welten des Wohlstands dar.
16. Bewerten Sie die Milleniumserklärung der Vereinten Nationen.
17. Erörtern Sie die Frage: „Ist der wirtschaftliche Aufstieg Chinas eine Bedrohung?"
18. Analysieren Sie die Ursachen der Armut in den ärmsten Entwicklungsländern.
19. Erläutern Sie die Bedeutung von „Good Governance" für die Entwicklungspolitik.
20. Beurteilen Sie das Entwicklungskonzept des Friedensnobelpreisträgers Yunus.
21. Erörtern Sie die Chancen und Gefahren des Tourismus für die Dritte Welt.

Handlungsimpulse

D Ein Rollenspiel zur Entwicklungspolitik spielen

In einer Partei soll für das Wahlprogramm die Frage diskutiert werden, ob der Markt der EU für die landwirtschaftlichen Produkte aus den Entwicklungsländern geöffnet werden soll und alle Agrarsubventionen an die EU-Bauern gestrichen werden sollen. Die Runde setzt sich aus den folgenden Vertretern zusammen:

- ein Betriebsrat der Kraftwerksbau GmbH, die in die Dritte Welt exportiert,
- ein Landwirt aus einer industriearmen Region in Rheinland-Pfalz,
- ein Vertreter vom Bund für Verbraucherschutz,
- ein Vertreter der Bundeswehr (sein Ziel: Frieden in der Dritten Welt),
- ein Vertreter des Naturschutzbundes (Experte für Güterverkehr),
- ein Vertreter des Finanzministeriums,
- ein Vertreter des Verbandes für Landschaftsschutz,
- je ein Bundestagsabgeordneter aus einer Großstadt und vom Land.

Bilden Sie für jeden Vertreter eine Beratergruppe. Legen Sie fest, mit welchem Ziel er in die Verhandlung gehen soll, und sammeln Sie Argumente. Alle Vertreter sind in einem Streitgespräch vor der Klasse vertreten. Vor und nach der Diskussion führt der Diskussionsleiter Abstimmungen in der Klasse durch.

3 Ökologie im globalen Zeitalter

Meldungen innerhalb weniger Monate:

21.08.2006
Viele haben zu wenig Wasser

21.10.2006
Rekord-Ozonloch über dem Südpol

15.11.2006
Bürger müssen Energie sparen

25.01.2007
Klima lässt den Wald leiden

07.02.2007
Weltklimarat schlägt Alarm – Meeresspiegel und Temperaturen steigen dramatisch

19.04.2007
Klimaschutz ist ein globales Thema

1. **Erläutern Sie mit eigenen Worten, welche Umweltprobleme sich hinter diesen Schlagzeilen verbergen.**
2. **Welches der genannten Umweltprobleme erscheint Ihnen am bedrohlichsten? Begründen Sie Ihre Meinung.**

Solche Meldungen begegnen uns fast täglich. Längst haben wir uns an Negativmeldungen bei der Umweltberichterstattung gewöhnt, persönliche Betroffenheit stellt sich zumeist nur dann ein, wenn wir die Folgen schädlicher Umwelteingriffe direkt zu spüren bekommen.

Wer nicht überrascht werden will, muss Hintergründe und Zusammenhänge der gegenwärtigen Umweltproblematik aufdecken. Die dazu notwendigen Überlegungen und Fakten lassen sich unter dem Stichwort Ökologie zusammenfassen. Die Ökologie untersucht die Wechselbeziehungen zwischen Lebewesen und ihrer Umwelt. Unter anderem erhalten wir aus der ökologischen Forschung Informationen über den gegenwärtigen Zustand der Umwelt.

In globaler, d. h. weltweiter Sicht sind insbesondere zwei Problembereiche von großer Bedeutung:
- Klimawandel und
- Wasser

3.1 Klimawandel

Zerstören wir den Planeten Erde?

Mehr Hitzetote, stärkere Stürme und steigende Meeresspiegel: Der UN-Bericht lässt keinen Zweifel mehr am Klimawandel.
Noch Zweifel am Klimawandel? Nicht mehr nach dem neuen Report der Vereinten Nationen, der die globale Erwärmung von der Vermutung zur Gewissheit macht. Und die Menschheit muss sich auf die unabwendbaren Folgen einstellen.

Paris. Mit ihrer bislang schärften Warnung vor den Folgen des Klimawandels haben die Vereinten Nationen die Menschheit zum entschlossenen Umsteuern aufgerufen. „Es steht zu 90 % fest, dass der Mensch den Treibhauseffekt durch das Verfeuern fossiler Brennstoffe verursacht", heißt es in dem in Paris veröffentlichten Weltklimabericht. Die wichtigsten Erkenntnisse des Reports im Überblick:

Bisherige Erwärmung: Die Erde hat sich in den vergangenen 100 Jahren um 0,74 Grad erwärmt. In den vergangenen 50 Jahren erhöhte sich die Erdtemperatur dabei fast so schnell wie im Durchschnitt des gesamten Jahrhunderts – und der Temperaturanstieg geht immer rasanter vonstatten. Elf der zwölf vergangenen Jahre gehören zu den zwölf wärmsten seit der Aufzeichnung von globalen Oberflächentemperaturen, also seit 1850.

Künftige Erwärmung: Bis 2100 wird die Temperatur – je nach Entwicklung des Kohlendioxidausstoßes – zwischen 1,1 und 6,4 Grad gegenüber den letzten beiden Jahrzehnten des 20. Jahrhunderts steigen (...) Die Erwärmung wird dabei vor allem über Land in nördlichen Breitengraden erwartet.

Meer: Die Meeresspiegel werden im 21. Jahrhundert um 18 bis 58 Zentimeter steigen. Im letzten Weltklimabereicht war noch eine Spanne von 9 bis 88 Zentimetern angenommen worden, die jetzt wegen genauerer Vorhersagemöglichkeiten eingegrenzt wurde (...)

Wetter: Temperaturrekorde und Hitzewellen mit einem entsprechenden Anstieg der Hitzetoten werden ebenso zunehmen wie schwere Niederschläge und daraus folgende Überschwemmungen. Die Zerstörungskraft von Hurrikans und anderen Wirbelstürmen wird steigen, da sich ihre Windgeschwindigkeiten deutlich erhöhen.

Eis und Schnee: Die Schnee- und Eisdecke auf der Erde wird sich deutlich verringern. Die Tautiefe in den meisten Dauerfrostgebieten steigt dagegen. Die Menge des Meereises in der Arktis und Antarktis wird sinken. Manche Vorhersagen sehen die Arktis gegen Ende des Jahrhunderts im Spätsommer praktisch eisfrei (...)

Die Zeit nach 2100: Die Kohlendioxid-Emissionen in diesem Jahrhundert werden noch lange Folgen für das globale Klima haben. Sie werden voraussichtlich „mehr als ein Jahrhundert lang zur Erwärmung und zum Anstieg der Meeresspiegel beitragen" (...)

Rhein-Zeitung, 03.02.2007, S. 1 (gekürzt)

Der **Weltklimarat** ist eine Einrichtung der Vereinten Nationen. Er existiert seit 1998. In ihm arbeiten Hunderte Wissenschaftler aus aller Welt zusammen. Sie untersuchen die Risiken des Klimawandels und empfehlen geeignete Schritte zum Klimaschutz.

Ihre Aufmerksamkeit gilt insbesondere dem **Treibhauseffekt**. Kohlendioxid und andere Treibhausgase lassen wie das Glas eines Treibhauses das direkte kurzwellige Sonnenlicht zwar ungehindert passieren, bewirken aber, dass die von der Erdoberfläche abgestrahlte langwellige Wärmestrahlung zu einem Gutteil nicht in die Atmosphäre entweicht, sondern auf die Erde reflektiert wird. Dabei handelt es sich zunächst um einen ganz natürlichen Vorgang, der aber durch die massive Verbrennung von fossilen Stoffen (Kohle, Gas, Öl, Benzin) durch Kraftwerke, Industrie, Verkehr und Haushalte zunehmend aus dem Gleichgewicht gerät.

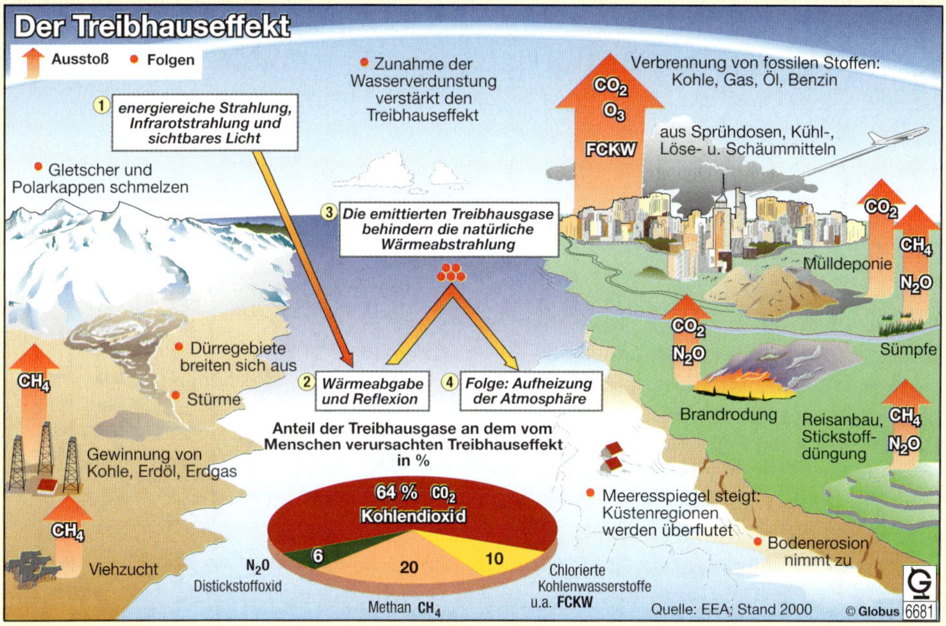

1. **Fassen Sie die Verursacher des Treibhauseffektes in bestimmten Gruppen zusammen.**
2. **Worauf führen Sie das Ansteigen des Meeresspiegels zurück?**

Daneben verursacht der rasant wachsende Luftverkehr im steigenden Maße CO_2-Emissionen, zumal die in großen Höhen ausgestoßenen Schadstoffe zwei- bis viermal schädlicher für das Klima sind als entsprechende Emissionen am Boden. Nach Schätzungen von Fachleuten sind etwa 10 % der globalen Erwärmung dem Luftverkehr zuzuschreiben. Wenn auch der Kraftstoffverbrauch bei neueren Flugzeugen pro Passagier und Kilometer unter dem von Autos liegt, so wird dieser Vorteil durch die erheblich weiteren Strecken wieder aufgehoben. Beispielsweise betragen die CO_2-Emissionen bei einem Flug nach New York zwei Tonnen je Passagier, genauso viel wie bei einem Mittelklasse-Pkw bei einer jährlichen Fahrleistung von 12 000 km.

Erst kürzlich haben Wissenschaftler herausgefunden, dass der Treibhauseffekt auch den Abbau der **Ozonschicht** in der Stratosphäre (15–50 km über der Erde) beschleunigt. Als „Ozonkiller" hat bislang vor allem der Fluor-Chlor-Kohlenwasserstoff (FCKW) gegolten, wie er früher z. B. in Kühlschränken, Klimaanlagen und Spraydosen verwendet worden ist. Diesbezügliche Einschränkungen und Verbote in den Industrieländern haben jedoch noch nicht den erwünschten Besserungseffekt gebracht. Im Oktober 2006 ist das **Ozonloch** über dem Südpol mit einer Größe von 28 Millionen Quadratkilometer so groß wie die gesamte Fläche Nordamerikas und Russlands.

Die Ozonschicht filtert die UV-Strahlung der Sonne auf die Erde. Fällt diese Filterfunktion aus, so führt die erhöhte UV-Strahlung, bei ungenügendem Schutz, zu Verbrennungen, Hautkrebs und grauem Star (Augenerkrankung). Auf der südlichen Halbkugel haben demzufolge die Hautkrebserkrankungen und die Augenleiden aufgrund des Ozonlochs bereits dramatisch zugenommen. Außerdem töten die UV-Strahlen die Bodenbakterien ab, sodass der Boden unfruchtbar wird und die Ernteerträge abnehmen.

3.2 Klimaschutz

Klimaschutz rechnet sich

Bangkok. Der Kampf gegen den Klimawandel kommt die Weltwirtschaft billiger als bisher erwartet. Er muss nach dem jüngsten UN-Klimabericht aber rasch angegangen werden, um bis 2050 die Folgen des Treibhauseffekts zu beherrschen (...)

In einem in Bangkok nach langen Verhandlungen beschlossenen dritten Bericht beziffert der Weltklimarat die jährlichen Kosten für den Klimaschutz auf lediglich 0,12 % der weltweiten Wirtschaftsleistung. Damit könnte es gelingen, in den nächsten 50 Jahren den Anstieg der Durchschnittstemperatur auf zwei Grad zu begrenzen. Diese Begrenzung ist aus Sicht der Wissenschaftler notwendig, um katastrophale Folgen des Klimawandels zu verhindern. Um dieses Ziel zu erreichen, müsse der Ausstoß an Kohlendioxid (CO_2) um 50 bis 80 % gesenkt werden, fordern die UN (...)

von Fogarty, David: Neue Westfälische, 5./6.05.2007, S. 2 (gekürzt)

Ein erster ernsthafter globaler Versuch, die Erderwärmung zu begrenzen, wird 1997 auf der Klimakonferenz in der japanischen Stadt Kyoto unternommen. In dem danach benannten **Kyoto-Protokoll** verpflichten sich die meisten Industriestaaten, den CO_2-Ausstoß bis 2012 um durchschnittlich 5 % unter das Niveau von 1990 zu senken. Die USA, Australien, China, Indien und Brasilien unterzeichnen das Protokoll jedoch nicht. Dagegen will die **EU** die Kyoto-Ziele noch übertreffen.

Im Frühjahr 2007 einigen sich die EU-Länder darauf, die CO_2-Emissionen bis 2020 um 20 % unter den Stand von 1990 zu reduzieren. Kurz danach erklären die Vertreter der acht wichtigsten Industriestaaten der Welt (G8-Gipfel) bei einer Konferenz in Norddeutschland, im Sinne der EU-Ziele eine Halbierung der gegenwärtigen Emissionen bis 2050 „ernsthaft in Betracht zu ziehen". Zudem erklären die Regierungschefs ihre Bereitschaft, bis 2009 ein Nachfolgeprogramm für das Kyoto-Protokoll auszuhandeln.

Inwieweit diese Ziele tatsächlich erreicht werden können, hängt von zwei Voraussetzungen ab: Zuerst müssen die erklärten Ziele von den beteiligten Ländern konsequent umgesetzt werden. Sodann hängt der Erfolg wesentlich von der Bereitschaft der USA und der **Schwellenländern** (Länder im Übergang zu Industrieländern) China, Indien und Brasilien ab, sich künftig an dem Einsparungsprozess zu beteiligen.

Gegenwärtige CO_2-Emissionen

Land	Einwohnerzahl Mio. (gerundet)	Mio. t/Jahr (gerundet)	Pro Kopf in t/Jahr
USA	294	5 800	19,7
China	1 303	4 800	3,7
Indien	1 080	1 100	1,0
Brasilien	184	320	1,7
Zum Vergleich: Deutschland	83	850	10,3

Quelle: Frankfurter Rundschau, 06./07.06.2007, S. 2 f.

Welche Auswirkungen auf das Weltklima hätte die Anpassung der Pro-Kopf-Emissionen in den Schwellenländern an die derzeitigen Werte in USA und Deutschland?

Um Anreize für wirkungsvolle Klimaschutzmaßnahmen zu schaffen, ist der weltweite Handel mit CO_2-**Emissionsrechten** eingerichtet worden. Danach können z. B. Länder, die aufgrund ihres großen Waldbestandes zur Stabilisierung des Weltklimas beitragen, CO_2-Emissionsrechte wie Gutscheine an Länder mit hohem CO_2-Ausstoß verkaufen. Auch zwischen Betrieben ist dieser Handel vorgesehen. Alten Betrieben mit hohem Schadstoffausstoß entstehen beträchtliche Kosten, weil sie mehr Berechtigungsscheine kaufen müssen als moderne Betriebe mit geringen Emissionen. Die Modernisierung von Anlagen zahlt sich deshalb aus.

3.3 Wasser

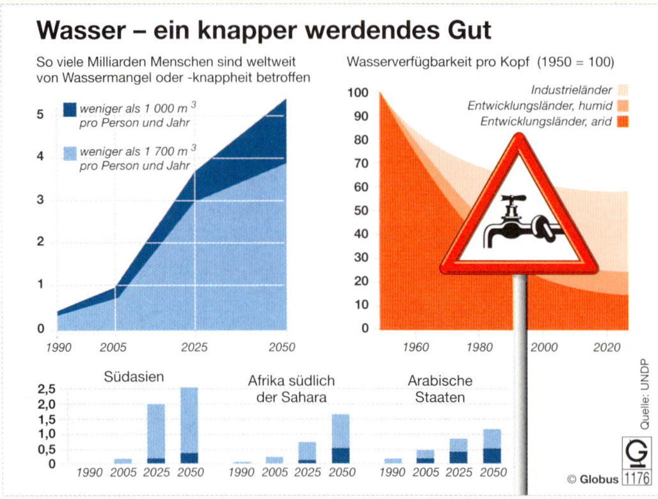

(Worterklärung:
humid: feucht;
arid: trocken)

1. **Inwiefern ist Wasser ein „knapper werdendes Gut"?**
2. **Welche Unterschiede gibt es bei der globalen Wasserversorgung?**

Hinsichtlich der Wasserversorgung befindet sich Deutschland in einer günstigen Ausgangssituation. Mehr als 160 Milliarden m^3 zugängliche Wasserreserven stehen zur Verfügung. Demgegenüber werden jährlich nur etwa 50 Milliarden m^3 gebraucht. Dennoch herrschen auch in Deutschland keine idealen Verhältnisse. Die Grundwasserreserve wird durch Bodenversiegelung infolge Siedlungs- und Straßenbaus sowie durch Schadstoffbelastungen beeinträchtigt. Der Bedarf an sauberem und unbelastetem Wasser wird nur zu einem ganz geringen Teil direkt aus der Natur gedeckt. Wasserwerke, die fast die ganze Bevölkerung mit Trinkwasser versorgen, müssen zur Sicherung der Wasserqualität immer höhere Kosten veranschlagen.

Anders als in Deutschland sind durch die fortschreitende Verschmutzung der trinkbaren Süßwasserreserven und **Wasserknappheit** infolge des **Klimawandels** immer mehr Menschen von Krankheit und Tod bedroht. Derzeit haben 1,1 Milliarden Menschen – hauptsächlich in Asien und in Afrika – keinen Zugang zu sauberem Trinkwasser. Bis zum Jahr 2025 könnten zwei Drittel der Weltbevölkerung von mittlerer bis schwerer Wasserknappheit betroffen sein. Der Wassermangel hängt wesentlich von der Bevölkerungsgröße in den wasserarmen Ländern ab. Nach Vorhersagen der Vereinten Nationen wird die Weltbevölkerung bis 2025 voraussichtlich von heute 6,4 auf rund 8 Milliarden Menschen anwachsen. Für die Mitte des Jahrhunderts sollen es sogar 9,3 Milliarden sein. Das **Bevölkerungswachstum** findet hauptsächlich in Ländern Afrikas und Asiens statt, die heute schon unter Wasserknappheit leiden.

Angesichts der überragenden Bedeutung des Wassers für das Leben wird seit der Umweltkonferenz von Rio de Janeiro (1992) der 22. März eines jeden Jahres zum **„Tag des Wassers"** erklärt. Die Themen der Weltwassertage zeigen an, welche Wasserprobleme jeweils am dringlichsten empfunden werden. Im Jahre 2007 lautet das Motto „Zeit zum Handeln – Wasserknappheit und Dürre". Es ist ein Aufruf, nach neuen technischen Möglichkeiten für eine effiziente Wassernutzung zu suchen und sorgsam mit dem kostbaren Gut umzugehen.

Tatsächlich gibt es heute bereits wirksame Techniken für die Wasseraufbereitung. Die Kosten hierfür sind für wohlhabende Industrieländer durchaus erschwinglich, in den Entwicklungsländern fehlen jedoch die notwendigen finanziellen Mittel. Zudem stehen dort zumeist keine ausreichenden Leitungsnetze zur Verfügung, sodass das Wasser mit Tankwagen zugeteilt werden muss. Der Wasserpreis steigt dadurch um das Fünf- bis Zehnfache, was wieder die ärmsten Bevölkerungsschichten trifft.

Das meiste Wasser wird für die Nahrungsproduktion benötigt. Für 1 kg Brot werden etwa 1 000 l Wasser gebraucht, 1 kg Orangen erfordert 3000 l und 1 kg Rindersteak 20 000 l. Angesichts schnell wachsender Weltbevölkerung muss in den nächsten 25 Jahren die globale Nahrungsproduktion um ca. 40 % steigen. Das erscheint bei den derzeitigen Wasserverbrauchsmengen nahezu unmöglich zu sein; es bleibt kein Ausweg: Die Landwirtschaft muss bei steigender Produktion den Wasserverbrauch um 10 bis 20 % verringern. Der Konkurrenzkampf um das Wasser wird härter werden. Der soziale Frieden ist gefährdet.

Hieran wird deutlich, wie stark einzelne Problembereiche miteinander vernetzt sind. Die zukünftige Wasserversorgung ist nicht nur ein ökologisches Problem, sondern auch ein Problem der Friedenssicherung (S. 176)

Es wäre allerdings kurzsichtig, allein das starke Bevölkerungswachstum für das Wasserproblem verantwortlich zu machen. Schuld an der Notsituation ist auch ein falsches **Wassermanagement**, das bis Ende der 1980er-Jahre praktiziert wurde. Bis dahin hat die Vorstellung geherrscht, das internationale Wasserproblem ließe sich auf technischem Wege lösen. Die feinen Wechselbeziehungen des Ökosystems zwischen Wasser, Boden und Vegetation sind dabei nicht genügend beachtet worden. Die stark fortschreitende Wüstenbildung in den Trockenzonen der Erde ist ein Beispiel dafür, wie die Übernutzung des Grundwassers durch den Einsatz stärkerer und tief greifender Pumpen die Böden und die Vegetation langfristig negativ beeinflusst hat.

Das Wasser wird knapp, die Wüsten wachsen

Wasser und Böden sind wie zwei ungleiche Geschwister, deren Schicksal eng verflochten ist. Ohne Wasser keine Landwirtschaft, keine Nahrung, kein Einkommen für Millionen. Umgekehrt wirkt der Boden als Filter, um verschmutztes Wasser zu reinigen, als Speicher, aus dem sich Quellen und Flüsse speisen, und als Schutz gegen rasche Verdunstung. Bei schlechtem Wassermanagement versumpfen oder versalzen Böden, Abholzung oder falsche Anbaumethoden lassen Regen zum Feind des Bodens werden, der ihn fortschwemmt, auslaugt und unfruchtbar macht. Erodierte (ausgewaschene) Böden funktionieren nicht mehr als Wasserspeicher und Schmutzfilter, Bäche trocknen aus, Wasserspiegel sinken.

Uwe Hoering, in: Frankfurter Rundschau, 23.07.2002 (gekürzt)

1. **Worauf will der „Tag des Wassers" aufmerksam machen?**
2. **Inwiefern gibt es bei der Trinkwasserversorgung einen Zusammenhang zwischen Wasser und Boden?**

Zur Wiederholung

1. Auf welche Probleme macht der Weltklimabericht aufmerksam?
2. Erklären Sie die Zusammenhänge des Treibhauseffektes.
3. Welche Folgen gehen von einer Klimaveränderung aus?
4. Erläutern Sie die Begriffe Ozonschicht, Ozonkiller und Ozonloch.
5. Führen Sie aus, welche Bedeutung das Kyoto-Protokoll für das Weltklima hat.
6. Lässt sich sagen, dass es in Deutschland kein Trinkwasserproblem gibt?
7. Stellen Sie zwischen den Begriffen Wasserknappheit, Bevölkerungswachstum und Wassermanagement einen Zusammenhang her.
8. Welchen Zusammenhang sehen Sie zwischen den Problembereichen Wasserversorgung und Friedenssicherung?

Handlungsimpulse

A Fordern Sie zu den Themen „Luft" und „Klima" Materialien vom Bundesumweltministerium an und werten Sie diese aus.

Bundesministerium für Umwelt, Naturschutz und Reaktorsicherheit,
Referat Öffentlichkeitsarbeit
Postfach 12 06 29,
53048 Bonn
(Internet http://www.bmu.de)

B Stellen Sie fest, welche Wassermenge in einer Stunde durch einen tropfenden Wasserhahn (Richtwert 60 Tropfen pro Minute) verloren geht. (Arbeitshilfe: Fangen Sie die Menge in einem Eimer mit Maßeinheiten auf. Das Wasser sollten Sie anschließend sinnvoll verwenden.)

C Untersuchen Sie die Ihnen zugänglichen Wasserarmaturen der Schule hinsichtlich Funktionstüchtigkeit (z. B. Dichtung in Ordnung?) und Wasserdurchlauf. Entwickeln Sie gegebenenfalls ein Sparkonzept und unterbreiten Sie es der Schulleitung.

D Schreiben Sie Handlungsweisen auf, mit denen Sie zum Wassersparen und zur Reinhaltung des Wassers beitragen können (z. B. duschen statt baden; Autos nur in Waschanlagen oder ausgewiesenen Waschplätzen reinigen).

E Ermitteln Sie über eine Suchmaschine des Internets (z. B. google.de) Zusatzinformationen zum aktuellen „Tag des Wassers".

4 Kulturelle Vielfalt im Zeichen der Globalisierung

4.1 Der Begriff Kultur

Zwei Austauschschüler in Deutschland zum Thema Partnerschaft

Roberto Tenorio, 18, Costa Rica	Leah Nielsen, 18, USA
„Deutsche Mädchen sind viel offener als die Mädchen in Costa Rica. Sie machen, was sie wollen, und kämpfen um ihre Gleichberechtigung. Sie sind im Umgang mit Jungs sehr entspannt. Man redet halt einfach so miteinander und trifft sich, ohne dass es gleich etwas mit Sex zu tun haben muss. Und wenn es dann doch in diese Richtung geht, geben sie einem das auch zu verstehen. Außerdem finde ich, dass deutsche Mädchen sehr gut angezogen sind. Hosen, Pullis – alles sieht elegant und selbstbewusst aus. Sie ziehen sich für sich an und nicht für die Blicke der Männer. Sie scheinen die Blicke nicht nötig zu haben. Die Mädchen in Costa Rica kleiden sich betont sexy, tragen knappe Röcke und Tops, präsentieren immer nur ihren Körper, verstecken aber ihre Seele."	„Deutsche Jungs sind wahnsinnig schnell bei der Sache, was Flirten und Sex angeht. Die Amerikaner sind da langsamer. Es gibt da einfach einige Regeln: Wenn mich in den USA ein Junge fragt, ob ich mit ihm ins Kino gehen will, heißt das, dass er mich süß findet und Interesse hat. Wenn ich dann mit ihm ausgehe, signalisiere ich natürlich Zustimmung, aber auch, dass ich ihn kennenlernen will, wissen will, wer er ist und wie er denkt. Kann schon sein, dass ich mich am Ende des Abends dann auch küssen lasse, aber wir würden nicht gleich miteinander schlafen. Vielleicht haben sie weniger Hemmungen, weil ihre Eltern meistens nicht so streng sind wie amerikanische. Ich könnte hier zum Beispiel einfach so bei meinem Freund übernachten. In den USA wäre das unmöglich."

Roberto Tenorio, Leah Nielsen, Simone Buchholz, http://www.goethe.de/z/jetzt/dejart38/dejart38.htm (27.08.2007)

1. Entsprechen diese Vorstellungen Ihrer eigenen Wahrnehmung?
2. Was hat das Thema Partnerschaft mit der Kultur eines Landes zu tun?

Der Begriff „**Kultur**" wird sehr unterschiedlich gebraucht. Auf die Gesellschaft bezogen, wird unter ihm zumeist die Art und Weise verstanden, wie die Menschen in einer Gemeinschaft zusammenleben. Häufig wird die Kultur dabei mit einer „Software" verglichen, die den Geist ihrer Mitglieder „programmiert". Sie „steuert" das Wahrnehmen, Denken, Werten und Handeln der Menschen. Sie bestimmt nicht, was gedacht wird, sondern wie gedacht wird. Für das einzelne Mitglied einer Gemeinschaft ist die Kultur ein Orientierungssystem. Es hilft, das eigene Tun mit dem der anderen in Einklang zu bringen. Dies erstreckt sich bis auf ganz alltägliche und gewöhnliche Dinge des Lebens: Begrüßen, Essen, Zeigen oder Verbergen von Gefühlen, Körperabstand zu anderen, Lieben oder Körperhygiene. Die jeweilige Form, in der dies geschieht, wird als **Kulturstandard** bezeichnet. Die Formen können sich zwischen den jeweiligen Gemeinschaften stark unterscheiden. Kulturstandards werden zumeist von früheren Generationen übernommen (**Tradition**) und durch das Aufwachsen in der jeweiligen Gemeinschaft erlernt (**Sozialisation**).

Kulturen verändern sich!

Dein Christus ein Jude
Dein Auto ein Japaner
Deine Pizza italienisch
Deine Demokratie griechisch
Dein Kaffee brasilianisch
Dein Urlaub türkisch
Deine Zahlen arabisch
Deine Schrift lateinisch
Und Dein Nachbar nur ein Ausländer?

„Kultur ist das, was in der Auseinandersetzung mit dem Fremden entsteht, sie stellt das Produkt der Veränderung des Eigenen durch die Aufnahme des Fremden dar."

Mario Erdheim, Psychoanalytiker

„Im Ganzen genommen könnte man die Kultur als den Prozess der fortschreitenden Selbstbefreiung des Menschen beschreiben ... (In ihm) entdeckt der Mensch eine neue Kraft – die Kraft, sich eine eigene, ideelle Welt zu errichten."

Ernst Cassirer, Philosoph

1. Was soll mit dem Graffiti zum Ausdruck gebracht werden?
2. Was hat das Thema „Kultur" mit Ausländern zu tun?

Kulturen sind keine geschlossenen Systeme. Durch den Kontakt mit anderen verändern sie sich ständig. Das „Fremde" kann zum „Eigenen" werden, wie umgekehrt das Bisherige fremd. Ohne den Kontakt mit anderen Kulturen wäre uns womöglich vieles von dem unbekannt geblieben, was heute längst unseren Alltag prägt. Die Kartoffel aus Amerika oder das Bier aus Babylon. Aber auch die Demokratie und die moderne Wissenschaft. Beide wurzeln im Denken des Antiken Griechenland, von dem wir in Mitteleuropa durch die Übersetzungen arabischer Gelehrter erfahren haben.

Kulturen verändern sich auch von innen heraus. Im Verlauf der Geschichte werden die Menschen immer selbstbewusster. Sie lösen sich von Althergebrachtem und bestimmen ihr Leben zunehmend selbst (**Individualisierung**). Der Einzelne geht eigene Wege und grenzt sich dabei von anderen Lebensformen ab (**Differenzierung**). Es kommt zu neuen Gemeinschaften mit neuen Eigenarten. Die kulturelle Vielfalt wächst (**Pluralisierung**). Ein Beispiel: Frauen und Männern wurde früher zumeist eine feste Rolle in der Familie zugewiesen: Der Mann verdient das Geld, die Frau erzieht die Kinder und führt den Haushalt. Durch die Erwerbstätigkeit der Frau hat sich dies geändert. Heute gibt es vielfältige Formen des partnerschaftlichen Miteinanders. Selbst gleichgeschlechtliche Partnerschaften sind möglich.

Neue Lebensformen entstehen:

Das Lebenspartnerschaftsgesetz vom 1. August 2001 gibt homosexuellen Paaren die Möglichkeit, ihre Partnerschaft bei einer von den Ländern zu bestimmenden Behörde – in der Regel beim Standesamt – eintragen zu lassen. Daraus erwachsen für die Partner eine Reihe von Rechten und Pflichten. Kernpunkte des Lebenspartnerschaftsgesetzes sind: Möglichkeit, einen gemeinsamen Namen zu bestimmen, gegenseitige Unterhaltspflichten und -rechte, das „kleine Sorgerecht" des Lebenspartners, also die Mitentscheidung in Angelegenheiten des täglichen Lebens eines Kindes, das der Lebenspartner/die Lebenspartnerin in die Partnerschaft einbringt, das gesetzliche Erbrecht des überlebenden Lebenspartners, Regelungen über die Folgen der Trennung von Lebenspartnern (zum Beispiel Unterhaltstrecht).

Autorentext

4.2 Einwanderungsland Deutschland

Vor 40 Jahren: Ein Moped für den 1.000.000 Gastarbeiter

Köln (ddp-nrw)- Erschöpft und übernächtigt kam der Portugiese Armando Rodrigues de Sá nach drei Tagen Fahrt in einem Sonderzug im Bahnhof Köln-Deutz an. Seine Ankunft am 10. September 1964 verlief anders als von ihm erwartet. Ein Dolmetscher rief aufgeregt seinen Namen, um ihn aus der Menge der mitangereisten Gastarbeiter herauszupicken. Dann wurde Rodrigues zu einem Empfangskomitee geführt, wo ihm Metallarbeitgeberpräsident Manfred Dunkel vor der Presse ein Moped Marke „Zündapp Sport Combiette" schenkte. Armando Rodrigues de Sá war an jenem Tag vor 40 Jahren der einmillionste Gastarbeiter, der nach Deutschland kam (...) Damals gab es im Wirtschaftswunderland Bundesrepublik immer noch rund 600 000 offene Stellen zu besetzen. Gastarbeiter waren daher bei den Firmen hoch begehrt (...) Der gelernte Zimmermann Armando Rodrigues arbeitete in Stuttgart, dann bei einer Zementfabrik in Blaubeuren. Er lebte sparsam und schrieb zwei- bis dreimal pro Woche nach Hause. Deutschland sei „ein Land des Geldes", bemerkte er in einem seiner Briefe – und dass man hier einen starken Magen haben müsse (...) [Eine Krebserkrankung] zwang die Familie, sich seine Rente auszahlen zu lassen. 1979 erlag Armando de Rodrigues im Alter von nur 53 Jahren in seiner Heimat seinem Krebsleiden. Vom Tod des ehemaligen „Vorzeige-Gastarbeiters" nahm die deutsche Presse keine Notiz. Im Zeitalter von Öl- und Konjunkturkrise waren Gastarbeiter längst kein Thema mehr.

Kölnische Rundschau vom 07.09.2004 (gekürzt)

1. Wie wirkt die Geschichte von Armando Rodrigues de Sá heute auf Sie?
2. Fragen Sie in Ihrer Klasse nach, wessen Eltern oder Großeltern nach Deutschland kamen, um hier zu arbeiten.

Der Wiederaufbau Deutschlands nach dem Krieg erforderte mehr Arbeitskräfte als zur Verfügung standen. Dieser Mangel wurde in Westdeutschland noch verschärft, als der **Flüchtlingsstrom** aus dem Osten durch den Mauerbau 1961 vollständig zum Erliegen kam. Da gleichzeitig in vielen Mittelmeerländern Arbeitslosigkeit herrschte, wurden ab 1955 in Rücksprache mit den dortigen Regierungen Arbeitskräfte angeworben. Ohne diese Wanderung (= **Migration**) von Arbeitskräften wäre das deutsche Wirtschaftswunder in den Fünfziger- und Sechzigerjahren nicht möglich gewesen. Die große Mehrheit der Arbeitsmigranten wollte nur vorübergehend in Deutschland arbeiten und sich mit dem verdienten Geld in der Heimat später eine Existenz aufbauen. Deshalb wurden sie auch als **„Gastarbeiter"** bezeichnet. Viele ließen ihre Frauen und Kinder zunächst zurück, um sie in ihrem gewohnten sozialen Umfeld zu belassen. Je länger sie aber blieben, desto häufiger holten sie ihre Familien nach. 1973 war die Anzahl der ausländischen Arbeitnehmer auf 2,6 Millionen angewachsen. Damit hatte jeder zehnte Erwerbstätige einen fremden Pass. Die Wirtschaftskrise Anfang der Siebzigerjahre brachte eine Umkehr auf dem Arbeitsmarkt. Die deutsche Regierung verfügte daher 1973 einen **Anwerbestopp** für ausländische Arbeitskräfte. Trotz der vielen Rückkehrer stieg die Zahl der in Deutschland lebenden Migranten weiter an. Die Ursachen sind vielfältig: Familiennachzug, höhere Geburtenrate, Asyl für politisch Verfolgte und Zuflucht für Bürgerkriegsflüchtlinge. Heute leben in Deutschland ca. 15 Millionen Menschen mit „Migrationshintergrund", das sind fast 20 % der Bevölkerung.

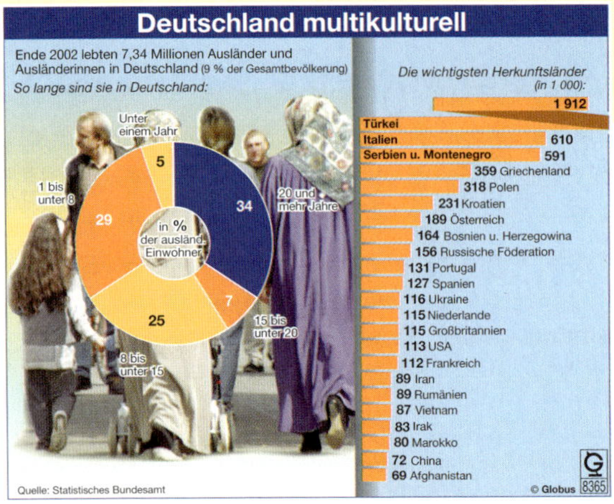

„Wir haben Arbeitskräfte gerufen, und es sind Menschen gekommen!“

Max Frisch

1. **Zeigen Sie auf einer Weltkarte, woher die Ausländer in Deutschland gekommen sind.**
2. **Erläutern Sie die Aufenthaltsdauer der Ausländer in Deutschland.**

Früher:

„(...) beim Einkaufen, da man die Sprache nicht beherrscht, war man gezwungen, immer ‚ja, ja‘ zu sagen. Dies kränkte mich sehr.“

(Metin T. kam 1962 als Arbeiter nach Deutschland, arbeitete bei Ford in Köln, war in der Türkei Absolvent einer türkischen Hochschule.)

„Auf uns allein gestellt, haben wir sehr viel Eier gegessen, es herrschte Angst vor dem Schweinefleisch (...) Das, was wir aßen, war nichts, die Ernährung war sehr mangelhaft.“

(Alaattin M. kam 1965 als Arbeiter nach Deutschland, in der Türkei war er Praktikant beim Stadttheater Adana und beim Militär Trommel-Major.)

Zitiert nach: Zur Geschichte der Arbeitermigration aus der Türkei. Materialsammlung. Hrsg. von DOMiT-Dokumentationszentrum und Museum über die Migration aus der Türkei. Aytaç Eryilmaz, Bengü Kocatürk-Schuster, Wulf Schade im Auftrag des Ministeriums für Arbeit und Soziales, Qualifikation und Technologie des Landes Nordrhein-Westfalen, Köln 2000

Heute:

Asli Bayram ist die neue „Miss Deutschland“. Am 13. Januar 2005 setzte sich die dunkelhaarige Schönheit in Aachen gegen 23 Konkurrentinnen durch (...) „Man kann alles schaffen, wenn man wirklich will“, ist das Lebensmotto der 23-jährigen Erfolgsfrau, die in Köln Jura studiert. Mit Asli Bayram sprach Vaybeel-Redakteurin Yildiz Turak.

Welche Bedeutung hat dein türkischstämmiger Hintergrund für dich? (...)

Auf den Titel bezogen ist es von Vorteil. Ich erhalte nicht nur von der deutschen Presse Aufmerksamkeit, sondern auch von so vielen türkischen Medien. Gleichzeitig denke ich, dass ich ein positives Beispiel für die Integration der türkischstämmigen Bevölkerung in Deutschland bin (...)

Obwohl Türken seit über 40 Jahren in Deutschland leben, existieren hierzulande immer noch Vorurteile Türkinnen gegenüber: von den Brüdern unter Verschluss gehalten, verschleiert und auf ihre Ehre reduziert. Wirst du deinen Titel dazu nutzen, um dieses Image zu korrigieren?

Das Bild von Türkinnen in Deutschland wird schlimmer dargestellt, als es ist. Allein, wenn man in die Türkei verreist, stellt man fest, dass vor allem in den Städten nur die Minderheit der Frauen Kopftücher trägt. Schönheitswahlen gibt es dort schon seit Jahren. Natürlich gibt es noch extreme Beispiele, doch es ist sicherlich die Minderheit. Gerne werde ich dazu immer Stellung nehmen und meine Meinung vertreten.

Welche Bedeutung hat die Türkei für dich?

Die Türkei ist das Heimatland meiner Eltern und gleichzeitig das Land, welches ich jedes Jahr besuche. Es ist mein Lieblingsland. Ich fühle mich sehr wohl in der Türkei.

http://www.vaybee.de/servlets/NetCommunity Personalize?nick=&sessionid=lurker&nh=0&path=/deutsch/channel/lifestyle/index_71759.html vom 14.03.2005 (gekürzt)

3. **Schildern Sie die kulturellen Probleme der ehemaligen „Gastarbeiter“ im fremden Deutschland und vergleichen Sie diese mit der Situation ihrer Nachfahren heute.**

4.3 Die Integration der Zuwanderer

„Integration ist ein langfristig angelegter Prozess, der anstrengend, aber lohnend ist (...) Wir (sind) (...) darauf angewiesen, gemeinsam mit Menschen anderer Herkunft neue Problemlösungen, Denk- und Arbeitsweisen zu entwickeln."

„Unabhängige Kommission ‚Zuwanderung'" Bericht 2000, S. 12

1. **Interpretieren Sie die Karikatur.**
2. **Was verstehen Sie unter dem Schlagwort „Integration"?**

Viele „Gastarbeiter" sind in Deutschland geblieben und haben ihre Familien nachgeholt. Sie haben die Kultur in Deutschland beeinflusst und sind umgekehrt beeinflusst worden. Heute sind sie und ihre Nachkommen wie andere Migranten zu einem selbstverständlichen Teil unserer Lebenswelt geworden. Ziel der **Zuwanderungspolitik** ist ihre vollständige **Integration**: Allen Migranten soll es möglich gemacht werden, als gleichrangige Bürger am gesellschaftlichen Leben in Deutschland teilzunehmen. Dies hängt wesentlich von der Offenheit der Aufnahmegesellschaft ab und ist deshalb eine Aufgabe aller Bevölkerungsteile. Nach heutiger Auffassung vollzieht sich der Prozess der Integration auf verschiedenen Ebenen:

Strukturelle Integration: Die Migranten besitzen einen Rechtsstatus mit festgelegten Rechten und Pflichten. Dieser regelt ihre Mitgliedschaft in wichtigen gesellschaftlichen Teilbereichen wie dem Arbeitsmarkt oder dem Bildungssystem (z. B. Arbeitserlaubnis, Schulpflicht, Sozialleistungen, Wahlrecht).
Kulturelle Integration: Die Migranten verfügen über die kulturelle Fähigkeit, die Werte, Normen und Einstellungen der deutschen Gesellschaft zu verinnerlichen (z. B. deutsche Sprachkenntnisse, Mediennutzung, Verfassung, Gemeinschaftswissen). Da sich durch den Einfluss der Migranten auch die Kultur des Aufnahmelandes ändert (z. B. Religion), müssen auch auf dieser Seite solche Kompetenzen vorhanden sein.
Soziale Integration: Zwischen einzelnen Migranten und deutschen Bürgern bestehen persönliche Bindungen (z. B. Nachbarschaft, Freundschaft) und durch beidseitige Mitgliedschaft in sozialen Organisationen dauerhafte Kontakte (z. B. Sportverein, Gewerkschaft).
Identifikatorische Integration: Die Migranten besitzen das subjektive Gefühl der Zugehörigkeit zum Aufnahmeland. Dies schließt Beziehungen zu eigenen ethnischen, nationalen oder auch lokalen Gemeinschaften ein (z. B. Empfindung von „Heimat" in Bezug auf das Herkunftsland der Eltern und der deutschen Gesellschaft).

1. **Erläutern Sie die Ziele des Integrationsprozesses.**
2. **Zeigen Sie praktische Beispiele für eine gelungene Integration von Migranten auf.**
3. **Weshalb hat sich der Bundestag für das nebenstehende Kunstwerk entschieden?**

„Sie sagt, dass sie in Deutschland lebt, aber dass es auch die Türkei sein könnte, wegen der vielen Türken im Frankfurter Bahnhofsviertel. Türkische Lebensmittelläden, türkische Ärzte, türkische Reisebüros, alles türkisch, alles gut. Und zu Hause türkisches Fernsehen. Am liebsten sieht sie die türkischen Liebesfilme; wer in Deutschland regiert, weiß sie nicht. Vahide Yesil kam vor 24 Jahren, sie kam aus Erzurum in Anatolien und hatte Angst vor Deutschland. Obwohl sie auch neugierig war (...)"

„Die Rückseite der Republik", in: Der Spiegel 10/2002, S. 36–56

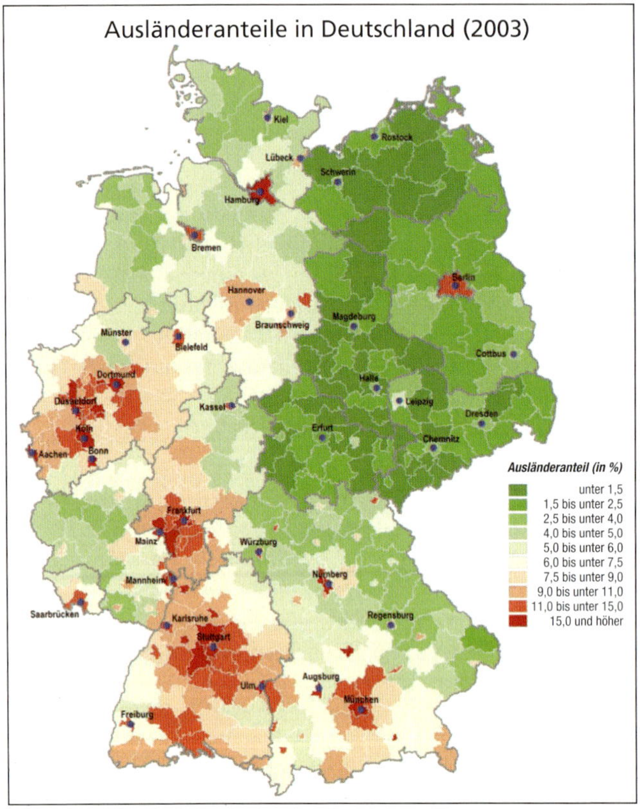

„Integration in Deutschland", http://www.isoplan.de, 29.08.2007

Die Spuren der mangelnden Integration der ersten „Gastarbeiter" sind bis heute sichtbar. Viele Migranten sind unter sich geblieben. Wegen geringer Einkommen sind sie in Stadtviertel mit niedrigen Mieten und schlechter Wohnqualität gezogen. Dort prägen sie das Stadtbild wesentlich mit. Solche **„Magnete der Migration"** finden sich vor allem in den großen Industriestädten, wo ca. 80 % der Zuwanderer leben. Die räumliche Verdichtung von Migranten (**ethnische Segregation**) ist jedoch heute rückläufig. Viele haben es zu Wohlstand gebracht und sind in „bessere" Wohngegenden umgezogen oder das Wohnumfeld wurde verbessert und ist nun auch für Nichtmigranten attraktiv geworden.

Bei der Bewertung von Stadtvierteln, die durch eine bestimmte ethnische Gruppe geprägt sind, gehen die Meinungen auseinander. Die einen sehen darin eine Chance zur Integration. Ihre Begründung: Die Migranten leben in einem sozial vertrauten Umfeld. Sie bewahren ihre kulturelle Identität und können so mit Selbstbewusstsein der Kultur des Zuwanderungslandes begegnen. Andere sehen darin eher einen Nachteil für die Integration. Ihr Argument: Die Migranten schotten sich von der Mehrheitsgesellschaft ab und laufen Gefahr, in einer **Parallelgesellschaft** zu leben, in der sie wenig von der Kultur der Mehrheitsgesellschaft erfahren.

1. **Suchen Sie Motive, die Zuwanderer bewegen, in der Nähe ihrer ehemaligen Landsleute zu leben.**
2. **Diskutieren Sie die Chancen und Gefahren ethnisch geprägter Stadtteile für die Integration der Zuwanderer.**

4.4 Die Notwendigkeit der Zuwanderung

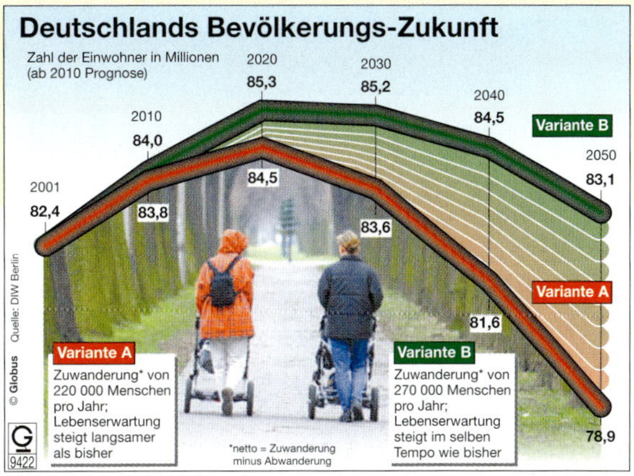

1. **Erläutern Sie die bis 2050 prognostizierten Zahlen der deutschen Bevölkerung.**
2. **Zu- und Abwanderung halten sich derzeit die Waage. Welche Auswirkung hat dieser Trend auf die Bevölkerungsentwicklung?**

Gründe für Zuwanderung

Die Zahl und der Anteil jüngerer Menschen nehmen kontinuierlich ab, während für ältere Menschen das Gegenteil gilt. Dies wird erhebliche Konsequenzen für die gesamtwirtschaftliche Entwicklung und den Arbeitsmarkt haben und unseren umlagefinanzierten sozialen Sicherungssystemen Probleme bereiten. Denn diese beruhen darauf, dass immer eine ausreichende Zahl von Erwerbstätigen in beitragspflichtigen Arbeitsverhältnissen steht, um eine (kleinere) Zahl von Kindern, Jugendlichen und älteren Menschen zu versorgen. Diese demografische Entwicklung kann nicht durch kurzfristige Verhaltensänderungen verhindert werden (...) Im Konkurrenzkampf in der globalisierten Wirtschaft wird die Bedeutung der Innovationsfähigkeit einer Volkswirtschaft zunehmen (...) Doch selbst größte Anstrengungen zur nationalen Förderung von Forschung und Entwicklung sowie der beruflichen und räumlichen Mobilität werden nicht ausreichen, um den wirtschaftlichen und gesellschaftlichen Bedarf an Fachkräften zu decken. Wir werden auf den Import von Wissen und einen entsprechenden internationalen Austausch angewiesen sein.

„Unabhängige Kommission, Zuwanderung", Bericht 2000

Gesetzliche Regelung der Zuwanderung

Zuwanderung kann aus folgenden Zwecken erfolgen: Ausbildung, Erwerbstätigkeit, völkerrechtliche, humanitäre oder politische sowie familiäre Gründe. Es gibt zwei Rechtstitel: Aufenthaltserlaubnis (befristetet) und Niederlassungserlaubnis (unbefristet). Beide beinhalten das Recht und die Pflicht auf einen Integrationskurs (z. B. Spracherwerb). Bei Sicherheitsgefahr kann eine sofortige Abschiebung erfolgen. Ein Aufenthaltstitel zum Zwecke der Erwerbstätigkeit darf nur erteilt werden, wenn ein konkretes Arbeitsplatzangebot vorliegt und keine Nachteile am Arbeitsmarkt entstehen. Geringqualifizierte unterliegen dem seit 1973 geltenden Anwerbestopp. Hochqualifizierte und ihre Familien erhalten eine Niederlassungserlaubnis. Selbstständige erhalten eine Aufenthaltserlaubnis, wenn sie mindestens eine Mio. EUR investieren und über neun Arbeitsplätze schaffen. Studenten können nach erfolgreichem Studienabschluss zur Arbeitsplatzsuche bis zu einem Jahr in Deutschland bleiben.

Autorentext

1. **Weshalb wird eine weitere Zuwanderung gefordert?**
2. **Erläutern Sie die Bestimmungen zur Zuwanderung.**

4.5 Kulturelle Vielfalt im Spiegel des Grundgesetzes

Hessen

Keine Beamtin darf im Dienst ein Kopftuch als Zeichen ihres Glaubens tragen.

Rheinland-Pfalz

Kopftuch als Lehrerin erlaubt, aber bei Neutralitätsverletzung dienstrechtliche Sanktionen.

1. **Welche Verfassungsgrundsätze stehen sich im sogenannten „Kopftuchstreit" gegenüber?**
2. **Das Bundesverfassungsgericht hat entschieden, dass die Länder das Tragen von Kopftüchern bei Lehrerinnen gesetzlich verbieten können. Welche Auffassung vertreten Sie?**

Meinungen zum Streit:

Die (frühere) Integrationsbeauftragte der Bundesregierung, Marieluise Beck: „Am Ende werden doch nur die Musliminnen mit Kopftuch ausgegrenzt, mit dem Hinweis, sie trügen ein Kleidungsstück, das zu Konflikten führe." Dieses Stigma breite sich auch auf andere Berufe aus, so Beck: „Uns liegen Stellenausschreibungen für Arzthelferinnen oder Änderungsschneiderinnen vor, in denen steht: ‚nur ohne Kopftuch'", sagte Beck. Von außen zu definieren, das Tuch sei an sich konfliktbeladen und deshalb müsse eine Frau es abnehmen, sei eine „durch und durch paternalistische (= bevormundend) Haltung". Das sieht die Islambeauftragte der SPD im Bundestag, Lale Akgün, ganz anders: „Eine Beamtin muss eben an bestimmten Punkten Verzicht üben", sagte Akgün der taz. Sie wollte nicht, dass Lehrerinnen mit Kopftuch entlassen würden, aber: „Ich wünsche mir, dass sie den Mut haben, über ihren Schatten zu springen und mit nach einer Lösung zu suchen." Fereshta Ludin (Klägerin gegen Kopftuchverbot) findet sich genau in solchen Aussagen diskriminiert: „Es ging immer nur abstrakt um das Kopftuch, das angeblich gefährlich ist. Um meine Person, meine persönliche Freiheit und das, was ich den Kindern vermitteln möchte, geht es überhaupt nicht mehr!", sagte sie nach dem Urteil. Das Gericht habe nicht beachtet, dass es mit dem Urteil eine bestimmte Gruppe einfach ausgrenze.

Heide Oestereich, in: taz Nr. 7393, 26.06.2004, S. 6 (TAZ-Bericht)

(...) Kulturelle Homogenität im Sinne fugenloser, konfliktfreier Übereinstimmung kultureller Werte hat es nie und nirgendwo gegeben (...) Aus der individuellen Freiheit der Kultur im modernen Verfassungsstaat (Republik) folgt, dass die Kultur keine verbindlich vorgegebene kollektive Orientierungsgröße sein kann (...) Es bleibt den Bürgern der Bundesrepublik Deutschland überlassen, ob sie deutsche oder englische Liebesromane, den Koran oder die Bibel, Goethe oder die Bildzeitung lesen, ob sie Bach oder Louis Armstrong hören, ob sie in ihrer Freizeit Museen sehen oder Sport treiben, ihren Urlaub in Deutschland oder im Ausland verbringen wollen (...) Die Kultur der Republik wird somit unvermeidlich zu einer Mischung unterschiedlicher und häufig auch konfliktiver Güter und Werte. Begrenzt wird ihr Pluralismus allein durch die Verfassung und deren rechtliche und politische Ordnung. Diese bilden ihrerseits die Voraussetzung für die Offenheit und Vitalität des kulturellen Pluralismus der Republik.
(Professor Dr. Dieter Oberndörfer ist Vorsitzender des Rats für Migration.)

Dieter Oberndörfer: Die Offenheit unseres Grundgesetzes für eine multikulturelle Gesellschaft – eine Leitkultur kann es nicht geben, 31.12.200; http://www.gazette.de/Archiv/Gazette-31-Dezember2000/Gastkolumne.html

Anerkennung oder Toleranz?

(...) Toleranz ist ein einseitiger Prozess und begünstigt nicht den Zusammenhalt einer kulturell heterogenen und sozial ungleichen Gesellschaft. Die Alternative ist Anerkennung (...) Statt eines einseitigen Prozesses dominiert die Wechselseitigkeit. Anerkennung setzt die Auseinandersetzung mit dem anderen voraus, also Mehrheit mit Minderheiten und Minderheiten mit der Mehrheit. Diese Auseinandersetzungen sind zu organisieren und zu institutionalisieren. Toleranz basiert dagegen vielfach auf riskantem Desinteresse, Ignoranz und Gleichgültigkeit. Insofern ist diese Toleranz auch „billig“ zu haben – und ist nichts wert (...) Anerkennung ist also „teuer“, weil anstrengend und konflikthaft. Auseinandersetzungen haben aber auch viele Vorteile, weil man einerseits zur Perspektivenübernahme animiert wird, also: Warum verhält sich der andere so und wie würde ich mich verhalten? Damit werden die Voraussetzungen für Empathie (= Einfühlungsvermögen) gelegt. Andererseits führen Auseinandersetzungen dazu, dass man sich seiner eigenen Position bewusst wird – und sie entweder verstärkt oder revidiert. Anerkennung ist also ein interaktiver und vor allem auf Gleichwertigkeit ausgerichteter Prozess (...) Anerkennung ist der Prozess, der auf „die gleiche Augenhöhe“ zielt. Und dies muss hinzugefügt werden: Erst wenn Personen sich anerkannt fühlen, erkennen sie auch die basalen Normen wie Gleichheit, Gleichwertigkeit und die Integrität an. Dagegen ist der Anerkennungszerfall potenziell mit Desintegration und Gewalthaltigkeit verbunden. Das gilt für Angehörige sowohl von der Mehrheit als auch von Minderheiten.

Wilhelm Heitmeyer, Riskante Toleranz, Suhrkamp

1. **Diskutieren Sie die oben wiedergegebene Stellungnahme zum Urteil des Bundesverfassungsgerichtes.**
2. **In welchen Zusammenhang stellt Dieter Oberndörfer das Grundgesetz und die kulturelle Vielfalt in unserem Land?**
3. **Weshalb wendet sich Wilhelm Heitmeyer im Miteinander der Kulturen gegen die „Toleranz“ und fordert stattdessen die „Anerkennung“ als Verhaltensregel?**

Zur Wiederholung

1. Erläutern Sie den Begriff „Kultur“.
2. Erläutern Sie die Mechanismen, die die Kultur eines Landes verändern.
3. Stellen Sie die Geschichte der Zuwanderung nach dem Zweiten Weltkrieg dar.
4. Erläutern Sie die strukturelle Zusammensetzung der Ausländer in Deutschland.
5. Erläutern Sie die kulturellen Probleme von Zuwanderern.
6. Erläutern Sie die Ebenen und Ziele des Integrationsprozesses.
7. Erklären Sie den Begriff „ethnische Segregation“ und stellen Sie dessen Chancen und Gefahren dar.
8. Beschreiben Sie die Bevölkerungsprognosen Deutschlands im Zusammenhang mit der Zuwanderung.
9. Welche Gefahren sind mit einer fortschreitenden Überalterung der Gesellschaft verbunden?
10. Stellen Sie die gesetzlichen Regelungen der Zuwanderung nach Deutschland dar.
11. Erläutern Sie die Bedeutung des Grundgesetzes im Zusammenhang mit der kulturellen Vielfalt in unserem Land.
12. Erläutern Sie die These, wonach nicht Toleranz, sondern Anerkennung eine kulturell heterogene Gesellschaft zusammenhält.

Handlungsimpulse

A Interpretieren Sie die Karikatur.

Hängepartie im Kopftuch

B Rollenspiel zur interkulturellen Konfliktlösung

Die Ausgangssituation:
In einer Kommune finden sich die islamischen Gemeinden nicht mehr mit den Auflagen ab, die dem Bau der Moscheen bisher gemacht worden sind. Genau wie die Kirchen ihre Glocken zum Gebet läuten, wollen auch die Muslime ihren Gebetsruf durchführen, da er aktiver Bestandteil der Religionsausübung ist. Der Ruf ist auf arabisch verfasst und preist dabei die Erhabenheit Allahs als Erschaffer dieser Welt an und die Verkündung durch Mohammed. Dafür soll neben die Moschee eine 30 m hohes Minarett gebaut werden, von dem aus der Muezzin (arabisch: mu'adhdhin) zum Gebet aufrufen soll. Gleich neben der Moschee befindet sich eine christliche Kirche, die täglich am Abend und zu den Gottesdiensten läutet. Die Muslime führen in der Diskussion um den Gebetsruf Art. 4 des Grundgesetzes an (Glaubens-, Gewissens- und Bekenntnisfreiheit) und verweisen auf ein Rechtsgutachten, das besagt, dass den muslimischen Gemeinden die gleiche Behandlung zuteil kommen muss wie den Großkirchen. Einschränkungen müssten lediglich durch die Begrenzung der Lautstärke hingenommen werden. Da der Islam in Deutschland eine noch relativ neue Religion darstellt, empfiehlt das Gutachten einen Dialog zwischen den unterschiedlichen Gruppen.

Rollen:
- Sprecher der islamischen Gruppen,
- Sprecher der benachbarten christlichen Gemeinde,
- Sprecher einer Bürgerinitiative, die nur das Minarett verhindern will,
- Sprecher einer Bürgerinitiative, die auch das Kirchengeläut unterbinden will,
- Moderation durch den Bürgermeister der Kommune, der einen Kompromiss anstrebt.

Arbeitsauftrag:
Bilden Sie für jeden Sprecher eine Gruppe. Sammeln Sie Argumente, die Ihr Anliegen untermauern. Legen Sie fest, wo für Sie die Grenzen eines Kompromisses liegen. Wählen Sie den Sprecher Ihrer Gruppe, der Sie in der zeitlich begrenzten Diskussion vertritt und dort für Sie einen Kompromiss aushandeln soll. Diskutieren Sie den Kompromiss in der Klasse und stimmen Sie über ihn ab.

5 Friedenssicherung

„Dauerhafter Frieden kann nur erreicht werden, wenn große Bevölkerungsgruppen Wege finden, um aus der Armut auszubrechen."

Muhammad Yunus (Friedensnobelpreisträger 2006 aus Bangladesch)

5.1 Friedensbedrohende Phänomene

Der Krieg – er ist nicht tot, der Krieg,
Der Krieg – er ist nicht tot, er schläft nur.
Der hat sich sehr gut versteckt und wartet, wartet,
In mir, in dir
Er ist nicht tot, der Krieg.

Rio Reiser, Krieg, auf: Am Piano I, BuschFunk Vertrieb, Berlin 1998

1. Beschreiben Sie Ihre Vorstellungen, die Sie mit „Krieg" verbinden.
2. Klären Sie die Begriffe „Krieg" und „Konflikt" mithilfe eines Lexikons oder einer Internetrecherche (z. B. http://lexikon.rheinzeitung.de).

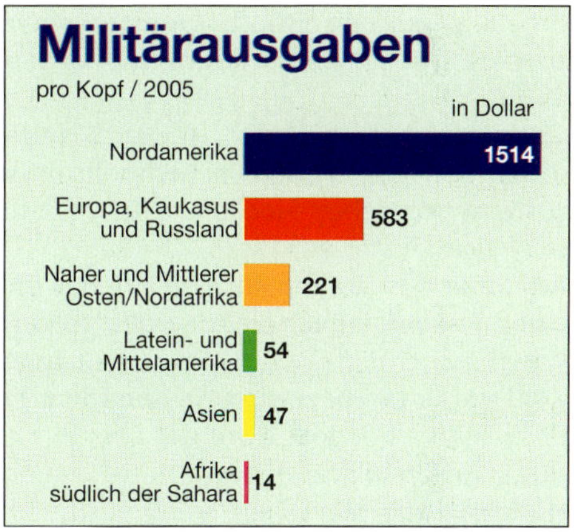

Quelle: BICC-Grafik zusammengestellt nach BICC, Jahresbericht 2006/2007, Bonn 22.5.2007, S. 17

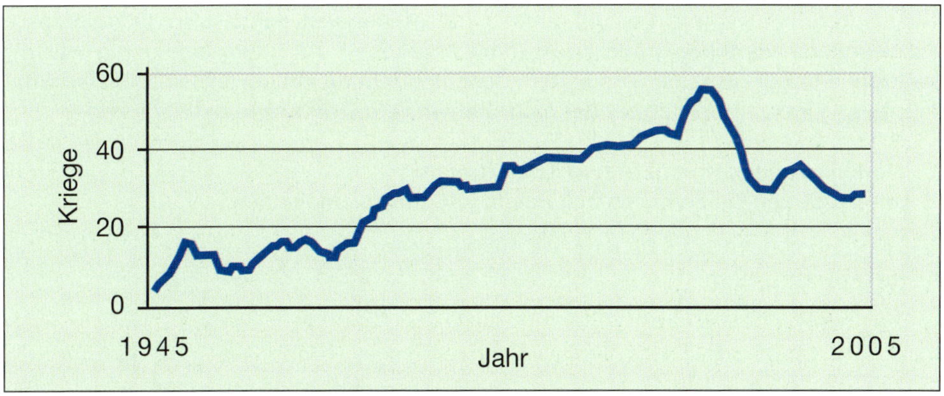

Kriege 1945–2005, Arbeitsgemeinschaft Kriegsursachenforschung

5.1.1 Konflikte und Krieg

Es gehört zu den bitteren Erfahrungen der Menschheit, dass Konflikte oftmals mit Gewalt ausgetragen werden. Aggressionen werden nicht mehr zurückgehalten. Dann herrscht **Krieg**. Die Konfliktursachen sind vielfältig:

- **wirtschaftliche Ursachen**, z. B. Sicherung wirtschaftlicher Vorteile wie Bodenschätze, Verkehrswege oder wirtschaftliche Vorherrschaft über andere Staaten oder Gruppen im eigenen Land, ungerechte Verteilung von Gütern, Vorherrschaft über strategisch wichtige Positionen (Meerengen, Gebirgshöhen)
- **psychologische Ursachen**, z. B. gegenseitiges Misstrauen, Vorurteile und Feindbilder gegenüber Angehörigen anderer Gruppen, Angst vor dem Verlust der eigenen Machtposition
- **religiöse Ursachen**, z. B. unterschiedliche Glaubensrichtungen, Rivalität zwischen Kirchen und Religionsgemeinschaften, Vormachtstellung der eigenen Religion
- **nationalistische bzw. rassistische Ursachen**, z. B. Überbetonung und Verherrlichung der eigenen Nation, Herabsetzung und Diskriminierung anderer Völker

Um die wirklichen Gründe für einen bewaffneten Konflikt herauszufinden, müssen oft auch **geschichtliche Hintergrundinformationen** einbezogen werden.

Gegensatz des „Krieges“ ist der „Frieden“. Der Friedensbegriff hat eine lange Geschichte. In der frühen Menschheitsentwicklung scheint Friede nirgends als Normalzustand angesehen worden zu sein. Friede musste „gestiftet“ werden.

Am Ende des Dreißigjährigen Krieges entsteht im Zusammenhang mit dem Westfälischen Frieden (1648) die Idee des Völkerrechtes. Danach ist Friede ein Zustand nichtkriegerischer Beziehungen zwischen zwei Ländern. Für die Formel **Friede = Nichtkrieg** wird später die Bezeichnung **negativer Friede** gebräuchlich. Erstrebenswert ist jedoch der **positive Frieden**. Darunter versteht man einen Zustand, in dem folgende Voraussetzungen erfüllt sind: gewaltfreie Lösung von Konflikten, soziale Gerechtigkeit, Wohlstand für alle Menschen, Verwirklichung von Freiheit und Demokratie, Achtung der Menschenwürde und sorgsamer Umgang mit der Natur.

Die Hoffnung auf ein friedliches Leben nach dem Zweiten Weltkrieg mit Millionen von Todesopfern hat sich nicht erfüllt. Seither hat es weltweit mindestens 200 militärisch ausgetragene Konflikte größeren Ausmaßes gegeben. An kaum einem Tag war die Welt ohne Krieg. Als Krieg wird in der Friedensforschung ein gewaltsamer Massenkonflikt bezeichnet, an dem zwei oder mehr bewaffnete Streitkräfte beteiligt sind.

1. **Weshalb können Konflikte zum Krieg führen?**
2. **Unterscheiden Sie zwischen negativem und positivem Frieden.**

Bis zur Auflösung der Sowjetunion (1990) beherrscht hauptsächlich der **Ost-West-Konflikt** das Weltgeschehen. Die beiden Großmächte Sowjetunion und USA stehen sich als Rivalen um den größten politischen und wirtschaftlichen Einfluss gegenüber und bedrohen sich gegenseitig mit Atomwaffen. Offiziell handelt es sich dabei um einen ideologischen (weltanschaulichen) Dauerkonflikt, mitunter auch als **Kalter Krieg** bezeichnet. Dem von der Sowjetunion verkörperten sozialistischen Gesellschafts- und Wirtschaftsmodell (Herrschaft einer Staatspartei, zentral gelenkte Wirtschaft) steht unter amerikanischer Führung das demokratisch-marktwirtschaftlich organisierte System des Westens entgegen.

Die Folge dieser Gegnerschaft ist eine Blockbildung, die sich auch in der Gründung von zwei militärischen Bündnissystemen zeigt: einmal NATO (North Atlantic Treaty Organization) und – nachdem die Bundesrepublik Deutschland 1955 der NATO beitritt – der Warschauer Pakt. NATO und Warschauer Pakt vertrauen zunächst auf das Prinzip der Abschreckung und der Herstellung des militärischen Gleichgewichtes. Das führt zu einem Wettrüsten auf beiden Seiten. Bald sind die Waffenarsenale in Ost und West so groß, dass damit die Erde mehrmals vernichtet werden könnte. Ein Atomkrieg würde jede menschliche Zivilisation zerstören.

Angesichts dieser drohenden Gefahr wächst auf beiden Seiten die Bereitschaft für eine **Entspannungspolitik**. Damit ist eine Politik der internationalen Konfliktentschärfung gemeint, die in erster Linie von Abrüstungsverhandlungen sowie von Abkommen über wirtschaftliche, technische und kulturelle Kooperation getragen wird. Wesentliche Fortschritte gibt es aber erst, als sich im Zusammenhang mit tief greifenden politischen Veränderungen in Osteuropa die Sowjetunion und damit der Warschauer Pakt auflöst. Dennoch dauert es bis 1997, ehe die russische Regierung erklärt, die Atomwaffen seien ab sofort nicht mehr auf Ziele in Westeuropa gerichtet.

Der Ost-West-Konflikt hat alle Anzeichen eines weltweiten, so genannten **globalen Konflikts**. Unter den Auswirkungen eines globalen Konflikts leidet mehr oder minder die gesamte Weltbevölkerung. Deshalb haben die Menschen nach dem Ende der Ost-West-Konfrontation auf eine friedlichere Welt gehofft. Leider erfüllt sich diese Hoffnung nicht. Ganz im Gegenteil: Jetzt werden bislang überlagerte Konflikte innerhalb eines begrenzten Gebietes – **regionale Konflikte** – sichtbar und kommen mit brutaler Gewalt zum Ausbruch. Vielfach sind es jetzt ethnische (durch Volkszugehörigkeit bedingte) oder religiöse Konflikte innerhalb eines Staates oder einer Region, die Leid und Verderben über die Menschen bringen und beängstigende Flüchtlingsströme auslösen. Ein besonders grausames Beispiel eines ethnischen Konflikts ist der Bürgerkrieg zwischen Serben, Kroaten und Moslems in Bosnien-Herzegowina nach dem Zerfall des Vielvölkerstaates Jugoslawien (ab 1992).

Religiöse Konflikte gehen gegenwärtig von Kräften aus, die als fundamentalistisch bezeichnet werden. **Fundamentalisten** sehen sich als Verteidiger der Glaubensgrundlagen und wenden sich demzufolge fanatisch und oftmals gewaltbereit gegen alles, was diese Fundamente aufzulösen scheint. Fundamentalisten treten in allen Glaubensrichtungen auf.

Der Terrorangriff islamischer Fundamentalisten auf das World Trade Center und das Verteidigungsministerium in den USA am 11. September 2001 verändert die Welt schlagartig. Die USA betrachten sich von da ab als im Kriegszustand befindlich – mit allen Konsequenzen.

5.1.2 Terrorismus und Krieg

Terroristen entführen amerikanische Passagiermaschinen und lenken sie in Kamikazeangriffen auf das New Yorker World Trade Center und auf das US-Verteidigungsministerium in Washington. US-Präsident Bush spricht von einer „nationalen Tragödie" und kündigt Vergeltung an. Die US-Streitkräfte werden in höchste Alarmbereitschaft versetzt.

12.09.2001: Der UN-Sicherheitsrat (S. 179) verurteilt die Terroranschläge und fordert die Bestrafung der Drahtzieher. Die NATO (S. 180) verkündet den Verteidigungsfall. Demnach wird der Angriff auf die USA als ein Angriff gegen alle Mitglieder des Bündnisses gesehen.

13.09.2001: Die deutsche Regierung nennt den Terrorangriff eine „Kriegserklärung an die gesamte zivilisierte Welt" und sichert den USA uneingeschränkte Solidarität zu.

15.09.2001: Die USA rüsten zum **Krieg gegen den internationalen Terrorismus** („war on terrorism"). Der US-Kongress (Parlament der USA) ermächtigt Präsident Bush, auf die Angriffe mit militärischer Gewalt zu reagieren. Bush spricht von einem „langen Feldzug" und erklärt den Kampf gegen den internationalen Terrorismus zum „ersten Krieg im 21. Jahrhundert".

16.09.2001: Die USA nehmen Afghanistan ins Visier. Erste Vergeltungsschläge sollen das Taliban-Regime treffen, das dem Islamisten Osama bin Laden Gastrecht gewährt. Die USA sehen in ihm, dem vermuteten Anführer des Terrornetzwerkes Al-Qaida, den Hauptverdächtigen der Terroranschläge auf New York und Washington.

Zusammengestellt aus IAP-Dienst Sicherheitspolitik Nr. 10 (S. 4)/11 (S. 4)/12 (S. 6)

Durch Luftangriffe und den Einsatz von Bodentruppen gelingt es den USA, das Taliban-Regime zu entmachten. Osama bin Laden kann jedoch nicht gefangen genommen werden. Unter der Schirmherrschaft der UNO wird eine Übergangsregierung gebildet, an deren Schutz auch die Bundeswehr beteiligt ist. Mit Selbstmordattentaten, bei denen auch Bundeswehrsoldaten sterben, versuchen die Taliban, die Macht zurückzugewinnen.

Im Irak vermuten die USA einen weiteren Stützpunkt des internationalen Terrorismus. Zudem sollen dort biologische Waffen gelagert sein. Die UNO sucht vergebens nach einer friedlichen Konfliktregelung. Daraufhin geht eine Koalitionsarmee aus USA, Großbritannien und einigen verbündeten Staaten ohne Zustimmung der UNO im März/April 2003 gegen den Irak vor und besetzt das Land. Die Bundesrepublik Deutschland und Frankreich verweigern eine militärische Beteiligung. Die biologischen Waffen werden nicht gefunden.

1. **Wie schätzen Sie die gegenwärtige Situation in Afghanistan ein?**
2. **Wie bewerten der amerikanische Präsident und die deutsche Regierung die Angriffe auf das World Trade Center und das US-Verteidigungsministerium?**

Nach dem Ende der Kampfhandlungen kommt der Irak nicht zur Ruhe. Die beabsichtigte demokratische Neugestaltung in Ruhe und Ordnung misslingt. Unangemessenes Verhalten einiger amerikanischer und britischer Soldaten gegenüber der Zivilbevölkerung erzeugt Hass und liefert das vom internationalen Terrorismus gewünschte Feindbild. Gewalttaten gegen die Koalitionstruppen und in zunehmendem Maße auch innerhalb der Zivilbevölkerung beherrschen den Alltag. Fast täglich werden neue Todesopfer gemeldet. Bis Mitte 2007 sterben 3 500 Koalitionssoldaten und mehr als 60 000 Zivilisten.
Die amerikanische Regierung versucht, durch Truppenverstärkungen die Lage in den Griff zu bekommen, obwohl bei der amerikanischen Bevölkerung die Abneigung gegen das Irak-Engagement (monatliche Kosten 1 Milliarde US-Dollar) wächst.

Weltweit nehmen nach den kriegerischen Aktionen in Afghanistan und Irak die Terrorakte eher zu. Das Terrornetzwerk Al-Qaida wird offenbar nicht zerschlagen, sondern nur zerstreut. 2004 kommen in Madrid 191 Menschen bei Bombenanschlägen auf Vorortszüge um; 2005 sterben in London 80 Menschen bei Anschlägen auf U-Bahnen und Busse. Die Anschläge richten sich auch gegen arabische Länder. So werden im März 2006 in einem Badeort am Roten Meer 23 Menschen, darunter ein deutsches Kind, bei einer Explosionsserie getötet.

Grundsätzlich stellt sich darum die Frage, ob Krieg ein geeignetes Mittel gegen den internationalen Terrorismus ist.

Verbrecher sind keine Krieger

Jetzt zeigt sich, dass Bushs Kriegserklärung an den Terrorismus vom 12. September fast so fatal war wie der Massenmord des 11. Septembers. Der „war on terrorism" hatte verheerende Folgen, gewollte und ungewollte. Zu den ungewollten gehörte wohl, dass damit Verbrecher in den Rang von Kriegsführenden und damit von Kriegern erhoben wurden – genau das, was diese selbst anstrebten. Noch fataler waren die gewollten, kalkulierten Folgen: Die Schwelle zum wirklichen Krieg zwischen Staaten wurde so gründlich abgehobelt, dass viele Amerikaner den Irak-Krieg als Teil eines ohnehin längst tobenden Krieges bagatellisierten und billigen konnten. Gewollt war vor allem die Inszenierung der Verbrecherjagd als Krieg, was dann auch erlaubte, den Krieg gegen Irak der Welt und vor allem der eigenen Bevölkerung als Verbrecherjagd darzustellen. Wo aber Krieg zur Verbrecherjagd und Verbrecherjagd zum Krieg wird, hat das geltende Völkerrecht ausgespielt (...)
Jedes Umsteuern muss damit beginnen, dass wir alle aufhören, mit Krieg auf Verbrechen von einzelnen und Gruppen zu antworten. Verbrechensbekämpfung ist Aufgabe von Polizei und Justiz, natürlich auch der Geheimdienste. Das Militär ist nur in den wenigen Fällen am Zug, wo die Kräfte der Polizei nicht ausreichen (...)

Erhard Eppler, in: Frankfurter Rundschau, 26.04.2004 (gekürzt)

1. **Beschreiben Sie die gegenwärtige Situation im Irak.**
2. **Weshalb kann sich E. Eppler der Bezeichnung „war on terrorism" nicht anschließen?**

5.1.3 Zukünftige Gefahren – Kampf um Naturressourcen

Mit Blick auf die Zukunft ist das Problem der Friedenssicherung eng mit dem Umweltproblem verknüpft. Sicherlich ist die Bezeichnung **„Ökokrieg"** nur ein Schlagwort, das der Vielschichtigkeit von Kriegsursachen nicht gerecht wird. Aber Umweltfaktoren können regionale und globale Konflikte jetzt und in Zukunft so sehr verschärfen, dass es schließlich zu kriegerischen Auseinandersetzungen kommt. Die vorhandenen natürlichen Ressourcen (fruchtbarer Boden, Rohstoffe und Wasser) müssen für immer mehr Menschen ausreichen. Im Jahre 2010 werden ca. sieben Milliarden Menschen auf der Erde leben, fast viereinhalbmal so viele wie 110 Jahre zuvor. Unter anderem werden die Wasservorräte in bevölkerungsreichen Erdteilen drastisch abnehmen.

Drohen Kriege um das Wasser?

Wasser wird weltweit immer mehr zum raren Gut. Bereits heute leiden rund 30 Länder, insbesondere im Nahen Osten und in Afrika, unter akutem Wassermangel. Ohne energische wasserwirtschaftliche Maßnahmen und ohne drastische Sparprogramme kann sich diese Zahl bis zum Jahre 2025 auf 80 Länder mit insgesamt rund drei Milliarden Menschen erhöhen. Von der Wasserknappheit ist in erster Linie die landwirtschaftliche Produktion betroffen (...) »Die Kriege des nächsten Jahrhunderts«, so prophezeite 1999 Ismail Serageldin, Vizepräsident der Weltbank, »werden nicht um Öl, sondern um Wasser geführt«. Selbst wer diese pessimistische Einschätzung nicht teilt, muss sich der Sprengkraft bewusst sein, die in der gefährlichen Kombination von Wassermangel, Verknappung an landwirtschaftlich nutzbarem Boden und dem Ansteigen der Weltbevölkerung liegt.

Keul, Walter: http://www.konservative-epoche.de/artikel/a008_drohen.html 21.06.2006

Der Besitz von natürlichen Rohstoffen ist für Länder der Dritten Welt nicht automatisch eine Quelle für Entwicklung und Wohlstand. Oftmals führen in diesen Ländern regional mächtige **„Warlords"** mithilfe von Söldnertruppen Kämpfe (z. B. Kongo), um über Ressourcen verfügen zu können, die sie dann auf dunklen Kanälen an die Produzenten in den Industrieländern zu ihren Gunsten verkaufen. Aus den Erlösen beschaffen sie wieder Waffen, mit denen die innerstaatlichen Konflikte weitergeführt werden. Aufgrund der allgemeinen **Armut** finden sich genügend Kampfwillige. So entsteht ein kaum zu durchbrechender Kreislauf von schonungsloser Naturausbeutung, Profitgier, Gewaltausübung und Armut. Die Nachfrage nach den dringend benötigten Rohstoffen im Rahmen der Globalisierung kann somit ein Auslöser sein für die Verfestigung der Armut und kriegerische Auseinandersetzungen. Im Jahre 2004 haben bei 13 von 42 größeren bewaffneten Konflikten Ressourcen eine wichtige Rolle gespielt, d. h., der Anspruch auf die Ausbeutung von Rohstoffen hat den Konflikt verursacht, ausgelöst oder finanziert.

1. **Nennen Sie Beispiele für natürliche Ressourcen.**
2. **Rohstoffbesitz: Fluch oder Segen?**

Zur Wiederholung

1. Erläutern Sie den Unterschied zwischen globalen und regionalen Konflikten.
2. Was sagen Ihnen die Bezeichnungen „Kalter Krieg" und „Ost-West-Konflikt"?
3. Beschreiben Sie die Kriegsgefahren während und nach dem Ende des Ost-West-Konflikts.
4. Inwiefern könnten von fundamentalistischen Strömungen grundsätzlich friedensbedrohende Aktivitäten ausgehen?
5. Wie reagieren die USA, UNO und NATO auf die Angriffe auf das World Trade Center in New York und das US-Verteidigungsministerium in Washington?
6. Begründen Sie, weshalb der „Kampf gegen den internationalen Terrorismus" eine globale Auseinandersetzung darstellt.
7. Was ist mit „Öko-Krieg" gemeint?
8. Erläutern Sie den Zusammenhang zwischen Umweltproblemen und möglichen Kriegsgefahren.
9. Nennen Sie die Umweltbereiche, die in Zukunft Anlass für bewaffnete Konflikte sein könnten. Begründen Sie Ihre Aussage.

Handlungsimpulse

A Sammeln Sie während einer Woche aus der Tageszeitung alle Meldungen über kriegerische Konflikte in der Welt.
Markieren Sie die Konfliktgebiete auf einer Weltkarte und versuchen Sie, die hauptsächlichen Konfliktursachen herauszufinden.

B Im Folgenden werden einige wichtige Flusssysteme genannt, bei denen es regelmäßig zu Wasserverteilungskonflikten kommt.
Stellen Sie fest, wo diese Gebiete liegen und welche Länder auf das Wasser eines einzigen Flusses angewiesen sind.

Im Einzugsgebiet des **Nils** leben mehr als 140 Millionen Menschen, und zehn Länder teilen sich sein Wasser. Bevölkerungswachstum und die Art und Weise der vorwiegenden Ressourcennutzung lassen den Druck auf die Ressource stetig steigen (...)
Der **Indus** liefert Wasser für mehr als 100 000 Quadratkilometer Land; dies ist weltweit die größte Bewässerungsfläche eines einzelnen Flusssystems (...)
Ein weiteres Beispiel für Wasserverteilungskonflikte ist der Nahe Osten, der von jeher zu den wasserärmeren Regionen der Welt gehört (...) Das **Jordan**becken gehört zu den 261 internationalen Flussläufen und -becken dieser Erde, die zwei oder mehr Anrainer haben.
Das **Euphrat-Tigris-Becken** ist seit Jahren Gegenstand von Konflikten zwischen den Anrainerstaaten ...., ... und ....

Fröhlich, Christiane: Zur Rolle der Ressource Wasser in Konflikten, in: Aus Politik und Zeitgeschichte, 25/2006, S. 34 ff. (Auszug)

5.2 Wirksamkeit von Sicherheitssystemen

1. **Welche Bedeutung haben die einzelnen Sicherheitsbegriffe für Sie?**
2. **Suchen Sie nach weiteren Sicherheitsbegriffen.**

Der Begriff „Sicherheit" wird in vielerlei Wortverbindungen gebraucht. Sicherheit entspricht einem Urbedürfnis des Menschen. Immer geht es darum, sich vor überraschenden und (lebens-)bedrohlichen Ereignissen zu schützen. Die Aufgabe des Staates ist es, einen Teil dieser Sicherheitsvorkehrungen zu übernehmen.

Bei **innerer Sicherheit** geht es vor allem um die Frage, wie Bürgerinnen und Bürger vor Kriminalität innerhalb des Staates zu schützen sind. Die **äußere Sicherheit** bezieht sich auf Abwehrmaßnahmen gegen militärische Gefahren, die von außen, d. h. außerhalb der Staatsgrenzen, die Bevölkerung bedrohen. Wenn international wirkende Verbrecherorganisationen die Bevölkerung eines Staates bedrohen oder in einem Bürgerkrieg (z. B. im ehem. Jugoslawien) das Militär gegen Bevölkerungsteile des eigenen Landes eingesetzt wird, dann lässt sich diese Unterscheidung zwischen innerer und äußerer Sicherheit kaum mehr vornehmen.

Die Aufrechterhaltung der inneren Sicherheit ist in der Bundesrepublik Deutschland die Aufgabe der Innenpolitik; die äußere Sicherheit gehört in den Bereich der Außen- und Sicherheitspolitik. Diese **Sicherheitspolitik** braucht zur Erfüllung ihrer Aufgaben geeignete Instrumente. Das sind einzelstaatliche oder überstaatliche (kollektive) **Sicherheitssysteme**. Ein einzelstaatliches Sicherheitssystem stellt ursprünglich die Bundeswehr dar. Ihr Auftrag ist allerdings von Anfang an eng mit dem überstaatlichen Sicherheitssystem NATO verbunden. Noch weiter als die Aufgabenstellung der NATO spannt sich das Aufgabenfeld des überstaatlichen Sicherheitssystems der Vereinten Nationen (UN = United Nations).

Die einzelnen Sicherheitssysteme sind miteinander vernetzt. Eine sachgerechte Einschätzung des einzelstaatlichen Sicherheitssystems Bundeswehr setzt die Kenntnis der übergeordneten Sicherheitsstruktur voraus.

5.2.1 Die Vereinten Nationen (UN)

Die Vereinten Nationen werden 1945 von 51 Staaten gegründet. 2007 gehören der Organisation 191 Mitgliedstaaten an. Die Staaten verpflichten sich gemäß der **UN-Charta** (Gründungsurkunde), den Frieden zwischen den Völkern der Welt zu sichern, Streitigkeiten friedlich zu regeln und die Menschenrechte zu fördern. Alle Staaten sind in der Generalversammlung vertreten und dort auch gleichberechtigt. Jedes Land hat eine Stimme, gleichgültig wie groß oder bedeutend es ist. Beschlüsse müssen mit Zweidrittelmehrheit gefasst werden.

Ein weiteres bedeutendes Gremium der Vereinten Nationen ist der **Sicherheitsrat**, auch Weltsicherheitsrat genannt. Derzeit wird eine Reform des Sicherheitsrates angestrebt. In diesem Zusammenhang hofft Deutschland auf einen ständigen Sitz.

1. **Welche Aufgaben hat der Sicherheitsrat?**
2. **Was geschieht, wenn z. B. die USA einer Sanktionsmaßnahme nicht zustimmen?**
3. **Verfügen die UN über eigene Truppen zur Konfliktregelung?**

Mit der 1993 erfolgten Einrichtung des **Kriegsverbrechertribunals** in Den Haag/Niederlande hat der UNO-Sicherheitsrat eine neue Aufgabe übernommen. Der Gerichtshof zieht Personen zur Verantwortung, die während der Jugoslawienkriege (1991–1999) gegen die Menschenrechte verstoßen haben. Die Höchststrafe ist lebenslanger Freiheitsentzug. Im Januar 2003 nimmt der **Internationale Strafgerichtshof** seine Arbeit auf. Damit ist der Weg frei für weltweite gerichtliche Verfolgung von Kriegsverbrechen, Völkermord und Verbrechen gegen die Menschlichkeit. Das Weltgericht soll nur dann tätig werden, wenn sich die Strafverfolgungsbehörden der jeweils zuständigen Staaten weigern oder nicht fähig sind, den Prozess gegen die Täter zu führen. Allerdings melden die USA gegen das Weltgericht Vorbehalte an, weil sie befürchten, dass auch Klagen gegen US-Soldaten vorgebracht werden könnten.

5.2.2 Die NATO

NATO (North Atlantic Treaty Organization)
1949 gegründet, versteht sich nicht nur als Verteidigungspakt, sondern als ein politisches und kulturelles Bündnis mit gemeinsamen Wertvorstellungen über eine freiheitliche Demokratie. Die NATO will die Freiheit und Sicherheit ihrer Mitglieder mit politischen und militärischen Mitteln im Einklang mit den Grundsätzen der UN-Charta gewährleisten und die Sicherheit Nordamerikas mit der Sicherheit Europas verknüpfen.

Drechsler, Hilliger, Neumann: Lexikon der Politik, 9. Auflage, Vahlen, München, 1995, S. 564

1. **In welcher weltpolitischen Situation ist die NATO gegründet worden (siehe S. 173)?**
2. **Woran könnten Sie erkennen, ob der Staat, in dem Sie sich befinden, eine freiheitliche demokratische Ordnung aufweist?**

Mit dem Zusammenbruch der Sowjetunion und der Auflösung des **Warschauer Paktes** (Militärbündnis unter Führung der Sowjetunion) entfällt für die NATO ihr eigentlicher Auftrag: der Schutz vor der als Bedrohung empfundenen sowjetischen Militärmacht. Die bis dahin gültige Strategie der Abschreckung durch „flexible Antwort" (d. h. sofortige angemessene Reaktion auf militärische Aggression) wird ersetzt durch die Strategie der Kooperation.

Gesprächsbereitschaft und Zusammenarbeit mit allen Staaten Osteuropas sowie Krisenmanagement und Kriegsverhütung sind die bestimmenden Faktoren der neuen NATO-Strategie, die bereits 1991 vereinbart werden. 1994 bietet die NATO den Staaten Osteuropas eine **„Partnerschaft für den Frieden"** an. Ein besonderes Abkommen mit Russland legt Regeln für einen dauernden militärischen Informationsaustausch und die Zusammenarbeit bei internationalen humanitären Einsätzen und Friedensmissionen fest. Dieses Abkommen wird im Mai 1997 durch eine „Gründungsakte" verstärkt. In diesem Dokument bekräftigen die NATO und Russland, sich nicht als Gegner zu betrachten und gemeinsam einen dauerhaften Frieden im euro-atlantischen Raum zu schaffen.

Mit der Unterzeichnung der „Gründungsakte" stimmt Russland indirekt einer Osterweiterung der NATO zu. Im Dezember 1997 unterzeichnen die NATO-Außenminister die Beitrittsprotokolle der ehemaligen Ostblockstaaten Polen, Ungarn und Tschechien.

Ein weiterer Schritt ist die Bildung des gemeinsamen **NATO-Russland-Rates** im Mai 2002, der Russland als gleichberechtigtes Mitglied bei Fragen der Terrorbekämpfung und Nichtverbreitung von Massenvernichtungswaffen anerkennt. Die Ereignisse des 11. September 2001 (siehe S. 174) haben gezeigt, dass tödliche Angriffe nicht nur von Staaten ausgehen können. Deshalb muss sich auch die NATO der Frage stellen, wie der Bedrohung durch den Terrorismus besser zu begegnen ist. Gemäß dieser neuen Ausrichtung der NATO wird die **NATO Response Force** (NRF), eine schnelle Eingreiftruppe, gebildet.

NATO beschließt schnelle Eingreiftruppe

Auf der NATO-Konferenz in Riga wurde am 28.11.2006 die sofortige Aufstellung einer schnellen Eingreiftruppe beschlossen. Die NATO Response Force (NRF) ist Teil der militärischen Umwandlung, die sich den „neuen Herausforderungen des 21. Jahrhunderts anpassen" soll. Der Generalsekretär der NATO sagte dazu in Riga, die volle Einsatzfähigkeit der NRF sei nun erreicht. 25 000 Soldaten aus den Mitgliedstaaten stehen jetzt bereit, binnen fünf Tagen an einen Einsatzort verlegt zu werden und dort bis zu 30 Tage im Einsatz zu bleiben. Es handelt sich um „leistungsstarke Kräfte zu Land, zu See und in der Luft", so der Generalsekretär. Die Truppe soll im Anti-Terror-Kampf aber auch bei Naturkatastrophen zum Einsatz kommen. In Konfliktgebieten soll sie auch eine Art Voraustrupp für nachrückende NATO-Einheiten bilden.

D. Peters: www.berlinkontor.de/29.11.2006 (gekürzt)

Im März 2004 treten weitere Staaten des früheren Ostblocks der NATO bei: Estland, Lettland, Litauen, Bulgarien, Rumänien, Slowakei und Slowenien.

Das Vertrauen auf militärische Stärke darf nicht darüber hinwegtäuschen, dass in Europa Einrichtungen entstanden sind, die es sich zum Ziel gesetzt haben, Konflikte durch vorausschauende Sicherheitspolitik zu vermeiden. Hierzu gehören die im Maastricht-Vertrag (1992) festgeschriebene **Gemeinsame Außen- und Sicherheitspolitik** (GASP) der Europäischen Union, der **Europarat** und die **Organisation für Sicherheit und Zusammenarbeit in Europa** (OSZE). Die Bedeutung der OSZE liegt in der Tatsache begründet, dass sie die einzige Institution darstellt, in der alle europäischen Staaten, eben auch die des ehemaligen Ostblocks, gleichberechtigte Mitglieder sind. Die Nutzung dieser Einrichtungen im Sinne eines einheitlichen europäischen Handelns ist in den vergangenen Jahren von den europäischen Regierungen vernachlässigt worden, sodass z. B. bei den Jugoslawien-Kriegen (1991–1999) Europa unfähig war, die eigenen Probleme ohne amerikanische Hilfe zu lösen. Nach Ansicht von Politikfachleuten wäre es darum mit Blick auf eine stabile europäisch-amerikanische Freundschaft notwendig, dass die europäischen Staaten sich auf ihre eigene Stärke besinnen.

Ziele der EU

im Rahmen der Gemeinsamen Außen- und Sicherheitspolitik (GASP) gemäß Maastricht-Vertrag (1992)

- Stärkung der Sicherheit der EU und ihrer Mitgliedstaaten in allen ihren Formen
- Wahrung des Weltfriedens und der internationalen Sicherheit gemäß UN-Charta (...)
- Förderung der internationalen Zusammenarbeit, Demokratie und Rechtsstaalichkeit
- Wahrung der Menschenrechte und Grundfreiheiten

IAP-Dienst Nr. 01/1997, S. 4 (Auszug)

1. **Inwiefern hat sich die heutige Aufgabenstellung der NATO gegenüber früher geändert?**
2. **Wozu dient eine eigene europäische Sicherheitspolitik?**

5.2.3 Die Bundeswehr

1. Welche Aktivitäten der Bundeswehr zeigen die Bilder?
2. Wie schätzen Sie die Bedeutung der Bundeswehr als Sicherheitsfaktor ein?

Als Deutschland gemäß den Ergebnissen der Potsdamer Konferenz vollständig abgerüstet und entmilitarisiert wird, sind sich Sieger und Besiegte einig, dass von deutschem Boden nie wieder ein Krieg ausgehen darf. Demzufolge steht eine Wiederbewaffnung Deutschlands auch nicht zur Diskussion.

Doch schneller als erwartet ändert sich die politische Weltlage. Aus den ehemaligen Kriegsverbündeten USA und Sowjetunion werden Gegner, nachdem die Sowjetunion die Länder Osteuropas ihren Interessen unterwirft. Auch der sowjetisch besetzte Teil Deutschlands wird nach kommunistischem Muster umgestaltet. Zwischen West- und Osteuropa fällt der **„Eiserne Vorhang"**. Westdeutschland und die westeuropäischen Staaten empfinden diese sowjetische Machtpolitik als Bedrohung. Die westlichen Besatzungsmächte USA, Großbritannien und Frankreich und die Bundesregierung erkennen, dass eine ausreichende Sicherheit ohne deutsche militärische Mitwirkung nicht mehr gewährleistet werden kann. Die Pariser Verträge vom Oktober 1954 schaffen die Voraussetzungen für die Aufstellung der Bundeswehr.

Pariser Verträge 1954

- Die Bundesrepublik Deutschland erhält ihre volle Souveränität (Selbstständigkeit).
- Das Besatzungsstatut wird aufgehoben.
- Die Bundesrepublik Deutschland tritt der NATO bei und stellt Streitkräfte bis zu einer Gesamtstärke von 500 000 Mann auf.
- Die Bundeswehr wird dem Oberbefehl der NATO unterstellt.
- Die Bundesrepublik Deutschland verzichtet auf die Herstellung von ABC-Waffen (atomar, biologisch, chemisch).

1. Seit wann hat es das „Besatzungsstatut" gegeben?
2. Welchen Vorteil hinsichtlich der äußeren Sicherheit hat die Unterstellung der Bundeswehr unter die NATO?

Die Ernennung der ersten Angehörigen der Bundeswehr am 12. November 1955 markiert den Neubeginn einer Armee in einer demokratischen und rechtsstaatlichen Ordnung.

Drei Grundsätze prägen diesen militärischen Neubeginn:

- Die Bundeswehr soll eine Armee in einer Demokratie sein. Die Befehls- und Kommandogewalt wird einem zivilen Politiker – dem Bundesminister für Verteidigung – übertragen (Art. 65a GG). Dadurch unterliegt die Armee letztlich der parlamentarischen Kontrolle durch den Bundestag.
- Die Bundeswehr soll eine Armee in einem Bündnis sein. Die Aufgabe, die Sicherheit der Bundesrepublik Deutschland zu schützen, fällt der Bundeswehr nicht alleine zu. Durch die Einbindung in das nordatlantische Verteidigungsbündnis NATO wird ein System kollektiver Sicherheit geschaffen. Von Anfang an ist die Bundesrepublik Deutschland durch die Anwesenheit verbündeter Streitkräfte zusätzlich geschützt. Dafür verpflichtet sich die Bundeswehr zur militärischen Unterstützung, wenn ein Bündnispartner angegriffen werden sollte.
- Die Bundeswehr muss eine Defensivarmee sein. Nach dem Zweiten Weltkrieg stimmen in Deutschland alle politischen Kräfte darin überein, dass von deutschem Boden nie wieder eine Aggression ausgehen darf. Folgerichtig wird im Grundgesetz jeder Angriffskrieg verboten und seine Vorbereitung unter Strafe gestellt.

Artikel 26 Grundgesetz

(1) Handlungen, die geeignet sind und in der Absicht vorgenommen werden, das friedliche Zusammenleben der Völker zu stören, insbesondere die Führung eines Angriffskrieges vorzubereiten, sind verfassungswidrig. Sie sind unter Strafe zu stellen (...)

Im Zusammenhang mit dem **Golfkrieg** und der Aufstellung multinationaler Verbände (= Streitkräfte aus mehreren Ländern) wird ab 1991 bereits die Forderung erhoben, den Einsatz der Bundeswehr außerhalb der Bundesrepublik und des NATO-Gebietes zu ermöglichen.

Dazu gibt es damals zunächst keine einheitliche Meinung im Bundestag. Erst das **Bundesverfassungsgericht** (BVG) entscheidet, dass die Bundeswehr im Rahmen der NATO auch außerhalb des NATO-Gebietes („out of area") eingesetzt werden darf, wenn die NATO einen Auftrag des UN-Sicherheitsrates ausführt. Im Zusammenhang mit dieser Entscheidung weist das BVG aber nochmals ausdrücklich auf die rechtliche Grundlage der Bundeswehr als **„Parlamentsheer"** hin. Insofern müssen alle Einsätze der Bundeswehr jeweils einzeln vom Bundestag gebilligt werden. Nach der grundsätzlichen Entscheidung des BVG werden der Bundeswehr mehrere Einsatzgebiete zugewiesen. Im Januar 2004 erklärt der amtierende Verteidigungsminister: „Mögliches Einsatzgebiet für die Bundeswehr ist die ganze Welt."

Gleichzeitig kündigt der Minister eine **Strukturreform** der Bundeswehr an. So soll es nur noch drei „Kräftekategorien" (Truppenteile) geben: die **Eingreifkräfte**, die im Ausland sogenannte „friedenserzwingende Maßnahmen" vornehmen können, die **Stabilisierungskräfte** für „friedensstabilisierende Maßnahmen" und die **Unterstützungskräfte**. Diese sollen den beiden ersten Truppenteilen zuarbeiten und den Grundbetrieb der Bundeswehr im eigenen Land aufrechterhalten sowie für die Ausbildung sorgen. Ebenso würden die Unterstützungskräfte bei Katastrophenfällen – wie bei den Überschwemmungen an Oder und Elbe – helfen. Zusammen mit der Reform ist auch eine Verkleinerung der Truppenstärke auf 250 000 Soldatinnen und Soldaten vorgesehen.

1. **Was bedeutet „Out of area"-Einsatz der Bundeswehr?**
2. **Was ist der Hintergrund für die Umstrukturierung der Bundeswehr?**

Wegen des geplanten Personalabbaus bei der Bundeswehr stellt sich wieder einmal die Frage, ob die **Wehrpflicht** – derzeit neun Monate – noch beibehalten werden kann. Da Wehrpflichtige nur auf freiwilliger Basis zu Auslandseinsätzen herangezogen werden dürfen, wird der Auftragsbereich für sie ohnehin kleiner. Andererseits ist die Landesverteidigung als ehemaliger Hauptzweck für die Wehrpflicht nicht mehr dringend gegeben, weil Deutschland insgesamt von befreundeten (NATO-)Staaten umgeben ist. Zudem bezweifeln Kritiker der Wehrpflicht, ob Freiwilligenkontingente innerhalb der Bundeswehr überhaupt in der Lage sind, gefährliche Auslandsaufgaben zu erfüllen. Eine hochspezialisierte **Berufsarmee** wird für diesen Zweck als sehr viel wirkungsvoller erachtet. Allerdings würde eine Berufsarmee wesentlich mehr Personalkosten verursachen als die derzeitige Lösung.

Wehrpflicht ade?

(...) Die Zeichen der Zeit, die politischen und gesellschaftlichen Realitäten, deuten in diese Richtung.

Nach einer Studie des Wissenschaftlichen Dienstes des Bundestags spitzt sich die Frage zu, wie die im Grundgesetz verankerte allgemeine Wehrpflicht für Männer verwirklicht werden kann, wenn bei einer stetig schrumpfenden Bundeswehr immer weniger Rekruten eingezogen werden. Die Umwandlung der Wehrpflicht in eine „Auswahlwehrpflicht" sei mit Blick auf den „Grundsatz der gleichen Lasten für alle" verfassungswidrig, meint ein Verteidigungsexperte, der die Studie in Auftrag gegeben hat. Die Umstrukturierung der Bundeswehr bis 2010 auf 250 000 Soldaten sieht auch eine Reduzierung der Zahl der Wehrpflichtigen von ca. 80 000 auf künftig ca. 50 000 vor. Damit stellt sich die Frage der Wehrgerechtigkeit in voller Schärfe, weil dann nur noch ca. 65 % der wehrdiensttauglichen Männer eingezogen werden.

ds, in: IAP-Dienst 01/2004, S. 3 (Auszug)

Würde der Wehrdienst entfallen, so gäbe es allerdings auch keine **Zivildienstleistenden** mehr. Derzeit leisten ca. 90 000 Kriegsdienstverweigerer Zivildienst. Als möglicher Ersatz käme ein aus Voll- und Teilzeitkräften zusammengesetzter Freiwilligendienst aus allen Altersstufen in Betracht. Auch die Arbeitsmarktreformen geben zu Überlegungen Anlass, ob Zivildienstleistende durch Langzeitarbeitslose zu ersetzen sind.

Das Geschehen in der Bundeswehr überwacht der **Wehrbeauftragte des Bundestages**. Dieses Amt unterstreicht, dass es sich bei der Bundeswehr um ein „Parlamentsheer" handelt. In einem jährlich vorgelegten Bericht zeigt der Wehrbeauftragte Schwachpunkte der Bundeswehr auf. So waren im Jahre 2006 rund 6 000 Eingaben zu bearbeiten. Der überwiegende Teil der Kritikpunkte hat sich auf Personalangelegenheiten sowie auf die Themen Menschenführung in der Truppe und Wehrrecht bezogen.

1. **Wie hängen Strukturreform der Bundeswehr und Wehrpflicht zusammen?**
2. **Welche Gründe sprechen für eine Berufsarmee?**
3. **Weshalb wird der Wehrbeauftragte vom Bundestag eingesetzt?**

5.2.4 Frieden schaffen durch Waffen?

Die Meinungen, die einem einseitigen – militärischen – Sicherheitsbegriff widersprechen:

Das Faustrecht bringt keinen Frieden

(…) Will man wirkungsvolle Friedensstrategien entwickeln, muss der Blick geöffnet werden für alle Gefährdungen, die das Leben und Wohlergehen der Menschen bedrohen: Hunger und Armut, wirtschaftliche Ungleichheit und politische Ungerechtigkeit, konfliktverschärfendes wirtschaftliches Handeln, gewaltsame Vertreibungen, Epidemien, Ressourcenknappheit sowie die vielfältigen ökologischen Gefährdungen. Ihnen kann die Staatengemeinschaft weder mit Krieg und Aufrüstung noch mit neuen Sicherheitsstrategien zu Leibe rücken. Nötig sind vielmehr gemeinsame Anstrengungen für eine gerechtere und spannungsfreiere Welt, die Zurückweisung von Gewalt als Mittel der Politik und die Umsetzung nachhaltiger Friedensprozesse und -strategien (…)

Christoph Weller, Ulrich Ratsch, Reinhard Mutz, Bruno Schoch, Corinna Hauswedell: Stellungnahme zum Friedensgutachten 2004, Münster 2004, S. 3–20, in: Frankfurter Rundschau, 16.06.2004 (Auszug)

Milliarden Menschen leben in permanenter Unsicherheit

(…) Es besteht die Gefahr, dass die Konzentration auf militärische Antworten bei der Bekämpfung der Unsicherheit zu einem Fehlschlag führt, mit unabsehbaren Folgen. Staaten, die auf eine wahrgenommene innere oder äußere Bedrohung mit Gewalt reagieren, fördern damit Eskalation (Verschärfung) der Konflikte. Kriege wie die in Afghanistan und Irak können zwar möglicherweise gewonnen werden. Aber der größere „Krieg" gegen Armut und menschliche Unsicherheit wird darüber wahrscheinlich verloren (…)

Michael Boska, Peter Croll: Jahresbericht des Internationalen Konversionszentrums, in: Frankfurter Rundschau, 14.05.2003 (Auszug)

1. **Was soll durch die Karikatur zum Ausdruck gebracht werden?**
2. **Geben Sie die jeweiligen Standpunkte wieder.**

Zur Wiederholung

1. Unterscheiden Sie zwischen innerer und äußerer Sicherheit.
2. Nennen Sie Beispiele für einzelstaatliche und überstaatliche Sicherheitssysteme.
3. Beschreiben Sie die Aufgaben der Vereinten Nationen im Zusammenhang mit der Friedenssicherung.
4. Worin besteht der Unterschied zwischen ständigen und nichtständigen Mitgliedern des Sicherheitsrates?
5. Woher leitet der Sicherheitsrat die Berechtigung ab, ein Kriegsverbrechertribunal einzurichten?
6. Unterscheiden Sie zwischen Kriegsverbrechertribunal und Internationalem Strafgerichtshof.
7. Weshalb ist es falsch, die NATO nur als ein Militärbündnis zu betrachten?
8. Erklären Sie die Begriffe: Strategie der Abschreckung, Strategie der Kooperation, Partnerschaft für den Frieden, NATO-Russland-Rat.
9. Inwiefern verändert sich durch die Osterweiterung der NATO die sicherheitspolitische Situation der Bundesrepublik Deutschland?
10. Erklären Sie, wie sich die Ereignisse des 11. September 2001 auf die NATO ausgewirkt haben.
11. Welche Organisationen (Abkürzung und volle Bezeichnung) gehören zum europäischen Sicherheitsnetz?
12. Nennen Sie den Grund dafür, dass nur zehn Jahre nach dem Ende des Zweiten Weltkrieges in der Bundesrepublik Deutschland wieder eine Armee aufgestellt wird.
13. Die Bundeswehr wird als eine „Armee in der Demokratie" bezeichnet.
    Was bedeutet dieser Anspruch hinsichtlich Führung und Handlungsweise der Bundeswehr?
14. Inwiefern verändert sich der Auftrag der Bundeswehr nach dem Ende des Ost-West-Konfliktes?
15. Wie ist der „Out of area"-Einsatz der Bundeswehr vor dem Hintergrund des Grundgesetzes zu sehen?
16. Erläutern Sie den Zusammenhang zwischen der Strukturreform der Bundeswehr und der Wehrpflicht.
17. Welche Aufgaben hat der Wehrbeauftragte des Bundestages?
18. Nennen Sie die Ziele einer umfassenden Friedenssicherung.

Handlungsimpulse

A Geben Sie den Inhalt der nachstehenden Artikel der UN-Charta in Ihren Worten wieder.

Aus der Charta der Vereinten Nationen, unterzeichnet am 26. Juni 1945 in San Francisco

Artikel 1

Die Vereinten Nationen setzen sich folgende Ziele:

1. den Weltfrieden und die internationale Sicherheit zu wahren und zu diesem Zweck wirksame Kollektivmaßnahmen zu treffen, um Bedrohungen des Friedens zu verhüten und zu beseitigen, Angriffshandlungen und andere Friedensbrüche zu unterdrücken und internationale Streitigkeiten oder Situationen, die zu einem Friedensbruch führen könnten, durch friedliche Mittel nach den Grundsätzen der Gerechtigkeit und des Völkerrechts zu bereinigen oder beizulegen;

2. freundschaftliche, auf der Achtung vor dem Grundsatz der Gleichberechtigung und Selbstbestimmung der Völker beruhende Beziehungen zwischen den Nationen zu entwickeln und andere geeignete Maßnahmen zur Festigung des Weltfriedens zu treffen;

3. eine internationale Zusammenarbeit herbeizuführen, um internationale Probleme wirtschaftlicher, sozialer, kultureller und humanitärer Art zu lösen und die Achtung vor den Menschenrechten und Grundfreiheiten für alle ohne Unterschiede der Rasse, des Geschlechts, der Sprache oder der Religion zu fördern und zu festigen;

4. ein Mittelpunkt zu sein, in dem die Bemühungen der Nationen zur Verwirklichung dieser gemeinsamen Ziele aufeinander abgestimmt werden (...)

Artikel 2
(...)

3. Alle Mitglieder legen ihre internationalen Streitigkeiten durch friedliche Mittel so bei, dass der Weltfriede, die internationale Sicherheit und die Gerechtigkeit nicht gefährdet ist.

Artikel 33

1. Die Parteien einer Streitigkeit, deren Fortdauer geeignet ist, die Wahrung des Weltfriedens und der internationalen Sicherheit zu gefährden, bemühen sich zunächst um eine Beilegung durch Verhandlung, Untersuchung, Vermittlung, Vergleich, Schiedsspruch, gerichtliche Entscheidung, Inanspruchnahme regionaler Einrichtungen oder Abmachungen oder durch andere friedliche Mittel eigener Wahl.
(...)

B Beschaffen Sie sich mithilfe von jährlich neu aufgelegten Aktualitätenlexika (z. B. Der Fischer Weltalmanach, Frankfurt; Harenberg Aktuell – Lexikon der Gegenwart) weitere Informationen über die Vereinten Nationen.
Die Informationen können gruppenweise ausgewertet werden.
Z. B.:
- Wie ist die UNO organisiert?
- Welche Friedensmissionen werden derzeit durchgeführt?
- Für welche Aufgaben unterhält die UNO Unterorganisationen?
- Welche UN- und UN-nahen Organisationen haben ihren Hauptsitz in Deutschland?
- Welches Finanzierungsproblem existiert bei der UNO?
- Mit welchen aktuellen Problemen hat sich die UNO derzeit auseinanderzusetzen?

C Veranschaulichen Sie das europäische Sicherheitsnetz, indem Sie die jeweiligen Mitgliedstaaten der EU, der NATO, des Europarates einander überschneidenden Kreisen oder Rechtecken zuordnen.

Mitgliedstaaten der/des ...			
EU	**NATO**	**Europarates**	**OSZE**
Belgien Bulgarien Dänemark Deutschland Estland Finnland Frankreich Griechenland Großbritannien Irland Italien Lettland Litauen Luxemburg Malta Niederlande Österreich Polen Portugal Rumänien Schweden Slowakei Slowenien Spanien Tschechien Ungarn Zypern	EU-Länder (ohne Finnland, Irland, Malta, Österreich, Schweden, Zypern) Island Norwegen Türkei Kanada USA	EU-Länder NATO-Länder (ohne Kanada und USA) Albanien Andorra Armenien Aserbaidschan Bosnien- Herzegowina Georgien Kroatien Lichtenstein Mazedonien Moldawien Russland San Marino Schweiz Serbien- Montenegro Ukraine	EU-Länder NATO-Länder Länder im Europarat Kasachstan Kirgistan Tadschikistan Turkmenistan Usbekistan Vatikan Weißrussland

5.3 Eigene Möglichkeiten zur Friedenssicherung

Zivile Interventionen („Einmischung“ von Zivilpersonen) in Krisen- und Kriegsgebieten

Die Bereitschaft und die Fähigkeit, Konflikte ohne Gewalt auszutragen, ist eine zentrale Voraussetzung für das friedliche Zusammenleben der Menschen (...) Die Empathie (Fähigkeit, sich in andere Menschen hineinzufühlen) mit anderen Menschen und Gruppen, vereinbarte Regeln (...) aber auch die Erfahrung, dass ein Verzicht auf Gewalt vorteilhaft für das Zusammenleben ist, sind Bestandteile der Konfliktkultur (...) Globale Gefährdungen wie das Bevölkerungswachstum, Aspekte der Klimaveränderung oder weltweite Fluchtbewegungen beinhalten Konflikte, die weit über nationale Grenzen hinausreichen. Innergesellschaftliche Auseinandersetzungen, systematische Menschenrechtsverletzungen und Vertreibungen sind in der Welt auf der Tagesordnung (...)

Unter ziviler Konfliktbearbeitung (...) wird in Zeiten der Globalisierung mehr denn je auch der Versuch verstanden, sich einzumischen, wenn in anderen Ländern die Gefahr besteht, dass Konflikte eskalieren (sich zuspitzen), Menschenrechte systematisch verletzt werden und das Leben von Menschen in Gefahr ist. Noch häufiger aber wird ein Eingreifen verlangt, wenn Kriege bereits voll entbrannt sind, wie es nach der Eskalation der Konflikte in Ruanda (...) geschehen ist. Viele ertragen das Zuschauen im Fernsehen nicht mehr und ängstigen sich, dass unter Umständen auch ihre eigene Sicherheit bedroht werden könnte, und sei es nur in Gestalt von Flüchtlingen, die im eigenen Land auftauchen. Andere sollen eine rasche Lösung bewerkstelligen. Eigene Handlungsmöglichkeiten werden nicht gesehen.

Weil militärische Interventionen kaum zu rechtfertigen sind und zudem meistens nicht die gewünschte Wirkung haben und darüber hinaus Regierungen häufig die Möglichkeiten fehlen oder sie kein Interesse zeigen, Konfliktlösungen herbeizuführen, sind immer mehr zivile Maßnahmen gefordert (...) So ist die zivile Konfliktintervention zu einem Teil der zivilen Konfliktbearbeitung geworden. Sie steckt jedoch noch in den ersten Anfängen und stößt an enge Grenzen (...)

Uli Jäger, Institut für Friedenspädagogik Tübingen e.V., http://www.bpb.de/files/GY6RPG.pdf (Auszug) Zugriff: 03.09.2007

1. **Halten Sie ein persönliches Friedensengagement für möglich und sinnvoll?**
2. **Wie wirken auf Sie Fernsehbilder aus Konfliktgebieten?**

Angesichts der tagtäglich bei uns eintreffenden bedrückenden Bilder von der Not und dem Leiden der vom Krieg Betroffenen wollen sich viele Menschen durch persönlichen Einsatz für die Verbreitung einer friedlichen Konfliktbearbeitung einsetzen. Für das Konzept der friedlichen Konfliktbearbeitung sind folgende Elemente unerlässlich:

- Kommunikation, Information und Kompetenzerwerb,
- Vernetzung von friedensengagierten Gruppen und Initiativen (z. B. lokale Friedens- und Menschenrechtsgruppen, international arbeitende Friedensinitiativen und Nichtregierungsorganisationen).

Auf dieser Grundlage wird die Friedensaufgabe nicht nur von staatlichen Stellen, sondern von einer Vielzahl von Akteuren in vielen Ländern wahrgenommen. Friedenssicherung wird dann ein grenzüberschreitender gesellschaftlicher Auftrag „wie im eigenen Land". Gemäß dieser Auffassung könnte es künftig zur Verantwortungsbereitschaft jedes einzelnen Menschen gehören, neben den eigenen Interessen auch die fremden Sichtweisen und Empfindungen zu berücksichtigen.

Zunächst ist es für alle, die mit eigenen Konflikten kontrolliert umgehen und in „fremde" Konflikte schlichtend eingreifen wollen, wichtig und hilfreich, die Hintergründe und Eskalationsstufen (Eskalation = Zuspitzung) von Konflikten und immer wiederkehrende Konfliktphasen zu kennen.

5.3.1 Eskalation von Konflikten

Die Analyse verschiedener Konflikte im Alltag wie in größeren politischen Zusammenhängen zeigt, dass trotz vorhandener struktureller Unterschiede häufig vergleichbare Situationen festzustellen sind. Besonders bei der Eskalation von Konflikten kommt es immer wieder zu nahezu schematischen Abläufen.

Stufe 1: Verhärtungen
Konflikte beginnen mit Spannungen, z. B. gelegentliches Aufeinanderprallen von Meinungen. Verkrampfungen lösen sich wieder.

Stufe 2: Debatte und Polemik
Meinungsverschiedenheiten führen zu einem Streit. Unterschiede und Fehler werden betont, Kampf um Überlegenheit.

Stufe 3: Taten statt Worte
Die Konfliktpartner erhöhen den Druck auf den anderen. Gespräche werden z. B. abgebrochen und die anderen werden vor vollendete Tatsachen gestellt.

Stufe 4: Images und Koalitionen
Der Konflikt verschärft sich dadurch, dass man Sympathisanten für seine Sache sucht.

Stufe 5: Gesichtsangriff und -verlust
Der Gegner wird in seiner moralischen Glaubwürdigkeit vernichtet durch alle möglichen Unterstellungen und Denunzierungen. Hier ist der Vertrauensverlust vollständig.

Stufe 6: Drohstrategien
Mit Drohungen versuchen die Konfliktparteien, die Situation absolut zu kontrollieren. Man droht z. B. mit einem Ultimatum (letzte Frist).

Stufe 7: Begrenzte Vernichtung
Der Gegner wird nicht mehr als Mensch wahrgenommen, es wird gezielt Schaden zugefügt.

Stufe 8: Zersplitterung
Der Gegner soll mit Vernichtungsaktionen zerstört werden.

Stufe 9: Gemeinsam in den Abgrund
Ab hier kalkuliert man die eigene Vernichtung mit ein, um den Gegner zu besiegen.

Nach: http://de./wikipedia.org/wiki/Konflikteskalation_nach_Friedrich_Glasl (Zugriff: 03.09.2007)

5.3.2 Empathie und Engagement für Konfliktopfer

Empathie ist die Fähigkeit, andere Menschen in ihrer Situation zu verstehen, indem versucht wird, ihre Sichtweise einzunehmen, neue soziale Rollen zu übernehmen und fremde (Wert-)Vorstellungen in die eigenen zu integrieren. Es geht um ein rationales Verständnis der Notlage, nicht nur um emotionale Zuwendung.

Empathie entsteht am besten durch den Aufbau aktiver Beziehungen. Schulpartnerschaften zum Beispiel können ein derartiger Weg sein.

Schüler schuften für Afrika

Bundesweite Aktion Tagwerk: 60 000 Kinder und Jugendliche aus dem Land machten mit – 1,5 Millionen Euro für Hilfswerke
Rasenmähen, Babysitten, Aufräumen im Supermarktlager – bei der bundesweiten „Aktion Tagwerk" sind der Fantasie der Schüler kaum Grenzen gesetzt.

Rheinland-Pfalz. Patrizia rafft ein paar Äste zusammen und wirft sie in eine Schubkarre. Das macht sie drei, vier Mal, dann stemmt sie die rechte Hand in die Hüfte und wischt sich mit dem linken Unterarm über die Stirn. „Puh! Ganz schön heiß", sagt die 18-Jährige. „Aber es ist so toll, dass wir den Kindern in den armen Ländern Afrikas helfen können." Patrizia ist eine von mehr als 60 000 Schülern aus Rheinland-Pfalz, die gestern einen Tag lang für Afrika gearbeitet haben. Knapp 180 000 Schüler beteiligten sich bundesweit an dem Aktionstag des Vereins „Aktion Tagwerk". Unter dem Motto „Dein Tag für Afrika" erarbeiteten sie insgesamt 1,5 Millionen Euro und spendeten ihren Lohn sogleich für mehrere Bildungsprojekte des Kinderhilfswerks der Vereinten Nationen (Unicef) und des Vereins Human Help Network in acht afrikanischen Ländern. Auch Patrizia hat ihren Verdienst gespendet – mehr als 40 Euro hat sie verdient.
Patrizia besucht die Don-Bosco-Schule Bad Kreuznach, eine Förderschule mit dem Förderschwerpunkt ganzheitliche Entwicklung (...) Auf dem Wasserwerk-Gelände der Stadtwerke schneidet sie Bäume und Sträucher zurück, häckselt den Grünschnitt klein und verteilt ihn anschließend wieder unter den Sträuchern. „Es ist schön, für Afrika zu arbeiten", sagt Patrizia.

Daniel Staffen, in: Rhein-Zeitung, 20. 06. 2007, S. 3 (gekürzt)

Empathie und Engagement für Konfliktopfer sind Zeichen für neue Formen der Konfliktbearbeitung. Die Bewältigung von Konflikten bleibt nicht nur staatlichen Stellen überlassen, sondern wird als eine gesellschaftliche Aufgabe begriffen. Sogenannte **Nichtregierungsorganisationen (NGO – Non Governmental Organizations)** – wie z. B. amnesty international – haben in letzter Zeit deutlich an Populariät gewonnen und setzen sich in Teilbereichen mit zivilen Mitteln für eine friedlichere Welt ein.

Getragen von der Überzeugung, dass nur dort ein friedliches Zusammenleben der Menschen auf Dauer möglich ist, wo ein menschenwürdiges Leben gesichert ist, also neben den klassischen Menschenrechten auch soziale Menschenrechte (siehe S. 10) gesichert sind, haben sich in Rheinland-Pfalz entwicklungspolitisch engagierte Gruppen und Organisationen (u. a. Fairer Handel, Partnerschaften, Ruanda-Gruppen) zum **Entwicklungspolitischen Landesnetzwerk Rheinland-Pfalz** (ELAN) zusammengeschlossen.

Im Rahmen des Netzwerkes wollen sich die beteiligten Gruppen solidarisch für die Menschen in den Entwicklungsländern einsetzen, insbesondere für deren Existenzsicherung Sorge tragen.

Enwicklungspolitisches Landesnetzwerk
Rheinland-Pfalz
Kaiser-Wilhelm-Ring 2
55118 Mainz
Tel.: 06131/07208-67
info@elan-rlp.de

Aktive Friedensarbeit ist immer auch ein persönlicher Einsatz. Dies ist ab dem Jahr 2000 im Rahmen des von der Bundesregierung eingerichteten **Zivilen Friedensdienstes** möglich. Durch dieses neue Instrument der Entwicklungszusammenarbeit soll ein Beitrag zur Verhinderung und Beendigung gewaltsamer Konflikte in der Welt geleistet werden. Der Zivile Friedensdienst soll helfen, die wirtschaftlichen, sozialen, ökologischen und politischen Verhältnisse in den Entwicklungsländern zu verbessern und strukturelle Ursachen und Konflikte abzubauen. Die Helferinnen und Helfer werden vor ihrem Einsatz darauf geschult, durch ihr persönliches Verhalten Vertrauen bei allen Konfliktparteien zu erlangen. Auf dieser Basis soll dann durch Informations- und Bildungsprogramme auf den Abbau von Vorurteilen und Feindbildern hingewirkt werden. Träger und Organisator des Zivilen Friedensdienstes ist u. a. der Deutsche Entwicklungsdienst (DED; Internet www.ded.de).

Der regionale Schwerpunkt des DED ist Afrika, wo mehr als die Hälfte der etwa 1 000 Entwicklungshelferinnen und Entwicklungshelfer arbeitet. Armutsbekämpfung und Umwelt sind Projektschwerpunkte der Organisation. Durch diese Aufgabenstellung wird deutlich, dass Friedenssicherung nicht als eine isolierte Aufgabe betrachtet werden darf, sondern immer das Menschenrechtsproblem (Armut, soziale Menschenrechte) und ökologische Probleme (z. B. Wassermangel) mitzubedenken hat.

Aktive Friedensarbeit ist demnach auf mehreren Wegen möglich:

- Friedensdienste im Ausland arbeiten in Flüchtlingslagern oder helfen bei der Versöhnung von verfeindeten Gruppen.
- Entwicklungsdienste tragen durch die Sicherung der Existenzgrundlagen zur Friedenssicherung bei.
- Friedensgruppen und Organisationen helfen mit Geld oder persönlichen Kontakten in Krisengebieten. Auch Schülergruppen engagieren sich, z. B. beim Wiederaufbau von Schulen in Kriegsgebieten.

Zur Wiederholung

1. Erläutern Sie den Sinn ziviler Interventionen in Krisen- und Kriegsgebieten.
2. Nennen Sie die Voraussetzungen, an die das Konzept der friedlichen Konfliktbearbeitung gebunden ist.
3. Kennzeichnen Sie in dem Konflikt-Eskalationsschema die Stufe, ab der Ihrer Meinung nach Konflikte außer Kontrolle geraten.
4. Beschreiben Sie Handlungen und Situationen, die zur Eskalation von Konflikten beitragen.
5. Was verstehen Sie unter Empathie?
6. Erläutern Sie verschiedene Wege und Möglichkeiten eines persönlichen Engagements für die Leidtragenden von kriegerischen Konflikten.

Handlungsimpulse

A Informationen sammeln

- Stellen Sie fest, welche Akteure sich am Schulort oder im Kreis um zivile Konfliktbearbeitung im Sinne einer umfassenden Friedenssicherung kümmern.
- Nehmen Sie Kontakt zu diesen Gruppen auf und lassen Sie sich über deren Arbeit berichten.

B Texte verfassen

Der 1. September eines jeden Jahres wird als Antikriegstag begangen.
- Verfassen Sie einen Text zu diesem Gedenktag.
- Übertragen Sie den Text auf ein Plakat, um es im Klassenraum oder in der Schule auszuhängen.
- Mithilfe dieses Textes sollten Sie auch auf die eigenen Handlungsmöglichkeiten hinweisen.

C Strategien entwickeln

- Entwickeln Sie zu dem auf S. 191 dargestellten Eskalationsschema Möglichkeiten der „Einmischung von außen".
- Überlegen Sie, wie sich der Eskalationsverlauf möglicherweise durch die „Einmischung von außen" ändert.
  Übernehmen Sie dazu die Hauptpunkte des Eskalationsschemas in die linke Spalte einer Tabelle und tragen Sie die von Ihnen vorgeschlagenen Eingriffsmöglichkeiten in einer rechten Spalte ein.

Beteiligung in Arbeitswelt und Gesellschaft

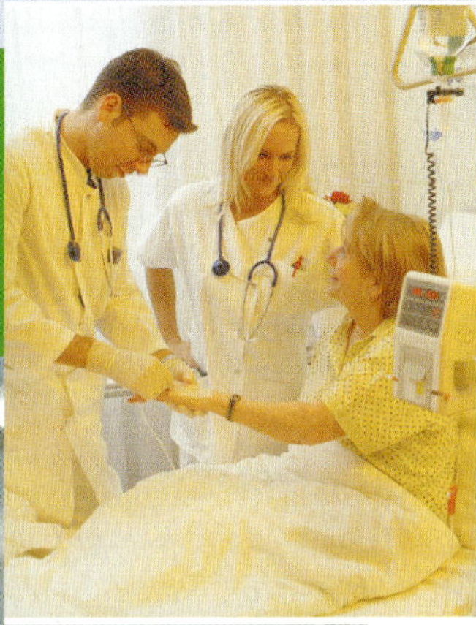

1 Grundlagen des Ausbildungs- und Arbeitsverhältnisses

1.1 Berufsausbildung als Investition

Sabine wird im Sommer ihre Schulausbildung abschließen. Sie überlegt sich, was sie danach machen soll. In der Tageszeitung hat Sabine die folgenden Anzeigen entdeckt:

Ausbildung bei Breitbach-Lima AG
– eine Investition in die Zukunft.

Eine qualifizierte Berufsausbildung ist heute wichtiger denn je. Wir haben darin Erfahrung. Auszubildende werden ständig in unserem Werk von erfahrenen Ausbildern betreut.

Zum 1. September suchen wir

Auszubildende

als
- **Industriemechaniker/-in** (Fachrichtung Betriebstechnik)
- **Elektroniker/-in für Betriebstechnik**

Bei mittlerer Reife oder gutem Hauptschulabschluss haben Sie die Möglichkeit, in unser lernzielorientiertes Ausbildungsprogramm einzusteigen. Modernste Hydraulik, Pneumatik und elektronische Steuerungstechnik erwarten Sie. Außerdem wird die Ausbildung durch Werksunterricht und zentrale Lehrgänge begleitet.

Moderne Fertigungsverfahren bieten später vielfältige Möglichkeiten der beruflichen Entfaltung und Weiterbildung zur produktionsorientierten Führungskraft. Das sind Ausbildungsmöglichkeiten und Sozialleistungen, die nur ein großes Unternehmen bieten kann. Bitte senden Sie Ihre Bewerbungsunterlagen mit Angabe Ihres Berufwunsches an uns.

Junger Mann/ junges Mädchen

bis 26 J. für verschiedene Tätigkeitsbereiche für sofort gesucht. Melden Sie sich bitte von 9–17 Uhr unter Tel. (03...) 1029+91

Lockerer JOB:

Wir suchen Hilfskräfte, Anlernlinge v. 18–26 J. zum sofortigen Arbeitsbeginn. Verdienstmöglichkeiten ca. 400,00 EUR wöchentlich, Steigerung möglich. FS kann evtl. gemacht werden. Tel. (03...) 25195. Tägl. v. 9–17 Uhr.

Mitarbeiter/-innen

zur Verteilung unserer Tiefkühlkostkataloge für sof. ges. Sie verdienen 2000,00–4000,00 mtl., regelmäßige Dauervollzeitbeschäft. Alter nicht entscheidend. Tel. (03...) 7972
Firma Eisbär, Herr Glas, 9–15 Uhr

1. **Wodurch unterscheiden sich die Stellenangebote?**
2. **Sabine ist unschlüssig, auf welche Anzeige sie reagieren soll. Was würden Sie ihr raten?**

Wie Sabine steht jeder Jugendliche am Ende seiner Schulzeit vor der wichtigen Frage, ob er eine qualifizierte Berufsausbildung – und damit ein **Ausbildungsverhältnis** – beginnen oder direkt in ein **Arbeitsverhältnis** einsteigen soll.

Als Jungarbeiter/-in fängt man sofort im Betrieb zu arbeiten an, ohne eine Ausbildung zu durchlaufen. Meist werden die jungen ungelernten Arbeitnehmer mit Hilfsarbeiten beschäftigt. Sie stehen in einem Arbeitsverhältnis und erhalten einen vereinbarten Lohn. Wie die Auszubildenden müssen sie am Berufsschulunterricht teilnehmen. Auch für Jungarbeiter/-innen unter 18 Jahren gelten die Bestimmungen des Jugendarbeitsschutzgesetzes.

Ausbildung lohnt sich

BAD EMS (swz). Eine gute Ausbildung macht sich bezahlt. Diese Annahme sieht das Statistische Landesamt in Bad Ems aufgrund von Berechnungen zur Gehalts- und Lohnstrukturerhebung bestätigt. Demnach gibt es von Qualifikationsstufe zu Qualifikationsstufe große Sprünge beim Bruttoeinkommen – bei Frauen allerdings auf einem deutlich geringeren Niveau. Laut Statistik verdienten vollzeitbeschäftigte Männer mit Volks-, Haupt- oder Realschulabschluss, aber ohne abgeschlossene Ausbildung, im Oktober 2001 in Rheinland-Pfalz im Schnitt 2314 EUR brutto. Eine abgeschlossene Berufsausbildung erhöhte das Niveau um 21 % auf 2799 EUR. Männer, die zuvor das Abitur abgelegt hatten, erreichten mit 3354 EUR brutto einen nochmals um 20 % höheren Durchschnittsverdienst. Dieser Zusammenhang zwischen Ausbildung und Entlohnung stellt sich dem Landesamt zufolge bei Frauen ähnlich dar, allerdings erreichte deren Durchschnittsverdienst nur 78 % des Verdienstniveaus der Männer.

Die Rheinpfalz, 29.12.2003 (gekürzt)

Der hohe Anteil an Auszubildenden lässt sich u. a. durch folgende Überlegungen erklären:

- Die **Facharbeiterausbildung** bietet eine sichere Grundlage (Schlüsselqualifikation) für das gesamte Arbeitsleben.
- **Berufliche Aufstiegsmöglichkeiten** sind ohne Ausbildung kaum möglich.
- Die **berufliche Mobilität,** z. B. ein Arbeitsplatzwechsel, ist größer.
- Das **Arbeitsplatzrisiko** ist geringer, längerfristige Arbeitlosigkeit seltener.

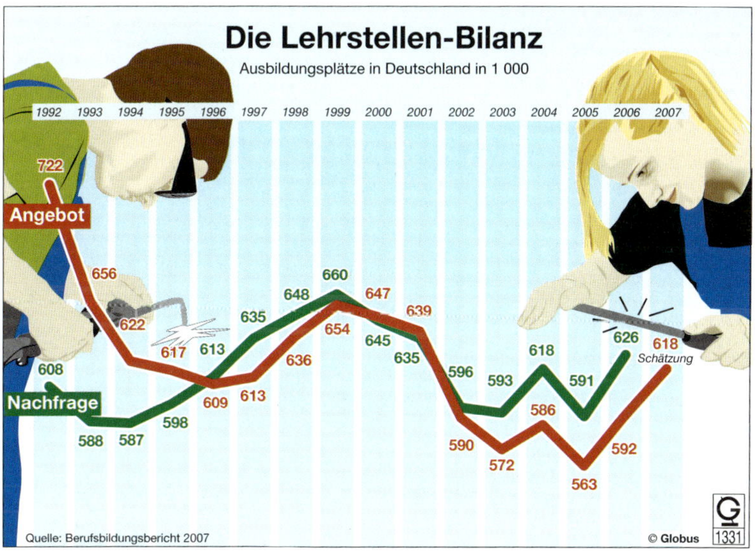

1. „Lehrjahre sind keine Herrenjahre."
   Finden Sie diese Aussage zutreffend? Begründen Sie Ihre Meinung.
2. Ein Jungarbeiter erzählt: „Ich verdiene im ersten Jahr schon gut 1 000 EUR. Da kannst du als Lehrling nie mithalten."
   Was würden Sie als Azubi dem entgegenhalten?

1.2 Das duale System der Berufsausbildung

Industrie- und Handelskammer für die Pfalz
Ludwigsplatz 2-4, 67059 Ludwigshafen Tel. 0621 5904-1712, -1713

IHK Pfalz

Berufsausbildungsvertrag (§§ 10, 11 Berufsbildungsgesetz – BBiG)
Seite B-1 von B-4

Zwischen dem Ausbildenden (Ausbildungsbetrieb)
Bitte die farblich hinterlegten Felder ausfüllen bzw. ankreuzen!

Firmenident-Nr. | Tel.-Nr. 03643 342208

Name und Anschrift
Schwarz GmbH
Dresdner Str. 66
67071 Ludwigshafen

Verantwortlicher **Ausbilder**:
Herr | Frau | geboren am:
Scholl, Dieter

und der/ dem Auszubildenden

Name, Vorname	männlich	weiblich
Unger, Nicole		X

Straße, Haus-Nr.: Mannheimer Str. 9
PLZ: 67071 Ort: Ludwigshafen
Geburtstag: 08.05.1999 Geburtsort:
Staatsangehörigkeit: deutsch

Gesetzl. Vertreter *	Eltern	Vater	Mutter	Vormund
	X			

Namen, Vornamen der gesetzl. Vertreter: Herbert und Monika Unger
Straße, Hausnummer: Mannheimer Str. 9
PLZ: 67071 Ort: Ludwigshafen

wird nachstehender Vertrag zur Ausbildung im **Ausbildungsberuf (mit Fachrichtung)** nach Maßgabe der Ausbildungsordnung geschlossen.
Elektronikerin für Geräte und Systeme

Für den Ausbildungsberuf zuständige Berufsschule

A Die Ausbildungsdauer beträgt nach der Ausbildungsordnung 42 Monate. Vorausgegangen ist eine Vorbildung/ Ausbildung
keine
abgeschlossene **betriebliche** Ausbildung, als
abgebrochene **betriebliche** Ausbildung, als
abgeschlossene Ausbildung in **schulischer** Form mit Abschluss, als
Sie wird mit Monaten angerechnet. Die Verkürzung wird beantragt.

Das **Berufsausbildungsverhältnis** beginnt am 01.08. .. und wird am 31.01. .. enden.

B Die **Probezeit** beträgt 4 Monate (mind. 1 Monat/ max. 4 Monate).

C Die Ausbildung findet vorbehaltlich der Regelungen nach **D** in
und den mit dem Betriebssitz für die Ausbildung üblicherweise zusammen hängenden Bau-, Montage- und sonstigen Arbeitsstellen statt.

D Ausbildungsmaßnahmen (mit Zeitraumangabe und Ort) außerhalb der Ausbildungsstätte:

Für das Ausbildungsverhältnis gilt folgende(r) Tarifvertrag/ Betriebs- oder Dienstvereinbarung (§ 5):

E Der Ausbildende zahlt dem Auszubildenden eine angemessene **Vergütung**; diese beträgt zur Zeit monatlich brutto:

EURO	565,50	610,50	651,40	713,75
Ausbild.-jahr	im ersten	im zweiten	im dritten	im vierten

Die regelmäßige tägliche/ wöchentliche **Ausbildungszeit** beträgt 8,0 Std.

G Der Ausbildende gewährt dem Auszubildenden **Urlaub** nach den geltenden Bestimmungen. Es besteht folgender Urlaubsanspruch:

im Jahr...	2007	2008	2009	2010	2011
Arbeitstage (Mo-Fr)					
Werktage (Mo-Sa)	13	26	25	24	2

Sonstige Vereinbarungen
Die für diesen Vertrag geltenden Tarifverträge und Betriebsvereinbarungen sind in der Anlage verzeichnet. H

Änderungen des wesentlichen Vertragsinhaltes sind unverzüglich zur Eintragung in das Verzeichnis der Berufsausbildungsverhältnisse bei der Industrie- und Handelskammer anzuzeigen.

Die Angaben zur sachlichen und zeitlichen Gliederung des Berufsausbildungsablaufs (Ausbildungsplan) sind Bestandteil dieses Vertrags

Die Vereinbarungen auf der Seite B-4 sind Bestandteile dieses Vertrages. Sie wurden dem Auszubildenden vom Ausbildenden ausgehändigt und vom Auszubildenden zur Kenntnis genommen und anerkannt.

Ort: Ludwigshafen Datum: 20.01.20..

Dieter Scholl
Stempel und Unterschrift des Ausbildenden (Firma)

Nicole Unger
Unterschrift des Auszubildenden

Monika Unger Herbert Unger
Unterschrift der gesetzlichen Vertreter des Auszubildenden

Bitte Seite B-4 beachten!

1. a) Weshalb muss der Berufsausbildungsvertrag schriftlich abgefasst werden?
b) Wer hat den Vertrag unterschrieben?
2. Welche Stellen werden über den Berufsausbildungsvertrag informiert?
3. Welche Unterlagen sind dem Vertrag beizufügen?
4. Wie werden die Vertragspartner im Berufsausbildungsvertrag genannt?
5. Der Vertrag muss bestimmte Mindestangaben enthalten. Welche sind dies?

Die Berufsausbildung ist ein wichtiger Abschnitt im beruflichen Leben. Aus diesem Grund hat der Gesetzgeber die Vertragsfreiheit beim Abschluss eines Berufsausbildungsvertrages eingeschränkt. Die gesetzliche Grundlage des Berufsausbildungsverhältnisses bildet für die Bundesrepublik Deutschland das **Berufsbildungsgesetz (BBiG)**. Für die Ausbildung im Handwerk gelten außerdem die Bestimmungen der Handwerksordnung.

Die praktische Ausbildung erfolgt in erster Linie im Betrieb, die fachtheoretische Ausbildung vor allem in der Berufsschule. Die Ausbildung an zwei Lernorten wird als das **duale System der Berufsausbildung** bezeichnet.

Für den Ausbildungsvertrag ist die Schriftform zwingend vorgeschrieben. Anderenfalls ist der Vertrag ungültig. Dies unterstreicht die Bedeutung der Ausbildung. Das Berufsbildungsgesetz soll eine qualifizierte und einheitliche Berufsausbildung gewährleisten.

Der Ausbildungsvertrag muss der zuständigen Kammer durch den Ausbildungsbetrieb mit den erforderlichen Unterlagen vorgelegt werden. Dazu gehören die ärztliche Bescheinigung über die Erstuntersuchung sowie eventuelle Nachweise über die Vorbildung. Nach Überprüfung erfolgt die Eintragung in das Verzeichnis der Berufsausbildungsverhältnisse, im Handwerk in die sogenannte Lehrlingsrolle.

Ausbildungsbetriebe	Zuständige Kammer Zuständige Stelle
Handwerk	Handwerkskammer
Industrie, Handel, Banken, Versicherungen	Industrie- und Handelskammer
Landwirtschaft	Landwirtschaftskammer
Freie Berufe, z. B. Ärzte, Apotheker, Rechtsanwälte	Ärzte-, Apotheker-, Rechtsanwaltskammer
Hauswirtschaft	z. B. Landwirtschaftskammer, Bezirksregierung

Die Kammern überwachen die Berufsausbildung und Eignung der Ausbildungsbetriebe. Sie führen die Abschlussprüfung durch und organisieren die überbetriebliche Ausbildung. Die Kammern sind auch zuständig, wenn eine Auszubildende oder ein Auszubildender die Ausbildung verkürzen will oder verlängern muss.

Vertragspartner des Berufsausbildungsvertrages sind der Auszubildende und der Ausbildende. Bei Minderjährigen ist zusätzlich die Unterschrift des gesetzlichen Vertreters erforderlich. Ausbilden darf, wer die Ausbilder-Eignungsprüfung abgelegt hat. Diese Bedingung ist vorerst bis 2008 ausgesetzt. Für die Ausbildung im Handwerk ist nach der Handwerksordnung die Meisterprüfung erforderlich. Dies gilt nicht für zulassungsfreie Handwerksbetriebe.

Der Berufsausbildungsvertrag muss folgende **Mindestangaben** enthalten:
1. Art, sachliche und zeitliche Gliederung sowie Ziel der Berufsausbildung,
2. Beginn und Dauer der Berufsausbildung,
3. Ausbildungsmaßnahmen außerhalb der Ausbildungsstätte,
4. Dauer der regelmäßigen täglichen Ausbildungszeit,
5. Dauer der Probezeit,
6. Zahlung und Höhe der Vergütung,
7. Dauer des Urlaubs,
8. Voraussetzungen, unter denen der Ausbildungsvertrag gekündigt werden kann.

Die Angaben zur sachlichen und zeitlichen Gliederung der Berufsausbildung müssen sich an der **Ausbildungsordnung** orientieren. In der Ausbildungsordnung sind für jeden staatlich anerkannten Ausbildungsberuf festgelegt:
- das Berufsbild: Kenntnisse und Fertigkeiten,
- der Ausbildungsrahmenplan: sachlicher und inhaltlicher Ablauf,
- die Prüfung: Fächer und Anforderungen für die Zwischen- und Abschlussprüfung.

Der Betrieb soll nach dem Ausbildungsrahmenplan einen betrieblichen Ausbildungsplan erstellen. In der Bundesrepublik Deutschland gibt es zurzeit rund 340 anerkannte Ausbildungsberufe.

Das Ausbildungsverhältnis beginnt mit der **Probezeit**. Sie dauert mindestens einen, höchstens vier Monate. Während dieser Zeit können beide Vertragspartner ohne Angabe von Gründen den Vertrag kündigen. Die Probezeit ermöglicht beiden Seiten ein gegenseitiges Kennenlernen. Der Auszubildende soll prüfen, ob er den richtigen Beruf und den richtigen Ausbildungsbetrieb gewählt hat. Andererseits kann der Betrieb feststellen, ob der Auszubildende für Beruf und Betrieb geeignet ist.

Eine fristlose **Kündigung** nach der Probezeit ist nur aus wichtigem Grund (z.B. Diebstahl, Tätlichkeit) möglich. Der Auszubildende kann mit einer Frist von vier Wochen kündigen, wenn er die Ausbildung abbrechen oder einen anderen Beruf erlernen will. Kündigungen müssen schriftlich und begründet erfolgen.

Die Ausbildung endet mit Ablauf der vereinbarten Ausbildungszeit. Findet die **Abschlussprüfung** vorher statt, endet das Berufsausbildungsverhältnis mit der Mitteilung über die bestandene Prüfung. Zur Prüfung zugelassen wird, wer die Ausbildung ordnungsgemäß durchlaufen, an der Zwischenprüfung teilgenommen und – in einigen Berufen – das Berichtsheft ordentlich geführt hat. Wenn die Prüfung nicht bestanden wird, verlängert sich auf Verlangen des Auszubildenden das Berufsausbildungsverhältnis bis zur nächsten Wiederholungsprüfung. Die Prüfung kann zweimal wiederholt werden. Während der letzten drei Monate der Ausbildung können die Vertragspartner eine Weiterbeschäftigung vereinbaren. Jugendvertreter müssen auf Wunsch weiterbeschäftigt werden.

Im Berufsbildungsgesetz sind für beide Vertragsparteien die **Rechte und Pflichten** geregelt. Aus den Rechten des einen ergeben sich jeweils die Pflichten des anderen. Bereits während der Probezeit haben Auszubildender und Ausbildungsbetrieb alle Rechte und Pflichten, die für das Berufsausbildungsverhältnis gelten:

Pflichten des Ausbildenden	Pflichten des Auszubildenden
– Erforderliche Kenntnisse und Fertigkeiten vermitteln	– Übertragene Verrichtungen sorgfältig ausführen
– Selbst ausbilden oder einen Ausbilder beauftragen	– An Ausbildungsmaßnahmen, für die er freigestellt ist, teilnehmen (z. B. Berufsschulbesuch)
– Ausbildungsmittel kostenlos zur Verfügung stellen	– Den Weisungen von Ausbildendem und Ausbilder folgen
– Zum Berufsschulbesuch anhalten und für Prüfungen freistellen	– Die Betriebsordnung beachten
– Charakterlich fördern, sittlich und körperlich nicht gefährden	– Werkzeug, Maschinen und Einrichtungen pfleglich behandeln
– Nur Verrichtungen übertragen, die dem Ausbildungszweck dienen	– Über Betriebs- und Geschäftsgeheimnisse Stillschweigen bewahren
– Bei Beendigung der Ausbildung ein Zeugnis ausstellen	– Berichtsheft führen, wenn dies vorgeschrieben ist

1. **a) Welches Gesetz regelt die Berufsausbildung?**
   b) Aus welchen Gründen ist die Ausbildung gesetzlich geregelt?
2. **Erläutern Sie den Begriff »duales System der Berufsausbildung«.**
3. **a) Welche Aufgaben haben die Kammern?**
   b) Welche Kammer ist für Ihre Ausbildung zuständig?
4. **Nennen Sie die wichtigsten Inhalte des Berufsausbildungsvertrages.**
5. **Wer darf ausbilden?**
6. **Erklären Sie den Unterschied zwischen Ausbildungsrahmenplan und Ausbildungsplan.**
7. **a) Wie lange dauert die Probezeit?**
   b) Welchen Zweck hat sie?
8. **Wann, warum und wie kann das Ausbildungsverhältnis gekündigt werden?**
9. **Unter welchen Voraussetzungen wird der Auszubildende zur Prüfung zugelassen?**
10. **Wann endet das Berufsausbildungsverhältnis?**
11. **Erläutern Sie folgende Pflichten der Vertragspartner:**
    a) Lernpflicht **b) Schweigepflicht**
    c) Berufsschulpflicht **d) Fürsorgepflicht**
    e) Sorgfaltspflicht **f) Weisungsgebundenheit**
    g) Ausbildungspflicht **h) Vergütungspflicht**

1.3 Der Arbeitsvertrag

Silvia hat ihre Abschlussprüfung als Tischlerin bei der Handwerkskammer mit der Note „gut" bestanden. Schon zwei Monate vor der Prüfung hat sich Silvia erfolgreich bei der Schreinerei Wolf als Gesellin beworben. Sie soll am 1. August in der Schreinerei anfangen. Ihr neuer Arbeitgeber hat sie gebeten, nach der Gesellenprüfung ins Büro zu kommen, um „die Formalitäten zu erledigen". Silvia soll alle erforderlichen Unterlagen gleich mitbringen.

1. **a) Welches Vertragsverhältnis geht Silvia nach ihrer Berufsausbildung ein?**
   b) Worin besteht der Unterschied zum Berufsausbildungsverhältnis?
2. **Welche „Formalitäten" sollten vertraglich festgelegt werden?**
3. **Führen Sie alle Unterlagen auf, die Silvia ihrem neuen Arbeitgeber vorlegen muss.**

Gegen Ende ihrer Ausbildung stehen die Auszubildenden vor der Entscheidung, wo sie nach der Prüfung arbeiten sollen. Viele werden von ihrem Ausbildungsbetrieb übernommen, andere suchen sich einen neuen Arbeitsplatz. Jedes Arbeitsverhältnis wird durch einen Arbeitsvertrag begründet.

Zwischen dem Berufsausbildungsvertrag und einem Arbeitsvertrag bestehen mehrere Unterschiede: Im Ausbildungsverhältnis wird im Rahmen des Berufsbildungsgesetzes die Berufsausbildung geregelt. Das Arbeitsverhältnis beinhaltet die Arbeitsleistung, die der Arbeitnehmer für den Betrieb erbringen muss. Während der Auszubildende eine Vergütung erhält, bezieht der Arbeitnehmer für seine Tätigkeit Lohn oder Gehalt.

Beim Abschluss eines Arbeitsvertrages gilt grundsätzlich **Vertragsfreiheit**. Das bedeutet auch, dass der Vertrag schriftlich oder mündlich abgeschlossen werden kann. Es empfiehlt sich jedoch, den Arbeitsvertrag immer schriftlich abzuschließen. Der Arbeitsvertrag muss alle gesetzlichen Bestimmungen und Vereinbarungen berücksichtigen; dazu zählen z. B. das Jugendarbeitsschutzgesetz, das Kündigungsschutzgesetz oder Tarifverträge und Betriebsvereinbarungen.

In einem Arbeitsvertrag kann alles vereinbart werden, was sich auf die Arbeit des Arbeitnehmers im Betrieb bezieht. In der Regel sollten folgende Vereinbarungen festgehalten werden:

Inhalte des Arbeitsvertrages:
- Art der Tätigkeit
- Eintrittstermin des Arbeitnehmers
- Probezeit
- Art und Höhe der Entlohnung
- Arbeitszeit
- Urlaub
- Kündigungsfristen
- Sonstige Leistungen

Für die meisten inhaltlichen Vereinbarungen gelten **gesetzliche Mindestregelungen**. So regelt das Arbeitszeitrechtsgesetz, dass die Wochenarbeitszeit eines volljährigen Arbeitnehmers nicht mehr als 48 und die tägliche Arbeitszeit nicht mehr als zehn Stunden betragen darf. Außerdem muss nach sechs Stunden eine Pause von 30 Minuten gewährt werden. Der gesetzliche Mindesturlaub beträgt nach dem Bundesurlaubsgesetz 24 Werktage. Auch für die Kündigung gelten gesetzliche Mindestregelungen.

Der Arbeitnehmer muss vor Beginn des Arbeitsverhältnisses dem Arbeitgeber folgende Unterlagen vorlegen:

- Arbeitszeugnis
- Lohnsteuerkarte
- Sozialversicherungsnachweis
- Urlaubsnachweis des bisherigen Arbeitgebers

Im Arbeitsverhältnis haben Arbeitgeber und Arbeitnehmer vergleichbare **Rechte und Pflichten** wie beim Berufsausbildungsverhältnis. So muss der Arbeitgeber für die vereinbarte Leistung den vereinbarten Lohn zahlen. Im Krankheitsfall hat der Arbeitnehmer einen Anspruch auf Lohnfortzahlung für die Dauer von sechs Wochen. Zur Fürsorgepflicht des Arbeitgebers gehört es u. a., für die Sicherheit am Arbeitsplatz, für geeignete Aufenthaltsräume und für die Anmeldung der Mitarbeiter bei den gesetzlichen Sozialversicherungsträgern zu sorgen. Der Fürsorgepflicht entspricht die Treuepflicht des Arbeitnehmers. Zur Treuepflicht zählen z. B.

- keine Schwarzarbeit zu verrichten,
- Verschwiegenheit über innerbetriebliche Vorgänge zu wahren,
- Handlungen, die dem Betrieb schaden und Konkurrenz machen, zu unterlassen.

Der Arbeitnehmer haftet für Schäden, die er fahrlässig oder vorsätzlich verursacht hat. Bei Beendigung des Arbeitsverhältnisses hat der Arbeitnehmer einen Anspruch auf ein Arbeitszeugnis.

Der Arbeitsvertrag ist grundsätzlich ein **Einzelvertrag** zwischen Arbeitgeber und Arbeitnehmer. Oft bilden Vereinbarungen in Tarifverträgen die Basis der Arbeitsverträge. Diese **Kollektiv-Arbeitsverträge** werden von den Tarifvertragsparteien (Gewerkschaften und Arbeitgeberverbänden) ausgehandelt.

1. Erläutern Sie die wesentlichen Unterschiede zwischen Arbeits- und Berufsausbildungsvertrag.
2. a) Was bedeutet es, dass Arbeitsverträge grundsätzlich frei vereinbart werden können?
b) Welche Einschränkungen gelten für die Vertragsfreiheit?
c) Erklären Sie den Unterschied zwischen Einzel- und Kollektiv-Arbeitsvertrag.
3. Nennen Sie die Punkte, die in einem Arbeitsvertrag geregelt werden sollten.
4. Was sehen die gesetzlichen Mindestregelungen vor
a) für die Arbeitszeit?
b) für die Pausen?
c) für den Urlaub?
5. a) Nennen Sie die Rechte und Pflichten der Vertragspartner.
b) Was ist unter der Fürsorgepflicht des Arbeitgebers zu verstehen?

Handlungsimpulse

A Den Berufsausbildungsvertrag überprüfen

Das Berufsbildungsgesetz ist die gesetzliche Grundlage für den Berufsausbildungsvertrag.
Prüfen Sie, ob Ihr Ausbildungsvertrag den gesetzlichen Regelungen entspricht.

B Mithilfe einer tabellarischen Übersicht Ausbildungsinhalte überprüfen

Der betriebliche Ausbildungsplan orientiert sich an dem bundeseinheitlichen Ausbildungsrahmenplan. Das duale System sieht vor, dass sich Betriebe und Schule abstimmen und ergänzen.
Untersuchen Sie, ob Ausbildungsrahmenplan, betrieblicher Ausbildungsplan und Lehrplan der Schule diese Vorgaben erfüllen.
Erstellen Sie dazu eine tabellarische Übersicht für ein Ausbildungsjahr.

Ausbildungsrahmenplan	Betrieblicher Ausbildungsplan	Lehrplan der Schule

C Rollenspiel „Ich muss arbeiten."

Spielen Sie die folgende Situation in einem Rollenspiel:

Patrick, Azubi und Berufsschüler	Herr Ullemeyer, Klassenlehrer
– hat letzte Woche wiederholt den Berufsschulunterricht versäumt, – hat eine Entschuldigung des Ausbildungsbetriebes: wegen Krankheitsausfällen unabkömmlich, – versäumt den Unterricht ungern.	– will die Entschuldigung nicht mehr annehmen, – weist auf das Berufsbildungsgesetz hin, – ist verärgert, weil Patrick die Klassenarbeit versäumt hat.

D Ein Plakat gestalten

Entwerfen Sie ein Plakat zum Thema „Rechte und Pflichten in der Ausbildung".

2 Schutz am Arbeitsplatz

2.1 Arbeitsschutz gestern und heute

Trauriges Kapitel der Industrialisierung. Unternehmer bezahlten Arbeiter so schlecht, dass auch Kinder zur Mitarbeit gezwungen waren.

Preußisches Regulativ über die Beschäftigung jugendlicher Arbeiter von 1839	Gesetz zum Schutz der arbeitenden Jugend (Jugendarbeitsschutzgesetz)
§ 1 Vor zurückgelegtem neunten Lebensjahr darf niemand in einer Fabrik oder bei Berg-, Hütten- und Pochwerken zu einer regelmäßigen Beschäftigung angenommen werden.	§ 5 Die Beschäftigung von Kindern ist verboten. § 2 Kind im Sinne dieses Gesetzes ist, wer noch nicht 15 Jahre alt ist.

1. **Warum ist Kinderarbeit gesetzlich verboten?**
2. **Vergleichen Sie die beiden Gesetze. Welche Entwicklung für Arbeitsschutzmaßnahmen lässt sich daran ableiten?**
3. **In welchen anderen Bereichen der Arbeitswelt gab es ähnliche Entwicklungen?**

Ein großes Problem der industriellen Revolution war die Ausbeutung der Arbeiter, die kaum politische Rechte hatten. In der Fabrik waren die Arbeitnehmer in einem beinahe rechtlosen Raum der Willkür der Unternehmer ausgesetzt. Es gab nur mangelhafte Schutzmaßnahmen für die Arbeitnehmer.

Kinder mussten schon sehr früh für den Lebensunterhalt der Familie mitarbeiten, da das Einkommen der Eltern oft zu niedrig war.

Häufig waren die Kinder in Fabriken, Bergwerken oder in der Landwirtschaft als billige Hilfskräfte eingesetzt. Ein schlechter Gesundheitszustand, mangelhafte Schulbildung und frühes Altern waren die Folge. Nur allmählich setzte sich die Erkenntnis durch, dass Kinder und andere Arbeitnehmer eines besonderen Schutzes bedürfen.

Entwicklung der Kinderarbeitsschutzgesetze

		Fabriken		Heimarbeit		Landarbeit	
		Verbot	erlaubte Höchstarbeitszeit	Verbot	erlaubte Höchstarbeitszeit	Verbot	erlaubte Höchstarbeitszeit
1839	Preußisches Regulativ	unter neun Jahren	zehn Stunden ab neun Jahren	unbegrenzt erlaubt		unbegrenzt erlaubt	
1853	Ergänzungsgesetz	unter zwölf Jahren	sechs Stunden ab zwölf Jahren	unbegrenzt erlaubt		unbegrenzt erlaubt	
		Fabrikinspektion					
1869	Gewerbeordnung des Norddeutschen Bundes	wie 1853		unbegrenzt erlaubt		unbegrenzt erlaubt	
1878	Gewerbeordnung des Deutschen Reiches	wie 1853		unbegrenzt erlaubt		unbegrenzt erlaubt	
1891	Gewerbeordnungs-Novelle	unter 13 Jahren	sechs Stunden ab 13 Jahren	unbegrenzt erlaubt		unbegrenzt erlaubt	
1903	Kinderschutzgesetz	unter 13 Jahren	sechs Stunden ab 13 Jahren	unter zehn Jahren	drei Stunden ab zehn Jahren	unbegrenzt erlaubt	
		gilt auch für andere gewerbliche Betriebe					
1938	Jugendschutzgesetz	unter 14 Jahren		unter zwölf Jahren	zwei Stunden ab zehn Jahren	unbegrenzt erlaubt	
1960	Jugendarbeitsschutzgesetz	unter 14 Jahren		unter 14 Jahren		unter zwölf Jahren	ab zwölf Jahren gelegentl. Mitarb.
1976	Jugendarbeitsschutzgesetz	unter 14 Jahren				unter 13 Jahren	drei Stunden für 13-Jährige
1984	Ab zwei bzw. sechs Jahren mit behördlicher Genehmigung: Theatervorstellungen, Werbung, Musikaufführung, Rundfunkaufnahmen. Ab 13 Jahren bis zwei Stunden: Zeitungen und Zeitschriften austragen. Mithilfe bei Sportveranstaltungen.						
1998	Jugendarbeitsschutzgesetz und Kinderarbeitsschutzverordnung: Generelles Beschäftigungsverbot unter 15 Jahren. Ausnahmen: Von drei bis sechs Jahren mit behördlicher Genehmigung bei Veranstaltungen bis zu zwei Stunden, bei Kindern über sechs Jahren bis drei Stunden täglich; über 13 Jahre leichte Beschäftigung, z. B. Zeitungsaustragen, bis zu zwei Stunden, in der Landwirtschaft bis zu drei Stunden täglich.						

Was für Kinderarbeit gilt, gilt auch für andere Bereiche der Arbeitswelt. So hat sich die Arbeitszeit in Deutschland in den letzten 100 Jahren mehr als halbiert. Während im 19. Jahrhundert die Sechs-Tage-Woche und der Zwölf- bis 16-Stunden-Tag die Regel waren, arbeiten die meisten Arbeitnehmer heute weniger als 40 Stunden die Woche. Die Verkürzung der Arbeitszeit haben sich die Arbeitnehmer und die Gewerkschaften über Jahrzehnte hinweg erkämpfen müssen.

Erst gegen Ende des 19. Jahrhunderts verabschiedete der Gesetzgeber die ersten Arbeitsschutzgesetze für besondere Personengruppen. So wurde z. B. im Arbeitsschutzgesetz von 1891 die Höchstarbeitszeit für Frauen auf elf Stunden festgelegt und ein Verbot der Nachtarbeit durchgesetzt.

Neben **sozialen Arbeitsschutzbestimmungen** sind technische und medizinische Schutzmaßnahmen verbessert worden. Den Anfang machte die Einführung der Unfallversicherung 1884. In diesem Unfallversicherungsgesetz sind Vorschriften über Betriebsvorrichtungen, Maschinen und Geräte enthalten, um die Sicherheit am Arbeitsplatz zu erhöhen.

1. a) Erläutern Sie, weshalb die Kinderarbeit in den ärmeren Ländern besonders hoch ist.
   b) Welcher Zusammenhang besteht zwischen Armut und Kinderarbeit?

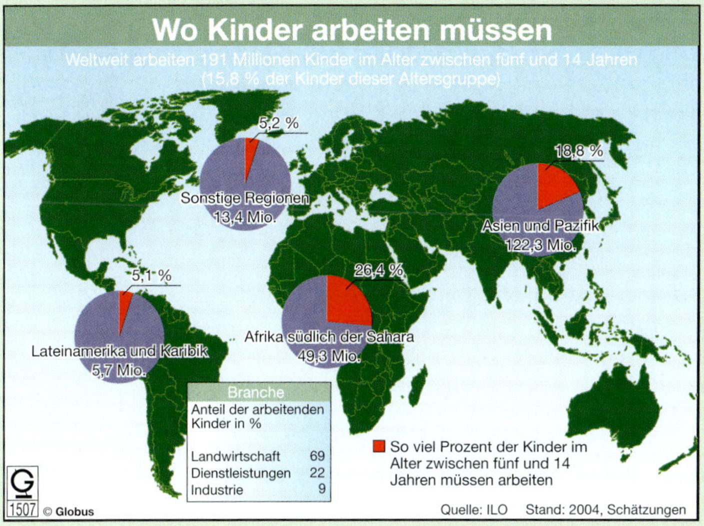

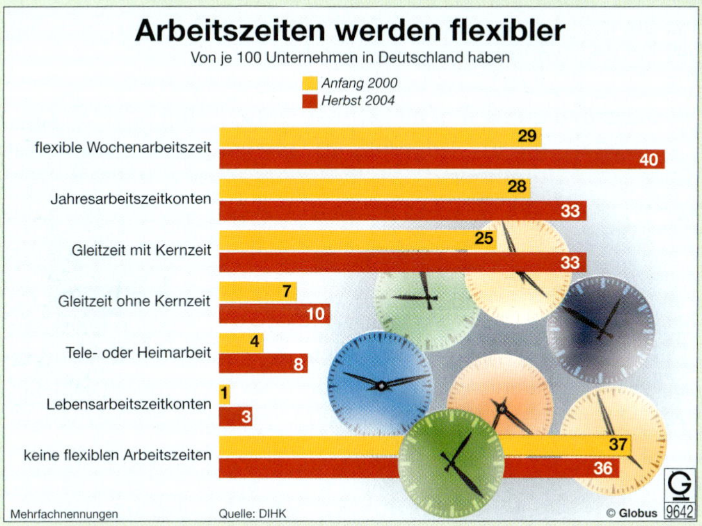

2. Weshalb ist besonders im Bereich der Landwirtschaft die Kinderarbeit so hoch?
3. Welche bei uns angebotenen Produkte haben Kinder angefertigt?
4. Informieren Sie sich bei Kinderschutzorganisationen über Kinderarbeit und Möglichkeiten zur Hilfe.
5. Beurteilen Sie folgende Meldung: „In England arbeiten fast 30 % der Kinder, in Nordrhein-Westfalen ist jedes fünfte Kind in verbotener Beschäftigung." (Süddeutsche Zeitung)
6. Interpretieren Sie die Grafik „Arbeitszeiten werden flexibler". Erläutern Sie die verschiedenen Formen von Flexibilisierung:
   a) Wochenarbeitszeit
   b) Jahresarbeitszeitkonto
   c) Gleitzeit
   d) Tele- oder Heimarbeit
   e) Lebensarbeitszeitkonto
7. Nur noch 36 % der Unternehmen schreiben den Arbeitnehmern die Anwesenheit am Arbeitsplatz genau vor. Führen Sie Gründe für die zunehmende Flexibilisierung der Arbeitszeiten an.

2.2 Jugendarbeitsschutz

Andrea

Andrea (17) und Dominique (18) sind bei der Firma Auto Dahlmann als Mechatronikerinnen in der Ausbildung. Sie sind beide im ersten Ausbildungsjahr und Schülerinnen der Berufsschulklasse MtK-IA. Heute ist Berufsschultag. Ein Fachlehrer ist erkrankt. Deshalb muss der Unterricht in der siebten und achten Stunde ausfallen. Dominique und Andrea sind sich nicht im Klaren darüber, ob sie wegen des Unterrichtsausfalls nachmittags noch in den Betrieb müssen.

Dominique

1. **Müssen Andrea und Dominique am Nachmittag in den Betrieb? Begründen Sie Ihre Meinung.**
2. **Welche Regelungen gelten grundsätzlich für den Besuch der Berufsschule?**
3. **Warum werden Jugendliche im Arbeitsleben besonders geschützt?**

Junge Leute vom 15. bis zum 18. Lebensjahr gelten nach dem Jugendarbeitsschutzgesetz als Jugendliche. Jugendliche sind körperlich und geistig noch in der Entwicklung. An sie können im Arbeitsleben keinesfalls die gleichen Anforderungen gestellt werden wie an Erwachsene. Überforderungen würden zu Entwicklungsstörungen führen. Deshalb werden Jugendliche, die in einem Ausbildungs- oder Arbeitsverhältnis beschäftigt sind, durch das Jugendarbeitsschutzgesetz besonders geschützt.

Das „Gesetz zum Schutze der arbeitenden Jugend" enthält Vorschriften über die tägliche und wöchentliche Arbeitszeit, die Ruhepausen, die Freizeit, die Freistellung an Berufsschultagen und über Beschäftigungsverbote. Im Jugendarbeitsschutzgesetz ist festgelegt, mit welchen Arbeiten Jugendliche beschäftigt werden können, damit sie nicht in ihrer Gesundheit gefährdet werden.

Kinderarbeit ist in der Bundesrepublik grundsätzlich verboten. Ausnahmen sind nur bei geringer Beschäftigung gestattet, z. B. das Austragen von Zeitungen und Zeitschriften bis zu zwei Stunden am Tag oder das Mithelfen in der Landwirtschaft und bei der Ernte bis zu drei Stunden. Besondere Ausnahmen kann das Gewerbeaufsichtsamt erteilen, etwa für Werbeveranstaltungen, für Musikaufführungen oder bei Fernsehauftritten.

Die Gewerbeaufsichtsämter bzw. die Bergämter überwachen die **Einhaltung der Vorschriften** des Jugendarbeitsschutzgesetzes. Bei Verstößen sollte sich der Jugendliche zuerst an seine Ausbilder oder Vorgesetzten wenden; weitere Ansprechpartner sind die Jugendvertretung oder der Betriebsrat, die Lehrer an der Berufschule oder die Ausbildungsberater der Kammer. Beschwerden sind auch direkt beim Gewerbeaufsichtsamt möglich.

Verstöße gegen die gesetzlichen Bestimmungen sind keine „Kavaliersdelikte". Sie werden in der Regel als Ordnungswidrigkeit, in besonders schweren Fällen auch als Straftaten geahndet.

Jugendarbeitsschutzbestimmungen auf einen Blick

Arbeitszeit

- 6:00–20:00 Uhr (Ausnahmen: z. B. Bäcker, Gaststätten, Schichtdienst)
- 5-Tage-Woche
- 40 Stunden wöchentlich
- 8 Stunden täglich (Ausnahme: 8,5 Stunden)

Berufsschule

- Freistellung durch Arbeitgeber
- Berufsschultag gilt als Arbeitstag
- keine Beschäftigung, wenn der Unterricht vor 9:00 Uhr beginnt
- keine Beschäftigung nach mehr als 5 Unterrichtsstunden

Freistellung

- für überbetriebliche Ausbildung
- für Prüfungen
- einen Arbeitstag vor der schriftlichen Abschlussprüfung

Beschäftigungsverbot

- Nachtarbeit
- an Samstagen, Sonn- und Feiertagen (Ausnahmen: Ausgleich durch Freistellung an einem anderen Tag)
- Akkordarbeiten
- gefährliche und schwere Arbeiten

Ruhepausen

- Mindestdauer 15 Minuten
- spätestens bei 4,5 Stunden
- bei 4,5 bis 6 Stunden Arbeitszeit 30 Minuten
- bei 6 Stunden Arbeitszeit 60 Minuten

Freizeit

- mind. 12 Stunden am Tag zwischen den Arbeitszeiten

Urlaub

- 15 Jahre: 30 Werktage
- 16 Jahre: 27 Werktage
- 17 Jahre: 25 Werktage
- grundsätzlich während der Berufsschulferien

Ärztliche Untersuchung

- Erstuntersuchung vor Beschäftigungsbeginn
- Nachuntersuchung nach einem Jahr

Kinderarbeit

- grundsätzlich verboten
- Ausnahmen bei geringer Beschäftigung

Nehmen Sie zur Lösung der folgenden Aufgaben auch das Jugendarbeitsschutzgesetz zu Hilfe.

1. **Wer ist im Sinne des Gesetzes Jugendlicher?**
2. **Zu welchen Bereichen enthält das Jugendarbeitsschutzgesetz (JArbSchG) Bestimmungen zum Schutze von jungen Auszubildenden und Beschäftigten?**
3. **Welche Behörde ist zuständig für die Überwachung des JArbSchG?**
4. **Was sollte ein Auszubildender tun, wenn er glaubt, dass in seinem Ausbildungsbetrieb gegen Vorschriften des Jugendarbeitsschutzgesetzes verstoßen wird?**
5. **Sabine (16) ist Auszubildene als Goldschmiedin. Die Betriebsferien fallen zum Teil in die Schulzeit. Sabine besucht deshalb an zwei Tagen während ihres Urlaubs die Berufsschule. Hat Sabine Anspruch auf zwei zusätzliche Urlaubstage? Begründen Sie Ihre Entscheidung.**
6. **Der 13-jährige Stefan trägt zweimal wöchentlich Prospekte aus. In der Regel braucht er etwa zwei Stunden. Verstößt Stefans Tätigkeit gegen das Verbot von Kinderarbeit? Begründen Sie Ihre Meinung.**
7. **Rainer wird heute, am 23. April, 17 Jahre alt. In diesem Jahr hat er bereits 14 Tage Urlaub genommen. Wie viele Tage Resturlaub hat Rainer nach dem JArbSchG noch zur Verfügung?**
8. **Wolfgang (17) hat unentschuldigt den Unterricht am Berufsschultag versäumt. Die Klassenlehrerin hat den Betrieb darüber informiert. Der Meister zieht Wolfgang deshalb einen Tag Urlaub ab. Prüfen Sie, ob die Maßnahme des Meisters rechtens ist.**
9. **Marlene (16) erlernt den Beruf einer Köchin. Normalerweise endet ihre Arbeitszeit um 20:00 Uhr. Heute muss sie jedoch wegen Krankheitsfällen zwei Überstunden machen und bis 22:00 Uhr arbeiten. Ihr Chef will Marlene die Mehrarbeit zusätzlich vergüten.**
   a) **Darf Marlene als Köchin bis 22:00 Uhr arbeiten?**
   b) **Klären Sie, ob Marlene ausnahmsweise zehn Stunden arbeiten darf.**
   c) **Wie lange darf Marlene im Betrieb beschäftigt werden, wenn sie am nächsten Morgen um 8:00 Uhr Berufsschulunterricht hat?**
   d) **Sollte Marlene das Angebot ihres Chefs, Mehrarbeit zu bezahlen, annehmen?**
10. **Jutta (17) arbeitet im Frisiersalon auch samstags.**
   a) **Warum darf Jutta als Jugendliche auch am Samstag beschäftigt werden?**
   b) **Welche Regelung über die wöchentliche Arbeitszeit muss dafür vereinbart sein?**
11. **Maria (17) ist in der Warenannahme beschäftigt. Ihre Arbeitszeit beginnt um 7:15 Uhr. Bisher hatte Maria noch keine Gelegenheit zur Pause. Kurz vor 12:00 Uhr soll Maria noch zwei Lkw-Ladungen annehmen.**
   a) **Wann hat Maria Anspruch auf eine Pause?**
   b) **Wie lange muss die erste Pause mindestens dauern?**
   c) **Wie muss die Pausenregelung von Maria aussehen, wenn sie acht Stunden am Tag beschäftigt ist.**
12. **Jugendliche über 16 Jahre dürfen im Bäckerhandwerk ab 5:00 Uhr, über 17 Jahre bereits ab 4:00 Uhr beschäftigt werden.**
   a) **Warum lässt das Jugendarbeitsschutzgesetz eine solche Regelung zu?**
   b) **Finden Sie diese Ausnahmeregelung richtig?**

2.3 Das Arbeitszeitgesetz

Tödlicher Unfall auf der B 7

Fahrer wahrscheinlich am Steuer eingeschlafen

Der schwere Verkehrsunfall in der Nacht vom 23. Mai auf der B 7 ist wahrscheinlich auf Übermüdung des Fahrers zurückzuführen. Der 34-jährige Angestellte war von seiner Arbeitsstelle auf dem Weg nach Hause aus bisher unbekannter Ursache auf gerader Strecke frontal gegen einen Baum gefahren. Die Tatsache, dass keine Bremsspuren vorhanden waren und die Fahrbahn trocken war, legt die Vermutung nahe, dass der Familienvater am Lenkrad eingeschlafen ist. Wie die Polizeidirektion mitteilte, hatte der Angestellte in letzter Zeit regelmäßig bis zu zwölf Stunden täglich in einer Spedition gearbeitet. Auch am Unfalltag war erst nach einem 14-Stunden-Tag Feierabend; das Gewerbeaufsichtsamt ist mittlerweile eingeschaltet worden.

Autorentext

1. **Warum ist das Gewerbeaufsichtsamt eingeschaltet worden?**
2. **Wie ist die Arbeitszeit gesetzlich geregelt?**

Arbeit kann einen Menschen körperlich und seelisch überfordern, insbesondere wenn die zeitliche Belastung zu groß wird. Deshalb regelt das Arbeitszeitrechtsgesetz die zulässige Höchstarbeitszeit. Das Gesetz gilt seit dem Jahre 1994. Es enthält Mindestregelungen, wie sie in allen Arbeitsverträgen berücksichtigt werden müssen. Die meisten Arbeitnehmer haben aufgrund tarifvertraglicher oder betrieblicher Vereinbarungen weitaus bessere Arbeitszeitregelungen.

Das Arbeitszeitgesetz enthält u. a. folgende Bestimmungen:

- Die normale Arbeitszeit beträgt höchstens acht Stunden täglich und 48 Stunden in der Woche. Sie kann auf bis zu zehn Stunden am Tag verlängert werden, wenn innerhalb von sechs Monaten im Durchschnitt acht Stunden werktäglich nicht überschritten werden.
- Zwischen Ende und Beginn der Arbeitszeit muss eine Ruhezeit von elf Stunden liegen.
- Bei einer täglichen Arbeitszeit von mehr als sechs Stunden ist eine Pause von mindestens 30 Minuten vorgeschrieben.

Über die Einhaltung der Arbeitszeitregelungen wachen die Gewerbeaufsichtsämter. Die Arbeitszeitregelungen gelten nicht für Land- und Forstwirtschaft, Gartenbau, Seeschifffahrt und Luftfahrt. Auch für Beschäftigte in Krankenhäusern, Bäckereien und Konditoreien gelten besondere Bestimmungen.

Besonders wichtig für die körperliche und geistige Erholung des Arbeitnehmers ist der Jahresurlaub. Nach dem **Bundesurlaubsgesetz** müssen jedem erwachsenen Arbeitnehmer mindestens 24 Werktage Urlaub im Jahr gewährt werden. Die meisten Beschäftigten haben nach Manteltarif- oder Betriebsvereinbarung 30 und mehr Urlaubstage. Für alle jugendlichen Arbeitnehmer gelten die Bestimmungen des Jugendarbeitsschutzgesetzes.

2.4 Kündigungsschutz

Herrn Breuer, Facharbeiter, ist heute von seinem Arbeitgeber folgendes Schreiben zugestellt worden:

Abmahnung

Sehr geehrter Herr Breuer,

trotz mündlicher Ermahnung durch Ihren Vorgesetzten, Herrn Weiland, waren Sie laut Zeiterfassungssystem im letzten Monat erst zu folgenden Zeiten an Ihrem Arbeitsplatz anwesend:

08.05. : 8:07 Uhr
09.05. : 8:21 Uhr
14.05. : 8:12 Uhr
20.05. : 8:15 Uhr

Für die Verspätungen konnten Sie keine ausreichenden Gründe angeben. Aufgrund Ihres Arbeitsvertrages sind Sie verpflichtet, arbeitstäglich pünktlich um 8:00 Uhr am Arbeitsplatz zu sein. Gegen diese Verpflichtung haben Sie verstoßen. Im Wiederholungsfall sehen wir uns gezwungen, das Arbeitsverhältnis zu kündigen. Wir hoffen, dass dieser Schritt nicht erforderlich wird.

Mit freundlichen Grüßen

Prause

ppa. Prause

1. **Gegen welche Pflicht hat Herr Breuer verstoßen?**
2. **Welchem Zweck dient die Abmahnung?**
3. **Warum wird Herrn Breuer nicht sofort gekündigt?**

Wenn ein Mitarbeiter Anlass zu Beanstandungen seiner Arbeitsweise, seiner Arbeitsergebnisse oder seines Verhaltens gegenüber Kollegen, Vorgesetzten oder Kunden gibt, verstößt er gegen Vereinbarungen des Arbeitsvertrages. Diese Pflichtverletzungen können Grund für eine Beendigung des Arbeitsverhältnisses sein. Vor der Kündigung muss der Arbeitnehmer auf sein Fehlverhalten hingewiesen werden und die Möglichkeit erhalten, sein Verhalten zu ändern. Der Hinweis erfolgt oft durch die **Abmahnung**. Sie ist sozusagen die gelbe Karte im Arbeitsleben.

Falls der Arbeitnehmer die Warnung der Abmahnung missachtet, kann der Arbeitgeber die **ordentliche Kündigung** aussprechen. Dabei hat der Betriebsrat ein Mitwirkungsrecht. Gesetzliche oder tarifliche **Kündigungsfristen** sind einzuhalten.

Für Angestellte und Arbeiter gelten einheitliche Kündigungsfristen. Kündigt der Arbeitnehmer, so muss er eine vierwöchige Kündigungsfrist einhalten. Die Kündigung muss zum 15. oder zum Monatsende ausgesprochen werden.

Der Arbeitgeber muss schriftlich kündigen und hat längere Fristen einzuhalten, wenn die Mitarbeiter dem Betrieb über einen längeren Zeitraum angehören:

Betriebszugehörigkeit[1] in Jahren	unter 2	ab 2	ab 5	ab 8	ab 10	ab 12	ab 15	ab 20
Kündigungsfrist	4 Wochen[2]	1 Monat	2 Monate	3 Monate	4 Monate	5 Monate	6 Monate	7 Monate

1) Beschäftigungszeiten ab dem 25. Lebensjahr 2) zum 15. oder zum Monatsende, sonst jeweils zum Monatsende

Die Kündigung ist ein einseitiges Rechtsgeschäft. Sie kann daher auch durch den Arbeitnehmer erfolgen, z. B. wenn er sich beruflich verbessern und den Arbeitsplatz wechseln will. Eine Angabe von Gründen ist nicht erforderlich.

Das Arbeitsverhältnis kann auch in gegenseitigem Einvernehmen durch einen zweiseitigen Aufhebungsvertrag beendet werden.

Bei befristeten Arbeitsverträgen, z. B. mit Aushilfskräften oder Saisonarbeitern, endet das Beschäftigungsverhältnis mit Ablauf der vereinbarten Zeit. Eine Kündigung ist nicht erforderlich.

Bei schweren Vertragsverletzungen kann das Arbeitsverhältnis durch eine **außerordentliche Kündigung** fristlos beendet werden. Der Arbeitgeber kann fristlos kündigen, wenn der Arbeitnehmer

- falsche Zeugnisse oder Bescheinigungen vorgelegt hat,
- Unterschlagung, Betrug oder Diebstahl begangen hat,
- den Arbeitsplatz ohne Erlaubnis verlässt oder die Arbeit verweigert,
- grobe Beleidigungen oder Tätlichkeiten begangen hat,
- dem Betrieb fahrlässig oder vorsätzlich Schaden zugefügt hat.

Gründe für eine außerordentliche Kündigung durch den Arbeitnehmer sind z. B. ausstehende Lohnzahlungen oder grobe Beleidigungen, Tätlichkeiten oder sexuelle Belästigungen durch Vorgesetzte.

Für volljährige Arbeitnehmer, die mindestens ein halbes Jahr im Betrieb beschäftigt sind, gelten die Bestimmungen des **Kündigungsschutzgesetzes**. Danach muss eine Kündigung

- sozial gerechtfertigt,
- in der Person oder im Verhalten des Arbeitnehmers
- oder durch betriebliche Erfordernisse begründet sein.

Das Gesetz findet nur Anwendung bei Betrieben mit mehr als zehn Arbeitnehmern. Massenentlassungen sind nur unter Mitwirkung des Betriebsrates und nach Information der Arbeitsagentur zulässig. Kommt es wegen einer Kündigung zu Streitigkeiten, ist das Arbeitsgericht zuständig.

Folgende Arbeitnehmergruppen genießen einen **besonderen Kündigungsschutz**:

Arbeitnehmergruppen	Die Kündigung ist unzulässig
• Mitglieder des Betriebsrates und der Jugendvertretung	• während und ein Jahr nach der Amtszeit
• Schwangere und Mütter nach der Entbindung	• während der Schwangerschaft und bis zwei Monate nach Ablauf der Mutterschutzfrist
• Mütter oder Väter während der Elternzeit	• während der Elternzeit
• Schwerbehinderte	• ohne Zustimmung der Hauptfürsorgestelle
• Wehrpflichtige und Zivildienstleistende	• während der Dienstzeit und Wehrübungen

1. **Erkundigen Sie sich, welche Arbeitszeit- und Urlaubsregelungen in Ihrem Ausbildungsbetrieb gelten.**
2. **Die Firmenleitung legt in Absprache mit dem Betriebsrat dreiwöchige Betriebsferien fest. Frau Göllner will ihren Jahresurlaub jedoch vier Wochen später nehmen. Prüfen Sie, ob Frau Göllner ihren Urlaub später nehmen kann.**
3. **Erklären Sie den Unterschied zwischen ordentlicher und außerordentlicher Kündigung.**
4. **Entscheiden und begründen Sie, ob die fristlose oder fristgerechte Kündigung gerechtfertigt ist.**
   a) **Herr Kolovski ist seit zehn Monaten arbeitsunfähig. Laut ärztlichem Gutachten ist nicht abzusehen, wann er wieder arbeitsfähig wird. Der Arbeitgeber kündigt Herrn Kolovski fristgerecht.**
   b) **Frau Söller hat bereits zweimal auf ihr Gehalt länger als 14 Tage warten müssen. Als es nochmals passiert, kündigt sie fristlos. Der Arbeitgeber meint, Frau Söller müsse die Kündigungsfrist von vier Wochen zum Monatsende einhalten.**
   c) **Herr Gänger arbeitet seit fünf Monaten in einem Handwerksbetrieb, in dem außer ihm noch vier weitere Gesellen und zwei Auszubildende beschäftigt sind. Herrn Gänger wird mit vierwöchiger Kündigungsfrist gekündigt.**
   d) **Herr Klein arbeitet im gleichen Betrieb wie Herr Gänger. Auch ihm wird wegen fehlender Arbeitsaufträge fristgerecht gekündigt.**
   e) **Frau Winkler beteiligt sich am Warnstreik ihrer Gewerkschaft. Ihr Arbeitgeber kündigt ihr fristlos.**
   f) **Die Firma Kroll GmbH stellt ihren Betrieb auf Schichtarbeit um. Herr Folz weigert sich, in der Nachtschicht zu arbeiten. Ihm wird daraufhin fristlos gekündigt.**
   g) **Frau Kieser, im dritten Monat schwanger, wird bei der Firma Stamm eingestellt. Im Einstellungsgespräch wurde sie nicht gefragt, ob eine Schwangerschaft vorliegt. Als Frau Kieser ihrem Arbeitgeber bei Arbeitsantritt mitteilt, dass sie schwanger ist, spricht dieser ihr die fristlose Kündigung aus.**

2.5 Mutterschutz

1. **Warum bedürfen schwangere Frauen eines besonderen Schutzes am Arbeitsplatz?**
2. **Welche Tätigkeiten dürfen werdende Mütter nicht ausüben?**
3. **a) Vor welchen Schwierigkeiten stehen Mütter oft nach der Entbindung in Bezug auf ihren Arbeitsplatz?**
   b) Wie werden sie geschützt?

Im Grundgesetz wird ausdrücklich betont: „Jede Mutter hat Anspruch auf den Schutz und die Fürsorge der Gemeinschaft" (Art. 6, IV GG). Dies hat auch Auswirkungen auf das Beschäftigungsverhältnis der Frauen. Um Mutter und Kind vor Gefahren zu schützen, sieht das **Mutterschutzgesetz** für schwangere und stillende Frauen folgende Regelungen vor:

- Beschäftigungsverbot sechs Wochen vor und acht Wochen nach der Geburt des Kindes; auf Wunsch der Mutter ist eine Weiterbeschäftigung vor der Geburt möglich;
- während dieser Zeit Mutterschaftsgeld als Lohnersatz;
- Verbot von schwerer körperlicher Arbeit sowie von längeren Arbeiten im Stehen, von Akkord- und Fließbandarbeit;
- Verbot von Arbeiten mit gesundheitsgefährdenden Stoffen;
- Kündigungsschutz während der Schwangerschaft und vier Monate nach der Entbindung bzw. während der Elternzeit.

Wenn berufstätige Mütter ihre Kinder zu Hause betreuen und erziehen wollen, bedeutete dies in der Vergangenheit oft die Aufgabe ihres Arbeitsplatzes. Die **Elternzeit** bietet Müttern und Vätern die Möglichkeit, sich bis zu drei Jahre beurlauben zu lassen. Während der Elternzeit bleibt der Anspruch auf den Arbeitsplatz erhalten. Mütter und Väter können sich auch die Elternzeit „teilen".

Mit Zustimmung des Arbeitgebers kann die Elternzeit von bis zu einem Jahr auch aufgespart werden und später (bis zum 8. Lebensjahr des Kindes) in Anspruch genommen werden. Dies gilt z. B. auch, wenn Zwillinge oder Geschwisterkinder kurz nacheinander geboren werden.

Die Elternzeit muss beim Arbeitgeber schriftlich angemeldet werden. Die Anmeldefrist beträgt sechs bzw. acht Wochen, wenn die Elternzeit nach dem Mutterschutz bzw. nach der Geburt beginnen soll. Während der Elternzeit können die Eltern in Betrieben mit mehr als 15 Mitarbeitern auch in Teilzeit bis zu 30 Stunden in der Woche arbeiten.

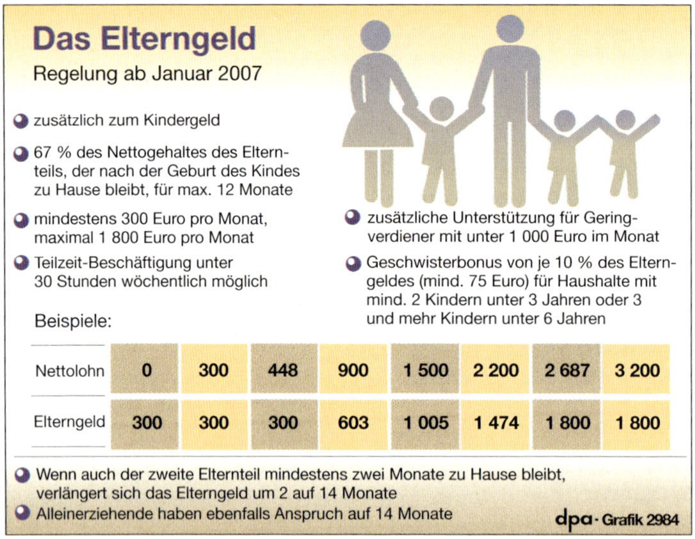

Nettolohn	0	300	448	900	1 500	2 200	2 687	3 200
Elterngeld	300	300	300	603	1 005	1 474	1 800	1 800

Berufstätige Eltern, die sich um die Erziehung ihres Kindes kümmern und deshalb zeitweise ihre Beschäftigung ruhen lassen wollen, werden vom Staat durch das Elterngeld unterstützt.

Elterngeld wird nur aufgrund eines schriftlichen Antrags gezahlt. Der Antrag ist bei der zuständigen Behörde – oft sind dies die Ämter für Soziales und Familie – zu stellen.

1. **Nur ca. 7 % der Väter nehmen die Elternzeit in Anspruch. Diskutieren Sie über diese Tatsache.**
2. **Trotz Mutterschutz, Elterngeld, Elternzeit – die Geburtenrate ist rückläufig. Diskutieren Sie über diesen Widerspruch.**

2.6 Schwerbehindertenschutz

„Schwerbehinderte Menschen am 31.12.2005 nach Ursache der schwersten Behinderung"	
Angeborene Behinderung	307 980
Arbeitsunfall (einschl. Wege- und Betriebswegeunfall), Berufskrankheit	78 142
Verkehrsunfall	41 718
Häuslicher Unfall	8 289
Sonstiger oder nicht näher bezeichneter Unfall	28 287
Anerkannte Kriegs-, Wehrdienst- oder Zivildienstbeschädigung	96 373
Allgemeine Krankheit (einschließlich Impfschaden)	5 617 993
Sonstige, mehrere oder ungenügend bezeichnete Ursachen	586 573
Insgesamt	**6 765 355**

Quelle: ©Statistisches Bundesamt, Wiesbaden 2007; Auszug aus „Statistik des schwerbehinderten Menschen 2005"

1. **Martin Jellinek war nach seinem Autounfall zwei Jahre arbeitslos, bis er einen neuen Arbeitsplatz gefunden hat. Wie erklären Sie sich das?**
2. **Warum ist die berufliche Eingliederung von Behinderten besonders wichtig?**

Ein Blick auf die Statistik zeigt, dass niemand vor einer schweren Behinderung sicher ist. In der Bundesrepublik leben rund 6,7 Millionen Schwerbehinderte; davon sind mehr als 1 Million berufstätig. Schwerbehindert ist, wem das Versorgungsamt durch einen Schwerbehindertenausweis den Grad der Behinderung von mindestens 50 % bescheinigt hat. Vielen Behinderten sieht man ihre Behinderung auf den ersten Blick nicht an. Der Grad der Behinderung gibt keine Auskunft über die Leistungsfähigkeit eines Schwerbehinderten am Arbeitsplatz. Vielmehr bezieht sich der Behinderungsgrad auf alle Bereiche des täglichen Lebens.

Dennoch haben es Behinderte oft schwerer, einen angemessenen Arbeitsplatz zu finden, gerade wenn Arbeitsplätze knapp sind. Arbeitslosigkeit trifft jeden, aber Schwerbehinderte kann sie doppelt treffen. Denn die Behinderung schränkt viele Behinderte auch außerhalb des Berufslebens ein.

Behinderte brauchen oftmals auch behindertengerechte Arbeitsplätze, die für die Betriebe zusätzliche Kosten verursachen.

Um schwerbehinderten Arbeitnehmern einen sicheren Arbeitsplatz zu gewährleisten bzw. neue Arbeitsplätze für Schwerbehinderte zu schaffen, hat der Gesetzgeber das **„Gesetz zur Sicherung der Eingliederung Schwerbehinderter in Arbeit, Beruf und Gesellschaft"** beschlossen.

Im Schwerbehindertengesetz werden

- die Arbeitgeber in die Pflicht genommen,
- die Rechtspositionen erwerbstätiger Schwerbehinderter gestärkt,
- für Schwerbehinderte umfangreiche inner- und außerbetriebliche Stützmaßnahmen durchgeführt.

Jeder Betrieb, der mehr als 16 Arbeitsplätze hat, muss 5 % der Arbeitsplätze für Schwerbehinderte zur Verfügung stellen. Wenn die Verpflichtung nicht eingehalten wird, muss der Betrieb eine Ausgleichszahlung für jeden nicht besetzten Pflichtplatz bezahlen.

In der Vergangenheit betrug die **Ausgleichsabgabe** bundesweit jährlich über 200 Millionen EUR. An dieser Zahl lässt sich ablesen, dass viele Arbeitgeber ihrer Beschäftigungspflicht nicht oder nicht in vollem Umfang nachkommen.

Bei jeder Neueinstellung müssen die Arbeitgeber prüfen, ob die freie Stelle mit einem Schwerbehinderten besetzt werden kann.

Schwerbehinderte werden besonders dadurch rechtlich geschützt, dass für sie ein **erweiterter Kündigungsschutz** gilt. Will ein Arbeitgeber einem Schwerbehinderten kündigen, so benötigt er zuerst die Zustimmung der Hauptfürsorgestelle.

Für die Wiederherstellung und Erhaltung ihrer Arbeitskraft benötigen Schwerbehinderte mehr Zeit. Deshalb erhalten sie zusätzlich eine Arbeitswoche bezahlten Jahresurlaub. Zudem können Schwerbehinderte Mehrarbeit ohne Begründung ablehnen.

Nach dem Schwerbehindertengesetz sollen sich die Schwerbehindertenvertretung, der Betriebs- oder Personalrat und der Beauftragte des Arbeitgebers um die besonderen Belange der Behinderten kümmern. Die Hauptfürsorgestellen und Arbeitsagenturen unterstützen durch ihre Helfer und Berater die schwerbehinderten Arbeitnehmer.

1. **Wie beurteilen Sie die Ausgleichsabgabe für Arbeitnehmer?**
2. **Interpretieren Sie das Schaubild „Zu wenig Arbeitsplätze für Schwerbehinderte". Wie lässt sich erklären, dass die Arbeitgeber die gesetzliche Einstellungsquote nicht erfüllen?**
3. **Das Zusammenleben mit Behinderten steht unter dem Motto „Solidarität statt Mitleid". Diskutieren Sie, ob dies auch für die Arbeitswelt gilt.**
4. **Auf welche gesetzlichen Bestimmungen können sich Behinderte berufen**
   a) bei Kündigung? b) bei Urlaub?

2.7 Humanisierung der Arbeit

Heinrich Lersch: Mensch im Eisen

Mein Tagwerk ist: im engen Kesselrohr
Bei kleinem Glühlicht kniend krumm zu sitzen,
An Nieten hämmernd, in der Hitze schwitzen,
Verrußt sind Aug und Haar und Ohr,
Nur noch ein kleiner Menschenkraftmotor
Bin ich, des' Hebel – meine Arme – flitzen,
Ich will die Adern mit dem Messer ritzen:
Dampf stößt, statt roten Blutes Strahl, hervor.
O Mensch, wo bist du? Wie ein Käfertier
Im Bernstein eingeschlossen, hockst du rings im Eisen,
Eisen umpanzert dich mit schießendem Gewirr!
Im Auge rast die Seele, arm und irr.
Heimweh heult wahnsinnswild,
Heimweh weint süße Weisen,
Nach Erde, Mensch und Licht
Schrei lauter, Mensch im Eisen!

Heinrich Lersch: Ausgewählte Werke, Düsseldorf, Dietrichs, 1966

1. **Heinrich Lersch schildert den Arbeitsplatz eines Kesselflickers. Welche Belastungen am Arbeitsplatz werden deutlich?**
2. **Welche Forderung wird mit der Zeile „Schrei lauter, Mensch im Eisen!" aufgestellt?**

Arbeit dient dem Geldverdienen. Aber Arbeit muss auch Spaß machen, Zufriedenheit verschaffen und eigenverantwortliches Handeln zulassen. Konkurrenz und Arbeitsteilung haben meist das Gegenteil geschaffen: einseitige Belastung und monotone Arbeit. Die Folgen sind Stress am Arbeitsplatz, Unfälle und Krankheiten.

Der **Grundsatz der Humanisierung** der Arbeit lautet: Nicht die Menschen sind der Arbeit anzupassen, sondern die Arbeit den Menschen. Die ergonomische Gestaltung und die Strukturierung der Arbeit sind die wichtigsten Aufgabenfelder für einen menschengerechten Arbeitsplatz.

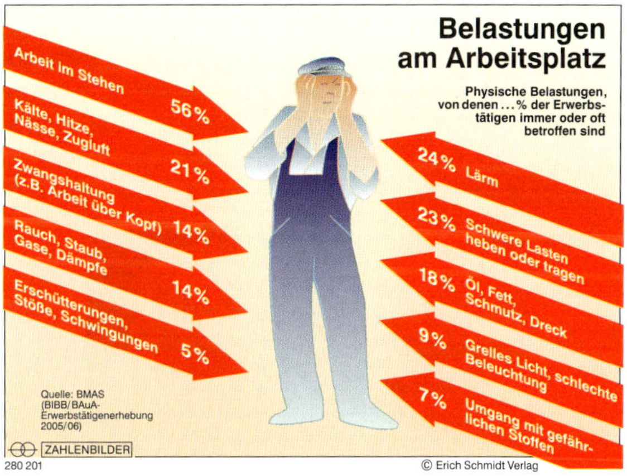

Bei der **Ergonomie** geht es um die Anpassung der Arbeit an die Fähigkeiten und Bedingungen des Menschen, d. h., Arbeitsplatz und Arbeitsmittel müssen körpergerecht gestaltet werden. Die Ergonomie ist für die Arbeitsgestaltung und somit für die Konstruktion von Maschinen und Fertigungsanlagen von Bedeutung. Dabei sind meist folgende Arbeitsplatzbedingungen zu berücksichtigen:

- Greifraum
- Sichtverhältnisse und Beleuchtung
- Anordnung und Gestaltung von Bedienungselementen
- Arbeitshöhe und Sitzgestaltung

Für behindertengerechte Arbeitsplätze ist die Ergonomie besonders wichtig.

Durch technische Veränderungen konnten in vielen Bereichen körperliche Belastungen der Arbeitnehmer am Arbeitsplatz abgebaut werden. Dagegen haben Anspannung und Konzentration – nicht zuletzt aufgrund neuer Technologien – zugenommen.

So fühlen sich von 100 Berufstätigen stark belastet durch:

Zeitdruck	starke Konzentration	hohe Verantwortung	Zwang zu schnellen Entscheidungen
24	20	21	11

http://www.bibb.de

Die nervliche Belastung ist gerade bei Schicht- und Nachtarbeit am stärksten. Immerhin müssen ca. 13 % aller Beschäftigten nachts gegen den Biorhythmus arbeiten.

Wie sehr heute diese **Stressfaktoren** zugenommen haben, belegen veränderte Krankheitsbilder. Herz- und Kreislaufbeschwerden sowie Nervenleiden stehen weit an der Spitze der Krankheiten. Wegen verminderter Erwerbsfähigkeit gehen ca. 15 % der Männer und 27 % der Frauen vorzeitig in Rente.

Nicht alle Krankheiten werden als **Berufskrankheiten** anerkannt. Es wird dann von einer Berufskrankheit gesprochen, wenn die Ursache der Krankheit eindeutig auf die berufliche Tätigkeit zurückzuführen ist. In einer von der Bundesregierung erstellten Liste sind alle anerkannten Berufskrankheiten aufgeführt.

Der zweite Bereich der Humanisierung der Arbeit betrifft die Strukturierung der Arbeit. **Arbeitsstrukturierung** bedeutet, dass die Arbeitsaufgaben und -abläufe so zu organisieren sind, dass die Entfaltung der Fähigkeiten des Menschen gefördert wird. Neue Formen der Fertigung, wie z. B. Gruppenfertigung und Lean Production, nutzen diese Aspekte der Humanisierung der Arbeit für die Erhöhung der Produktivität.

Jeder Arbeitnehmer ist nach dem Betriebsverfassungsgesetz (§ 82) berechtigt, zu Maßnahmen des Arbeitgebers, die ihn betreffen, Stellung zu nehmen sowie Vorschläge für die Gestaltung des Arbeitsablaufes zu machen.

1. **Beschreiben Sie mithilfe der Karikaturen die Situation des Schichtarbeiters.**
2. **Erstellen Sie in Gruppenarbeit einen Forderungskatalog zur Humanisierung der Nacht- und Schichtarbeit.**

2.8 Technischer Arbeitsschutz

1. **Die Auszubildenden halten sich in sieben Punkten nicht an Sicherheitsvorschriften. Was wird hier alles falsch gemacht?**
2. **Welche Gefahren erwachsen daraus?**
3. **Durch welche Arbeitsschutzmaßnahmen können diese Gefahren verringert werden?**

Die Beschäftigten sind im Berufsalltag verschiedenen Gefahren ausgesetzt. Um Arbeitsunfälle zu verhüten, ist es notwendig, die Sicherheit am Arbeitsplatz zu verbessern. Arbeitsschutz erstreckt sich auf organisatorische und technische Schutzmaßnahmen. Die beste Schutzmaßnahme nützt aber nichts, wenn sich die Mitarbeiter nicht an die Sicherheitsvorschriften halten. Sicherheitsgerechtes Verhalten darf nicht dem Zufall überlassen bleiben.

Wegen Asbest zu Hause bleiben

Bundesarbeitsgericht: Bei Gesundheitsgefahr erlaubt

Arbeitnehmer, die am Arbeitsplatz Asbest oder anderen „besonders gefährlichen krebserregenden Stoffen“ ausgesetzt sind, dürfen zu Hause bleiben, wenn der Arbeitgeber die Gefahr nicht abstellen kann. Dies hat das Bundesarbeitsgericht (BAG) in Kassel entschieden. Es begründet dies mit der Gefahrstoffverordnung, wonach Beschäftigte die Arbeit verweigern dürfen, wenn sie einer „unmittelbaren Gefahr“ für ihre Gesundheit ausgesetzt sind. Lohn und Gehalt müssen trotzdem weiterbezahlt werden. Anlass war die Klage eines Technikers der Deutschen Welle in Köln. (Aktenzeichen 5 AZR 273/93)

Autorentext nach einer afp-Meldung

1. **Welcher Grundsatz wird in der Urteilsbegründung des Arbeitsgerichtes deutlich?**
2. **Auf welche Verordnung zum technischen Arbeitsschutz stützt sich das Urteil?**

Mensch und Umwelt werden durch neue Stoffe auch immer neu gefährdet. Oft werden Gefahren erst verspätet erkannt. So ist z. B. Asbest erst 1990 in die Gefährdungsgruppe I für krebserzeugende Gefahrstoffe „sehr stark gefährdend“ eingeordnet worden.

Viele Gifte und Gefahrstoffe sind vom Arbeitnehmer gar nicht unmittelbar wahrnehmbar, können aber große gesundheitliche Schäden verursachen. Die Gefahrstoffverordnung will dieser Tatsache Rechnung tragen. Sie verpflichtet den Arbeitgeber zum sorgsamen Einsatz und Umgang mit gefährlichen Stoffen. Der Arbeitgeber muss gefährliche Stoffe erfassen und Gefahren begrenzen. Dazu sind die Arbeitnehmer über Gesundheitsgefahren zu informieren. Außerdem hat der Arbeitgeber Betriebsanweisungen für die sachgerechte Entsorgung von Gefahrstoffen zu verfassen.

Gefährliche Stoffe müssen gekennzeichnet sein, damit entsprechende Schutzmaßnahmen getroffen werden können. Verpackungen sind mit folgenden Angaben zu kennzeichnen:
- Bezeichnung des Stoffes,
- Hinweise auf besondere Gefahren,
- Gefahrensymbol(e) und Gefahrenbezeichnung,
- Sicherheitsratschläge,
- evtl. besondere zusätzliche Angaben,
- Name und Anschrift des Herstellers, Importeurs oder Vertreibers.

Etwa alle 15 Sekunden ereignet sich in der Bundesrepublik ein Arbeitsunfall. Alle zweieinhalb Stunden endet ein Arbeitsunfall tödlich. Dennoch weisen die Unfallstatistiken rückläufige Zahlen aus. Eine Vielzahl von Maßnahmen zur Unfallverhütung hat diese Entwicklung ermöglicht. Dazu gehören auch strengere gesetzliche Auflagen und Unfallverhütungsvorschriften.

Die **Unfallverhütungsvorschriften** werden von den Berufsgenossenschaften für die einzelnen Wirtschaftsbereiche erstellt. Ziel der Berufsgenossenschaften ist es dabei, durch vorbeugende Maßnahmen Unfälle zu verhüten.

Über die Einhaltung der Gesetze und Verordnungen wachen die Gewerbeaufsichtsämter. Sie haben jederzeit direkten Zugang zur Kontrolle in den Betrieben. Bei Verstößen gegen die geltenden Gesetze können die Gewerbeaufsichtsämter Bußgelder verhängen. Die Berufsgenossenschaften als Träger der gesetzlichen Unfallversicherung kontrollieren durch Aufsichtsbeamte in den Betrieben, dass die Unfallverhütungsvorschriften eingehalten werden.

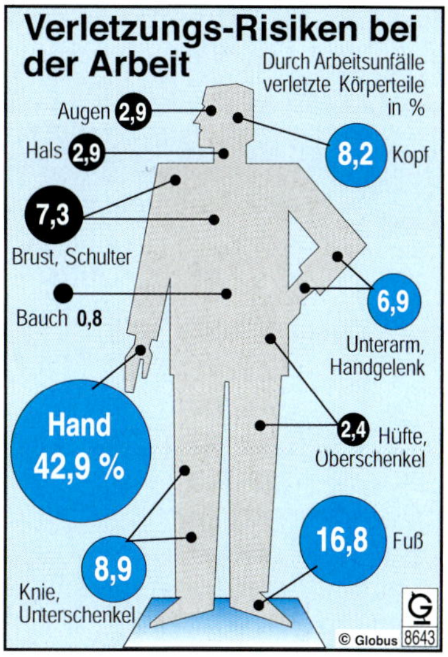

Betriebsunfälle sind der Berufsgenossenschaft vom Arbeitgeber unverzüglich anzuzeigen. Dazu muss ein Unfallbericht erstellt werden.

In Betriebsanweisungen wird das Arbeiten an Maschinen oder der Umgang mit gefährlichen Stoffen im Einzelfall genau festgelegt. Betriebsanweisungen sind vom Arbeitgeber zu erstellen. Zusätzliche Arbeitsschutzmaßnahmen kann der Betriebsrat mit dem Arbeitgeber durch eine Betriebsvereinbarung regeln.

Zur Sicherheit am Arbeitsplatz kann und muss jeder selbst beitragen. Auch wenn der Grundsatz gilt, dass persönliche Schutzausrüstung (PSA) nur einzusetzen ist, wenn andere technische Möglichkeiten nicht oder nicht ausreichend Unfallgefahren ausschließen.

Unfallverhütungsvorschrift „Grundsätze der Prävention“ (BGV A1)
Viertes Kapitel – § 29 Bereitstellung

(1) Der Unternehmer hat gemäß § 2 der PSA-Benutzungsverordnung den Versicherten geeignete persönliche Schutzausrüstungen bereitzustellen; vor der Bereitstellung hat er die Versicherten anzuhören.
Insbesondere folgende persönliche Schutzausrüstungen können dazu beitragen, Unfälle zu vermeiden:
Kopfschutz, wenn mit Kopfverletzungen durch Anstoßen, durch pendelnde, herabfallende, umfallende oder wegfliegende Gegenstände oder durch lose hängende Haare zu rechnen ist;
Fußschutz, wenn mit Fußverletzungen durch Stoßen, Einklemmen, umfallende, herabfallende oder abrollende Gegenstände, durch Hineintreten in spitze und scharfe Gegenstände oder durch heiße Stoffe, heiße oder ätzende Flüssigkeiten zu rechnen ist;
Augen- oder Gesichtsschutz, wenn mit Augen- oder Gesichtsverletzungen durch wegfliegende Teile, Verspritzen von Flüssigkeiten oder durch gefährliche Strahlung zu rechnen ist;
Atemschutz, wenn Versicherte gesundheitsschädlichen, insbesondere giftigen, ätzenden oder reizenden Gasen, Dämpfen, Nebeln oder Stäuben ausgesetzt sein können oder wenn Sauerstoffmangel auftreten kann;
Körperschutz, wenn mit oder in der Nähe von Stoffen gearbeitet wird, die zu Hautverletzungen führen oder durch die Haut in den menschlichen Körper eindringen können, sowie bei Gefahr von Verbrennungen, Verätzungen, Verbrühungen, Unterkühlungen, elektrischen Durchströmungen, Stich- oder Schnittverletzungen.

Die Beschäftigten sind im Berufsalltag verschiedenen Gefahren ausgesetzt. Um Arbeitsunfälle zu verhüten, ist es notwendig, die Sicherheit am Arbeitsplatz zu verbessern. Arbeitsschutz erstreckt sich auf organisatorische und technische Schutzmaßnahmen. Verantwortlich für den Arbeitsschutz im Betrieb ist der Arbeitgeber. Er muss dafür sorgen, dass Arbeitsstätten, Arbeitsmittel, Geräte und Anlagen so eingerichtet und unterhalten werden, dass die Arbeitnehmer gegen Gefahren für Leben und Gesundheit geschützt sind. Arbeitsunfälle und gesundheitliche Schäden sollen durch Arbeitsschutzmaßnahmen vermieden werden. Die beste Schutzmaßnahme nützt aber nichts, wenn sich die Mitarbeiter nicht an die Sicherheitsvorschriften halten. Sicherheitsgerechtes Verhalten darf nicht dem Zufall überlassen bleiben.

Mehr Schutz für Nichtraucher

Der Schutz der nichtrauchenden Arbeitnehmer wird durch eine Änderung der Arbeitsstättenverordnung gesetzlich festgeschrieben. Die Neuregelung hat zur Folge, dass Arbeitgeber verpflichtet sind, die nichtrauchenden Mitarbeiterinnen und Mitarbeiter in ihren Betrieben nachhaltig vor jenen Kolleginnen und Kollegen zu schützen, die auch am Schreibtisch nicht vom Glimmstängel lassen wollen. Die Nichtraucher sollen nicht weiter durch das Passivrauchen gefährdet werden. Der Schutz gilt jetzt für alle Bereiche des Betriebes.

Autorentext

Der technische Arbeitsschutz soll durch verschiedene Gesetze, Verordnungen und Vorschriften gewährleistet werden.

Die **Arbeitsstättenverordnung** regelt die Gestaltung des Arbeitsplatzes. Sie enthält u.a. Vorschriften über Lärmschutz, über Beleuchtung sowie über den Schutz vor schädlichen Dämpfen und Staub. In der Verordnung sind auch die Mindestanforderungen über Wasch- und Umkleideräume, Toiletten und Notausgänge aufgeführt.

Das **Arbeitssicherheitsgesetz** verpflichtet die Unternehmer, Betriebsärzte, Sicherheitsingenieure und andere Fachkräfte für die Arbeitssicherheit zu bestellen, in Kleinbetrieben überbetrieblich organisiert. Für den organisatorischen Arbeitsschutz gibt es nach dem Sozialgesetzbuch VII in Betrieben ab 20 Mitarbeitern Sicherheitsbeauftragte.

Das **Geräte- und Produktsicherheitsgesetz** macht den Herstellern und Importeuren zur Auflage, nur solche Maschinen und Geräte zu produzieren und zu verkaufen, die den Unfallverhütungsvorschriften entsprechen. Für die Einhaltung dieser Schutzvorschriften bürgen neben den staatlichen Stellen auch die Prüfzeichen und Sicherheitsregeln des VDE und des TÜV.

Arbeitsschutz- und Unfallverhütungsvorschriften finden sich auch in der **Arbeitsmittelbenutzungsverordnung**, der **Gefahrstoffverordnung** und der **Biostoffverordnung**.

Über die Einhaltung der Arbeitsschutzgesetze und Unfallverhütungsvorschriften wachen die Gewerbeaufsichtsämter und die Berufsgenossenschaften, denen Arbeitsunfälle unverzüglich durch den Arbeitgeber angezeigt werden müssen.

Prüfstelle VDE

GS-Prüfzeichen

Schutzisoliert

Strahlwassergeschützt

Zur Wiederholung

1. Welche Gesetze, Verordnungen und Vorschriften regeln den technischen Arbeitsschutz?
2. Nennen und erläutern Sie die Unfallverhütungsvorschriften, die für Ihren Arbeitsplatz gelten.
3. Erklären Sie die folgenden Sicherheitszeichen:

4. Wer ist zuständig für die Überwachung der Arbeitsschutzbestimmungen?
5. Mit welchen gefährlichen Stoffen kommen Sie in Berührung
   a) im Betrieb?
   b) zu Hause?
6. In Ihrem Ausbildungsbetrieb ereignet sich ein Arbeitsunfall. Schildern Sie, welche Maßnahmen ergriffen werden müssen.
7. Ein älterer Arbeitnehmer benutzt für die Entnahme von Werkzeugen aus dem Hochregal oftmals übereinandergestapelte Kisten. Sie sprechen ihn auf die Gefahren an. Die Antwort des Kollegen: „Es ist noch nie was passiert." Spielen Sie in Rollen die Situation weiter.

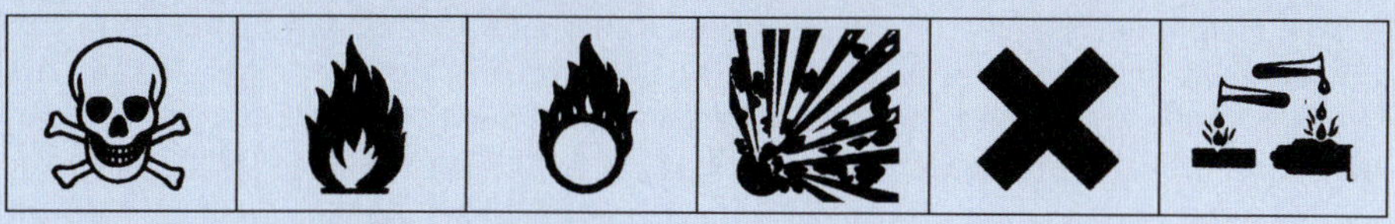

8. Aus Gründen der eigenen Sicherheit sollte jeder Arbeitnehmer wichtige Gefahrensymbole kennen. Benennen Sie die Symbole.
9. Überprüfen Sie, ob die Behälterkennzeichnung den Bestimmungen zur Kennzeichnung von Gefahrstoffen nach der Gefahrstoffverordnung entspricht.
10. Fassen Sie zusammen, inwiefern technischer und sozialer Arbeitsschutz zur Humanisierung der Arbeit beitragen.

Salzsäure ca. 32 %

Hinweise auf die besonderen Gefahren:
Verursacht Verbrennungen/Verätzungen

Sicherheitsratschläge:
Darf nicht in die Hände von Kindern gelangen.
Behälter dicht geschlossen und kühl lagern.
Behälter vorsichtig behandeln.
Dämpfe nicht einatmen.
Berührung mit Haut, Augen und Kleidung vermeiden.
Spritzer auf die Haut oder in die Augen gründlich mit Wasser abspülen.
Fußboden und verschmutzte Gegenstände gründlich mit den vorgesehenen Mitteln reinigen.

Hersteller:

Handlungsimpulse

A Ein Plakat gestalten

Entwerfen Sie ein Plakat zum Thema „Sicherheit geht vor". Das Plakat soll in Ihrem Ausbildungsbetrieb vor Unfallgefahren warnen und auf Arbeitsschutzbestimmungen aufmerksam machen.

B Internetrecherche

Weltweit müssen ungefähr 250 Millionen Kinder zwischen fünf und 14 Jahren arbeiten, davon rund 120 Millionen ganztags.
Informieren Sie sich über die aktuelle Situation sowie Maßnahmen und Aktionen gegen Kinderarbeit, indem Sie eine Internetrecherche durchführen. Informationen und Links finden Sie auf folgender Web-Seite:
http://www.forum-kinderarbeit.de/

C Fragebogen zur Stressbelastung ausfüllen und auswerten

Gehen Sie bitte den Fragebogen durch. Prüfen Sie, inwieweit die Aussagen auf Sie zutreffen. Entscheiden Sie, wie häufig die Situation bei Ihnen auftritt und wie unangenehm sie Ihnen ist. Setzen Sie ein Kreuz in die entsprechenden Kästchen und multiplizieren Sie die Werte „Häufigkeit" und „Bewertung" miteinander. Tragen Sie das Produkt in die Spalte „Ergebnis" ein. Wiederholen Sie Ihre Selbstanalyse nach einigen Wochen und vergleichen Sie die Ergebnisse.

Mögliche Stressfaktoren	Häufigkeit x Bewertung = Belastung								
	nie	manch-mal	häufig	sehr oft	nicht störend	kaum störend	ziemlich störend	stark störend	Ergebnis
	0	1	2	3	0	1	2	3	
Termindruck									
Zeitnot, Hetze									
Ungenaue, widersprüchliche Anweisungen und Vorgaben									
Konflikte mit Kollegen									
Ärger mit dem Chef									
Ärger mit Kunden									
Ungerechtfertigte Kritik an mir									
dauerndes Telefonklingeln und andere Störungen									
Lärm									
Anruf von Vorgesetzten									
Rauchen									
Alkoholgenuss									
Bewegungsmangel									
hohe Eigenansprüche									
mangelhafte Unterstützung									
fehlende Vorbereitung									
eingeschränkter Handlungs- und Entscheidungsspielraum									
Endergebnis									

Der Fragebogen ist an den Stress-Fragebogen nach http://www.socialnet.de angelehnt.

3 Technischer Fortschritt und sozialer Wandel

3.1 Von der Ständegesellschaft zur Industriegesellschaft

Die Karikatur verdeutlicht die ständische Gesellschaftsordnung.

„Der von den Steuern erdrückte Bauer" – Anspielung auf die Unterdrückung des 3. Standes durch Staat und Kirche (Kupferstich 1789)

1. **Welche Stände werden durch die Personen symbolisiert?**
2. **Welche Aufgabenverteilung der Stände wird in der Karikatur verdeutlicht?**
3. **In der Karikatur fehlt der Bürgerstand. Welche Berufsgruppen lassen sich diesem Stand zuordnen?**

Die Gesellschaft gliedert sich bis Ende des 18. Jahrhunderts nach Ständen, und jedem Menschen ist innerhalb der Stände von Geburt an ein fester Platz zugeteilt. Man wird als Adliger, Geistlicher, Bürger oder Bauer geboren und verharrt in der Regel in seinem Stand bis zum Tod. Ein Standes- und Berufswechsel ist kaum möglich. Diese starre und undurchlässige Gesellschaftsordnung wird als **Ständegesellschaft** bezeichnet.

Hinzu kommt das traditionelle Denken der Menschen: Arbeits- und Produktionsweisen, Erziehung und Rechte des Einzelnen haben sich seit Jahrhunderten nur geringfügig gewandelt; sie werden vielfach als gottgewollt angesehen.

Grundlage des Erwerbslebens ist die Landwirtschaft. Etwa 80 % der Menschen sind bis Ende des 18. Jahrhunderts in der Landwirtschaft beschäftigt, die meisten sind Leibeigene, von Großgrundbesitzern abhängige Bauern. Nur 20 % der Bevölkerung arbeiten in Handwerk, Verlagswesen und Manufakturen. Zu Recht wird die Ständegesellschaft auch als **Agrargesellschaft** bezeichnet.

Während Adel und Klerus (Geistliche) das Privileg der Steuerfreiheit genießen, tragen Bürgertum und Bauern die Hauptlasten der Abgaben. Das Handwerk organisiert sich in **Zünften**. Diese Zusammenschlüsse von Meistern desselben Handwerkes bestimmen Arbeitszeit, Warenqualität, Produktionsmenge sowie Anzahl von Gesellen und Lehrlingen jedes Betriebes. Dadurch werden einerseits Absatzchancen garantiert, andererseits aber Fortschritt und Wandel erschwert und Wettbewerb verhindert.

Im **Verlagswesen** arbeiten zunftunabhängige Handwerker und verarmte Bauern. In Heimarbeit fertigen sie mit teilweise zur Verfügung gestellten Werkzeugen und bereitgestellten Rohstoffen Produkte für Unternehmer, die sich als Verleger bezeichnen. Die Entlohnung ist gering und erfolgt nach der gefertigten Stückzahl.

Der Vorläufer der Fabrik ist die **Manufaktur**. In ihr wird der Arbeitsprozess in spezialisierte Einzelarbeiten zerlegt. Der Unterschied zur Fabrik besteht jedoch darin, dass nicht mithilfe von Maschinen, sondern noch mit der Hand (lat. manus) gearbeitet wird.

Neben den gesellschaftlichen Strukturen hemmen auch die politische Zersplitterung Deutschlands in Kleinstaaten und die mangelhafte Infrastruktur einen wirtschaftlichen Wandel.

Erst mit den Gedanken der **Aufklärung** setzt eine geistige Bewegung ein, die sich im wissenschaftlich-technischen Fortschritt und in sozialpolitischen Veränderungen niederschlägt.

Was ist Aufklärung?

Aufklärung ist der Ausgang des Menschen aus seiner selbst verschuldeten Unmündigkeit. Unmündigkeit ist das Unvermögen, sich seines Verstandes ohne Leitung eines anderen zu bedienen.
Selbst verschuldet ist diese Unmündigkeit, wenn die Ursache derselben nicht am Mangel des Verstandes, sondern der Entschließung des Mutes liegt, sich seiner ohne Leitung eines anderen zu bedienen. Sapere aude! Habe Mut, dich deines eigenen Verstandes zu bedienen! ist also der Wahlspruch der Aufklärung.

Immanuel Kant (1724–1804)

1. **Was ist die Kernaussage der Aufklärung?**
2. **Welche gesellschaftlichen Folgen ergeben sich mit den Ideen der Aufklärung?**

Wissenschaftliches Arbeiten, das Beobachten und Analysieren von Umwelt und Natur gehen einher mit der Forderung der Aufklärung, sich seines Verstandes zu bedienen. Naturwissenschaftliche Erkenntnisse fördern technische Erneuerungen. Es kommt zu revolutionären Entdeckungen und Entwicklungen, vor allem in England:

- 1769 Erfindung der Dampfmaschine durch James Watt
- 1775 Einsatz von Spinnmaschine und mechanischem Webstuhl
- 1807 Bau des ersten Dampfschiffes
- 1814 Bau der ersten Lokomotive in England

Die **Basistechnologie** der Dampfmaschine ist die treibende Kraft der allmählichen Industrialisierung. Die maschinelle Massenproduktion ist möglich geworden.

Auch die Landwirtschaft profitiert von den wissenschaftlich-technischen Erkenntnissen. Durch bessere Anbaumethoden (Umstellung von der Dreifelderwirtschaft auf die Fruchtwechselwirtschaft), den Einsatz von Düngemitteln (z. B. Stickstoff und Kali) sowie durch eine fortschreitende Mechanisierung (z. B. Dreschmaschinen und Ackerwalzen) wachsen die Erträge in der Landwirtschaft. Mehr Menschen können ernährt werden.

Nicht zuletzt auch wegen neuer medizinischer Fortschritte und besserer Hygiene steigt die Bevölkerungszahl ab 1750 rapide an. Gibt es in Deutschland 1761 noch ca. 13,7 Millionen Einwohner, so erhöht sich die Einwohnerzahl bis zum Jahre 1864 auf über 39 Millionen.

Die Betonung der Vernunft (Rationalismus) führt auch zur kritischen Betrachtung der gesellschaftlichen Zustände. Vor allem die Bürger lehnen sich auf gegen die Unterdrückung und Bevormundung durch Adel und Kirche sowie die Privilegien der einzelnen Stände, was in Frankreich 1789 zur Revolution führt. Die Ideale der Französischen Revolution „Freiheit", „Gleichheit" und „Brüderlichkeit" verbreiten sich in ganz Europa. In Deutschland findet zwar keine Revolution statt, dennoch kommt es unter dem Druck der Massen zu politischen Veränderungen und **Reformen**:

- Bauernbefreiung (in Preußen 1807): Abschaffung der Leibeigenschaft
- Gewerbefreiheit (in der Pfalz 1791, in Preußen 1807)
- Aufhebung der Zünfte (in Preußen 1810)

Im Zuge der Bauernbefreiung in Preußen, veranlasst durch den Freiherrn vom Stein, können sich die Bauern von den Frondiensten freikaufen. Oft müssen sie wegen Geldmangels Land an die Gutsherren verkaufen, sodass die Freiheit teuer erkauft wird: Viele Bauern werden zu Knechten oder ziehen in die Städte, um Arbeit zu finden (Landflucht).

Der Wandel von der ständischen Gesellschaft zur Industriegesellschaft ist ein Prozess, in dem sich viele Faktoren gegenseitig bedingen:

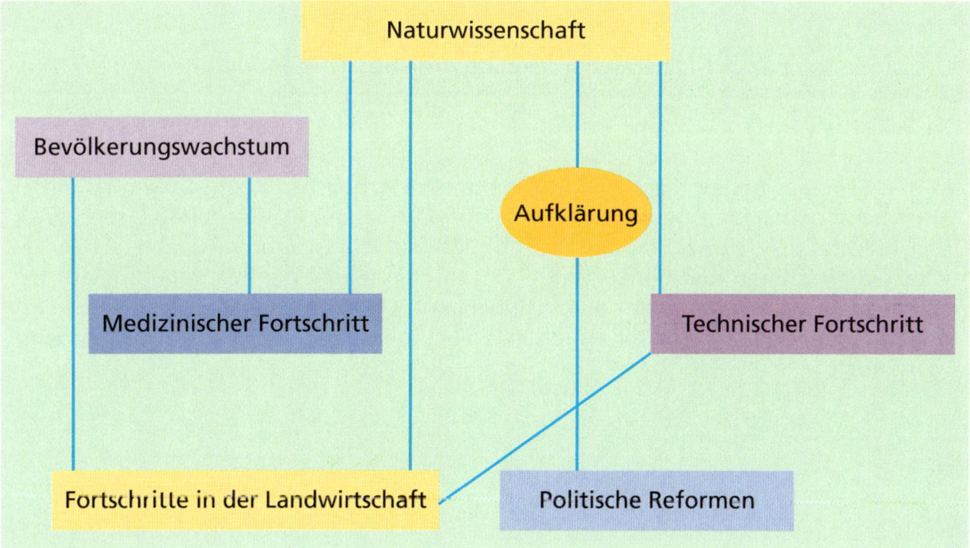

3.2 Die industrielle Revolution

Ein ehemaliger Handwerksgeselle berichtet …

Ist überhaupt in einer Fabrik, wie der hiesigen, anders, als in einem meisterischen Hause und kein Zusammenhalt nit unter den Gesellen. Läuft jeder seinen Weg und dreht sich nit viel nach dem anderen.
Eine zunftmäßige Ausführung ist überall unter den Kollegen nit zu finden und kein Umgang, wie unter ordentlichen Gesellen.

Zudem gefällt mir das Arbeiten nit, dieweil jeder den langen Tag die gleiche Arbeit verrichten muss und dabei das Ganze aus den Augen verliert. Muss wohl in einer Fabrik solcherweis geschehen, kann mich aber nit darein schicken und mein immer, ich triebe mein Gewerb nur halb.

Dewald: Biedermeier auf Walze, zitiert nach: W. Pöls: Deutsche Sozialgeschichte 1815–1870, 3. Auflage, München 1979, S. 226 f.

1. Was vermisst der ehemalige Handwerksgeselle in der Fabrik?
2. Was stört ihn an seiner Arbeit?

Die Veränderungen in der Arbeitswelt setzen erst allmählich ein, um dann immer rascher alle Lebensbereiche grundlegend zu verändern. Deshalb spricht man auch von der **industriellen Revolution**.

Die Fabrik als neue Betriebsform ist charakteristisch für den Industrialisierungsprozess. Mit den Fabrikarbeitern entsteht eine neue gesellschaftliche Gruppe, die nicht mehr in die herkömmliche Ständegesellschaft passt. Fabrikarbeiter sind wegen andersartiger Arbeitsbedingungen weder mit den Tagelöhnern auf dem Lande noch mit den Gesellen in den Handwerksbetrieben zu vergleichen.

Die strikte Trennung zwischen Wohnung und Arbeitsplatz ist für die ehemaligen Handwerksgesellen oder Bauern eine neue und ungewohnte Erfahrung. Lange Wege und Fußmärsche von der Wohnung zur Fabrik gehören zum Alltag vieler Arbeiter.

In den Fabriken finden die Arbeiter ganz andere Arbeitsbedingungen vor als in der alten häuslichen Arbeitsgemeinschaft und auf dem Lande. War ihr Alltag bisher durch den Wechsel der Tageszeiten und die Abfolge der Jahreszeiten bestimmt, so sind es jetzt die Maschinen und genau festgelegte Arbeitszeiten, die den Arbeitsablauf bestimmen. Rastlose Arbeit war nahezu unbekannt. Die Arbeitsbedingungen in den Fabriken empfinden die Arbeiter als radikale Veränderungen ihres Lebens- und Arbeitsrhythmus.

Maschinensaal der Fabrik von Richard Hartmann in Chemnitz um 1876

Die Arbeitsbedingungen in der Fabrik sind u. a. durch folgende Merkmale gekennzeichnet:

- arbeitsteilige Organisation
- monotone Arbeitsabläufe
- Zeitdruck
- fehlende Kommunikation und Solidarität
- Entfremdung von der Arbeit
- Stress durch Lärm, Schmutz und Hitze

Bei den meisten Tätigkeiten in den Fabriken verlieren die vorher erlernten Fähigkeiten an Bedeutung. Die klare Trennung des Handwerks in Meister, Geselle und Lehrling hat keine Gültigkeit mehr.

Zumeist sind die Unternehmen nach heutigem Maßstab Kleinbetriebe. Daneben entwickeln sich aber auch die ersten Aktiengesellschaften, z. B. die BASF, private Eisenbahngesellschaften oder Banken. Die Aktiengesellschaft ist eine neue Unternehmensform und Ausdruck für die immer stärkere Bedeutung des Kapitals in der Industrialisierung.

Wichtig für die industrielle Entwicklung in Deutschland sind der Ausbau der Verkehrswege sowie die Gründung des deutschen Zollvereins 1834. Zwischen 1835 und 1900 wächst das Eisenbahnnetz von sechs auf fast 50 000 km. Ziel des Zollvereins, dem Preußen, Sachsen, Württemberg und mehrere kleinere deutsche Staaten angehören, ist es, Steuern und Wirtschaft zu harmonisieren.

3.3 Die soziale Frage

Ernst Abbé über die Arbeitsverhältnisse seines Vaters

Mein Vater war ein Mann von Hünengestalt, einen halben Kopf größer als ich, von unerschöpflicher Robustheit, aber mit 48 Jahren in Haltung und Aussehen ein Greis; seine weniger robusten Kollegen waren aber mit 38 Jahren Greise.
Ich selbst habe als Junge zwischen fünf und neun Jahren jeden Tag abwechselnd mit meiner um ein Jahr jüngeren Schwester, wenn das Wetter nicht gar zu schlecht war und die Mutter den sehr weiten Weg dann lieber selber machte, meinem Vater das Mittagsbrot gebracht. Und ich bin dabei gestanden, wie mein Vater sein Mittagessen, an eine Maschine gelehnt, aus dem Henkeltopf mit aller Hast verzehrte, um mir dann den Topf geleert zurückzugeben und sofort wieder an seine Arbeit zu gehen.

Zit. nach: Norbert Günther: Ernst Abbé, Stuttgart 1946

Aus einer Fabrikordnung einer Baumwollweberei (1853)

Paragraph 14

Der Arbeitslohn wird von den Fabrikinhabern am ersten Zahltag nach dem Antritt des Arbeiters festgesetzt und später nach Umständen erhöht oder erniedrigt. Jede Erhöhung oder Erniedrigung desselben, sowie die Arbeitsstunden, sollen den Arbeitern vorher an einem Zahltage angezeigt werden. Bei Lohnerniedrigung hat der Arbeiter jedoch das Recht einer vierzehntägigen Aufkündigung (...)

Jürgen Kuczynski: Geschichte der Lage der Arbeiter unter dem Kapitalismus, Bd. 2, Berlin 1962

In einem Berliner Elendsviertel (1843)

Gartenstraße 92 b, Stube Nr. 9.

Dahlström hat früher als Seidenwirker gearbeitet und wöchentlich drei bis vier Taler verdient. Seit fünf Jahren leidet er an chronischem Katarrh und an Augenschwäche, sodass er völlig untauglich zur Arbeit ist. Die feuchte Kellerwohnung, die er wegen rückständiger Miete nicht vertauschen kann, wirkt sehr nachteilig auf seine Gesundheitsumstände (...)
Ein vierzehnjähriges Mädchen verdient wöchentlich 22 1/2 Silbergroschen in einer Kattunfabrik, wo es von fünf Uhr morgens bis neun Uhr abends zur Arbeit angehalten wird. Ein zehnjähriger Knabe geht in die Schule oder hütet sein zweijähriges Brüderchen. Die Mutter sucht in der Stadt Knochen zusammen, von welchen ein Zentner mit zehn Sgr. bezahlt wird. Um so viel zusammenzubringen, sind wenigstens drei Tage Zeit erforderlich.
(...)
Den Kleinen dient ein Strohsack als Bett. Auf den Tisch kommt morgens ein wenig trocknes Brot, des Mittags gewöhnlich nichts, abends Brot und Hering oder Mehlsuppe.

Bettina von Arnim: Dies Buch gehört dem König, Band 1 u. 2, 2. Aufl., Berlin 1843

1. **Unter welchen Bedingungen arbeitet der Fabrikarbeiter?**
2. **Wie werden die Löhne festgesetzt?**
3. **Wie leben und wohnen der Arbeiter und seine Familie?**
4. **Welche Folgen haben Krankheit oder Arbeitslosigkeit für die Familie?**
5. **Wie versucht die Familie Dahlström ihre Existenz zu sichern?**

Mit der Industrialisierung verändern sich die gesellschaftlichen Strukturen; es entsteht die **Klassengesellschaft**. Auf der einen Seite steht die Klasse der Fabrikbesitzer und Unternehmer (Kapitalisten), auf der anderen Seite bildet sich mit den Fabrikarbeitern eine neue gesellschaftliche Gruppe, nämlich die Arbeiterschaft (Proletariat). Das einzige Kapital der Arbeiter ist ihre Arbeitskraft. Bevölkerungswachstum und Landflucht sorgen für ein Überangebot von Arbeitskräften, was die Fabrikbesitzer ausnutzen. Der Staat sieht keine Veranlassung, in die Wirtschaft und die sozialen Verhältnisse korrigierend einzugreifen. Die Folge sind niedrige Löhne, lange Arbeitszeiten, schlechte Arbeitsbedingungen, Kinderarbeit und menschenunwürdige Wohnverhältnisse.

Während die Fabrikbesitzer profitieren, verarmt und verelendet die Arbeiterschaft immer mehr. Die Frage, wie die Not und das Elend der Arbeiterschaft gelindert oder gelöst werden kann, wird als die **soziale Frage** bezeichnet. Auf diese Frage gibt es von verschiedenen Seiten unterschiedliche Lösungsvorschläge.

Die radikalste Anwort auf die soziale Frage gibt **Karl Marx** im Kommunistischen Manifest (1848). Marx sieht als Ursache der Verelendung das Privateigentum, also auch das Eigentum an Produktionsmitteln. Wenn das Eigentum an Kapital und Boden abgeschafft würde, verschwände auch der Klassengegensatz zwischen Proletariat und Kapitalisten. Eine klassenlose Gesellschaft (Kommunismus) wäre möglich. Nach Marx ist diese klassenlose Gesellschaft nur durch eine Revolution und Diktatur des Proletariats durchsetzbar.

Nach und nach bilden sich **Arbeiterbildungsvereine**. Sie wollen die Lage der Arbeiter durch Mitwirkungs- und Schutzrechte verbessern und die Arbeiter nach Feierabend weiterbilden („Wissen ist Macht"). Die Sozialistische Arbeiterpartei (1875) bzw. die Sozialdemokratische Partei (1890) gehen aus den Arbeiterbildungsvereinen hervor. Die SPD fordert allgemeines und gleiches Wahlrecht, allgemeine Schulpflicht, Verbot der Sonntags- und Kinderarbeit sowie Schutzgesetze für die Arbeiter. Parallel zu den Arbeiterbildungsvereinen und der SPD entwickelt sich die Gewerkschaftsbewegung.

Auch von **kirchlicher Seite** finden die Arbeiter Unterstützung. Bekannte Vertreter sind z.B. Friedrich von Bodelschwingh (Wohlfahrtsanstalten), Adolf Kolping (Gesellenvereine), Johann Hinrich Wichern (Innere Mission) oder der Mainzer Bischof von Ketteler. Sozial aufgeschlossene **Unternehmer** (z.B. Krupp, Bosch, Abbé) verbessern die Arbeitsbedingungen in ihren Werken, gründen Betriebskrankenkassen, Pensionskassen und bauen Werkswohnungen.

Die politisch und sozial bedeutendste Antwort auf die soziale Frage ist die **Sozialgesetzgebung** unter Reichskanzler von Bismarck. Um einem revolutionären Umsturz den Boden zu entziehen und die Arbeiterpartei und die Gewerkschaften zu schwächen, wird ein System der sozialen Absicherung geschaffen: 1883 wird die Krankenversicherung eingeführt, 1884 die Unfallversicherung und 1889 die Alters- und Invalidenversicherung. Diese unter Bismarck begonnene Sozialgesetzgebung ist bis heute weiter ausgebaut worden. Wichtige Wegmarken sind die Einführung der Arbeitslosenversicherung (1927) und die Pflegeversicherung (1995).

3.4 Von der Industrie- zur Informationsgesellschaft

1800

- Dampfmaschine
- mechanischer Webstuhl
- Kohle- und Eisentechnologie

1850

- Eisenbahn
- Telegrafie
- Fotografie
- Zement

1900

- Chemie
- Auto
- Elektrifizierung
- Aluminium

1950

- Kunststoffe
- Fernsehen
- Kernkraftwerk
- Elektronik
- Raumfahrt

2000

- Mikroelektronik
- Glasfaser
- Laser
- Biotechnologie

1. Welche Basisinnovationen waren Motor gesellschaftlicher Veränderungen?
2. Welche Auswirkungen hat die Mikroelektronik auf die Arbeitswelt?

Sowohl für die Entstehung wie für die Weiterentwicklung einer modernen Industriegesellschaft sind **Basisinnovationen** von grundlegender Bedeutung. Mit der Erfindung der Dampfmaschine beginnt die Industrialisierung, die durch den Elektro- und Verbrennungsmotor weiter vorangetrieben wird. Im Zusammenhang mit dem Fließband und der zunehmenden Automatisierung wird von einer zweiten industriellen Revolution gesprochen. Heute ist es vor allem die **Mikroelektronik und Informationstechnologie**, die zur dritten technischen Revolution führt. Deshalb wird die heutige Gesellschaft auch häufig als Informationsgesellschaft bezeichnet. Auch Gen- und Biotechnologie, die Werkstoff- sowie die Umwelttechnologie sind die Schlüsseltechnologien für das 21. Jahrhundert.

Jeder technologische Fortschritt hat auch seinen Preis: Betriebszweige und Berufe verändern sich oder müssen der Entwicklung weichen. Technischer Wandel hat immer soziale oder ökologische Folgen, z.B. den Verlust von Arbeitsplätzen oder die Entsorgungsprobleme bei Sondermüll.

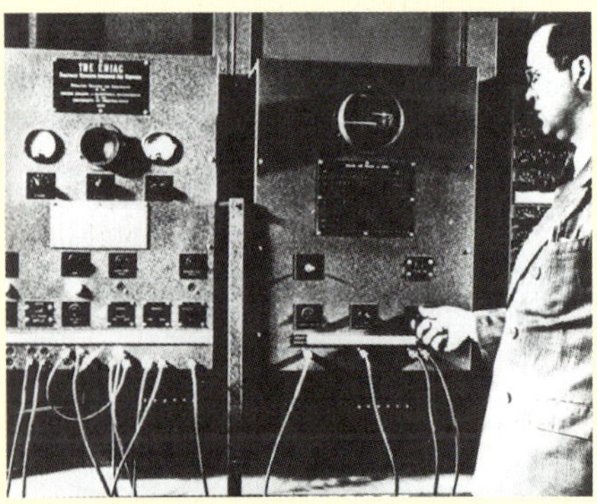

Die erste elektronische Rechenmaschine, der „Eniac“, entstand 1946. Die Maschine wog 30 Tonnen, verbrauchte 150 Kilowatt Strom und nahm den Platz eines kleinen Einfamilienhauses ein. Heute kann fast jeder Taschenrechner mehr Rechenleistungen erbringen als dieser Koloss. Wie rasant die Entwicklung in der Mikroelektronik ist, zeigt folgender Vergleich: Hätte sich das Transportwesen genauso schnell verändert wie die Elektronikindustrie, dann würde der neueste Airbus gerade 500 EUR kosten und mit 20 Litern Treibstoff in 20 Minuten einmal um den Globus fliegen.

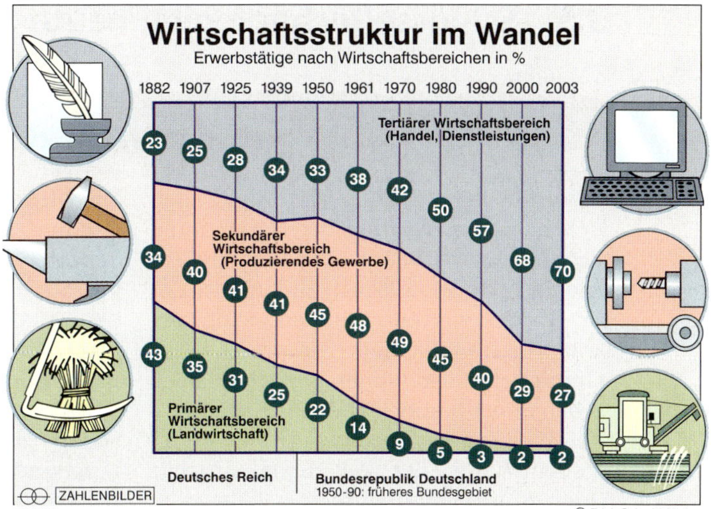

220 020 © Erich Schmidt Verlag

Was im Zuge der technischen Entwicklung für die Betroffenen zunächst nachteilig ist, kann sich letztlich für die Gesellschaft als Fortschritt erweisen. So haben verständlicherweise die Weber oder Drucker gegen neue Erfindungen revoltiert; es hat sich aber gezeigt, dass die neuen Techniken zu einem erhöhten Lebensstandard geführt haben: Textilien und Druckerzeugnisse können sich heute alle leisten.

Der Mensch ist also zugleich Urheber, Nutznießer und Leidtragender des technologischen Fortschrittes. Ziel muss es deshalb sein, jede neue Technologie auf ihre Sozial- und Umweltverträglichkeit zu prüfen. Der technische Wandel betrifft viele Arbeitnehmer. Deshalb fordert der Deutsche Gewerkschaftsbund mehr Mitbestimmung für die Arbeitnehmer beim Einsatz neuer Techniken am Arbeitsplatz. Rationalisierungsschutzabkommen sind Beispiele dafür, dass technischer Wandel für Arbeitnehmer nicht zum wirtschaftlichen und sozialen Abstieg führen muss.

Dennoch, Innovationen und fortschreitender Wandel erzeugen bei vielen Menschen Unsicherheiten und Ängste, nicht zuletzt auch deshalb, weil die Entwicklung einhergeht mit einem **Wertewandel** und der **Auflösung traditioneller Strukturen**. Ein gutes Beispiel ist die Familie: In der Entwicklung von der Agrar- zur Industriegesellschaft löst sich die Großfamilie auf. Die Trennung von Wohn- und Arbeitsstätte fördert die Kleinfamilie. Heute gibt es neben Familienhaushalten schon über 35 % Single-Haushalte und andere Formen des Zusammenlebens.

Die Tendenz zur **Individualisierung** ermöglicht dem Einzelnen, Prioritäten anders zu setzen und sein Leben selbstverantwortlich zu gestalten. Trotz oder gerade wegen der individuellen Lebensweisen wird die Fähigkeit zur Kommunikation und zur Teamarbeit im Arbeitsleben immer wichtiger.

„Maschinenstürmerei hat es in der deutschen Gewerkschaftsbewegung nie gegeben
(…)

Die Gewerkschaftsbewegung tritt ein für die Weiterentwicklung von Wissenschaft und Technik und ihrer Anwendung im Interesse der arbeitenden Menschen.

Unser Problem war nie, wie man den technisch-organisatorischen Wandel verlangsamt oder anhält, sondern wie man ihn den Bedürfnissen der arbeitenden Menschen dienstbar machen kann."

Karl-Heinz Janzen, IG Metall; www.arbeiterpolitik.de/Zeitungen/PDF (Zugriff: 09.10.2007)

3.5 Schlüsseltechnologien heute

Leben im Jahre 2025

Leben im Jahre 2025: Maschinen bauen sich nach dem Vorbild der Natur durch Vervielfältigung selbst. Roboter denken, erledigen die Hausarbeit und montieren in ferngesteuerten Fabriken feinfühlig komplizierteste Bauteile. Urlaub im Weltraumhotel ist der Renner. Winzigste Chips geben Blinden und Tauben ihr Augenlicht und Hörvermögen zurück.
Studenten aus aller Welt treffen sich mit ihren Professoren in virtuellen Räumen zu Vorlesungen. Computer sind Teil der Kleidung geworden und halten auf Schritt und Tritt Kontakt mit dem globalen Datennetz. Ärzte ersetzen defekte Teile des menschlichen Erbguts, Spitzenchirurgen operieren Patienten via Satellit und Manipulatoren über Tausende Kilometer hinweg. Werkstoffe passen sich selbstständig neuen Aufgaben an.
Die Menschen leben in computerisierten Räumen, in denen Mikrofone und Kameras ihre Wünsche registrieren. Klumpen aus Methan, die in riesigen Mengen auf dem Meeresboden lagern, versorgen die Menschheit mit Energie. In Wüsten erblühen Nahrungspflanzen, die fast ohne Wasser wachsen.
Schöne Utopien? Hirngespinste eines fantasiebegabten Hollywood-Regisseurs? Keineswegs. In den Forschungslabors dieser Welt wird voller Tatendrang an all diesen Entwicklungen gearbeitet. Ob sie genauso eintreten, wird sich zeigen. Sicher ist: Angetrieben vom technischen Fortschritt, dreht sich die Spirale von neuem Wissen, neuen Produkten und neuen Verfahren immer schneller.

Dürand Dieter, in: Wirtschaftswoche Nr. 50/1999, S. 110 (gekürzt)

1. **Welche Bereiche gehören zu den Technologien von morgen?**
2. **Welche Chancen und Risiken sind mit diesen Technologien verbunden?**

Die **Schlüsseltechnologien** des 21. Jahrhunderts heißen Mikroelektronik, Informationstechnologie, Bio- und Gentechnologie, Werkstoff- und Umwelttechnologie. Eine neue Technologie wird dann zur Schlüsseltechnologie, wenn sie folgende Merkmale aufweist:
- Sie muss ein breites Anwendungsfeld haben.
- Sie bildet die Grundlage für neue Entwicklungen.
- Durch ihren Einsatz wird die Produktion kostengünstiger.
- Sie hat Auswirkungen auf die Gesellschaft, z. B. auf die Berufswelt.

Eine wichtige Schlüsseltechnologie, wenn nicht die bedeutendste, ist die **Mikroelektronik**. Die Halbleitertechnik ist die Basistechnik für andere Bereiche. Ohne elektronische Bausteine und Mikrochips sind Fortschritte im Maschinenbau, der Feinmechanik, der Informations- und Kommunikationstechnik, der Optik sowie der Automobilindustrie nicht mehr denkbar. Alte Techniken sind durch den Einsatz elektronischer Bauteile abgelöst worden, weil sie produktiver und kostengünstiger sind. Auch für den Verbraucher sind viele Produkte der Mikroelektronik erschwinglich geworden.

Mithilfe der **Bio- und Gentechnologie** können Erbinformationen verändert werden. Dadurch eröffnen sich verschiedene Anwendungsbereiche. Erbkrankheiten lassen sich korrigieren oder verhindern, Medikamente (z.B. Insulin) können durch Organismen produziert werden. Mithilfe der Bio- und Genforschung erhoffen sich die Wissenschaftler Fortschritte bei der Behandlung von Krankheiten, insbesondere von Krebs oder Aids. In der Landwirtschaft ist es das Ziel der neuen Technologie, Pflanzen und Tiere zu züchten, die weniger anfällig gegen Krankheiten sind und einen höheren Ertrag garantieren. Auch für den Bereich der Umwelt ist die Biotechnologie wichtig. So ist es z.B. gelungen, Öl fressende Bakterien zu entwickeln oder Abwässer biologisch aufzubereiten.

Die Bio- und Gentechnologie ist nicht unumstritten, weil sie massiv in die Natur eingreift. Um Risiken und Missbrauch zu begrenzen, hat die Bundesrepublik ein Gentechnikgesetz verabschiedet.

Die **Werkstofftechnologie** beschäftigt sich z.B. mit neuen Legierungen, Glas- und Kohlefasern oder mit der Lasertechnik. Es entstehen zum Teil völlig neue Produkte, wobei Rohstoffe eingespart werden können. Auch die Raumfahrt wird für die Erforschung und Anwendung neuer Werkstoffe ausgenutzt.

Mit den Umweltproblemen und dem wachsenden Umweltbewusstsein hat auch die Bedeutung der **Umwelttechnologie** zugenommen. Neue Formen der Speicher- und Energietechnik können umweltverträgliche Energieformen erschließen; hierzu zählen Solar-, Wind- oder Gezeitenkraftwerke. Weitere Bereiche der Umwelttechnologie sind u.a. die Recyclingtechnik, Filteranlagen, Katalysatoren, Altlastensanierung, Lärm- und Gewässerschutzmaßnahmen.

Die technischen Veränderungen vollziehen sich in einem geradezu atemberaubenden Tempo. Das Telefon gab es 55 Jahre, bis 50 Millionen Menschen es nutzten. Das Fernsehen brauchte nur mehr 13 Jahre, um diese Nutzerzahl zu erreichen. Dem Internet gelang es bereits in drei Jahren.

Wie gut ist die Bundesrepublik auf die neuen Techniken vorbereitet? Experten befürchten, dass Deutschland ausgerechnet in den größten Wachstumsfeldern gegenüber den globalen Konkurrenten zurückliegt: Informations- und Biotechnologie. Spitzenplätze im Bereich Umwelt und Mobilität können dieses Defizit nicht ausgleichen. Für alle Schlüsseltechnologien gilt, dass enorme Anstrengungen in der Forschung nötig sind. Dies übersteigt oft die Möglichkeiten einzelner Unternehmen. Um die Wettbewerbsfähigkeit der Volkswirtschaft zu erhalten und zu stärken, unterstützen die Bundesrepublik Deutschland und die EU viele Forschungsprogramme.

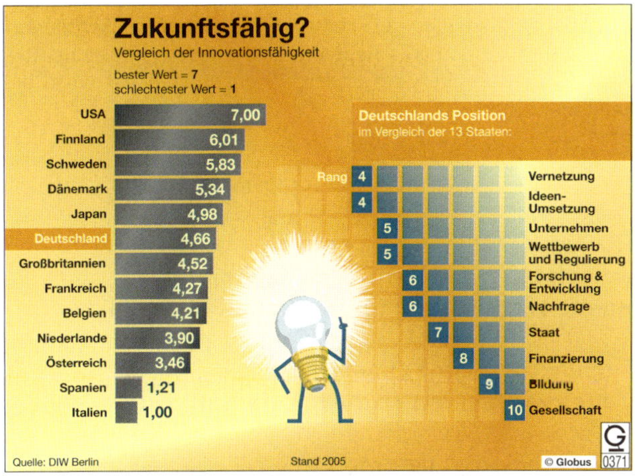

RFID – Kleiner Chip, große Wirkung

Ein Einkaufswagen bis an den Rand gefüllt mit Waren. Ein Kunde schiebt den Wagen einfach an der Supermarktkasse vorbei aus dem Laden. Kein Verkäufer zuckt, kein Diebstahlalarm jault. Was sich anhört wie ein dreister Diebstahl, könnte schon bald ganz legale Einkaufsrealität sein.
Denn die Waren in dem Einkaufswagen sind dann mit neuen Chips ausgestattet. RFID, eine Abkürzung für Radio Frequency Identification, heißt die Technik, die hinter dem Zukunftsszenario steht.
Der Einkauf im Supermarkt könnte durch die RFID-Technologie wesentlich komfortabler werden – für den Kunden und für den Einzelhandel. Denn die Chips würden zum Beispiel leere Supermarktregale verhindern. Das Regal checkt regelmäßig die Menge der Waren und kurz bevor der letzte Artikel einer Sorte entnommen wird, meldet es der Zentrale: Bitte nachfüllen. Auch wenn Kunden Waren entnehmen, es sich später aber anders überlegen und sie einfach in ein anderes Regal legen, meldet das Regal den falschen Artikel und ein Mitarbeiter kann ihn sofort wieder zurückbringen. Oder: Ein RFID-Sensor gibt Alarm, wenn das Haltbarkeitsdatum von Produkten abzulaufen droht. Dann könnte die Supermarktzentrale beispielsweise mit einem Sonderangebot reagieren und die Ware noch rechtzeitig verkaufen. Auch Waschanleitungen, Gebrauchstipps, Farbberatung und so weiter können die RFID-Chips direkt im Laden leisten.
Im Supermarkt der Zukunft blenden die Regale selbst Zusatzinformationen ein, wenn ein Kunde einen Artikel entnimmt: So könnten sie beim Kauf eines Fertiggerichts auf einen dazu passenden Wein hinweisen, könnten anzeigen, ob die Farbe der Schuhcreme auch wirklich zur Farbe der Schuhe passt, die man damit putzen will, könnten auf Sonderangebote und Sonderaktionen hinweisen, die zu den Artikeln passen, die der Kunde gerade in seinen Einkaufswagen gelegt hat, und so weiter.

Quelle: Bayerischer Rundfunk, http://www.br-online.de/wissen-bildung/thema/rfid/moeglichkeiten.xml, 07.12.2006

Der britische Thronfolger Prinz Charles über die Gefahren genmanipulierter Nahrungsmittel:

„Der Einzug genmanipulierter Nahrungsmittel in die Supermärkte und Warenhäuser wirft eine entscheidende Frage auf, die weit über die unserer täglichen Ernährung hinausgeht: In was für einer Welt wollen wir, sollen unsere Kinder eigentlich künftig leben? Wir stehen vor der Wahl. Entweder wir lassen die Industrialisierung unseres gesamten Daseins zu, erschaffen die natürliche Welt nach unserem Belieben neu und treten in das Orwell'sche Zeitalter ein. Oder wir versuchen, im Einklang mit der Natur und im Sinne der Zukunft der Menschheit behutsam mit dem umzugehen, was wir zur Verfügung haben.
Die Befürworter der Gentechnik sagen uns, dass wir diese Technologie für unsere Zukunft auf jeden Fall benötigen. Dieses Argument galt auch für Antibiotika im Tierfutter. Von Gennahrung profitieren offensichtlich nur der Lebensmittelhandel und diejenigen, die Landwirtschaft im großen Stil betreiben. Das Argument, nur so lasse sich die wachsende Weltbevölkerung ernähren, klingt für mich wie Erpressung. Vor einiger Zeit haben Vertreter von 20 afrikanischen Staaten im Gegenteil davor gewarnt, dass so ihre Landwirtschaft und die Vielfalt der Nahrung bedroht wären.
Wie viel mehr könnten wir erreichen, wenn die Milliarden Dollar, die zur Erforschung dieser Modetechnologie derzeit auf der ganzen Welt ausgegeben werden, in bewährte Agrarmethoden investiert würden. Warum sind die Regeln für die Vermarktung solcher Produkte eigentlich laxer als die für neue Medikamente? Labortests in den USA haben gezeigt, dass Pollen von genmanipuliertem Mais Schmetterlingsraupen schädigen. Wenn das so ist, welche Auswirkungen auf andere Arten müssen wir dann befürchten?“

Wirtschaftswoche 50, 23.12.1999

1. **Welche Vorteile bietet die RFID-Technologie?**
2. **Welche Nachteile der RFID-Technologie sehen Sie für den Kunden?**
3. **Erläutern Sie die Gegenargumente von Prinz Charles zu den Befürwortern der Gentechnologie.**
4. **Diskutieren Sie über den Standpunkt von Prinz Charles.**
5. **Erklären Sie die Zusammenhänge zwischen technischem Fortschritt, wirtschaftlicher Entwicklung und den sozialen und ökologischen Folgen.**
6. **Wann wird von einer „Schlüsseltechnologie“ gesprochen?**
7. **Wo finden in Ihrem Ausbildungsbetrieb Schlüsseltechnologien Anwendung?**

3.6 Arbeiten in der Informationsgesellschaft

Ein Prototyp eines virtuellen Unternehmens steht im Frankenland. „Wenn wir alles selber machen würden, müssten wir fast zehnmal so viele Mitarbeiter beschäftigen", hat Jochen Zeitz ausgerechnet. Seit der 32-Jährige vor drei Jahren den Chefsessel des Sportartikelherstellers übernahm, gliederte er zahlreiche Funktionen wie Produktion, Logistik und Vertrieb in 80 virtuell miteinander verknotete Partnerfirmen rund um den Globus aus. Die Zahl der 1200 Mitarbeiter speckte er radikal ab – im kommenden Jahr dürfte die Grenze von 500 erreicht sein.

(...)

Vom Firmensitz im Frankenland aus steuert der Youngster die Kernkompetenzen des Sportartikelherstellers – in der Hauptsache Entwicklung, Design und Marketing (...) Virtuelle Unternehmen brauchen keine Bürotürme mehr und auch keine Hierarchien. Mobbing ist ebenso Schnee von gestern wie der gemütliche Plausch am Schreibtisch. Per Videokonferenz arbeitet der Sportschuh-Designer mit seinem Geschäftspartner in der chinesischen Schuhfabrik zusammen, als säße er im Nebenzimmer. „Wettbewerbsentscheidend ist die Antwort auf die Frage, an welchem Ort die jeweils erforderliche Arbeit geleistet wird, um sie möglichst effektiv zu machen", so Bob Johansen, Leiter des „Institute for the Future" in Kalifornien.

(...)

Modernste Kommunikationsmittel machen die Unternehmen unabhängig von einem Standort. Was herkömmlich an einem Acht-Stunden-Tag unter dem Firmendach geleistet wird, läuft nun rund um die Uhr und rund um den Globus ab. Konzeption in Marburg, Forschung in Sydney, Einkauf in Vancouver, Produktion in San Francisco und Controlling auf Mauritius.

(...)

Die veränderte Arbeitsorganisation wirkt sich auf die übliche Form der Über- und Unterordnung in Betrieben aus.

Ein dänischer Hörgerätehersteller berichtet: „Bei uns gibt es keine Abteilungsleiter und Direktoren. Die Mitarbeiter setzen sich ihre eigenen Ziele und entwerfen entsprechende Arbeitspläne. Jeder Mitarbeiter hat einen Mentor, der bei Problemen Hilfestellung gibt und zusammen mit den Projektleitern das Gehalt des Betreffenden festsetzt. Die Mitarbeiter haben keine eigenen Büros und keinen persönlichen Arbeitsplatz mehr. Arbeitsmittel ist ein Trolley mit eigenen Unterlagen, PC und Telefon, den er heute in diesen, morgen in jenen Raum schiebt – je nachdem, in welchem Team das Know-how des Einzelnen gefragt ist – das gilt auch für den Chef."

Zusammengestellt nach einem Bericht von Heiner Sieger, in: Focus 5/1996, S. 168 ff.

1. **Was versteht man unter einem virtuellen Unternehmen?**
2. **Wie wirkt sich die veränderte Arbeitsorganisation auf die betriebliche Hierarchie aus?**
3. **Welche Anforderungen werden an die Mitarbeiter eines virtuellen Unternehmens gestellt?**
4. **Welche Fragen zum Schutz und zur Entlohnung des Arbeitnehmers stellen sich neu?**

Treibende Kraft in unserem nachindustriellen Zeitalter ist die Informations- und Kommunikationstechnologie. Im 21. Jahrhundert wird die Bedeutung körperlicher Kraft und vieler heute noch geübter Fertigkeiten und Routinearbeiten weiter abnehmen. Das Wissen und der Umgang damit werden zu den wichtigsten Rohstoffen für die Arbeitswelt von morgen und zur Wohlstandsquelle der Zukunft.

Das wirkt sich massiv auf die einzelnen Unternehmen und ihre Betriebsstätten aus. Zudem wird auch die globale Zusammenarbeit grundlegend verändert.

Nicht mehr zeitgemäße Strukturen in den Betrieben verschwinden. Arbeitsabläufe werden immer komplexer und die Firmen müssen immer schneller auf Marktveränderungen reagieren. Dies führt dazu, dass sich die Binnenstruktur der Firmen verändert. Je nach Bedarf werden neue Teams und Projektgruppen zusammengesetzt, verändert oder wieder aufgelöst. In diesem Zusammenhang spricht man von einem **lernenden Unternehmen**.

In sogenannten **virtuellen Unternehmen** werden die Produkte und Dienstleistungen mithilfe moderner Kommunikationsmittel, wie E-Mail, Internet, Mobilfunk und Video abgewickelt. Damit werden diese Unternehmen unabhängig von einem festen Standort. So geht bildlich gesprochen die Sonne über vielen vernetzten Arbeitsvorgängen innerhalb eines Unternehmens nicht unter. Was Projektteams in Fernost entwerfen, wird – wenn dort der Tag endet – in Europa aufgegriffen und später am immer noch gleichen Tag in Amerika fortgeführt.

„Abschied von der Vollkasko-Mentalität"

„TAGESSPIEGEL": Worauf müssen sich Angestellte einstellen?

JENS FLAMMANN: Auf mindestens zwei Entwicklungen. Erstens: Arbeitgeber übernehmen weniger Verantwortung für die Mitarbeiter. Das kann ich sogar verstehen. Wenn ich als Arbeitgeber nicht weiß, wie mein Absatzmarkt morgen aussieht, versuche ich jeden Ballast zu vermeiden. Dazu gehört auch, dass die Stammbelegschaften möglichst klein gehalten werden. Feste Mitarbeiter werden, um flexibler zu sein, zunehmend durch Leistungs-Lieferanten ersetzt: freie Mitarbeiter zum Beispiel. Aber auch wer in einem festen Arbeitsverhältnis bleibt, muss sich umstellen. Er muss sich sehr viel intensiver als bislang selbst kümmern: um seine Weiterbildung, um seine sogenannte Work-Life-Balance und auch um seine nächste Jobchance – in welcher Funktion und in welchem Beruf auch immer.

„TAGESSPIEGEL": Was ist der zweite Aspekt?

JENS FLAMMANN: Nun, die Absatzmärkte haben sich verändert und damit auch die Nachfrage auf dem Arbeitsmarkt. In den wachsenden Märkten ist Know-how besonders wichtig. Know-how heißt ja ‚Wissen wie'. Das ist etwas anderes als das ‚Wissen was' – also Fachwissen. Beim ‚wie' geht es um Sozial- und Methodenkompetenzen. Viele wissen nicht genau, was damit gemeint ist, und schon gar nicht, was sie selbst in diesem Bereich zu bieten haben. Leute, die stetig an ihrer persönlichen Weiterentwicklung arbeiten, werden in Zukunft die Nase vorn haben.

„TAGESSPIEGEL": Das hört sich nach lebenslänglichem Dauerstress an?

JENS FLAMMANN: So kann man das sehen. Aber jede Medaille hat ja zwei Seiten: Ich glaube, dass es für viele Menschen attraktiv ist herauszufinden, was sie wollen und was sie können. Und dann zu sehen, wo sie das umsetzen können. Wer heute sein Ikea-Regal selbst zusammenbauen darf, der will doch auch seine Lebensplanung nicht dem Arbeitgeber überlassen. Diese Menschen sind ihre eigenen Unternehmer, Lebensunternehmer sozusagen. Und als solche brauchen sie eine Karrierestrategie, die stetig überarbeitet werden muss.

Die Fragen stellte Christine Schreiber.

Quelle: Interview im Tagesspiegel, 05.10.2003; http://www.auszeit.de/kunden/medien.html, 07.12.2006

Welche Anforderungen werden an den modernen Arbeitnehmertyp gestellt?

Wichtigste Aufgabe der Unternehmensführung ist es, die Mitarbeiter nach ihrem individuellen Wissen einzusetzen und die Selbstverantwortung und Eigeninitiative zu fördern.

Auch die Arbeits- und Lebenswelt des Arbeitnehmers verändert sich. Fest gefügte und festgeschriebene Berufsfelder, Beschäftigungs-, Laufbahn- und Entlohnungsmuster werden bald der Vergangenheit angehören, das alte Schema „Ausbildung – Beschäftigung – Rente" ebenso. Der Vollzeit-Arbeitnehmer weicht dem Typus des **„Lebensunternehmers"**. Damit ist gemeint, dass sich der Arbeitnehmer ständig den neuen Anforderungen und Veränderungen stellt, seinen individuellen Arbeits- und Lebenspfad sucht und findet. So wird sich das Arbeitsleben wie ein Puzzle aus verschiedenen Erwerbstätigkeiten, Zeiten der Fort- und Weiterbildung sowie der Nichterwerbstätigkeit zusammensetzen. Wie das lernende Unternehmen ist der „Lebensunternehmer" ein **lebenslang lernender Mitarbeiter**, der seine Fähigkeiten auf einem freien Arbeits- und Auftragsmarkt präsentieren muss und seine Stärken und Schwächen einzuschätzen versteht.

Neue Arbeitsbeziehungen

Mit dem Modem von Mannheim in die BASF

MANNHEIM. Das Pendeln zum Arbeitsplatz gehört für Sabine Bociek der Vergangenheit an. Zwar arbeitet sie noch immer am selben Computer, aber der steht seit 1. April in der grünen Einfamilienhausidylle von Mannheim-Schönau statt im Ludwigshafener Stammwerk der BASF. Die 27-Jährige ist eine von derzeit 28 Telearbeitern des Chemieunternehmens.

Rot, grün und gelb blinkt die Anzeige des Modems: Sabine Bocieks Verbindung ins Computernetz der BASF. „Eins zu eins" – so wie auch im Werk – kann sie über die gleichen Computerprogramme wie ihre Kollegen im Marketing Klebrohstoffe ihre Arbeit machen. „Telearbeiterin" ist die gelernte Chemielaborantin geworden, weil sie Mutter wurde, aber trotzdem weiter arbeiten wollte.

„Das ist eine neue Form des Arbeitsplatzes", erläutert Sabine Bocieks Chef Herbert Fietzek. Klaus Kirchner, Bocieks ständiger Ansprechpartner im „alten" Büro, fügt hinzu, die Firma könne durch Telearbeit langjährige Mitarbeiter halten, für die der klassische Bürojob nicht flexibel genug sei.

Flexibilität gibt der neue Arbeitsplatz der jungen Mutter: Bevor Sabine Bocieks Tochter aufwacht, schmeißt die „Anilinerin" um 6:30 Uhr ihren Computer an und arbeitet rund zwei Stunden. Das Baby ins „Büro" – ein funktional, aber trotzdem gemütlich eingerichtetes Arbeitszimmer mit schräger Decke – bringen? Kein Problem: „Sie liegt oft da neben dran, die findet die Bilder interessant", versichert Sa-

bine Bociek lachend. Nachteile? „Der Austausch mit den Kollegen fehlt schon", meint Sabine Bociek. Bei Bedarf, in der Regel einmal im Monat, kommt sie nach Ludwigshafen. Aber so könne sie eben auch konzentrierter arbeiten.

Der Telearbeitsvertrag ist denn auch so gestaltet, dass er zusätzlich zum alten Arbeitsvertrag gilt, sprich: Endet die Telearbeit, hat der Mitarbeiter weiter seine Stelle.

Die Rheinpfalz, 11.07.1998

1. **Welche Vorteile hat Telearbeit für das Unternehmen und die Arbeitnehmerin?**
2. **Welche Nachteile bringt diese neue Form des Arbeitsplatzes mit sich?**

Mit neuen Technologien entstehen auch neue Formen von Arbeitsplätzen. Neue Technologien auf alte Betriebsorganisationen „aufzupfropfen" funktioniert nicht. Telearbeit, Gruppen- und Teamarbeit, Arbeit auf Abruf, die Arbeitsplatzteilung (Jobsharing), Selbstständigkeit – all das sind neue Arbeitsformen, die der wachsenden Flexibilität und Mobilität in der Arbeitswelt Rechnung tragen.

Die neuen Arbeitsformen haben Auswirkungen auf die sozialen Beziehungen und Strukturen im Betrieb. Hierarchien, Distanz und Privilegien sowie soziale Unterschiede können abgebaut werden. Die Unternehmensführung schließt in der Regel mit den Mitarbeitern Zielsetzungsverträge ab. Anwesenheit ist kein Qualitätskriterium mehr, vielmehr sind die Mitarbeiter für die Organisation der Arbeit selbst verantwortlich. „Idealerweise sind die Mitarbeiter selbstbewusste, sich selbst organisierende Einzelunternehmer, die aber auch in Teams arbeiten können", so der Chef der Hewlett-Packard GmbH.

Während bei der Gruppenarbeit verstärkte soziale Beziehungen unabdingbar sind, kann die Telearbeit zu einer verstärkten Isolierung des Arbeitnehmers führen, insbesondere dann, wenn der Kontakt zur Firma und den Kollegen fast ausschließlich online erfolgt.

Die neuen Arbeitsformen haben auch arbeitsrechtliche Folgen. Fragen der Arbeitszeit, der Pausen- oder Urlaubsregelung, der Entgelt- und Leistungsbedingungen müssen neu gestellt und beantwortet werden. In vielen Betrieben werden diese Punkte in gesonderten Betriebsvereinbarungen geregelt, weil Flächentarifverträge nicht flexibel genug formuliert sein können. Zunehmend bieten Betriebe ihren Arbeitnehmern anstelle von Arbeitsverträgen Subunternehmerverträge oder Verträge als freie Mitarbeiter an. Ob jemand als Arbeitnehmer oder Selbstständiger einzuordnen ist, hat für den Kündigungsschutz, die Sozialversicherungspflicht und die Steuern Konsequenzen.

Ein Problem ist dabei die sogenannte Scheinselbstständigkeit. Sie ist dann gegeben, wenn ein „Selbstständiger" nur weisungsgebunden für einen Betrieb und Auftraggeber arbeitet.

Gruppenarbeit bei LÖBRO Offenbach

„Der Mensch ist das Flexibelste, was wir haben." Nach diesem Motto treibt der Betriebsrat bei Autozulieferer LÖBRO die Gruppenarbeit voran.

Früher, an Einzelarbeitsplätzen, war nur Knöpfchendrücken angesagt, erläutert Bianca Gümpel, Gruppensprecherin, die Umstellung, die vielen altgedienten Beschäftigten bis heute schwerfällt. Neben beruflicher Qualifikation ist nun auch soziale Kompetenz gefordert.

Denn das Arbeitsteam muss eine Fülle zusätzlicher Aufgaben in eigener Verantwortung regeln: Qualität sichern, Material und Werkzeuge disponieren, Arbeits- und Urlaubszeiten absprechen, Arbeitsplätze gestalten, Gesundheits- und Arbeitsschutz gewährleisten.

Gruppe und Gruppensprecher übernehmen so auch viele Aufgaben, die in der alten Arbeitsorganisation den Vorgesetzten vorbehalten waren. Heute kommt LÖBRO mit vier statt sieben Hierarchie-Ebenen aus.

Die Autonomie der Gruppen entwickelt „viel Eigendynamik", manchmal zu viel. Der Betriebsrat muss dann viel Überzeugungsarbeit leisten. Etwa wenn die Arbeit am liebsten auf vier Tage verteilt würde oder die Maschinen so eng angeordnet werden, dass die Arbeitssicherheit nicht gewährleistet ist.

„Früher sagte ein Meister:
‚Halt's Maul, ich denke für dich.'
Heute fragt er:
‚Wie möchtest du gern arbeiten?'"

Betriebsratsvorsitzender Hans-Jürgen Stübner

Metall 4/1998

3.7 Arbeitslosigkeit als Folge des Strukturwandels

„Und nun passen Sie einmal auf, was passiert, wenn ich das Ding hier einstecke!"

1. **Welche Arbeitsplätze sind durch die neuen Technologien vor allem betroffen?**
2. **Inwiefern wird in der Karikatur ein Widerspruch deutlich?**

Der Strukturwandel zur Informationsgesellschaft bringt tief greifende gesellschaftliche Veränderungen und Umwälzungen mit sich, die nicht weniger einschneidend werden als der epochale Übergang von der Agrar- zur Industriegesellschaft.

Dieser Wandlungsprozess bringt Gewinner, aber auch Verlierer hervor: Menschen, die das Neue begrüßen und sich darin zurechtfinden, und andere, die sich darauf nicht einstellen können oder für die der Arbeitsmarkt keine angemessenen Angebote in ausreichender Zahl anbietet.

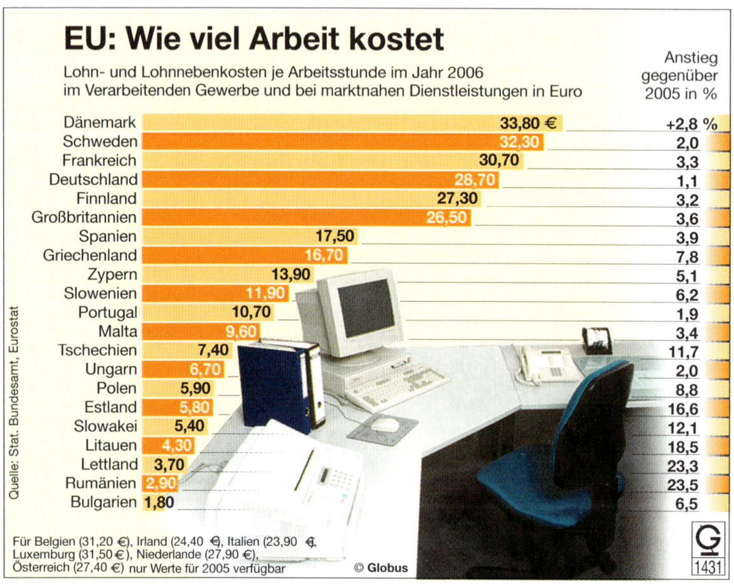

Die größten Verlierer des Strukturwandels sind die Arbeitslosen. Der Anstieg der Arbeitslosigkeit in den 90er Jahren hat seine Ursachen vor allem in der Struktur- und Kostenkrise der deutschen Wirtschaft und dem Zusammenbruch ganzer Wirtschaftszweige in den neuen Bundesländern. Über zwei Millionen Arbeitsplätze sind in dieser Zeit abgebaut worden. Auffällig sind dabei die Unterschiede in den einzelnen Wirtschaftsbereichen.

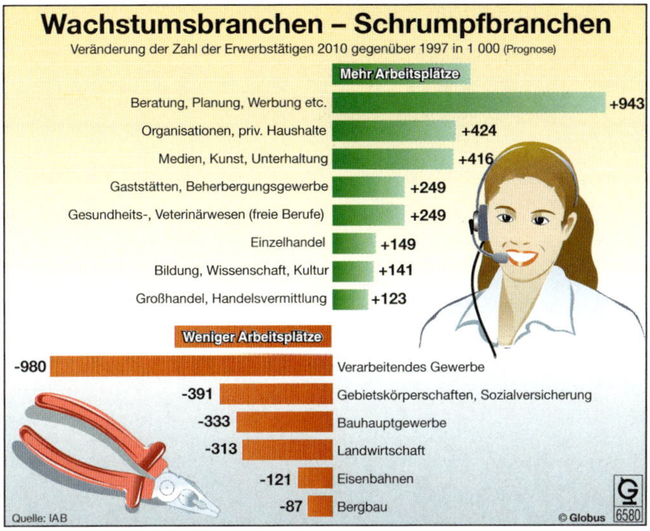

Neben dem technologischen Fortschritt (Rationalisierung und Automation) und dem strukturellen Wandel (Niedergang von Industriezweigen, z.B. des Bergbaus) kann Arbeitslosigkeit auch konjunkturelle Ursachen haben. In Zeiten der Rezession (Abschwung) entlassen die Unternehmen Mitarbeiter. Auffallend ist, dass nun schon über eine Reihe von Jahren in Phasen der Belebung der Konjunktur die Arbeitslosigkeit kaum zurückgeht. Daran wird deutlich, dass die eigentlichen Ursachen für die Arbeitslosigkeit vor allem im Strukturwandel und in der Kostenkrise der Wirtschaft liegen.

Seitens der Unternehmen wird auf die hohen Lohn- und Lohnnebenkosten hingewiesen. Die Höhe der Arbeitskosten ist eine entscheidende Größe für die Standortwahl von Unternehmen. Niedrige Lohnkosten bedeuten einen Wettbewerbsvorteil. Deshalb lassen viele Unternehmen in sogenannten Niedriglohnländern produzieren. Nicht zuletzt werden Unternehmen im Zuge der Globalisierung (vgl. S. 134) gezwungen, in den Ländern auch zu produzieren, in denen sie ihre Produkte verkaufen. Dadurch gehen weitere Arbeitsplätze verloren.

Um die Wettbewerbsfähigkeit zu sichern, haben viele Unternehmen rationalisiert und ihre Strukturen entscheidend verändert. Schlagworte für solche betrieblichen Maßnahmen sind:

- „Lean Production" (schlanke Produktion)
- „Lean Management" (schlanke Unternehmensführung, Abbau von Hierarchien)
- „Just-in-time"-Verfahren (Zulieferung ohne Zwischenlagerung)
- „Outsourcing" (Auslagerung von Produktionsstätten)

Im Verlaufe der Umstrukturierungsprozesse mussten die Arbeitnehmer ihren Beitrag leisten. Geringe Lohnerhöhungen, flexible Arbeitszeiten, Abbau des Kündigungsschutzes und Kürzungen bei sozialen Leistungen sind hierfür Beispiele.
Alle diese Maßnahmen haben dazu geführt, dass die Lohnstückkosten in der Bundesrepublik Deutschland gesunken sind und die Konkurrenzfähigkeit im globalen Wettbewerb erhöht werden konnte.

Dennoch ist das Problem der Massenarbeitslosigkeit (2007 ca. 3,5 Millionen Arbeitslose) nicht gelöst. Gewerkschaften, Arbeitgeber und die Politik suchen auf gemeinsamen und getrennten Wegen nach Lösungsmöglichkeiten.

Aussagen in den Programmen der Parteien zu Arbeitsmarkt und Tarifrecht:

CDU	SPD	FDP	Bündnis 90 Die Grünen	Die Linke.
Arbeitsrecht, Kündigungsschutz				
• Der Kündigungsschutz soll bei Neueinstellungen in Betrieben bis zu 20 Beschäftigten ausgesetzt werden. In anderen Betrieben wird bei Neueinstellungen Kündigungsschutz erst nach zwei Jahren wirksam.	• Der Kündigungsschutz soll beibehalten werden.	• Der Kündigungsschutz soll gelockert werden. • Das Lebensalter als Kriterium der Sozialauswahl bei betriebsbedingten Kündigungen soll gestrichen werden.	• Der Kündigungsschutz soll beibehalten werden.	–
Mindestlöhne, Kombilöhne				
• Kombilohn ohne Konkretisierung • Arbeitslosengeld-II-Bezieher können zwei Jahre lang bis zu 10 % unter Tarif bezahlt werden.	• Löhne sollen existenzsichernd sein. Einführung gesetzlicher Mindestlöhne, wenn keine Einigung der Tarifparteien.	• „Bürgergeld" soll möglichst alle steuerfinanzierten sozialen Hilfen des Staates auf die Bedürftigkeit ausgerichtet pauschalisiert zusammenfassen und in die Einkommensbesteuerung integrieren. • Keine Mindestlöhne	• Löhne sollen existenzsichernd sein. Einführung gesetzlicher Mindestlöhne, wenn keine Einigung der Tarifparteien.	• Mindestlohn: Bandbreite zwischen 1 200 und 1 500 Euro im Gespräch.
Mitbestimmung und Tarifautonomie				
• Betriebliche Bündnisse können Abweichungen vom Tarifrecht vereinbaren.	• Die Mitbestimmung soll nicht angetastet werden. • Gesetzliche Eingriffe in die Tarifautonomie werden grundsätzlich abgelehnt.	• Die Gründung eines Betriebsrates soll erst ab 20 Beschäftigten möglich sein. Verringerung der Anzahl. • Das Tarifrecht soll geändert werden, sodass bei Drei-Viertel-Zustimmung der Belegschaft Abweichungen vom Flächentarifvertrag möglich sind.	• Die Mitbestimmung soll nicht angetastet werden. • Eingriffe in die Tarifautonomie werden abgelehnt.	• Bei Unternehmensfusionen sollen Belegschaftsabstimmungen durchgeführt werden.
Individuelles Arbeitsrecht				
• Die Beschränkung befristeter Verträge auf Neueinstellungen soll aufgehoben werden.	–	–	–	• Arbeitszeiten sollen verkürzt und begrenzt werden. • Rechtsanspruch auf Rückkehr in Vollzeitbeschäftigung.
Arbeitslosenversicherung				
• Beitragsbezogenheit der Leistungen soll stärker erkennbar werden: Wer lange eingezahlt hat, soll anders gestellt werden als jemand, der nur für kurze Zeit eingezahlt hat. • Organisationsstruktur überprüfen. Experimentierklauseln für Länder schaffen.	• Die beim Arbeitslosengeld I zum 1. Februar 2006 geplante Verkürzung der Höchstbezugsdauer für ältere Arbeitslose von 32 auf 18 Monate soll um zwei Jahre aufgeschoben werden. • Gleiche ALG-II-Regelsätze in Ost und West	• Arbeitslosengeld I auf 12 Monate begrenzen. Auflösung der Bundesagentur für Arbeit. Stattdessen: beitragsfinanzierte Versicherungsagentur, steuerfinanzierte Arbeitsmarktagentur und kommunale Job-Center.	• Arbeitslosengeld I abhängig von der Zeit der effektiven Erwerbstätigkeit gestaffelt bis zu drei Jahre verlängern. • Höhere und gleiche Regelsätze für ALG II in Ost und West • Organisation der Arbeitsverwaltung verbessern	• Hartz-IV-Gesetz soll generalüberholt werden. Höhere und gleiche Regelsätze für ALG II in Ost und West (412 Euro im Monat)

in Anlehnung an: http://www.gera.ihk.de/servicemarken/presse/presseinfos/Jahrgang_2005/September/Parteien_vergleich.pdf, Zugriff: 30.08.2007

1. Erläutern und vergleichen Sie die Vorschläge der Parteien.
2. Bewerten Sie die Aussagen und prüfen Sie die Umsetzung in der aktuellen Politik.

Gewerkschaften (IG Metall)	Arbeitgeberverbände
• gesetzliche Mindestlöhne auf Basis von Tarifverträgen • Sicherung der Steuerfreiheit für Zuschläge auf Schicht-, Sonn- und Feiertagsarbeit und die Beibehaltung der Kilometerpauschale • Grundlegende Korrektur von Hartz IV und aktive Arbeitsmarktpolitik • Abbau von Überstunden • Verbesserung der Altersteilzeit • keine weitere steuerpolitische Umverteilung zugunsten von Unternehmen und Besserverdienenden	• zurückhaltende Lohnpolitik • größere Lohnspreizung zwischen geringer Qualifizierten und Facharbeitern • Einführung eines Niedriglohnsektors • keine Verkürzung der Wochenarbeitszeit • Lebensarbeitszeitmodelle • Senkung der Lohnnebenkosten • Entlastung des Faktors Arbeit durch Senkung der Sozialbeiträge • Flexiblisierung der Arbeitszeiten und längere Maschinenlaufzeiten

1. Vergleichen Sie die Vorschläge der Tarifparteien.
a) Wo sehen Sie Ansätze einer gemeinsamen Tarifpolitik?
b) Was ist Voraussetzung für ein Bündnis für Arbeit?
2. Welche Gemeinsamkeiten bestehen zwischen der Arbeitsmarktpolitik der Parteien und den Vorschlägen der Tarifpartner?

Ein besonderes Problem ist die Jugendarbeitslosigkeit. Jugendliche ohne Ausbildung und Arbeit können auch langfristig zu einem gesellschaftlichen Problem werden: Jugendkriminalität, Drogen, Alkoholmissbrauch und Rechtsradikalismus sind auffällige Begleiterscheinungen.
Zeitweise Arbeitslosigkeit ist nicht immer vermeidbar. Wie wichtig neben Mobilität und Flexibilität eine berufliche Ausbildung ist, zeigt die folgende Statistik.

Die anhaltend hohe Arbeitslosigkeit in der Bundesrepublik bedeutet eine hohe Belastung für die Sozialversicherung und die öffentlichen Haushalte. So betragen 2007 die Kosten der Arbeitslosigkeit bei ca. 3,7 Millionen Arbeitslosen für Arbeitslosengeld, Arbeitslosengeld II, Sozialhilfe, Wohngeld, Beiträge für die Sozialversicherungen sowie Steuerausfälle über 80 Milliarden EUR.

Arbeitslosigkeit ist aber nicht nur ein gesellschaftliches, sondern auch ein individuelles Problem. Langfristig Arbeitslose leiden häufig unter finanziellen, psychischen und sozialen Belastungen.

Phasen der Arbeitslosigkeit

1 **Arbeitslosigkeit wirkt immer wie ein Schock. Auch wenn schon Wochen vorher Gerüchte über Entlassungen im Betrieb kursieren. Der plötzlich Freigesetzte ist benommen und verunsichert. Ganz allmählich erst kommt er mit der neuen Situation zurecht, entdeckt seine Hobbys, nützt freie Zeit für die Familie.**

2 **Spätestens nach einem halben Jahr werden die finanziellen Sorgen drückend. Die Ersparnisse sind aufgebraucht, es werden Schulden gemacht, Zahlungsverpflichtungen können nicht eingehalten werden. Dem Sparzwang fällt zuerst die Urlaubsplanung zum Opfer. Dann folgt der Verzicht auf neue Möbel, ein neues Auto, Kleider und Haushaltsgeräte. Viele haben Schwierigkeiten, die Miete aufzubringen, geraten bei Versicherungsbeiträgen in Verzug. Zeitschriftenabos werden als Erstes gekündigt.**

3 **Mit den Geldsorgen beginnt eine Phase der Rebellion. Der Arbeitslose beginnt, stapelweise Bewerbungen zu verschicken, rennt auch der Agentur für Arbeit die Türen ein, gibt selbst Annoncen auf, verabredet Vorstellungstermine. Kontakte zu Kollegen und Freunden beginnen abzureißen. Auch wenn alle anfangs beteuern, man wolle sich nicht aus den Augen verlieren. Da ist das Gefühl, nicht mehr richtig mithalten zu können mit den Kollegen, die am Monatsanfang mehr auf dem Konto haben.**

4 **Selbstvorwürfe, ständig neue Niederlagen, das Gefühl, mit sich nichts anfangen zu können, lassen das Vertrauen in die eigene Kraft schwinden. Langeweile, Nichtstun, die Isoliertheit – jeder Zweite kommt sich überflüssig vor. Ein psychisches Dauertief – der Körper reagiert mit Schlafstörungen, Herzbeschwerden, Magengeschwüren. Psychologen sprechen von einer „Flucht" in die Krankheit. Nach einem Jahr Arbeitslosigkeit kann ein Betroffener körperlich weniger fit sein als zu der Zeit, als er noch täglich acht Stunden malochen musste.**

5 **Durch das Umsteigen von Arbeitslosengeld auf Arbeitslosengeld II verschärfen sich die finanziellen Sorgen. In der Regel ist nach einem Jahr der Anspruch auf Arbeitslosengeld ausgelaufen. Erneut fühlen sich die Betroffenen auf der Skala der öffentlichen Wertschätzung eine Stufe tiefer rutschen. Weiter unten wartet nur noch der Status des Sozialhilfeempfängers. Endstation ist die Resignation – „es hat ja doch alles keinen Zweck mehr".**

PZ, Nr. 41, S. 11

1. **Schlagen Sie Verhaltensmaßnahmen vor, die den sozialen und individuellen Abstieg aufhalten können.**
2. **Welche Stellen bieten Arbeitslosen Hilfe an?**

3.8 Berufliche Weiterbildung

Silvia ist Tischlerin im dritten Ausbildungsjahr. Der Beruf macht ihr Spaß. Sie hat neben der Ausbildung bereits zwei Fortbildungsveranstaltungen besucht: einen CNC-Maschinenkurs beim Berufsfortbildungswerk und einen EDV-Kurs bei der Handwerkskammer. Die Kurse haben Silvia mit den neuesten Entwicklungen und Techniken vertraut gemacht. Silvia will sich nach der Ausbildung weiterqualifizieren; ihr Ziel ist es, Meisterin im Tischlerhandwerk zu werden. Über die Möglichkeiten und Wege hat sie noch keine genauen Vorstellungen. Deshalb hat Silvia sich bei der Agentur für Arbeit über eine berufliche Weiterbildung informiert. Vom Berufsberater hat sie eine Broschüre erhalten, die einen Überblick über Weiterbildungswege gibt:

Meister/-in (Industrie oder Handwerk)	**Staatlich geprüfte/-r Techniker/-in**	**Diplomingenieur/-in** (Fachhochschule)
Vorbereitungslehrgang (Vollzeit-, Teilzeitunterricht)	Fachschule für Techniker a) Vollzeitschule vier Halbjahre*) oder b) Teilzeitschule ca. acht Halbjahre	Fachhochschule (Technik, Ingenieurwesen) 6–8 Semester Studium
mehrjährige praktische berufliche Tätigkeit (für Industriemeister auch ohne Berufsabschluss)	a) 2 Jahre Berufspraxis b) 1 Jahr Berufspraxis *) Je nach schulischer Vorbildung entweder Erwerb des mittleren Bildungsabschlusses oder der Fachhochschulreife möglich	1 Jahr Fachoberschule oder Berufsoberschule oder Berufskolleg oder Vorbereitungskurs zum Erwerb der Fachhochschulreife
		Mittlerer Bildungsabschluss

Berufliche Weiterbildung (beispielhafte Darstellung)

▲

Anerkannter beruflicher Abschluss

1. **Bei welchen Einrichtungen hat Silvia Fortbildungsmaßnahmen besucht?**
2. **Warum ist es sinnvoll, sich wie Silvia während und nach der Berufsausbildung fortzubilden?**
3. **Welchen Weg der beruflichen Weiterbildung muss Silvia einschlagen, um ihr Berufsziel zu erreichen?**
4. **Zeigen Sie die Wege auf, die Silvia gehen muss, wenn sie an der Fachhochschule Holztechnik studieren will.**

Weiterbildung

Wer seine Berufsausbildung abgeschlossen hat, wird seine Kenntnisse und Fähigkeiten ständig erweitern und den neuen Anforderungen am Arbeitsplatz anpassen müssen. Die berufliche Weiterbildung hat deshalb in den letzen Jahren immer mehr an Bedeutung gewonnen. Sich beruflich auf dem Laufenden zu halten, setzt „lebenslanges Lernen" voraus.

Die **Beweggründe und Ziele beruflicher Weiterbildung** sind verschieden. Weiterbildungsmaßnahmen dienen vor allem dazu,

- mit dem technischen Fortschritt mitzuhalten,
- beruflich aufzusteigen,
- mehr Einkommen zu erzielen,
- eine größere Zufriedenheit im Beruf zu erreichen,
- den Arbeitsplatz zu sichern,
- auf dem Arbeitsmarkt mobil und flexibel zu bleiben.

Die Weiterbildung im gewerblich-technischen Bereich hat in der Form der Meisterprüfung eine lange Tradition. Heute stehen dem Arbeitnehmer auch andere Wege offen, sich zu qualifizieren. So bieten z. B. höhere Berufsfachschulen eine Assistentenausbildung, die Fachschulen den Abschluss zum staatlich geprüften Techniker oder die Fachhochschulen Diplomabschlüsse an. Für viele berufliche Qualifizierungen sind auch höhere schulische Abschlüsse Voraussetzung.

Umschulung

Während Fort- und Weiterbildungsmaßnahmen auf der Grundlage des ausgeübten Berufes erfolgen, bedeutet Umschulung eine Qualifizierung für einen neuen Beruf. Für eine Umschulung gibt es Gründe, die entweder durch den Arbeitsmarkt bedingt sind oder beim Beschäftigten selbst liegen.

Arbeitsmarktbedingte Gründe könnten z. B. sein:

- Die bisherige Tätigkeit wird weitgehend durch technische Entwicklungen überflüssig (Lochkartenbearbeiter/-in in der EDV, Teilzeichner/-in, Wagner).
- Der Betrieb wird geschlossen, Ersatzarbeitsplätze in der Region fehlen.
- Veränderte Verbrauchergewohnheiten erfordern betriebliche Änderungen (Tankwart, Selbstbedienung im Einzelhandel).

Persönliche Gründe für die Umschulung sind z. B.:

- Allergien oder berufsbedingte Krankheiten erfordern einen Berufswechsel.
- Wegen eines Unfalles wird im Rahmen einer beruflichen Rehabilitation eine Umschulung notwendig.
- Nach längerer Pause aus familiären Gründen (z. B. Kindererziehung) muss ein Beruf neu erlernt werden.

Über die Möglichkeiten zu Weiterbildung und Umschulung informieren die Agenturen für Arbeit sowie die Träger beruflicher Fort- und Weiterbildung.

Berufliche Weiterbildung kostet Geld. Im Rahmen der Förderung nach SGB III können von der Agentur für Arbeit Bildungsmaßnahmen gefördert werden, die der beruflichen Fortbildung oder Umschulung dienen. Gefördert werden Vollzeit-, Teilzeit-, berufsbegleitender oder Fernunterricht. Von Fall zu Fall gewährt das Arbeitsamt auch Zuschüsse u.a. für Lernmittel, Fahrtkosten und Lehrgangsgebühren. Teilnehmer an beruflichen Bildungsmaßnahmen mit ganztägigem Unterricht können zudem zur Sicherung ihres Lebensunterhaltes Unterhaltsgeld erhalten.

Um die finanziellen Hilfen nach dem Arbeitsförderungsgesetz in Anspruch nehmen zu können, müssen bestimmte Voraussetzungen erfüllt sein. Deshalb ist es ratsam, sich zuerst bei der zuständigen Agentur für Arbeit zu informieren. Der Antrag auf Förderung nach dem AFG muss vor Beginn der Maßnahme schriftlich gestellt werden.

Für bestimmte Weiterbildungsmaßnahmen hilft der Staat durch finanzielle Förderung nach dem **Bundesausbildungsförderungsgesetz** (BAföG). Gefördert werden z.B. Bildungsgänge an höheren Berufsfachschulen, Fachoberschulen, Berufsoberschulen, Kollegs, Fachhochschulen, Meisterkursen und Universitäten. Informationen geben die Ämter für Ausbildungsförderung bei den Landkreisen und kreisfreien Städten sowie die Agentur für Arbeit.

1. **Nennen Sie Gründe und Ziele für eine berufliche Weiterbildung.**
2. **Welche Möglichkeiten haben Sie, sich in Ihrem Beruf weiterzubilden?**
3. **Erklären Sie den Unterschied zwischen Weiterbildung und Umschulung.**
4. **In welchen Fällen ist eine Umschulung erforderlich?**
5. **Welche finanziellen Fördermaßnahmen können für eine berufliche Weiterbildung in Anspruch genommen werden?**

Zur Wiederholung

1. Welche Merkmale weist die Ständegesellschaft auf?
2. Welchen Einfluss haben die Ideen der Aufklärung auf die Gesellschaft?
3. Der Wandel von der Ständegesellschaft zur Industriegesellschaft ist ein Prozess mehrerer, sich bedingender Faktoren. Erläutern Sie dies.
4. Was versteht man unter der industriellen Revolution?
5. Welche sozialen Folgen hat die Industrialisierung im 19. Jahrhundert?
6. Erläutern Sie den Begriff der „sozialen Frage".
7. Zeigen Sie die verschiedenen Lösungsvorschläge zur sozialen Frage auf.
8. Beschreiben Sie den Wandel von der Industrie- zur Informationsgesellschaft.
9. Welche Folgen sind mit diesem Wandel verbunden?
10. Erläutern Sie, was unter
    a) virtuellen Unternehmen, b) lernenden Unternehmen zu verstehen ist.
11. Wie verändert sich die Lebens- und Arbeitswelt des Arbeitnehmers in der Informationsgesellschaft?
12. Welche Aufgaben hat die Bundesagentur für Arbeit?

Handlungsimpulse

A Szenario „Mein Beruf 2025"

Entwerfen Sie ein Szenario, in dem Sie wahrscheinliche oder mögliche Entwicklungen in Ihrem Berufsfeld entwerfen. Gehen Sie dabei wie folgt vor:

- Formulieren von Thema und Fragestellung,
- Brainwriting über die Einflussfaktoren,
- Vernetzen der Einflussfaktoren,
- „Malen" eines Zukunftsbildes.

B Spurensuche „Beruf und Arbeit"

Begeben Sie sich auf Spurensuche nach Ihrem Berufsfeld und Arbeitsplatz. Erkunden Sie, welche Entwicklungen Beruf und Arbeitsplatz in den letzten Jahrzehnten genommen haben. Dazu können Sie z. B. ältere Mitarbeiterinnen und Mitarbeiter befragen und interviewen, Unternehmenschroniken zurate ziehen oder im Internet recherchieren.

4 Das System der sozialen Sicherung

1. Gegen welche Risiken und Fälle ist der Arbeitnehmer pflichtversichert?
2. Warum wird die Absicherung dem einzelnen Arbeitnehmer nicht selbst überlassen?
3. Wozu dient der Versicherungsnachweis der Sozialversicherung?
4. Erklären Sie den Zweck des Sozialversicherungsausweises.

4.1 Die Entstehung der Sozialversicherung

1. **Mit der „Kaiserlichen Botschaft“ von 1881 wurde das Parlament aufgefordert, die Arbeiter sozial abzusichern. Welche Gründe hatten Wilhelm I. und sein Reichskanzler Otto von Bismarck, dies zu veranlassen?**
2. **a) Erklären Sie, was mit „Selbstverwaltung“ gemeint ist.**
   b) Warum wurde sie gerade 1933 aufgehoben?
3. **Was bedeutet „Lohnfortzahlung“?**
4. **Ergänzen Sie das Schaubild um weitere wichtige Wegmarken, die den Weg zum sozialen Staat bis in die Gegenwart aufzeigen.**

Mit der industriellen Revolution wuchs die Anzahl der Fabrikarbeiter rasch an. Schlechte Entlohnung, die dauernde Gefahr von Krankheit und Arbeitslosigkeit bedeuteten für die Arbeiterschaft und ihre Familien meist Armut, Elend und Unsicherheit. Dies führte zu sozialen und politischen Spannungen. Erst spät erkannte Bismarck, dass diese „Soziale Frage“ nur durch ein System sozialer Absicherung entschärft werden konnte.

Mit der Einführung der Sozialversicherungen – der Kranken- (1883), der Unfall- (1884) sowie der Alters- und Invalidenversicherung (1889) – nahm das Deutsche Reich dennoch eine Vorrangstellung in der sozialen Gesetzgebung ein. Wichtige Wegmarken waren die Einführung der Rentenversicherung für Angestellte im Jahre 1911 und der Arbeitslosenversicherung im Jahre 1927. Eine neue Etappe auf dem Weg zum Sozialstaat war die Einführung der Pflegeversicherung im Jahre 1995.

Für alle Zweige der Sozialversicherung gilt die **Selbstverwaltung**, d.h., gewählte Vertreter der Versicherten und der Arbeitgeber wirken bei den Entscheidungen der Versicherungsträger mit. Bei den alle sechs Jahre stattfindenden Sozialwahlen sind alle Versicherten ab 16 Jahren wahlberechtigt.

Die gewählten Arbeitgeber- und Versichertenvertreter bilden die Vertreterversammlung. Zu den wichtigsten **Aufgaben der Vertreterversammlung** gehört es, den Vorstand zu wählen sowie Haushalt und Satzung zu beschließen. Der Vorstand vertritt die Solidargemeinschaft der Versicherten und bestellt die Geschäftsführung. Die Selbstverwaltung ist Ausdruck von Demokratie und Mitbestimmung in der Sozialversicherung.

Die Sozialversicherung ist nur ein Bereich des Sozialstaates, wenn auch der bedeutendste Zweig des „sozialen Netzes". Dieses Netz soll den Bürger in Notfällen unterstützen und soziale Nachteile ausgleichen.

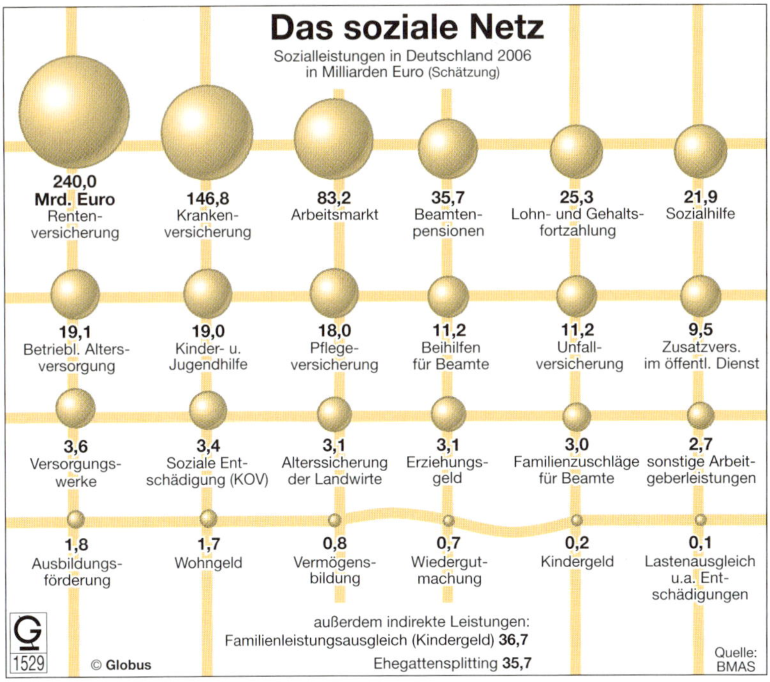

Das soziale Netz soll aber nicht als „soziale Hängematte" dienen. In erster Linie gilt die Selbstverantwortung des Bürgers. Nur in bestimmten Situationen kann die Gemeinschaft dem Einzelnen Hilfe leisten. Diese nachrangige Hilfe wird als **Subsidiaritätsprinzip** bezeichnet. Es ist neben der Solidarität der wichtigste Grundsatz der Sozialversicherung. **Solidarität** bedeutet in diesem Zusammenhang, dass sich die Versicherten gegenseitig und gemeinsam helfen.

Jeder Arbeitnehmer erhält ein **Sozialversicherungsnachweisheft**, das er dem Arbeitgeber aushändigen muss. Zudem wird der Versicherungsnachweis durch den Sozialversicherungsausweis bestätigt. Arbeitnehmer, die vorwiegend an wechselnden Arbeitsplätzen tätig sind (Baugewerbe, Montage), müssen den Ausweis ständig mitführen.

4.2 Die Krankenversicherung

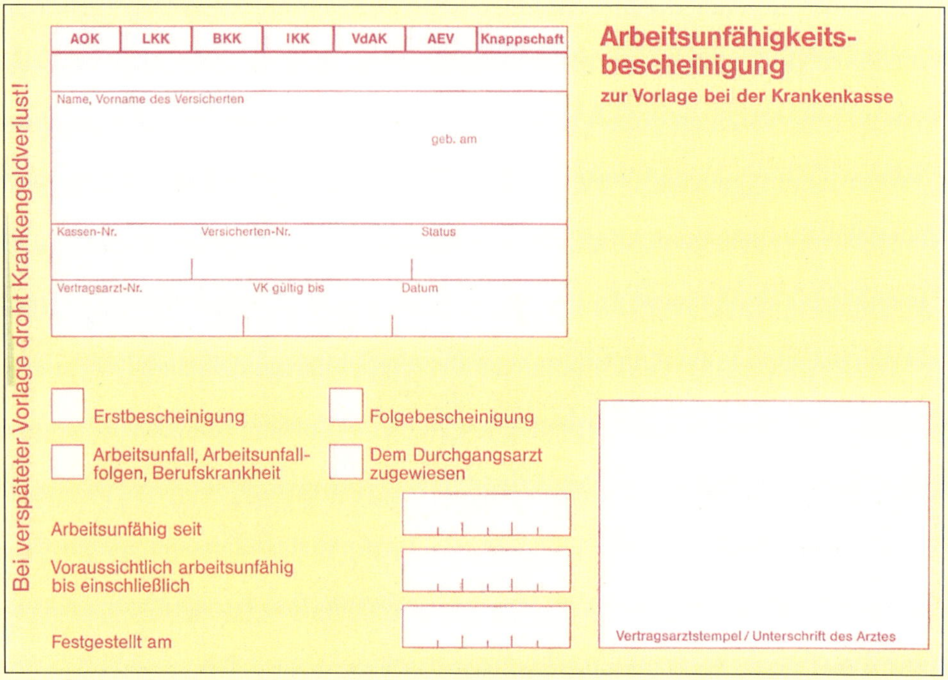
AOK | LKK | BKK | IKK | VdAK | AEV | Knappschaft

Arbeitsunfähigkeitsbescheinigung
zur Vorlage bei der Krankenkasse

Name, Vorname des Versicherten
geb. am
Kassen-Nr. | Versicherten-Nr. | Status
Vertragsarzt-Nr. | VK gültig bis | Datum

Bei verspäteter Vorlage droht Krankengeldverlust!

Erstbescheinigung
Folgebescheinigung
Arbeitsunfall, Arbeitsunfallfolgen, Berufskrankheit
Dem Durchgangsarzt zugewiesen
Arbeitsunfähig seit
Voraussichtlich arbeitsunfähig bis einschließlich
Festgestellt am

Vertragsarztstempel / Unterschrift des Arztes

1. **Zu welchem Zweck erhalten Arbeitnehmer die ärztliche Arbeitsunfähigkeitsbescheinigung?**
2. **Wer zahlt dem Arbeitnehmer während seiner Krankheit den Lohn?**
3. **Wer kommt für die Arzt- und Arzneikosten auf?**

Die gesetzliche Krankenversicherung ist einer der wichtigsten Zweige der Sozialversicherung. Sie hat die Aufgabe, die Gesundheit des Arbeitnehmers und seiner mitversicherten Familienangehörigen zu erhalten, wiederherzustellen oder zu bessern.
Die **gesetzlichen Grundlagen** der Krankenversicherung sind u.a. im Sozialgesetzbuch festgelegt.

Träger der gesetzlichen Krankenversicherung
- Allgemeine Ortskrankenkassen
- Ersatzkassen (z.B. DAK, Barmer, KKH)
- Innungskassen
- Betriebskrankenkassen
- Landwirtschaftliche Krankenkassen
- Seekrankenkasse
- Bundesknappschaft

Fast 90 % der Bevölkerung der Bundesrepublik Deutschland gehören der gesetzlichen Krankenversicherung an. Es gibt drei Arten der Mitgliedschaft in der gesetzlichen Krankenversicherung: pflichtversichert, freiwillig versichert und familienversichert.

Pflichtversichert bedeutet, dass die folgenden Personengruppen zwangsversichert sind:

- Arbeiter, Angestellte und Auszubildende, deren Bruttoeinkommen 75 % der Beitragsbemessungsgrenze der Rentenversicherung nicht übersteigt; die Bemessungsgrenze wird jedes Jahr neu festgelegt (2007: 3 562,50 EUR).
- Studenten, Praktikanten
- Arbeitslose
- Rentner
- selbstständige Landwirte
- Künstler und Publizisten

Ab 2009 gilt eine Versicherungspflicht für alle.

Familienangehörige sind beim Pflicht- oder Freiwilligversicherten ohne zusätzliche Beiträge mitversichert. Familienversichert sind Ehepartner und Kinder, soweit sie nicht selbst Mitglied der gesetzlichen Krankenversicherung sind.

Arbeitnehmer, deren Bruttoeinkommen die Beitragsbemessungsgrenze übersteigt, können in der gesetzlichen Krankenversicherung weiterhin freiwillig versichert bleiben. Es besteht auch die Möglichkeit, sich wie Beamte und Selbstständige bei einer privaten Krankenkasse zu versichern.

In der **privaten Krankenversicherung** sind die Beiträge u. a. abhängig von Eintrittsalter und vom Gesundheitsrisiko des Versicherten; Angehörige müssen zusätzlich versichert werden.
Anders als in einer Privatkrankenkasse gilt in der gesetzlichen Krankenversicherung das Prinzip der **Solidargemeinschaft**. Das bedeutet: Gleicher Beitragssatz für alle – unabhängig von Alter, Geschlecht, Gesundheitszustand, Zahl der mitversicherten Angehörigen usw.

Die Mittel für die Krankenversicherung werden durch die Beiträge der Versicherten und Arbeitgeber je zur Hälfte aufgebracht. Die Höhe der Beiträge richtet sich nach dem Beitragssatz der jeweiligen Krankenkasse (Durchschnitt 2007: 14,5 %); für Arbeitslose zahlt die Arbeitsagentur den Gesamtbeitrag. Bei den Beiträgen für die Krankenkasse ist ein Höchstbeitrag festgelegt. Der Arbeitgeber zahlt den Beitrag allein, wenn der Auszubildende nicht mehr als 400,00 EUR verdient. Wer als Arbeitnehmer nicht mehr als 400,00 EUR verdient, ist versicherungsfrei, sofern kein weiteres Arbeitsverhältnis besteht. Der Arbeitgeber zahlt grundsätzlich für diese geringfügig entlohnten Beschäftigten pauschale Beiträge zur Renten- und Krankenversicherung (15 bzw. 13 % und 2 % Pauschalsteuer).

Die Versicherten haben einen Anspruch auf **Leistungen** für Maßnahmen zur Verhütung und Früherkennung von Krankheiten. Dazu zählen z. B. die jährliche Vorsorgeuntersuchung beim Zahnarzt oder die Erst- und Nachuntersuchungen von Auszubildenden. Neben der Vorsorge leisten die Krankenkassen auch Krankenhilfe (z. B. Krankengeld, Krankenhauspflege, Arzt, Arznei).

Für manche Leistungen muss der Versicherte einen Teil der Kosten selbst tragen, z. B. bei Rezepten, Zahnersatz oder Krankenhausaufenthalt. Die Versicherten müssen durch einen Sonderbeitrag das Krankengeld finanzieren. Dazu werden 0,9 % vom Bruttoeinkommen an die Krankenkasse abgeführt. Jeder Versicherte sollte deshalb verantwortungsbewusst die Leistungen in Anspruch nehmen.

Mit der Gesundheitsreform wird die Krankenversicherung in vielen Bereichen Veränderungen erfahren.

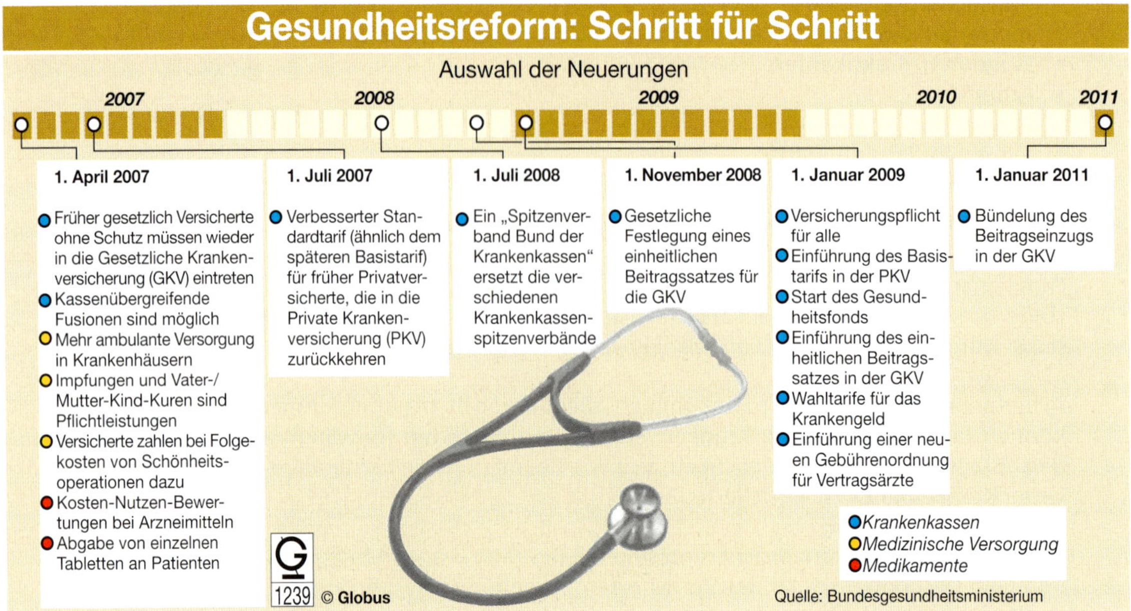

Das größte Problem der gesetzlichen Krankenversicherung ist die Explosion der Kosten im Gesundheitswesen. Verantwortlich für die immer höheren Ausgaben der Krankenkassen sind vor allem die Kosten für Krankenhaus, Zahnersatz und Arzneimittel. Dabei ist es wichtig, die Beiträge zur Krankenversicherung nicht noch weiter ansteigen zu lassen, da sie als „Lohnnebenkosten" die Arbeitgeber in ihrer Wettbewerbsfähigkeit belasten. Für die Arbeitnehmer verringert sich mit steigenden Beiträgen das Nettoeinkommen.

1. Nennen Sie die Aufgaben der Krankenversicherung.
2. Wer ist Träger der gesetzlichen Krankenversicherung?
3. Wer ist in der gesetzlichen Krankenversicherung
a) pflichtversichert?
b) familienversichert?
c) freiwillig versichert?
4. Erklären Sie die Unterschiede zwischen gesetzlicher und privater Krankenversicherung.
5. Was bedeutet „Solidargemeinschaft"?
6. a) Wer zahlt die Beiträge zur gesetzlichen Krankenversicherung?
b) Wie hoch sind die Beiträge und die Bemessungsgrenze?
7. Nennen Sie die wichtigsten Leistungen der Krankenkasse.
8. Welche Folgen haben steigende Ausgaben im Gesundheitswesen?
9. Wie kann jeder Versicherte zur Kostendämpfung im Gesundheitswesen beitragen?

4.3 Die Arbeitslosenversicherung und Arbeitsförderung

Bundesagentur für Arbeit

informieren · beraten · vermitteln

1. **Welche Aufgaben der Agenturen für Arbeit (Arbeitsämter) werden umschrieben mit den Begriffen „informieren, beraten, vermitteln"?**
2. **Was ist die wichtigste Aufgabe der Agenturen für Arbeit?**

In der Bundesrepublik Deutschland beziehen mehr als 38 Millionen Personen ihr Einkommen aus unselbstständiger Arbeit. Werden Arbeitnehmerinnen oder Arbeitnehmer arbeitslos, verlieren sie ihre Einkommensgrundlage. Deshalb sind alle Arbeiter, Angestellten und Auszubildenden in der Arbeitslosenversicherung pflichtversichert. Die **Bundesagentur für Arbeit** in Nürnberg und die Agenturen unterstützen im Falle der Arbeitslosigkeit die Arbeitslosen und deren Familien.

Die **Aufgaben der Bundesagentur für Arbeit** werden durch Beiträge der Arbeitnehmer und Arbeitgeber sowie durch Bundesmittel finanziert. Arbeitnehmer und Arbeitgeber zahlen je die Hälfte des Beitragssatzes (2007: 4,2 %). Es gilt dieselbe Beitragsbemessungsgrenze wie in der Rentenversicherung.

Gesetzliche Grundlage für die Aufgaben der Bundesagentur für Arbeit ist das Sozialgesetzbuch III (SGB III). Neben der Arbeitslosenversicherung wurde den Agenturen die **Förderung der beruflichen Bildung** und die **Erhaltung der Arbeitsplätze** übertragen. Maßnahmen der Arbeitsförderung sind u. a.:

- Arbeitsvermittlung und Berufsberatung,
- Förderung von Ausbildung, Fortbildung und Umschulung,
- Arbeitsmarkt- und Berufsforschung,
- Förderung der beruflichen Bildung für Behinderte (Rehabilitation).

Die Leistungen der Arbeitslosenversicherung lassen sich in zwei Bereiche aufteilen: Leistungen, die der Erhaltung und Schaffung von Arbeitsplätzen dienen, sowie Leistungen an Arbeitslose.

Leistungen zu Erhaltung und Schaffung von Arbeitsplätzen sind z. B. Kurzarbeitergeld, Winterbauförderung oder Arbeitsbeschaffungsmaßnahmen (ABM). Die finanzielle Absicherung von Arbeitslosen erfolgt durch das Arbeitslosengeld und das Arbeitslosengeld II. Das Arbeitslosengeld II ist (anders als das Arbeitslosengeld I) keine Versicherungsleistung, sondern eine aus Steuern finanzierte Fürsorgeleistung.

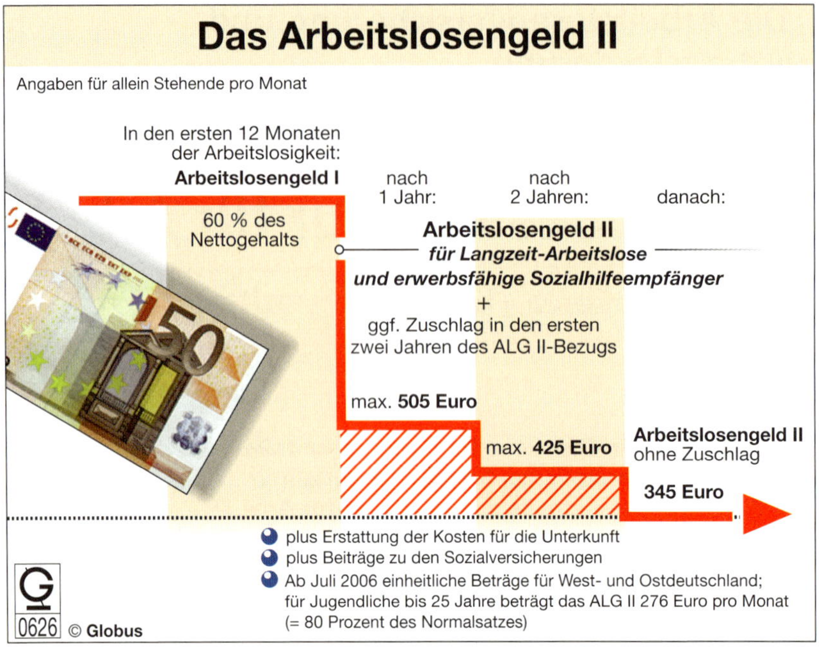

© Erich Schmidt Verlag 258 200

1. Nennen Sie die Aufgaben der Arbeitslosenversicherung und der Arbeitsförderung.
2. Wer ist Träger der Arbeitslosenversicherung?
3. a) Wer zahlt die Beiträge? b) Wie hoch sind sie?
4. Erläutern Sie den Unterschied zwischen Arbeitslosengeld I und Arbeitslosengeld II.
5. Welche Ursachen für Arbeitslosigkeit lassen sich unterscheiden?

4.4 Die Rentenversicherung

1. a) Wer ist mit dem Untermann gemeint?
b) Wen trägt er auf seinen Schultern?
2. Die Nummer heißt „Generationenvertrag". Erklären Sie dieses dargestellte Prinzip der Rentenversicherung.
3. Welche Entwicklung will der Zeichner mit dem Hinweis „Künstleragentur" kritisieren?

Die Rentenversicherung hat die Aufgabe, ihre Mitglieder und deren Familienangehörige bei langfristiger Erwerbsminderung, Alter und Tod abzusichern. Gesetzliche Grundlage für die Rentenversicherung ist u. a. das Sozialgesetzbuch.

Die verschiedenen **Träger** (Deutsche Rentenversicherung Bund, Deutsche Rentenversicherung Knappschaft-Bahn-See sowie 15 Regionalträger) sind unter dem gemeinsamen Dach der **Deutschen Rentenversicherung** zusammengefasst.

Die Rentenversicherung kennt pflicht- und freiwillig versicherte Mitglieder. Zu den **Pflichtversicherten** gehören alle Arbeitnehmer, Auszubildenden, Wehrdienst- und Zivildienstleistenden sowie Mütter und Väter während des Erziehungsurlaubes. Auch Handwerker, Landwirte und andere Selbstständige können in der Rentenversicherung pflichtversichert sein.

Die **freiwillige Mitgliedschaft** kann jeder beantragen. Freiwillig versichern können sich Selbstständige, die nicht pflichtversichert sind, z. B. Ärzte, Rechtsanwälte und Kaufleute. Personen, die nicht mehr berufstätig sind, können sich ebenfalls weiterversichern, um später Rente zu beziehen.

Finanziert wird die Rentenversicherung aus Beiträgen der Versicherten und der Arbeitgeber sowie durch staatliche Zuschüsse. Dabei zahlen Arbeitnehmer und Arbeitgeber je die Hälfte des gesetzlich festgelegten Beitragssatzes. 2007 beträgt dieser Beitragssatz 19,9 % vom Bruttolohn, die Beitragsbemessungsgrenze ist auf 5 250,00 EUR (West) bzw. 4 550,00 EUR (Ost) festgesetzt.

Merkmale der Rentenfinanzierung sind das Umlageverfahren und der Generationenvertrag. Das Umlageverfahren bedeutet, dass die Beiträge direkt „umgelegt", d. h. als Renten an die Rentner ausgezahlt werden. Inhalt des Generationenvertrages ist die Pflicht der heutigen Generation, für die Rente der Älteren aufzukommen. Die Beitragszahler von heute erwarten dasselbe von der folgenden Generation.

Die **wichtigste Leistung** der Rentenversicherung ist die Zahlung von Renten an die Versicherten:

Altersrenten

Altersrenten	(Künftige) reguläre Altersgrenze	Rentenbezug möglich ab*	Voraussetzungen
Regelaltersrente	65	65	5 Jahre Wartezeit =Mindestversicherungszeit (Beitragszeiten, Ersatzzeiten, Zeiten aus Versorgungsausgleich oder Rentensplitting)
Altersrente für langjährig Versicherte	65	63+	35 Jahre Wartezeit (Beitragszeiten, Ersatzzeiten, Zeiten aus Versorgungsausgleich oder Rentensplitting, beitragsfreie Anrechnungszeiten, Berücksichtigungszeiten)
Altersrente für schwerbehinderte Menschen	63	60	35 Jahre Wartezeit, bei Rentenbeginn mit einem Grad der Behinderung von mindestens 50 % anerkannt
Altersrente wegen Arbeitslosigkeit oder nach Altersteilzeitarbeit	65	60	Vor 1952 geboren, 15 Jahre Wartezeit, Pflichtbeiträge für mindestens 8 der letzten 10 Jahre, ab 58,5 Jahren mindestens 52 Wochen arbeitslos oder: 24 Monate Altersteilzeitarbeit
Altersrente für Frauen	65	60	Vor 1952 geboren, 15 Jahre Wartezeit, seit dem 40. Lebensjahr Pflichtbeiträge für mindestens 10 Jahre und 1 Monat gezahlt

* für jeden Monat vorzeitiger Inanspruchnahme wird die Rente um 0,3 % gekürzt + ab 2011: 62

ZAHLENBILDER 149 390 © Erich Schmidt Verlag

Das Rentenalter wird ab 2012 sufenweise bis 2030 auf 67 Jahre angehoben.

Außerdem zahlt die Rentenversicherung Renten wegen Berufs- und Erwerbsunfähigkeit sowie Renten an Hinterbliebene. Zu den Leistungen gehören auch Rehabilitierungsmaßnahmen. Dazu zählen z. B. Kuren, Krankengymnastik oder Umschulungen.

Die Altersvorsorge beschränkt sich aber nicht nur auf die gesetzliche Rentenversicherung. Zwar ist dies die bedeutendste Säule für die Absicherung im Alter; sie wird jedoch durch die betriebliche Altersversorgung und die private Altersvorsorge ergänzt.

Drei-Säulen-System der Altersvorsorge		
Die erste Säule	**Die zweite Säule**	**Die dritte Säule**
Gesetzliche Rentenversicherung bzw. Beamtenversorgung und berufsständische Alterssicherungssysteme bei Selbstständigen und Freiberuflern	**Betriebliche Altersversorgung** bzw. Zusatzversorgung im öffentlichen Dienst	**Private Altersvorsorge** z. B. – Lebensversicherung – Aktienfonds – Immobilien

Die Zahl der Beitragszahler wird im Verhältnis zur Zahl der Rentner immer kleiner. Dies wirft **Probleme für den Generationenvertrag** auf. Die Beiträge zur Rentenversicherung müssen also drastisch ansteigen. Dies aber wäre für Arbeitnehmer und Arbeitgeber untragbar. Mithilfe der Steuereinnahmen aus der Ökosteuer, die direkt der gesetzlichen Rentenversicherung zugeführt werden, sollen die Beiträge möglichst stabil gehalten werden. Auch die private Altersvorsorge gewinnt als dritte Säule immer mehr an Bedeutung. Der Staat fördert die Eigenvorsorge durch Zulagen (Grund- und Kinderzulage) sowie durch Steuererleichterungen, wenn ein Mindestbetrag des jährlichen Einkommens pro Jahr für die Altersvorsorge angespart wird:

„Riester"-Rente			
in den Jahren	**Grundzulage**	**pro Kind**	**Mindesteigenbetrag**
2006 und 2007	114,00 EUR	138,00 EUR	3 % vom Bruttolohn des Vorjahres
ab 2008	154,00 EUR	185,00 EUR	4 % vom Bruttolohn des Vorjahres

1. **Nennen Sie die Aufgaben der Rentenversicherung.**
2. **Wer ist Träger der Rentenversicherung?**
3. **Welche Personen sind in der Rentenversicherung**
   a) pflichtversichert, b) freiwillig versichert?
4. **a) Wer zahlt die Beiträge? b) Wie hoch sind sie?**
5. **Erklären Sie die Begriffe „Generationenvertrag" und „Umlageverfahren".**
6. **Nennen Sie die wichtigsten Leistungen der Rentenversicherung.**
7. **Welche Probleme ergeben sich durch die steigende Zahl der Rentner?**

4.5 Die Unfallversicherung

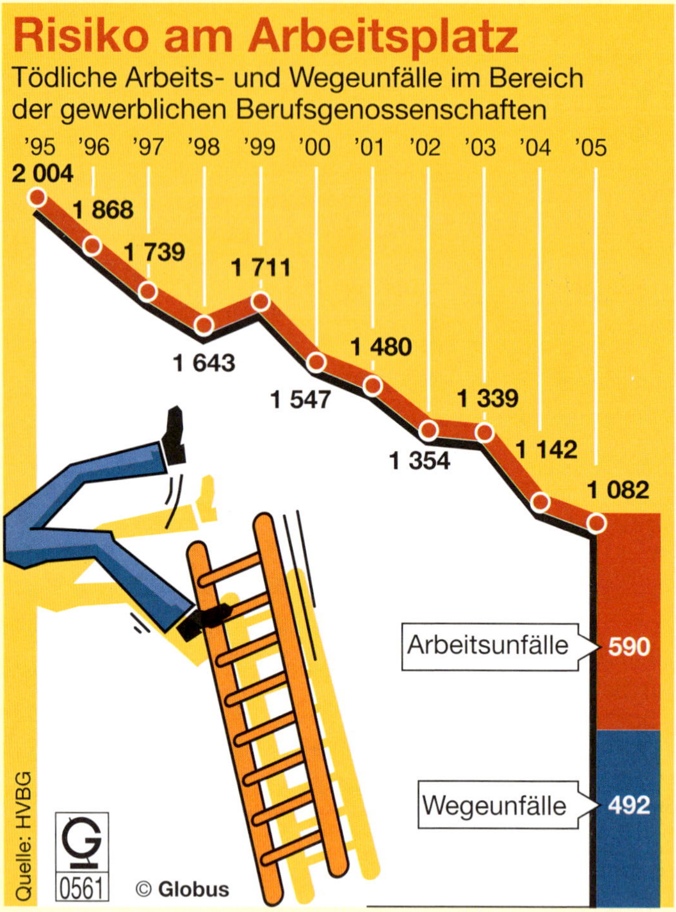

1. **Bei wem müssen Berufsunfälle gemeldet werden?**
2. **Erklären Sie den Unterschied zwischen Wege- und Arbeitsunfällen.**
3. **Woran liegt es, dass in bestimmten Wirtschaftszweigen die Zahl der Arbeitsunfälle besonders hoch ist?**

Unfälle passieren im Haushalt, in der Freizeit oder bei der Arbeit. Die wichtigste Aufgabe der gesetzlichen Unfallversicherung ist es, Arbeitsunfälle zu verhüten. Dazu erlassen die Berufsgenossenschaften als Träger der Unfallversicherung Unfallverhütungsvorschriften und überwachen deren Einhaltung. Ist ein Unfall passiert, so hat die Unfallversicherung die Aufgabe, die Folgen des Unfalles zu mindern oder zu beseitigen.

Finanziert wird die gesetzliche Unfallversicherung nur durch die Beiträge der Arbeitgeber. Die Höhe der Beiträge richtet sich nach dem Unfallrisiko, der Häufigkeit der Unfälle sowie nach den Lohnkosten des Betriebes. Maßnahmen zur Unfallverhütung zahlen sich also für den Betrieb aus.

In der gesetzlichen Unfallversicherung ist jeder Arbeitnehmer, Auszubildende, Schüler, Student oder Heimarbeiter versichert. Die Unfallversicherung deckt drei Risikobereiche ab: Arbeitsunfälle, Wegeunfälle und Berufskrankheiten.

Als Arbeitsunfall gilt, wenn der Versicherte während seiner beruflichen Tätigkeit einen Unfall erleidet. Versichert sind auch Botengänge, Geschäftsreisen, Betriebsveranstaltungen oder Betriebsausflüge.

Ein Wegeunfall liegt vor, wenn auf dem direkten Weg zur und von der Arbeit ein Unfall passiert. Für Auszubildende gilt dies auch, wenn sie die Berufsschule besuchen. Nicht versichert sind Unfälle, die auf Alkohol- oder Drogeneinfluss des Versicherten zurückzuführen sind.

Das dritte Risiko, das die gesetzliche Unfallversicherung abdeckt, sind die Folgen von **Berufskrankheiten**. Berufskrankheiten müssen als solche anerkannt sein, wie z. B. „Staublunge" bei Arbeitnehmern im Bergbau.

Nach einem Arbeits- oder Wegeunfall sowie bei einer Berufskrankheit erhalten der Versicherte oder seine Hinterbliebenen folgende **Leistungen**:

Heilbehandlung	Arztkosten, Arzneimittel, Krankengymnastik, orthopädische Hilfsmittel
Verletztengeld	wie Krankengeld nach Ablauf der Lohnfortzahlung
Berufshilfe	Kosten für die Wiedereingliederung in den Beruf bzw. Ausbildung für einen neuen Beruf
Verletztenrente	Rente, wenn die Erwerbsfähigkeit nicht wiederhergestellt werden kann
Sterbegeld	bei Unfall oder Berufskrankheit mit Todesfolge
Hinterbliebenenrente	Rente nach Unfalltod
Abfindungen	einmalige Geldzahlung anstelle von Verletztenrente

Gerade für die Unfallversicherung gilt der Grundsatz: Zunächst müssen die Unfallursachen und erst dann die Unfallfolgen beseitigt werden. Viele Unfälle lassen sich durch vorbeugende Maßnahmen und richtiges Verhalten vermeiden. Schon aus persönlichem Interesse sollten Arbeitgeber und Arbeitnehmer hierzu ihren Beitrag leisten.

1. a) Nennen Sie die Aufgaben der gesetzlichen Unfallversicherung.
   b) Welche Aufgabe steht im Vordergrund?
2. Wer ist Träger der Unfallversicherung?
3. a) Wer ist versichert?
   b) Wer zahlt die Beiträge?
   c) Wonach richtet sich die Höhe der Beiträge?
4. Wann liegt
   a) ein Arbeitsunfall vor?
   b) ein Wegeunfall vor?
5. Nennen Sie die wichtigsten Leistungen der gesetzlichen Unfallversicherung.
6. Welchen Grundsatz sollte jeder Versicherte befolgen?

4.6 Die Pflegeversicherung

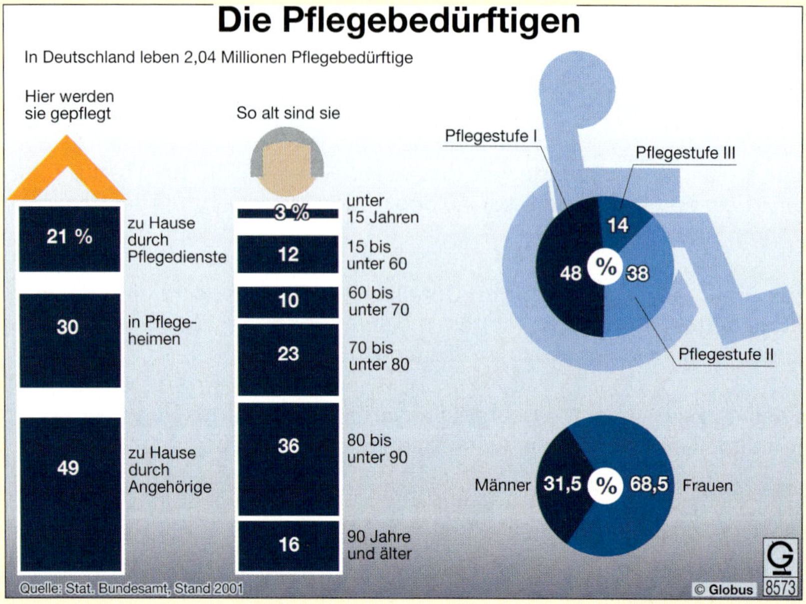

1. **Wer ist auf Pflege angewiesen?**
2. **Wie erklären Sie sich, dass**
   a) **auch junge Menschen pflegebedürftig sind?**
   b) **im Alter mehr Frauen der Pflege bedürfen?**
3. **Wer übernimmt die Kosten für die Pflege?**

Vor allem ältere Menschen sind auf Pflege angewiesen. Pflegebedürftig sind Personen, die eine Betreuung rund um die Uhr benötigen oder eine nur zeitweise Hilfestellung. Wer keine Familienmitglieder hat, die beim Waschen, Anziehen, Kochen oder Einkaufen helfen, muss einen Platz im Pflegeheim finden. Diese Betreuung im Pflegeheim übersteigt oft die finanziellen Möglichkeiten der Pflegebedürftigen. Die finanzielle Lücke kann nur geschlossen werden, wenn Ersparnisse und Vermögen vorhanden sind, die Angehörigen zahlen oder der Sozialstaat einspringt.

Viele Rentner werden so im Alter zum Sozialfall. Durch die Pflegeversicherung kann der Pflegefall abgesichert werden. Die neue Pflegeversicherung wurde 1995 als weiterer Zweig der gesetzlichen Sozialversicherung eingeführt.

Beitragspflichtig sind alle Arbeitnehmer, die in der gesetzlichen Krankenversicherung pflichtversichert sind. Privat Krankenversicherte können den Pflegefall auch privat absichern und sich von der gesetzlichen Pflegeversicherung befreien lassen. Die Beiträge werden vom Arbeitgeber und Arbeitnehmer je zur Hälfte gezahlt. Sie betragen 1,7 % des Bruttolohnes. Kinderlose müssen seit 2005 einen um 0,25 Prozentpunkte höheren Beitrag zur Pflegeversicherung zahlen. Die Bemessungsgrenze richtet sich nach der gesetzlichen Krankenversicherung.

Damit die Lohnnebenkosten der Arbeitgeber durch die Pflegeversicherung nicht weiter steigen, werden die Unternehmen finanziell entlastet. Die Bundesländer haben für die erste Stufe einen Feiertag (Buß- und Bettag) gestrichen oder die Arbeitnehmer verpflichtet, höhere Beiträge zu zahlen (wie z. B. im Bundesland Sachsen).

Auf Antrag des Versicherten lassen die Pflegekassen durch den Medizinischen Dienst der Krankenversicherung prüfen, ob die Voraussetzungen der Pflegebedürftigkeit erfüllt sind und welche Stufe der Pflegebedürftigkeit vorliegt. Nach der Pflegestufe richten sich auch die Leistungen:

Häusliche Pflege

	Übernahme der Kosten für ambulante Pflegedienste (Sachleistungen) monatlich	Zuschuss für pflegende Angehörige, Nachbarn oder Freunde (Geldleistung) monatlich
Pflegestufe I (erheblich Pflegebedürftige; mind. 1,5 Std./Tag)	**384 Euro**	**205 Euro**
Pflegestufe II (schwer Pflegebedürftige; mind. 3 Std./Tag)	**921 Euro**	**410 Euro**
Pflegestufe III (Schwerstpflegebedürftige; mind. 5 Std./Tag)	**1 432 Euro** (Härtefälle 1 918 Euro)	**665 Euro**

Sach- und Geldleistungen können auch kombiniert in Anspruch genommen werden. Daneben gibt es ergänzende Leistungen bei Ausfall der Pflegepersonen, bei Tages- und Nachtpflege sowie Kurzzeitpflege.

Stationäre Pflege in Heimen	monatlich
Pflegestufe I (erheblich Pflegebedürftige; mind. 1,5 Std./Tag)	**1 023 Euro**
Pflegestufe II (schwer Pflegebedürftige; mind. 3 Std./Tag)	**1 279 Euro**
Pflegestufe III (Schwerstpflegebedürftige; mind. 5 Std./Tag)	**1 432 Euro**

Quelle: BMGS © **Globus** 0001

Die Pflege zu Hause hat Vorrang vor der Heimpflege. Dies hat sowohl finanzielle als auch menschliche Gründe. Die Pflegebedürftigen sollen möglichst lange in ihrer vertrauten Umgebung bleiben können.

1. Warum war es notwendig, die Pflegeversicherung als neuen Zweig der Sozialversicherung einzuführen?
2. Wer ist Träger der Pflegeversicherung?
3. Nennen Sie die wichtigsten Leistungen der Pflegeversicherung.
4. a) Wer ist versichert?
b) Wer zahlt die Beiträge?
c) Wie hoch sind die Beiträge und die Bemessungsgrenze?
5. Aus welchen Gründen soll die Pflege zu Hause Vorrang vor der Heimpflege haben?

4.7 Sozialgerichtsbarkeit

Michael, Auszubildender im Elektrohandwerk, fährt mit dem Moped auf dem direkten Weg zur Berufsschule. Unterwegs hält er kurz an, um das bestellte Wirtschaftslehre-Buch „Betrifft Wirtschaft“ abzuholen. Er benötigt dies heute für den Unterricht. Beim Verlassen des Geschäftes stolpert Michael, kommt zu Fall und bricht sich den rechten Arm. Michael meldet der Berufsgenossenschaft den Unfall. Diese lehnt jedoch die Übernahme der Behandlungskosten ab und verweist ihn an die Krankenkasse. Die Krankenkasse will die Kosten ebenfalls nicht tragen, da es sich ihrer Meinung nach um einen Wegeunfall handelt.

1. **Wer muss die Behandlungskosten tragen? Begründen Sie Ihre Meinung.**
2. **Was muss Michael gegenüber den Sozialversicherungsträgern tun?**
3. **An welches Gericht kann sich Michael wenden, um die Zuständigkeit klären zu lassen?**

Kommt es zwischen dem Versicherten und einem Träger der Sozialversicherungen zu Unstimmigkeiten, so sind diese zunächst zwischen den Betroffenen zu klären. Gegen einen Bescheid kann der Versicherte schriftlich Widerspruch bei der Widerspruchsstelle des Versicherungsträgers einreichen. Gegen den Widerspruchsbescheid kann innerhalb eines Monats beim zuständigen Sozialgericht Klage erhoben werden. Das Verfahren ist für den Versicherten grundsätzlich kostenfrei.

Instanzenweg der Sozialgerichtsbarkeit

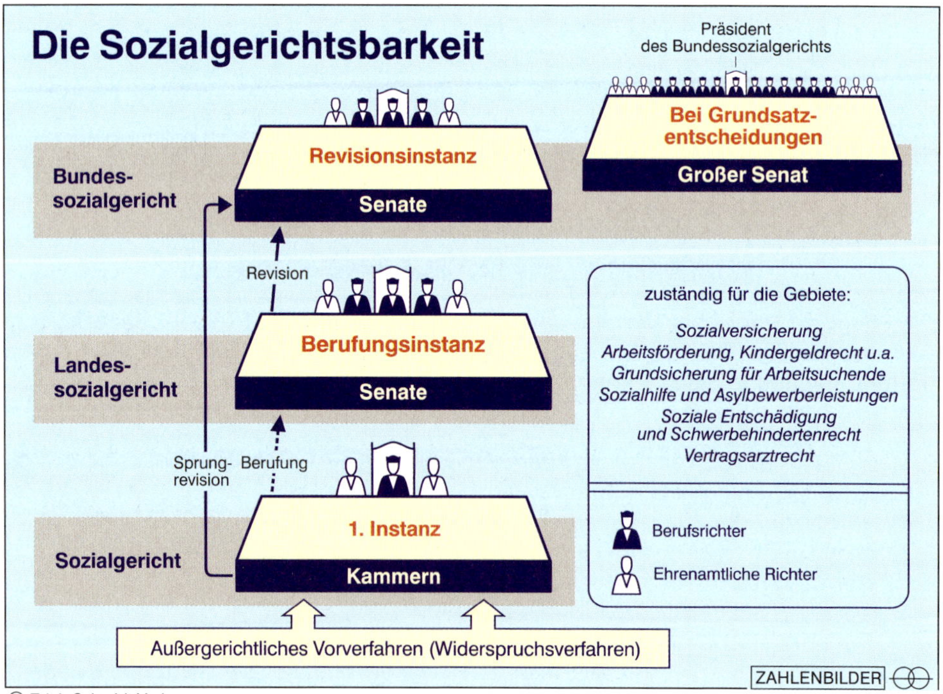

© Erich Schmidt Verlag 129 170

4.8 Individualversicherungen

Je ungewisser die Zukunft ist, desto mehr gehört private Vorsorge zur Familie

Wer Verantwortung für sich und die Seinen trägt, fragt sich: Was kann ich tun, um für die Zukunft individuell und wirksam vorzusorgen?

Mithilfe der Versicherungen können Sie Ihrem Lebensabend gelassen entgegensehen. Sie können jeden Tag in der Gewissheit leben, dass Sie bei Krankheit und Unfall vor finanziellen Überraschungen sicher sind. Weil Sie die Versorgung Ihrer Familie nicht dem Zufall überlassen. Und auch nicht allein der Fürsorge von Vater Staat. Natürlich hat niemand sein Schicksal selbst in der Hand. Aber mithilfe der Versicherungen haben Sie zumindest den Zufall besser im Griff. Und das beruhigt.

Weil Sie jederzeit wissen, dass Sie für morgen eine Sicherheit in bar haben. Und heute nicht bar jeder Sicherheit sind.

Die Versicherungen

1. **Warum ist eine individuelle und private Vorsorge sinnvoll?**
2. **Welche „Zufälle" und „Schicksale" lassen sich durch private Versicherungen besser in den Griff bekommen?**

Zwar sind die häufigsten Risiken des Lebens durch die gesetzliche Sozialversicherung abgedeckt. Dennoch verbleibt eine Reihe von Gefahren im Alltag, gegen die sich der Einzelne nur privat absichern kann. Dabei gilt, dass anders als bei der Sozialversicherung unterschiedliches Risiko auch unterschiedliche Beiträge zur Folge hat. Deutlich wird dies z. B. bei der Kfz-Haftpflichtversicherung. Ein Anfänger muss höhere Beiträge zahlen als ein Autofahrer, der schon länger ohne Schaden fährt.

Die Individualversicherungen lassen sich in zwei Arten aufgliedern: in die Personen- und in die Sachversicherungen (Schadenversicherungen).

Die **Personenversicherungen** versichern Personen und deren Hinterbliebene. Zur Gruppe der Personenversicherungen gehört die Lebensversicherung. Lebensversicherungen werden meist als Zusatzversorgung (**Kapitallebensversicherung**) für das Alter abgeschlossen. Der Versicherte erhält dann die Versicherungssumme und Überschussanteile ausgezahlt. Bei Tod des Versicherten vor Ablauf der Versicherung erhalten die Angehörigen die Versicherungssumme. Eine andere Form ist die **Risikolebensversicherung**. Durch sie können Hinterbliebene von Zahlungsverpflichtungen, z. B. von Hypothekenschulden, befreit werden. Die meisten Lebensversicherungen sind auf den „Todes- und Erlebensfall" abgeschlossen.

Zu den Personenversicherungen gehören auch die private Renten-, Unfall- und Krankenversicherung. Die **private Krankenversicherung** bietet all denen einen Versicherungsschutz, die nicht gesetzlich krankenversicherungspflichtig sind. Die gesetzliche Unfallversicherung sichert die Arbeitnehmer nur bei Berufsunfällen ab. Die meisten Unfälle passieren jedoch in der Freizeit, z. B. im Urlaub, beim Sport oder Hobby. Hier kann eine **private Unfallversicherung** zusätzlichen Schutz bieten. Ähnliches gilt für den Fall der Berufsunfähigkeit. Da die staatlichen Rentenleistungen für junge Arbeitnehmer/-innen unzureichend sind, ist eine private Absicherung durch eine **Berufsunfähigkeitsversicherung** zu überlegen.

Sachversicherungen bieten Schutz bei Sachschäden, die z. B. durch Feuer, Sturm, Diebstahl oder Wasser verursacht werden. Diese Schäden können durch eine Hausratversicherung abgesichert werden. Auch bei einem Verkehrsunfall bietet die Sachversicherung Versicherungsschutz. Die wichtigste Versicherung ist die Kfz-Haftpflichtversicherung, die jeder Autohalter abschließen muss. Sie garantiert, dass die Schäden des Unfallopfers reguliert werden. Nicht abgedeckt sind Schäden am Fahrzeug des Unfallverursachers. Durch eine Fahrzeugversicherung lassen sich auch Schäden am eigenen Auto teilweise (Teilkasko) oder ganz (Vollkasko), durch eine Insassen-Unfallversicherung grundsätzlich auch alle Mitfahrer absichern.

Schäden, die einem anderen ohne Vorsatz zugefügt werden, übernimmt eine private Haftpflichtversicherung. Hierzu zählen z. B. Privathaftpflicht, Hausbesitzerhaftpflicht und Tierhalterhaftpflicht.

In der Bundesrepublik Deutschland gibt es mehr als 400 Millionen Versicherungsverträge.

Das Schaubild zeigt, wie sicherheitsbewusst die Menschen geworden sind. Etliche Haushalte sind jedoch auch überversichert.

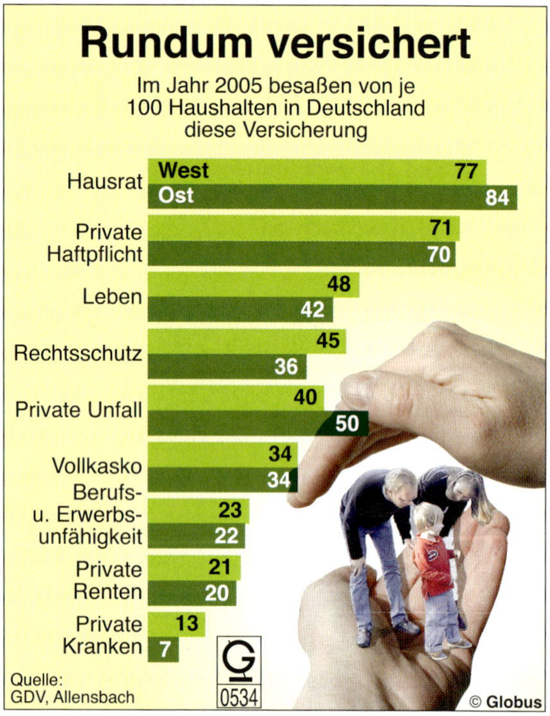

1. **Wodurch unterscheiden sich die Individualversicherungen von den Sozialversicherungen?**
2. **Welche Schäden sind durch eine Hausratversicherung abgesichert?**
3. **Erklären Sie den Unterschied zwischen Risiko- und Kapitallebensversicherung.**
4. **Weshalb ist die Kfz-Haftpflicht eine Pflichtversicherung für Kfz-Halter?**
5. **Welche Überlegungen sollten Sie vor Abschluss einer privaten Versicherung anstellen?**

Zur Wiederholung

1. Welche fünf Zweige der gesetzlichen Sozialversicherung lassen sich unterscheiden?
2. Wer sind die jeweiligen Träger der einzelnen Versicherungszweige?
3. Wer zahlt die Beiträge?
4. Wie hoch sind die aktuellen Beitragssätze?
5. Erläutern Sie die folgenden Begriffe:
   a) Solidarität
   b) Subsidiarität
   c) Generationenvertrag
6. a) Ordnen Sie die nachfolgenden Individualversicherungen nach Personen- und Sachversicherungen: Hausratversicherung, Privathaftpflicht, Lebensversicherung, Rechtsschutz, Kfz-Versicherung, Berufs- und Erwerbsunfähigkeitsversicherung.
   b) Welches Risiko decken die Versicherungen jeweils ab?

Handlungsimpulse

A Pro- und Kontra-Diskussion

Diskutieren Sie über die Vor- und Nachteile der beiden Modelle zur Reform der Krankenversicherung.

Bürgerversicherung kontra Prämien-Modell

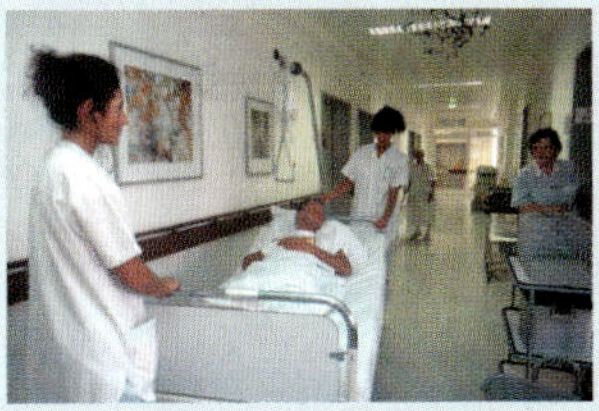

SPD, Die Grünen und die Union stehen sich seit Beginn der Diskussion um die Reform der Krankenversicherung mit unterschiedlichen Modellen gegenüber. Während SPD und Grüne eine sogenannte Bürgerversicherung favorisiert, hält die CDU/CSU ein Prämien-Modell für die bessere Lösung.

Ursprünglich geht die Bürgerversicherung auf eine Idee der Grünen zurück, die bei der SPD sowie den Sozialverbänden und Gewerkschaften Anklang gefunden hat. Inzwischen haben sich SPD und Grüne jeweils auf Eckpunkte für eine Bürgerversicherung geeinigt. Die Konzepte beider Parteien unterscheiden sich nur in wenigen Punkten. Streitträchtig ist zum Beispiel noch die Finanzierung der Versicherung.

SPD-Eckpunkte für die Bürgerversicherung

- Nicht nur abhängig Beschäftigte, sondern auch Beamte und Selbstständige sollen in die Gesundheitskasse einzahlen.
- Miet- und Pachteinnahmen werden nicht eingerechnet.
- Die Beiträge sollen weiterhin je zur Hälfte durch Arbeitgeber und Versicherte getragen werden.
- Alle Bürgerinnen und Bürger sollen ihre Krankenkasse frei wählen können, egal ob gesetzlich oder privat.
- Beiträge werden nach wirtschaftlicher Leistungsfähigkeit des Mitgliedes erhoben.
- Alle Versicherten erhalten die gleichen Leistungen aus der Bürgerversicherung.
- Privatkassen sollen einen Bürgertarif anbieten und Interessenten ohne Gesundheitsprüfung aufnehmen.
- Ehepartner, Familienmitglieder ohne eigenes Einkommen und Kinder werden beitragsfrei mitversichert.

Abweichungen des Modells der Grünen

- Oberhalb eines Sparerfreibetrages sollen nach Meinung der Grünen neben dem Einkommen auch Kapitalerträge und Einkünfte aus Vermietung und Verpachtung eingerechnet werden.
- Auch Ehepartner sollen in die Bürgerversicherung einzahlen.
- Der Arbeitgeberanteil des Krankenkassenbeitrages soll nicht über 6,5 % des Einkommens steigen.

Bayerischer Rundfunkt, nach: www.br-online.de/umwelt-gesundheit/thema/gesundheitsreform/buergerversicherung.xml (19.10.2004)

CDU/CSU: Prämien-Modell

- Unabhängig vom Einkommen soll jeder Versicherte durchschnittlich 109 EUR im Monat als persönliche Gesundheitsprämie zahlen.
- Die Prämie soll aber höchstens 7 % des Bruttoeinkommens betragen.
- Grundlage ist das Haushaltseinkommen. Eingeschlossen sind also neben dem Arbeitseinkommen auch andere Einkünfte, wie z. B. Mieten oder Zinseinnahmen.
- Ein Versicherter mit einem Einkommen von 1 000 EUR muss also nur 70 EUR zahlen. Die Differenz von 39 EUR wird in einem automatisierten Verfahren über das Finanzamt zugezahlt. Das heißt, dass ein Teil über Steuern finanziert wird.
- Kinder sind beitragsfrei mitversichert. Die Gesundheitskosten der Kinder sollen aus Steuermitteln bezahlt werden.
- Nichterwerbstätige Ehepartner müssen die persönliche Prämie von 109 EUR zahlen, aber kein Haushalt mehr als 7 % des Einkommens.
- Auch Rentner müssen höchstens 7 % ihres gesamten Einkommens bezahlen.
- Der Arbeitgeberanteil soll auf 6,5 % des Bruttolohns eingefroren werden.
- Der Arbeitgeberbetrag wird nicht an die Versicherten ausgezahlt, sondern geht an eine sogenannte Clearingstelle.
- Von dort fließen 60 EUR an die Krankenkassen. Dies ist die sogenannte Arbeitgeberprämie. Die Krankenkassen bekommen also insgesamt einen Prämienbetrag von 169 EUR pro Versicherten.
- Der Rest der Einzahlungen der Arbeitgeber wird für den sozialen Ausgleich für Geringverdiener verwandt, die weniger als 109 EUR selbst bezahlen.

B Mithilfe einer Mind-Map ein Kurzreferat halten

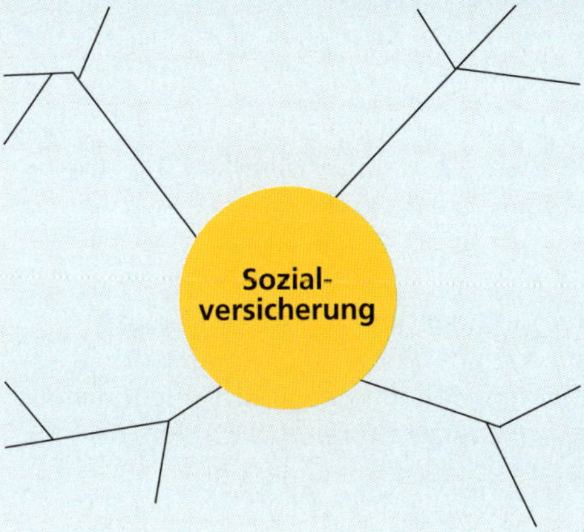

Die Mind-Map ist eine Gedächtnislandkarte. Mit ihr lassen sich Zusammenhänge leichter erfassen; beim Referieren dient sie als Gedächtnisstütze.

Eine Mind-Map ist leicht anzufertigen: Das Thema wird in einem Kreis in der Mitte eines Blattes notiert. Von diesem Kreis gehen jetzt Äste und Zweige ab, die das Thema in seine einzelnen Bereiche aufgliedern. Die Struktur der Gedächtnislandkarte erinnert an einen Baum von oben aus gesehen.

Skizzieren Sie zum Thema „Sozialversicherung" eine Mind-Map und halten Sie ein Kurzreferat.

C Einen Vergleichstest durchführen

Sie wollen eine Kfz-Haftpflichtversicherung mit Teilkasko abschließen. Dazu machen Sie einen Vergleichstest zwischen verschiedenen Versicherungsangeboten.

Holen Sie sich von mehreren Versicherungen für den gleichen Pkw Angebote ein. Werten Sie die Angebote aus und fassen Sie die Ergebnisse in einer tabellarischen Übersicht zusammen.

5 Der Betrieb als soziales System

5.1 Der Betrieb als soziale Organisation

Frau Veit, Abteilungsleiterin
Frau Jung, der Auftrag für die Firma Knoll muss heute unbedingt abgeschlossen werden. Ich möchte Sie bitten, heute etwas länger zu arbeiten.

Herr Simmendinger, Sachbearbeiter
Am kommenden Donnerstag möchte ich mit den Kolleginnen und Kollegen meinen Geburtstag feiern. Ich möchte Sie dazu auch herzlich einladen.

Michael, Freund
Du Michael, ich muss heute etwas länger arbeiten. Ich kann leider nicht zur Party mitkommen.

Firma Knoll, Kunde
Schon gestern sollte die Ware bei uns eintreffen. Wir benötigen die Lieferung unbedingt.

Yildiz, Sachbearbeiterin Abteilung Finanzbuchhaltung
Hallo Lina, können wir uns in der Mittagspause in der Kantine treffen? Ich muss unbedingt mit dir reden.

1. **Welche Rollen spielt die Sachbearbeiterin Lina Jung in den verschiedenen Gesprächen?**
2. **Welche Erwartungen werden an die jeweilige Rolle geknüpft?**
3. **Wo sehen Sie Konflikte zwischen verschiedenen Rollenerwartungen?**

In Betrieben werden Güter und Dienstleistungen hergestellt. Zu diesem Zweck ist jeder Betrieb nach sachlichen Gesichtspunkten strukturiert und organisiert. Für eine optimale Organisation müssen die Aufgaben eines Betriebes erfasst und beschrieben werden. Die Einzelaufgaben werden arbeitsteilig und verantwortlich verschiedenen Stellen, Gruppen, Abteilungen und Bereichen zugeordnet. Die Betriebsstruktur weist jeder Mitarbeiterin und jedem Mitarbeiter verschiedene Positionen und Aufgaben zu: Betriebsleiter/-in, Abteilungsleiter/-in, Sachbearbeiter/-in, Auszubildende/Auszubildender, …

Im Betrieb arbeiten Menschen zusammen, die Gespräche führen, Kontakte und Freundschaften pflegen, Probleme erörtern und Konflikte austragen. Der Betrieb ist deshalb nicht nur ein wirtschaftliches und rechtliches System, sondern auch ein **soziales System**, in dem die Menschen unterschiedliche Rollen wahrnehmen, z. B. Vorgesetzte/Vorgesetzter, Kollegin/Kollege, Betriebsratsmitglied, Gewerkschaftsmitglied, Datenschutzbeauftragte/Datenschutzbeauftragter oder Ausbilder/-in.

Auch Rollen, die außerhalb des Betriebes gespielt werden, können sich im Betrieb auswirken und umgekehrt. So kann Lina wegen anfallender Überstunden ihren Freund Michael nicht zur Party begleiten. Wenn von verschiedenen Seiten unterschiedliche Erwartungen an einen Rollenträger gestellt werden, kann es zu einem **Rollenkonflikt** kommen. Lina muss z. B. zwischen den Erwartungen ihrer Abteilungsleiterin und ihres Freundes abwägen und eine Entscheidung treffen.

Rolle

Die Rolle ist die Summe der Erwartungen und Ansprüche einer Gruppe an das Verhalten und das äußere Erscheinungsbild eines Inhabers einer sozialen Position.

Status

Lage, Position einer Person, die sie im Verhältnis zu anderen Personen in einer Gesellschaft einnimmt. Der Status ist insbesondere Ausdruck der sozialen Wertschätzung bzw. des Ranges oder des Prestiges, die einer Person aufgrund der von ihr innegehabten Positionen in einem sozialen System zugeordnet werden. Diese Wertschätzung wird wiederum durch die mit den entsprechenden Positionen oder sozialen Rollen verbundenen Privilegien, Rechten und Pflichten, Fähigkeiten und Autoritätsbefugnissen bestimmt.

Beide Texte aus: Karl-Heinz Hillmann/Günter Hartfiel: Wörterbuch der Soziologie, Kröner, Stuttgart 2007

1. **Zeigen Sie auf, welche Konflikte zwischen den betrieblichen Erwartungen und Ihren Erwartungen entstehen können.**
2. **Erstellen Sie eine Rangfolge für den Status der folgenden Berufe:
   Kfz-Mechaniker/-in – Maurer/-in – Tischler/-in – Makler/-in – Friseur/-in – Bürokaufmann/-frau – Versicherungskaufmann/-frau – Tierpfleger/-in – Informatiker/-in
   Begründen Sie Ihre Entscheidung.**
3. **Häufig wird der Status eines Menschen an materiellen Werten gemessen. Nennen Sie verschiedene Statussymbole und diskutieren Sie über deren wirkliche Aussagekraft.**

5.2 Soziale Beziehungen am Arbeitsplatz

Wie verabredet treffen sich die Sachbearbeiterinnen Lina Jung und Yildiz Bosch während der Mittagspause in der Betriebskantine.

Lina

Yildiz

Lina Also, heute Morgen war bei uns in der Abteilung wieder dicke Luft. Jürgen hat eine Bestellung nicht weitergeleitet. Der Kunde hat sich bereits beschwert. Ich fand es prima, dass die Abteilungsleiterin ihn gegenüber dem Chef in Schutz genommen hat. Schließlich hat Jürgen in den letzten Wochen mehrere Überstunden gemacht, nur um den großen Auftrag aus Köln zu erledigen.

Yildiz Da habt ihr aber Glück mit eurer Abteilungsleiterin. Unser Abteilungsleiter, Herr Lüdenscheid, führt sich auf wie der Chef persönlich. Und immer nur Kritik, nie ein Wort des Lobes. Deshalb wollen viele aus der Abteilung in andere Bereiche wechseln. Wenn nicht die Frau Körbel oder du wären, wüsste ich gar nicht, mit wem ich mal reden sollte.

Lina Bei uns in der Verkaufsabteilung würde es dir sicher besser gefallen. Wir haben ein gutes Betriebsklima. Wir helfen uns gegenseitig und reden auch mal über private Dinge, wenn Zeit dazu bleibt. Heute hat mich Herr Simmendinger angerufen. Er hat alle Kolleginnen und Kollegen zu seinem Geburtstag eingeladen.

Wenn ein Betrieb etwas herstellen will, dann muss der Arbeitsablauf organisiert werden. Die Mitarbeiter sind in verschiedenen Abteilungen und Arbeitsgruppen tätig, und es besteht ein Gefüge von Über- und Unterordnung. Die betriebliche Organisation führt zu den **formellen Beziehungen**.

Im Zusammenhang mit der gemeinsamen Arbeit entwickeln die Gruppenmitglieder Gefühle der Zu- und Abneigung füreinander. Es kommt zu gegenseitigen Hilfeleistungen, aber auch zu Streitigkeiten. Aus den formellen Beziehungen entstehen informelle Beziehungen. Starke informelle Beziehungen positiver Art in der Arbeitsgruppe befriedigen **informelle Bedürfnisse** nach Anerkennung, Wertschätzung und Geborgenheit.

Yildiz Mir macht die Arbeit zurzeit überhaupt keinen Spaß. Am liebsten würde ich die Abteilung wechseln. Stell dir vor, Herr Lüdenscheid besteht darauf, dass ich ihm jede Abrechnung persönlich vorlege. Er kontrolliert mich auf Schritt und Tritt. Das Ergebnis ist, dass ich nur noch unsicherer werde und Fehler mache.

Lina Macht er das bei den anderen Kollegen auch so?

Yildiz Ich weiß es nicht. Aber das ist noch nicht alles. Heute habe ich in einer Abrechnung zwei Fehler gemacht, worauf Herr Lüdenscheid mich angebrüllt hat: „Ihnen muss man alles hundertmal sagen! Sie lernen das nie!" Dabei erhält man bei uns keine Informationen über neue Kostenschlüssel. Es ist niemand in der Abteilung da, der mir hilft und mir erklärt, was sich verändert hat.

Lina Was ist mit Herrn Schwarm? Hilft der dir nicht?

Yildiz Herr Schwarm macht nur stur seine Arbeit, ist aber sonst nicht sehr hilfsbereit, redet mit niemandem über persönliche Dinge. Frau Körbel ist sehr nett, aber nicht immer da, weil sie nur halbtags beschäftigt ist. Und mit Frau Zoll rede ich nicht mehr, seit sie mich beim Abteilungsleiter angeschwärzt hat. Ich weiß mir keinen Rat mehr. Was soll ich bloß machen?

Die informellen Beziehungen reichen über die formellen Arbeitsgruppen hinaus und führen zur Bildung informeller Gruppen im Betrieb. Grundlagen dafür sind u. a. die gleiche Stellung im Betrieb (z. B. alle Auszubildenden) und gleiche Freizeitinteressen (z. B. aktive Mitarbeit in einem Verein oder in einer politischen Partei).

Von den informellen Beziehungen gehen wesentliche Einflüsse auf das Betriebsklima und das betriebliche Geschehen aus. Positive Einflussfaktoren für das Betriebsklima sind:

- gute Zusammenarbeit,
- gegenseitige Hilfe,
- Wohlfühlen im Kollegenkreis,
- privates Zusammentreffen.

Dagegen stehen die negativen Einflussfaktoren:

- gegenseitige Konkurrenz,
- hohe Arbeitsbelastung,
- geringe Kontaktmöglichkeiten,
- mangelhafte gegenseitige Information,
- fehlende kollegiale Ratschläge.

1. **Welche Beziehungen bestehen zwischen Lina und Yildiz?**
2. **a) Beurteilen Sie das Betriebsklima in den Abteilungen von Lina und Yildiz.**
   b) Welche Auswirkungen hat dies?
3. **Erläutern Sie das soziale Verhalten von Herrn Schwarm und zeigen Sie mögliche Folgen auf.**
4. **„Was soll ich bloß machen?"**
   Machen Sie Vorschläge, wie Yildiz vorgehen soll, um die Beziehungen zu verbessern.

Sensationelles Mobbing-Urteil

Musterentscheidung des Landesarbeitsgerichts Thüringen

Erstmals hat sich ein deutsches Berufungsgericht in einer Musterentscheidung ausführlich mit dem Thema Mobbing auseinandergesetzt. Es hat dabei nicht nur einen konkreten Fall rechtskräftig entschieden, sondern allgemeine rechtsverbindliche Grundsätze aufgestellt. Auf 50 Seiten setzt sich das Landesarbeitsgericht Thüringen mit dem Begriff Mobbing und seiner Abwehr auseinander. Darüber hinaus stellt es allgemeine Grundsätze eines fairen Verfahrens beim „Mobbing-Rechtsstreit" auf.

Durch diese bahnbrechende Entscheidung wurde der Weg geebnet, endlich gegen Mobbing-Angriffe wirkungsvoll vorzugehen.

Bislang scheiterten Mobbing-Klagen vor den Arbeitsgerichten häufig daran, dass die betroffenen Mobbing-Opfer keine konkrete Rechtsvorschrift benennen konnten, die Mobbing-Angriffe verbietet. Darüber hinaus waren die Mobbing-Opfer oft nicht in der Lage, ihre Beschuldigungen vor Gericht zu beweisen. Die Folge war, dass die meisten Klagen von den Arbeitsgerichten abgewiesen wurden.

Das Landesarbeitsgericht Thüringen stellt aber nun für alle anderen Arbeitsgerichte grundsätzlich verbindlich fest, dass jeder Arbeitgeber verpflichtet ist, die bei ihm beschäftigten Arbeitnehmer vor Eingriffen in die Persönlichkeits- und Freiheitssphäre zu schützen. Dabei sei es unerheblich, ob die Angriffe von anderen Mitarbeitern oder Dritten oder dem Arbeitgeber selbst kämen. Das Grundgesetz schütze in Art. 1 und 2 GG das Recht auf Achtung der Würde und die freie Entfaltung der Persönlichkeit eines jeden einzelnen Bürgers. Dies gelte auch für den beruflichen Bereich. Der Schutz des allgemeinen Persönlichkeitsrechts sei im Rahmen eines Arbeitsverhältnisses eine Nebenpflicht aus dem Arbeitsvertrag. Deshalb verstoße ein Arbeitgeber gegen seine arbeitsvertraglichen Pflichten, wenn er innerhalb des Arbeitsverhältnisses das Persönlichkeitsrecht eines Arbeitnehmers verletze (...)

Das allgemeine Persönlichkeitsrecht könne im Arbeitsverhältnis Unterlassungs- und Handlungspflichten auslösen. Zur Einhaltung dieser Pflicht könne der Arbeitgeber als Störer nicht nur dann in Anspruch genommen werden, wenn er selbst den Eingriff begeht oder steuert, sondern auch dann, wenn er es unterlässt, Maßnahmen zu ergreifen oder seinen Betrieb so zu organisieren, dass eine Verletzung des Persönlichkeitsrechts ausgeschlossen wird (...)

Das Landesarbeitsgericht Thüringen setzt sich auch eingehend mit dem Begriff „Mobbing" auseinander. Die Zahl der Mobbing-Opfer werde in Deutschland auf 1,5 Mio. geschätzt. 10% der Selbstmorde sollen auf Mobbing zurückzuführen sein. Der durch Mobbing entstehende Produktionsausfall soll in Deutschland bei etwa 12,8 Milliarden EUR liegen. Bei „Mobbing" handele es sich nicht um einen juristischen Tatbestand, sondern um einen Sammelbegriff für Verhaltensweisen, die je nach Sachlage für die Betroffenen rechtliche, gesundheitliche und wirtschaftliche Auswirkungen haben könnten. Aus arbeitsrechtlicher Sicht sei Mobbing „das systematische Anfeinden, Schikanieren und Diskriminieren von Arbeitnehmern untereinander oder durch Vorgesetzte". In der Regel gehe es um die Verletzungen des allgemeinen Persönlichkeitsrechts, der Ehre oder der Gesundheit des Betroffenen und die darauf gestützten Abwehr-, Schadenersatz- und ggf. Schmerzensgeldansprüche (...)

Vielfach seien die Betroffenen vor Gericht in Beweisnot, weil die Mobbing-Angriffe in der Regel ohne Zeugen erfolgten. Diese Beweisnot sei nach den Grundsätzen eines fairen und auf Waffengleichheit achtenden Verfahrens auszugleichen. Das Gericht dürfe sich bei der zur Wahrheitsfindung nach § 286 Abs. 1 ZPO notwendigen Überzeugungsbildung nicht mit einer bloßen Wahrscheinlichkeit begnügen, sondern müsse sich persönliche Gewissheit verschaffen. Dabei sei auch die im Zweifel erforderliche Anhörung einer Partei von Amts wegen nach § 141 Abs. 1 ZPO zu berücksichtigen. Dieser könne sogar größere Bedeutung für die Erlangung der erforderlichen Gewissheit des Gerichts zukommen als eine Zeugenaussage. Bedeutung erlange die Parteianhörung vor allem in den Fällen, in denen Tatsachen zu würdigen seien, die Gegenstand eines Vier-Augen-Gesprächs oder eines Telefongesprächs seien und in denen der von der Gegenpartei präsentierte Zeuge aus deren Lager komme oder eine sonstige Interessenverflechtung zu befürchten sei und der anderen Partei ein Zeuge nicht zur Verfügung stehe.

In dem vom LAG Thüringen entschiedenen Fall hatte der Arbeitgeber einen direkt unterhalb der Vorstandsebene angesiedelten Arbeitnehmer einer Bank mit z.T. sinnlosen und unlösbaren Aufgaben beschäftigt, ihm eine Reihe von Abmahnungen zukommen lassen, ihn suspendiert und schließlich auf eine sechs Gehaltsstufen niedriger bewertete Stelle versetzt. Das Gericht sah es als erwiesen an, dass der Arbeitgeber die nervliche und damit gesundheitliche Zermürbung des Mitarbeiters gezielt beabsichtigt hatte, um diesen zur Selbstaufgabe seines Arbeitsplatzes zu bewegen (...)

Hans Georg Rumke, http://www.webwave-media.de/sites/rarumke/artikel_content.php3?select=74, 24.01.2005 (gekürzt und leicht geändert)

1. **Was ist unter Mobbing zu verstehen?**
2. **Welche Ursachen kann Mobbing haben?**
3. **Welche Folgen hat Mobbing für die Betroffenen?**
4. **Welche Möglichkeiten gibt es, sich gegen Mobbing zur Wehr zu setzen?**

Die Arbeitsatmosphäre und das Betriebsklima werden gerade in Zeiten wirtschaftlicher Unsicherheit durch hinterhältige Machenschaften, Neid oder Missgunst vergiftet. Das geht zuweilen bis zur Verletzung der Würde des Einzelnen.

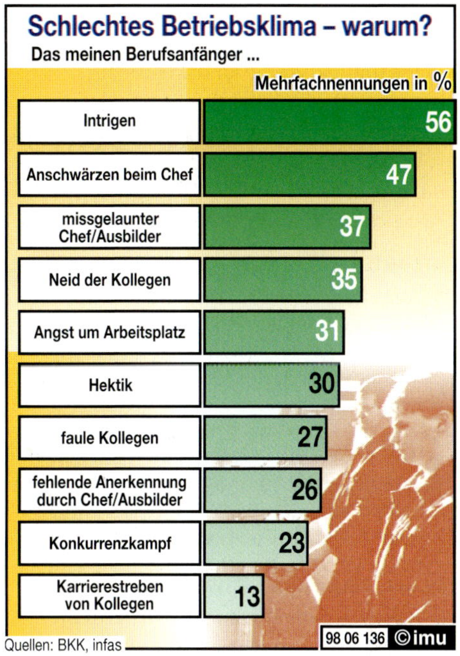

Hierzu gehören insbesondere rassistische Diskriminierungen sowie das bewusste, gezielte und fahrlässige Herabwürdigen (Mobbing) bis hin zur sexuellen Belästigung, wie beispielsweise unerwünschter Körperkontakt, anzügliche Bemerkungen, Kommentare und Witze zur Person, Zeigen sexistischer und pornografischer Darstellungen (z. B. Pin-up-Kalender), Aufforderung zu sexuellen Handlungen, Andeutungen, dass sexuelles Entgegenkommen berufliche Vorteile bringen könnte.

Für die Betroffenen ist es oft schwierig, sich zur Wehr zu setzen. Unternehmen, die verstärkt auf ein positives Arbeitsklima Wert legen, haben deshalb Betriebsvereinbarungen mit dem Betriebsrat abgeschlossen (vgl. Auszug aus VW-Betriebsvereinbarung, S. 280).

Betriebsvereinbarungen sind vor allem in sozialen Angelegenheiten sinnvoll. Hierzu zählen z. B. auch Vereinbarungen über die Gestaltung des Arbeitsplatzes, die Betriebsordnung oder die Urlaubs- und Pausenregelung. Betriebsvereinbarungen müssen schriftlich festgehalten, von der Geschäftsleitung und dem Betriebsrat unterschrieben und im Betrieb ausgehängt werden. Eine besondere Betriebsvereinbarung ist der Sozialplan. Bei Massenentlassungen oder Stilllegungen werden nach sozialen Gesichtspunkten u. a. Abfindungen und Ruhestandsregelungen vereinbart.

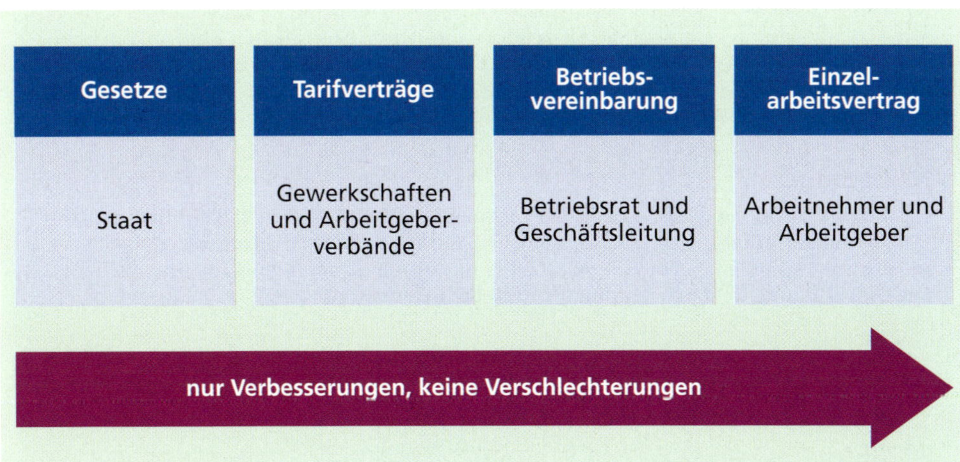

Betriebsvereinbarungen dürfen den Tarifverträgen nicht zuwiderlaufen, sondern ergänzen diese und passen sie an die betriebliche Situation an. Es gilt:

VW – Betriebsvereinbarung: Partnerschaftliches Verhalten am Arbeitsplatz (Auszug)

Präambel

Eine Unternehmenskultur, die sich durch ein partnerschaftliches Verhalten am Arbeitsplatz auszeichnet, bildet die Basis für ein positives innerbetriebliches Arbeitsklima und ist damit eine wichtige Voraussetzung für den wirtschaftlichen Erfolg eines Unternehmens.
Sexuelle Belästigung, die sich meist gegen Frauen richtet, und Mobbing gegen Einzelne sowie Diskriminierung nach Herkunft und Hautfarbe und der Religion stellen am Arbeitsplatz eine schwerwiegende Störung des Arbeitsfriedens dar. Sie gelten als Verstoß gegen die Menschenwürde sowie als eine Verletzung des Persönlichkeitsrechts. Solche Verhaltensweisen sind unvereinbar mit den Bestimmungen der Arbeitsordnung. Sie schaffen im Unternehmen ein eingeengtes, stressbelastetes und entwürdigtes Arbeits- und Lernumfeld und begründen nicht zuletzt gesundheitliche Störungen.
Das Unternehmen verpflichtet sich, sexuelle Belästigung, Mobbing und Diskriminierung zu unterbinden und ein partnerschaftliches Klima zu fördern und aufrechtzuerhalten. Dies gilt auch für die Werbung und Darstellung in der Öffentlichkeit.

Beschwerderecht

Wenn eine persönliche Zurechtweisung durch die belästigte Person im Einzelfall erfolglos ist oder unangebracht erscheint, können sich die betroffenen Werksangehörigen an die nachfolgenden Stellen wenden:

- der/die betriebliche(n) Vorgesetzte(n),
- der Betriebsrat,
- die Frauenbeauftragte,
- das Personalwesen, das Gesundheitswesen.

Diese haben die Aufgabe, unverzüglich, spätestens innerhalb einer Woche nach Kenntnis des Vorfalls:

- die Betroffenen zu beraten und zu unterstützen,
- in getrennten oder gemeinsamen Gesprächen mit den Belästigenden und den belästigten Personen den Sachverhalt festzustellen und zu dokumentieren,
- die belästigende Person über die tatsächlichen und arbeitsrechtlichen Zusammenhänge und Folgen einer Belästigung im vorgenannten Sinne am Arbeitsplatz aufzuklären,
- den zuständigen Gremien Gegenmaßnahmen und ggf. arbeitsrechtliche Konsequenzen im Rahmen der bestehenden Verfahren vorzuschlagen (...)

Maßnahmen

Das Unternehmen hat die dem Einzelfall angemessenen betrieblichen Maßnahmen gemäß § 32 der Arbeitsordnung, wie z. B. Belehrung, Verwarnung, Verweis, Geldbuße, oder arbeitsrechtlichen Maßnahmen, wie z. B. Versetzung, Abmahnung oder Kündigung, zu ergreifen. Die Durchführung erfolgt in Abstimmung mit dem Betriebsrat.

VOLKSWAGEN AG **Gesamtbetriebsrat** **Unternehmensleitung**

5.3 Spannungen und Konflikte

Bedürfnisse des Mitarbeiters

Grundbedürfnis	Sicherheitsbedürfnis	Selbstverwirklichung	Soziales Bedürfnis
• Lebensunterhalt verdienen	• Sicherer Arbeitsplatz • Sicherheit bei Unfall, Krankheit, Arbeitslosigkeit	• Sinnvolle Arbeit • Anerkennung der Leistung • Verantwortung tragen • Selbstachtung stärken	• Kontakt zu anderen Menschen, z. B. Arbeitskollegen

Yildiz ist unzufrieden mit ihrer Arbeitsstelle.

1. **Erläutern Sie, welche Bedürfnisse nicht befriedigt werden.**
2. **Unterbreiten Sie Vorschläge, wie die Spannungen beseitigt werden können, um Yildiz wieder neu zu motivieren.**

Die Bedürfnisse der Mitarbeiter und die Erwartungen des Betriebes lassen sich nicht immer in Einklang bringen. So entstehen Spannungen und Konflikte. Hierfür können persönliche oder organisatorische Gründe verantwortlich sein. Der Betrieb muss ein besonderes Interesse an zufriedenen Mitarbeitern haben, da Arbeitszufriedenheit die Leistungsmotivation fördert. Positiv auf die Leistungsbereitschaft wirken sich z. B. Erfolgserlebnisse, Anerkennung der Leistung, Aufstiegsmöglichkeiten, interessante Tätigkeiten und selbstständiges Arbeiten aus.

Die Art und Weise, wie Vorgesetzte ihre Mitarbeiter führen, wirkt sich direkt auf das Betriebsklima aus und kann damit auch Ursache für Spannungen und Konflikte sein. Wer verantwortungsbewusste und selbstständig handelnde Mitarbeiter braucht, kann sie durch einen autoritären Führungsstil nicht einengen. Hier wäre ein kooperativer Führungsstil angemessen. Zwischen einem autoritären und kooperativen Führungsstil gibt es viele Varianten.

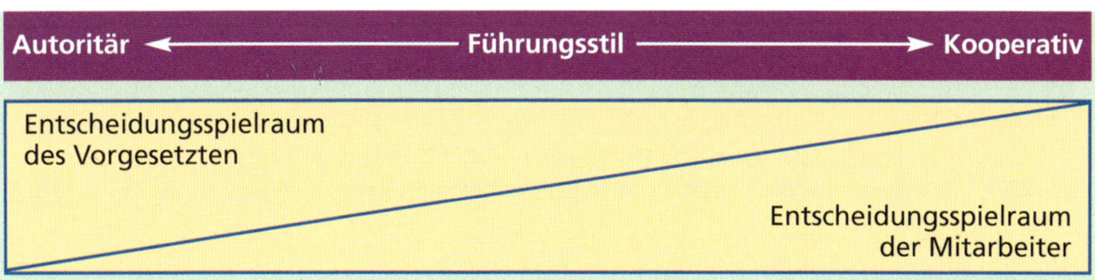

Der Vorgesetzte entscheidet und ordnet an.

Der Vorgesetzte informiert über Entscheidungen, die Mitarbeiter können ihre Vorschläge einbringen.

Der Vorgesetzte und die Mitarbeiter legen die Ziele gemeinsam fest. Die Mitarbeiter erfüllen die Aufgaben selbstständig.

Konflikte müssen ausgetragen werden, zur Lösung müssen alle Seiten beitragen. Dazu muss ein grundsätzliches Interesse an der Konfliktlösung vorhanden sein. Zur Lösung von Problemen im Betrieb können verschiedene Wege eingeschlagen werden: innerbetrieblich durch Gespräche zwischen allen Betroffenen, durch das Einschalten des Betriebsrates und außerbetrieblich durch das Arbeitsgericht.

Handlungsimpulse

Rollenspiel Mitarbeiterbesprechung

Auf Anraten von ihrer Freundin und Arbeitskollegin Lina sucht Yildiz das Gespräch mit dem Abteilungsleiter, Herrn Lüdenscheid. Lüdenscheid ist daran interessiert, dass die Spannungen in seiner Abteilung abgebaut werden. Er lädt alle Mitarbeiterinnen und Mitarbeiter zu einer Mitarbeiterbesprechung ein.

Spielen Sie mithilfe der Rollenkarten und der Informationen des Kantinengespräches (S. 283) die Mitarbeiterbesprechung nach. Ziel der Besprechung soll es sein, Spannungen in der Abteilung abzubauen und das Betriebsklima zu verbessern.

Das Lösen von Problemen und Konflikten erfordert einen stufenweisen Prozess, der schließlich zu einer Lösung des Konfliktes führt. Für die Mitarbeiterbesprechung sollten Sie sich an dem vorgeschlagenen methodischen Vorgehen orientieren. Als Medium sind Pinnwände sinnvoll.

Methodisches Vorgehen

1. Möglichst genaue und offene Beschreibung des Problems
   - In Kurzsätzen an der Pinnwand festhalten.
2. Sammlung möglicher Lösungen
   - Jeder schreibt spontan (Brainstorming) seine Vorschläge auf.
   - An der Pinnwand die Vorschläge sammeln.
3. Bewertung der Lösungsvorschläge
   - Vorschläge ordnen (clustern).
   - Vorschläge streichen, die eine negative Bewertung erhalten.
4. Entscheidung für die beste Lösung
   - Lösungsvorschläge nochmals gemeinsam bewerten.
   - Möglichst sich im Konsens für eine Lösung entscheiden.
5. Festlegung konkreter Schritte und Maßnahmen
   - Vereinbarungen treffen.
   - Reihenfolge festlegen.
   - Zeit- und Aufgabenplan erstellen.
6. Erfolgskontrolle

Rollenkarte Yildiz Bosch

Es ist nicht das erste Mal, dass Herr Lüdenscheid sie beschimpft hat. Yildiz ist der Meinung, dass persönliche Antipathie eine Rolle spielt, zumal sie in ihrem letzten Arbeitszeugnis (noch aus der Abteilung Einkauf) mit der Note „mit vollster Zufriedenheit" beurteilt wurde. Das Verhalten von Herrn Lüdenscheid empfindet Yildiz schon als Mobbing.

Rollenkarte Hilde Zoll

Als langjährige Mitarbeiterin findet sie, dass Fehler beim Namen genannt werden müssen. Sie fühlt sich deshalb verpflichtet, den Abteilungsleiter auf Fehlverhalten aufmerksam zu machen. Dies will sie auf keinen Fall als „anschwärzen" verstehen. Sie versteht nicht, dass Frau Bosch bei Problemen nicht zu ihr kommt und sie um Rat fragt.

Rollenkarte Bernd Schwarm

Herr Schwarm versteht gar nicht, weshalb dieses Gespräch notwendig ist. Jeder solle seine Arbeit erledigen. Herr Schwarm ist der Meinung, dass jeder sich über Änderungen selbst informieren und weiterbilden muss. Er mache dies ja schließlich auch.

Spielregeln

- den anderen ausreden lassen
- zuhören
- sich gegenseitig respektieren
- die Lösung des Konfliktes im Auge behalten

Rollenkarte Ruth Körbel

Frau Körbel findet, dass das Klima in der Abteilung schlecht ist. Obwohl sie nur halbtags beschäftigt ist, merke sie die Spannungen. Frau Körbel vermisst Kollegialität, Offenheit, Teamgeist. Sie ist der Meinung, dass Kolleginnen und Kollegen nicht nur über betriebliche Belange miteinander reden sollten. Sie hat das Gefühl, dass sich alle aus dem Weg gehen.

Rollenkarte Jens Lüdenscheid

Herr Lüdenscheid stuft seine Äußerungen als bedauerlichen Ausrutscher ein, zumal er in den letzten Tagen viel Stress gehabt hat. Auf der anderen Seite sei es eine Tatsache, dass Frau Bosch in den letzten Wochen viele Fehler macht. Er betont, dass er immer ein offenes Ohr für die Belange seiner Mitarbeiter habe. Er wünscht sich auch, dass das Klima in der Abteilung besser wird. An ihm solle es nicht liegen, er sei für alle Vorschläge dankbar. Allerdings dürfe die Arbeit darunter nicht leiden.

5.4 Arbeitsgerichtsbarkeit

Bundesarbeitsgericht bestätigt Kündigung

Spielbankbesuch kostet Banklehre

ERFURT – Der Besuch einer Spielbank hat einen jungen Mann aus Berlin den Ausbildungsplatz als Bankkaufmann gekostet. Das Bundesarbeitsgericht wies entgegen allen Vorinstanzen seine Klage gegen die Bank ab.

Das Geldinstitut hielt den Mann wegen eines Spielbankbesuchs für ungeeignet und kündigte den einige Monate vorher abgeschlossenen Ausbildungsvertrag, bevor der Berliner seine Lehrzeit überhaupt angetreten hatte.

Der Mann hatte vor Beginn seines vertraglich vereinbarten Ausbildungsverhältnisses bereits als Aushilfskraft bei der Bank gearbeitet und dabei anderen Mitarbeitern erzählt, dass er zusammen mit seinem älteren Bruder eine Spielbank besucht hat. Kollegen hinterbrachten dies dann der Direktion des Geldinstituts.

Das Arbeitsgericht und das Landesarbeitsgericht in Berlin sahen in dem Spielbankbesuch keinen Kündigungsgrund. Sie verurteilten die Bank übereinstimmend dazu, den Mann trotzdem als Bankkaufmann auszubilden und den Berufsausbildungsvertrag zu erfüllen.

Gegen diese Urteile legte die Bank beim höchstinstanzlichen Bundesarbeitsgericht in Kassel Revision ein und hatte nun Erfolg. Der junge Mann muss jetzt auch die gesamten Prozesskosten bezahlen.

Autorentext nach einer AP-Meldung

1. **Halten Sie das Gerichtsurteil für gerecht? Begründen Sie Ihre Meinung.**
2. **Zeigen Sie den Weg durch die Instanzen der Arbeitsgerichtsbarkeit auf.**

Die meisten Konflikte zwischen Arbeitgeber und Arbeitnehmer oder Betriebsrat können innerbetrieblich in Gesprächen oder Verhandlungen gelöst werden. Ist dies jedoch nicht möglich, bleibt nur der Weg zum Arbeitsgericht. Das Arbeitsgericht ist zuständig für Streitigkeiten im Bereich des Arbeitsrechtes. Dazu gehören z. B. Arbeits- und Tarifverträge, Mitbestimmungs- und Betriebsverfassungsgesetz, Kündigungs- und Jugendarbeitsschutzgesetz.

Vor der eigentlichen Verhandlung muss der Vorsitzende des Arbeitsgerichtes versuchen, die Parteien zu einer **gütlichen Einigung** zu bringen.

Berufung und Revision müssen im Urteil ausdrücklich zugelassen sein. Die Berufung ist ein Rechtsmittel zur Nachprüfung eines Urteiles vor der nächsthöheren Instanz, dem Landesarbeitsgericht. Revision vor dem Bundesarbeitsgericht bedeutet eine Überprüfung des Urteiles in letzter Instanz; dabei dürfen – anders als bei der Berufung – keine neuen Tatsachen vorgebracht werden.

Die Klage vor dem Arbeitsgericht muss schriftlich eingereicht oder vor dem Gericht mündlich zu Protokoll gegeben werden. Die Klageschrift wird dem Beklagten zugestellt. Bei den Gerichtsverhandlungen können beide Seiten entweder persönlich oder durch einen Verbandsvertreter ihre Interessen wahrnehmen. Über die Zulassung von Anwälten entscheidet der Vorsitzende des Amtsgerichtes. Beim Landes- und Bundesarbeitsgericht besteht Anwaltzwang.

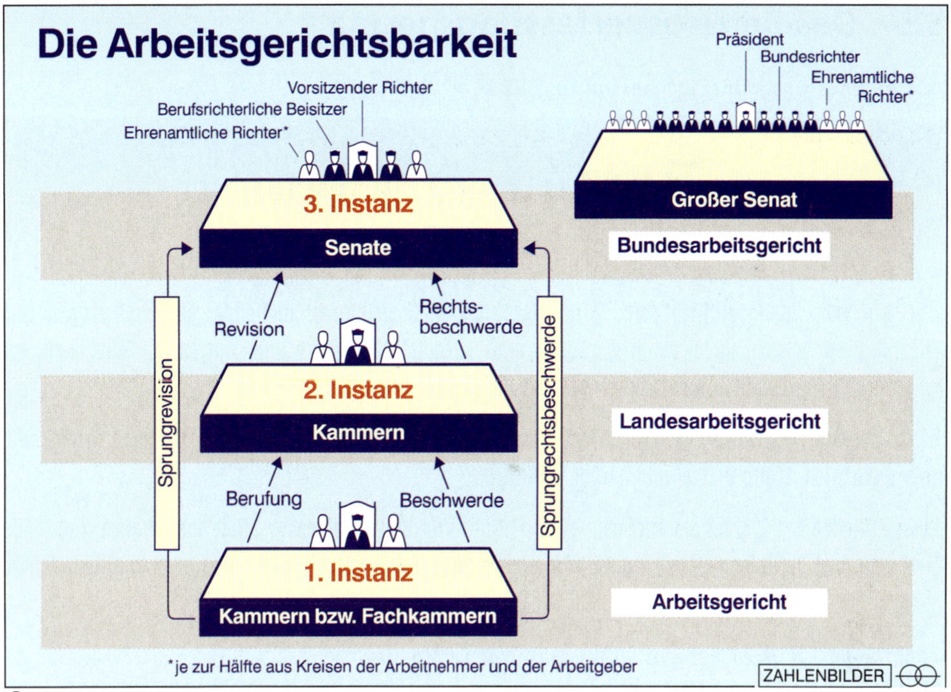

 129 160

1. Für welche Fälle sind die Arbeitsgerichte zuständig?
2. Wie kann der Gang zum Arbeitsgericht vermieden werden?
3. Welchen Zweck verfolgt die gütliche Einigung?
4. Warum sind Arbeitgeber- und Arbeitnehmervertreter als ehrenamtliche Laienrichter an den Arbeitsgerichten vertreten?
5. Michael (19, Mitglied der IG Metall) hat vor dem Arbeitsgericht wegen Nichterfüllung des Arbeitsvertrages Klage eingereicht. Welche Möglichkeiten hat Michael, seine Interessen vor Gericht zu vertreten?
6. Erklären Sie den Unterschied zwischen Berufung und Revision.
7. Rollenspiel „Fichte gegen Brummig"
   Der Energieelektroniker M. Fichte (Mitglied der IG Metall) klagt gegen seinen Arbeitgeber Brummig auf Zahlung von 500,00 EUR Weihnachtsgratifikation. Er begründet die Klage damit, dass ihm laut Betriebsvereinbarung eine Gratifikation von 1000,00 EUR zustehe, Brummig aber nur 500,00 EUR bezahlt habe. Brummig erklärt in seiner Klagebeantwortung, laut Tarifvertrag habe Fichte nur einen Anspruch auf 500,00 EUR.
   a) Sammeln Sie in Gruppenarbeit Argumente für den Kläger Fichte und den Beklagten Brummig.
   b) Spielen Sie in Rollen die Verhandlung vor dem Arbeitsgericht, indem Sie die Plädoyers halten und ein mögliches Urteil begründen.
8. Eine Gerichtsverhandlung besuchen
   a) Besuchen Sie mit Ihrer Lerngruppe eine Verhandlung beim Arbeitsgericht.
   b) Bereiten Sie dazu den Besuch vor, indem Sie sich vorab über den Streitfall informieren. Protokollieren Sie die Verhandlung stichwortartig und diskutieren Sie über das Urteil.

5.5 Das Betriebsverfassungsgesetz

Aus einer „Büroordnung" des Jahres 1853

Bureau-Ordnung

zur Beachtung des Personals

Die Kleidung muss einfach sein. Das Personal wird sich nicht in hellen Farben bewegen und Strümpfe nur tragen, wenn sie in Ordnung sind. Mäntel und Überschuhe dürfen im Büro nicht getragen werden, ausgenommen Hüte, aber nur bei kaltem Wetter.

Dem Personal steht der Ofen zur Verfügung. Es wird empfohlen, dass jedes Mitglied des Personals täglich bei Kälte vier Pfund Kohle mitbringt.

Kein Mitglied des Personals darf den Raum ohne Erlaubnis verlassen. Man darf austreten und das Personal darf dafür den Garten unterhalb der zweiten Tür benutzen. Er muss aber in gutem Stand gehalten werden.

Während der Bürostunden darf nicht gesprochen werden.

Die Sucht nach Tabak, Wein oder Alkohol ist eine menschliche Schwäche und dem gesamten Personal verboten.

Das Personal bringt seine eigenen Schreibfedern mit. Ein neuer Anspitzer steht auf Antrag zur Benützung zur Verfügung. Es wird ein Senior bestimmt, der für die Sauberkeit des Hauptbüros und des Privatbüros verantwortlich ist. Alle Jungens und Junioren melden sich bei ihm 40 Minuten vor dem Gebet und bleiben nach Arbeitsschluss zur Verfügung.

Unsere Firma hat die Arbeitsstunden verkürzt. Das Personal braucht jetzt nur noch an den Wochentagen zwischen sieben Uhr vormittags und sieben Uhr nachmittags anwesend zu sein. Der Sonntag dient dem Kirchendienst. Sollte es jedoch erforderlich sein, wird auch am Sonntag gearbeitet.

Nachdem nun die Arbeitsstunden so drastisch vermindert wurden, ist die Einnahme von Nahrung zwischen 11.30 Uhr und Mittag erlaubt. Die Arbeit darf dafür nicht eingestellt werden.

Die Eigentümer betonen hiermit noch einmal die Großzügigkeit der neuen Arbeitsgesetze. Sie erwarten aber eine wesentliche Steigerung der Arbeitsleistung zum Ausgleich für diese fast utopischen Bedingungen.

1. **Welches Verhältnis zwischen Arbeitgeber und Arbeitnehmer spiegelt diese Büroordnung aus dem 19. Jahrhundert wider?**
2. **Warum konnte der Arbeitgeber solche einseitigen Bestimmungen verordnen?**
3. **In welchen Bereichen haben die Arbeitnehmer heute die Möglichkeit, mitzubestimmen?**

Die Demokratisierung der Gesellschaft hat vor den Fabriktoren und Verwaltungsgebäuden nicht Halt machen können. Demokratisierung der Wirtschaft bedeutet jedoch nicht, parlamentarische Formen auf Betriebe zu übertragen, sehr wohl aber, das demokratische Prinzip zu übernehmen, Konflikte in Betrieben nicht durch Zwang, sondern durch Dialog und Mitentscheidung beizulegen. Das bedeutet z. B., dass eine moderne Büro- oder Betriebsordnung sich an den geltenden Arbeitsrechten orientieren muss und der Mitbestimmung durch den Betriebsrat unterliegt.

Das **Betriebsverfassungsgesetz (BetrVG)** von 1972 regelt die Zusammenarbeit zwischen Arbeitgeber, Belegschaft, Betriebsrat, Gewerkschaften und Vereinigungen der Arbeitgeber. Für den öffentlichen Dienst gilt das **Personalvertretungsgesetz**. In sogenannten Tendenzbetrieben, wie z. B. kirchlichen Einrichtungen, gelten besondere Regelungen. Die Arbeitnehmervertretung hat Beteiligungsrechte in sozialen, personellen und wirtschaftlichen Angelegenheiten. In Tendenzbetrieben können zwar Betriebsräte gebildet werden, doch sind deren Rechte vor allem in personellen und wirtschaftlichen Angelegenheiten begrenzt, um diesen Betrieben die Ausübung der im Grundgesetz verankerten Grundrechte zu gewährleisten.

Das Gesetz gibt auch den einzelnen Arbeitnehmern fest umrissene Rechte:

§ 81 Unterrichtungs- und Erörterungspflicht des Arbeitgebers

Der Arbeitgeber hat den Arbeitnehmer über dessen Aufgabe und Verantwortung sowie über die Art seiner Tätigkeit und ihre Einordnung in den Arbeitsablauf des Betriebs zu unterrichten. Er hat den Arbeitnehmer vor Beginn der Beschäftigung über die Unfall- und Gesundheitsgefahren, denen dieser bei der Beschäftigung ausgesetzt ist, sowie über die Maßnahmen und Einrichtungen zur Abwendung dieser Gefahren zu belehren.

§ 83 Einsicht in die Personalakten

Der Arbeitnehmer hat das Recht, in die über ihn geführten Personalakten Einsicht zu nehmen. Er kann hierzu ein Mitglied des Betriebsrats heranziehen (…)

§ 82 Anhörungs- und Erörterungsrecht des Arbeitnehmers

Der Arbeitnehmer hat das Recht, in betrieblichen Angelegenheiten, die seine Person betreffen, von den (…) zuständigen Personen gehört zu werden (…) Der Arbeitnehmer kann verlangen, dass ihm die Berechnung und Zusammensetzung seines Arbeitsentgelts erläutert und dass mit ihm die Beurteilung seiner Leistungen sowie Möglichkeiten seiner beruflichen Entwicklung im Betrieb erörtert werden (…)

§ 84 Beschwerderecht

Jeder Arbeitnehmer hat das Recht, sich bei den zuständigen Stellen des Betriebes zu beschweren, wenn er sich vom Arbeitgeber oder von Arbeitnehmern des Betriebs benachteiligt oder ungerecht behandelt oder in sonstiger Weise beeinträchtigt fühlt. Er kann ein Mitglied des Betriebsrats zur Unterstützung oder Vermittlung hinzuziehen.

1. **Vergleichen Sie die Büroordnung von 1853 mit der heutigen Rechtslage.**
2. **Stellen Sie die wichtigsten Arbeitsrechte zum Schutz des Arbeitnehmers überblickartig zusammen.**
3. **Wo gelten die Bestimmungen des Betriebsverfassungsgesetzes?**
4. **Diskutieren Sie: „Arbeitnehmerrechte können sich nur Großbetriebe leisten!“**

5.6 Der Betriebsrat als Interessenvertretung

Im mittelständischen Betrieb ALU GmbH herrscht Aufregung unter den Arbeitnehmern. Aufgrund des neuen Tarifvertrages wird die Wochenarbeitszeit verlängert. Die Geschäftsleitung hat im Aushang folgende Regelung für die Arbeitszeitverlängerung angekündigt:

Sehr geehrte Mitarbeiterinnen und Mitarbeiter,

die tägliche Arbeitszeit endet ab 1. August

statt um 17:15 Uhr erst um 17:30 Uhr.

Die Geschäftsleitung

Die Arbeitnehmer wollen aber, dass die Tarifregelung nicht dazu führt, dass ihr Arbeitsende erst um 17:30 Uhr ist. Sie wünschen mit großer Mehrheit, dass der Arbeitsbeginn 15 Minuten früher erfolgt und das Ende der Arbeitszeit wie bisher um 17:15 Uhr ist.

1. **Wird durch die angekündigte Maßnahme die Arbeitszeitverlängerung umgesetzt?**
2. **Welche Möglichkeiten haben die Arbeitnehmer, ihre Interessen gegenüber der Geschäftsleitung durchzusetzen?**

Das Betriebsverfassungsgesetz regelt die innerbetriebliche Ordnung. Dazu gehören insbesondere die Mitbestimmungs- und Mitwirkungsrechte des Betriebsrates. Der Betriebsrat ist das wichtigste Organ der betrieblichen Interessenvertretung. Er vertritt die Belegschaft gegenüber der Geschäftsleitung und hat folgende allgemeine Aufgaben (§ 80 BetrVG):

Der Betriebsrat

- wacht u.a. über die Einhaltung von Gesetzen, Unfallverhütungsvorschriften, Tarifverträgen und Betriebsvereinbarungen
- beantragt Maßnahmen, die im Interesse von Belegschaft und Betrieb sind
- setzt die Gleichberechtigung von Männern und Frauen durch
- fördert die Eingliederung von Behinderten, ausländischen Arbeitnehmern und von sonstigen schutzbedürftigen Personen
- kümmert sich um die Interessen der jugendlichen Arbeitnehmer

Zur Durchführung seiner Aufgaben ist der Betriebsrat nach § 80 BetrVG rechtzeitig und umfassend vom Arbeitgeber zu unterrichten. Ihm sind auf Verlangen jederzeit die zur Durchführung seiner Aufgaben erforderlichen Unterlagen zur Verfügung zu stellen.

Der Betriebsrat hat unterschiedliche Einflussmöglichkeiten und Rechte, die Interessen der Belegschaft zu vertreten:

Mitbestimmung in sozialen Angelegenheiten
Die Zustimmung des Betriebsrates ist unbedingt erforderlich. Betriebsleitung und Betriebsrat können Vorschläge unterbreiten, denen beide Seiten zustimmen müssen. Kommt keine Einigung zustande, unterbleibt die Maßnahme oder die Einigungsstelle (vgl. S. 290) entscheidet für beide Seiten verbindlich.

Mitwirkung bei personellen Maßnahmen
Der Betriebsrat hat nur ein eingeschränktes Mitbestimmungsrecht. Er kann seine Zustimmung nur verweigern, wenn gegen gesetzliche Regelungen verstoßen wurde. Das Mitwirkungsrecht gilt nur für Betriebe mit mehr als 20 wahlberechtigten Arbeitnehmern.

Informations- und Beratungsrecht in wirtschaftlichen Angelegenheiten
Über anstehende wirtschaftliche Entscheidungen muss der Betriebsrat rechtzeitig und umfassend informiert und angehört werden. Ein Widerspruch bleibt aber ohne Wirkung.

Der Betriebsrat der ALU GmbH berät in einer Betriebsratssitzung über die von der Geschäftsleitung angekündigte Änderung der Arbeitszeit, über die er nicht vorab informiert wurde.

Aufgrund seiner Umfrage unter der Belegschaft hat der Betriebsrat festgestellt, dass fast alle Kolleginnen und Kollegen einen früheren Arbeitsbeginn wünschen.

Der Betriebsrat prüft, welche Möglichkeiten ihm das Betriebsverfassungsgesetz bietet.

1. **Hätte die Geschäftsleitung den Betriebsrat über die Änderung der Arbeitszeit informieren müssen?**
2. **Prüfen Sie mithilfe des Auszugs aus dem BetrVG (S. 290), welche Möglichkeiten der Betriebsrat hat, die Interessen der Belegschaft bei der Geschäftsleitung durchzusetzen.**

§ 87 Mitbestimmungsrechte

(1) Der Betriebsrat hat, soweit eine gesetzliche oder tarifliche Regelung nicht besteht, in folgenden Angelegenheiten mitzubestimmen:

1. Fragen der Ordnung des Betriebes und des Verhaltens der Arbeitnehmer (...);
2. Beginn und Ende der täglichen Arbeitszeit einschließlich der Pausen sowie Verteilung der Arbeitszeit auf die einzelnen Wochentage;
3. vorübergehende Verkürzung oder Verlängerung der betriebsüblichen Arbeitszeit;
4. Zeit, Ort und Art der Auszahlung der Arbeitsentgelte;
5. Aufstellung allgemeiner Urlaubsgrundsätze und des Urlaubsplans sowie die Festsetzung der zeitlichen Lage des Urlaubs für einzelne Arbeitnehmer, wenn zwischen dem Arbeitgeber und den (...) Arbeitnehmern kein Einverständnis erzielt wird;
6. Einführung und Anwendung von technischen Einrichtungen, die dazu bestimmt sind, das Verhalten oder die Leistung der Arbeitnehmer zu überwachen;
7. Regelungen über die Verhütung von Arbeitsunfällen und Berufskrankheiten sowie über den Gesundheitsschutz im Rahmen der gesetzlichen Vorschriften oder der Unfallverhütungsvorschriften;
8. Form, Ausgestaltung und Verwaltung von Sozialeinrichtungen, deren Wirkungsbereich auf den Betrieb, das Unternehmen oder den Konzern beschränkt ist;
9. Zuweisung und Kündigung von Wohnräumen, die den Arbeitnehmern mit Rücksicht auf das Bestehen eines Arbeitsverhältnisses vermietet werden, sowie die allgemeine Festlegung der Nutzungsbedingungen;
10. Fragen der betrieblichen Lohngestaltung, insbesondere die Aufstellung von Entlohnungsgrundsätzen und die Einführung und Anwendung von neuen Entlohnungsmethoden sowie deren Änderung;
11. Festsetzung der Akkord- und Prämiensätze und vergleichbarer leistungsbezogener Entgelte, einschließlich der Geldfaktoren;
12. Grundsätze über das betriebliche Vorschlagswesen;
13. Grundsätze über die Durchführung von Gruppenarbeit.

(2) Kommt eine Einigung über eine Angelegenheit nach Absatz 1 nicht zustande, so entscheidet die Einigungsstelle. Der Spruch der Einigungsstelle ersetzt die Einigung zwischen Arbeitgeber und Betriebsrat.

Mitwirkung und Mitbestimmung der Arbeitnehmer nach dem Betriebsverfassungsgesetz

Mitbestimmungsrechte	Mitwirkungsrechte	Beratungsrechte
Soziale Angelegenheiten (§ 87) – Betriebsordnung – Lage der Arbeitszeit und der Pausen – Urlaubsplan – Unfallverhütung – betriebliche Berufsbildung – betriebliche Sozialeinrichtungen – Gruppenarbeit Personalfragebogen Beurteilungsgrundsätze (§ 94)	Personelle Einzelmaßnahmen (§ 99) – Einstellungen – Ein- und Umgruppierungen – Versetzungen Durchführung betrieblicher Bildungsmaßnahmen (§ 98) Kündigungen (§ 102) Umweltschutz (§ 89) Fremdenfeindlichkeit (§ 104)	Wirtschaftliche Angelegenheiten (§ 106), z. B. wirtschaftliche und finanzielle Lage, Produktion, Absatz, Investitionen, Rationalisierungen durch den vom Betriebsrat bestimmten Wirtschaftsausschuss Gestaltung des Arbeitsplatzes (§ 90) – Neu-, Um-, Erweiterungsbauten – technische Anlagen – Arbeitsverfahren

Das Betriebsverfassungsgesetz erlaubt es nicht, dass der Betriebsrat zum Streik aufruft; Maßnahmen des Arbeitskampfes (Streik und Aussperrung) können nur durch die Tarifpartner (Gewerkschaften und Arbeitgeberverbände) eingeleitet werden.

Im Geprach mit dem Betriebsrat begründet die Geschäftsleitung der ALU GmbH die neue Arbeitszeitregelung mit der Umsetzung des neuen Tarifvertrages. Ein früherer Arbeitsbeginn führe zu höheren Energiekosten. Außerdem würde eine Verlängerung der Arbeitszeit bis 17:30 Uhr den Wünschen der Kunden entgegenkommen. Die Geschäftsleitung besteht darauf, die neue Arbeitszeitregelung einzuführen.

Betriebsrat und Geschäftsleitung vereinbaren, auf einer Betriebsversammlung das Problem zu diskutieren.

Jedes Kalendervierteljahr muss der Betriebsrat eine **Betriebsversammlung** während der Arbeitszeit einberufen. Eine Betriebsversammlung kann von einem Viertel der Arbeitnehmer oder der Geschäftsleitung beantragt werden. An ihr können alle Betriebsangehörigen und die Geschäftsleitung teilnehmen. Die Versammlung ist nicht öffentlich. In ihr werden Angelegenheiten besprochen, die den Betrieb direkt betreffen. Der Betriebsrat muss seinen Tätigkeitsbericht vorlegen. Die Betriebsversammlung kann dem Betriebsrat Anträge unterbreiten und zu seinen Beschlüssen Stellung nehmen.

Auf der Betriebsversammlung wird deutlich, dass die Belegschaft nicht gewillt ist, den Vorstellungen der Geschäftsleitung zu folgen.

Die Betriebsversammlung beantragt, dass der Betriebsrat die neue Arbeitszeitregelung ablehnt und verhindert.

Darauf ruft der Betriebsrat die Einigungsstelle an, in der Angelegenheit zu entscheiden.

Zur Beilegung von Meinungsverschiedenheiten zwischen Arbeitgeber und Betriebsrat kann eine Einigungsstelle gebildet werden. Sie besteht aus einer gleichen Anzahl von Beisitzern, die vom Betriebsrat und Arbeitgeber bestellt werden. Der „neutrale" Vorsitzende ist von beiden Seiten zu ernennen. Entscheidungen werden mit Stimmenmehrheit gefasst. Bei Pattsituation stimmt der Vorsitzende mit ab.

5.7 Die Jugend- und Auszubildendenvertretung

Liebe Auszubildende,

ihr braucht uns, weil wir eure Interessen vertreten. Ohne uns steht ihr allein vorm Chef. Dort schwindet euch der Mut. Beschwerden bringt ihr nicht mehr vor, weil ihr Angst habt vor Nachteilen. Wir haben nichts zu befürchten, wir kennen eure Rechte, wir stehen euch in Konflikten bei. Geht wählen. Je mehr Stimmen wir haben, desto stärker sind wir!

Eure Jugend- und Auszubildendenvertretung

Liebe Jugend- und Auszubildendenvertretung,

ich brauche euch nicht. Ich vertrete meine Interessen allein, weil ich sie am besten kenne. Vor meinem Chef habe ich keine Angst. Kritik ist für ihn wichtig, weil sie hilft, Missstände zu beseitigen. Beschwerden will er lösen, weil er zufriedene und motivierte Mitarbeiter will. Also, wir brauchen keine Vertretung, wir brauchen mündige Auszubildende.

Ein Auszubildender

1. **Sind Interessenvertreter für Jugendliche und Auszubildende nötig?**
2. **Welche Anforderungen sollte ein Interessenvertreter erfüllen?**

Jugend- und Auszubildendenvertretung

§ 60 BetrVG (Errichtung und Aufbau)

(1) In Betrieben mit in der Regel mindestens fünf Arbeitnehmern, die das 18. Lebensjahr noch nicht vollendet haben (jugendliche Arbeitnehmer) oder die mit ihrer Berufsausbildung beschäftigt sind und das 25. Lebensjahr noch nicht vollendet haben, werden Jugend- und Auszubildendenvertretungen gewählt (...)

Die Wahrung der eigenen Interessen im Betrieb fällt vielen jungen Menschen schwer. Die **Jugend- und Auszubildendenvertretung** (JAV) soll sie dabei unterstützen. Diese muss vom Betriebsrat, das ist die Interessenvertretung für die Gesamtbelegschaft, über alle jugend- und ausbildungsrelevanten Fragen informiert und gehört werden. In solchen Fragen hat sie bei Sitzungen des Betriebsrates ein Teilnahme- und Stimmrecht.

Die Aufgaben der JAV sind im § 70 BetrVG aufgeführt (vgl. http://www.jav.de). Die Wahl zur JAV hat alle zwei Jahre in der Zeit vom 1. Oktober bis 30. November zu erfolgen.

5.8 Wahlen zum Betriebsrat

Betriebsratswahl

Betriebsrat im Handwerks- oder Industriebetrieb?

Ist das nötig? Ja!

Der Arbeitgeber kann gut ohne Betriebsrat leben.

Die Arbeiter und Angestellten aber nicht!

§ 1 Betriebsverfassungsgesetz (BetrVG)

In Betrieben mit in der Regel mindestens fünf ständigen wahlberechtigten Arbeitnehmern, von denen drei wählbar sind, werden Betriebsräte gewählt.

Nur ein Betriebsrat kann die gesetzlichen Rechte wahrnehmen. Wenn die Arbeitnehmer keinen Betriebsrat wählen, kann der Arbeitgeber seine Interessen einseitig durchsetzen.

- **Probleme können nur mit einem Betriebsrat gelöst werden.**

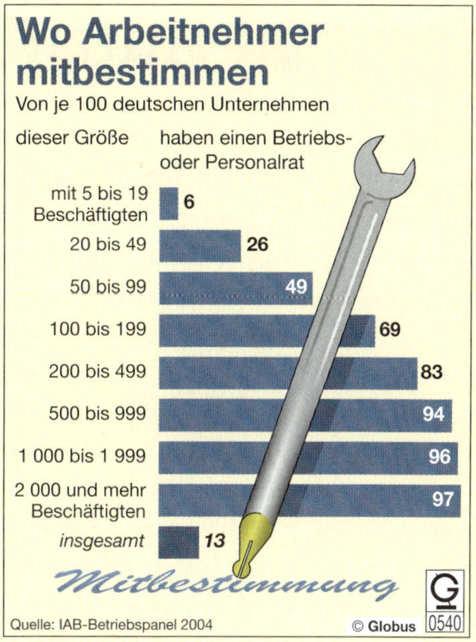

1. In welchen Betrieben kann ein Betriebsrat gewählt werden?
2. Wie erklären Sie sich, dass es in Handwerks- und Kleinbetrieben kaum Betriebsräte gibt?
3. Wie beurteilen Sie im Wahlaufruf die Behauptung, dass Probleme nur mit einem Betriebsrat gelöst werden können?

Das Betriebsverfassungsgesetz schreibt die Bildung eines Betriebsrates nicht zwingend vor. Arbeitnehmer ohne Betriebsrat verzichten jedoch auf wichtige Rechte, u.a. auch auf eventuelle Abfindungen oder einen Sozialplan. Kein Unternehmer ist verpflichtet, von sich aus zur Wahl eines Betriebsrates aufzurufen. Die Initiative muss von mindestens drei wahlberechtigten Arbeitnehmern oder ihrer Gewerkschaft ausgehen. Der Arbeitgeber darf die Wahl eines Betriebsrates nicht behindern.

Wahlen finden alle vier Jahre zwischen dem 1. März und dem 31. Mai statt. Wahlberechtigt sind alle Arbeitnehmer über 18 Jahre. Gewählt werden kann jeder Arbeitnehmer, der mindestens sechs Monate im Betrieb beschäftigt ist. Für Betriebe mit fünf bis 100 Mitarbeitern gilt ein vereinfachtes Wahlverfahren.

Die Größe des Betriebsrates ist abhängig von der Anzahl der wahlberechtigten Arbeitnehmer. Er hat z.B. bei 51 bis 100 Wahlberechtigten fünf, bei 1001 bis 1500 Wahlberechtigten 15 Betriebsratsmitglieder. In Betrieben mit fünf bis 20 Wahlberechtigten besteht der Betriebsrat aus einer Person. Der Anteil von Frauen und Männern im Betriebsrat sollte ihrem Anteil in der Belegschaft entsprechen (Geschlechterquote).

Leitende Angestellte sind von der Betriebsratswahl ausgeschlossen, da sie die Interessen der Arbeitgeber mit vertreten. Um jedoch dieser Gruppe im Unternehmen die Möglichkeit der Mitwirkung zu geben, sieht das Betriebsverfassungsgesetz einen Sprecherausschuss für leitende Angestellte vor, wenn mindestens zehn leitende Angestellte im Betrieb beschäftigt sind.

5.9 Mitbestimmung auf Unternehmensebene

Mai-Aufruf des DGB

Der Deutsche Gewerkschaftsbund hält an seinem Ziel fest, die Grundlagen der politischen Demokratie zu verbreitern: Wir wollen die Mitbestimmung als ein demokratisches Prinzip.
Die gleichberechtigte Mitbestimmung soll gewährleisten, dass wirtschaftliche Entscheidungen nicht über die Köpfe der Arbeitnehmer hinweg und an ihren Interessen vorbei gefällt werden. Entscheidungen in Unternehmen über Investitionen, Betriebsauslagerungen oder Rationalisierungen dürfen nicht allein am Ziel der Gewinnmaximierung orientiert werden. Die Interessen der Arbeitnehmer an sicheren Arbeitsplätzen, an dem Schutz ihrer Fähigkeiten und Qualifikationen und an der Verbesserung ihrer Arbeitsbedingungen müssen gleichgewichtig berücksichtigt werden.

Das bedeutet:
In Großunternehmen und Konzernen muss eine gleichberechtigte Mitbestimmung verwirklicht werden, die den Regelungen entspricht, die in der Montanindustrie seit mehr als 50 Jahren mit großem Erfolg praktiziert werden.
Unser Ziel bleibt die umfassende Demokratisierung von Wirtschaft und Gesellschaft. Eine demokratische Ordnung ist erst gefestigt, wenn die Arbeitnehmer ihren Einfluss nicht nur als Staatsbürger und Wähler ausüben können, sondern auch in der Wirtschaft gleichberechtigt sind.

Wer von den Arbeitnehmern Verantwortung verlangt, darf ihnen die Mitbestimmung nicht verweigern.

DGB

1. **Wie begründet der DGB seine Forderung nach Mitbestimmung in Großunternehmen?**
2. **Klären Sie die Begriffe**
   a) gleichberechtigte Mitbestimmung,
   b) Montanindustrie.
3. **Was soll die gleichberechtigte Mitbestimmung gewährleisten?**
4. **Inwiefern geht die Mitbestimmung auf Unternehmensebene über die betriebliche Mitbestimmung des Betriebsrates hinaus?**

Der Betriebsrat bleibt bei Entscheidungen in wirtschaftlichen Angelegenheiten weitgehend ohne Einfluss, da er nur ein Recht auf Information und Beratung hat. Die eigentlichen Entscheidungen in den Großunternehmen über wichtige wirtschaftliche Weichenstellungen, wie z. B. Investitionen, Betriebsauslagerungen oder Rationalisierungen, fallen in den Vorständen und Aufsichtsräten. Von solchen Maßnahmen sind natürlich auch die Arbeitnehmer betroffen.

Damit sie auch in diesen für sie wichtigen Fragen mitbestimmen können, müssen sie in den Entscheidungsgremien beteiligt sein. Der Gesetzgeber hat hierfür **drei Formen der Mitbestimmung** auf Unternehmensebene geschaffen. Die Form der Mitbestimmung richtet sich nach der Anzahl der Beschäftigten und dem Wirtschaftszweig.

Beteiligung in Unternehmen mit 501 bis 2000 Beschäftigten

In Kapitalgesellschaften mit weniger als 2000 Beschäftigen gilt für die Besetzung der Aufsichtsräte die **„Drittelbeteiligung"**. Das bedeutet, dass im Aufsichtsrat die Arbeitnehmer ein Drittel, die Kapitalvertreter zwei Drittel der Mitglieder stellen. Die Arbeitnehmervertreter werden von der Belegschaft, die Kapitalvertreter durch die Hauptversammlung der Kapitaleigner gewählt. Die „Drittelbeteiligung" wurde bereits im Betriebsverfassungsgesetz von 1952 geregelt.

Mitbestimmung in Großunternehmen über 2000 Beschäftigten

Während bei kleineren Unternehmen die „Drittelbeteiligung" keine echte Mitbestimmung auf Unternehmensebene darstellt, wird durch das **Mitbestimmungsgesetz von 1976** ein zahlenmäßiges Gleichgewicht (Parität) erreicht. Im Aufsichtsrat der Kaptialgesellschaften mit über 2000 Beschäftigten sitzen gleich viele Arbeitnehmer- und Kapitalvertreter.

Zur Arbeitnehmerseite gehört auch ein leitender Angestellter. Der Aufsichtsratvorsitzende wird von den Kapitaleignern gestellt. Er braucht jedoch für seine Wahl eine Zweidrittel-Mehrheit aller Mitglieder des Aufsichtsrates. Bei Stimmengleichheit (Patt) hat der Vorsitzende zwei Stimmen. Aus diesen Gründen bezeichnen die Gewerkschaften diese Form der Mitbestimmung als „scheinparitätische Arbeitnehmerbeteiligung". Denn bei allen strittigen Entscheidungen ist es möglich, dass die Arbeitnehmerseite durch die Kapitaleigner überstimmt wird. Außerdem fühlt sich ein leitender Angestellter oft wegen seiner Führungsaufgaben mehr der Unternehmensführung und den Kapitaleignern als den Arbeitnehmern verpflichtet. Das Mitbestimmungsgesetz von 1976 wird dennoch von den Gewerkschaften als Fortschritt angesehen.

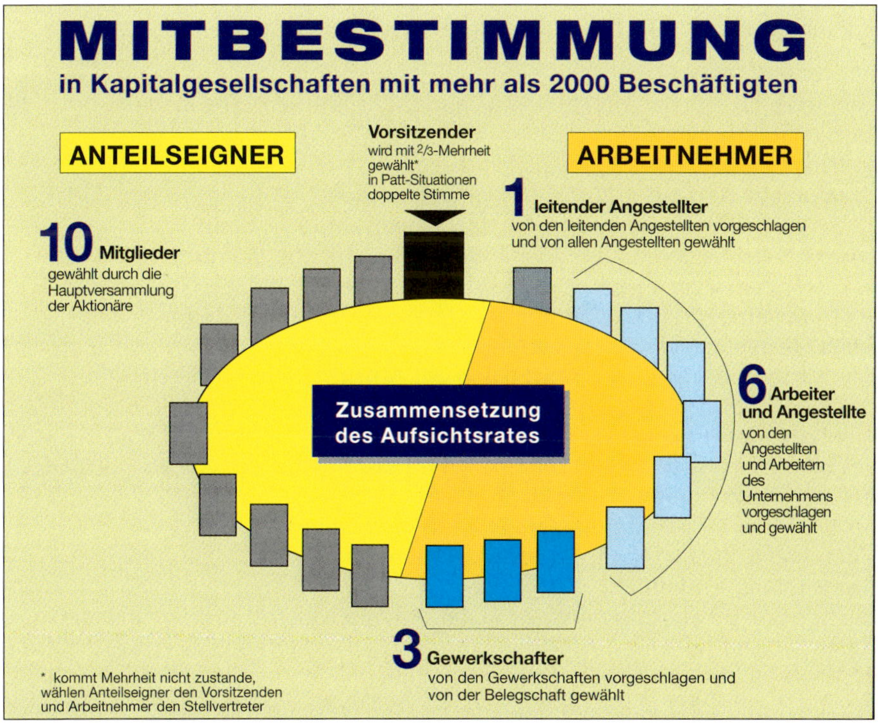

Mitbestimmung im Montan-Bereich

Zum Montan-Bereich gehören Unternehmen des Bergbaus und der Eisen und Stahl erzeugenden Industrie. Die Schwerindustrie war ein kriegswichtiger Wirtschaftszweig und innerbetrieblich zum Teil straff organisiert. Nach dem Zweiten Weltkrieg sollten u.a. durch die Mitbestimmung der Arbeitnehmerseite in diesem Industriebereich offenere Ordnungsformen und mehr wirtschaftliche Einflussnahme möglich werden. So wurde bereits 1951 eine **paritätische Mitbestimmung** in den Unternehmen der Montanindustrie mit mehr als 1000 Beschäftigten eingeführt.

Im Aufsichtsrat sitzen gleich viele Kapital- und Arbeitnehmervertreter. Zusätzlich wird von beiden Seiten ein „neutraler" Vorsitzender in den Aufsichtsrat gewählt. So kann es nie zu einer Patt-Situation kommen. Bei der Montan-Mitbestimmung handelt es sich deshalb um eine echte paritätische Mitbestimmung.

Zudem sind die Arbeitnehmer auch im Vorstand durch den Arbeitsdirektor an der Geschäftsführung beteiligt. Der Arbeitsdirektor ist vorwiegend für personelle und soziale Angelegenheiten im Vorstand zuständig.

Mitbestimmung in der Europäischen Aktiengesellschaft (SE)
Seit Oktober 2004 können Unternehmen, die in mehreren EU-Ländern tätig sind, zwischen den nationalen (deutschen, französischen, britischen usw.) Gesellschaftsformen und einer Europäischen Aktiengesellschaft (SE) wählen. Um die Mitbestimmung im Aufsichts- oder Verwaltungsrat, die in vielen Ländern existiert, nicht unterlaufen zu lassen, gibt es neben der EU-Verordnung zur SE eine gesonderte EU-Richtlinie zur Arbeitnehmerbeteiligung in der SE. Die konkrete Ausgestaltung der Arbeitnehmerbeteiligung der SE muss jedoch innerbetrieblich ausgehandelt werden, wie beim Europäischen Betriebsrat erfolgt dies zwischen einem eigens hierfür zu bildenden „Besonderen Verhandlungsgremium" (BVG) und der Konzernleitung.

1. **Warum ist es für Arbeitnehmer wichtig, auch auf Unternehmensebene mitbestimmen zu können?**
2. **Diskutieren Sie über die folgenden Aussagen:**
   a) **„Demokratie darf nicht vor den Fabriktoren enden."**
   b) **„Wer das Risiko trägt, muss auch entscheiden."**
   c) **„Wer von den Arbeitnehmern Verantwortung verlangt, darf ihnen die Mitbestimmung nicht verweigern."**
3. **Welche Formen der Mitbestimmung auf Unternehmensebene gibt es?**
4. **Erklären Sie den Begriff „Drittelbeteiligung".**
5. **a) Beschreiben Sie die Zusammensetzung des Aufsichtsrates nach dem Mitbestimmungsgesetz in Großunternehmen.**
   b) Wer entscheidet bei Patt-Situationen?
6. **Wieso bezeichnen die Gewerkschaften das Mitbestimmungsgesetz von 1976 als „scheinparitätische Mitbestimmung"?**
7. **Nennen Sie den Bereich, für den die Montan-Mitbestimmung gilt.**
8. **Aus welchen Gründen wurde zuerst in der Montanindustrie die paritätische Mitbestimmung eingeführt?**
9. **a) Durch wen sind die Arbeitnehmer in der Montanindustrie auch im Vorstand vertreten?**
   b) Welche Aufgaben hat dieses Vorstandsmitglied?

5.10 Sozialpartner im Wirtschafts- und Arbeitsleben

1. Wem gehören die Hüte?
2. Inwiefern ist es sinnvoll, dass beide Seiten sich zu Gesprächen treffen?
3. Über welche Themen wird dabei gesprochen und verhandelt?

Arbeitnehmer und Arbeitgeber haben gemeinsame, aber auch unterschiedliche Interessen. Gemeinsam setzen sich die **Sozialpartner** z. B. für die Sicherung von Arbeitsplätzen und die Erhaltung von Unternehmen oder die Beibehaltung des „sozialen Friedens" ein. Unterschiedliche Auffassungen und Interessen zeigen sich z. B. in den Tarifverhandlungen, wo es um Fragen der Entlohnung oder der Arbeitsbedingungen geht. In der sozialen Marktwirtschaft haben die Sozialpartner sowohl ihre Interessen zu vertreten als auch für das Gemeinwohl Verantwortung zu tragen.

Vor allem für den einzelnen Arbeitnehmer ist es schwierig, seine Belange allein durchzusetzen. Deshalb haben sich bereits im 19. Jahrhundert Arbeitnehmer zu Interessenverbänden, den Gewerkschaften, zusammengeschlossen. Auch die Unternehmer gründeten bereits Ende des vorletzten Jahrhunderts erste Unternehmensverbände.

Die Arbeitnehmerorganisationen

Ziel der Gewerkschaften ist die ständige Verbesserung der Arbeits- und Lebensbedingungen der Arbeitnehmer. Um dieses Ziel zu erreichen, müssen die Gewerkschaften die Interessen ihrer Mitglieder sowohl gegenüber den Arbeitgebern als auch gegenüber dem Staat durchsetzen.

Wichtige **Aufgaben und Ziele der Gewerkschaften** sind:

- Abschluss von Tarifverträgen,
- Gerechte Einkommens- und Vermögensverteilung,
- Humanisierung der Arbeit,
- Mitbestimmung,
- Kontrolle wirtschaftlicher Macht,
- Ausbau des Systems der sozialen Sicherung,
- Verbesserung der beruflichen Bildung und Weiterbildung,
- Umweltschutz.

Von den 38 Millionen abhängig Beschäftigten sind etwa 25 % gewerkschaftlich organisiert. Die mit Abstand größte Arbeitnehmerorganisation ist der DGB.

Mitgliederzahlen der Gewerkschaften:

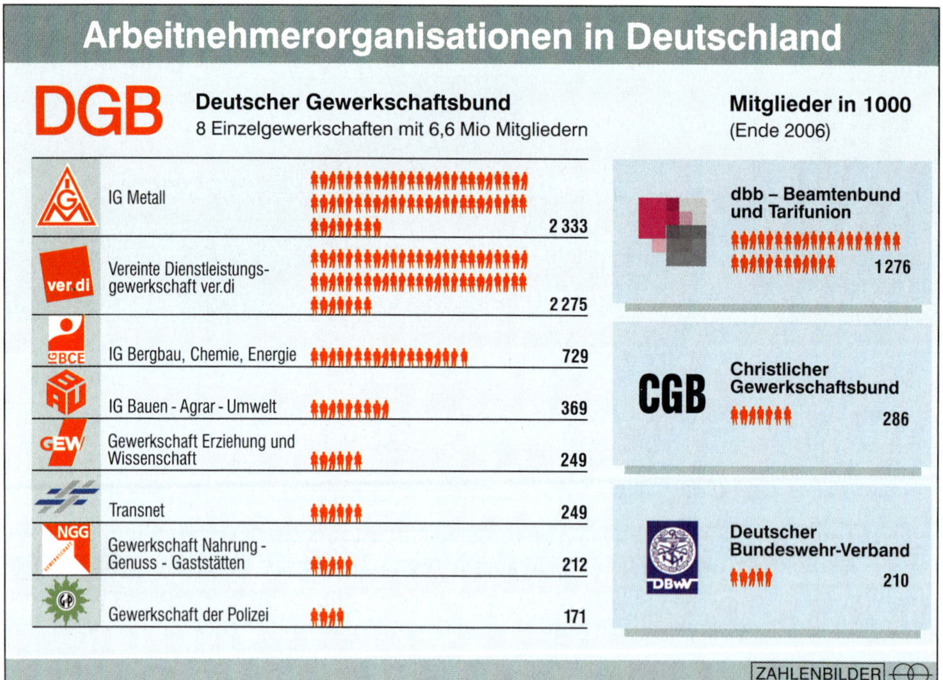

 240 110

Arbeitgeberverbände

Die Interessen der Arbeitgeber vertritt die „Bundesvereinigung der Deutschen Arbeitgeberverbände" (BDA). Unter diesem Dachverband sind die Fachverbände aus allen Wirtschaftszweigen organisiert, z. B. Gesamtverband Metall, Hauptverband der Deutschen Bauindustrie usw. Die Fachverbände sind die Partner der Gewerkschaften bei den Tarifverhandlungen.

Um wirtschafts- und sozialpolitisch Einfluss nehmen zu können, haben sich Unternehmer und Selbstständige in Branchenverbänden zusammengeschlossen. Ansprechpartner dieser Verbände ist der Staat. Einflussreichster Verband im produzierenden Gewerbe ist der „Bundesverband der Deutschen Industrie" (BDI). Die Interessen des Handwerks werden vom „Zentralverband des Deutschen Handwerks" vertreten.

5.11 Tarifverträge

ver.di fordert 4,2%

Die Tarifverhandlungen in der Druckindustrie sind in einer schwierigen Phase. Auch in der dritten Verhandlungsrunde ist kein Durchbruch erfolgt. Die Gewerkschaft fordert weiterhin eine Lohnerhöhung von 4,2% und eine Anhebung in den unteren Lohngruppen. Dagegen liegt ein Angebot der Arbeitgeber von 1,9% auf dem Tisch. Am Dienstag endet die Friedenspflicht für den Lohn- und Gehaltstarifvertrag. Die Gewerkschaft ver.di hat deshalb schon für die kommende Woche Warnstreiks angekündigt, falls sich die Arbeitgeber nicht bewegen. Beide Tarifpartner wollen nach Aussage ihrer Sprecher einen Arbeitskampf vermeiden und suchen einen Kompromiss.

In der diesjährigen Tarifrunde wird nicht nur über Lohn und Gehalt verhandelt. Es geht auch um eine neue Urlaubsregelung. Dazu haben die Arbeitgeber den Manteltarifvertrag aufgekündigt.

Autorentext

1. a) Worüber verhandeln die Tarifpartner?
   b) Welche Tarifverträge werden dadurch berührt?
2. a) Erklären Sie den Begriff Friedenspflicht.
   b) Welche Folgen hat das Ende der Friedenspflicht?
   c) Was will die Gewerkschaft durch die Warnstreiks erreichen?
3. Wie könnte Ihrer Meinung nach ein Kompromiss aussehen?

Allein die Tarifpartner, Gewerkschaften und Arbeitgeberverbände, haben das Recht, Tarifverträge abzuschließen. Dabei darf sich der Staat nicht einmischen. Die Tarifparteien sind in ihren Verhandlungen autonom, d.h. unabhängig und eigenständig; dies bezeichnet man als **Tarifautonomie**.

Tarifverträge sind ein Kompromiss aus den Forderungen der Gewerkschaften einerseits und den Angeboten der Arbeitgeber andererseits. Es gibt zwei Arten von Tarifverträgen: **Lohn- und Gehaltstarifvertrag** sowie **Manteltarifvertrag**.

Im Lohn- und Gehaltstarifvertrag werden Löhne und Gehälter, insbesondere der **Ecklohn**, festgelegt. Der Ecklohn ist der Grundlohn eines Facharbeiters; nach ihm errechnen sich durch Zu- und Abschläge alle anderen Löhne. Auch die Ausbildungsvergütungen für Auszubildende sind Gegenstand des Lohn- und Gehaltstarifvertrages. In der Regel gelten die Vereinbarungen für eine **Laufzeit** von zwölf Monaten.

Die Arbeitsbedingungen, wie Arbeitszeit, Urlaub, Mehrarbeit, Nachtarbeit, Sonn- und Feiertagsarbeit, Rationalisierungsschutz usw., werden im Manteltarifvertrag festgehalten. Diese Rahmenbedingungen werden für einen längeren Zeitraum vereinbart, Manteltarifverträge haben deshalb meist eine Laufzeit über mehrere Jahre.

Tarifverträge haben im Wesentlichen **drei Funktionen**:

- **Schutzfunktion:** Der einzelne Arbeitnehmer soll gegenüber dem wirtschaftlich stärkeren Arbeitgeber bei der Festlegung der Arbeitsbedingungen vor einseitigen Forderungen geschützt werden. Der Tarifvertrag dient der Chancengleichheit zwischen der Arbeitnehmer- und der Arbeitgeberseite.
- **Ordnungsfunktion:** Anstelle vieler Einzelarbeitsverträge wird durch den kollektiven Arbeitsvertrag eine Vereinheitlichung und Überschaubarkeit erreicht. Dadurch werden die Personalkosten für die Unternehmen berechenbarer.
- **Friedensfunktion:** Während der Laufzeit der Tarifverträge sind Arbeitskämpfe untersagt. Die Friedenspflicht verbietet Streik oder Aussperrung zur Durchsetzung anderer tariflicher Regelungen.

Für alle Mitglieder der Gewerkschaft und des Arbeitgeberverbandes besteht Tarifverbindung an einen neu geschlossenen Vertrag. Jedes Gewerkschaftsmitglied hat also einen unmittelbaren Anspruch auf die im Tarifvertrag vorgesehenen Leistungen und Bestimmungen. Voraussetzung ist aber, dass sein Arbeitgeber ebenfalls tarifgebunden ist. Mit einem Arbeitnehmer, der nicht der Gewerkschaft angehört, könnte ein tarifgebundener Arbeitgeber auch durch einen Einzelarbeitsvertrag z. B. einen niedrigeren Lohn vereinbaren. Die meisten Arbeitgeber behandeln allerdings nicht organisierte Arbeitnehmer wie Gewerkschaftsmitglieder. Denn durch eine Schlechterstellung würden sie diese „in die Arme der Gewerkschaft treiben".

Ohne rechtliche Wirkung bleibt der Tarifvertrag in Betrieben, die nicht im Arbeitgeberverband organisiert sind. Der Geltungsbereich eines Tarifvertrages ist begrenzt auf den Tarifbezirk. Zudem besteht bei Großunternehmen, z. B. bei VW, die Möglichkeit, mit den Gewerkschaften einen sogenannten Haustarifvertrag auszuhandeln, der nur für das Unternehmen gültig ist.

Durch eine staatliche **allgemein verbindliche Erklärung** kann ein Tarifvertrag auch auf nicht tarifgebundene Arbeitnehmer und Arbeitgeber übertragen werden. Die allgemein verbindliche Erklärung wird mit Zustimmung der Tarifpartner durch den Bundesarbeitsminister bzw. die zuständigen Landesminister vorgenommen.

Von den Bestimmungen des Tarifvertrages kann nur abgewichen werden, wenn im Einzelarbeitsvertrag für den Arbeitnehmer günstigere Arbeitsbedingungen vorgesehen sind. Tarifverträge beinhalten also **Mindestleistungen**. Viele Betriebe zahlen übertarifliche Löhne und Gehälter.

1. **Informieren Sie sich, welche Gewerkschaft und welcher Arbeitgeberverband für Ihren Betrieb Tarif- und Sozialpartner sind.**
2. **Franziska lernt Friseurin. Sie ist nicht sicher, ob ihr Ausbildungsvertrag dem Tarifvertrag entspricht. Wo kann sie sich informieren?**
3. **Entscheiden Sie, ob die folgenden Vereinbarungen im Lohn- oder im Manteltarifvertrag geregelt sind:**
   a) Urlaub, b) Ausbildungsvergütung, c) Arbeitszeit,
   d) Ecklohn, e) Nachtarbeit, f) Weihnachtsgeld.

5.12 Arbeitskampf

1. **Was bedeutet Streik? Was bedeutet Aussperrung?**
2. **Wann werden diese Maßnahmen in der Tarifrunde eingesetzt?**
3. **Welche Ziele verfolgen die Tarifpartner mit Streik oder Aussperrung?**

Ziel von Tarifverhandlungen ist es, einen neuen Tarifvertrag abzuschließen. Kommt jedoch kein Kompromiss zustande, kann ein Sozialpartner die Verhandlungen als gescheitert erklären. Um einen Arbeitskampf zu vermeiden, ist ein Schlichtungsverfahren möglich. Ein neutraler **Schlichter** versucht, zwischen den Positionen der Gewerkschaft und des Arbeitgeberverbandes zu vermitteln. Das Ergebnis ist ein **Schlichtungsspruch**. Stimmen beide Seiten dem Vorschlag des Schlichters zu, kommt es zum Abschluss eines neuen Tarifvertrages.

Wenn die Schlichtung ohne Erfolg bleibt, droht ein Arbeitskampf, um Druck auf den Tarifpartner auszuüben. Arbeitskämpfe sind nur nach Ablauf der Friedenspflicht zulässig.

Das Kampfmittel der Gewerkschaft ist der **Streik**. Durch die Arbeitsniederlegung verleihen die Arbeitnehmer ihren Forderungen mehr Gewicht. Bevor die Gewerkschaft zum Streik aufruft, findet in der Regel eine **Urabstimmung** statt. Die organisierten Arbeitnehmer werden in dieser Abstimmung befragt, ob sie streiken wollen. Sprechen sich mehr als 75 % für Arbeitskampfmaßnahmen aus, können die Gewerkschaften einzelne Betriebe bestreiken.

Das Kampfmittel der Arbeitgeber ist die **Aussperrung**. Werden bestreikte Betriebe für alle Arbeitnehmer geschlossen, handelt es sich um eine Abwehraussperrung. Eine Angriffsaussperrung von Arbeitnehmern, deren Betrieb nicht bestreikt wird, ist nur zulässig, wenn sie sich nach dem Grundsatz der Verhältnismäßigkeit richtet.

Der Arbeitskampf endet, wenn in neuen Verhandlungen ein Ergebnis erzielt wird. Hierzu müssen 25 % der Gewerkschaftsmitglieder in einer Urabstimmung dem Kompromiss zustimmen. In einigen Einzelgewerkschaften ist eine höhere Quote notwendig. Die Tarifkommission der Gewerkschaft kann sich über das Ergebnis der Urabstimmung hinwegsetzen.

Ablauf eines Arbeitskampfes

Arbeitskämpfe sind sowohl für die Arbeitgeber als auch für die Arbeitnehmer mit **wirtschaftlichen Einbußen** verbunden, z. B. Produktions- und Gewinnausfall bzw. Lohnausfall und Ruhen der Sozialleistungen. Ein gewerkschaftlich organisierter Arbeitnehmer erhält von seiner Gewerkschaft „Streikgeld".

1. **Nennen Sie die Aufgaben und Ziele der Gewerkschaften.**
2. **In welcher Gewerkschaft sind Arbeitnehmer Ihres Berufes organisiert?**
3. **Erklären Sie die unterschiedlichen Aufgaben von BDA und BDI.**
4. **Erläutern Sie die Begriffe „Tarifautonomie" und „Friedenspflicht".**
5. **Welche Funktionen haben Tarifverträge?**
6. **Beschreiben Sie den Ablauf eines Schlichtungsverfahrens.**
7. **Welche wirtschaftlichen Folgen hat ein Arbeitskampf?**

Zur Wiederholung

1. Weshalb ist der Betrieb ein soziales System?
2. Erläutern Sie die Begriffe
   a) informelle Gruppe,
   b) formelle Beziehungen.
3. Welche Faktoren sind wichtig für ein positives Betriebsklima?
4. Wodurch unterscheiden sich autoritärer und kooperativer Führungsstil?
5. Welches Gesetz regelt die Zusammenarbeit zwischen Arbeitgeber und Betriebsrat?
6. Welche allgemeinen Aufgaben hat der Betriebsrat?
7. Erläutern Sie den Unterschied zwischen Mitbestimmung und Mitwirkung.
8. a) Welche Aufgaben hat die Betriebsversammlung?
   b) Wer darf an der Betriebsversammlung teilnehmen?
   c) Wie oft muss die Betriebsversammlung einberufen werden?
9. a) Welche Aufgaben hat die Einigungsstelle?
   b) Wie setzt sich die Einigungsstelle zusammen?
10. Kann der Betriebsrat einen Streik vorbereiten?
11. Wer ist nach dem BetrVG für den Betriebsrat
    a) wahlberechtigt,
    b) wählbar?
12. Stellen Sie in Ihrer Lerngruppe fest, ob es in den Ausbildungsbetrieben einen Betriebsrat/Personalrat und eine Jugend- und Auszubildendenvertretung gibt oder nicht. Wie werden Probleme gelöst, wenn es keine Interessenvertretungen gibt?
13. Erläutern Sie (mithilfe des Betriebsverfassungsgesetzes), welche Rechte der Betriebsrat in den folgenden Fällen hat:
    a) Ein neuer Facharbeiter wird eingestellt, dafür soll ein Mitarbeiter entlassen werden.
    b) Die Betriebsführung verlegt die Betriebsferien von August in den Oktober. Viele Beschäftigte wollen aber in den Sommerferien in den Urlaub fahren.
    c) Einem Mitarbeiter wird aus betriebsbedingten Gründen gekündigt.
    d) In der Personalplanung der Geschäftsleitung für die nächsten zwei Jahre ist vorgesehen, die Belegschaft um 7 % abzubauen.
    e) Auf Anordnung der Betriebsleitung gilt ab sofort ein generelles Rauchverbot in allen Büroräumen.
    f) Die Auftragslage bei der Werkzeugmaschinenfabrik Holzer erfordert es aus Sicht der Unternehmensführung, zwei Sonderschichten einzulegen.
14. Erläutern Sie wichtige neue Arbeitsformen.
15. Welche Auswirkungen haben die neuen Arbeitsformen auf die sozialen Beziehungen im Betrieb?
16. Welche Auswirkungen haben die neuen Arbeitsformen auf die Struktur der Betriebe?
17. Erklären Sie an einem Beispiel das Problem der Scheinselbstständigkeit.

Handlungsimpulse

A Ein Ablaufdiagramm erstellen

In vielen Betrieben gibt es noch keinen Betriebsrat.
Erstellen Sie ein Ablaufdiagramm für die Vorbereitung einer Betriebsratswahl. Nehmen Sie dazu das Betriebsverfassungsgesetz und die Wahlordnung zu den Betriebsratswahlen zu Hilfe.

B Eine Podiumsdiskussion durchführen

Podiumsdiskussionen eignen sich sehr gut dazu, Standpunkte deutlich zu machen. Führen Sie eine Podiumsdiskussion an Ihrer Schule durch, indem Sie zu einem aktuellen Streitthema (z. B. über Ausbildungsfragen, Lohn und Gehalt, Arbeitszeit, Mitbestimmung)

- Arbeitgebervertreter,
- Gewerkschaftsvertreter

einladen.

Bereiten Sie sich auf die Diskussion vor, um Fragen an die Vertreter stellen zu können. Dokumentieren Sie die wichtigsten Ergebnisse der Veranstaltung (z. B. Pressemitteilung, Fotos).

C Szenario „Der ideale Betrieb"

Szenarien dienen dazu, sich mit gesellschaftlichen Problemen und Risiken sowie mit deren zukünftigen Entwicklungen auseinanderzusetzen. In Szenarien fließen sowohl Daten und Informationen, aber auch Einschätzungen und Meinungen ein. Damit soll eine Fortschreibung der bisherigen Entwicklung in die Zukunft möglich werden.

Ablauf:

- Aufgaben- und Problemanalyse
  Grenzen Sie das Thema und die Fragestellung ein.
- Brainwriting
  Beschreiben Sie, welche Faktoren die Fragestellung beeinflussen.
  Beschränken Sie die Faktoren auf höchstens acht.
- Vernetzungsmatrix
  Erstellen Sie eine Vernetzungsmatrix, in die diese Einflussfaktoren eingetragen werden.
  Analysieren Sie, wie die einzelnen Faktoren miteinander verknüpft sind.
- Handlungskatalog
  Listen Sie konkrete Maßnahmen auf, die das Ziel des idealen Betriebes unterstützen.

Grundzüge des Wirtschaftens

1 Die Rolle als Wirtschaftsbürger

Recycling und Lehrlingsmangel belasten

Trotz Rekordumsätzen gemischte Gefühle im Kraftfahrzeughandwerk

G+H steigert den Umsatz

Grünzweig + Hartmann AG (G+H), Ludwigshafen (dpa/vwd). Das Unternehmen hat von der guten Baukonjunktur profitiert.

Für dasselbe Geld länger arbeiten

HANNOVER (ap). Nach dem Ende des Tarifkonflikts zur Sanierung bei Volkswagen muss sich die Belegschaft der westdeutschen Werke auf längere Arbeitszeiten einrichten.

IG Metall Lohnerhöhung von 5 Prozent

LUDWIGSHAFEN (rö). Fünf Prozent mehr Lohn verlangt die IG Metall in Ludwigshafen.

Bundesbürger sparen wieder Milliarden

BONN (wok). Die Bundesbürger werden in diesem Jahr wieder etliche Milliarden Euro sparen, wenn auch nicht ganz so viel wie letztes Jahr.

Niedrige Inflationsrate

WIESBADEN (dpa). Die Lebenshaltung aller privaten Haushalte hat sich im Oktober um 0,3 % im Vergleich zum Vormonat verteuert.

EU und NAFTA unterzeichnen Vertrag

BRÜSSEL (dpa). Das Abkommen zwischen der EU und den Ländern der Amerikanischen Freihandelszone steht.

Höchstbetrag der Sozialversicherung steigt

In Deutschland ist die Umwelt teuer

KÖLN (dpa). Deutschland steht bei den Ausgaben für den Umweltschutz weltweit an der Spitze.

Mehr Sozialwohnungen gefordert

EU fördert die Westpfalz

MAINZ/BONN (lrs). Rheinland-Pfalz erhält insgesamt 5,3 Millionen Euro.

DIE MEISTEN ÖLKONZERNE HEBEN SPRITPREISE AN

HAMBURG (dpa). Einen Tag nach der Deutschen Shell AG haben gestern auch die meisten anderen Mineralölkonzerne die Preise für alle Benzinsorten und Diesel um drei Cent pro Liter erhöht.

EC-Karte ersetzt Bargeld

Einzelhandel registriert eine deutliche Zunahme der bargeldlosen Bezahlung.

1. a) Aus welchen Bereichen stammen die Schlagzeilen?
   b) Von welchen Zeitungsmeldungen sind Sie betroffen?
2. Wie können Sie als Bürger Einfluss auf die Gestaltung und Entwicklung in der Wirtschaftspolitik nehmen?

Ob die Preise steigen, Steuern zu zahlen sind oder der Dollar fällt – immer betreffen wirtschaftliche Fragen und Entwicklungen direkt unser Leben. Auch bei persönlichen Entscheidungen spielen wirtschaftliche Überlegungen eine Rolle: ob beim Kaufen und Verkaufen oder bei einer Kreditaufnahme und Geldanlage. Und schließlich sind es betriebliche Maßnahmen und Entwicklungen, die Auszubildende und Arbeitnehmer angehen, sei es in Fragen der Mitbestimmung, bei Rationalisierungsmaßnahmen oder bei der beruflichen Fort- und Weiterbildung. Viele Lebensbereiche werden durch die Wirtschaft direkt oder indirekt beeinflusst, ob in der Ausbildung, im Berufsleben, im Alltag oder in der Freizeit.

In diesen konkreten Situationen schlüpft jede Bürgerin und jeder Bürger in verschiedene Rollen, etwa als Auszubildender, Arbeitnehmer, Konsument, Produzent, Mieter oder Sparer. Sinnvolles und verantwortungsvolles Handeln als Wirtschaftsbürger setzt voraus, wirtschaftliche und betriebliche Zusammenhänge, Sachverhalte und Interessenkonflikte kennen und beurteilen zu können.

„Wir sind der letzte Dreck"

Der Bekleidungsmulti Klaus Steilmann hat im rheinland-pfälzischen Alsdorf und im hessischen Solms zwei Betriebe dichtgemacht. Das Strickmuster war in beiden Fällen dasselbe: Ohne Vorankündigung und zu Beginn einer achtwöchigen Produktionspause wurden die Betroffenen vor vollendete Tatsachen gestellt.
Den Standort zu sichern sollte Ziel eines Vertrages sein, nach dem sowohl die 220 Beschäftigten in Alsdorf als auch die 81 Beschäftigten in Solms schon jahrelang Mäntel und Röcke produzierten: Verringerung der Arbeitszeit von 38 auf 35 Stunden ohne Lohnausgleich und 14-tägliche Samstagsarbeit ohne Zuschläge bei zwei achtwöchigen Produktionspausen. Jetzt hat Steilmann die Vereinbarung dazu missbraucht, beide Standorte Knall auf Fall platt zu machen.
Die Belegschaft, zu 90% Frauen, trug ihren Protest mit schwarzen Fahnen in die Öffentlichkeit. Die Stimme einer 51-jährigen Beschäftigten drückte die Stimmung aus: „37 Jahre habe ich mich abgerackert, mich kaputtgemacht – und jetzt das. Wir sind der letzte Dreck."

Metall 06/1998

Verbraucher haben Appetit auf glückliche Tiere

Die Berichte über BSE, Hormone, Antibiotika und die Leiden der Tiere in industrieller Massenhaltung haben den Fleischverzehr massiv zurückgehen lassen. Gestiegen ist dagegen die Zahl der Siegel- und Markenzeichen, die den Verbrauchern garantieren sollen, dass die Tiere bis zum Schlachttag ein glückliches Leben führten.
Der Deutsche Tierschutzbund empfiehlt Verbrauchern, beim Einkauf in der Metzgerei und an der Fleischtheke im Supermarkt nachzufragen. Ob das Tier artgerecht gehalten und gefüttert wurde und ob es im nächstgelegenen Schlachthof geschlachtet wurde, sind hierfür wichtige Kriterien.

Die Rheinpfalz, 07.06.1998

1. **Macht und Ohnmacht des Wirtschaftsbürgers liegen oft nahe zusammen. Erläutern Sie dies an den beiden Zeitungsmeldungen.**
2. **Führen Sie aktuelle Beispiele für Einflussmöglichkeiten als Wirtschaftsbürger an.**

Als der Ölmulti Shell die Ölplattform Brent Spar im Atlantik versenken wollte, anstatt sie auf dem Festland zu entsorgen, besetzten Aktivisten von Greenpeace die Ölplattform. Mit ihrer Aktion wollten sie die Versenkung verhindern.

Die Umweltschützer wurden von der Bohrinsel gewaltsam entfernt. Darauf protestierte Greenpeace vor Shell-Tankstellen, was zur Folge hatte, dass die Verbraucher die Tankstellen boykottierten.

Erst aufgrund der drastischen Absatzeinbußen lenkte der Ölmulti ein: Die Ölplattform Brent Spar wurde an der Küste demontiert.

Greenpeace verhilft dem Konsumentenboykott zur demokratischen Macht

Die internationalen ökologischen Proteste experimentieren mit der Frage: Wie können Einzelpersonen teilhaben an den politischen Entscheidungen im Rahmen der Weltgesellschaft?
Die Antwort lautet: Nicht durch das Europaparlament, nicht durch eine zweite Kammer in den Vereinten Nationen – sondern durch Tanken, Segeln, Weintrinken und Einkaufen.
Shell ist in die Knie gezwungen worden, weil viele bei Aral tankten, die hinterher trotz gestärkten Ökobewusstseins weiter über die Autobahn rasten.
Das Verblüffende daran: Im ganz normalen Alltagshandeln liegen also Chancen der politischen Mitwirkung. Diese Formen der Partizipation wirken überdies direkt, also unter Umgehung von Parteien, Parlamenten und Regierungen. Sie führen schließlich zur individuellen Beteiligung an globalen Entscheidungen. Hier zeigt sich in ersten Umrissen eine neue Konstellation transnationaler Politik (...)
Im Unterschied zur Regierungspolitik und dem Handeln der Parteien soll hier von Subpolitik die Rede sein. Es geht also erstens um eine Politik jenseits der repräsentativen Institutionen des nationalstaatlichen Systems; zweitens um eine massenhafte Selbstorganisation von Individuen, von der tendenziell alle gesellschaftlichen Handlungsfelder in Bewegung gesetzt werden können; drittens dreht es sich um eine direkte Politik, die oft ohne jede rechtliche Sicherung betrieben wird.

Die Zeit, 08.09.1995, S. 9

1. **Grenzen Sie den Begriff „Subpolitik" ab von der Regierungspolitik.**
2. **„Der Boykott gegen Shell war nur deshalb so erfolgreich, weil die Autofahrer an der nächsten Tankstelle volltanken konnten."**
   Diskutieren Sie über diese Aussage.

1.1 Bedürfnisse, Bedarf und Güter

1. **Nicht alle Wünsche können in Erfüllung gehen.**
   Wie verhalten Sie sich, um möglichst viele Wünsche Wirklichkeit werden zu lassen?
2. **Um welche Bedürfnisse muss sich jeder Mensch zuerst sorgen?**

Jeder Mensch, gleich wann, wo und wie er lebt, hat Wünsche bzw. **Bedürfnisse**, die er befriedigen möchte. Doch nicht alle Wünsche können erfüllt werden, da die Geldmittel nicht ausreichen. Um sich möglichst viele Bedürfnisse und Wünsche erfüllen zu können, muss der Mensch wirtschaftlich handeln. Dies heißt, er muss die vorhandenen knappen Mittel sinnvoll zur Bedürfnisbefriedigung einsetzen.

Bedürfnisse sind nicht alle gleichwertig. Es gibt Grundbedürfnisse, die jeder Mensch zum Leben braucht. Dazu gehören Nahrung, Kleidung und Wohnung. Es ist aber eine Tatsache, dass ein Teil der Weltbevölkerung auch diese **Existenzbedürfnisse** kaum befriedigen kann. Hungerkatastrophen zeugen davon.
Daneben gibt es Bedürfnisse, die zwar nicht lebensnotwendig sind, aber zum Leben in einer Gesellschaft normalerweise dazugehören. Diese **Kulturbedürfnisse** sind je nach Kulturkreis unterschiedlich. Kulturbedürfnisse sind z. B. Bildung, Unterhaltung und Kunst. Massenbedürfnisse wie Telefon, Auto, Fernseher oder Waschmaschine gehören bei uns heute zu den Kulturbedürfnissen.
Weiter gehende Bedürfnisse werden als **Luxusbedürfnisse** bezeichnet. Sie können von den meisten Bürgern nicht befriedigt werden. Was Luxusbedürfnisse sind, lässt sich jedoch nicht genau bestimmen. Dies hängt von verschiedenen Gesichtspunkten ab, wie z. B. dem Lebensstandard, den wirtschaftlichen Verhältnissen oder dem technischen Fortschritt. Viele frühere Luxusbedürfnisse sind heute zu Kulturbedürfnissen geworden. Galt z. B. ein Computer 1985 noch als Luxus, so ist er heute in den meisten Haushalten zu finden.

Bedürfnisse ändern sich und werden durch die Werbung beeinflusst. Ziel der Werbung ist es, den Verbraucher zu informieren und zum Kauf anzuregen. Ist der Verbraucher bereit, für ein Bedürfnis Geld auszugeben, wird aus dem Bedürfnis ein **Bedarf**, der auf dem Markt zur Nachfrage nach Gütern führt.

Die meisten **Güter** sind knapp, sodass damit wirtschaftlich gehandelt werden muss. Nur wenige Güter sind unbegrenzt verfügbar und kostenlos. Zu den freien Gütern zählen z. B. Luft, Sonne und in manchen Gebieten Wasser. Auch freie Güter können zu wirtschaftlichen Gütern werden, z. B. die Luft, wenn sie in der Raumfahrt oder beim Tauchen gebraucht wird. Die wirtschaftlichen Güter lassen sich in Sachgüter, Dienstleistungen und Rechte einteilen.

Was nichts kostet, wird verschleudert

Ökonomisch gesehen entsteht das Umweltproblem in einer Marktwirtschaft, weil Umweltressourcen, obwohl knapp und wertvoll, keinen Preis haben. Preise entscheiden aber auf dem Markt über Sein oder Nichtsein, d. h. über Wirtschaftlichkeit oder Unwirtschaftlichkeit.
Als Produktionsfaktor eingesetzt (z. B. zur Aufnahme von Abgasen oder Abwässern), sind Umweltressourcen wie Luft oder Wasser unschlagbar, da ohne Preis und deshalb kostenlos; als Produkt (z. B. eine Entschwefelungs- oder Kläranlage) sind sie zugleich unverkäuflich. Also würden ohne Eingreifen des Staates Umweltressourcen übernutzt und nicht reproduziert; unser ökologisches Kapital würde so lange verschleudert werden, bis es für die Spezies Mensch keinen Raum mehr gäbe auf unserem Planeten.
Kein Zweifel: Der Staat ist dringend gefordert. Umweltpolitik muss sein.

Hoger Bonus: Börsen für den Schmutz (Auszug), in: Frankfurter Allgemeine Zeitung, 30.09.1991, S. 13

Sachgüter sind Waren, die gebraucht oder verbraucht werden. Werden sie zur Herstellung von anderen Gütern eingesetzt, handelt es sich um **Produktionsgüter**, dienen sie dem Verbrauch der privaten Haushalte, werden sie als **Konsumgüter** bezeichnet. So ist ein Auto für den Verbraucher ein Konsumgut, während es für ein Unternehmen als Firmenwagen ein Produktionsgut ist. Das Auto ist aber für beide ein Gebrauchsgut; dagegen ist das Benzin für das Fahrzeug ein Verbrauchsgut. Als **Verbrauchsgüter** gelten alle Güter, die einmal benutzt werden; **Gebrauchsgüter** sind mehrmals benutzbar und längerlebig.

Viele Güter werden als **Dienstleistungen** angeboten. Die Leistungen von Krankenhäusern, Versicherungen, Reisebüros, Schulen, Handel oder Banken sind Dienste, die als wirtschaftliche Güter in Anspruch genommen werden können. Die Nachfrage nach Dienstleistungen ist in den letzten Jahren gegenüber den Sachgütern deutlich größer geworden. Erklärbar ist dies u. a. durch den gewachsenen Lebensstandard und den größeren Bedarf nach Freizeitgestaltung. Deshalb bezeichnet man unsere Volkswirtschaft auch als **Dienstleistungsgesellschaft**.

Wirtschaftliche Güter sind z. B. auch Computersoftware, Bücher oder Filme. Sie gründen auf geistigen Leistungen, die als **Rechte** geschützt werden. Urheberrechte, Patente, Lizenzen und eingetragene Markennamen sind als Rechte auch wirtschaftliche Güter, die gekauft und verkauft werden.

Wie wichtig Rechte sind und welchen Wert sie als wirtschaftliches Gut haben, wird in der folgenden Meldung deutlich:

Erfinder der Strichzeichnung um Lizenz gebracht

BOSTON (ap). Zum Lachen war Smiley-Erfinder Harvey Ball nicht zumute, als er erfuhr, dass ein Franzose die Markenrechte für die Strichzeichnung eines lachenden Gesichts hat.

In Balls Heimatstadt Worcester weiß jeder, dass Ball das Symbol im Jahr 1963 für 45 Dollar für eine Versicherungsgesellschaft entwarf. Der Franzose Franklin Loufrani ließ sich das Symbol aber 1971 patentieren und hat inzwischen in 80 Ländern der Welt die Rechte. Der heute 76-jährige Ball erfuhr davon erst vor kurzer Zeit.

Was ihn besonders ärgert, ist die Tatsache, dass Loufrani gerichtlich gegen US-Firmen vorgehen will, die keine Lizenzgebühren an ihn bezahlen. „So viel zum Thema Smiley und Fröhlichkeit“, zürnt Ball. Was er für sich will, ist die Anerkennung als Smiley-Erfinder. Ball hatte nie die Rechte beansprucht und trauert auch nicht entgangenen Millionen nach.

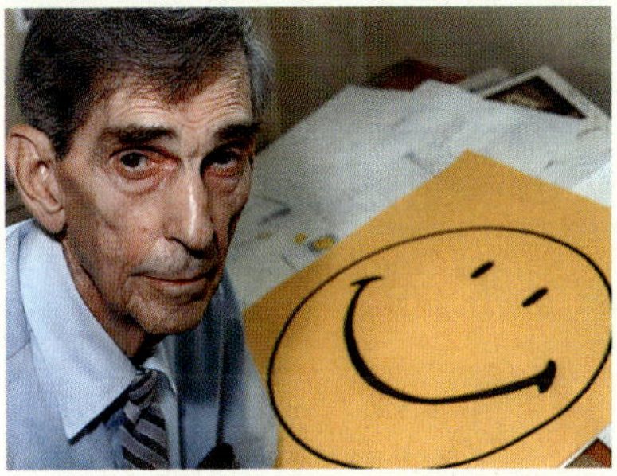

Smiley-Erfinder Ball

Die Rheinpfalz, 08.07.1998

Der Verkäufer und der Elch

Franz Hohler

Kennt ihr das Sprichwort „Dem Elch eine Gasmaske verkaufen“?

Das sagt man in Schweden von jemandem, der sehr tüchtig ist, und ich möchte jetzt erzählen, wie es zu diesem Sprichwort gekommen ist.

Es gab einmal einen Verkäufer, der war dafür berühmt, dass er allen alles verkaufen konnte.

Er hatte schon einem Zahnarzt eine Zahnbürste verkauft, einem Bäcker ein Brot und einem Obstbauern eine Kiste Äpfel.

„Ein wirklich guter Verkäufer bist du aber erst“, sagten seine Freunde zu ihm, „wenn du einem Elch eine Gasmaske verkaufst.“

Da ging der Verkäufer so weit nach Norden, bis er in einen Wald kam, in dem nur Elche wohnten.

„Guten Tag“, sagte er zum ersten Elch, den er traf, „Sie brauchen bestimmt eine Gasmaske.“

„Wozu?“, fragte der Elch. „Die Luft ist gut hier.“

„Alle haben heutzutage eine Gasmaske“, sagte der Verkäufer.

„Es tut mir leid“, sagte der Elch, „aber ich brauche keine.“

„Warten Sie nur“, sagte der Verkäufer, „Sie brauchen schon noch eine.“

Und wenig später begann er mitten in dem Wald, in dem nur Elche wohnten, eine Fabrik zu bauen.

„Bist du wahnsinnig?“, fragten seine Freunde.

„Nein“, sagte er, „ich will nur dem Elch eine Gasmaske verkaufen.“

Als die Fabrik fertig war, stiegen so viel giftige Abgase aus dem Schornstein, dass der Elch bald zum Verkäufer kam und zu ihm sagte: „Jetzt brauche ich eine Gasmaske.“

„Das habe ich gedacht“, sagte der Verkäufer und verkaufte ihm sofort eine. „Qualitätsware!“, sagte er lustig.

„Die andern Elche“, sagte der Elch, „brauchen jetzt auch Gasmasken. Hast du noch mehr?“ (Elche kennen die Höflichkeitsform mit „Sie“ nicht.)

„Da habt ihr Glück“, sagte der Verkäufer, „ich habe noch Tausende.“

„Übrigens“, sagte der Elch, „was machst du in deiner Fabrik?“

„Gasmasken“, sagte der Verkäufer.

Norman Paech, Frankfurter Rundschau, 13.09.2003 (Auszug)

1. **Zeigen Sie auf, inwiefern in der Satire Bedürfnisse und Bedarf kritisch beleuchtet werden.**
2. **Übertragen Sie die Aussagen der Satire auf Produkte und Güter, die ähnlich kritisch zu betrachten sind.**

1.2 Einfluss der Werbung

KidsVerbraucherAnalyse (KidsVA) 2006

Das Finanzvolumen der Kinder entwickelt sich wieder positiv. Zwar gibt es etwas weniger Taschengeld für die Älteren und weniger Bares zum Geburtstag, aber dafür mehr Geld an Weihnachten und die Sparguthaben steigen wieder an. Beeindruckende 5,88 Milliarden Euro Finanzpower liegt bei den Kindern – und somit hat erstmals jedes deutsche Kind durchschnittlich über tausend Euro zur Verfügung (...)
Gut gefüllt sind auch die Sparkonten der Kinder, auf denen sich im Schnitt 615 EUR finden. Damit konnte der deutliche Rückgang des Vorjahres (518 EUR) sogar mehr als ausgeglichen werden. Ältere Kids sparen vor allem auf Handys (18 %), die Jüngeren auf Spielzeuge (19 %). Das Taschengeld hingegen wird wie eh und je an erster Stelle für Süßigkeiten (61 %) ausgegeben. Es folgt noch einmal etwas Süßes – Eis (36 %), und dann Zeitschriften/Comics 35 %. Nach Getränken (27 %) und Essen unterwegs/Fast Food (26 %) tauchen dann schon Handy-Kosten bei 20 % der Kinder als Ausgabenposten auf (...)
Inzwischen ist fast ein Drittel der Kinder (1,9 Millionen) Besitzer eines eigenen Handys. Mehr als die Hälfte der 10- bis 13-Jährigen (1,6 Millionen), aber auch jedes zehnte Kind im Alter 6 bis 9 Jahre ist mobil erreichbar. 36 % der Handybesitzer telefonieren täglich damit. Beliebt sind außerdem die vielfältigen Zusatzfunktionen der Geräte. Fast jeder der jungen Handy-Besitzer hat schon einmal eine SMS verschickt (89 %) und viele ein Handy-Game gespielt (62 %). Dagegen haben erst ein Drittel Klingeltöne und 16 Prozent Screenbilder geladen.
Die anfallenden Kosten müssen rund ein Viertel der Kinder alleine tragen. In 37 % der Fälle bezahlen die Eltern aber zumindest einen Teil oder sogar alle Handy-Rechnungen (37 %). Dank einer gewissen Kontrolle mit Prepaid-Cards (82 %) und Verträgen über die Eltern (13 %) konnten die Summen im Vergleich zum Vorjahr um über 4 % auf durchschnittlich 23,66 EUR pro Monat gesenkt werden.
Im Jahr belaufen sich die Kosten somit auf 284 EUR – Vorjahr 297 EUR. Damit liegen sie deutlich über den durchschnittlichen Ausgaben für Spielzeug (164 EUR), aber unter den für Bekleidung (309 EUR).
Wieder kann die KidsVA ein hohes Markenbewusstsein bei den Kindern feststellen und die Bereitschaft der Eltern, den Markenwünschen ihrer Sprösslinge nachzukommen (...)
Besonders hohe Relevanz haben Marken weiterhin, wenn sie das Outfit der Kinder betreffen. Wichtig sind Marken daher bei Sportschuhen (58 %), Taschen/Schulranzen (54 %) und Bekleidung (50 Prozent). Auch das richtige Handy (41 %) gehört zum Outfit dazu.

Quelle: http://www.ehapa.de/ehapa/e7/e36/e37/e5161/index_ger.html, 01.08.2006

1. **Weshalb ist es für die Unternehmen wichtig, die Wünsche und Bedürfnisse ihrer Zielgruppe zu kennen?**
2. **Warum werden junge Leute als Zielgruppe der Werbung immer interessanter?**

Werbung hat Konjunktur. Jährlich werden in der Bundesrepublik Deutschland fast 30 Mrd. EUR in die „geheimen Verführer" investiert. Dabei werden zwei Drittel der Werbeausgaben für Anzeigen und Spots ausgegeben, immer mit dem Ziel, Bedürfnisse zu wecken und den Konsumenten zum Kauf von Gütern und Dienstleistungen zu bewegen.

Kann die Werbung das Verhalten der Konsumenten wirklich beeinflussen? Diese viel diskutierte Frage lässt sich nicht eindeutig beantworten. Die Wirkung der Werbung hängt sowohl von der Machart der Werbung als auch von der Kaufbereitschaft des Verbrauchers ab.

Im Verhältnis zu den vielen Werbespots im Fernsehen oder der Masse der Anzeigen in Zeitschriften und Zeitungen fällt die Wirkung der Werbung recht bescheiden aus. Würden alle Produkte gekauft, die täglich angepriesen werden, würde das sowohl die Unternehmen als auch die Verbraucher überfordern. Werbung wirkt, aber ihre Wirkung endet beim Bedarf, beim Geldbeutel und bei der Enttäuschung über nicht erfüllte Werbeversprechen.

Wie verkauft man jungen Menschen ein neues Produkt?

Die Überdosis Werbung hat die Verbraucher abstumpfen lassen. Wie erreicht man junge Leute, vor deren Augen jährlich Tausende Werbespots flimmern, die wegzappen, wenn sich auf dem Bildschirm Werbung ankündigt?
Die Verbraucher sind auf der Flucht und besonders flüchtig sind die Jugendlichen. Event-Marketing soll sie wieder einfangen. Beim Event-Marketing sind die Markenartikel mit einem Erlebnis verbunden. Die Veranstaltung – z. B. ein Rockkonzert – wird zu einem Ereignis und die Werbung verschwindet im Halbschatten. „Die Jugendlichen brauchen neue Erlebnisse, die haben doch schon alles", sagt P. Funk von einer Frankfurter Werbeagentur. Also nur das richtige Event – und die jungen Leute zücken ihre Geldbörse? Nein, die heutige Jugend ist nicht einfach zu fassen, meint der Werbemensch. Sie passt in keine Schublade, ständig wechseln die Trends, ihre Moden wechseln schneller als die Marktforscher folgen können.

Nach: Tagesspiegel, 05.06.1997

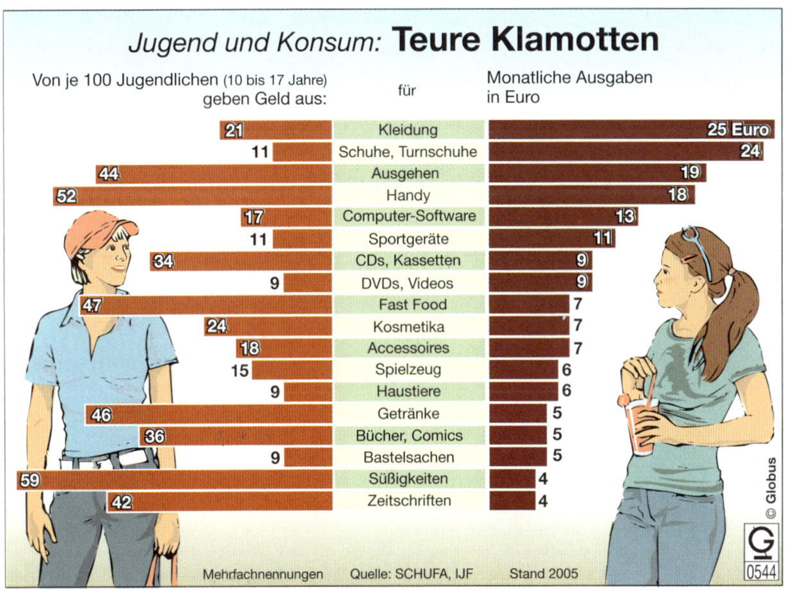

1. **Mit welchem Problem hat die Werbung zu kämpfen?**
2. **Wie wird versucht, Einfluss auf die jungen Leute zurückzugewinnen?**

1.3 Sparen und Konsumieren

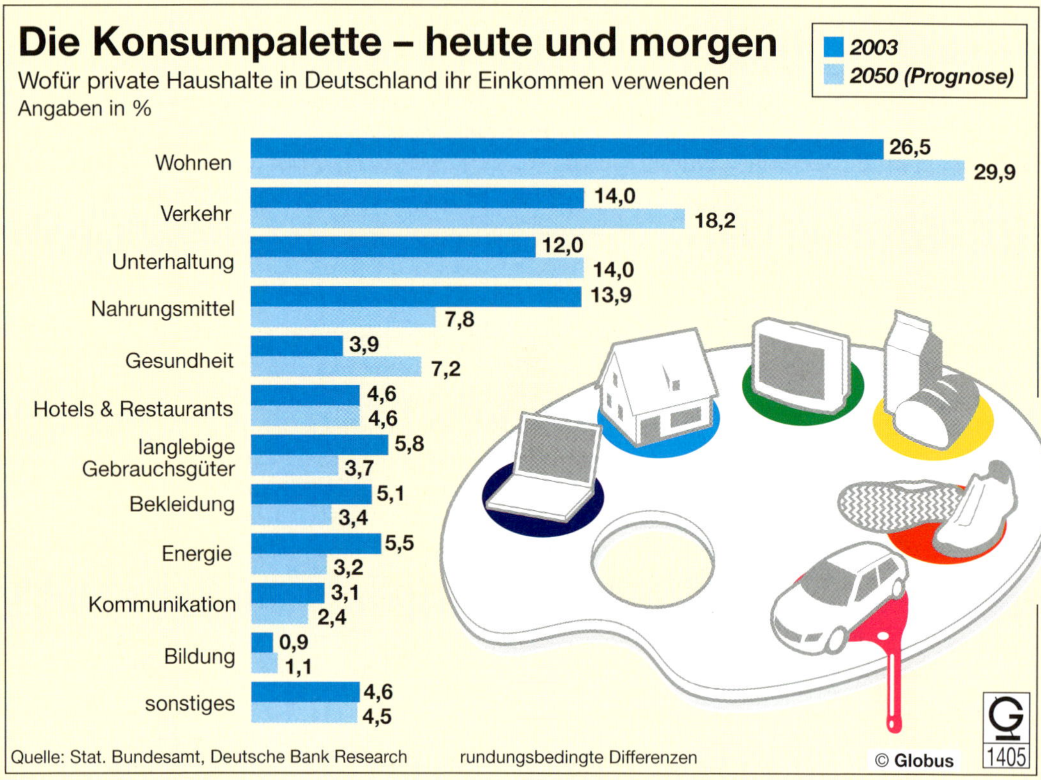

1. **Bei welchen Ausgaben können die Haushalte selbst wenig, bei welchen mehr Einfluss nehmen?**
2. **Für was geben Sie Ihr Einkommen aus? Listen Sie Ihre Ausgabenposten auf.**

Über die Verwendung ihres Einkommens können die Haushalte selbst entscheiden. Allerdings fallen bestimmte Ausgaben wie z. B. für Nahrung, Wohnung und Kleidung in jedem Haushalt an; diese Grundbedürfnisse zwingen die Haushalte, bestimmte Summen für diesen Zweck bei der Einkommensverwendung einzuplanen. Wie viel der einzelne Haushalt an Verbrauchs- und Gebrauchsgütern konsumiert, hängt vom Lebensstandard und den jeweiligen Bedürfnissen ab.

Indem die Haushalte vorübergehend auf Konsum verzichten, können sie einen Teil ihres Einkommens sparen. Die jährliche **Sparquote** in der Bundesrepublik Deutschland liegt bei gut 10 %.

Viel sparen kann nur, wer viel verdient. Die Sparfähigkeit ist aber nicht alleine vom Einkommen abhängig. Die wirtschaftlichen Verhältnisse (z. B. Preise, Zinsen, Löhne), zukünftige Ziele und der Wille zum Sparen beeinflussen die Sparquote.

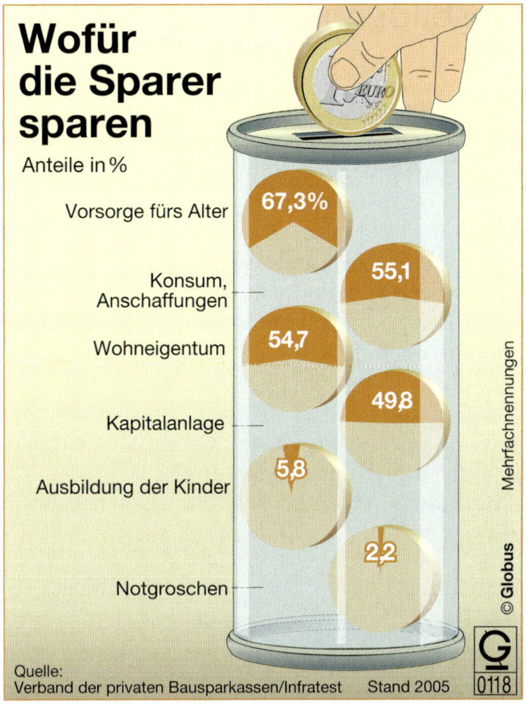

Die Gründe zu sparen sind vielschichtig. Beweggründe sind:

Zwecksparen

Bei größeren Anschaffungen (Auto, Hausbau) oder Ausgaben (Urlaub) ist es notwendig, über einen längeren Zeitraum Geldmittel vom verfügbaren Einkommen anzusparen. Nur so sind diese Anschaffungen und Ausgaben in der Regel zu finanzieren.

Vermögensbildung

Spargelder können der Geldanlage dienen. Für die Kapitalanlage erwartet der Sparer eine Verzinsung und damit ein zusätzliches Einkommen. Der Staat unterstützt die Vermögensbildung von Haushalten mit niedrigem Einkommen, indem er Sparprämien zahlt.

Vorsorgesparen

Für Notsituationen, für das Alter oder für die Aus- und Weiterbildung der Kinder werden Spargelder bei Versicherungen oder Banken angelegt. Der Beweggrund zum Sparen ist hier vor allem das Bedürfnis nach Sicherheit.

1. **Was heißt „sparen“?**
2. **Wodurch wird die Sparquote beeinflusst?**
3. **Nennen Sie Beweggründe für das Sparen.**
4. **Erklären Sie, was mit dem Begriff „Sparwille“ gemeint ist.**

1.4 Vermögensbildung

Karin hat 20 000,00 EUR von ihrer Tante geerbt. Sie möchte das Geld anlegen. Bei ihrem Kreditinstitut lässt sie sich von einer Mitarbeiterin beraten. Die Mitarbeiterin erklärt Karin, dass die Form der Geldanlage von mehreren Fragen abhängt. Zunächst sollte sich Karin überlegen, ob sie das Geld nicht in Kürze wieder für Ausgaben benötige. Davon hänge es ab, ob sie ihr Geld kurz- oder langfristig anlegen kann. Je nach der Art der Kapitalanlage, z. B. Aktien oder Bundesschatzbriefe, sei das Risiko unterschiedlich hoch. Wer viel wage, könne zwar viel gewinnen, aber auch viel verlieren. Die Geldberaterin erläutert Karin auch, dass sie vom Staat für bestimmte Anlagen eine Sparförderung in Anspruch nehmen kann.

1. Über welche Fragen muss sich Karin vor der Geldanlage Gedanken machen?
2. Welche Folgen hat eine langfristige Geldanlage?
3. Wieso besteht bei der Anlage in Aktien oder Bundesschatzbriefen ein unterschiedliches Risiko?

Wer sparen und Geld anlegen will, sollte sich beraten lassen. Geld anlegen kann der Sparer nicht nur bei Sparkassen, Banken oder der Postbank, sondern z. B. auch bei Versicherungen oder Bausparkassen. Welche Anlageform für den einzelnen Sparer die richtige ist, hängt von drei Überlegungen ab:

1. Wie lange kann der Sparer darauf verzichten, sofort über sein Geld verfügen zu können?
2. Wie hoch ist die Risikobereitschaft des Anlegers?
3. Welchen Ertrag erwartet der Sparer von der Geldanlage?

Diese Anlagekriterien sind miteinander verknüpft. So bringen langfristige Anlagen größere Zinserträge als Anlagen, über die der Sparer kurzfristig verfügen kann.

Bei risikoreicheren Anlagen ohne Ertragsgarantie sind hohe Gewinne, aber auch Verluste möglich.

Die wichtigsten Anlageformen der privaten Haushalte sind: Spareinlagen und Termingelder (37 %), Versicherungssparen (27 %), Rentenpapiere (11 %) und Aktien (5 %).

Spareinlagen

Das „klassische" **Sparbuch** ist noch immer eine beliebte Sparform. Bei Spareinlagen mit gesetzlicher Kündigungsfrist von drei Monaten darf der Sparer bei vielen Banken und Sparkassen pro Monat höchstens 2000,00 EUR abheben. Sonst muss er „Strafzinsen" zahlen. Die schnelle Verfügbarkeit wird allerdings nur niedrig verzinst. Besser verzinst werden Sparkonten mit länger vereinbarter Kündigungsfrist.

Termingelder, Sparbriefe

Bei Termingeldern stellt der Sparer der Bank einen Geldbetrag für eine festgelegte Zeit (30, 90, 180 Tage) zur Verfügung. Dieses **„Festgeld"** steht am Ende der Laufzeit mit den Zinsen dem Sparer wieder zur freien Verfügung. Das kurzfristige „Parken" von Geldern auf Festgeldkonten bringt mehr Zinsen als das Girokonto.

Viele Kreditinstitute bieten ihren Kunden, die mit dem Ertrag auf dem normalen Sparbuch nicht zufrieden sind, die Risiken von Anleihen oder Aktien jedoch scheuen, Sparbriefe an. Der **Sparbrief** garantiert über die gesamte Laufzeit einen festen Zins. Der Sparer kann erst nach Ende der Laufzeit über sein Geld verfügen.

Nicht nur die Kreditinstitute, sondern auch der Staat bietet Sparern die Möglichkeit, Geld anzulegen. Um ihre Schulden finanzieren zu können, verkauft die Bundesrepublik Deutschland **Bundesschatzbriefe**. Die Laufzeit beträgt sechs oder sieben Jahre. Der Zinssatz steigt mit der Laufzeit. Ein Verkauf ist nach einem Jahr möglich.

Rentenpapiere

Der Geldanleger erwirbt über sein Kreditinstitut festverzinsliche Wertpapiere, z. B. Bundesanleihen, Pfandbriefe oder Obligationen. Das Kreditinstitut kauft für den Sparer die Rentenpapiere an der Wertpapierbörse. Die im Wertpapier verbriefte Geldschuld wird mit einem festen Zinssatz verzinst. Kauf und Verkauf der Wertpapiere sind jederzeit zum Tageskurs möglich.

Aktien und Aktienfonds

Über sein Kreditinstitut kauft der Anleger Aktien an der Aktienbörse zum aktuellen Kurswert. Damit erwirbt er Anteile an Aktiengesellschaften. Aktieninhaber haben ein höheres Risiko. Der Kurs richtet sich nach Angebot und Nachfrage, die Verzinsung (Dividende) nach der Geschäftsentwicklung der AG. Durch Anteile an Aktienfonds kann das Kursrisiko begrenzt werden.

Versicherungssparen

Die Kapitallebensversicherung ist die typische Form des Versicherungssparens. Der Versicherte zahlt monatlich einen festen Betrag und erhält am Ende der vereinbarten Laufzeit die Beiträge mit den Gewinnanteilen ausbezahlt. Andere Formen des Versicherungssparens sind Ausbildungs- und Aussteuerversicherung.

Bausparen

Für Sparer, die in der Zukunft ein Grundstück, Haus oder eine Wohnung erwerben bzw. modernisieren wollen, sind Bausparverträge eine gute Finanzierungsgrundlage. Der Bausparer schließt mit einer Bausparkasse einen Vertrag über eine bestimmte Bausparsumme ab. Der Sparer zahlt regelmäßig Beiträge auf seinen Bausparvertrag ein. Nachdem er einen Anteil der Bausparsumme eingezahlt hat, erfolgt die Zuteilung. Der Sparer und Bauherr kann sich die gesamte Bausparsumme auszahlen lassen; das zugeteilte Darlehen erhält er zu einem günstigen Zinssatz.

Sparförderung

Sparen ist für die gesamte Volkswirtschaft von Bedeutung. Spargelder stehen der Wirtschaft als Kredite für Investitionen zur Verfügung. Deshalb fördert der Staat bestimmte Sparformen durch Steuervergünstigungen sowie durch Sparprämien.

Zinsen aus Kapitalvermögen sind einkommensteuerpflichtig. Durch den Sparerfreibetrag sind Zinsen bis zu einer Höhe von 750,00 EUR (ledig) bzw. von 1 500,00 EUR (verheiratet) steuerfrei.

Steuerlich begünstigt werden in der Einkommensteuererklärung Bausparbeiträge, die als Sonderausgaben geltend gemacht werden können. Bis zu einer bestimmten Einkommensgrenze kann der Bausparer anstatt der Sonderausgaben eine **Wohnungsbauprämie** beantragen.

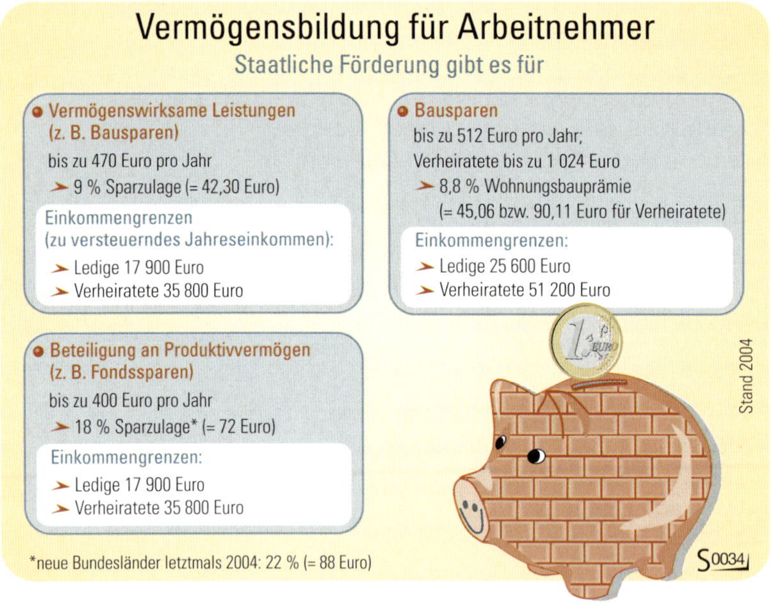

Der Der Staat fördert die Vermögensbildung in Arbeitnehmerhand durch Arbeitnehmersparzulagen. Die **Arbeitnehmersparzulage** erhalten Arbeitnehmer, wenn ihr Einkommen 17 900,00 EUR (ledig) bzw. 35 800,00 EUR (verheiratet) nicht übersteigt. In vielen Tarifverträgen ist festgelegt, dass der Arbeitgeber sich an der Vermögensbildung des Arbeitnehmers durch einen Zuschuss beteiligt.

1. **Nach welchen Anlagekriterien sollte sich der Sparer richten?**
2. **Weshalb haben die meisten Sparer ein Sparbuch?**
3. **Welche Sparform ist in den folgenden Fällen sinnvoll? Begründen Sie.**
   a) **Sie wollen für ein neues Auto sparen.**
   b) **Im Sommer möchten Sie eine Weltreise machen.**
   c) **Herr und Frau Klein wollen für die Ausbildung ihrer Kinder vorsorgen.**
   d) **Sie wollen für Ihr Geld einen möglichst hohen Ertrag erzielen.**
   e) **Sie haben 8 000,00 EUR zur Verfügung. In drei Monaten wollen Sie eine größere Anschaffung tätigen.**
4. **Wie fördert der Staat das Bausparen?**
5. **Weshalb lohnt sich für die Arbeitnehmer das vermögenswirksame Sparen?**

1.5 Überschuldung und Verbraucherinsolvenz

Verbraucherinsolvenz

Hoffnung für überschuldete Haushalte

Immer mehr Privatleute landen in der Schuldenfalle, rund drei Millionen Haushalte in Deutschland sind überschuldet. Hersteller und Händler locken mit „komfortabler" Zahlung auf Raten, Banken ermuntern ihre Kunden, Kredite aufzunehmen, und verführen so zu einem Leben auf Pump. Die durchschnittliche Kredithöhe steigt, immer weniger Schuldner zahlen ihre Verbindlichkeiten planmäßig zurück. Neben der Naivität bei Kreditangeboten stehen meist Probleme wie Arbeitslosigkeit, ein dauerhaft niedriges Einkommen oder eine Scheidung am Beginn einer „Schuldnerkarriere". Außerdem scheitern immer mehr selbstständige Unternehmer. Die Folge: Die Zahl der Privatinsolvenzen nimmt zu. Das Verbraucherinsolvenzverfahren bietet einen Weg, die Schulden wieder loszuwerden.

Die Schuldner werden immer jünger: So sind junge Erwachsene inzwischen die Hauptproblemgruppe. Über 60 % der ausgefallenen Kredite entfallen auf die Altersgruppe zwischen 20 und 34 Jahren. Dabei nahmen in den vergangenen Jahren vor allem die Rückzahlungsschwierigkeiten bei den 20- bis 24-Jährigen zu. Experten vermuten, dass vor allem die übermäßige Handy-Nutzung viele Jugendliche in die Schuldenfalle treibt.

Marcel Kelver, ARD-Mittagsmagazin vom 18.11.2003, http://www.br-online.de/politik-wirtschaft/mittagsmagazin/dynamisch/specials/verbraucherinsolvenz/verbraucherinsolvenz.htm (verändert)

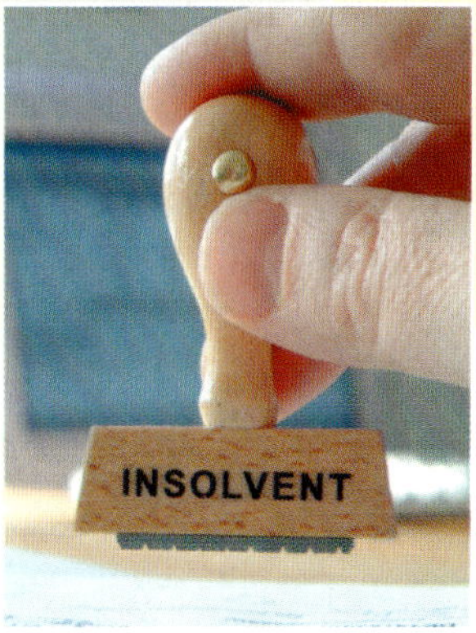

1. **Warum landen immer mehr Privatpersonen in der Schuldenfalle?**
2. **Weshalb geraten zunehmend junge Erwachsene in die Schuldenfalle?**
3. **Welche Möglichkeiten gibt es, sich aus der Schuldenfalle zu befreien?**

Das Verhältnis zu Krediten hat sich mit der zunehmenden Kaufkraft der privaten Haushalte und dem Vertrauen auf ein regelmäßiges Einkommen verändert. Immer häufiger werden auch Konsumgüter durch Kredite finanziert. Ihre Aufnahme ist unproblematisch, sofern genügend finanzieller Spielraum für die Rückzahlung der Raten bleibt und Risiken wie Arbeitsplatzverlust oder Krankheit einkalkuliert werden.

Reicht das monatliche Einkommen dauerhaft nicht aus, die laufenden Lebenshaltungskosten sowie fällige Raten und Rechnungen zu bezahlen, ist eine **Überschuldung** eingetreten.

Drückt die Schuldenlast, ist es wichtig, sich professionelle Hilfe zu suchen – je früher, desto besser. So kann möglicherweise noch eine Verbraucherinsolvenz abgewendet werden. Beratungsstellen von Verbraucherzentralen, Wohlfahrtsverbänden, Kommunen oder Kirchen helfen weiter. Gemeinsam mit dem Schuldner wird dessen finanzielle Situation genau untersucht und ein Schuldenbereinigungsplan aufgestellt. Verbraucherzentralen warnen vor Angeboten einer „unkomplizierten Soforthilfe" sogenannter Schuldenregulierer.

Adressen von regionalen Schuldnerberatungsstellen finden sich beim Verein Schuldnerhilfe Essen e.V. unter: www.vse-essen.de.

Kann der Schuldenberg nicht mehr abgetragen werden, so bietet das seit 1999 geltende **Verbraucherinsolvenzverfahren** eine zusätzliche Entschuldungsmöglichkeit. Insolvenz bedeutet, dass der Schuldner zahlungsunfähig ist.

Um die Schulden loszuwerden, muss der Schuldner ein langwieriges Verfahren durchlaufen, das in folgenden Stufen zu einem echten finanziellen Neuanfang führen soll:

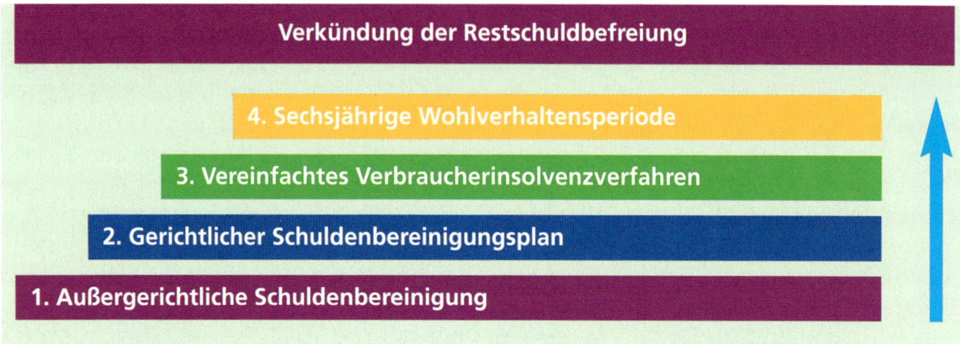

Die Verbraucherinsolvenz läuft folgendermaßen ab:

• Zunächst muss der Schuldner versuchen, sich mit seinen Gläubigern außergerichtlich zu einigen und zum Beispiel eine Ratenzahlung, Stundung oder einen Teilerlass auszuhandeln. Dieser Einigungsversuch – idealerweise mit Unterstützung einer Schuldnerberatungsstelle – ist die Voraussetzung für eine spätere gerichtliche Einigung.

• Wird der Schuldner sich mit seinen Gläubigern nicht einig, kann er beim Amtsgericht einen Antrag auf Eröffnung eines Verbraucherinsolvenzverfahrens stellen. Hierbei beantragt er auch die Restschuldbefreiung.

• Auch das Gericht versucht nun erst einmal, eine Einigung mit den Gläubigern zu erreichen. Klappt das nicht, kommt das Verfahren in Gang: Der Richter setzt einen Insolvenzverwalter ein. Dieser verteilt in den folgenden Jahren das Vermögen des Schuldners auf die Gläubiger.

• Mit dessen Einsetzung beginnt die sogenannte „Wohlverhaltensphase“. Sie dauert sechs Jahre. Ein Teil des Gehaltes – auch pfändbarer Teil genannt – wird in diesen sechs Jahren vom Arbeitgeber oder Arbeitsamt direkt auf ein Treuhänderkonto abgeführt. Erbt der Schuldner in dieser Zeit etwas, muss er davon die Hälfte abführen.

• Sind die sechs Jahre vergangen, erlässt das Gericht die Restschulden. Die Gläubiger müssen auf noch ausstehende Beträge verzichten.

• **Wichtig:** Während dieser Wohlverhaltensphase hat der Schuldner einige Pflichten. Vernachlässigt er diese, gibt es keine Restschuldbefreiung. Der Schuldner darf geerbtes Vermögen nicht verschweigen, muss jede zumutbare Arbeit annehmen, wenn er arbeitslos ist, und natürlich Arbeitsplatz- und Wohnortwechsel angeben.

Marcel Kelver, ARD-Mittagsmagazin vom 18.11.2003, http://www.br-online.de, Abruf 27.08.2007

Zur Wiederholung

1. Was ist die Voraussetzung für ein verantwortliches Handeln des Wirtschaftsbürgers?
2. Nennen Sie typische Rollen, die Sie als Wirtschaftsbürger spielen.
3. Warum muss der Mensch wirtschaften?
4. Wodurch unterscheiden sich wirtschaftliche und freie Güter?
5. Weshalb zählen Rechte und Lizenzen zu den wirtschaftlichen Gütern?
6. Erklären Sie den Zusammenhang von Bedürfnis, Bedarf und Nachfrage.
7. Erläutern Sie den Unterschied zwischen Ge- und Verbrauchsgut.
8. Kann die Werbung das Verhalten der Konsumenten wirklich beeinflussen?
9. Nach welchen Kriterien lassen sich die Güter in Existenz-, Kultur- und Luxusbedürfnisse einteilen?
10. Ordnen Sie die folgenden Güter nach Existenz-, Kultur- und Luxusbedürfnissen:
    a) Fernsehen, b) Telefon, c) Motoryacht,
    d) Ausbildung, e) Kaffee, f) Digitalkamera.
11. „Zu oft sind Existenzbedürfnisse für viele Menschen Luxusbedürfnisse." Erläutern Sie diese Aussage.
12. „Ein Gut kann sowohl Konsum- als auch Produktionsgut sein." Erläutern Sie dies an Beispielen.
13. Ordnen Sie nach Sachgut und Dienstleistungen:
    a) Der Friseur schneidet einem Kunden die Haare.
    b) Der Friseur fertigt ein Haarteil für einen Kunden an.
    c) Die Kfz-Mechanikerin repariert die Bremsen eines Autos.
    d) Bernd mietet sich eine Wohnung.
14. Wieso handelt es sich bei einer CD-Raubkopie um einen Diebstahl?
15. Die Abbildung auf der Seite 322 zeigt, dass sich Jugendliche oft markenbewusst kleiden.
    a) Weshalb legen viele Jugendliche Wert auf Markenartikel?
    b) Errechnen Sie, was das Outfit der beiden Jugendlichen kostet.
    c) Was halten Sie von der Finanzierungslösung der Jugendlichen?

Handlungsimpulse

A Filme nach Product-Placement analysieren

In Fernsehsendungen, Serien oder Filmen wird indirekt für bestimmte Produkte geworben (Product-Placement).

- Suchen Sie in Fernsehsendungen und Filmen nach indirekter Werbung.
- Notieren Sie Ihre Beobachtungen und werten Sie diese aus.

B Eine Umfrage machen: „Markenbewusstsein bei jungen Leuten"

Markenbewusstes Outfit kostet Geld.

- Führen Sie an Ihrer Schule eine Erhebung durch, in der Sie das Markenbewusstsein bei jungen Leuten abfragen. Fragen Sie auch nach Gründen für das Markenbewusstsein sowie nach dem Einfluss der Werbung.
- Fassen Sie die Ergebnisse in aussagekräftigen Statistiken zusammen und veranschaulichen Sie diese durch Grafiken.

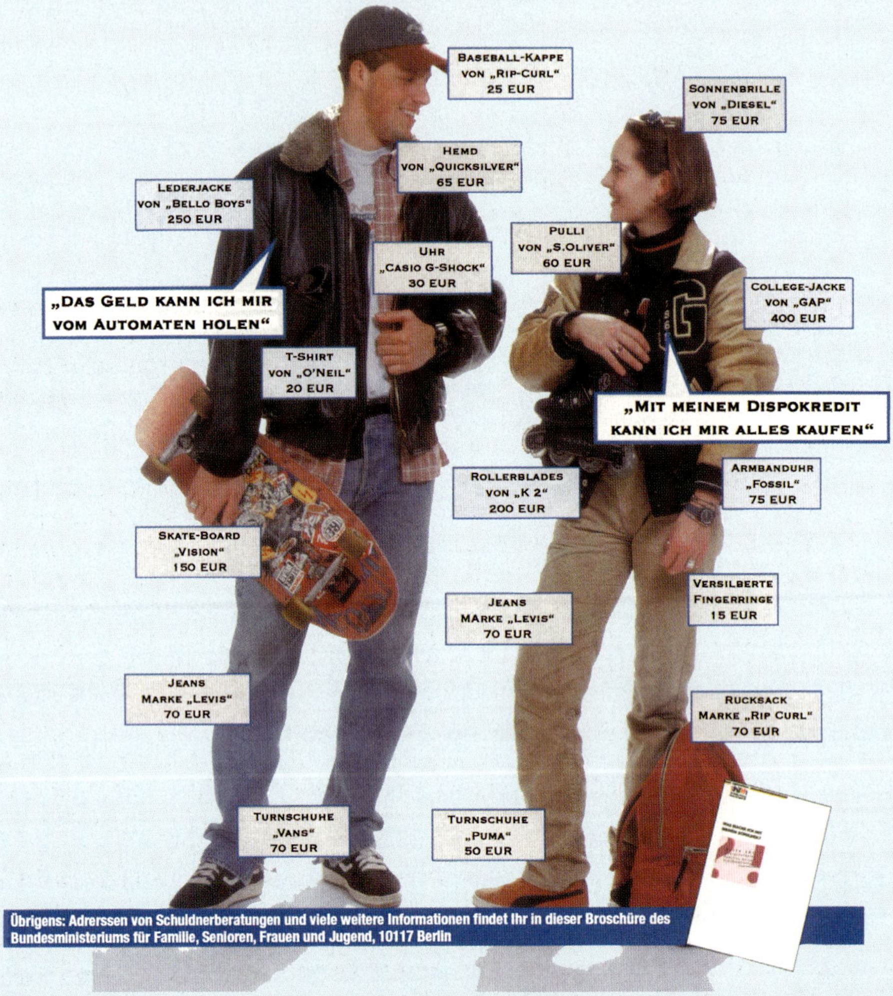

Aus: Zeitlupe, Nr. 35, Bundeszentrale für politische Bildung, 1998

2 Volkswirtschaftliche Grundlagen

2.1 Produktionsfaktoren

500 000 EUR
für Geschäftsbeteiligung gesucht

Wir stellen ein:
- Facharbeiter
- Auszubildende

Wer verpachtet Weinberg?

1. **Was wird in den Anzeigen gesucht?**
2. **Zu welchem Zweck werden die gesuchten „Mittel" gebraucht?**

Um Güter herzustellen oder Dienstleistungen anzubieten, werden die drei Mittel Arbeit, Boden (Natur) und Kapital benötigt. Diese werden als **Produktionsfaktoren** bezeichnet. Benötigt werden sie alle drei, je nach Produktion überwiegt aber der eine oder andere Faktor. So ist z. B. beim Landwirt der Boden, bei einer Schneiderin die menschliche Arbeitskraft der wichtigste Produktionsfaktor.

Für Güter, die der Mensch herstellt, werden Rohstoffe aus der Natur benötigt. Dabei müssen bestimmte Rohstoffe, wie z. B. Erdöl, Metalle oder Kohle, abgebaut werden; sie sind nur begrenzt vorhanden. Dagegen lassen sich z. B. Holz, Getreide oder Pflanzenöle durch Anbau als Rohstoffe erneuern. Für alle Rohstoffe gilt, dass wir sie umweltschonend und umweltbewusst nutzen müssen, um die Grundlage des Wirtschaftens und unseres Lebens zu erhalten. In diesem Zusammenhang spielt das **Recycling** (Wiederverwertung) eine immer größere Rolle.

Zum Produktionsfaktor **Boden** zählt auch der Standort für die Gebäude und Anlagen von Betrieben. Für die Wahl eines Standortes sind verschiedene Gesichtspunkte ausschlaggebend, z. B. Verkehrsanbindung, Kunden- oder Lieferantennähe, Umweltauflagen, verfügbare Arbeitskräfte, Steuersätze, staatliche Fördermittel und Energiekosten.

Arbeit ist jede Tätigkeit des Menschen, durch die Güter produziert und Dienstleistungen bereitgestellt werden. Zum Produktionsfaktor Arbeit zählen sowohl geistige als auch körperliche Tätigkeiten. In den hoch entwickelten Industrieländern spielt die Qualität der Arbeitskräfte und das technische Wissen (Know-how) eine immer wichtigere Rolle. Zudem verliert der Produktionsfaktor Arbeit in der industriellen Produktion an Bedeutung, während er im Dienstleistungsbereich an Bedeutung gewinnt. Dies hat seine Gründe in der zunehmenden Automation und Rationalisierung.

Hierzu benötigen die Unternehmen Maschinen und Anlagen, wofür große Geldmittel erforderlich sind. Geldmittel sind für die Unternehmen Geldkapital. Wird Geld in Gebäude, Anlagen und Maschinen investiert, entsteht Sachkapital. Geld- und Sachkapital gehören zum dritten Produktionsfaktor, **Kapital**.

Während die Produktionsfaktoren Arbeit und Boden als natürliche Mittel vorhanden sind, muss der Produktionsfaktor Kapital erst „geschaffen" werden. Dies geschieht durch Sparen und Konsumverzicht der Haushalte bzw. Gewinnentnahme der Unternehmen. Fast alle Unternehmen benötigen neben dem Eigenkapital vor allem bei größeren Investitionen Kredite und Fremdkapital.

Auf betrieblicher Ebene werden die volkswirtschaftlichen Größen Arbeit, Boden und Kapital entsprechend dem betrieblichen Leistungsprozess unterteilt in:

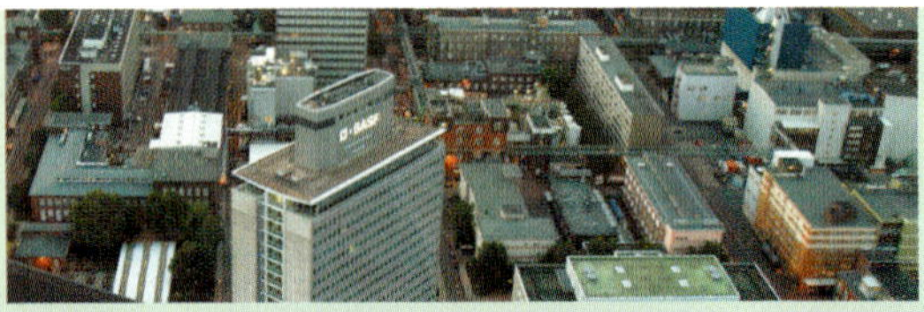

Werkstoffe	Arbeit	Betriebsmittel
Rohstoffe, Hilfsstoffe	leitend, ausführend	Kapital, Werkzeuge, Maschinen

Produktion von Gütern
Dienstleistungen
Rechte

Wirtschaften bedeutet, die drei Produktionsfaktoren sinnvoll und optimal einzusetzen. Ihr Zusammenspiel im Unternehmen wird durch innere und äußere Faktoren beeinflusst:

Innere Faktoren	Äußere Faktoren
z. B. • Standort des Unternehmens • Unternehmensziele • Management • Qualifikation der Mitarbeiter	z. B. • Technische Entwicklung • Gesetze, Vorschriften • Rohstoffknappheit • Preisentwicklung

Um das Verhältnis zwischen Kosten und Ertrag zu verbessern, ist es notwendig, die Kombination der Produktionsfaktoren laufend zu verändern und Faktoren anders zu gewichten. Dieser Vorgang wird als **Substitution** bezeichnet.

Die technische Entwicklung hat zu einer Verlagerung zugunsten des Produktionsfaktors Kapital geführt. Vor allem in der Produktion wird menschliche Arbeit immer mehr durch Sachkapital ersetzt. Dies hat auf der einen Seite zur Humanisierung der Arbeit und zur Arbeitszeitverkürzung beigetragen. Auf der anderen Seite verschärft sich das Problem der Arbeitslosigkeit.

Mittlerweile ist auch im Dienstleistungsbereich eine Substitution im Gange. So wird z. B. bei Banken und Sparkassen Personal abgebaut und durch Home- und Direktbanking ersetzt.

2.2 Ökonomisches Prinzip

Ein Sieg, der nicht zählt

Bei den Olympischen Spielen 1984 in Los Angeles ereignete sich eine erregende Geschichte. Der Schwimmer Thomas Fahrner hatte sich im Vorlauf ein klares Ziel gesetzt: Teilnahme am Endlauf. Dazu genügte die achtbeste Zeit. Um seine Kräfte für den Endlauf zu schonen, spekulierte Fahrner darauf, diese Qualifikation gerade noch zu schaffen. Doch die Rechnung ging nicht auf, er schwamm nur die neuntbeste Zeit und verpasste das Finale.
Thomas Fahrner musste in den Trostlauf. Hier wollte er es allen beweisen. Sein Vorsatz war, um jeden Preis schneller zu sein als der vorher ermittelte Olympiasieger George Dicarlo (USA). Das Vorhaben gelang. Fahrner schwamm im B-Finale olympischen Rekord, erreichte aber trotzdem nur Rang 9.

Harry Valerien, Olympia 1984, Dt. Bücherbund 1984, S.173

1. **Mit welcher Überlegung ist der Schwimmer an den Start zum Vorlauf gegangen?**
2. **Welches Ziel hatte Thomas Fahrner im B-Finale?**
3. **Vergleichen Sie, wie der Schwimmer seine Kräfte im Vorlauf und B-Finale eingesetzt hat.**

Der Fall des Schwimmers zeigt, dass wirtschaftliches Handeln erfordert, die Mittel richtig einzusetzen, um die gesteckten Ziele zu erreichen. Dieses **wirtschaftliche (ökonomische) Prinzip** gilt für private Haushalte wie für Unternehmen. Dabei lassen sich zwei Formen des ökonomischen Prinzips unterscheiden: das Maximal- und das Minimalprinzip.

Beim **Minimalprinzip** soll ein bestimmtes Ziel mit möglichst geringen (minimalen) Mitteln erreicht werden. Beim **Maximalprinzip** soll ein höchstmögliches (maximales) Ergebnis mit einem bestimmten Mitteleinsatz erzielt werden.

In den Unternehmen finden beide Prinzipien ihre Anwendung. Umsatz und Gewinn richten sich in der Regel nach dem Maximalprinzip, während z.B. beim Einsatz von Rohstoffen und Energie das Minimalprinzip (Sparprinzip) gilt. Gerade umweltschonendes Produzieren erfordert dieses Sparprinzip.

Auch die privaten Haushalte bedienen sich der beiden wirtschaftlichen Prinzipien. Indem z.B. der Verbraucher Angebote vergleicht, um möglichst preiswert einzukaufen, wendet er das Minimalprinzip an. Der Sparer sucht nach dem Maximalprinzip die beste Anlageform für seine Ersparnisse.

1. **Welche Produktionsfaktoren lassen sich**
   a) volkswirtschaftlich,
   b) betriebswirtschaftlich unterscheiden?
2. **Wozu werden die Produktionsfaktoren benötigt?**
3. **Auf welche drei Arten kann der Produktionsfaktor Boden benutzt werden?**
4. **Erläutern Sie an Beispielen den Unterschied von Geld- und Sachkapital.**
5. **Erläutern Sie den Begriff „Substitution" und nennen Sie Beispiele.**
6. **„Wir brauchen die Natur. Die Natur braucht uns nicht."**
   Erläutern Sie diesen Slogan im Zusammenhang mit den Produktionsfaktoren.
7. **Die Hausfrau kocht das Mittagessen für die Familie, der Koch bereitet ein Menü für die Gäste.**
   Warum leistet die Hausfrau volkswirtschaftlich gesehen keine Arbeit?
8. **Zeigen Sie auf, dass Substitution an Grenzen stößt.**
9. **Erläutern Sie die Substitution des Produktionsfaktors Arbeit am Beispiel Ihres Ausbildungsbetriebes.**
10. **Diskutieren Sie, ob es sinnvoll ist, durch Substitution bedingte Strukturveränderung durch staatliche Maßnahmen (Subventionen) zu beeinflussen.**
11. **Welches ökonomische Prinzip wird angewandt?**
    Begründen Sie Ihre Entscheidung.
    a) Der Facharbeiter Lux macht einen Verbesserungsvorschlag, sodass aus 1 m^2 Blech statt acht Teilen nun neun Teile gestanzt werden können.
    b) Ein Akkordarbeiter schafft 5 % über der Normalleistung.
    c) Sie wollen einen DVD-Player kaufen und haben 200,00 EUR zur Verfügung.
12. **Warum kann das Minimalprinzip auch als Sparprinzip bezeichnet werden?**

2.3 Der Wirtschaftskreislauf

Das Ehepaar Schweizer hat die Ein- und Ausgaben eines Monats zusammengestellt:

Einnahmen:		Ausgaben:	
Nettogehalt:	1455 €	Miete und Nebenkosten:	460 €
Wohngeld:	45 €	Nahrung:	338 €
		Kleidung:	175 €
		Kfz-Steuer:	112 €
		Kreditrate:	55 €
		Sonstiges:	285 €
		Sparen:	75 €
Summe:	1500 €	Summe:	1500 €

1. **Woher bezieht das Ehepaar Schweizer seine Einnahmen?**
2. **a) An wen sind die Zahlungen für die Grundbedürfnisse zu leisten?**
   b) Wohin fließen die restlichen Ausgaben?
3. **Zeigen Sie den Kreislauf von Geld und Leistungen nach dem Haushaltskonto auf.**

Jeder Haushalt verfügt über Einnahmen, mit denen er Güter und Dienstleistungen bezahlen kann. Die Einnahmen werden vor allem als Entgelt für Arbeitsleistungen erzielt. Dazu stellen die Haushalte den Unternehmen ihre Arbeitskraft zur Verfügung. Die Unternehmen stellen Güter her oder bieten Dienstleistungen an. Diese werden wiederum von den Haushalten gekauft. So entsteht ein **Güter- und ein Geldkreislauf** zwischen Haushalten und Unternehmen.

Der einfache Wirtschaftskreislauf

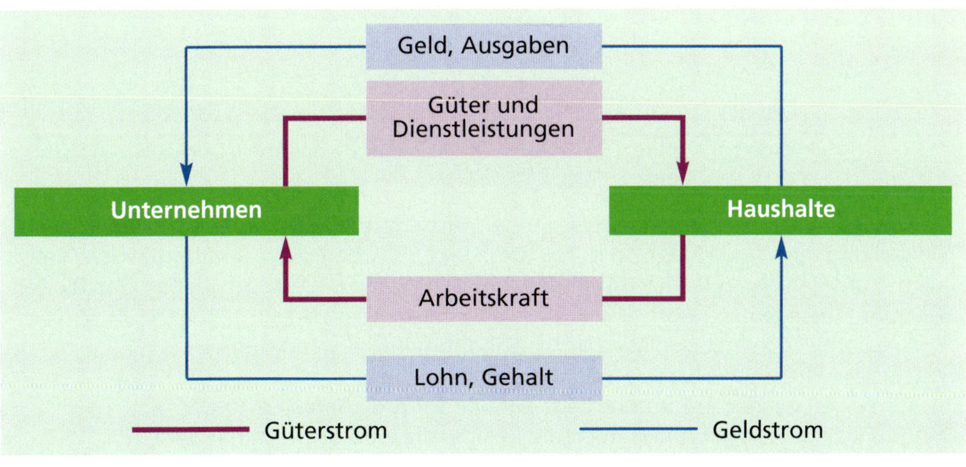

Haushalte und Unternehmen bilden die Zellen der Volkswirtschaft, in denen produziert und konsumiert wird. Neben den Haushalten und Unternehmen spielen der Staat, die Banken und das Ausland bei den Güter- und Geldströmen eine wichtige Rolle. Das Grundmodell des einfachen Wirtschaftskreislaufes muss also um diese Bereiche erweitert werden.

Der erweiterte Wirtschaftskreislauf

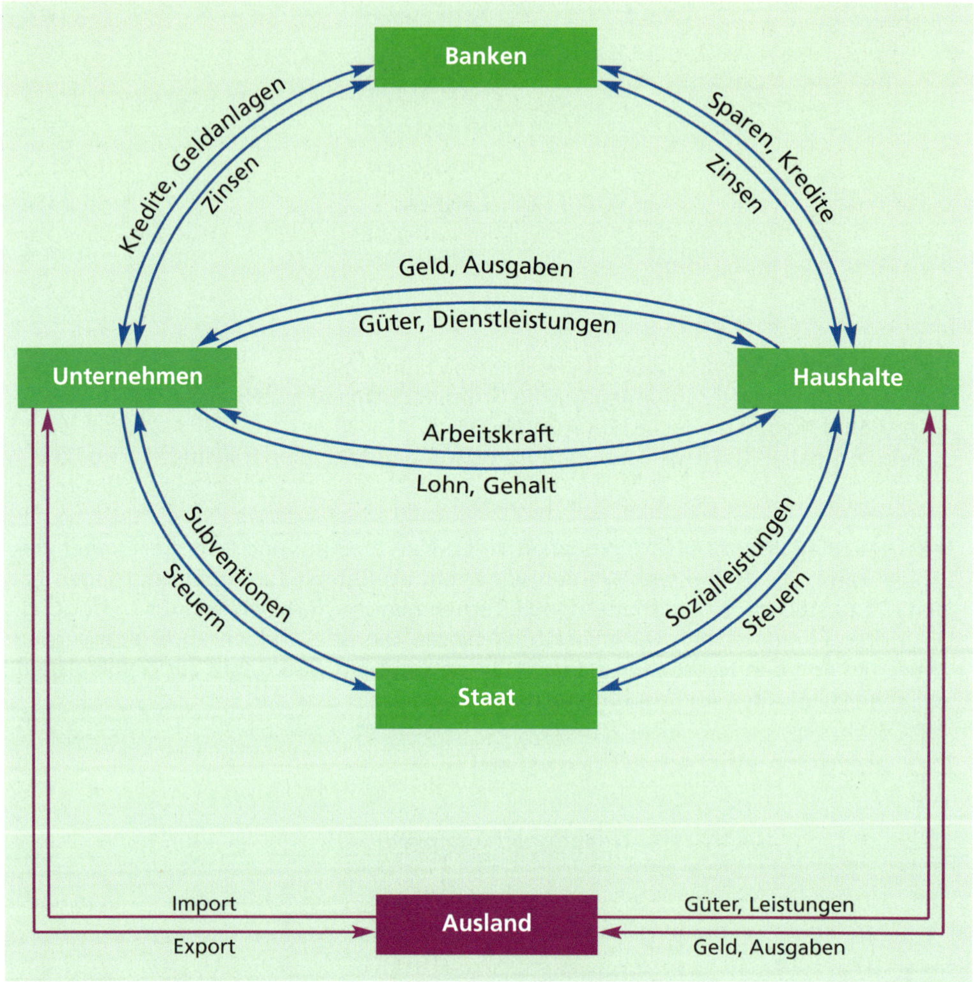

Wie jedes Modell ist auch der erweiterte Wirtschaftskreislauf nur eine vereinfachte Darstellung der Wirklichkeit. So ist z. B. der Staat als Arbeitgeber im öffentlichen Dienst auch Unternehmer oder Kreditnehmer bei den Banken. Dennoch liefert das Modell wichtige Aussagen:

- Alle Bereiche in einer Volkswirtschaft sind miteinander verknüpft.
- Die Bereiche sind voneinander abhängig.
- Störungen wirken sich im Kreislauf auf alle anderen Bereiche aus.
- Eine Volkswirtschaft funktioniert nur, wenn alle wirtschaftlich handeln.
- Freier Handel mit dem Ausland ist eine wichtige Grundlage für die Volkswirtschaft.

2.4 Kredite

Michael Brunner hat gerade seinen Führerschein gemacht. Er will sich einen Gebrauchtwagen kaufen. Obwohl Michael von seiner Ausbildungsvergütung jeden Monat gespart hat, fehlen ihm noch 4000,00 EUR.

1. Welche Möglichkeiten hat Michael, den Fehlbetrag zu besorgen?
2. Worauf sollte Michael dabei achten?

Grundsätzlich gilt: Kreditgeschäfte sind für Personen unter 18 Jahren verboten und müssen schriftlich abgeschlossen werden. Nur wenn Sorgeberechtigte und das Vormundschaftsgericht zustimmen, kann ein Jugendlicher wirksam Schulden machen. Fehlt diese Zustimmung, so sind die Schulden unwirksam und können vom Kreditgeber nicht mehr zurückgefordert werden.

Kredit kommt vom Lateinischen *credere* und bedeutet *vertrauen auf, glauben.* Den Kreditgeber bezeichnet man folglich auch als Gläubiger. Aber das Kreditinstitut vertraut nicht einfach darauf, dass der Kreditnehmer seinen Kredit zurückbezahlt. Vielmehr sichert sich die Bank oder Sparkasse zusätzlich ab.

Für größere Anschaffungen im privaten Bereich, wie z. B. Kauf eines Autos oder von Möbeln, wird oft ein **Ratenkreditvertrag** abgeschlossen. Ein Abzahlungsgeschäft liegt dann vor, wenn der Kaufpreis in mindestens zwei Raten bezahlt wird.

Um den Verbraucher vor unübersichtlichen und verlockenden Angeboten zu schützen, sind im **BGB** (Bürgerlichen Gesetzbuch) Regelungen über den Inhalt des Ratenkaufvertrages vorgeschrieben. Der Vertrag muss folgende **Teilzahlungsbedingungen** enthalten:

- die Anzahl und Höhe der Raten,
- die Fälligkeit der Raten,
- den Teilzahlungspreis,
- den Barzahlungspreis,
- den effektiven Jahreszins (Zinssatz und Kosten für die gesamte Laufzeit)
- Widerrufsrecht (innerhalb einer Woche ohne Angabe von Gründen)

Mithilfe eines Zinsrechners lässt sich der effektive Jahreszins bestimmen und kontrollieren. Einen Zinsrechner finden Sie im Internet unter: www.zinsen-berechnen.de

Kredite lassen sich nach verschiedenen Gesichtspunkten unterscheiden, z. B. nach dem Kreditnehmer (Verbraucher- oder Unternehmenskredit), nach der Laufzeit (kurz-, mittel-, langfristig), nach der Sicherheit (Dispositionskredit, Bürgschaft, Hypothek) oder nach der Verwendung (Konsum- oder Investitionskredit).

Der **Dispositionskredit** erlaubt dem Inhaber eines Girokontos, sein Konto bis zu einer bestimmten Höhe (meist das Zwei- bis Dreifache des Monatseinkommens) zu überziehen. Deshalb heißt dieser Kredit auch Überziehungskredit. Wenn der Giroinhaber sein Konto überzieht, muss er bei seiner Bank keine ausdrückliche Genehmigung einholen. Nur wenn der Kredit in Anspruch genommen wird, fallen Zinsen an, die meist verhältnismäßig hoch sind.

Anders als beim Dispositionskredit wird beim **Kontokorrentkredit** ein Vertrag zwischen Bank und Kreditnehmer abgeschlossen. Kreditnehmer sind in der Regel Unternehmen, die ihr Geschäftskonto bis zu einer vereinbarten Höhe zu einem festgelegten Zins überziehen dürfen.

Die Banken geben nur unter bestimmten Voraussetzungen und Sicherheiten Kredite. **Kreditfähig** ist jede voll geschäftsfähige natürliche und juristische Person. Vor der Kreditvergabe prüft der Kreditgeber, ob der Kreditnehmer **kreditwürdig** ist. Dies ist dann gegeben, wenn die Bank davon ausgehen kann, dass der Schuldner den Kredit zurückzahlen kann. Informationen über die Kreditwürdigkeit geben Auskunfteien, z. B. die Schufa (Schutzgemeinschaft für allgemeine Kreditsicherung) oder die Creditreform.

Bei manchen Kreditverträgen verlangen die Kreditgeber zusätzliche Sicherheiten. Dazu zählen Sicherungsübereignung, Bürgschaft, Lohn- und Gehaltsabtretung, Pfand und Hypothek.

Bei der **Sicherungsübereignung** wird eine Sache an den Kreditgeber übereignet. Der Kreditnehmer bleibt im Besitz der Sache. Dies wird z. B. bei einem Anschaffungskredit für ein Kraftfahrzeug vereinbart. Die Bank behält den Kfz-Brief bis zur Rückzahlung des Kredits und ist damit Eigentümer, während der Schuldner das Fahrzeug als Besitzer benutzen darf.

Eine typische Form der Kreditsicherung ist die **Lohn-** und **Gehaltsabtretung**. Der Kreditnehmer vereinbart mit dem Gläubiger, dass ein bestimmter Teil seines Einkommens an den Kreditgeber abgetreten wird. Dies kann allerdings nur bis zur Höhe des nicht pfändbaren Lohnes erfolgen. Der Arbeitgeber muss an den Kreditgeber nur dann Zahlungen vom Lohn oder Gehalt leisten, wenn der Schuldner seinen Zahlungsverpflichtungen nicht nachkommt.

Die Sicherheit für einen Kredit wird bei der **Bürgschaft** durch eine weitere Person garantiert. In einem Vertrag wird festgelegt, dass eine dritte Person (Bürge) für die Schulden bei Ausfall des Schuldners haftet. Der Bürge muss die Schuld bezahlen, wenn der Schuldner seinen Verpflichtungen nicht nachkommt.

Größere und längerfristige Kredite werden häufig durch eine **Hypothek** abgesichert. So dient z. B. beim Erwerb eines Grundstückes oder Hauses das Grundstück als Sicherheit. Die Belastung durch eine Hypothek muss im Grundbuch eingetragen werden.

2.5 Währung

Das gesetzliche Zahlungsmittel eines Staates oder einer Staatengemeinschaft wird als **Währung** bezeichnet. Die nationalen Währungen von Belgien, Deutschland, Finnland, Frankreich, Griechenland, Irland, Italien, Luxemburg, Niederlande, Österreich, Portugal, Slowenien und Spanien wurden durch den Euro (EUR) als gemeinsames Zahlungsmittel abgelöst. Malta und Zypern führen 2008 den Euro ein.

Devisen- und Sortenkurse für 1,00 EUR									
Kurse für 1 Euro Aus Sicht der Bank	Sorten Ankauf/Verkauf		Devisen Geld/Brief		Kurse für 1 Euro Aus Sicht der Bank	Sorten Ankauf/Verkauf		Devisen Geld/Brief	
Ägypt. £	6,63	7,86	7,7763	7,8563	Poln. Zloty	3,17	3,82	3,7690	3,8170
Austr. Dollar	1,49	1,60	1,5845	1,6045	Schw. Kronen	8,77	9,22	9,1680	9,2160
Bras. Real	2,09	2,58	2,5569	2,5849	Schweizer Franken	1,62	1,65	1,6491	1,6531
Brit. Pfund	0,66	0,68	0,6723	0,6763	Singapur Dollar	1,91	2,08	2,0640	2,0760
Dän. Kronen	7,16	7,46	7,4212	7,4612	Slowak. Kronen	28,62	34,15	32,550	34,150
Hongkong Dollar	9,70	10,75	10,650	10,750	Sri Lanka Rupie	119,46	155,00	151,00	155,00
Japan. Yen	159,55	163,72	163,24	163,72	Südafr. Rand	8,62	9,89	9,6500	9,8900
Kanad. Dollar	1,38	1,46	1,4464	1,4584	Thail. Bath	39,64	41,30	39,700	41,300
Malayische Ringgit	3,51	4,76	4,7000	4,7600	Tschech. Kronen	26,18	28,45	27,650	28,450
Marokkan. Dirham	8,96	11,24	11,160	11,240	Türk. Lira	1,62	1,78	1,7270	1,7770
Mexik. Peso	11,96	15,06	14,815	15,055	Ungar. Forint	220,79	253,60	248,40	253,60
Neuseeld. Dollar	1,55	1,79	1,7680	1,7920	US-Dollar	1,33	1,37	1,3667	1,3727
Norw. Kronen	7,46	7,99	7,9411	7,9891	Zypern Pfund	0,53	0,59	0,5812	0,5872

Die Rheinpfalz, 01.08.2007

Die Einführung des Euro war keine Währungsreform, sondern eine Währungsumstellung. Bei Reisen in Länder, die nicht zur Währungsunion gehören, ist es weiterhin erforderlich, die Währung des Landes zu kaufen. Für das Wechseln verlangen die Banken und Wechselstuben Gebühren. Dies drückt sich in den verschiedenen Preisen von An- und Verkaufskurs aus.

Der Preis für die ausländische Währung ist der **Wechselkurs**. An der Devisenbörse wird der amtliche Kurs der Währungen nach Angebot und Nachfrage täglich neu festgelegt. Der Wechselkurs drückt den Wert einer Währung gegenüber ausländischen Währungen aus. Sinkt der Außenwert einer Währung, so spricht man von einer Abwertung, steigt der Außenwert, so handelt es sich um eine Aufwertung.

Bei einer Aufwertung werden Einfuhren billiger und Ausfuhren teurer. Für eine exportabhängige Wirtschaft ist dies ein Nachteil. Denn die Produkte werden entweder im Ausland für die dortigen Käufer teurer oder müssen wegen der Konkurrenz billiger angeboten werden. Dagegen wird ein Urlaub im Ausland billiger.

Viel Geld muss nicht immer auch viel wert sein. Der Geldwert ist abhängig von der angebotenen Gütermenge. Wird in einer Volkswirtschaft mehr Geld gedruckt, als Waren und Dienstleistungen vorhanden sind, verliert das Geld seinen Wert. Diese Geldentwertung wird als **Inflation** bezeichnet. Eine Inflation gab es z. B. in der Weimarer Republik. Ein Grund dafür waren die Kriegsschulden. Als die Franzosen durch den Einmarsch in das Ruhrgebiet ihren Forderungen Nachdruck verleihen wollten, kam es zu einem Generalstreik. Der Staat konnte die Streikenden nur dadurch unterstützen, indem er Tag und Nacht Geld druckte.

Inflation = Geldmenge > Gütermenge

Inflation hat mehrere Ursachen und Folgen. So können z. B. Staatsverschuldung oder zu hohe Lohnabschlüsse der Tarifpartner zu einer Geldentwertung führen. Folgen der Inflation sind u. a. steigende Preise, sinkende Kaufkraft, höhere Lohnforderungen, Verluste bei Sparern oder eine Flucht in Sachwerte.

Steigt der Preisindex nur gering, so spricht man von einer schleichenden Inflation. Niedrige Inflationsraten sind in einer Volkswirtschaft kaum zu vermeiden, zumal auch Einflüsse des Außenhandels eine Rolle spielen. Erfolgt die Geldentwertung dagegen schnell und in großen Sprüngen, handelt es sich um eine sogenannte **galoppierende Inflation**.
Verändert sich das Verhältnis von Geld- und Gütermenge zugunsten der Waren und Dienstleistungen, so steigt der Wert des Geldes. Dies wird als **Deflation** bezeichnet.

Deflation = Geldmenge < Gütermenge

Die Deflation ist in den Volkswirtschaften selten. Sie kann z. B. durch strikte Sparmaßnahmen des Staates ausgelöst werden. Deflation bedeutet, dass die Preise fallen. Dies hat allerdings auch negative Auswirkungen. Die Nachfrage sinkt, die Produktion geht zurück, der Staat nimmt weniger Steuern ein; vor allem steigt durch den Rückgang des Wirtschaftswachstums die Gefahr von Arbeitslosigkeit.

In den Jahren 1930 und 1931 hat die Regierung Brüning durch ihre Deflationspolitik versucht, die deutsche Wirtschaft international konkurrenzfähiger zu machen. Dies sollte durch Einkommens- und Preissenkungen geschehen. Die gleichzeitig eingeleiteten Arbeitsbeschaffungsmaßnahmen kamen nicht mehr zum Tragen. Die Folge war eine Massenarbeitslosigkeit.

Ein Gleichgewicht zwischen Geld- und Gütermenge ist in einer Volkswirtschaft der Idealfall. Die Europäische Zentralbank, die nationalen Zentralbanken sowie die Regierungen versuchen, durch ihre Politik diesem Idealzustand möglichst nahe zu kommen. Geldwertstabilität ist wichtig für das Vertrauen der Haushalte und Unternehmen gegenüber dem Staat und der Wirtschaft.

Es hat sich gezeigt, dass ein Stillstand in der Wirtschaftsentwicklung (Stagnation) weder Preissenkungen noch Preisstabilität zur Folge haben muss. Im Gegenteil kann eine Stagnation dazu führen, dass die Unternehmen durch höhere Preise ihre Gewinne sichern wollen. Dies führt zu einer Inflation. Diese Situation wird als **Stagflation** (Stagnation + Inflation) bezeichnet.

Zur Wiederholung

1. Erläutern Sie die Aufgaben der Banken im Wirtschaftskreislauf.
2. a) Welche Vorteile bietet ein Dispositionskredit?
   b) Wo liegen die Nachteile?
3. Erklären Sie den Unterschied zwischen Dispositions- und Kontokorrentkredit.
4. Wie können Sie herausfinden, welches Angebot für Ratenkredite das günstigste ist?
5. Was verstehen Sie unter
   a) Kreditfähigkeit, b) Kreditwürdigkeit?
6. Erklären Sie, wer Eigentümer und wer Besitzer einer Sache ist:
   a) bei der Sicherungsübereignung, b) beim Pfand.
7. Worüber sollte sich ein Bürge im Klaren sein?
8. Was ist eine Hypothek?
9. Eine Möbelfirma bietet eine Jugendzimmereinrichtung für 3 000,00 EUR an. Bei Ratenkauf berechnet sie einen effektiven Jahreszins von 14,4 % bei einer Laufzeit von 24 Monaten.
   a) Wie viel müsssen Sie insgesamt für die Möbel bezahlen?
   b) Wie hoch sind die monatlichen Raten?
10. Erklären Sie den Begriff „Währung".
11. Weshalb war die Einführung des Euro keine Währungsreform, sondern eine Währungsumstellung?
12. Wie errechnet sich der Wechselkurs verschiedener Währungen?
13. Erläutern Sie die Folgen
    a) einer Aufwertung, b) einer Abwertung.
14. Erklären Sie die Begriffe „Inflation", „Deflation", „Stagflation".
15. Worin liegen die Ursachen für eine Inflation?
16. Welche Folgen hat die Inflation?
17. Erläutern Sie den Unterschied zwischen einer schleichenden und einer galoppierenden Inflation.
18. Erläutern Sie den Unterschied zwischen An- und Verkaufskurs einer Währung.
19. Nennen Sie die Länder, in denen der Euro gesetzliches Zahlungsmittel ist.
20. Erläutern Sie, weshalb die Bürger bei hoher Inflation in Sachwerte flüchten.
21. Wieso kann eine Deflation leicht zur Massenarbeitslosigkeit führen?
22. Geldwertstabilität ist das wichtigste Ziel der Europäischen Zentralbank. Worauf führen Sie dies zurück?
23. Trotz Wirtschaftsstillstand kann es zur Inflation kommen. Begründen Sie dies.

Handlungsimpulse

A Kreditkonditionen vergleichen

Kredite werden wie Ware zu unterschiedlichen Preisen angeboten. Um den günstigsten Preis zu ermitteln, ist es notwendig, verschiedene Angebote zu vergleichen.

Ermitteln Sie bei den Kreditinstituten vor Ort, wie viel
a) ein Dispositionskredit über 2 500,00 EUR,
b) ein Anschaffungskredit über 10 000,00 EUR kostet.

Vergleichen Sie die Angebote und präsentieren Sie Ihre Ergebnisse.

B Eine Adressenliste über Schuldnerberatungsstellen anfertigen

Suchen Sie im Telefonverzeichnis nach Anlauf- und Beratungsstellen für Schuldner. Erstellen Sie ein (kommentiertes) Verzeichnis über Schuldnerberatungsstellen in Ihrer Nähe.

C Ein Ablaufdiagramm erstellen

Im Falle der Überschuldung ist es wichtig, die richtigen Schritte in der richtigen Reihenfolge zu tun.
Erstellen Sie ein Ablaufdiagramm über das richtige Verhalten bei Überschuldung. Informationen finden Sie bei den Schuldnerberatungsstellen.

D Eine historische Recherche anfertigen

Der Hunderttausend-Markschein stammt aus dem Jahre 1923. Die Summe erscheint sehr hoch, aber dennoch war der Besitzer kein reicher Mann.
Recherchieren Sie die historischen Zusammenhänge der Inflation in Deutschland von 1923 und präsentieren Sie Ihre Ergebnisse.

3 Grundlagen des Vertragswesens

3.1 Rechts- und Geschäftsfähigkeit

Nicole (16) hat sich bei der Firma Schwarz GmbH um einen Ausbildungsplatz als Kommunikationselektronikerin beworben. Nach Einstellungstest und Vorstellungsgespräch hat sie heute folgendes Schreiben der Schwarz GmbH erhalten:

Schwarz GmbH, Dresdner Str. 66, 67071 Ludwigshafen

SCHWARZ
GmbH
Ludwigshafen

Frau
Nicole Unger
Mannheimer Str. 9
67071 Ludwigshafen

Ihre Zeichen, Ihre Nachricht vom	Unser Zeichen,	unsere Nachricht vom	Tel.-Durchwahl 0621 342208	– Ludwigshafen
	pa/en	...-12-17	231	...-01-14

Ausbildung zur Kommunikationselektronikerin

Sehr geehrte Frau Unger,

aufgrund unseres Einstellungsgesprächs vom 17. Dezember in unserem Hause möchten wir Ihnen heute mitteilen, dass wir Sie zum 1. August gerne zur Ausbildung als Kommunikationselektronikerin in unserer Firma begrüßen würden.
Bitte vereinbaren Sie in den nächsten Tagen einen Termin mit unserer Personalleiterin, Frau Engelhardt. Sie wird mit Ihnen weitere Einzelheiten im Zusammenhang mit dem Ausbildungsvertrag besprechen.

Mit freundlichen Grüßen

B. Kupisch

B. Kupisch
(Geschäftsführung)

Nicole freut sich über die positive Entscheidung der Firma Schwarz GmbH. Sie stellt sich jedoch zwei Fragen:

1. **Mit wem schließe ich meinen Ausbildungsvertrag ab, mit der GmbH oder mit Herrn Kupisch?**
2. **Müssen meine Eltern den Ausbildungsvertrag auch unterschreiben?**

Diese beiden Fragen berühren zwei wesentliche Grundsätze von Rechtsgeschäften: die **Rechts**- und die **Geschäftsfähigkeit**. Wer sich rechtswirksam äußern, also Rechtsgeschäfte abschließen will, muss rechts- und geschäftsfähig sein. Die gesetzliche Grundlage dafür ist das Bürgerliche Gesetzbuch (BGB), das die bürgerlichen Rechte wie Vertrags-, Eigentums-, Familien- und Erbrecht regelt. In seinem „Allgemeinen Teil" sind die Rechtsgrundsätze für alle Rechtsgebiete aufgestellt. Hier finden sich auch die Antworten auf Nicoles Fragen.

Während die rechtlichen Beziehungen zwischen Privatpersonen untereinander oder zwischen Privatpersonen und Kaufleuten das BGB regelt, gilt für Rechtsgeschäfte zwischen Kaufleuten zusätzlich das Handelsgesetzbuch (HGB).

Rechtsfähigkeit

Nicoles erste Frage, mit wem sie den Ausbildungsvertrag abschließt, berührt die Frage nach der Rechtsfähigkeit. Rechtsfähigkeit ist die Fähigkeit, Rechte und/oder Pflichten wahrzunehmen. So hat Nicole als Auszubildende z. B. das Recht auf eine angemessene Ausbildung und eine Ausbildungsvergütung. Gleichzeitig wird sie als Auszubildende auch Pflichten nachkommen müssen, z. B. der Pflicht zum Berufsschulbesuch oder der Pflicht, über Geschäftsgeheimnisse Stillschweigen zu bewahren.

Träger von Rechten und Pflichten sind Personen. Nach der bestehenden Rechtsordnung wird zwischen natürlichen und juristischen Personen unterschieden.

Natürliche Personen sind alle Menschen. Die Rechtsfähigkeit des Menschen beginnt mit seiner Geburt und endet mit dem Tod.

Juristische Personen sind aufgrund von Gesetzen Träger von Rechten und Pflichten. Die „Geburt" beginnt mit der Eintragung in ein entsprechendes Register, z. B. in das Vereins-, Handels- oder Genossenschaftsregister. Die Rechtsfähigkeit von juristischen Personen endet mit der Streichung aus dem Register, z. B. bei Auflösung oder Insolvenz (früher: Konkurs). Auch die Körperschaften des öffentlichen Rechts, z. B. Handwerks- und Handelskammern, sind juristische Personen.

Nicole schließt also mit der Schwarz GmbH den Ausbildungsvertrag ab. Die GmbH als juristische Person wird durch den Geschäftsführer vertreten.

Auszug aus dem Handelsregister

Amtsgericht Ludwigshafen am Rhein

R B 3680 Lu – 9.11.89 Schwarz GmbH, in Ludwigshafen, Dresdner Str. 66. Gegenstand des Unternehmens: Durchführung von Elektroinstallationen, Schaltanlagenbau, Bau von Steuerungsanlagen, Antennenanlagenbau und Verkauf von Elektrogeräten aller Art. Stammkapital: 25 000,00 EUR. Geschäftsführer: Bodo Kupisch, Elektromeister in Ludwigshafen.

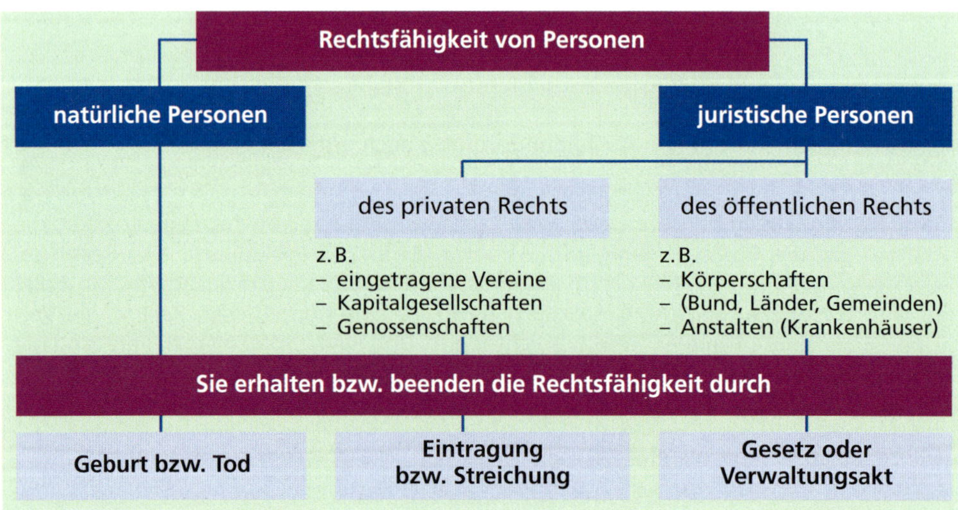

Geschäftsfähigkeit

abgeschlossene **betriebliche** Ausbildung, als

abgebrochene **betriebliche** Ausbildung, als

abgeschlossene Ausbildung in **schulischer** Form mit Abschluss, als

Sie wird mit [ ] Monaten angerechnet. Die Verkürzung wird beantragt.

Das **Berufsausbildungsverhältnis** beginnt am 01.08. .. und wird am 31.01. .. enden.

B Die **Probezeit** beträgt 4 Monate (mind. 1 Monat/ max. 4 Monate).

C Die Ausbildung findet vorbehaltlich der Regelungen nach **D** in

und den mit dem Betriebssitz für die Ausbildung üblicherweise zusammen hängenden Bau-, Montage- und sonstigen Arbeitsstellen statt.

D Ausbildungsmaßnahmen (mit Zeitraumangabe und Ort) außerhalb der Ausbildungsstätte:

Für das Ausbildungsverhältnis gilt folgende(r) Tarifvertrag/ Betriebs- oder Dienstvereinbarung (§ 5):

E Der Ausbildende zahlt dem Auszubildenden eine angemessene **Vergütung**; diese beträgt zur Zeit monatlich brutto:

EURO	565,50	610,50	651,40	713,75
Ausbild.-jahr	im ersten	im zweiten	im dritten	im vierten

Die regelmäßige tägliche/ wöchentliche **Ausbildungszeit** beträgt 8,0 Std.

G Der Ausbildende gewährt dem Auszubildenden **Urlaub** nach den geltenden Bestimmungen. Es besteht folgender Urlaubsanspruch:

im Jahr...	2007	2008	2009	2010	2011
Arbeitstage (Mo-Fr)					
Werktage (Mo-Sa)	13	26	25	24	2

Änderungen des wesentlichen Vertragsinhaltes sind unverzüglich zur Eintragung in das Verzeichnis der Berufsausbildungsverhältnisse bei der Industrie- und Handelskammer anzuzeigen.

Die Angaben zur sachlichen und zeitlichen Gliederung des Berufsausbildungsablaufs (Ausbildungsplan) sind Bestandteil dieses Vertrags

Die Vereinbarungen auf der Seite B-4 sind Bestandteile dieses Vertrages. Sie wurden dem Auszubildenden vom Ausbildenden ausgehändigt und vom Auszubildenden zur Kenntnis genommen und anerkannt.

Ludwigshafen	20.01.20..
Ort	Datum

Dieter Scholl

Stempel und Unterschrift des Ausbildenden (Firma)

Nicole Unger

Unterschrift des Auszubildenden

Monika Unger Herbert Unger

Unterschrift der gesetzlichen Vertreter des Auszubildenden

Bitte Seite B-4 beachten!

Nicole (16) ist rechtsfähig.
Warum müssen ihre Eltern dennoch den Ausbildungsvertrag mit der Schwarz GmbH mit unterschreiben?

Der Abschluss des Ausbildungsvertrages ist ein Rechtsgeschäft. Wer Rechtsgeschäfte tätigen will, muss nicht nur rechts-, sondern auch geschäftsfähig sein. Geschäftsfähigkeit ist die Fähigkeit, Rechtsgeschäfte **selbstständig** und **gültig** abschließen zu können.

Während juristische Personen, also auch die Schwarz GmbH, die Geschäftsfähigkeit zusammen mit der Rechtsfähigkeit erlangen, richtet sich die Geschäftsfähigkeit beim Menschen nach dem Lebensalter und in besonderen Fällen nach seinem geistig-seelischen Zustand.

Rechtsgeschäfte und Verträge beinhalten immer auch Rechtsfolgen und Verpflichtungen, die ein Kind oder Jugendlicher nur schwer abschätzen kann. Junge Leute müssen also vor unüberlegten Rechtsgeschäften geschützt werden und erst allmählich für ihr Tun und Handeln die volle Verantwortung übertragen bekommen. Aus diesem Grund erwirbt der Mensch in drei (Alters-)Stufen die volle Geschäftsfähigkeit:

1. geschäftsunfähig	**bis zum 7. Lebensjahr**
2. beschränkt geschäftsfähig	**vom 7. bis zum 18. Lebensjahr**
3. voll (unbeschränkt) geschäftsfähig	**mit Vollendung des 18. Lebensjahres**

Geschäftsunfähigkeit

Geschäftsunfähige Personen können keine gültigen Rechtsgeschäfte abschließen, d. h., Rechtsgeschäfte sind von **Anfang an nichtig**.

Geschäftsunfähig sind:

- Kinder, die das siebte Lebensalter noch nicht vollendet haben;
- Personen, die sich in einem die freie Willensbildung ausschließenden Zustand krankhafter Störung der Geistestätigkeit befinden.

Für diese Personen handelt der jeweilige gesetzliche Vertreter, für das Kind die Erziehungsberechtigten, für den zweiten Personenkreis der Betreuer.

Beispiel: Ein 6-jähriges Kind kauft sich im Hi-Fi-Geschäft eine CD.

Der Kaufvertrag ist ungültig, da das Kind geschäftsunfähig ist. Ein Elternteil müsste für das Kind die CD erwerben. Eine andere Situation entsteht, wenn das Kind auf Veranlassung der Mutter im Geschäft die CD kauft. In diesem Falle wäre der Kaufvertrag gültig, weil das Kind sozusagen als „Bote" der Mutter handelt. Vertragspartner wären dann der Geschäftsinhaber und die Mutter.

Beschränkte Geschäftsfähigkeit

Bei beschränkt geschäftsfähigen Personen ist es erforderlich, dass der gesetzliche Vertreter seine Zustimmung zu Rechtsgeschäften gibt.

Beschränkt geschäftsfähig sind:

- Minderjährige über sieben Jahre;
- Erwachsene, für die ein Betreuer bestellt und ein sogenannter Einwilligungsvorbehalt angeordnet wurde.

Beispiel: Die 16-jährige Birgit kauft ein Mofa für 1 800,00 EUR.

Der Kaufvertrag ist nur dann gültig, wenn der gesetzliche Vertreter zustimmt. Die Zustimmung kann durch Einwilligung (vorherige Zustimmung) oder durch Genehmigung (nachträgliche Zustimmung) erfolgen. Als Zustimmung gilt auch, wenn der gesetzliche Vertreter gar nichts unternimmt.

Nicole (16) ist beschränkt geschäftsfähig. Deshalb müssen die Eltern ihren Ausbildungsvertrag mit unterschreiben.

Wie aber, so fragt sich Nicole, ist es,

- wenn ich mit meinem Chef über Urlaub oder Arbeitszeit eine Vereinbarung treffen möchte. Muss ich da wieder die Eltern bemühen?
- Was ist mit meiner Ausbildungsvergütung? Darf ich mit meinem Geld nicht kaufen, was ich möchte?

Bestimmte Rechtsgeschäfte darf der beschränkt Geschäftsfähige auch ohne die ausdrückliche Zustimmung der gesetzlichen Vertreter tätigen. Dazu gehören:

- Geschäfte, die nur rechtliche Vorteile bringen, z. B. Geschenke ohne Gegenverpflichtung;
- Geschäfte, die mit Mitteln bestritten werden, die dem beschränkt Geschäftsfähigen zur freien Verfügung stehen (sogenannter Taschengeldparagraf);
- Geschäfte, die ein mit Zustimmung des gesetzlichen Vertreters abgeschlossenes Arbeits- oder Ausbildungsverhältnis betreffen, z. B. Vereinbarungen über Urlaub oder Arbeitszeit.

Volle (unbeschränkte) Geschäftsfähigkeit

Voll geschäftsfähig wird jede Person, wenn sie volljährig ist, also mit 18 Jahren. Wer geschäftsfähig ist, ist auch vertragsfähig. Die Fähigkeit, Rechtsgeschäfte selbstständig rechtsgültig abschließen zu können, bringt gleichzeitig die Verpflichtung mit sich, für die Erfüllung der Vertragsvereinbarungen verantwortlich zu sein.

1. Was bedeutet:
a) Rechtsfähigkeit,
b) Geschäftsfähigkeit?
2. a) Was ist eine juristische Person?
b) Wie erlangt bzw. verliert sie die Rechts- und Geschäftsfähigkeit?
3. In welchen Stufen wird die Geschäftsfähigkeit erworben?
4. Weshalb können Drogenabhängige die volle Geschäftsfähigkeit verlieren?
5. Prüfen Sie, ob die folgenden Rechtsgeschäfte zustande kommen:
a) Michael (18) hat noch keinen Führerschein. Dennoch kauft er sich ein Auto.
b) Sabrina (17) erbt von ihrem Onkel 20 000,00 EUR mit der Auflage, sein Grab zu pflegen.
c) Die fünfjährige Stefanie kauft Kaugummi für 1,00 EUR
- **im Lebensmittelgeschäft,**
- **am Kaugummiautomaten.**

d) Peter (15) hat sich von seiner Ausbildungsvergütung eine neue E-Gitarre gekauft. Peters Vater verlangt, dass er das Instrument zurückgibt.
e) Corinna (15) will sich als Auszubildende ein eigenes Girokonto einrichten lassen, über das sie frei verfügen kann.
f) Anne (16) schließt mit dem Motorradhändler einen Ratenkaufvertrag für ein Moped ab. Die Eltern billigen den Kauf, da Anne ihr Taschengeld dazu verwendet.
g) Frank (19) will den Bausparvertrag, den seine Eltern für ihn vor fünf Jahren mit abgeschlossen haben, vorzeitig kündigen.

3.2 Abschluss des Kaufvertrages (Verbrauchervertrag)

Stefan will sich einen Camcorder kaufen. Das Angebot ist auf den ersten Blick verwirrend. Deshalb hat er sich zunächst in Fachzeitschriften und der Zeitschrift „test" informiert.

STIFTUNG WARENTEST

test Camcorder 11 / 2006

www.test.de	Mittlerer Preis in Euro ca.	Bild-qualität	Foto-funktion	Ton-qualität	Hand-habung	Be-triebs-dauer	Vielsei-tigkeit	test-QUALITÄTS-URTEIL
GEWICHTUNG		40 %	10 %	15 %	20 %	5 %	10 %	100 %
MINI-DV								
Panasonic NV-GS300EG-S	845	+	+	+	+	++	+	GUT (2,1)
Panasonic NV-GS500EG-S	1 150	+	+	+	+	++	+	GUT (2,1)
Panasonic NV-GS180EG-S	555	+	+	○	+	+	+	GUT (2,5)
Sony DCR-HC46	545	+	○	○	+	++	+	GUT (2,5)
Sony DCR-HC96	800	+	○	○	+	+	++	GUT (2,5)
Canon MVX460	545	○	⊖	○	○	++	+	BEFRIED. (2,7)
Canon MV900	296	○	Entfällt	⊖	○	○	○	BEFRIED. (3,0)
Canon MV960	460	○	⊖	⊖	○	+	+	BEFRIED. (3,0)
JVC GR-D650 E	575	○	⊖	⊖	○	+	○	BEFRIED. (3,2)
Panasonic NV-GS37EG-S	435	○	–	○	○	+	○	BEFRIED. (3,2)
JVC GR-D360 E	410	○	⊖	⊖	○	+	○	BEFRIED. (3,4)
Samsung VP-D364W 1)	385	⊖	–	⊖	○	○	+	AUSREICH. (3,6)
DVD								
Panasonic VDR-D300EG-S	1 000	+	+	○	+	+	+	GUT (2,4)
Sony DCR-DVD505	1 060	+	○	○	+	+	+	GUT (2,5)
Sony DCR-DVD405	915	+	○	⊖	○	+	+	BEFRIED. (2,6)
Canon DC40	930	+	○	⊖	○	○	+	BEFRIED. (2,7)
Hitachi DZ-GX 3100	600	+	⊖	○	○	○	+	BEFRIED. (2,8)
Sony DCR-DVD304	700	○	○	○	○	+	+	BEFRIED. (2,9)
Panasonic VDR-D150EG-S	500	○	⊖	○	○	++	○	BEFRIED. (3,0)
Canon DC100	485	○	⊖	○	○	○	○	BEFRIED. (3,2)
Hitachi DZ-BX 35	500	○	–	○	○	○	○	BEFRIED. (3,3)
Samsung VP-DC163 1)	545	⊖	–	⊖	○	○	+	AUSREICH. (3,8)
SD-SPEICHERKARTE								
Panasonic SDR-S100 2)	1 080	++	+	○	○	+	○	GUT (2,4)
Sanyo Xacti VPC-C6EX	475	○	○	–	○	○	○	BEFRIED. (3,5)
FESTPLATTE								
Sony DCR-SR90	1 090	+	○	○	+	++	+	GUT (2,4)
JVC GZ-MG505	1 310	○	+	+	○	○	○	BEFRIED. (2,8)
JVC GZ-MG77	990	○	+	○	○	○	○	BEFRIED. (3,0)
JVC GZ-MG37	805	⊖	–	○	○	○	○	BEFRIED. (3,5)

Bewertungsschlüssel der Prüfergebnisse: ++ = Sehr gut (0,5–1,5), + = Gut (1,6–2,5), ○ = Befriedigend (2,6–3,5), ⊖ = Ausreichend (3,6–4,5), – = Mangelhaft (4,6–5,5). **Bei gleichem Qualitätsurteil Reihenfolge nach Alphabet.**
1) Laut Anbieter Auslaufmodell, Restbestände im Handel.
2) Laut Anbieter Auslaufmodell, ersetzt durch Nachfolgemodell SDR-S150.

1. **Welche Informationen kann Stefan dem Testbericht entnehmen?**
2. **Welche Gesichtspunkte wären für Ihre Kaufentscheidung ausschlaggebend?**

Die Anfrage

Vor dem Kauf informiert sich der Käufer in der Regel zuerst über das Warenangebot. Entweder fragt er bei verschiedenen Lieferanten an oder vergleicht Angebote anhand von Katalogen, Prospekten, Preislisten oder Fachzeitschriften. Wichtig für eine Kaufentscheidung sind nicht nur der Preis, sondern auch die Qualität, die Lieferzeit, die Garantieleistungen, der Kundendienst und die Liefer- und Zahlungsbedingungen.

Eine Anfrage ist für den Kunden immer **unverbindlich**, d. h., er geht keine rechtlichen Verpflichtungen ein.

Das Angebot

Stefan hat aufgrund seiner Anfrage folgendes Angebot erhalten:

Foto – Wilhelm Hamburg

Foto-Wilhelm, Fasanenstr. 32, 22145 Hamburg

Herrn
Stefan Gleich
Westring 34
55290 Trier

ANGEBOT

Kunden-Nummer: 911202
Seite: 1

Ihre Zeichen, Ihre Nachricht vom	Unser Zeichen, unsere Nachricht vom	Tel. Durchwahl 020 342208-	Hamburg
....03-03	frie	435	03-07

Sehr geehrter Herr Gleich,

wir danken für Ihre Anfrage und bieten Ihnen an:

POS.	ART-NUM	BEZEICHNUNG	EINH	MENGE	EINZELPREIS	BETRAG EUR
1	1230101	Panasonic VDR-D300EG-S	STCK	1	1.175,00	1.175,00
2	1230103	Sony DCR-DVD505	STCK	1	995,00	995,00
3	1230104	Canon DC 40	STCK	1	925,00	925,00

Alle Preise inkl. MwSt. Zwischenverkauf vorbehalten.

Es gelten unsere derzeitigen Lieferungs- und Zahlungsbedingungen.
Erfüllungsort und Gerichtsstand ist Hamburg.

Mit freundlichen Grüßen

H. Müller

1. **Stefan vergleicht das Angebot mit dem Testbericht der Stiftung Warentest. Für welches Gerät würden Sie sich entscheiden?**
2. **Was bedeutet „Zwischenverkauf vorbehalten"?**

Das Angebot **(Antrag)** ist die Willenserklärung des Verkäufers, zu bestimmten Bedingungen einen Kaufvertrag abzuschließen. Angebote können in schriftlicher, mündlicher, fernmündlicher oder telegrafischer Form unterbreitet werden. Für ein Angebot gibt es allerdings **keine gesetzlich vorgeschriebene Form**. In manchen Fällen ist es jedoch sinnvoll, die Schriftform zu wählen, damit Unstimmigkeiten vermieden werden, die später zu Streitigkeiten zwischen den Vertragspartnern führen können.

Grundsätzlich ist ein Angebot rechtlich **verbindlich**, d.h., der Verkäufer verpflichtet sich zur Lieferung und zur Übertragung des Eigentums der Ware.

Der Verkäufer muss dafür Sorge tragen, dass die in der Werbung, in der Kennzeichnung der Ware oder im Verkaufsgespräch zugesicherten Eigenschaften der Ware auch tatsächlich vorhanden sind.

Der Verkäufer kann die rechtliche Bindung an sein Angebot durch die **Freizeichnungsklausel** einschränken oder die Verbindlichkeit seines Angebots ganz aufheben.

Folgende Klauseln werden in Angeboten verwendet:
- Angebot freibleibend (das Angebot ist nicht verbindlich);
- unverbindliches Angebot;
- Preise freibleibend (nur die Preise sind unverbindlich);
- Lieferung nur, solange Vorrat reicht;
- Zwischenverkauf vorbehalten (bei zwischenzeitlichem Verkauf keine Lieferung);
- Angebot befristet bis ... (das Angebot gilt nur für eine bestimmte Zeit).

Für den Verkäufer besteht auch keine rechtliche Bindung an sein Angebot, wenn der Käufer
- das Angebot nicht rechtzeitig annimmt (mündliche und fernmündliche Angebote müssen sofort, schriftliche Angebote innerhalb von zwei bis drei Tagen angenommen werden);
- das Angebot abändert oder ablehnt;
- das Angebot nicht in der gesetzten Frist annimmt;
- der Verkäufer sein Angebot rechtzeitig widerruft.

Weitere Einschränkungen bestehen für Angebote im Schaufenster oder in Selbstbedienungsgeschäften. Hier ist das Angebot für den Verkäufer unverbindlich. Dies gilt auch für Zeitungsanzeigen, Handzettel, Kataloge usw., da sie an die Allgemeinheit und nicht an eine bestimmte Person gerichtet sind. Im rechtlichen Sinne handelt es sich nicht um Angebote, sondern um Aufforderungen zum Kauf. Im Alltag kann der Käufer jedoch davon ausgehen, dass auch diese Kaufaufforderungen „verbindliche" Angebote sind. Die Aufstellung von Automaten ist in jedem Falle ein verbindliches Angebot.

Die Bestellung

Stefan hat sich für das dritte Angebot der Firma Foto-Wilhelm entschieden und bestellt den Camcorder telefonisch. Herr Friedrich von der Firma Foto-Wilhelm nimmt die Bestellung entgegen und verspricht, die Ware bis zum 20. März zu liefern.

1. **Welche Verpflichtungen geht Stefan mit der Bestellung ein?**
2. **Erklären Sie, welche Pflichten die Firma Foto-Wilhelm mit der Annahme der Bestellung eingeht.**

Aufgrund eines vorliegenden Angebots kann sich der Käufer zur Annahme entscheiden. Er drückt damit seinen Willen aus, dass er mit den Vertragsbedingungen einverstanden ist. Durch seine Bestellung **(Annahme)** verpflichtet sich der Käufer zur **Abnahme** und zur **Bezahlung** der Ware.

Im Geschäftsleben wird in den meisten Fällen nach einer telefonischen oder mündlichen Bestellung die Annahme schriftlich bestätigt. Dadurch können eventuelle Übermittlungsfehler noch rechtzeitig korrigiert werden.

Durch Angebot (Antrag) und Bestellung (Annahme) ist der **Abschluss eines Kaufvertrages** (Verbrauchervertrages) erfolgt.

Abschluss eines Kaufvertrages

1. Willenserklärung:
Antrag (Angebot)

2. Willenserklärung:
Annahme (Bestellung)

Häufig ist die Bestellung die erste Willenserklärung. Dies ist z. B. beim Einkaufen oder beim Versandhandel die Regel. Der Verkäufer gibt seine Willenserklärung durch die Bestellungsannahme ab.

Inhalt des Kaufvertrages

Zum Inhalt des Kaufvertrages gehören alle wichtigen Vereinbarungen zwischen Käufer und Verkäufer, z. B. über
- Art, Qualität und Beschaffenheit der Ware,
- Menge und Preis der Ware,
- Lieferungs- und Zahlungsbedingungen,
- Erfüllungsort und Gerichtsstand.

Sind wesentliche Punkte nicht ausdrücklich festgehalten, so gelten die gesetzlichen Regelungen des Bürgerlichen Gesetzbuches bzw. des Handelsgesetzbuches.

1. **Welcher Unterschied in der rechtlichen Bindung besteht zwischen Anfrage und Angebot?**
2. **Erläutern Sie, welche rechtliche Bedeutung Zeitungsanzeigen und Kataloge haben, in denen Waren angeboten werden?**
3. **Wann gilt ein Kaufvertrag als abgeschlossen?**
4. **Welche Verpflichtungen gehen Käufer und Verkäufer mit dem Abschluss eines Kaufvertrages ein?**
5. **Die Firma Ohlig hat Ihnen am Telefon ein Angebot über eine Hi-Fi-Anlage gemacht. Sie sagen am Telefon nicht direkt zu. Nachdem Sie es mit anderen Angeboten verglichen haben, wollen Sie zwei Tage später bei der Firma die Hi-Fi-Anlage bestellen. Die Firma Ohlig will jedoch ihr Angebot nicht mehr aufrechterhalten. Ist die Firma Ohlig an ihr Angebot gebunden?**
6. **Was bedeutet „Angebot freibleibend"?**

3.3 Lieferungsbedingungen

Stefan bekommt, wie zugesagt, am 19. März den Camcorder von der Firma Foto-Wilhelm aus Hamburg durch die Post geliefert. Mit der Lieferung erhält er auch gleichzeitig die Rechnung zugestellt.

Foto – Wilhelm Hamburg

Foto-Wilhelm, Fasanenstr. 32, 22145 Hamburg

Herrn
Stefan Gleich
Westring 34
55290 Trier

RECHNUNG

Nummer: 8007
Kunden-Nummer: 911202
Seite: 1

Ihre Zeichen, Ihre Nachricht vom	Unser Zeichen, unsere Nachricht vom		Tel. Durchwahl 020 342208-	Hamburg
....-03-10	frie	....-03-07	435	....-03-16

POS.	ART-NUM	BEZEICHNUNG	EINH	MENGE	EINZELPREIS	BETRAG EUR
1	1230103	Sony DCR-DVD505	STCK	1	995,00	995,00

Zwischensumme: 995,00
\+ Versandkosten 6,00

Gesamtbetrag 1.001,00
inkl. 19% MwSt. = 158,87 EUR

Es gelten folgende Lieferungs- und Zahlungsbedingungen:
Lieferung: zzgl. Versandkosten — Zahlungsziel: 10 Tage
Lieferzeit: 10 Tage — Skonto bei Barzahlung: 0,0%
Bankverbindung: Deutsche Bank Hamburg BLZ 270 546 00 Konto-Nr. 3 440 002
Erfüllungsort und Gerichtsstand ist Hamburg.

Stefan ist etwas überrascht, dass er neben dem Katalogpreis auch noch die Versandkosten berechnet bekommt.

Muss Stefan den Gesamtbetrag überweisen oder nur den Betrag für die Kamera?

Die Bedingungen, zu denen der Verkäufer liefern muss, sind im Bürgerlichen Gesetzbuch geregelt. Dabei gilt der Grundsatz:

Warenschulden sind Holschulden.

Das bedeutet, dass der Käufer die Ware auf eigene Kosten beim Verkäufer abholen muss. Nach der gesetzlichen Regelung hat der Verkäufer seine Leistungen erfüllt, wenn er die Ware in seinem Geschäft, seinem Lager oder seiner Werkstatt übergibt.

Im Alltag ist es häufig nicht möglich, dass der Käufer die Ware beim Verkäufer abholen kann. Die Frage, wer die Versandkosten trägt, wird deshalb meistens in den Lieferungsbedingungen geregelt.

Lieferungsbedingungen

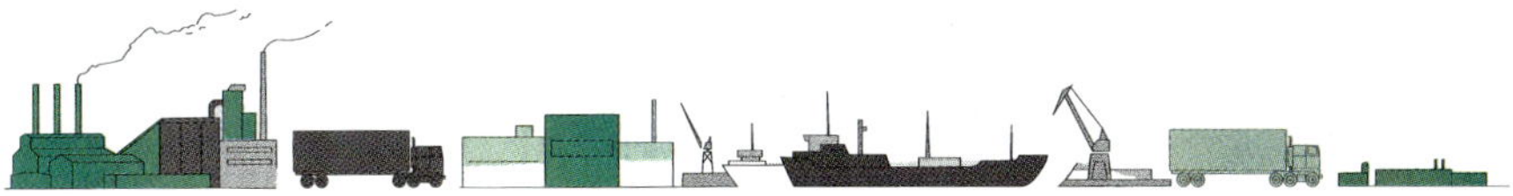

Lieferung:	
a) **ab Fabrik**, ab Lager	Käufer trägt sämtliche Beförderungskosten
b) **ab hier**, unfrei, frei Waggon, ab Bahnhof hier	Käufer trägt Beförderungskosten ab Versandstation
c) **frachtfrei**, frei dort, frei Bahnhof dort	Käufer trägt Beförderungskosten ab Empfangsstation
d) **frei Haus**, frei Lager	Verkäufer trägt alle Kosten

Nach der gesetzlichen Regelung hat der Käufer auch die Kosten für die Versandverpackung zu tragen. Es ist deshalb für den Käufer wichtig, nicht nur die Preise im Angebot zu vergleichen, sondern auch die Versand- und Verpackungskosten zu berücksichtigen, die in den Allgemeinen Geschäftsbedingungen aufgeführt sind.

Auszug aus den AGB von Foto-Wilhelm

Schnellstmögliche Lieferung. In der Regel immer kurzfristig. Vorbehaltlich der üblichen Bearbeitungsdauer, z.B. bei Zahlung nach Warenerhalt oder Teilzahlung. Teillieferung, wenn einmal ein Artikel vergriffen ist.

Annahmeverweigerung. Dadurch entstehende Kosten trägt der Käufer.

Liefertermine. Überschreitungen eines bestätigten Liefertermins nur in schriftlicher Form anmahnen. Wenn Ihre Absage fünf Arbeitstage vor Auslieferung bei uns eingeht: uneingeschränktes Rücktrittsrecht für Sie.

Kosten für Porto, Fracht, Verpackung und Nachnahmegebühr. Nur die Zahlkartengebühr und bei Bahnsendungen das Rollgeld und die Flächenfracht begleichen Sie. Bei Expressgut, Eilpäckchen und Schnellpaket sowie bei sperrigen Sendungen zahlen Sie nur die Mehrkosten gegenüber der Normalfracht. Keine Rückvergütung solcher Zuschläge. Bei unberechtigten Rücksendungen (z.B. Annahmeverweigerung) gehen Portokosten, Auslagen und Gebühren zulasten des Käufers. Das gilt auch für Expressmehrfracht, bei Umtausch oder Warenrückgabe.

Nur 6,00 EUR Kostenpauschale für Porto/Verpackung/Bearbeitung.

3.4 Zahlungsbedingungen

Nachdem Stefan aufgrund der vereinbarten Lieferungsbedingungen mit der Firma Foto-Wilhelm weiß, dass er auch die Versandkosten übernehmen muss, informiert er sich über die Zahlungsbedingungen, die zwischen ihm und der Firma Foto-Wilhelm vereinbart wurden.

Zufriedene Kunden sind uns am liebsten. Sie sollen sich über Ihre Bestellung freuen.
Katalogpreise sind knapp kalkulierte NETTOBARPREISE.
Darin enthalten: die gesetzliche Mehrwertsteuer (zz. 19 %) und Zinsen und Gebühren für die Bezahlung in vier Teilen. Bei Sofortzahlung erfolgt keine Zins- oder Gebührenrückerstattung.

Bezahlen Sie bar oder mit Scheck an Ihren Briefträger:
Per Nachnahme geht's am schnellsten.

Vorauszahlung mit Scheck.
Einfach Ihrer Bestellung beilegen.
Schnellstmögliche Lieferung garantiert.

Kauf auf Rechnung, zehn Tage nach Warenerhalt. Oder mit bequemer Teilzahlung.
Bearbeitungsdauer mind. zwei Wochen. Voraussetzung ist Angabe von Beruf, Geburtstag, Ort und Arbeitgeberadresse (bitte Bestellkartenvordruck verwenden).

Sie verpflichten sich ausdrücklich, vereinbarte Zahlungstermine pünktlich einzuhalten.

Werden Zahlungserinnerungen notwendig, berechnen wir als Ersatz für unsere Auslagen eine pauschale Mahngebühr in Höhe von 5,00 EUR.

Wir behalten uns vor, nach der zweiten erfolglosen Mahnung ein Inkassobüro zu beauftragen.

Vorauszahlungen bitte nur per Scheck, nicht per Überweisung.
Bei Teilzahlung und Zahlung nach Warenerhalt werden der Schutzgemeinschaft für allgemeine Kreditsicherung (SCHUFA) Daten über den Käufer zur Speicherung im Rahmen ihrer Tätigkeit übermittelt. Die Adresse der örtlich zuständigen SCHUFA wird auf Wunsch mitgeteilt; außerdem ist die Bundes-SCHUFA, Kronprinzenstraße 28, 65135 Wiesbaden, zur Auskunftserteilung bereit.

Mindestbestellwert bei Zahlung in vier Teilen und bei Teilzahlung 150,00 EUR.

Wichtig: Bei Kauf auf Teilzahlung kann die Bestellung innerhalb einer Woche schriftlich widerrufen werden.
Zur Fristenwahrung genügt die rechtzeitige Absendung des Widerrufs.

Eigentumsvorbehalt.
Gelieferte Ware bleibt bis zur vollständigen Bezahlung uneingeschränkt Eigentum der Fa. Foto-Wilhelm. Vor der vollständigen Bezahlung des Kaufpreises ist eine Weiterveräußerung an Dritte nur mit der ausdrücklichen und schriftlichen Zustimmung von Fa. Foto-Wilhelm gestattet.

Keine Preiserhöhung während der gesamten Katalog-Gültigkeitsdauer, bis 31.12.
Da macht Bestellen Freude. Diese Garantie gilt für alle Artikel und Angebote.

Erfüllungsort und Gerichtsstand ist Hamburg

1. **Wann muss Stefan die Rechnung bezahlen?**
2. **Klären Sie die Begriffe „Inkassobüro", „SCHUFA" und „Widerruf".**

Für die Bezahlung gilt nach dem Bürgerlichen Gesetzbuch der Grundsatz:

Geldschulden sind Bring- bzw. Schickschulden.

Das bedeutet, dass der Käufer dafür Sorge tragen muss, dass der Verkäufer sein Geld erhält. Beim täglichen Einkauf zahlt der Käufer meist seine Ware sofort, d.h., die Zahlung erfolgt **Zug um Zug**: Übergabe der Ware und Bezahlung erfolgen gleichzeitig.

Zwischen Käufer und Verkäufer können auch andere **Zahlungsbedingungen** frei vereinbart werden.

Folgende Vereinbarungen sind möglich:

1. **Zahlung Zug um Zug:** z. B. gegen Kasse; sofortige Kasse; netto Kasse; gegen Nachnahme. Der Käufer zahlt sofort bei Entgegennahme der Ware.
2. **Zahlung innerhalb einer vereinbarten Frist:** z. B. zahlbar innerhalb 14 Tagen abzüglich 2 % Skonto. Der Käufer bezahlt die Rechnung innerhalb der Frist und kann 2 % als Nachlass vom Rechnungsbetrag abziehen.
3. **Zahlung nach Ablauf einer vereinbarten Zeit:** z. B. zahlbar vier Wochen nach Rechnungserhalt netto; 30 Tage netto; zwei Monate Ziel. Der Käufer zahlt erst nach der vereinbarten Frist, muss jedoch auf den Vorteil des Skontoabzugs verzichten.
4. **Anzahlung:** z. B. 1/3 bei Bestellung, Rest nach Lieferung; bei Lieferung Anzahlung 2500,00 EUR, Rest vier Wochen nach Lieferung. Diese Form wird mit Käufern vereinbart, deren Zahlungsfähigkeit (Bonität) nicht bekannt ist; die Vereinbarung findet man auch häufig bei Leasingverträgen.
5. **Vorauszahlung:** z. B. Zahlung im Voraus auf unser Bankkonto; Auftragsabwicklung erfolgt nur nach vorhergehender Zahlung. Die Vorauszahlung wird nur bei zahlungsschwachen Kunden verlangt oder wenn es sich um Großaufträge handelt, die vom Käufer teilweise vorfinanziert werden (Schiffsbau, Großbaustelle).
6. **Ratenzahlung:** z. B. Anzahlung 180,00 EUR, Rest in 24 Monatsraten. Der Käufer erhält die Möglichkeit, den Betrag in gleichbleibenden monatlichen Raten zu bezahlen.

1. **Welche Kosten muss der Käufer bzw. Verkäufer übernehmen, wenn folgende Vereinbarungen getroffen wurden:**
   a) Die Lieferung erfolgt ab unserem Werk.
   b) Bei Bestellwert von 300,00 EUR liefern wir frachtfrei.
   c) Bei Rücksendung des Leerguts erfolgt Gutschrift.
   d) Preise einschließlich Verpackung.
2. **Der Käufer hat am 3. März seine Rechnung durch eine Banküberweisung beglichen. 14 Tage später erhält er eine Mahnung. Der Käufer beachtet diese Mahnung nicht, da er überzeugt ist, dass er seine Zahlungsverpflichtung erfüllt hat.**
   a) Hat der Käufer recht?
   b) Muss sich der Verkäufer an die Bank oder an den Käufer wenden?
3. **Welche Vor- bzw. Nachteile bringt die Lieferung gegen Nachnahme**
   a) für den Käufer,
   b) für den Verkäufer?

3.5 Allgemeine Geschäftsbedingungen

ALLGEMEINE GESCHÄFTSBEDINGUNGEN

Das sind Spielregeln, die für beide gelten. Vor allem dafür, dass Sie zufrieden sind.

1. **Nennen Sie „Spielregeln", die zwischen Käufer und Verkäufer in den Allgemeinen Geschäftsbedingungen geregelt werden.**
2. **Welchem Grundsatz müssen diese Regelungen entsprechen?**

In der Bundesrepublik Deutschland gilt in der Wirtschaft grundsätzlich Vertragsfreiheit. Es ist für die Vertragspartner möglich, von den gesetzlichen Regelungen abzuweichen. Außerdem ist es in vielen Fällen nötig, zusätzliche Vereinbarungen zu treffen, die vom Gesetz nicht ausdrücklich erfasst werden. Dies gilt auch für Vereinbarungen zwischen Käufer und Verkäufer. In den **Allgemeinen Geschäftsbedingungen** (AGB) sind die wichtigsten „Spielregeln" aufgeführt:

I. Allgemeines und Geltungsbereich
II. Lieferungsbedingungen
III. Zahlungsbedingungen
IV. Ratenkauf
V. Gewährleistung
VI. Eigentumsvorbehalt
VII. Reparaturen
VIII. Allgemeine Haftungsbegrenzungen
IX. Erfüllungsort und Gerichtsstand

Damit der Käufer durch die Allgemeinen Geschäftsbedingungen nicht schlechter gestellt wird als der Verkäufer, hat der Gesetzgeber im BGB die **Allgemeinen Geschäftsbedingungen** geregelt. Die wichtigste Bestimmung der AGB ist die sogenannte Generalklausel:

Vgl. § 307 BGB

Bestimmungen in Allgemeinen Geschäftsbedingungen sind unwirksam, wenn sie den Käufer entgegen den Geboten von Treu und Glauben unangemessen benachteiligen.

Von einer unangemessenen Benachteiligung des Käufers ist dann auszugehen, wenn

- die AGB mit den gesetzlichen Regelungen unvereinbar sind;
- die AGB die Rechte und Pflichten so einschränken, dass die Gefahr besteht, dass der Vertragszweck nicht erreicht werden kann.

Weitere wichtige Regelungen der Allgemeinen Geschäftsbedingungen können folgende Beispiele verdeutlichen:

Beispiel: Der Kunde kauft einen Fernsehapparat und nimmt ihn gleich mit. Der Verkäufer weist den Kunden jedoch nicht auf die AGB hin, da er der Meinung ist, dass es genügt, wenn die AGB auf der Rückseite des Lieferscheins aufgedruckt sind.

Der Käufer muss bei Vertragsabschluss auf die AGB-Bestimmungen hingewiesen werden oder diese müssen deutlich sichtbar im Geschäft aushängen.

Beispiel: Ein Kunde kauft sich eine Stereoanlage in der Farbe Schwarz, wie er sie im Geschäft gesehen hat. Geliefert wird jedoch in der Farbe Grau. Der Verkäufer weist auf die AGB hin, in der es heißt, dass Modelländerungen vorbehalten bleiben.

Versprochene Leistungen dürfen nicht geändert werden, wenn es für den Käufer unzumutbar ist.

Beispiel: Der Käufer hat sich am 12. März ein neues Auto bestellt, das am 12. Juni geliefert werden soll. Die Lieferung erfolgt erst am 30. Juli. Inzwischen ist das Auto um 3,2 % teurer geworden. Der Händler verlangt den neuen Preis.

Eine wichtige Bestimmung im BGB besagt, dass Preiserhöhungen innerhalb von vier Monaten nicht statthaft sind, auch wenn die AGB dies vorsehen sollten. Dabei ist es nicht wichtig, wann die Lieferung erfolgt, sondern zu welchem Termin sie vereinbart wurde.

Beispiel: Ein Kunde erhält eine defekte Kamera und verlangt eine kostenlose Reparatur. Der Verkäufer will die Reparatur nicht kostenlos durchführen.

Grundsätzlich dürfen in den Allgemeinen Geschäftbedingungen keine gesetzlichen Gewährleistungsansprüche des Käufers vollständig ausgeschlossen werden; auch Lohn- und Wegekosten dürfen innerhalb der Gewährleistung nicht berechnet werden.

Trotz des gesetzlichen Schutzes sollte der Käufer vor Abschluss eines Vertrages das sogenannte **Kleingedruckte** in den Allgemeinen Geschäftsbedingungen genau lesen.

1. **Warum werden neben den gesetzlichen Regelungen oft Allgemeine Geschäftsbedingungen vereinbart?**
2. **Welche typischen Regelungen finden sich in den Allgemeinen Geschäftsbedingungen?**
3. **Erläutern Sie den Inhalt und die Bedeutung des § 307 BGB.**
4. **Frau Lorch lässt die Waschmaschine innerhalb der Garantiezeit reparieren. Der Kundendienst berechnet ihr die Material-, Lohn- und die Anfahrtskosten. Welche Kosten muss Frau Lorch bezahlen?**
5. **Warum ist es wichtig, das Kleingedruckte zu studieren?**

3.6 Erfüllung des Kaufvertrages

Stefan liest in den Allgemeinen Geschäftsbedingungen der Firma Foto-Wilhelm:

Eigentumsvorbehalt. Gelieferte Ware bleibt bis zur vollständigen Bezahlung uneingeschränkt Eigentum der Fa. Foto-Wilhelm.

Erfüllungsort ... ist Hamburg.

Im Bürgerlichen Gesetzbuch steht im § 269 (1) über den Erfüllungsort:

Ist ein Ort für die Leistung weder bestimmt noch aus den Umständen, insbesondere aus der Natur des Schuldverhältnisses, zu entnehmen, so hat die Leistung an dem Ort zu erfolgen, an welchem der Schuldner zur Zeit der Entstehung des Schuldverhältnisses seinen Wohnsitz hatte.

1. Welche Leistungen haben Käufer und Verkäufer zu erbringen?
2. An welchem Ort sind diese Leistungen jeweils zu erfüllen
a) nach den Allgemeinen Geschäftsbedingungen,
b) nach dem Bürgerlichen Gesetzbuch?
3. Was bedeutet „Eigentumsvorbehalt"?

Der Kaufvertrag wird von beiden Partnern erfüllt, indem sie ihre Leistungen erbringen. Der Verkäufer muss die Ware liefern und das Eigentum übertragen; der Käufer hat die Pflicht, die Ware anzunehmen und zu bezahlen.

Pflichten

- Lieferung
- Übertragung des Eigentums

→

←

- Bezahlung
- Annahme der Ware

Der Verkäufer hat die Pflicht, die Ware nicht nur rechtzeitig, sondern auch in einwandfreiem Zustand zu liefern. Der Verkäufer muss dem Käufer das Eigentum an der Ware übertragen. Dies bedeutet, dass der Käufer die rechtliche Herrschaft durch die Bezahlung erwirbt. Vor der vollständigen Bezahlung ist der Käufer zwar Besitzer, aber – wegen des Eigentumsvorbehalts – nicht Eigentümer der Ware. Bei Ratenkauf wird der Käufer erst mit der Zahlung der letzten Rate zum Eigentümer.

Zu den Pflichten des Käufers gehört es, die bestellte und gelieferte Ware anzunehmen. Dabei hat er die Ware sofort auf sichtbare Mängel zu überprüfen. Zur Erfüllung des Kaufvertrages muss die Ware vom Käufer vollständig und fristgemäß bezahlt werden.

Werden die Pflichten von Verkäufer oder Käufer nicht erfüllt, kann jeder Vertragspartner auf Beseitigung der Störungen bestehen.

Erfüllungsort und Gerichtsstand

Der Ort, an dem die Leistungen zu erbringen sind, wird als **Erfüllungsort** bezeichnet. Grundsätzlich gilt für den Erfüllungsort Vertragsfreiheit. Wenn keine Vereinbarung getroffen wurde, ist der Erfüllungsort für die Lieferung der Wohnsitz des Verkäufers, für die Annahme und Bezahlung der Wohnsitz des Käufers.

„Warenschulden sind Holschulden". Dies bedeutet, dass der Käufer die Kosten und das Risiko für den Transport der Ware übernehmen muss. Erfüllungsort für die Bezahlung ist nach der gesetzlichen Regelung der Wohnsitz des Käufers. Nach dem Grundsatz „Geldschulden sind Bringschulden" hat der Käufer das Risiko und die Kosten für die Überweisung des Geldbetrages zu tragen.

Kommt es wegen der Erfüllung des Kaufvertrages zu Streitigkeiten, so können Käufer oder Verkäufer vor Gericht Klage erheben. Der Ort, an dem geklagt werden kann, ist der **Gerichtsstand**. Nach dem Bürgerlichen Gesetzbuch gilt zwischen Privatpersonen und Kaufleuten, dass der Erfüllungsort gleichzeitig der Gerichtsstand ist.

Bei Streitigkeiten wegen der Bezahlung muss am Wohnsitz des Käufers Klage erhoben werden. Gerichtsstand bei einer Auseinandersetzung wegen der Lieferung ist der Wohnsitz des Verkäufers. Diese gesetzliche Regelung ist durch Allgemeine Geschäftsbedingungen nicht abänderbar. Sie soll den Käufer bei Prozessen wegen der Zahlung vor hohen Kosten und Aufwendungen schützen. Nur zwischen Kaufleuten sind vertragliche Regelungen über den Gerichtsstand frei vereinbar.

Welches Gericht zuständig ist, richtet sich nach dem Streitwert. Bis zu einem Streitwert von 5000,00 EUR wird vor dem Amtsgericht, darüber hinaus vor dem Landgericht verhandelt.

1. **Nennen Sie die Pflichten von Verkäufer und Käufer bei der Erfüllung des Kaufvertrages.**
2. **Erläutern Sie den Unterschied zwischen Eigentum und Besitz.**
3. **In den Allgemeinen Geschäftsbedingungen der Firma Wolf GmbH steht: Erfüllungsort und Gerichtsstand für beide Vertragspartner ist Mainz. Klären Sie in folgenden Fällen Erfüllungsort und Gerichtsstand:**
   a) Sie bestellen bei der Firma Wolf GmbH Ware.
   b) Ihr Ausbildungsbetrieb liefert Ware an die Firma Wolf GmbH.

3.7 Schlechtleistung (mangelhafte Lieferung)

Yvonne und Iris wollen im Urlaub eine Trekking-Tour in die Alpen machen. Dazu haben sie sich beim Sportversand Burger wichtige Ausrüstungsgegenstände bestellt. Heute hat Yvonne ein Paket vom Sportversand Burger erhalten. Mit dem beiliegenden Lieferschein überprüft sie den Inhalt.

Sportversand Burger, Hansastr. 4, 55130 Mainz

Frau
Yvonne Fürst
Hauptstraße 17
67433 Neustadt

LIEFERSCHEIN

Nummer: 8011
Kunden-Nummer: 911205
Seite: 1

Ihre Zeichen, Ihre Nachricht vom	Unser Zeichen, unsere Nachricht vom	Tel. Durchwahl 06131/456778	Mainz
....-03-12	mittler	33	....-03-18

POS.	ART-NUM	BEZEICHNUNG	EINH	BESTELL-MENGE	LIEFER-MENGE
1	301	Schlafsack Mt Everest 2	1	1	1 ✓
2	804	Trekking Jacke – wasserdicht	1	1	1
3	1206	Rucksack Outdoor 70 l	1	1	1 nur 50 l !!
4	201	Sturmkocher Luxus 4	1	1	1 1 Einsatz fehlt !
5	634	Iso-therm 45	1	2	2 1 Matte fehlt !

1. **Welche Sachmängel hat Yvonne festgestellt?**
2. **Die Trekking-Jacke erweist sich als nicht wasserdicht. Welcher Mangel liegt vor?**
3. **Was muss Yvonne unternehmen, damit die Mängel beseitigt werden?**

Bei jeder Lieferung können trotz der Sorgfalt des Verkäufers Mängel auftreten. Deshalb ist es sinnvoll, die Lieferung unverzüglich auf Mängel zu überprüfen; Kaufleute sind nach dem Handelsgesetzbuch dazu sogar verpflichtet. Es lassen sich folgende Sachmängel in der Beschaffenheit einer Ware unterscheiden:

- **Mängel in der Verwendung:** Der Verkäufer liefert eine Ware, die sich für die zugesagte oder übliche Verwendung nicht eignet, z.B. der Holzleim klebt nur Papier, aber kein Holz.
- **Mängel in der Eigenschaft:** Der Verkäufer hat im Kaufgespräch, in der Werbung oder bei der Kennzeichnung der Ware Eigenschaften versprochen, die nicht zutreffen, z.B. rostfrei, wasserdicht.
- **Mängel bei der Montage bzw. in der Montageanleitung:** Die Montage wird unsachgemäß durchgeführt oder in der Montageanleitung sind Fehler („IKEA-Klausel“).
- **Mängel in der Art:** Es wird eine andere Ware als vereinbart geliefert.
- **Mängel in der Menge:** Es wird entweder zu viel oder zu wenig geliefert.

Stellt der Käufer bei der gelieferten Ware einen Mangel fest, so muss er beim Verkäufer reklamieren. Die **Reklamation** (Mängelrüge) kann schriftlich oder mündlich erteilt werden. In den meisten Fällen ist es aus Beweisgründen sinnvoll, die Reklamation schriftlich abzufassen.

Grundsätzlich hat der Käufer eine **Gewährleistungsfrist von zwei Jahren**, während der er Mängel reklamieren kann. Dies gilt nicht bei Ware mit Verfallsdatum (z. B. Joghurt), bei natürlichem Verschleiß oder normaler Abnutzung, etwa bei Reifen. Bei arglistig verschwiegenen Mängeln erhöht sich die Gewährleistungsfrist auf drei Jahre.

Zeigt sich innerhalb von sechs Monaten nach Kauf oder Lieferung ein Sachmangel, so wird zugunsten des Verbrauchers vermutet, dass die Sache bereits beim Kauf oder bei der Lieferung fehlerhaft war. Das bedeutet: Nicht der Käufer ist beweispflichtig, sondern der Verkäufer müsste beweisen, dass die Ware mangelfrei war (Beweislastumkehr).

Hat der Verkäufer ausdrücklich auf Mängel hingewiesen (z. B. „Zweite Wahl"), hat der Käufer kein Recht auf Mängelrüge. Bei Sonderangeboten ist eine Mängelrüge nicht ausgeschlossen.

Es kommt auch vor, dass der Verkäufer Ware umtauscht oder zurücknimmt, obwohl sie nicht mangelhaft ist. Hier handelt es sich um eine Kulanz (Entgegenkommen) des Verkäufers, um den Kunden nicht zu verlieren.

Ist die Reklamation berechtigt, kann der Käufer beim Verkäufer folgende Rechte geltend machen:

Rechte des Käufers

- **Nacherfüllung,** d. h. die Beseitigung des Mangels (Reparatur) oder die Lieferung mangelfreier Ware (Umtausch oder Ersatzlieferung)
  Eine Nachbesserung gilt nach dem zweiten Versuch als fehlgeschlagen.

Bei Weigerung des Verkäufers zur Nacherfüllung oder
nach erfolgloser Fristsetzung oder
nach dem zweiten fehlgeschlagenen Nachbesserungsversuch hat der Käufer folgende Rechte:

- **Rücktritt vom Vertrag**
- **Minderung, d. h. Preisnachlass**
- **Schadenersatz**
  Auch Aufwendungen, die der Käufer im Vertrauen auf die mangelfreie Lieferung gemacht hat, müssen ersetzt werden. (Beispiel: Für die bestellte Deckenleuchte hat der Käufer bereits eine spezielle Halogenlampe gekauft, die nicht anders verwendet werden kann.)

Hat der Käufer Mängel angezeigt, so trägt der Verkäufer die Kosten zum Zweck der Nacherfüllung, also alle anfallenden Transport-, Wege-, Arbeits- und Materialkosten.

Um den Verbraucher vor schwerwiegenden Schäden zu schützen, ist seit 1990 in der Bundesrepublik Deutschland das **Produkthaftungsgesetz** in Kraft. Nach diesem Gesetz muss der Hersteller oder Importeur den Beweis antreten, dass er bei Produktion und Vertrieb seiner Produkte auf Qualität und Sicherheit geachtet hat. Grundsätzlich tritt die Produkthaftung für Folgeschäden ein, die durch Fehler des Produkts verursacht wurden. Solche Fehler sind z. B. Konstruktions- und Fabrikationsfehler. So muss der Ein-/Ausschalter einer Maschine so angebracht sein, dass er gefahrlos benutzt werden kann. Aber auch Informationsfehler fallen unter die Produkthaftung. Deshalb sind z. B. Gebrauchsanweisungen verständlich und umfassend abzufassen.

1. Bei der Durchsicht der Mängelliste finden sich folgende Fehler:
   - Anstelle eines 3-mm-Kupferkabels wurde ein 2,5-mm-Kupferkabel geliefert.
   - Anstelle von 200 m Isoliermaterial wurden nur 180 m geliefert.
   - Anstelle der fünf Isolierzangen F 456 wurden fünf Isolierzangen F 654 geliefert.
   - Die gelieferten Feuchtraumkabel haben nicht die vorgeschriebene DIN-Norm.

   a) Welche Mängel liegen jeweils vor?
   b) Welche Rechte sollte der Käufer jeweils in Anspruch nehmen?
   c) Wer trägt den Schaden, wenn die Feuchtraumkabel einen Defekt verursachen?
2. Jürgen hat sich einen Gebrauchtwagen gekauft. Der Verkäufer hat ihm vor dem Kauf bestätigt, dass bei der Inspektion Zündkerzen, Ölfilter und Bremsbeläge erneuert wurden. Bei seinem ersten Werkstattbesuch nach 5000 km Fahrleistung teilt ihm der Kfz-Betrieb mit, dass die Bremsen erneuert werden müssen.
   a) Kann Jürgen das Auto zurückgeben und sein Geld zurückfordern?
   b) Spielt es eine Rolle, ob die Inspektionsleistungen schriftlich oder mündlich bestätigt wurden?
3. Michaela hat sich vor fünf Monaten einen Camcorder gekauft. Jetzt muss sie feststellen, dass die Tonqualität immer schlechter wird. Sie reklamiert dies beim Händler. Dieser will die Kamera reparieren. Michaela verlangt jedoch den Umtausch des Camcorders. Der Händler behauptet, der Schaden sei auf eine unsachgemäße Bedienung zurückzuführen.
   a) Wer trägt die Beweislast für die Ursache des Schadens?
   b) Reparatur oder Umtausch – welches Recht hat Michaela?
   c) Wer trägt die Kosten für eine Reparatur?
4. Diana hat sich im Sommerschlussverkauf zwei Sommerblusen gekauft. Im Kaufhaus hat sie folgenden Hinweis gelesen: „Reduzierte Ware ist vom Umtausch ausgeschlossen."
   a) Eine Freundin rät ihr, die dunkelblaue Bluse gegen eine hellere Farbe umzutauschen. Kann Diana dies tun?
   b) Die andere Bluse weist auf der Rückseite einen Webfehler auf. Kann Diana die Bluse zurückgeben?
5. Holzschutzmittel, mit denen Wohnräume gestrichen wurden, haben in vielen Fällen zu Gesundheitsschäden bei den Bewohnern geführt.
   Welche Rechte haben die Geschädigten?

3.8 Nicht-Rechtzeitig-Lieferung (Lieferungsverzug)

Marlene hat bei der Firma Kluge eine Stereoanlage bestellt. Es wurde vereinbart, dass die Stereoanlage in zwei Wochen abgeholt werden kann. Als Marlene nach zwei Wochen im Geschäft nachfragt, muss sie feststellen, dass die Anlage noch nicht eingetroffen ist. Der Verkäufer verspricht ihr, dass die Geräte bis spätestens nächste Woche angeliefert werden.

Verärgert über die Verzögerung, überlegt Marlene, ob sie den Verkäufer dafür rechtlich verantwortlich machen kann.

1. **Bis zu welchem Termin muss die Firma Kluge die Stereoanlage liefern?**
2. **Worauf hätte Marlene bei der Bestellung achten müssen?**
3. **Marlene sieht die Stereoanlage in einem anderen Geschäft zu einem günstigeren Preis angeboten. Sollte sie die Anlage dort kaufen?**

Zu den Pflichten des Verkäufers gehört es, die Ware ordnungsgemäß zu liefern. Außerdem muss die Lieferung innerhalb einer angemessenen Zeit erfolgen, wenn keine Frist festgelegt wurde. Bei wichtigen Anschaffungen sollte ein fester (fixer) Liefertermin (Fixkauf) schriftlich vereinbart werden.

Kommt der Verkäufer seiner Pflicht, rechtzeitig zu liefern, nicht nach, so gerät er in Lieferungsverzug. Dafür müssen folgende **Voraussetzungen** vorliegen:

1. **Die Lieferung muss fällig sein.**
   Eine vom Verkäufer nur ungefähr gemachte Angabe über den Liefertermin, z.B. „ca. vier Wochen" oder „Lieferung so bald wie möglich", ist keine feste Terminvereinbarung.
2. **Der Verkäufer hat vorsätzlich (mit Absicht) oder fahrlässig (nicht sorgfältig) die Lieferung verzögert oder unterlassen.**
   In Fällen von höherer Gewalt, z.B. Streik oder Überschwemmungen, trifft den Verkäufer keine Schuld. Dies gilt auch, wenn der Zulieferer die Verzögerung zu vertreten hat.
3. **Die Lieferung muss vom Käufer angemahnt sein; dem Verkäufer ist eine angemessene Nachfrist für die Lieferung einzuräumen.**
   Hierbei ist aus Beweisgründen eine schriftliche Mahnung angebracht. Der Liefertermin sollte auf jeden Fall kalendermäßig genau bestimmt sein. In der Mahnung muss der Verkäufer deutlich aufgefordert werden zu liefern, damit er weiß, dass er von nun an mit Konsequenzen rechnen muss.
   Der Verkäufer gerät ohne Mahnung und Nachfrist sofort in Lieferungsverzug, wenn der Liefertermin genau bestimmt war, z.B. „Lieferung am 15. Juli", „Lieferung in der 27. Woche".

Hat der Verkäufer den Lieferungsverzug zu vertreten, so kann der Käufer nach Mahnung und Ablauf der Nachfrist folgende **Rechte** in Anspruch nehmen:

Der Käufer kann entweder

- **auf Erfüllung des Vertrages bestehen**

  oder

- **vom Vertrag zurücktreten**

  oder

- **statt der Lieferung Schadenersatz oder den Ersatz der Aufwendungen verlangen**

  oder

- **auf Erfüllung des Vertrages bestehen und Schadenersatz verlangen.**

Wurde ein fester Liefertermin (Fixkauf) vereinbart und hat der Verkäufer den Lieferungsverzug zu vertreten, so kann der Käufer sofort Schadenersatz verlangen. Zudem kann der Käufer nach einer Nachfrist die oben angeführten Rechte in Anspruch nehmen.

Wenn der Verkäufer den Lieferungsverzug nicht zu vertreten hat, so kann der Käufer nach Ablauf einer angemessenen Nachfrist folgende Rechte in Anspruch nehmen:

Der Käufer kann entweder

- **auf Erfüllung des Vertrages bestehen**

  oder

- **vom Vertrag zurücktreten.**

Die Höhe des Schadenersatzes lässt sich genau berechnen, wenn der Käufer bei einem anderen Verkäufer die Ware als Ersatz kaufen konnte. Die Preisdifferenz lässt sich dem in Lieferungsverzug geratenen Verkäufer als konkreter Schaden in Rechnung stellen. Schwieriger wird es z. B. im folgenden Fall: Die Lieferung von Weihnachtsgebäck an einen Einzelhändler ist nicht erfolgt, ein Verkauf konnte also nicht stattfinden. Dem Händler ist ein abstrakter Schaden entstanden, da ihm Gewinne entgangen sind. Die Schadenshöhe lässt sich oft nur durch ein Gericht ermitteln.

In einigen Bereichen der Wirtschaft, z. B. im Baubereich, ist es üblich, bei Vertragsabschluss eine Vertragsstrafe zu vereinbaren. Diese Vereinbarung verpflichtet den Verkäufer, bei Lieferungsverzug eine **Konventionalstrafe** zu zahlen. Hierdurch soll der Vertragspartner gezwungen werden, Termine fristgerecht einzuhalten.

1. Erläutern Sie, was unter einem „Fixkauf" zu verstehen ist.
2. Welche Voraussetzungen müssen für einen Lieferungsverzug gegeben sein?
3. Wann gerät der Verkäufer ohne Mahnung und Nachfrist in Lieferungsverzug?
4. Welche Rechte hat der Käufer bei Lieferungsverzug
   a) beim Fixkauf,
   b) wenn er dem Verkäufer eine angemessene Nachfrist einräumt?
5. Erläutern Sie den Unterschied zwischen konkretem und abstraktem Schaden.
6. Was ist der Zweck einer Konventionalstrafe?
7. Die Familie Neuber hat sich eine Kücheneinrichtung für ihre neue Wohnung bestellt. Mit dem Verkäufer war vereinbart worden, dass die Lieferung sofort nach dem Einzug erfolgt. Inzwischen sind 14 Tage seit dem Einzug vergangen und die Küchenmöbel noch nicht eingetroffen.
   a) Ist die Küchenfirma in Lieferungsverzug?
   b) Was soll die Familie Neuber unternehmen?
   c) Kann die Familie Neuber die Kücheneinrichtung bei einer anderen Firma bestellen?
8. Die Firma Schön bestellt für die Sommersaison Badehosen. Als Liefertermin wurde die erste Woche im Juni vereinbart. Die Lieferung ist bis zur zweiten Juniwoche nicht eingetroffen.
   a) Ist die Lieferfirma in Lieferungsverzug?
   b) Kann die Firma Schön Schadenersatz verlangen?
   c) Wie lässt sich der Schadenersatz ermitteln?
9. Die Firma Ludwig bestellt für ihre Produktion zwei neue Maschinen zur Lieferung am 13. Mai. Die Lieferung ist am 17. Mai noch nicht eingetroffen. Dadurch entstehen der Firma Ludwig Produktionsausfälle in Höhe von 2000,00 EUR pro Tag.
   a) Ist die Lieferfirma in Lieferungsverzug?
   b) Muss die Lieferfirma den Schaden übernehmen?
   c) Wie wäre die Situation, wenn in der Branche des Lieferers ein Streik stattgefunden hat?
10. Der Auszubildende Jürgen hat bei der Buchhandlung mehrere Schulbücher bestellt.
    Für die Lieferung wurde Anfang der nächsten Woche vereinbart. Am Anfang der Woche teilt ihm die Buchhandlung mit, dass die Lieferung sich um drei Wochen verspätet.
    Wie kann Jürgen die Buchhandlung in Lieferungsverzug setzen?

3.9 Gläubigerverzug (Annahmeverzug)

Im Ausbildungsbetrieb von Ralf herrscht Aufregung. Gerade ist der Fahrer mit der Fräsmaschine zurückgekommen. Diese wurde eigens für den Kunden angefertigt. Zudem wurden etliche Mehrstunden geleistet, um den Auftrag termingerecht zu erfüllen. Der Fahrer berichtet, dass der Kunde die Fräsmaschine nicht abnehmen will. Der Kunde verweigere die Abnahme, da er im Augenblick noch keinen Stellplatz für die Maschine habe. Deshalb hat der Fahrer nach Rücksprache mit Ralfs Chef die Maschine wieder zurückgebracht.

1. **Muss der Kunde die Maschine abnehmen, obwohl er keinen Platz für sie hat?**
2. **Im Kaufvertrag wurde der heutige Tag als Liefertermin vereinbart. Hätte Ralfs Chef den Kunden über die Anlieferung informieren müssen?**
3. **Was soll Ralfs Chef unternehmen?**

Beim Abschluss des Kaufvertrages verpflichtet sich der Käufer zur Abnahme der Ware. Wenn der Verkäufer aufgrund des Vertrages ordnungsgemäß liefert, d. h. zur rechten Zeit und am rechten Ort, so gerät der Käufer bei Nichtabnahme der Ware in **Annahmeverzug.** In der Regel wird der Verkäufer dem Käufer eine Frist zur Abnahme setzen.

Für den Verkäufer ergeben sich bei Annahmeverzug verschiedene Rechte, die er entsprechend der Sachlage in Anspruch nehmen wird:

Rechte des Käufers

1. **Rücktritt vom Vertrag** und anderweitiger Verkauf der Ware
   Von diesem Recht wird der Verkäufer immer dann Gebrauch machen, wenn die Nachfrage nach der Ware sehr groß ist. Auch bei guten Kunden kann der Verkäufer so Entgegenkommen zeigen.
2. **Klage auf Abnahme** und Lagerung der Ware
   Der Verkäufer erhebt Klage und droht dem Käufer, die Ware öffentlich versteigern zu lassen. Zwischenzeitlich lagert der Verkäufer die Ware auf Kosten und Gefahr des Käufers.
3. **Selbsthilfeverkauf** durch öffentliche Versteigerung oder Verkauf der Ware
   Allerdings ist dies an besondere Bedingungen geknüpft:
   - Der Käufer muss noch eine Frist zur Abnahme erhalten, der Selbsthilfeverkauf muss angedroht werden.
   - Der Käufer muss über Ort und Zeitpunkt des Verkaufs informiert werden, damit er selbst mitsteigern kann.
   - Der Käufer erhält eine Abrechnung und muss die zusätzlichen Kosten tragen.
4. **Notverkauf** bei leicht verderblicher Ware
   Wenn es sich um leicht verderbliche Ware (z. B. Lebensmittel) handelt, ist ein Selbsthilfeverkauf ohne vorherige Androhung möglich.

3.10 Nicht-Rechtzeitig-Zahlung (Zahlungsverzug)

Michael Klein hat sich vor einigen Wochen ein Blitzgerät und einen Filter für seine Spiegelreflexkamera über einen Fotoversand bestellt. Bei der Lieferung fehlte der Filter. Er hat dies der Firma mitgeteilt. Heute erhielt er folgenden Kurzbrief:

Foto Boll Versand GmbH
– Abteilung B II –
Postfach 4343
55116 Mainz
Tel. 06331 56798

Kurzbrief

Mainz, ...-04-05

Mit der Bitte um:
- ☐ Kenntnisnahme
- ☒ Erledigung
- ☐ Rückgabe
- ☒ Prüfung
- ☐ Anruf
- ☐ Stellungnahme

Herrn
Michael Klein
Marktstr. 15
56068 Koblenz

Betreff: Zahlungserinnerung

Unser Zeichen: E 1504
Ihre Bestellung vom: ...-03-10
Unsere Lieferung vom: ...-03-20
Rechn.-Nr. 04320 über 239,– EUR

Anlage:

Kontoverbindung:
Deutsche Bank Mainz, BLZ 550 700 40, Kto.-Nr. 100 380 990

Michael ist ganz erstaunt über das Erinnerungschreiben des Fotoversands. Er wollte den Gesamtbetrag für Blitzgerät (199,00 EUR) und Filter (40,00 EUR) erst überweisen, wenn der Filter nachgeliefert wird.

1. **Muss Michael den Rechnungsbetrag über 239,00 EUR bezahlen?**
2. **Wie soll Michael auf das Erinnerungschreiben reagieren?**
3. **Schreiben Sie einen Brief an den Fotoversand, in dem Sie die Sachlage darstellen.**

Wenn im Kaufvertrag keine andere Vereinbarung getroffen wurde, gilt grundsätzlich, dass die Zahlung sofort zu leisten ist.

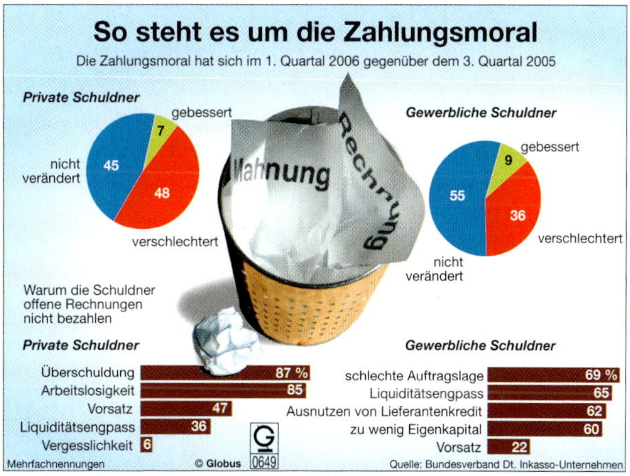

Ist für die Zahlung ein fester Termin vereinbart, so gerät der Käufer sofort danach in Zahlungsverzug.
Ist kein fester Zahlungstermin vereinbart worden, so kommt der Käufer in Verzug durch eine Mahnung oder spätestens, wenn er nicht innerhalb von 30 Tagen nach Fälligkeit und Zugang einer Rechnung zahlt. Für den Verbraucher gilt diese 30-Tage-Frist nur, wenn darauf in der Rechnung und den Zahlungsbedingungen besonders hingewiesen wurde.

Das außergerichtliche Mahnverfahren

Käufer und Verkäufer gehen davon aus, dass der jeweils andere Vertragspartner seinen Pflichten bei der Erfüllung des Kaufvertrages nachkommt. Bleibt ein Rechnungsbetrag offen, so wird der Verkäufer zunächst annehmen, dass die Zahlung entweder vergessen oder aus anderen Gründen nicht geleistet wurde. Deshalb wird der Gläubiger den Schuldner zunächst höflich an seine Zahlungspflicht erinnern.

Bevor der Gläubiger auf gerichtlichem Wege die Schulden einklagt, wird er versuchen, seine Forderungen **außergerichtlich** vom Schuldner zu erhalten. Dies erfolgt durch verschiedene Mahnungen. Während die Erinnerung und die erste Mahnung in einer höflichen Form abgefasst werden, sind die weiteren Stufen des außergerichtlichen Mahnverfahrens nachdrücklicher, bis hin zur Androhung eines gerichtlichen Mahnbescheids.

Beispiel für den Ablauf eines außergerichtlichen Mahnverfahrens

Was?	Wann?	Wo?
Erinnerung	10 Tage nach Fälligkeit	Kopie der Rechnung, höfliche Erinnerung
1. Mahnung	14 Tage später	Brief als Mahnung, höfliche Aufforderung zur Zahlung
2. Mahnung	14 Tage später	Brief als Mahnung, nachdrückliche und bestimmte Zahlungsaufforderung
Postnachnahme	8 Tage später	Einzug des fälligen Betrages durch die Post
3. und letzte Mahnung	14 Tage später	Brief als letzte Mahnung, Androhung des gerichtlichen Mahnverfahrens (Mahnbescheid)

Für das außergerichtliche Mahnverfahren gibt es keinen vorgeschriebenen Ablauf. Das Mahnverfahren kann abgekürzt oder verlängert werden. Viele Unternehmen beauftragen ein Inkassoinstitut oder einen Rechtsanwalt mit der Eintreibung ihrer Forderungen. Aus Beweisgründen sind Mahnungen schriftlich abzufassen und eventuell als Einschreiben dem Schuldner zuzustellen.

Die Kosten des Mahnverfahrens trägt der Käufer. Neben Verzugszinsen kann der Gläubiger vom Schuldner Mahngebühren (z.B. für Brief, Porto, Auslagen) verlangen.

Zahlt der Schuldner trotz Mahnung nicht, so wird die Mahnung mit einem gerichtlichen Mahnbescheid gleichgesetzt, d.h., der Käufer muss mit Eintritt der Fälligkeit Verzugszinsen zahlen. Der Verzugszins beträgt 5 % über dem Basiszinsatz der Europäischen Zentralbank. Neben Verzugszinsen kann der Gläubiger vom Schuldner Mahngebühren (z.B. für Brief, Porto, Auslagen) verlangen.

Das gerichtliche Mahnverfahren

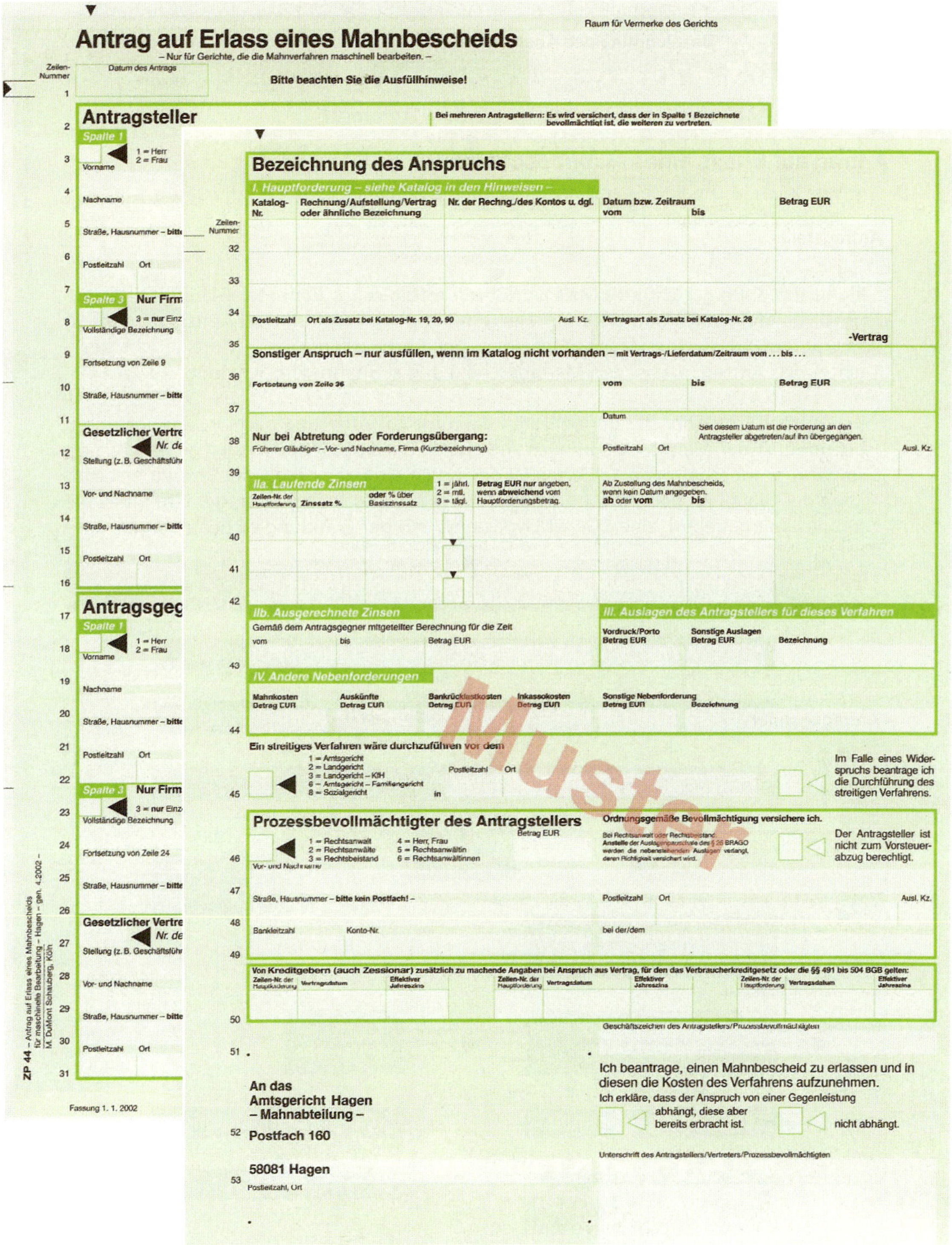

Antrag auf Erlass eines Mahnbescheids

– Nur für Gerichte, die die Mahnverfahren maschinell bearbeiten. –

Raum für Vermerke des Gerichts

Zeilen-Nummer

1 Datum des Antrags — Bitte beachten Sie die Ausfüllhinweise!

2 **Antragsteller** — Bei mehreren Antragstellern: Es wird versichert, dass der in Spalte 1 Bezeichnete bevollmächtigt ist, die weiteren zu vertreten.

Spalte 1

3 1 = Herr, 2 = Frau — Vorname

4 Nachname

5 Straße, Hausnummer – bitte

6 Postleitzahl Ort

7 Spalte 3 Nur Firm

8 3 = nur Einz — Vollständige Bezeichnung

9 Fortsetzung von Zeile 9

10 Straße, Hausnummer – bitte

11 Gesetzlicher Vertre — Nr. de

12 Stellung (z. B. Geschäftsführ

13 Vor- und Nachname

14 Straße, Hausnummer – bitte

15 Postleitzahl Ort

16

17 **Antragsgeg**

Spalte 1

18 1 = Herr, 2 = Frau — Vorname

19 Nachname

20 Straße, Hausnummer – bitte

21 Postleitzahl Ort

22 Spalte 3 Nur Firm

23 3 = nur Einz — Vollständige Bezeichnung

24 Fortsetzung von Zeile 24

25 Straße, Hausnummer – bitte

26 Gesetzlicher Vertre — Nr. de

27 Stellung (z. B. Geschäftsführ

28 Vor- und Nachname

29 Straße, Hausnummer – bitte

30 Postleitzahl Ort

31

ZP 44 – Antrag auf Erlass eines Mahnbescheids für maschinelle Bearbeitung – Hagen – gen. 4.2002 – M. DuMont Schauberg, Köln

Fassung 1. 1. 2002

Bezeichnung des Anspruchs

I. Hauptforderung – siehe Katalog in den Hinweisen –

Katalog-Nr. | Rechnung/Aufstellung/Vertrag oder ähnliche Bezeichnung | Nr. der Rechng./des Kontos u. dgl. | Datum bzw. Zeitraum vom – bis | Betrag EUR

32, 33, 34

Postleitzahl — Ort als Zusatz bei Katalog-Nr. 19, 20, 90 — Ausl. Kz. — Vertragsart als Zusatz bei Katalog-Nr. 28 — -Vertrag

35 Sonstiger Anspruch – nur ausfüllen, wenn im Katalog nicht vorhanden – mit Vertrags-/Lieferdatum/Zeitraum vom ... bis ...

36 Fortsetzung von Zeile 36 — vom — bis — Betrag EUR

37 Datum

38 Nur bei Abtretung oder Forderungsübergang: Früherer Gläubiger – Vor- und Nachname, Firma (Kurzbezeichnung) — Seit diesem Datum ist die Forderung an den Antragsteller abgetreten/auf ihn übergegangen. — Postleitzahl Ort — Ausl. Kz.

39 *IIa. Laufende Zinsen* — Zeilen-Nr. der Hauptforderung — Zinssatz % — oder % über Basiszinssatz — 1 = jährl., 2 = mtl., 3 = tägl. — Betrag EUR nur angeben, wenn abweichend vom Hauptforderungsbetrag. — Ab Zustellung des Mahnbescheids, wenn kein Datum angegeben. ab oder vom — bis

40, 41, 42

IIb. Ausgerechnete Zinsen — Gemäß dem Antragsgegner mitgeteilter Berechnung für die Zeit vom — bis — Betrag EUR

III. Auslagen des Antragstellers für dieses Verfahren — Vordruck/Porto Betrag EUR — Sonstige Auslagen Betrag EUR — Bezeichnung

43 *IV. Andere Nebenforderungen* — Mahnkosten Betrag EUR — Auskünfte Betrag EUR — Bankrücklastkosten Betrag EUR — Inkassokosten Betrag EUR — Sonstige Nebenforderung Betrag EUR — Bezeichnung

44 Ein streitiges Verfahren wäre durchzuführen vor dem

45 1 = Amtsgericht, 2 = Landgericht, 3 = Landgericht – KfH, 6 = Amtsgericht – Familiengericht, 8 = Sozialgericht — in — Postleitzahl Ort — Im Falle eines Widerspruchs beantrage ich die Durchführung des streitigen Verfahrens.

Prozessbevollmächtigter des Antragstellers — Ordnungsgemäße Bevollmächtigung versichere ich.

46 1 = Rechtsanwalt, 2 = Rechtsanwälte, 3 = Rechtsbeistand, 4 = Herr, Frau, 5 = Rechtsanwältin, 6 = Rechtsanwältinnen — Betrag EUR — Bei Rechtsanwalt oder Rechtsbeistand: Anstelle der Auslagenpauschale des § 26 BRAGO werden die nebenstehenden Auslagen verlangt, deren Richtigkeit versichert wird. — Der Antragsteller ist nicht zum Vorsteuerabzug berechtigt.

Vor- und Nachname

47 Straße, Hausnummer – bitte kein Postfach! – — Postleitzahl Ort — Ausl. Kz.

48 Bankleitzahl — Konto-Nr. — bei der/dem

49 Von Kreditgebern (auch Zessionar) zusätzlich zu machende Angaben bei Anspruch aus Vertrag, für den das Verbraucherkreditgesetz oder die §§ 491 bis 504 BGB gelten: Zeilen-Nr. der Hauptforderung — Vertragsdatum — Effektiver Jahreszins

50 Geschäftszeichen des Antragstellers/Prozessbevollmächtigten

51

An das
Amtsgericht Hagen
– Mahnabteilung –

52 Postfach 160

53 58081 Hagen
Postleitzahl, Ort

Ich beantrage, einen Mahnbescheid zu erlassen und in diesen die Kosten des Verfahrens aufzunehmen.

Ich erkläre, dass der Anspruch von einer Gegenleistung abhängt, diese aber bereits erbracht ist. — nicht abhängt.

Unterschrift des Antragstellers/Vertreters/Prozessbevollmächtigten

Muster

Michael Klein hat trotz mehrerer Mahnschreiben die Rechnung der Foto Boll Versand GmbH nicht bezahlt. Deshalb stellt die Firma den Antrag auf Erlass eines Mahnbescheides beim zuständigen Amtsgericht.

1. **Wer ist Antragsteller und Antragsgegner des Antrages?**
2. **Durch wen wird der Antragsteller vertreten?**
3. **Wie hoch ist die Forderung der Firma Foto Boll Versand GmbH?**
4. **Wie kann Michael Klein auf die Zustellung des Mahnbescheides durch das Amtsgericht reagieren?**

Bleibt das außergerichtliche Mahnverfahren erfolglos, so kann der Gläubiger das **gerichtliche Mahnverfahren** einleiten. Dazu stellt er beim zuständigen Amtsgericht einen Antrag auf Erlass eines Mahnbescheides. Der Rechtspfleger beim Amtsgericht bearbeitet den Antrag, erlässt den Mahnbescheid und stellt ihn dem Schuldner zu.

Kommt der Schuldner der gerichtlichen Zahlungsaufforderung nach, ist das Verfahren beendet. Ist der Mahnbescheid nach Ansicht des Antragsgegners nicht gerechtfertigt, so kann er innerhalb von 14 Tagen Widerspruch einlegen. Zahlt der Schuldner nicht, kann der Gläubiger bei Gericht einen Vollstreckungsbescheid beantragen. Damit ist die Möglichkeit gegeben, einen Gerichtsvollzieher mit der Pfändung zu beauftragen.

Ablauf des gerichtlichen Mahnverfahrens

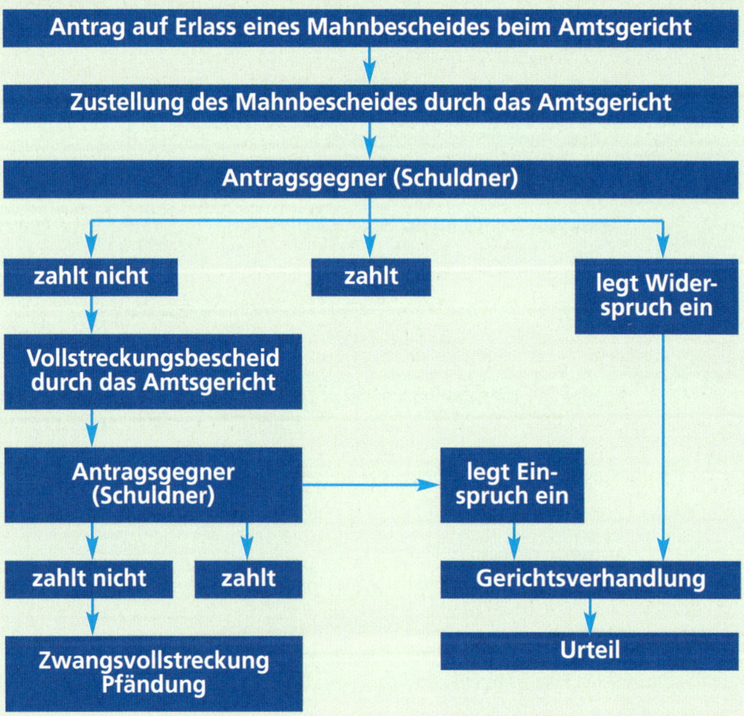

Die **Pfändung** bedeutet in der Regel für Arbeitnehmer eine Lohnpfändung. Der Lohn darf allerdings nur bis zu einem bestimmten Betrag gepfändet werden. Dieser unpfändbare Betrag ist nach Familienstand gestaffelt; er ist in einer Lohnpfändungstabelle festgelegt.

Sachen, die der Gerichtsvollzieher pfändet, werden versteigert. Schwer transportierbare Gegenstände können bis zur Versteigerung beim Schuldner verbleiben. Der Gerichtsvollzieher bringt an ihnen Pfandsiegelmarken („Kuckuck") an. Lebensnotwendige Sachen können nicht gepfändet werden.

1. **Welche Rechte hat der Verkäufer, wenn der Käufer in Annahmeverzug gerät?**
2. **Andrea hat sich bei einem Versandhaus einen Computer gekauft. Das Versandhaus hat versprochen, in ca. vier Wochen zu liefern. Nach zehn Tagen wird der Computer bereits angeliefert. Andrea ist jedoch nicht zu erreichen, da sie in den Urlaub gefahren ist. Der Computer wird von der Post an das Versandhaus zurückgeschickt.**
   a) **Ist Andrea in Annahmeverzug?**
   b) **Das Versandhaus liefert den Computer nach der Rückkehr Andreas aus dem Urlaub an. Die entstandenen Transportkosten der zweiten Anlieferung stellt das Versandhaus Andrea in Rechnung. Muss Andrea diese bezahlen?**
3. **Ein Kunde hat die Ware nicht abgenommen. Der Verkäufer lagert die Ware in einem Lagerhaus. Bei einem Unwetter wird die Ware durch Wasserschäden unbrauchbar.**
   a) **Wer bezahlt die Kosten der Einlagerung?**
   b) **Muss der Kunde die Ware bezahlen?**
4. **Die Firma Schneider erhält von der Spedition die Mitteilung, dass ihr Kunde die bestellten Tomaten nicht abnimmt.**
   Was kann die Firma Schneider unternehmen?
5. **Ein Kunde, der 50 km weiter ein Geschäft hat, würde die Tomaten (vgl. Aufgabe 4) abnehmen. Er verlangt allerdings 10 % Preisnachlass.**
   a) **Kann die Firma Schneider die Tomaten an den Kunden verkaufen?**
   b) **Wer trägt die zusätzlichen Transportkosten und die Preisdifferenz?**
6. **Erläutern Sie den Ablauf eines außergerichtlichen Mahnverfahrens.**
7. **Wodurch wird das gerichtliche Mahnverfahren eingeleitet?**
8. **Ein Kunde hat die letzte Lieferung noch nicht bezahlt, da ein Teil der Lieferung mangelhaft war. Die Firma droht ihm mit gerichtlichen Maßnahmen.**
   a) **Muss der Kunde die Rechnung bezahlen?**
   b) **Was kann er gegen einen Mahnbescheid unternehmen?**
9. **Monika erhält von der Firma Engel einen Mahnbescheid. Aufgrund der Bankauszüge stellt Monika fest, dass sie die Rechnung bereits vor Wochen bezahlt hat.**
   a) **Kann Monika den Mahnbescheid wegwerfen?**
   b) **Genügt es, wenn Monika sich telefonisch bei der Firma Engel beschwert?**
10. **Womit muss ein Schuldner rechnen, wenn er nach einem Mahnbescheid**
    a) **nicht zahlt,**
    b) **Widerspruch einlegt?**
11. **Welche Sachen und Einkommen sind unpfändbar?**

3.11 Verjährung von Forderungen

Bei der Überprüfung der Zahlungseingänge durch die Buchhaltung in Michaelas Ausbildungsbetrieb am Jahresende wird festgestellt, dass eine Rechnung vom 14. Februar durch den Kunden Schneider nicht bezahlt wurde. Aus unerklärlichen Gründen wurde dem Kunden auch keine Mahnung geschickt. Nach nochmaliger Überprüfung der Zahlungseingänge kann nur festgestellt werden, dass die Zahlung durch den Kunden nicht erfolgt ist. Inzwischen sind schon über zehn Monate verstrichen.

1. Muss der Kunde die Rechnung noch bezahlen?
2. Aus welchen Gründen hat der Gesetzgeber die Regelung getroffen, dass Schulden nach einer bestimmten Zeit nicht mehr bezahlt werden müssen?

Jeder Schuldner hat nach Ablauf einer bestimmten Zeit (Verjährungsfrist) das Recht, Forderungen durch den Gläubiger zu verweigern. Mit den Verjährungsfristen sollen Käufer und Verbraucher vor Ansprüchen geschützt werden, die längere Zeit zurückliegen. Da Privatpersonen Zahlungs- und Rechnungsbelege nicht so lange aufbewahren wie Geschäftsleute, kämen sie eher in Beweisnot. Die normale Verjährungsfrist beträgt drei Jahre.

Die wichtigsten Verjährungsfristen		
Frist	**Fristbeginn**	**Ansprüche**
2 Jahre	sofort mit der Lieferung	Sachmängel (mangelhafte Lieferung)
3 Jahre regelmäßige Verjährungsfrist	a) mit dem Schluss des Jahres, in dem der Anspruch entsteht, **und** b) Kenntnis des Gläubigers	z. B. – arglistig verschwiegene Sachmängel – Zahlungs-, Annahme- und Lieferungsverzug – wiederkehrende Leistungen wie Miete, Pacht, Lohn, Gehalt, Zinsen
5 Jahre	sofort mit Ablieferung	Mängel am Bau und Baumaterialien
10 Jahre	a) mit der Entstehung des Anspruchs **und** b) Kenntnis des Gläubigers fehlt	– Maximalfrist für alle Ansprüche der regelmäßigen Verjährung wegen der fehlenden Kenntnis des Gläubigers – Rechte an einem Grundstück
30 Jahre	mit der Entstehung	z. B. Ansprüche aus – rechtskräftigen Urteilen – Insolvenzverfahren – Vollstreckungsbescheiden

In bestimmten Fällen kann die Verjährung **gehemmt** werden. Hemmung bedeutet, dass die Verjährung angehalten wird und erst dann wieder weiterläuft, wenn der Grund für die Hemmung entfällt. Die Verjährung wird z. B. durch folgende Maßnahmen und Ereignisse gehemmt:

- **bei schwebenden Verhandlungen**, z. B. Käufer und Verkäufer verhandeln noch über Schadenersatz
- **bei Rechtsverfolgung**, z. B. Klageerhebung, Zustellung des Mahnbescheides
- **bei berechtigter Leistungsverweigerung**, z. B. mangelhafte Lieferung als Grund, eine Zahlung zu verweigern
- **bei höherer Gewalt**, z. B. bei Naturkatastrophen

Die Verjährung kann auch neu beginnen. Folgende Maßnahmen führen zu einem **Neubeginn** der Verjährung:

- **bei Schuldanerkenntnis**, z. B. durch Abschlagszahlung, Zinszahlung oder Sicherheitsleistung
- **bei gerichtlicher Vollstreckungshandlung**, z. B. bei beantragter oder vorgenommener Pfändung

1. **a) Wann beginnt in den folgenden Fällen die Verjährungsfrist?**
b) Wann sind die Forderungen verjährt?

1.1 **Herr Ließ kauft in einem Geschäft am 12. März einen Fernsehapparat. Er erhält die Rechnung am 15. März zugestellt. Als Zahlungsziel sind 14 Tage vereinbart.**

1.2 **Ein Handwerker repariert am 23. Februar die Wasserleitung in der Eigentumswohnung der Familie Achtermann. Am 24. März erhält Familie Achtermann eine Mahnung.**

1.3 **Ein Arbeitnehmer hat aufgrund einer falschen Stundenabrechnung für die Monate August bis Oktober des letzten Jahres zu wenig bezahlt bekommen.**

1.4 **Reinhold hat sich am 18. Mai einen DVD-Player gekauft. Am 20. Dezember stellt er fest, dass das Gerät defekt ist.**

1.5 **Familie Endrulat stellt nach vier Jahren in ihrem neuen Eigenheim fest, dass einige Heizungsrohre undicht sind. Sie führen dies auf eine mangelhafte Qualität der Rohre zurück. Die Rohre wurden vor vier Jahren am 18. September geliefert.**

1.6 **Ein Kaufmann erhält am 3. November eine Rechnung zugestellt. Wegen Zahlungsschwierigkeiten räumt der Lieferer am 15. Januar einen Zahlungsaufschub von drei Monaten ein.**

1.7 **Der Vermieter stellt am Jahresende fest, dass die Mieten für November und Dezember vom Mieter noch nicht bezahlt worden sind.**

3.12 Ratenkauf (Teilzahlungsgeschäft)

1. Welche Vorteile versprechen die Anzeigen?
2. Welche Gründe veranlassen Käufer zum Ratenkauf?
3. Warum bieten viele Geschäfte und Versandhäuser ihren Kunden den Ratenkauf an?

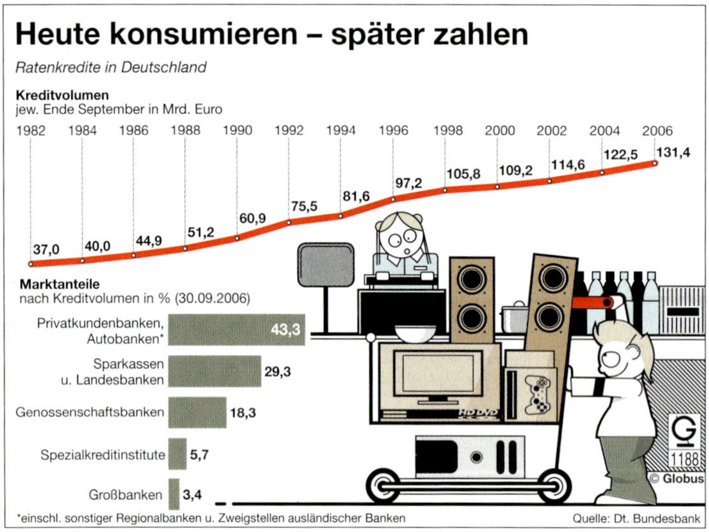

Die Abbildung zeigt, dass ein großer Teil der Güter im Privatbereich auf Teilzahlung (Raten) gekauft wird. Ein Teilzahlungsgeschäft liegt dann vor, wenn der Kaufpreis in mindestens zwei Raten bezahlt wird.

Für Haushalte, die über ein geregeltes Einkommen verfügen, ist der Ratenkauf sicherlich kein Problem. Gefährlich wird es, wenn die Ausgabenwünsche größer waren als die finanziellen Möglichkeiten.
Bei Überschuldung helfen Schuldnerberatungsstellen der Gemeinden oder Verbraucherverbände.

Um den Verbraucher vor unübersichtlichen und verlockenden Angeboten zu schützen, sind im **BGB** Regelungen über den Inhalt des Ratenkaufvertrages vorgeschrieben.

Die Bestimmungen über Teilzahlungsgeschäfte gelten nur für bewegliche Sachen (Waren), jedoch nicht für Immobilien (Häuser/Grundstücke). Laut BGB müssen bei Abschluss eines Ratenkaufvertrages folgende Regelungen beachtet werden:

1. Der Ratenkaufvertrag muss **schriftlich** abgeschlossen werden.
2. Der Vertrag muss folgende **Teilzahlungsbedingungen** enthalten:
   - die Anzahl und Höhe der Raten,
   - die Fälligkeit der Raten,
   - den Teilzahlungspreis,
   - den Barzahlungspreis,
   - den effektiven Jahreszins (Zinssatz und Kosten für die gesamte Laufzeit).
3. Der Käufer hat die Möglichkeit, **innerhalb einer Woche** ohne Begründung vom Vertrag zurückzutreten. Dieses **Widerrufsrecht** muss im Vertrag enthalten sein und vom Käufer durch Unterschrift zur Kenntnis genommen werden. Das Widerrufsrecht ist hinfällig bei Bagatellgeschäften unter 40,00 EUR oder wenn der Vertreter vom Kunden bestellt worden ist.

ZAHLEN IN BEQUEMEN MONATSBETRÄGEN

Wählen Sie zwischen 3, 6, 9 oder 12 Monatsbeträgen. Der 1. Betrag ist 30 Tage nach Lieferung fällig, alle weiteren jeweils einen Monat später. Bei Zahlung in Monatsbeträgen berechnen wir einen Aufschlag von 0,70 % pro Monat.

So errechnen Sie den Teilzahlungspreis: Bestellwert durch 100 teilen und mit der Anzahl der Monatsbeträge und dem Monatszins 0,70 % malnehmen. Der ermittelte Euro-Wert zum Warenwert dazugezählt, ergibt den zu zahlenden Gesamtpreis.

Beispiel:
Bestellwert 600,00 EUR zahlbar in sechs Monatsbeiträgen
600,00 EUR x 6 x 0,7 : 100 = 25,20 EUR Teilzahlungsaufschlag.
600,00 EUR Bestellwert + Teilzahlungsaufschlag = Teilzahlungspreis = 625,20 EUR = 6 Monatsbeiträge von je 104,20 EUR.

Zahlpause: Wir berechnen hierfür einen zusätzlichen Aufschlag von 1 % auf den Barzahlungspreis (z. B. bei 300,00 EUR einen Aufschlag von 3,00 EUR). Der effektive Jahreszins beträgt max. 16,1 %. Bei Kauf in 12 Monatsbeträgen können Sie leider keine Zahlpause in Anspruch nehmen.

WIDERRUFSRECHT
Bestellungen ab drei Monatsbeträgen können binnen einer Woche schriftlich widerrufen werden. Richten Sie Ihren Widerruf an:
Versand AG, Kundenbetreuung, Postfach, 50431 Frankfurt.
Zur Wahrung der Frist genügt die rechtzeitige Absendung des Widerrufs.

1. Eine Möbelfirma bietet eine Jugendzimmereinrichtung für 3 000,00 EUR an. Bei Ratenkauf berechnet sie einen effektiven Jahreszins von 14,4 % bei einer Laufzeit von 24 Monaten.
   a) Wie viel müssen Sie insgesamt für die Möbel bezahlen?
   b) Wie hoch sind die monatlichen Raten?

2. Eine Supermarktkette wirbt mit folgendem Inserat für den Kauf auf Raten:
   a) Worin unterscheiden sich „Barzahlungs-" und „Teilzahlungspreis"?
   b) Wie beurteilen Sie das Angebot?

Finanzkauf
€

Finanzkauf

Keine Anzahlung!
Unsere Finanzkaufpreise sind Endpreise!

Alle Finanzkaufpreise sind Teilzahlungspreise. Die Finanzierungskosten sind darin enthalten. Sie können ab Artikelpreis EUR 300,00 in sechs oder zwölf Monatszahlungen bezahlen (Bankabbuchung). Bei Finanzkauf bitte den Personalausweis und die Scheckkarte mitbringen.

3.13 Mietvertrag und Mieterschutz

Die meisten Bürger sind Mieter

Über 65 % der Wohnungen in der Bundesrepublik werden von Mieterinnen und Mietern bewohnt. Große Schwankungen gibt es zwischen den Ballungsgebieten mit überwiegend Mietwohnraum und ländlichen Gebieten, in denen selbst genutztes Wohneigentum dominiert.

Im Vergleich zu den europäischen Nachbarn bildet die Bundesrepublik Deutschland beim Wohnungseigentum das Schlusslicht. Spitzenreiter sind Spanien mit 85 % und Belgien mit 70 % Wohnungseigentümern.

Wie Umfragen belegen, ist der Wunsch der Bundesbürger, statt in einer Mietwohnung in den eigenen vier Wänden zu leben, ungebrochen. Zwischen Wunsch und Möglichkeit steht für die meisten eine unüberbrückbare finanzielle Hürde. So werden auch in absehbarer Zeit die meisten Bürger Mietverträge abschließen müssen.

Autorentext

1. **Warum sind die meisten Bürger in der Bundesrepublik Deutschland Mieter?**
2. **Weshalb gibt es gerade in Großstädten mehr Mietwohnungen als in ländlichen Gebieten?**

Die meisten Bundesbürger wohnen zur Miete und haben einen Mietvertrag abgeschlossen. In der Bundesrepublik sind dies jährlich ca. zwei bis drei Millionen Verträge. Mietverträge können abgeschlossen werden über unbewegliche Sachen, wie Wohnungen, Geschäftsräume und Grundstücke. Ge- und vermietet werden auch bewegliche Sachen, wie Autos, Boote, Baumaschinen usw.

BGB § 535

Durch den **Mietvertrag** verpflichtet sich der Vermieter, dem Mieter den Gebrauch der vermieteten Sache zu gewähren. Der Mieter verpflichtet sich, dem Vermieter den vereinbarten Mietzins zu zahlen.

Beim **Pachtvertrag** wird neben dem Gebrauch auch eine wirtschaftliche Nutzung vereinbart. Ge- und verpachtet werden z. B. landwirtschaftliche Grundstücke, Gaststätten oder Tankstellen. Für den Pachtvertrag gelten weitgehend die gleichen Bestimmungen wie beim Mietvertrag.

Grundsätzlich gilt für Mietverträge die Formfreiheit. Mietverträge können aber auch nur aus „ein paar Zeilen" bestehen oder mündlich abgeschlossen werden. Voraussetzung für einen wirksamen Mietvertrag ist lediglich, dass Einigkeit darüber besteht, wer Mieter und wer Vermieter ist, welche Sache vermietet wird, zu welchem Preis und wann das Mietverhältnis beginnen soll. Für die Mietverträge gibt es vorgefertigte Musterverträge. Immer dann, wenn keine vertraglichen Abmachungen bestehen, gelten die gesetzlichen Regelungen. Das Mietverhältnis endet mit dem Ablauf der vereinbarten Mietzeit oder durch Kündigung.

MIETVERTRAG

für nicht preisgebundenen Wohnraum und/oder Geschäftsraum

nur vorherige Klarstellung schützt vor schwerwiegenden und unbehebbaren späteren Nachteilen!

- Zwischen ...Jürgen Simon...
- in ...Berggasse 4, Sinzig... als Vermieter
- und ...Bernd Doll, Remagen... geb. am ...17.04.59... als Mieter

wird folgender Mietvertrag geschlossen

§ 1 Mieträume

Im Mietvertrag sollten im Wesentlichen folgende Punkte geregelt sein:

Mietsache	benutzte und mitbenutzte Räume, Schlüssel
Mietzeit	unbefristete oder befristete Mietdauer (Zeitmietvertrag)
Kündigung	a) durch den Mieter unabhängig von der Dauer des Mietverhältnisses 3 Monate Kündigungsfrist b) durch den Vermieter Dauer des Mietverhältnisses – Kündigungsfrist bis zu 5 Jahre – 3 Monate bis zu 8 Jahre – 6 Monate mehr als 8 Jahre – 9 Monate
	außerordentliche Kündigung nur bei schwerwiegenden Vertragsverletzungen (z. B. wegen Mietrückstandes)
Mietzins	Nettomiete (Kaltmiete), Betriebskosten (z. B. Wasser, Heizung) Minderung des Mietzinses (z. B. Ausfall der Heizung)
Instandhaltung	Reinigung, Schönheitsreparaturen, Pflicht zur Anzeige von Mängeln durch den Mieter Erhaltungs- und Modernisierungsarbeiten durch den Vermieter
Benutzung	Untervermietung, Tierhaltung, Installationen, bauliche Veränderungen
Beendigung	Rückgabe der Mietsache in einwandfreiem Zustand, ggf. renoviert
Sonstiges	Hausordnung als Bestandteil des Mietvertrages, Sonderregelungen

Durch den Mietvertrag ergeben sich für den Vermieter folgende **Pflichten**:

- Die Mietsache wird zum vertragsmäßigen Gebrauch überlassen.
- Die Mietsache muss instand gehalten bzw. instand gesetzt werden.
- Die Mietsache muss die vereinbarten Eigenschaften aufweisen.

Für den Mieter ergeben sich folgende **Pflichten**:

- Der Mietzins muss frist- und vereinbarungsgemäß gezahlt werden.
- Die Mietsache ist pfleglich zu behandeln und darf nicht vertragswidrig benutzt werden.
- Schäden und Mängel sind unverzüglich dem Vermieter anzuzeigen.

Mieterschutz

Eine Wohnung zählt zu den Grundbedürfnissen. Mieter und Vermieter sind, gerade wenn Wohnraum knapp ist, nicht gleich starke Partner. Der Gesetzgeber hat deshalb in den letzten Jahren im Mietrecht die Stellung des Mieters gegenüber dem Vermieter gestärkt. Vor willkürlicher Kündigung und Mieterhöhung sollen vor allem Einkommensschwache, kinderreiche Familien oder ältere Mieter geschützt werden:

Sozialklausel BGB § 556a

„Der Mieter kann der Kündigung eines Mietverhältnisses über Wohnraum widersprechen (...), wenn die vertragsmäßige Beendigung des Mietverhältnisses für den Mieter oder seine Familie eine Härte bedeuten würde, die auch unter Würdigung der berechtigten Interessen des Vermieters nicht zu rechtfertigen ist. Eine Härte liegt auch vor, wenn angemessener Ersatzwohnraum zu zumutbaren Bedingungen nicht beschafft werden kann."

Durch die allgemeine Formulierung der Bestimmungen muss im Einzelfall geklärt werden, wie das Gesetz ausgelegt werden soll. Oft kann erst eine gerichtliche Entscheidung Klarheit verschaffen.

Wegen des Eigenbedarfs an einer bisher bewohnten Mietwohnung kann der Mietvertrag aufgekündigt werden, wenn der Eigentümer vernünftige und nachvollziehbare Gründe für eine beabsichtigte Eigennutzung darlegt und notfalls – wenn es zum Prozess kommt – diese vor Gericht auch beweisen kann. Der bloße Wunsch des Vermieters oder seiner Angehörigen, in den eigenen vier Wänden zu leben, ist für eine Eigenbedarfskündigung durch den Vermieter nicht ausreichend. Ein Vermieter-Ehepaar begründete sein Räumungsbegehren damit, die dreiköpfige Familie benötige für jedes Mitglied ein eigenes Arbeitszimmer. Dazu sei die Wohnung der beklagten Mieter bestens geeignet. Sie müssten deshalb ausziehen. Die Richter des Landgerichts Köln machten nicht mit: Eigenbedarf liege nicht vor, wenn eine Wohnung in Arbeitszimmer umgestaltet werden solle. Nur der tatsächliche Bedarf an einer Wohnung als Wohnraum rechtfertige die Forderung nach Auszug der Mieter.

Urteil des Landgerichts Köln 1 S 26/90

Eine Eigenbedarfskündigung kann daran scheitern, dass die Räumung eine besondere Härte für den betroffenen Mieter darstellt. So ist es einer 89-jährigen Frau gelungen, die Ansprüche des Vermieters auf Freimachung ihrer Wohnung abzuwehren. Sie berief sich darauf, dass sie in dieser vertrauten Umgebung seit 50 Jahren lebe. Das Herauslösen der alten Dame aus dieser Umgebung würde nach Meinung des Landgerichts Bonn im Hinblick auf ihr Alter eine weitere Verschlechterung ihres Gesundheitszustandes zur Folge haben. Der Vermieter müsse sich entgegenhalten lassen, dass er beim Kauf des Hauses eine Mieterin übernommen habe, die damals schon 80 Jahre alt gewesen sei. Das Mietverhältnis müsse bei dieser Situation auf unbestimmte Zeit fortgesetzt werden.

Urteil des Landgerichts Bonn 6 S 203/89

1. **Warum hat der Vermieter jeweils das Mietverhältnis gekündigt?**
2. **Wie haben die Gerichte entschieden, mit welchen Urteilsbegründungen?**
3. **Diskutieren Sie über die Aussage „Mieterschutz verhindert neue Mietverträge".**

Staatliche Hilfen für Mieter

Auf dem Wohnungsmarkt gibt es frei finanzierte und mit staatlicher Unterstützung erstellte Wohnungen, den sozialen Wohnungsbau. Aufgrund der staatlichen Fördermittel sind die Mieten für diese Wohnungen begrenzt. Anspruch auf eine **Sozialwohnung** haben nur Mieter mit niedrigen Einkommen.

Damit sich auch finanziell Schwächere eine angemessene und familiengerechte Wohnung auf dem freien Wohnungsmarkt suchen können, hilft der Staat durch ein Wohngeld. An Mieter wird das **Wohngeld** als Zuschuss zur Miete gezahlt, an Haus- und Wohnungseigentümer als Lastenzuschuss.

Wer Wohngeld erhalten will, muss bei der Wohngeldstelle seiner Gemeinde einen Antrag stellen.

Für die Bemessung des Wohngeldes werden folgende Faktoren zugrunde gelegt:
- Familiengröße
- Familieneinkommen
- Wohnkosten (Miete und Nebenkosten)
- Örtliches Mietniveau (Mietspiegel, Mietstufen)
- Ausstattung und Alter der Wohnung

1. Nennen Sie Gründe, warum der Mietvertrag immer schriftlich abgeschlossen werden sollte.
2. Erläutern Sie den Unterschied zwischen Pacht- und Mietvertrag.
3. Entscheiden Sie, ob die folgenden Sachen gemietet oder gepachtet werden:
   a) Baukran,
   b) Jagdrevier,
   c) Ferienwohnung,
   d) Kleintransporter,
   e) Weinberg,
   f) Hotelzimmer,
   g) Tennishalle für eine Stunde,
   h) Tennishalle als Betreiber.
4. Die Familie Lorenz ist vor sechs Jahren in ihre Mietwohnung eingezogen. Jetzt ist ihr vom Vermieter gekündigt worden, mit der Auflage, die Wohnung innerhalb von drei Monaten zu räumen.
   Hat der Vermieter die Kündigungsfrist eingehalten?
5. Führen Sie Gründe an, warum der Staat den Wohnungsbau fördert.
6. Wer soll durch die Sozialklausel vor Kündigung geschützt werden?
7. Nach welchen Faktoren wird Wohngeld berechnet?
8. Informieren Sie sich, welche durchschnittliche Miete in Ihrem Wohnort für eine Vier-Zimmer-Wohnung üblich ist (Mietspiegel).
9. Bei Problemen zwischen Mieter und Vermieter gibt es verschiedene Organisationen und Vereine (z. B. Mieterschutzbund, Mieterhilfe, Verband der Haus-, Wohnungs- und Grundeigentümer).
   Erkunden Sie – z. B. mithilfe des Telefonbuches –, welche Organisationen es in Ihrer Nähe gibt.

3.14 Elektronischer Geschäftsverkehr

1. Welche Vorteile bietet der Einkauf im Internet?
2. Welche Risiken können bei dem Einkauf im Internet auftreten?

Kaufen oder Verkaufen über das Internet nimmt ständig zu. Wegen der Besonderheiten dieses „Einkaufmediums" gelten für den elektronischen Geschäftsverkehr **(E-Commerce)** zusätzliche Regelungen. So muss der Unternehmer dem Kunden alle technischen Mittel zur Verfügung stellen, mit deren Hilfe der Kunde Eingabefehler vor Abgabe seiner Bestellung erkennen und berichtigen kann.

Das anbietende Unternehmen muss den Kunden rechtzeitig vor der Bestellung informieren
- über die einzelnen technischen Schritte, die zu einem Vertragsabschluss führen;
- ob der Vertragstext vom Anbieter gespeichert wird und ob er dem Kunden zugänglich ist;
- wie Eingabefehler vor Abgabe der Bestellung erkannt und berichtigt werden können;
- in welchen Sprachen der Vertragsabschluss möglich ist;
- über die Verhaltensverpflichtungen (z. B. umweltschonende Produktion), die für das Unternehmen gelten.

Jede Bestellung ist dem Kunden unverzüglich auf elektronischem Wege (E-Mail) zu bestätigen. Ferner muss der Kunde die Möglichkeit haben, die Vertragsbestimmungen einschließlich der Allgemeinen Geschäftsbedingungen bei Vertragsabschluss abzurufen und zu speichern.

Der Käufer sollte bei den Einkäufen im Internet auf folgende „10 Gebote“ achten:

1. Der Anbieter identifiziert sich eindeutig mit Namen und Anschrift.
2. Die Vertragsbedingungen (AGB) müssen leicht zugänglich, lesbar und speicherbar sein.
3. Der Zeitpunkt des Vertragsabschlusses ist eindeutig erkennbar.
4. Die Ware bzw. Dienstleistung wird genau beschrieben.
5. Der Preis der Ware (einschließlich Steuern und Zusatzkosten) ist angegeben.
6. Die Liefer- und Versandkosten sind klar aufgeführt.
7. Die Zahlungsmöglichkeiten werden genau beschrieben.
8. Ein Rücktritts- bzw. Widerrufsrecht wird ausdrücklich eingeräumt.
9. Die Lieferzeit ist exakt angegeben.
10. Der Anbieter verpflichtet sich, keine Kundendaten weiterzugeben.

Für den Interneteinkauf gilt das **Fernabsatzgesetz**. Danach kann der Käufer den Kaufvertrag innerhalb von zwei Wochen widerrufen oder die Ware zurückgeben. Der Beginn der Widerrufsfrist setzt zunächst voraus, dass der Verkäufer seine Informationspflichten zuvor vollständig erfüllt hat und der Käufer weiterhin in Textform (z. B. per Fax, E-Mail oder schriftlich) ordnungsgemäß über sein Widerrufsrecht belehrt wurde. Die Frist beginnt mit dem Erhalt der Ware bzw. der Dienstleistungen mit Vertragsabschluss. Kommt der Verkäufer den Informationspflichten nicht nach, beginnt die zweiwöchige Widerrufsfrist nicht zu laufen. Die Widerspruchsfrist verlängert sich dann auf sechs Monate.

Wird der Kaufvertrag widerrufen, dann hat der Käufer einen Anspruch auf die Rückzahlung des Kaufpreises. Der Käufer muss die Kosten des Rücktransports tragen, bei einem Bestellwert unter 40,00 EUR können diese Kosten auf den Käufer abgewälzt werden, wenn dies in den AGB ausgewiesen wird.

Für den Kauf bestimmter Waren ist ein Widerruf allerdings ausgeschlossen. Dazu gehören individuell angefertigte und verderbliche Produkte, Güter, die nicht zurückgesandt werden können (z. B. bestelltes Heizöl), entsiegelte Software sowie entsiegelte Audio- und Videoaufzeichnungen (CDs, DVDs und Videos). In der Regel können auch Verträge über Waren, die auf Internetauktionen ersteigert wurden, nicht widerrufen werden.

Eine der bekanntesten Auktionsplattformen ist „ebay“. Diese Plattform ist ein elektronischer Marktplatz, auf dem sich die Käufer und Verkäufer treffen. Ebay ist jedoch nicht an dem zwischen Käufer und Verkäufer abgeschlossenen Kaufvertrag beteiligt und übernimmt deshalb auch keine Haftung. Kommt bei der Auktion ein Kaufvertrag zwischen einem Unternehmen und einer Privatperson zustande, gelten die gesetzlichen Gewährleistungspflichten. Privatpersonen können die Gewährleistung ausschließen.

Ausführliche Informationen zum Kaufen bei ebay: www.ebay.de/online-training

3.15 Dienstvertrag, Werkvertrag und Werklieferungsvertrag

Rainer macht nach 32 Fahrstunden die Führerscheinprüfung. Bei der praktischen Prüfung fällt er durch. Rainer ist sauer auf den Fahrlehrer, weil er der Meinung ist, dass dieser ihn unzureichend ausgebildet und schlecht auf die praktische Prüfung vorbereitet hat. Die letzten drei Fahrstunden will Rainer deshalb nicht bezahlen. Der Fahrlehrer weist ihn darauf hin, dass er seine vertraglichen Leistungen erbracht habe, und besteht deshalb auf Bezahlung.

1. **Muss Rainer die Fahrstunden bezahlen?**
2. **Hat der Fahrlehrer wirklich seine vertraglichen Leistungen erbracht, obwohl Rainer die Prüfung nicht bestanden hat?**

Wenn ein Vertragspartner sich verpflichtet, gegen Entgelt eine Dienstleistung persönlich zu erbringen, handelt es sich um einen **Dienstvertrag**. Bei diesem Vertrag muss die Tätigkeit vergütet werden, auch wenn sie zu keinem Erfolg führt. Solche Dienstleistungen sind z. B. Übungsstunden beim Tennistrainer, Nachhilfeunterricht oder die Verteidigung durch einen Rechtsanwalt.

Rainer hat im zweiten Anlauf die Führerscheinprüfung bestanden. Er kauft sich einen Gebrauchtwagen. Nach einigen Wochen hat er mit dem Anlassen des Motors Schwierigkeiten. Er sucht deshalb seine Werkstatt auf, die ihm den Motor neu einstellt. Doch schon am nächsten Tag zeigt das Auto die gleichen Startprobleme. Rainer fährt unverzüglich zur Werkstatt und besteht darauf, dass das erneute Einstellen kostenlos erfolgt.

3. **Muss die Werkstatt die zweite Reparatur kostenlos durchführen?**
4. **Handelt es sich hier um einen Dienstvertrag? Begründen Sie Ihre Meinung.**

Verpflichtet sich ein Vertragspartner, eine bestimmte Leistung, nämlich die Herstellung oder Veränderung eines Werkes zu erbringen, so handelt es sich um einen **Werkvertrag**. Diese Vertragsart kommt überwiegend im Handwerksbereich vor. Bei folgenden Leistungen handelt es sich um Werkverträge:
- Herstellung einer Sache, z. B. Erstellung eines Rohbaus, wobei der Bauherr das Baumaterial selbst besorgt;
- Veränderung einer Sache, z. B. Kfz-Reparatur;
- andere erfolgsbezogene Arbeiten, z. B. Taxifahrt, Haarschnitt.

Anders als beim Dienstvertrag muss der Auftraggeber für die Leistungen nur dann bezahlen, wenn diese erfolgreich erbracht wurden.

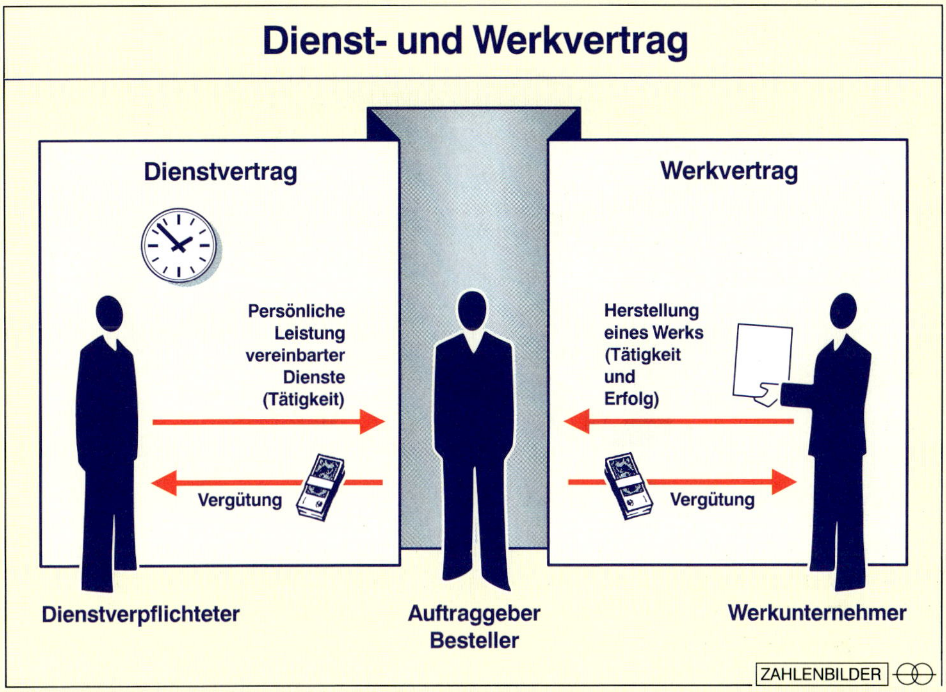

Rainer möchte sich ein Autoradio kaufen. Beim Autohändler sieht er ein günstiges Angebot. Im Preis ist der Einbau bereits enthalten. Rainer nimmt dieses Angebot an. Er kauft das Radio und lässt es sofort durch den Autohändler einbauen.

1. **Muss Rainer einen Kaufvertrag für das Radio und einen Werkvertrag für den Einbau abschließen?**

Liefert der Unternehmer die notwendigen Materialien und Rohstoffe, die er für seine Arbeiten braucht, so handelt es sich um einen **Werklieferungsvertrag**. Dieser Vertrag beinhaltet neben dem Werkvertrag auch den Kaufvertrag für die bereitgestellten Materialien.

Der Unterschied zwischen Werkvertrag und Werklieferungsvertrag besteht darin, dass
- beim Werkvertrag der Auftraggeber die Materialien selbst liefert,
- beim Werklieferungsvertrag der Auftragnehmer die Materialien mitliefert.

Entscheiden Sie, um welche Vertragsart es sich jeweils handelt:
1. **Das Ehepaar Kunz verpflichtet für den Abend einen Babysitter.**
2. **Herr Glier hat sich beim Malerbetrieb Kipper Tapeten ausgesucht und lässt seine Wohnung durch den Malerbetrieb tapezieren.**
3. **Herr Nauerth lässt sich von seinem Steuerberater die Steuererklärung erstellen.**
4. **Friseurmeisterin Michel fertigt ein Haarteil für Frau Klein.**
5. **Frau Bauer lässt sich ihr Sommerkostüm in der Schneiderei ändern.**

3.16 Leasingvertrag

Laufzeit in Monaten	**36**	Zzgl. Auslieferungskosten:	€ 395,00
Gesamtlaufleistung in km	**60 000**	Lieferzeit in Wochen ca.	16
Einmalige Mietsonderzahlung	**€ 5 099,99**	Auf Wunsch: Kfz-Versicherung	€ 87,00
Finanzleasingrate	**€ 157,00**	Auf Wunsch: FAirbag®	€ 15,95
		Restwert	**€ 12 577,00**

1. **Welche Vorteile werden in der Werbung für Leasing herausgehoben?**
2. **Welche Folgen hätte es, wenn der Leasingnehmer mehr als 60 000 km fährt?**
3. **Errechnen Sie, was das Fahren mit dem angebotenen Auto nach 36 Monaten gekostet hat.**

Leasing ist in den letzten Jahren zu einer wichtigen Vertragsart geworden. Leasing heißt, dass Sachgüter, wie z. B. Maschinen, Autos, Computeranlagen, gemietet werden (engl. to lease – mieten). Auch Immobilien und Arbeitskräfte können geleast werden.

Wie bei der Miete zahlt der Leasingnehmer an den Leasinggeber einen monatlichen Mietbetrag, die Leasingrate. Meist muss zu Beginn eine einmalige Sonderzahlung geleistet werden. Viele Firmen bieten am Ende der Laufzeit die geleaste Sache zum Kauf an. Bei Vertragsabschluss wird der Restkaufpreis (Restwert) schon vorher vereinbart. Nach Ablauf des Leasingvertrages kann der Leasingnehmer entscheiden, ob er die Sache kauft oder zurückgibt.

Leasing hat gegenüber dem Kauf vor allem für Betriebe Vorteile:
- Die monatliche Belastung bleibt für den Betrieb immer gleich.
- Die Belastungen können steuerlich als Betriebskosten abgesetzt werden.
- Der Betrieb braucht keinen sehr hohen Kapitalbetrag zu investieren.
- Nach Vertragsablauf kann sofort ein „neues Modell“ geleast werden.

Für Privatleute ist der Leasingvertrag insofern ungünstiger, als für sie die Möglichkeit entfällt, die Leasingraten bei der Steuer geltend zu machen. Außerdem sollten beim privaten Leasing folgende Punkte beachtet werden:

- Wenn die Raten nicht mehr bezahlt werden können, wird der Vertrag gekündigt. Der Leasingnehmer muss eine Vertragsstrafe zahlen.
- Beim „Kilometerleasing" (Fahrleistungsbegrenzung beim Kfz-Leasing) trägt der Leasingnehmer das Restwertrisiko. Mehr gefahrene Kilometer werden in Rechnung gestellt, da der Restwert des Autos sinkt.
- Der Leasingnehmer trägt das Risiko für Verlust und Beschädigung.
- Beim Kfz-Leasing muss in der Regel eine Vollkaskoversicherung abgeschlossen werden. Wartungsdienste und Inspektionen sind verpflichtend.

Dennoch ist Autoleasing im privaten Bereich zu einem Renner geworden. Die Angebote klingen schließlich verlockend: mäßige Anzahlung, geringe Monatsraten und alle zwei bis drei Jahre ein neues Fahrzeug. Ob Leasing wirklich günstiger als andere Finanzierungsmöglichkeiten ist, sollte der Verbraucher vor Vertragsabschluss genau prüfen.

4 Wege zu einem neuen Auto

Finanzierungsvergleich zum Gegenwartswert, ohne eventuelle Rabatte auf den Kaufpreis

Barkauf

Der Kunde zahlt den Kaufpreis. Damit geht das Auto sofort in seinen Besitz über.

Kosten zum Gegenwartswert: **16 250 EUR**.

Kredit

Der Kunde wählt die Bank mit den günstigsten Konditionen. Die Anzahlung beträgt 3250 EUR, die monatlichen Raten betragen drei Jahre lang 383 EUR.

Kosten zum Gegenwartswert: **16 045 EUR**.

Drei-Wege-Finanzierung

3 250 EUR Anzahlung, 180 EUR Monatsrate. Nach drei Jahren kann der Kunde wählen:

Kauf: Mit 7 900 EUR Schlussrate kauft er das Auto. Kosten zum Gegenwartswert: **15 940 EUR**.

Kredit: Für die Schlussrate wird ein neuer Kredit aufgenommen. Zinsen werden neu ausgehandelt. Gesamtzahlung: unbekannt.

Rückgabe: Der Kunde gibt das Auto zurück. Gesamtzahlung: **7 146 EUR**.

Leasing

3 250 EUR Anzahlung, danach 180 EUR Monatsrate über drei Jahre. Danach kann das Auto gekauft werden.

Kosten zum Gegenwartswert: **15 348 EUR**.

Beispiel VW-Golf, bei Kredit und Leasing 20 % Anzahlung, drei Jahre Laufzeit

1. **Nennen Sie die Vertragspartner des Leasingvertrages.**
2. **Was sollten Sie tun, bevor Sie einen Leasingvertrag abschließen?**
3. **Worauf ist unbedingt bei einem Kfz-Leasingvertrag zu achten?**
4. **Erläutern Sie die Vorteile des Leasings für Betriebe.**
5. **Listen Sie Vor- und Nachteile eines Kfz-Leasingvertrages für den Privatkunden auf.**

Handlungsimpulse

Roller Suzuki AP 50

EZ 7/06, 2800 km, blau,
Versicherung bis Dezember
Topzustand,
VB 1 500,00 EUR.

Thomas Doll,
Gartenstr. 4,
70667 Stuttgart

A Rollenspiel Vertragsverhandlungen

Sie interessieren sich für den Roller der obigen Anzeige und verhandeln mit dem Verkäufer.
Spielen Sie in einem Rollenspiel die Vertragsverhandlungen. Achten Sie dabei auf die wichtigen Punkte, die in diesem Gespräch angesprochen werden sollten.

B Ein Kaufvertrag-Formular entwerfen

Wichtige Verträge sollten schriftlich abgefasst werden.

Entwerfen Sie für den Kauf eines gebrauchten Rollers einen Kaufvertrag.

C Textbausteine formulieren

Für Schreiben, die im Betrieb alltäglich sind, ist es sinnvoll, Textbausteine zu formulieren, die dann für einen Brief nur noch abgerufen werden müssen.

Erstellen Sie Textbausteine für die verschiedenen Stufen des Mahnverfahrens. Sie können dazu die Übersicht auf Seite 360 zu Hilfe nehmen.

D Ein Faltblatt erstellen

Die häufigste Störung bei der Erfüllung von Kaufverträgen ist für den Verbraucher eine mangelhafte Lieferung.

Erstellen Sie ein Faltblatt mit nützlichen Ratschlägen für Verbraucher. Der Ratgeber sollte die wichtigsten Rechte und Verhaltensregeln sowie „Muster-Briefe" enthalten.

4 Gründung und Form der Unternehmung

4.1 Gründung eines Unternehmens

Es lohnt sich auch für Sie, ein eigenes Geschäft zu gründen!

Es zahlt sich aus, sein eigener Chef zu werden. Denn nur als Unternehmer können Sie es zu echtem Wohlstand bringen.

Unternehmer verdienen weit mehr als Angestellte, Arbeiter und Beamte. Während das Durchschnittseinkommen eines Arbeiters bei rund 30 000,00 EUR jährlich liegt, ermittelte das Statistische Bundesamt: das Netto-Haushaltseinkommen von Unternehmern beträgt im Durchschnitt 106 900,00 EUR. Das sind 8 908,00 EUR netto monatlich!

die geschäftsidee
Fachmagazin für Unternehmensgründung und neue Märkte

8 908,00 EUR netto monatlich

Machen auch Sie Karriere als freier Unternehmer – „die geschäftsidee“ führt Sie sicher zum Erfolg!

Der Staat finanziert Ihre Existenzgründung

Nutzen Sie die Chance! Selten war die Zeit günstiger, ein lukratives Kleinunternehmen zu gründen. Wie, zeigt neuartige Wirtschaftszeitschrift. Gratisinfo: Geschäftsidee, Th.-Heuss-Str. 4/Z048, 53117 Bonn, 0228/...

Selbstständige Existenz
durch leichte Vermittlungstätigkeit mit eigenem Versandgeschäft! Eigenkapital nur 75 T€. Ein Haupt-/oder Nebenverdienst mit System, bei dem Sie sofort Geld verdienen!
Telefon: Mo.-Fr. von 10-17 Uhr (0 60 71) ...

Junges, expandierendes Unternehmen, Raum HB, sucht neuen Teilhaber. ZI 5411 an DIE ZEIT, Postfach 10 68 20, 21147 Hamburg

Existenzgründungen in landschaftl. reizvoller Lage
Krankengymnastik-Praxis in Oberbayern – umsatzstark – fester Patientenstamm – erweiterungsfähig – mod. u. vielseit. Ausstatt., Größe 100 m² – Zentrale Lage i. Chiemgau – langfristiger Mietvertrag mögl. – aus fam. Gründen zu verk. ZC 5426 DIE ZEIT, Postfach 10 68 20, 21147 Hamburg

SATTELN SIE UM ...

... werden Sie selbstständiger Immobilienberater im KULSA-Franchisesystem. Erschließen Sie sich mit unserem Know-how, unserer Unterstützung und unserer Marke ein eigenes Verkaufsgebiet. Interessenten mit einer kaufmännischen Ausbildung, bereits bestehende Maklerbüros und alle, die Spaß am Verkaufen und eigenständigen Arbeiten haben, melden sich bitte unter: 07 11/ ... Insbesondere suchen wir Mitarbeiter in folgenden Städten: Ludwigshafen, Mannheim, Heidelberg, Neustadt/Wstr., Landau, Grünstadt und Worms.

1. **Der Weg in die Selbstständigkeit erscheint vielversprechend. Nennen Sie die Motive für den Wunsch nach der Gründung eines eigenen Unternehmens.**
2. **Viele Unternehmensgründer sind nicht erfolgreich mit ihrer neuen Selbstständigkeit und müssen diese bald wieder aufgeben.**
   a) **Wie erklären Sie sich das?**
   b) **Welche Überlegungen sollten vor der Gründung eines eigenen Betriebes angestellt werden?**

Quelle: Deutsche Ausgleichsbank; Fotos: Siemens Information and Communications imu 110 0101

„Jeder ist seines Glückes Schmied." Das gilt für alle, die sich selbstständig machen wollen. Viele haben ihr Glück gemacht, manchen ging es aber auch wie „Hans im Glück" – zweifellos ein Beispiel für eine schlecht geplante Existenzgründung. Deshalb sollte sich jeder, der ein eigenes Unternehmen gründen will, die Chancen und Risiken bewusst machen. Insbesondere sind **persönliche**, **sachliche** und **rechtliche Voraussetzungen** für eine geplante Existenzgründung zu beachten.

Sein eigener Herr zu sein, bedeutet in der Regel, dass nicht weniger, sondern mehr gearbeitet werden muss. Leistungsbereitschaft und Eigeninitiative sind wesentliche Eigenschaften für die Selbstständigkeit.

Außerdem sind u.a. folgende Anforderungen wichtig:
- Fachkenntnisse, z.B. Meisterbrief
- Kenntnisse über Organisation und Planung
- Fähigkeiten zur Führung von Mitarbeitern
- Risikobereitschaft
- hohe Belastbarkeit
- gute Allgemeinbildung

Eine zündende Geschäftsidee ist eine wichtige Grundlage. Gute Ideen zahlen sich dann aus, wenn sie auf fruchtbaren Boden fallen. Die Voraussetzungen für den Erfolg liegen nicht nur im persönlichen, sondern auch im sachlichen Bereich. Vor der Gründung eines Unternehmens ist es wichtig, folgende Fragen zu klären:
- Wie hoch ist der Kapitalbedarf, wie soll die Finanzierung erfolgen?
- Welche Absatzmöglichkeiten sind zu erwarten?
- Wie ist die Konkurrenzsituation?
- Welche Fach- und Arbeitskräfte sind notwendig, welche vorhanden?
- Wo ist der günstigste Standort?
- Welche Umweltauflagen sind zu beachten?
- Welche öffentlichen Unterstützungen sind möglich?

Die Gründung eines Betriebes ist durch den Gesetzgeber an eine Reihe von rechtlichen Voraussetzungen gebunden:
- Rechts- und Geschäftsfähigkeit
- Meisterprüfung oder andere Qualifikationsnachweise
- behördliche Genehmigung in besonderen Fällen, z.B. für den Umgang mit Gefahrenstoffen

Die Gründung eines Unternehmens erfordert die Anmeldung bei den folgenden Behörden:

- **Amtsgericht:** Eintragung von Kaufleuten ins Handelsregister
- **Finanzamt:** Anmeldung für verschiedene Steuerzahlungen
- **Gewerbeaufsichtsamt:** Prüfung und Aufsicht über Gewerbeordnung und Arbeitsschutz
- **Berufsgenossenschaft:** Unfallversicherung, Unfallverhütung
- **Handwerkskammer** oder **Industrie- und Handelskammer:** Interessenvertretung
- **Träger der Sozialversicherungen**

Wer ein Unternehmen gründen will, sollte sich gründlich informieren, z. B. bei der Industrie- und Handelskammer, den Handwerkskammern oder Verbänden der freien Berufe. Bei Finanzierungsfragen helfen Banken und Sparkassen. Der Staat unterstützt die Gründung neuer Unternehmen.

Im Internet hat das Bundeswirtschaftsministerium eine Förderdatenbank eingerichtet: **http://www.bmwi.de**.

Hier können sich Existenzgründerinnen und -gründer einen ersten Überblick über öffentliche Fördermöglichkeiten und Förderprogramme verschaffen. Öffentliche Finanzhilfen können zur Gründung oder Festigung einer selbstständigen Existenz, zur Übernahme eines bestehenden Betriebes, für Beteiligungen oder für Investitionen in Grundstücke, Gebäude, Einrichtungen, Maschinen oder Warenlager beantragt werden.

Neben dem Bundesministerium für Wirtschaft gibt es noch weitere bundesweite Kontaktbörsen, die folgende Fragen beantworten:

- Welche Fördermittel gibt es?
- Wer hat Chancen auf Fördergelder?
- Wo bekommt man als Existenzgründer/-in günstige Kredite?
- Welche Unterlagen braucht man?

Wichtige Kontakt- und Informationshinweise finden sich im Internet unter folgenden Adressen:
http://www.kfw-mittelstandsbank.de
http://www.bmbf.de
http://www.kfw.de
http://www.dihk.de

Überblick über Förderprogramme				
Eigenkapitalhilfe-Programm EKH des BMWI (Bundeswirtschaftsministerium) über die Deutsche Ausgleichsbank (DtA), Bonn	**ERP-Existenzgründungsprogramm** über die Deutsche Ausgleichsbank (DtA), Bonn	**DtA-Existenzgründungsprogramm** der Deutschen Ausgleichsbank (DtA), Bonn	**KfW-Mittelstands-Programm** der Kreditanstalt für Wiederaufbau, Frankfurt/Main	**Förderung von Unternehmensberatungen** des BMWI (Anträge über Leitstellen)

4.2 Rechtsformen von Unternehmen

1. Was verbirgt sich hinter den Firmenbezeichnungen?
2. Welche Firmenbezeichnung trägt Ihr Ausbildungsbetrieb?

Unternehmen lassen sich nach der Rechtsform in Einzelunternehmen und Gesellschaftsunternehmungen unterteilen.
Welche Unternehmungsform gewählt wird, hängt von verschiedenen Überlegungen ab:
- Kann das Kapital für den Betrieb von einer Person alleine aufgebracht werden?
- Wer soll die Haftung übernehmen?
- Wie kann die Haftung verteilt oder eingeschränkt werden?
- Erfordert die Größe des Betriebes weitere Mitinhaber?
- Wie soll der Gewinn verteilt werden, wer trägt Verluste?

Überblick über Unternehmensformen

Einzelunternehmung	Gesellschaftsunternehmungen
nur **eine** Person ist Unternehmer	**zwei** oder **mehrere** Personen schließen sich zusammen

Personengesellschaften	Kapitalgesellschaften	Genossenschaften
Die Personen (Gesellschafter) sind mit der Gesellschaft persönlich verbunden. Sie führen die Geschäfte und haften persönlich voll bzw. eingeschränkt.	Die Gesellschaft selbst ist eine juristische Person. Die Gesellschafter sind mit der Unternehmung nur durch ihr Kapital verbunden.	Sie sind eine juristische Person. Als Vereinigung fördern sie die wirtschaftlichen Belange ihrer Mitglieder durch gemeinsamen Geschäftsbetrieb.
OHG (offene Handelsgesellschaft) **KG** (Kommanditgesellschaft) **GmbH und Co. KG** **Stille Gesellschaft** **BGB-Gesellschaften (GbR)**	**AG** (Aktiengesellschaft) **GmbH** (Gesellschaft mit beschränkter Haftung) **Ltd.** (Limited Company) **SE** (Societas Europaea) sog. Europa-AG	**eG** (eingetragene Genossenschaft)

4.2.1 Die Einzelunternehmung

1. **Wie erklären Sie sich, dass die meisten Betriebe als Einzelunternehmung geführt werden?**
2. **In den letzten Jahren wurden auch im Handwerksbereich verstärkt Kapitalgesellschaften gegründet. Welche Gründe hat dies?**

Die häufigste Rechtsform ist die Einzelunternehmung. Die Gründung erfolgt durch den Inhaber und das Unternehmen erhält in der Regel als Firmenbezeichnung seinen Namen und Vornamen. Es können auch andere Firmenbezeichnungen gewählt werden, allerdings mit dem Zusatz „e. K.", „e. Kfm." oder „e. Kfr.". Das notwendige Kapital wird vom Firmengründer in den Betrieb eingebracht. Der Einzelunternehmer trägt alleine die Verantwortung und entscheidet über Produktion oder Dienstleistung des Betriebes. Alleinige Entscheidung und Verantwortung bedeuten aber auch alleiniges Risiko für Gewinne und Verluste. Der Betriebsinhaber haftet für die Schulden des Betriebes mit seinem gesamten Vermögen, also mit dem Geschäfts- und dem privaten Vermögen.

1. **Weshalb ist die Einzelunternehmung noch immer die häufigste Rechtsform?**
2. **Welche Vor- und Nachteile sind mit der Einzelunternehmung verbunden?**
3. **Welche Gründe könnten einen Einzelunternehmer zur Umwandlung in eine Personengesellschaft veranlassen?**
4. **Aus Fehlern soll man lernen. Beschreiben Sie – mithilfe der Abbildung auf Seite 380 die Voraussetzung für die Gründung eines Unternehmens.**
5. **Frauen sind als Einzelunternehmer unterrepräsentiert. Diskutieren Sie diesen Sachverhalt.**

4.2.2 Personengesellschaften

Der Schreinermeister Heinz Kipper will seinen Betrieb modernisieren und erweitern. Dazu ist ein erheblicher Kapitalaufwand erforderlich. Zudem überlegt Herr Kipper, wie er in Zukunft die zusätzlichen Aufgaben personell bewältigen kann. Seine Tochter Marlene hat gerade ihre Meisterprüfung im Tischlerhandwerk bestanden. Der Sohn arbeitet im Verkauf des elterlichen Betriebes. Zusammen mit seinen Kindern prüft Schreinermeister Kipper, wie er seinen Betrieb für die zukünftigen Aufgaben umstrukturieren kann.
Marlene ist bereit, im elterlichen Betrieb mitzuarbeiten und Verantwortung zu übernehmen. Sie schlägt ihrem Vater vor, die Einzelunternehmung in eine Personengesellschaft umzuwandeln.

1. **Welche Vorteile verspricht sich Marlene für den Betrieb?**
2. **Welche Rechtsformen kommen infrage?**
3. **Was wird sich für Heinz Kipper ändern, wenn er sein Einzelunternehmen in eine Personengesellschaft umwandelt?**

Kennzeichnend für Personengesellschaften ist die Mitarbeit der Gesellschafter im Unternehmen. Sie sind Kapitalgeber, führen die Geschäfte und vertreten die Gesellschaft.

Nach der Verteilung von Risiko und Haftung sowie von Gewinn und Verlust lassen sich mehrere Rechtsformen unterscheiden.

Die offene Handelsgesellschaft – OHG
Wenn zwei oder mehrere Personen eine Unternehmung gründen, kann dies in der Rechtsform der **offenen Handelsgesellschaft (OHG)** erfolgen. In einem Gesellschaftsvertrag werden u.a. auch die Kapitaleinlagen der Gesellschafter und die Gewinnverteilung festgelegt. Ist keine vertragliche Vereinbarung getroffen, gilt die gesetzliche Regelung: Jeder Gesellschafter erhält 4 % seiner Kapitaleinlage; der Restgewinn wird zu gleichen Teilen (nach Köpfen) verteilt.

Alle Gesellschafter sind für den Betrieb verantwortlich und an der Geschäftsführung beteiligt. Der Firmenname muss den Zusatz OHG enthalten. Es können Personen-, Sach- oder Fantasienamen verwendet werden, z.B. Schwarz OHG, Schwarz & Co., Schwarz & Weiß, Schwarz & Sohn, Schwarz & Tochter, Holzdesign OHG, Ikarus OHG.

Jeder Gesellschafter hat das Recht, die OHG nach außen zu vertreten und Geschäfte abzuschließen. Die Haftung gegenüber den Gläubigern ist für jeden Gesellschafter umfassend; sie ist
- unmittelbar, d.h. persönlich;
- unbeschränkt, d.h., dass mit der Kapitaleinlage und dem Privatvermögen gehaftet wird;
- solidarisch, d.h., jeder Gesellschafter haftet für die Gesamtschulden der OHG, auch für die Schulden der anderen Gesellschafter.

Die umfassende Haftung bei der OHG setzt voraus, dass zwischen den Gesellschaftern ein großes Vertrauensverhältnis besteht. Die OHG findet sich deshalb häufig bei traditionellen Familienunternehmen, hauptsächlich im Handwerk. Bei Neugründung ist der Anteil der OHG nur noch sehr gering.

Die Kommanditgesellschaft – KG

Schreinermeister Heinz Kipper sieht durch die Bereitschaft seiner Tochter, im Betrieb mitzuarbeiten und ihn mitzuführen, die personellen Probleme als gelöst an. Allerdings ist die Frage nach der Beschaffung des notwendigen Kapitals noch offen. Ein Freund der Familie wäre bereit, in den Betrieb zu investieren. Bedingung für den Kapitaleinsatz ist eine gute Verzinsung; außerdem will er unter keinen Umständen für Verluste mit seinem Privatvermögen haften. Der Freund kann und möchte im Betrieb und in der Geschäftsführung nicht mitarbeiten.

1. **Warum kommt die Rechtsform der OHG nicht infrage?**
2. **Schreinermeister Kipper sieht in dem Angebot des Freundes wesentliche Vorteile gegenüber einem Bankkredit. Welche sind das?**

Viele Einzelunternehmer haben bei Erweiterung und Modernisierung des Betriebes Schwierigkeiten, das notwendige Eigenkapital aufzubringen. Hier bietet sich die Möglichkeit, eine Kommanditgesellschaft (KG) zu gründen. Diese Personengesellschaft entsteht, indem ein oder mehrere Geldgeber in die Einzelunternehmung oder in eine OHG aufgenommen werden. Sie werden aber nicht an der Geschäftsführung beteiligt.

Der wesentliche Unterschied zur OHG besteht darin, dass es in der KG zwei Arten von Gesellschaftern gibt. Mindestens ein Gesellschafter ist als **Vollhafter** (Komplementär) einzusetzen. Der oder die Gesellschafter haften als **Teilhafter** (Kommanditisten) nur mit ihrer Kapitaleinlage.

Der Komplementär hat die gleichen Rechte und Pflichten wie ein Einzelunternehmer oder die Gesellschafter einer OHG. Er führt die Geschäfte und vertritt die KG nach außen. Der Kommanditist hat lediglich ein Kontrollrecht und bei außergewöhnlichen Geschäften ein Widerspruchsrecht.

Die Firma der KG kann wie die OHG mit Personen-, Sach- oder Fantasienamen firmieren. Durch einen Zusatz muss verdeutlicht werden, dass es sich um eine Personengesellschaft handelt. Mögliche Bezeichnungen sind z.B. Schwarz KG, Schwarz & Co., Schwarz Mode KG, Elite 2000 KG.

Für die Gewinn- und Verlustverteilung gilt nach der gesetzlichen Regelung, dass jeder Gesellschafter 4 % Verzinsung seiner Kapitaleinlage erhält und der Rest angemessen verteilt wird. Oft ist im Gesellschaftsvertrag aber eine andere Regelung vorgesehen.

1. **Unter welchen Namen kann Schreinermeister Kipper seine Firma führen**
   a) nach der Umwandlung in eine OHG,
   b) nach der Umwandlung in eine KG?
2. **a) Worin unterscheidet sich die KG von der OHG?**
   b) Was haben beide Unternehmensformen gemeinsam?
3. **Was ist bei der Namensgebung der OHG zu beachten?**
4. **Die Gesellschafter einer OHG sind mit folgendem Kapital beteiligt:**
   a) 700 000,00 EUR, b) 300 000,00 EUR, c) 200 000,00 EUR.
   Im abgelaufenen Geschäftsjahr ist ein Gewinn von 108 000,00 EUR erzielt worden. Errechnen Sie, wie der Gewinn nach der gesetzlichen Regelung auf die Gesellschafter verteilt wird.

Die GmbH & Co. KG

Alle Beteiligten sind sich einig: Der Schreinerbetrieb Heinz Kipper soll in eine Personengesellschaft umgewandelt werden. Das zukünftige Risiko erscheint Vater und Tochter allerdings zu hoch.

Der Freund der Familie ist weiterhin bereit, sich finanziell am Betrieb zu beteiligen. Er schlägt deshalb beiden vor, eine GmbH mit einer KG zu verbinden. Damit könne für alle Beteiligten die Haftung mit dem Privatvermögen ausgeschlossen werden.

Mit folgendem Schema verdeutlicht der Freund die Rechtsform der GmbH & Co. KG:

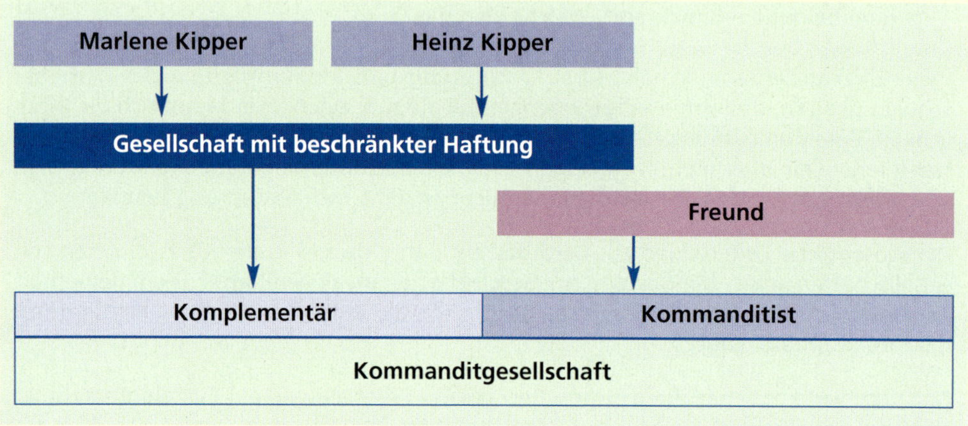

Die GmbH & Co. KG ist aus mehreren Gründen gerade für mittelständische Unternehmen interessant. Zum einen wird die Vollhaftung des Komplementärs auf das Stammkapital der GmbH (mindestens 25 000,00 EUR) beschränkt. Der Teilhafter haftet nur mit seiner Einlage. Zum anderen entstehen beim Tod des Komplementärs keine Nachfolgeprobleme, wie dies bei einer KG der Fall wäre. Häufig sind die Gesellschafter der GmbH auch gleichzeitig die Kommanditisten der KG.

Ein wichtiger Vorteil ist auch, dass die GmbH & Co. KG handels- und steuerrechtlich eine Personengesellschaft bleibt; damit ist sie auch nicht körperschaftsteuerpflichtig. Die Firma muss mit dem Zusatz GmbH & Co. KG ins Handelsregister eingetragen werden. Wegen der starken Haftungsbeschränkung ist zumeist die Kreditwürdigkeit dieser Unternehmensform eingeschränkt.

Stille Gesellschaft und Gesellschaft des Bürgerlichen Rechts

Wenn eine Kapitalbeteiligung nach außen nicht erkennbar werden soll, bietet sich die Möglichkeit einer **stillen Gesellschaft** an. Die Einlage des Kapitalgebers (stillen Gesellschafters) geht in das Betriebsvermögen des Geschäftsinhabers über. Gewinn- und Verlustbeteiligung sind in einem Gesellschaftsvertrag vereinbart.

Die **Gesellschaft des Bürgerlichen Rechts (GbR)** ist keine eingetragene Firma, sondern ein vertraglicher Zusammenschluss von zwei oder mehreren Personen zur Erreichung eines gemeinsamen Zieles (§§ 705 ff. BGB); ein Beispiel für eine GbR ist die Lottogemeinschaft.

4.2.3 Kapitalgesellschaften

Aktiengesellschaft – AG

PUMA:
Vom Einzelunternehmen zur Kapitalgesellschaft

Aus der kleinen Schuhfabrik ist eine weltweit tätige Sportartikelfirma entstanden. Das Unternehmen wurde 1924 als „Gebr. Dassler Schuhfabrik" gegründet. Erst Ende der 50er-Jahre entstand der Name PUMA, nämlich die „PUMA-Schuhfabriken Rudolf Dassler KG". Mitte der 80er-Jahre war ein hoher Kapitalbedarf notwendig, um das Unternehmen für die Zukunft zu rüsten. Vor allem Investitionen für den Ausbau der Datenverarbeitung und Kommunikationssysteme waren erhebliche finanzielle Mittel erforderlich. Mehr als 15 Mio. mussten in Sachanlagen investiert werden. Dazu war die Eigenkapitaldecke zu dünn. Die Konsequenz für die Gesellschafter war, das Unternehmen an der Börse einzuführen.

Zum 31. Dezember 1985 wurde die Personengesellschaft in die „PUMA AG" umgewandelt.

Autorentext, nach Handelsblatt

1. **Skizzieren Sie die Entwicklung des Unternehmens.**
2. **Welche Gründe haben die Inhaber der KG dazu bewogen, eine AG zu gründen?**

Die Aktiengesellschaft (AG) bietet sich als Unternehmensform vor allem für Großunternehmen mit erheblichem Kapitalbedarf an. Für die Gründung ist ein Grundkapital von mindestens 50 000,00 EUR erforderlich. Das Grundkapital wird in Anteile (Aktien) gestückelt. Nach Erstellung des Gesellschaftsvertrags (Satzung) wird die AG durch eine oder mehrere Personen gegründet. Die Satzung bestimmt u. a.:
- Firmennamen und Sitz der Gesellschaft,
- Gegenstand des Unternehmens,
- Höhe des Grundkapitals (mindestens 50 000,00 EUR).

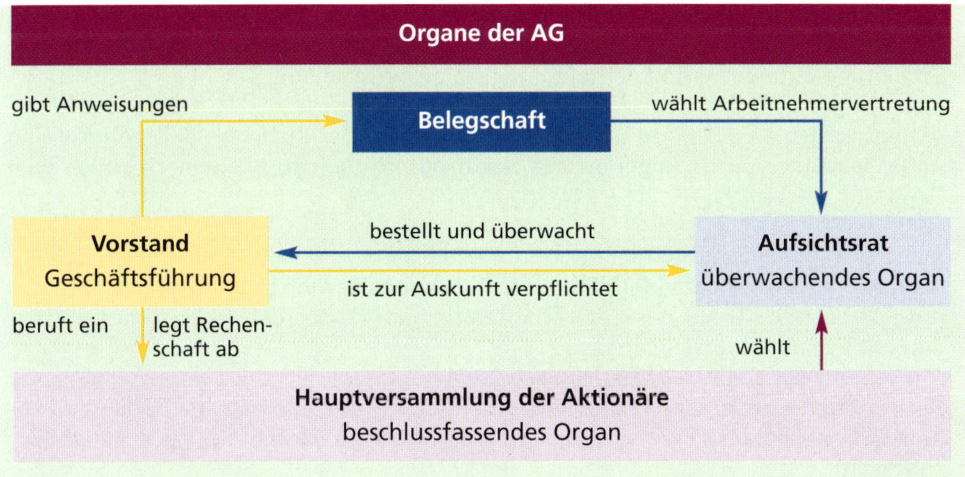

1. **Mit welchem Betrag ist der Inhaber einer PUMA-Aktie am Unternehmen beteiligt?**
2. **a) Wieso hat der Inhaber an der Börse 142,00 EUR für die Aktie zahlen müssen?**
   b) Informieren Sie sich über den aktuellen Kaufpreis der Aktie.
   c) Wie erklären Sie sich die unterschiedlichen „Preise"?
3. **Aus welchen Gründen werden Aktien gekauft?**

Das Grundkapital einer AG wird in Aktien zerlegt. Der Nennwert ist auf der Aktie aufgedruckt. Er beträgt in der Regel 1,00 EUR oder 5,00 EUR. Im Rahmen der Euro-Umstellung wandeln viele AGs ihre Aktien in nennwertlose Anteilsscheine und in Namensaktien um. Die Aktionäre sind in Höhe ihres Aktienanteils am Unternehmen beteiligt. Bei der Hauptversammlung hat der Aktionär ein Stimmrecht entsprechend seiner Aktienanteile. Die jährliche Hauptversammlung entscheidet über Grundfragen der AG, z.B. Satzungsänderungen, Kapitalerhöhung und Gewinnverteilung.

Aktien werden an der Börse gekauft und gehandelt. Der Kurswert, der Preis für eine Aktie, wird hier durch Angebot und Nachfrage festgelegt; er kann erheblich vom Nennwert abweichen.

Mit dem Kauf einer Aktie stellt der Aktionär der AG Kapital zur Verfügung. Erzielt die AG Gewinn, wird er daran in Form einer Dividende (Gewinnanteil) beteiligt. Die Haftung ist bei der AG auf das Gesellschaftsvermögen beschränkt; jeder Aktionär trägt das Risiko seiner Kapitaleinlage.

Durch Ausgabe neuer Aktien kann die Aktiengesellschaft eine Kapitalerhöhung durchführen. Dabei haben zunächst die „alten" Aktionäre ein Anrecht auf neue Aktien (Bezugsrecht).

Gesellschaft mit beschränkter Haftung – GmbH

Handelsregister

Amtsgericht

Ludwigshafen am Rhein

HR B 1983 Neu – 10.10.01: UHST Gesellschaft für Umwelt-Hygiene und Sanierungstechnologien mbH, in Neustadt/ Wstr. (Weinstr. 77). Gegenstand des Unternehmens: Die Durchführung von Untersuchungen und Begutachtungen, die Herstellung und der Vertrieb von Arbeitsmaterialien der Umwelthygiene und Umweltchemie sowie Beratung und Durchführung von Sanierungen im Bereich der Wohnungs- und Umwelthygiene sowie die Entwicklung von Sanierungstechnologien.
Stammkapital: 25 000,00 EUR.
Geschäftsführer: Dr. Wolfgang Eckrich, Biochemiker in Neustadt/Wstr., Gabriele Eckrich, Hausfrau in Neustadt/Wstr., und Klaus-Dieter Hohnke, Technischer Zeichner in Leipheim. Gesellschaft mit beschränkter Haftung. Der Gesellschaftsvertrag ist am 10. August 2001 geschlossen. Die Gesellschaft hat einen oder mehrere Geschäftsführer. Es können auch stellvertretende Geschäftsführer bestellt werden. Ist nur ein Geschäftsführer bestellt, vertritt er die Gesellschaft allein. Sind mehrere Geschäftsführer bestellt, so wird die Gesellschaft durch zwei Geschäftsführer gemeinschaftlich vertreten. Einzelnen Geschäftsführern kann durch Gesellschafterbeschluss Alleinvertretungsbefugnis erteilt werden. Dr. Wolfgang Eckrich und Gabriele Eckrich sind jeweils alleinvertretungsberechtigt.

Wie der Name schon sagt, besteht für die Gesellschafter einer GmbH nur eine „beschränkte Haftung". Sie beschränkt sich auf das Stammkapital, das mindestens 25 000,00 EUR betragen muss.

Nach Abschluss eines Gesellschaftsvertrages wird die Firma im Handelsregister eingetragen. Hier werden u. a. der Gegenstand des Unternehmens, die Höhe des Stammkapitals, der/die Geschäftsführer sowie die Vertretung nach außen aufgeführt.

Organe der GmbH sind die Gesellschafterversammlung und die Geschäftsführung. Die Gesamtheit der Gesellschafter wählt und kontrolliert die Geschäftsführung. Bei Gesellschaften mit mehr als 500 Beschäftigten ist ein Aufsichtsrat notwendig. Gewinn und Verlust werden entsprechend dem Vertrag auf alle Gesellschafter verteilt. Die Geschäftsführung vertritt die Firma nach außen. Es ist auch möglich, dass ein Gesellschafter alleine eine GmbH gründet (Eine-Person-GmbH).

Limited (Ltd.) – private company limited by shares

Als Alternative zur GmbH ist die Limited company (Ltd.) als englische Rechtsform wegen ihrer geringen Gründungskosten für viele Existenzgründer eine neue Alternative. Im Gegensatz zur GmbH wird für die Gründung nur ein Stammkapital von mindestens 1 £ benötigt. Die Gründung erfolgt durch Antrag beim Companies House, dem zentralen englischen Gesellschaftsregister; hierzu ist kein Notar notwendig.

Wie bei der GmbH ist die Haftung auf die Höhe der Stammeinlage begrenzt. Sonderkosten fallen an für die Unterhaltung eines „registered office" (offizieller Aufbewahrungs- und Zustellungsort) sowie eines „company secretary" (Erstellung und Aufbewahrung der internen gesellschaftsrechtlichen Dokumentation); sie betragen jeweils ca. 200 bis 300 £.

Genossenschaft – eG

Im Unterschied zu den übrigen Unternehmensformen steht bei der Genossenschaft nicht nur die Gewinnerzielung im Vordergrund. Vielmehr will die Genossenschaft ihre Mitglieder durch einen gemeinsamen Geschäftsbetrieb fördern. Genossenschaften können zu verschiedenen Zwecken gegründet werden, z. B. als:

- **Produktionsgenossenschaft (Winzer, Brennerei, Molkerei);**
- **Absatzgenossenschaft (Obsterzeuger, Schreinerhandwerk);**
- **Einkaufsgenossenschaften (EDEKA);**
- **Kreditgenossenschaften (Volks- und Raiffeisenbanken);**
- **Betriebsgenossenschaft (Maschinenring).**

Mindestens drei Personen (Genossen) sind zur Gründung einer Genossenschaft notwendig. Sie erstellen eine Satzung (Statut), in der u. a. die Geschäftsanteile und eventuelle Nachschusszahlungen geregelt sind. Die Genossenschaft wird im Genossenschaftsregister beim Amtsgericht eingetragen und erhält den Namenszusatz eG.

Ähnlich der AG hat die Genossenschaft drei Organe: Generalversammlung, Aufsichtsrat und Vorstand. Die Aufgabenverteilung entspricht der der AG. Anders als bei der Aktiengesellschaft hat jeder Genosse in der Generalversammlung – unabhängig von der Höhe seiner Beteiligung – eine Stimme.

Unternehmensform	Gründung	Geschäftsführung, Vertretung	Haftung	Gewinnverteilung
Einzelunternehmung	allein	allein	allein, unbeschränkt	allein
OHG	mind. 2 Personen	jeder Gesellschafter	unmittelbar, unbeschränkt, solidarisch	4 %, Rest nach Köpfen
KG	mind. 2 Personen	nur Komplementär	Komplementär wie OHG, Kommanditist mit Einlage	4 %, Rest im angemessenen Verhältnis
GmbH & Co. KG	GmbH und KG	Geschäftsführer GmbH	Komplementär wie GmbH, Kommanditist mit Einlage	nach Vereinbarung
Stille Gesellschaft	Inhaber übernimmt stille Beteiligung	Geschäftsinhaber	stiller Gesellschafter mit Einlage	nach Vereinbarung
GbR	mind. 2 Personen	jeder Gesellschafter	mit dem gesamten Vermögen	nach Vereinbarung
AG	eine oder mehrere Personen	Vorstand	Aktienbetrag	Dividende
GmbH Ltd.	eine oder mehrere Personen	Geschäftsführer	Geschäftsanteile	nach Vereinbarung
Genossenschaft	mind. 3 Genossen	Vorstand	Genossenschaftsanteile, ev. Nachschusspflicht	nach Geschäftsguthaben

4.3 Unternehmenszusammenschlüsse

Aluett verhandelt über Verkauf oder Übernahme

LANDAU. Die Aluett Leichtmetall-Räder GmbH & Co KG und ihre Schwestergesellschaft Strato Leichtmetall-Räder GmbH verhandeln mit einem großen westdeutschen Felgenhersteller über Verkauf oder Übernahme des pfälzischen Unternehmens oder eine enge Kooperation. Ziel der Verhandlungen mit dem Felgenhersteller sei, so der geschäftsführende Gesellschafter beider Firmen, die erst vor zwei Jahren aufgenommene Produktion mit zurzeit 56 Beschäftigten zu erhalten. Die beiden Pfälzer Alufelgen-Fabriken produzierten im letzten Jahr rund 100000 Leichtmetallräder und erreichten einen Umsatz von etwa 6,5 Millionen EUR. Aluett- und Stratofelgen werden in Deutschland über den Autozubehör- und Versandhandel vertrieben. Bei beiden Unternehmen ist die technische Produktionskapazität nicht ausgelastet. Für das Unternehmen sei es deshalb schwierig, für den stark umkämpften Markt wirtschaftlich zu produzieren.

Autorentext

1. Warum verhandeln die Felgenhersteller mit einem Großunternehmen?
2. a) Welche Formen eines Zusammenschlusses kommen infrage?
b) Worin unterscheiden sie sich?

In den letzten Jahren hat die Zahl der Unternehmenszusammenschlüsse weiter zugenommen. Dies erfolgt, um die Marktstellung zu festigen, auszubauen, neue Märkte zu erschließen oder die Produktpalette zu erweitern. Zusammenschlüsse erleichtern es oft, das erforderliche Kapital für wichtige Investitionen aufzubringen, z. B. für neue Technologien oder für Forschung und Entwicklung. Zukunftsprobleme, wie die Energieversorgung und die Lösung von Umweltproblemen, lassen sich durch die Zusammenarbeit von Unternehmen eher meistern. Die Wettbewerbsfähigkeit auf nationalen und internationalen Märkten wird gestärkt. Unternehmen, die in wirtschaftlichen Schwierigkeiten sind, können durch Zusammenschluss erhalten und Arbeitsplätze gesichert werden.

Es gibt verschiedene Möglichkeiten und Formen, wie Unternehmen zusammenarbeiten bzw. sich zusammenschließen können:

- **Kooperation** (Zusammenarbeit), wenn die beteiligten Unternehmen in ihrer Selbstständigkeit nur unwesentlich eingeschränkt werden, z. B. Franchising, Kartelle.
- **Konzentration** (Zusammenschluss), wenn durch Kapitalbeteiligung oder Übernahme einzelne Unternehmen ihre Selbstständigkeit teilweise oder ganz verlieren, z. B. Konzern, Trust.

Die zunehmenden Zusammenschlüsse von Unternehmen können auch Gefahren für eine funktionierende Marktwirtschaft beinhalten. Denn mehr Konzentration bedeutet auch gleichzeitig weniger Wettbewerb unter den Anbietern und weniger Auswahl für den Verbraucher. Mit dem Gesetz gegen Wettbewerbsbeschränkungen (Kartellgesetz) wurde ein Instrument geschaffen, diese Gefahren einzudämmen.

Formen der Kooperation

Arbeitsgemeinschaften

Der Landkreis plant den Bau eines neuen Berufsschulzentrums. Dazu wird eine Ausschreibung in der Tageszeitung veröffentlicht. Der Bauunternehmer Krüger würde gerne den Auftrag übernehmen. Für sein Unternehmen sind die Auftragsarbeiten jedoch zu umfangreich. Deshalb wendet er sich wieder an die Tief- und Hochbau GmbH, mit der er schon des Öfteren größere Arbeiten gemeinsam übernommen hat.
Beide Bauunternehmungen schließen einen Vertrag und vereinbaren, sich als Arbeitsgemeinschaft zur gemeinsamen Durchführung des Auftrages als „Arge-Schulbau" an der Ausschreibung zu beteiligen. In dem Vertrag der Arbeitsgemeinschaft wird u. a. festgelegt, wer welche Arbeiten ausführt und wie hoch die finanziellen Anteile am Auftrag sind. Mit Fertigstellung der Arbeiten soll die „Arge-Schulbau" aufgelöst werden. Die Unternehmen sehen durch diese Kooperation gute Chancen, mit den großen Bauunternehmungen konkurrieren zu können und den Zuschlag zu erhalten.

1. **Welche Vorteile versprechen sich beide Unternehmungen durch die Zusammenarbeit?**
2. **Wird durch die „Arge-Schulbau" ein neues Unternehmen gegründet?**
3. **Was ist im Vertrag einer Arbeitsgemeinschaft geregelt?**

Interessengemeinschaften

Wie die Arbeitsgemeinschaft sind Interessengemeinschaften meist eine Gesellschaft des Bürgerlichen Rechts. Zweck der Zusammenarbeit sind z. B. kostenintensive Forschungs- und Entwicklungsprojekte.

Verbände von Unternehmungen

Um ihre gemeinsamen Interessen wirksamer wahrnehmen zu können, haben sich Unternehmungen zu Interessenverbänden zusammengeschlossen. Die Mitgliedschaft in einem Verband ist freiwillig, die Unternehmungen bleiben rechtlich und wirtschaftlich selbstständig.

Für die Vertretung der Interessen eines Wirtschaftszweiges, z. B. der Automobilindustrie oder der Chemischen Industrie, gibt es in der Bundesrepublik 36 **Fachverbände**. Diese sind regional in Landesverbänden und zentral im Bundesverband der Deutschen Industrie (BDI) organisiert. Der BDI ist einer der einflussreichsten Interessenverbände und vertritt vor allem die wirtschaftspolitischen Interessen seiner Mitgliedsverbände gegenüber Parlament, Regierung und in der Öffentlichkeit.

Arbeitgeberverbände vertreten die sozialpolitischen Interessen ihrer Mitglieder, z. B. sind sie bei Tarifverhandlungen Sozialpartner der jeweiligen Gewerkschaft. Sie sind auf Bundesebene in der Bundesvereinigung der Deutschen Arbeitgeberverbände (BDA) zusammengeschlossen.

Rekordstrafe für Solvay wegen Kartellabsprachen

BRÜSSEL. Die belgische Chemiefirma Solvay, Brüssel, muss wegen Kartellabsprachen eine Rekordstrafe in Höhe von 30 Millionen EUR zahlen. Die Brüssler EU-Kommission entschied, dass Solvey, ihr britischer Konkurrent ICI und die zur BASF-Gruppe gehörende Chemische Fabrik Kalk (CFK), Köln, den europäischen Markt für Soda unter sich aufgeteilt und damit gegen das Wettbewerbsrecht der EU verstoßen haben. ICI muss eine Strafe von 17 Millionen EUR und CKF von 1 Million EUR bezahlen. Die Höhe der Strafe steht nach Angaben der Kommission im Verhältnis zur Schwere des Vergehens. Die Marktführer Solvay und ICI hätten den westeuropäischen Markt für Soda (im Wert von etwa 1 Milliarde EUR), das vor allem in der Glasherstellung verwandt wird, praktisch seit Kriegsende unter sich aufgeteilt. Zwischen Solvay und der BASF-Tochter CFK bestanden nach Angaben der EU-Kommission Preisabsprachen für den deutschen Markt.

Autorentext

1. **Was sind Kartelle?**
2. **Welche Absprachen haben die Chemiefirmen getroffen?**
3. **Warum bestraft das Kartellamt diese Absprachen?**

Kartelle sind vertragliche Absprachen von Unternehmungen der gleichen Branche, um bestimmte wirtschaftliche Vorteile zu erzielen. Die Unternehmen bleiben rechtlich selbstständig, sie verlieren jedoch teilweise ihre wirtschaftliche Unabhängigkeit. Durch das Kartell wollen die beteiligten Unternehmen Markt und Wettbewerb in ihrem Interesse beeinflussen.

Kartelle, die den Wettbewerb beeinträchtigen oder einschränken, sind grundsätzlich durch das Gesetz gegen Wettbewerbsbeschränkungen untersagt. Für die Bundesrepublik Deutschland überwacht das Bundeskartellamt in Berlin die Einhaltung des Gesetzes. Im Rahmen der EU ist die Kartellbehörde in Brüssel zuständig.
Grundsätzlich **verboten** sind folgende Absprachen:

- **Preiskartelle:** Für Waren oder Dienstleistungen werden gleiche Preise vereinbart.
- **Mengenkartelle:** Auf dem Markt wird das Angebot beschränkt.
- **Gebietskartelle:** Der Markt wird zwischen den Anbietern aufgeteilt.
- **Produktionskartelle:** Die Anbieter begrenzen ihre Produktpalette.

Das Kartellgesetz (§ 2 GWB) lässt eine Reihe von Kartellen zu. Wenn Unternehmen Vereinbarungen treffen, müssen sie prüfen, ob die positiven Wirkungen größer sind als die wettbewerbsbeschränkenden Wirkungen. Ist dies der Fall, sind sie vom Kartellverbot freigestellt. Solche Ausnahmen sind z. B.:

- **Verbraucherbeteiligung am Gewinn,**
- **wirtschaftlicher Nutzen (Effizienzgewinn),**
- **keine Wettbewerbsausschaltung,**
- **nur kartellbezogene Auflagen (Unerlässlichkeit).**

Formen der Konzentration

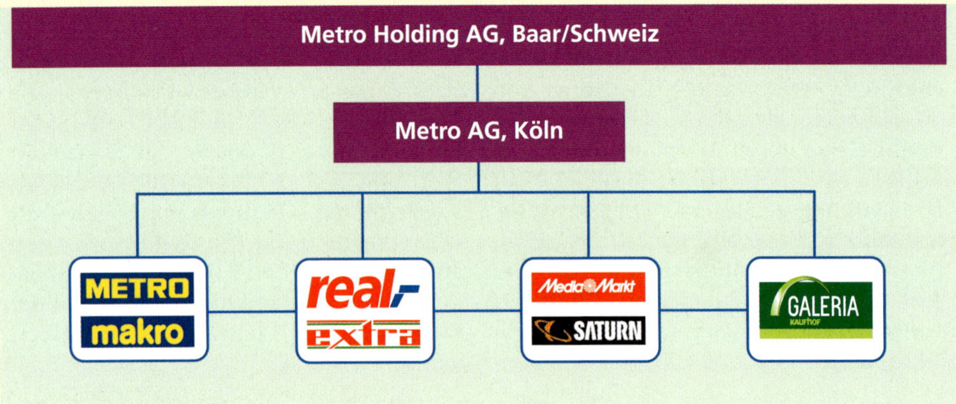

Quelle: METRO Group

1. **In welchen Wirtschaftsbereichen ist der Metro-Konzern tätig?**
2. **Welche Gründe könnten die Metro AG veranlasst haben, sich an anderen Unternehmen zu beteiligen oder sie zu übernehmen?**
3. **Warum werden die Unternehmen unter ihrem alten Firmennamen weitergeführt?**

Wenn selbstständige Unternehmen wirtschaftlich zusammengefasst werden, entsteht ein **Konzern**. Die wirtschaftliche Leitung liegt bei der **Muttergesellschaft** (Konzernspitze), die übernommenen **Tochtergesellschaften** bleiben jedoch rechtlich selbstständig. Die Übernahme oder Beteiligung bei einer Aktiengesellschaft erfolgt durch den Kauf von Aktienanteilen, bei der GmbH geschieht dies durch den Aufkauf von Gesellschafteranteilen. Die Gründe für die Konzernbildung sind vielfältig. So spielten bei der Metro AG die Ergänzung des Produktprogrammes sowie die Streuung der Risiken eine wichtige Rolle.

Eine **Holdinggesellschaft** übernimmt die Verwaltung eines Konzerns, der aufgrund seiner verschiedenen Unternehmensbereiche unübersichtlich ist. Die Holding übernimmt die Kapitalanteile zur Verwaltung, hat selber jedoch keine Produktionsstätten.

Der **Trust** ist die engste Form eines Zusammenschlusses von Unternehmen. Ein Trust entsteht durch die Übernahme eines Unternehmens durch ein anderes Unternehmen **(Fusion)**. Die wirtschaftliche und rechtliche Selbstständigkeit des übernommenen Unternehmens geht dabei verloren. Es ist aber auch möglich, dass zwei oder mehrere Unternehmen zu einem neuen Unternehmen verschmelzen (Neugründung).

Wichtigstes Instrument, um die Unternehmenskonzentration zu kontrollieren, ist das **Gesetz gegen Wettbewerbsbeschränkungen**. Das Bundeskartellamt bzw. die EU-Kartellbehörde können Unternehmenszusammenschlüsse, durch die eine marktbeherrschende Stellung entstehen oder eine bestehende verstärkt würde, verbieten. Zudem kann das Kartellamt gegen marktbeherrschende Unternehmen vorgehen, wenn sie ihre Machtstellung missbrauchen.

4.4 Betriebliche Insolvenz

MC Mode-Markt meldet Insolvenz an

SCHWEGENHEIM (jus). Die MC Mode-Markt GmbH, Schwegenheim, ein Bekleidungs-Discounter mit 23 Filialen und 148 Mitarbeitern, hat gestern beim Amtsgericht Landau einen Antrag auf Eröffnung eines Insolvenzverfahrens gestellt. Das teilte der vorläufige Insolvenzverwalter Werner Schreiber von der Heidelberger Kanzlei Wellensiek Grub & Partner mit. Laut vorläufigem Insolvenzverwalter stehen für die je rund 75 Voll- und Teilzeitbeschäftigten keine Löhne aus. Dadurch seien die Voraussetzungen für die Fortführung der Geschäfte der GmbH, für die ein Investor gefunden werden soll, „sehr günstig". Dennoch müssten alle Filialen einer „kritischen finanzwirtschaftlichen Überprüfung" unterzogen werden.

Die Rheinpfalz, 20.10.2004 (gekürzt)

1. **Was bedeutet Insolvenz?**
2. **Welches Ziel verfolgt ein Insolvenzverfahren?**
3. **Welche Aufgabe hat der Insolvenzverwalter?**

Gerät ein Unternehmen in Zahlungsunfähigkeit (Insolvenz) und ist eine außergerichtliche Einigung mit den Gläubigern nicht möglich, wird das gerichtliche Insolvenzverfahren eingeleitet. Dazu muss vom Schuldner oder vom Gläubiger beim zuständigen Amtsgericht ein Antrag auf Eröffnung des Verfahrens gestellt werden.

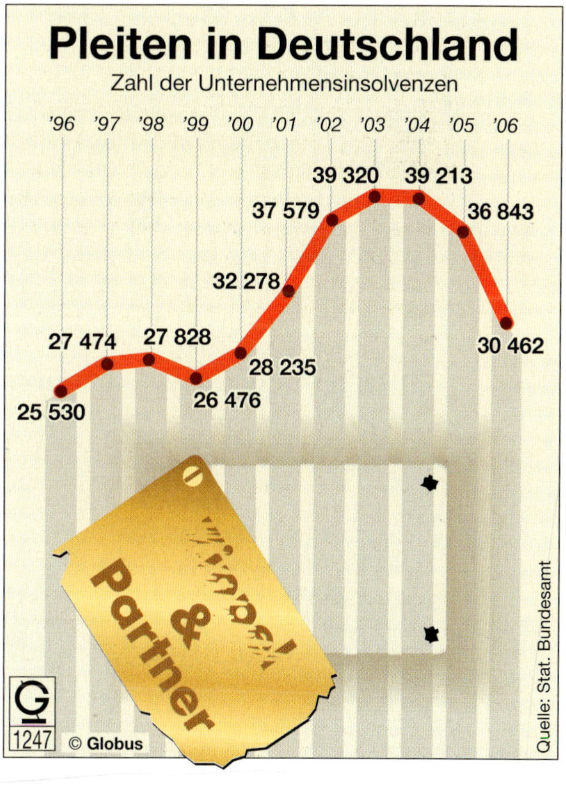

Das Amtsgericht bestellt einen Insolvenzverwalter, der die Insolvenzmasse, also das gesamte Vermögen des Unternehmens, erfasst.

Ziel des Insolvenzverfahrens ist es, die Fortführung eines angeschlagenen Unternehmens zu ermöglichen, sodass eine Zerschlagung verhindert werden kann. Damit lassen sich auch Arbeitsplätze sichern.

Der Insolvenzverwalter erarbeitet einen Insolvenzplan, um
- die Gläubiger so weit wie möglich zu befriedigen,
- das Unternehmen zu sanieren oder
- Investoren für die Übernahme des Unternehmens zu finden.

Zur Wiederholung

1. Nennen Sie die wichtigsten Voraussetzungen für die Gründung eines Betriebes:
   a) persönlicher Art, b) sachlicher Art, c) rechtlicher Art.
2. Worin unterscheidet sich die Haftung der Gesellschafter einer OHG von der einer KG?
3. Erklären Sie bei der KG die Begriffe „Kommanditist" und „Komplementär".
4. a) Welche Ziele verfolgen Genossenschaften?
   b) Wie lassen sich Genossenschaften nach ihrem Zweck unterscheiden?
   c) Nennen Sie Beispiele für Genossenschaften.
5. Frau Münch und Frau Heinz gründen eine Mode-Boutique. Unter welchen Namen könnten sie die Firma führen, wenn sie als Rechtsform
   a) eine OHG, b) eine KG, c) eine GmbH wählen?
6. Frau Münch und Frau Heinz lassen sich bei der Industrie- und Handelskammer beraten. Der Berater erklärt ihnen, dass in der Regel eine OHG kreditwürdiger ist als eine GmbH & Co. KG. Prüfen Sie, ob der Berater recht hat.
7. Frau Münch und Frau Heinz haben sich für die Rechtsform einer OHG entschieden. Entwerfen Sie einen Gesellschaftsvertrag für eine OHG. Berücksichtigen Sie dabei, dass Frau Münch doppelt so viel Kapital einbringt wie Frau Heinz.
8. Listen Sie auf, bei welchen Behörden und Stellen Frau Münch und Frau Heinz ihr neues Unternehmen anmelden müssen.
9. Nennen Sie die Organe der AG und erläutern Sie deren Aufgaben.
10. Erläutern Sie, weshalb gerade die GmbH & Co. KG für mittelständische Unternehmen interessant ist.
11. Beschreiben Sie den Gründungsvorgang einer GmbH & Co. KG.
12. Bei über 80 % der Neugründungen von Unternehmen wird die GmbH als Rechtsform ins Handelsregister eingetragen. Wie erklären Sie sich die Beliebtheit dieser Unternehmensform?
13. Aus dem Wirtschaftsteil einer Tageszeitung: „Die **Hauptversammlung** hat nach heftiger Diskussion dem **Vorstand** Entlastung erteilt. Streitpunkte waren vor allem die **Kursverluste** der letzten Monate und die vorgeschlagene magere **Dividende.** Die Hauptversammlung hat einer Kapitalerhöhung zugestimmt; das **Bezugsrecht** soll 3:1 betragen."
    a) Um welche Unternehmensform handelt es sich?
    b) Erläutern Sie die markierten Begriffe im Text.
14. a) Erklären Sie den Unterschied zwischen dem Stimmrecht eines Genossen und dem eines Aktionärs.
    b) Auf welche Grundgedanken ist dies zurückzuführen?
    c) Nennen Sie Beispiele für Unternehmen, die genossenschaftlich organisiert sind.
15. Erläutern Sie den Unterschied zwischen Kooperation und Konzentration.
16. Welche Gründe führen zu Unternehmenszusammenschlüssen?
17. Welche Gefahren sehen Sie, wenn ein Produkt nur von einigen wenigen Firmen angeboten wird?
18. Erläutern Sie, weshalb
    a) bestimmte Kartelle grundsätzlich verboten sind,
    b) andere genehmigt werden können.
19. Worin besteht der Unterschied zwischen einem Trust und einem Konzern?
20. Erläutern Sie die Aufgaben der Kartellbehörden.

Handlungsimpulse

A Einen Behördenführer erstellen

Die Gründung oder Übernahme eines Unternehmens erfordert die Anmeldung bei verschiedenen Behörden.
Erstellen Sie in Gruppenarbeit einen Behördenführer für Existenzgründer in Ihrem Berufsfeld. Führen Sie darin alle wichtigen Behörden Ihrer Region mit Adressen und Ansprechpartnern auf.

B Eine Checkliste für Existenzgründer erarbeiten

Jeder, der ein Unternehmen gründen oder übernehmen will, sollte sich die Chancen und Risiken vor Augen führen.
Erarbeiten Sie in Gruppenarbeit eine Checkliste für Existenzgründer in Ihrem Berufsfeld.

C Einen Gesellschaftsvertrag entwerfen

Sie wollen zusammen mit einem Partner bzw. einer Partnerin ein Unternehmen übernehmen und es in Form einer GbR weiterführen.
Entwerfen Sie einen Gesellschaftsvertrag für die neue GbR.
Achten Sie auf möglichst eindeutige Vereinbarungen, um Streitigkeiten oder Unklarheiten zu vermeiden.

D Argumente für und wider Unternehmenszusammenschlüsse präsentieren

Die Konzentration von Unternehmen auf dem deutschen und internationalen Markt schreitet weiter voran.
Sammeln Sie in Gruppenarbeit aktuelle Beispiele.
Erarbeiten Sie die Vor- und Nachteile von Unternehmenszusammenschlüssen und präsentieren Sie Ihre Ergebnisse (z. B. in Form einer Wandtafel).

E An einem Planspiel teilnehmen, z. B.

http://www.dgp-schueler.de/toplevel

Die **StartUp-Werkstatt** ist das größte Existenzgründer-Planspiel für Schüler zwischen 16 und 21 Jahren in Deutschland. In Teams gründen die Jugendlichen fiktive Unternehmen und lernen so spielerisch die Welt der Wirtschaft kennen. Über praxisorientierte Aufgaben knüpfen sie erste Kontakte zu echten Unternehmern. Jedes Teammitglied übernimmt einen eigenen Verantwortungsbereich, selbstständiges Denken und Handeln werden gefördert. Die Schüler stärken dabei ihre Team- und Führungsqualitäten und beweisen über vier Monate ihre Fähigkeit, komplexe Fragestellungen mit Engagement und Kreativität zu lösen. Auf diese Weise sammeln sie Erfahrungen, die eine frühzeitige berufliche Orientierung und Qualifikation ermöglichen. Bei erfolgreicher Teilnahme erhalten die Schüler ein individuelles Juryfeedback und ein Teilnahmezertifikat für spätere Bewerbungsunterlagen. Spielplattform ist das Internet.

http://www.juniorprojekt.de

Das Angebot von **JUNIOR** wendet sich an Schülerinnen und Schüler ab der 9. Klasse an allgemein- und berufsbildenden Schulen. Zehn bis 15 Schüler gründen dazu ein JUNIOR-Unternehmen, bei dem sie alle Funktionen, inkl. der des Vorstandsvorsitzenden, selbst besetzen. Mit viel Kreativität entwickeln und vermarkten die jungen Unternehmer ihre Geschäftsidee ein Schuljahr lang am Markt. Die Auswahl der Geschäftsideen reicht von Produkten (z.B. Dinkelkissen, Bilderrahmen, Spiele, Duftöle) bis zu Dienstleistungen wie der Organisation von Veranstaltungen, Handykursen für Senioren, Computer- und Internetdienstleistungen.

http://www.planspiel-boerse.com

Die Teilnehmer vom **Planspiel Börse** schließen sich zu Spielgruppen zusammen. Für jede Spielgruppe wird ein Wertpapier-Depot mit einem fiktiven Startkapital eingerichtet. Über einen Zeitraum von ca. zehn Wochen können Käufe und Verkäufe aus einer Auswahl von realen Wertpapieren getätigt werden. Ziel ist es dabei, den Depot-Wert möglichst zu vermehren. Abgerechnet wird zu den realen, aktuellen Kursen. Die Spielgruppen versenden ihre Orders über das Internet.

5 Das Unternehmen im Wirtschaftsprozess

5.1 Wirtschaftsbereiche

Betriebe sind innerhalb einer Volkswirtschaft in vielfältigster Weise miteinander verzahnt. Auch Haushalte und Betriebe sind voneinander abhängig. Es lassen sich drei große Wirtschaftsbereiche unterscheiden.

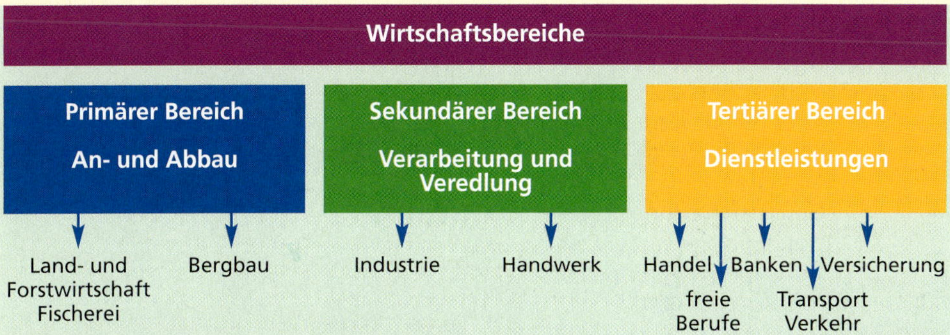

Vom Bohrloch zur Tankstelle

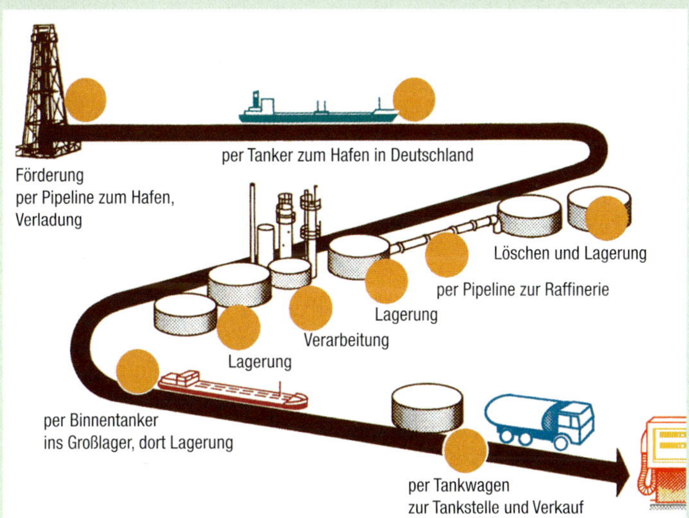

1. **Zeigen Sie auf, welche Wirtschaftsbereiche auf dem Weg vom Bohrloch zur Tankstelle aktiv werden.**
2. **Zu welchem Wirtschaftsbereich gehört Ihr Ausbildungsbetrieb?**
3. **Zeigen Sie an Beispielen auf, dass Handwerksbetriebe sowohl dem sekundären als auch dem tertiären Bereich zugeordnet werden können.**

5.2 Aufbau eines Betriebes

Der Schreinergeselle Heider wartet mit dem Verkaufsleiter des Spanplattenwerkes, Herrn Lorenz, auf den Meister, um die Bestellung durchzusprechen.

Dabei kommen sie ins Gespräch.

Heider Sie müssen sich leider noch etwas gedulden, aber der Meister ist noch bei einem Kunden. Mein Chef muss sich fast um alles selbst kümmern.

Lorenz Bei Ihrer Betriebsgröße wird das wohl auch gar nicht anders zu machen sein. In unserem Industriebetrieb ist der Chef in erster Linie für die Geschäftsführung zuständig. Alles andere ist Aufgabe der verschiedenen Abteilungen.

Heider Bei uns gibt's keine Abteilungen; meine Arbeit besteht vor allem im Anfertigen von Einbaumöbeln.

Lorenz Die Produktion gehört bei uns zum technischen Bereich; dieser ist auch für die Forschung und Entwicklung neuer Produkte zuständig. Zum kaufmännischen Bereich zählen die Beschaffung, also der Einkauf, der Absatz und die Verwaltung, also Buchführung, Personalwesen usw.

Heider Für die Buchführung und den Schriftverkehr haben wir sozusagen eine eigene Abteilung. Dies erledigt nämlich die Chefin. Wer ist bei Ihnen für die Ausbildung zuständig? Bei uns machen dies der Meister und ich.

Lorenz Wir haben dafür eine Ausbildungswerkstatt. Wenn die Auszubildenden in den verschiedenen Abteilungen sind, werden sie dort von den jeweils zuständigen Ausbildern unterwiesen.

1. a) Listen Sie die einzelnen Abteilungen des Spanplattenwerkes auf.
   b) Ordnen Sie die Abteilungen dem kaufmännischen und technischen Bereich zu.
2. Zu welcher Abteilung gehört Herr Lorenz?
3. Wie ist der Handwerksbetrieb aufgebaut?

In den meisten Handwerksbetrieben werden mehrere Aufgaben von einer Person übernommen, z. B. ist der Handwerksmeister zugleich für Einkauf, Fertigung und Absatz zuständig. Bei Industriebetrieben ist eine größere Arbeitsteilung und organisatorische Gliederung in Abteilungen und Stellen erforderlich.
Der Aufbau eines Betriebes ist abhängig von

- seiner Größe,
- seinen Produkten oder Dienstleistungen,
- seiner Rechtsform (z. B. Einzelunternehmung, AG, GmbH).

Durch die Struktur und Organisation eines Betriebes soll ein planvoller und wirtschaftlicher Einsatz der Mittel für die Produktion ermöglicht werden.

Beispiel für den Aufbau eines Industriebetriebes (Organigramm)

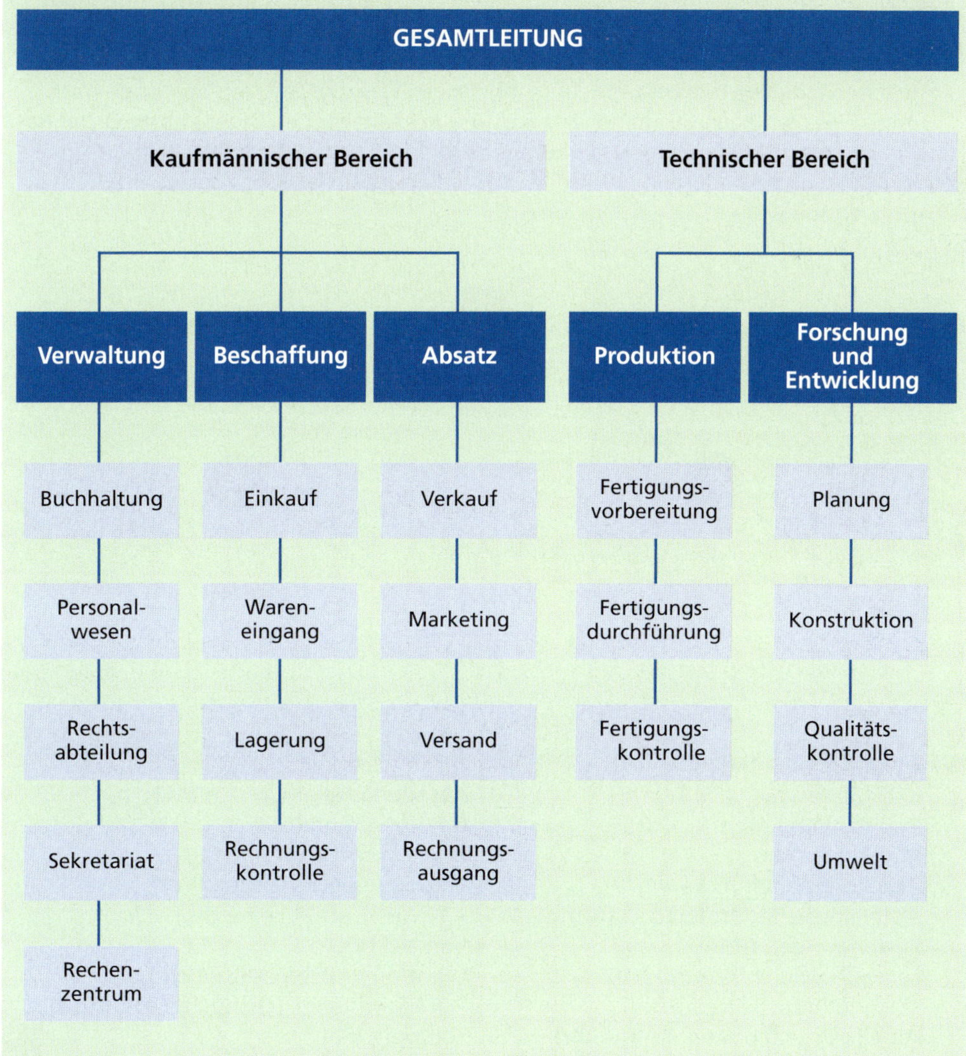

Zur Wiederholung

1. Skizzieren und erläutern Sie den Aufbau Ihres Ausbildungsbetriebes.
2. Wer bzw. welche Abteilung ist in Ihrem Betrieb für Umweltschutz zuständig?
3. Nach welchen Gesichtspunkten richtet sich der Aufbau eines Betriebes?
4. Welche Probleme könnten sich für einen größeren Handwerksbetrieb ergeben, wenn der „Chef" alles alleine macht?
5. Welche Abteilung in einem Industriebetrieb ist zuständig für
   a) Mahnungen,
   b) Angebote,
   c) Werbung,
   d) Endabnahme,
   e) Maschinenwartung,
   f) Lohn und Gehalt?
6. Erkunden Sie vor Ort den Aufbau einer Behörde, z. B. Ihrer Stadt- bzw. Verbandsgemeindeverwaltung, des Finanzamtes oder der Arbeitsagentur.
7. Ein Industriebetrieb ist nach dem Liniensystem organisiert. Beim hierarchisch strukturierten Liniensystem besteht eine eindeutige Weisungsbefugnis von oben nach unten. Dies gilt auch für die Verantwortung der Mitarbeiter. Diese straffe Organisation schafft zwar klare Zuständigkeiten, verhindert aber einen schnellen Informationsfluss, insbesondere in der Breite. Das Liniensystem ist eher für kleinere Betriebe zweckmäßig.

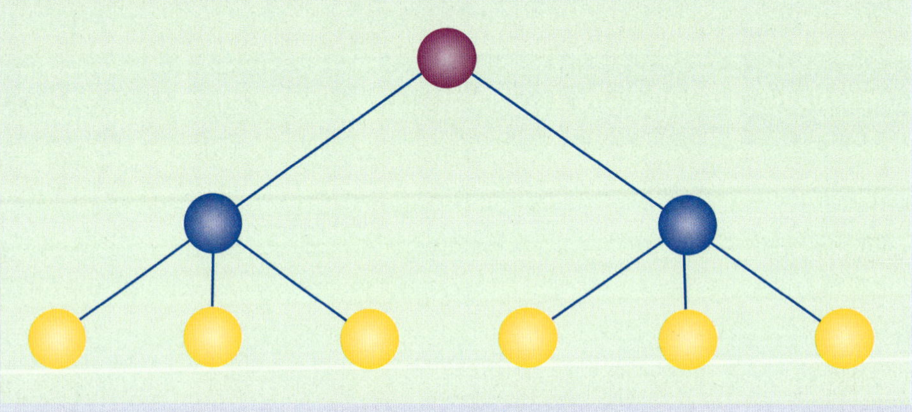

Zeichnen Sie mit den folgenden Angaben ein Organigramm:

Einkaufsplanung **(EP)**
Rechnungswesen **(RW)**
Rohstofflager **(RL)**
Marketing **(MK)**
Abteilungsleiter Verkauf **(AV)**
Abteilungsleiter Produktion **(AP)**
Personalwesen **(PW)**
Fertigungsdurchführung **(FD)**
Versand **(VS)**
Abteilungsleiter Verwaltung **(AW)**
Technischer Leiter **(TL)**
Abteilungsleiter Einkauf **(AE)**
Gesamtleitung **(GL)**
Einkaufsdurchführung **(ED)**
Fertigungsvorbereitung **(FV)**
Kaufmännischer Leiter **(KL)**
Verkauf **(VK)**
Wartung und Reparatur **(WR)**
Abteilungsleiter Technischer Dienst **(AT)**
Fuhrpark **(FP)**

Handlungsimpulse

Die Ablauforganisation legt die Reihenfolge der einzelnen Arbeitsschritte fest, bestimmt die Termine sowie den Einsatz der Arbeitskräfte und Arbeitsmittel. In Betrieben wird dies häufig mithilfe eines Ablaufdiagramms festgehalten. Symbole ermöglichen eine übersichtliche Darstellung:

Tätigkeit: Bearbeitung der Auftragsbestätigung
Abteilung: Verkauf
Abnahme und Prüfung des Arbeitsablaufs: Fr. Flemming
Datum: 24.05.

Nr.	Arbeitselemente	Symbole	Bemerkung
1	Auftrag geht ein		
2	Prüfung der Lieferbereitschaft		
3	Kontrolle der Kreditwürdigkeit des Kunden		
4	Kundenkonditionen festlegen		

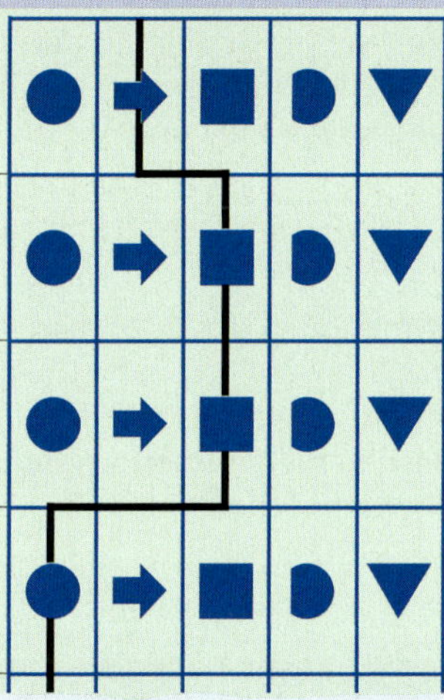

● Bearbeitung ➡ Transport ■ Kontrolle ◗ Verzögerung ▼ Lagerung

A Ein Ablaufdiagramm erstellen

Ein Auftrag durchläuft bis zur Ausstellung der Rechnung verschiedene Abteilungen und Stellen.
Erstellen Sie für einen typischen Geschäftsvorgang Ihres Ausbildungsbetriebes ein Ablaufdiagramm.

B Eine Werbeanzeige für eine Industrieansiedlung entwerfen

In Ihrer Stadt bzw. Region soll für die Neuansiedlung von Unternehmen geworben werden.
Ermitteln Sie die wichtigsten Daten, die für eine Standortwahl der Unternehmen entscheidend sind.
Entwerfen Sie eine Anzeige für eine überregionale Tageszeitung oder eine Plakatwand für das neue Industrie- und Gewerbegebiet.

5.3 Betriebliche Grundfunktionen

Aus einem Ausbildungsbericht:

Unser Ausbildungsleiter hat uns diese Woche bei einem Rundgang durch die verschiedenen Abteilungen und Produktionsstätten einen Überblick über die innerbetrieblichen Vorgänge und Funktionen des Betriebes verschafft. Dabei konnten wir erfahren, wie aus den zugelieferten Rohstoffen und Einzelteilen, die über verschiedene Lieferanten beschafft werden, schließlich nach mehreren Produktionsstufen das Endprodukt, nämlich Einbauküchen, entsteht. Neben der Endmontage befindet sich das Lager, von wo die Küchenmöbel ausgeliefert werden. Ein Mitarbeiter der Vertriebsabteilung erklärte uns, dass zurzeit die Nachfrage auf dem Markt hoch sei und somit der Absatz unserer Einbauküchen keine Probleme aufwerfe.

Am Schluss unseres Rundgangs waren wir auch in der Verwaltung. Der Ausbildungsleiter betonte, dass Produktion und Verwaltung miteinander verzahnt sind. Denn ohne Personalplanung, Finanzierung sowie Ein- und Verkauf könne auch nicht produziert werden.

1. **Zeigen Sie die drei Grundfunktionen des Betriebes auf, die beim Rundgang sichtbar werden.**
2. **Worin besteht die Verzahnung zwischen Produktion und Verwaltung?**
3. **Klären Sie, wie in Ihrem Betrieb die Produktionsabläufe sind, und ordnen Sie die Vorgänge mithilfe des folgenden Schaubildes ein.**

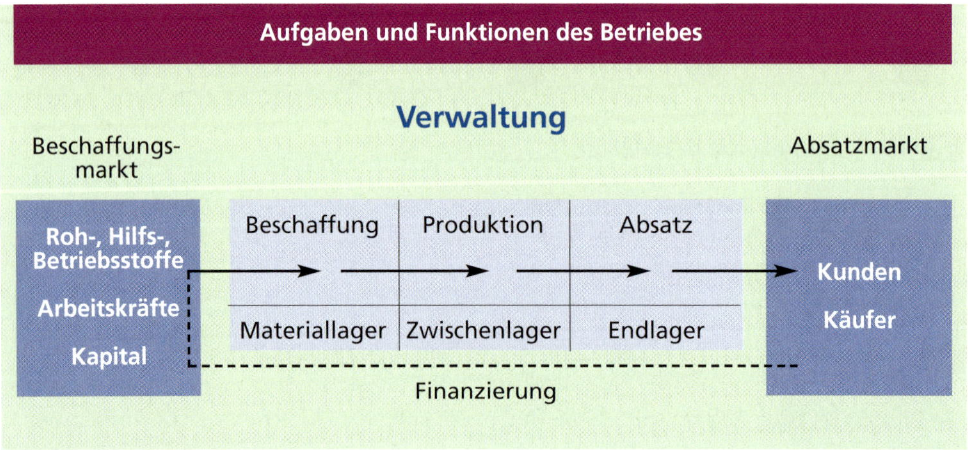

Zentrale Aufgabe eines Betriebes ist die Produktion von Waren oder die Erstellung von Dienstleistungen, um Gewinne zu erzielen. Außer dieser Leistungserstellung sind Beschaffung und Absatz die wesentlichen Aufgaben des Betriebes. Neben den Grundfunktionen Beschaffung, Produktion und Absatz sind Organisation und Verwaltung wichtige betriebliche Aufgabenbereiche.

5.4 Beschaffung

Die Möbelfabrik ALBI hat eine Bestellung über einen Wandschrank erhalten. Nach dem Fertigungsplan wird eine Liste zusammengestellt, die alle benötigten Materialien für die Produktion beinhaltet:

Werkstoffliste — **Werkstück/Auftrag: Wandschrank**

Nr.	Teilewerkstück	Werkstoff	Stückzahl	Fertigmaße in mm		Nr.	Teilewerkstück	Werkstoff	Stückzahl	Fertigmaße in mm	
				Länge	Breite					Länge	Breite
1	Korpuswände	FPY (16)	2	750	230	10	Gesamtschrank				
2	Korpuswände	FPY (16)	2	550	230		Korpus u. Tür		–	–	–
3	Tür	FPY (16)	1	730	530		Rückwand	Lack	–	–	–
4	Rückwand	FU 6	1	730	530		Böden		–	–	–
5	Einlegeböden	Kiefernholz	2	510	210	11	–	Eckdübel	12	–	–
6	Korpuswände	Furnier	1	5200	230	12	–	Boden-			
7	Tür	Furnier	2	750	550		–	träger	8	–	–
8	Korpus und Tür	Leim		(Wie Furnier)		13	–	Scharnier	2	–	–
						14	–	Knopf	1	–	–
9	Korpus und Tür	Kanten-				15	–	Ösen	2	–	–
		furnier	1	5120	–	16	–	Schnäpper	1	–	–
						17	–	Nägel			
							Schrauben	Schleifm.	–	–	–

1. Ordnen Sie die Werkstoffe nach Roh- und Hilfsstoffen.

2. Für die Herstellung des Wandschrankes müssen noch weitere Produktionsmittel eingesetzt werden. Welche sind dies?

Bevor ein Betrieb mit der Produktion beginnen kann, muss er die notwendigen Produktionsmittel auf dem Beschaffungsmarkt besorgen. Für jedes Produkt wird deshalb eine Materialliste erstellt, die als Grundlage für die Beschaffung dient. Die Materialien, die zur Produktion benötigt werden, lassen sich unterteilen in:

- **Rohstoffe,** z. B. Spanplatten, Furniere
  Sie sind Hauptbestandteil des Fertigerzeugnisses.
- **Hilfsstoffe**, z. B. Leim, Schrauben
  Sie sind kein wesentlicher, aber notwendiger Bestandteil des Produkts.
- **Betriebsstoffe**, z. B. Schleifmittel, Schmierstoffe für die Maschinen
  Sie gehen überhaupt nicht in das Fertigerzeugnis ein, sondern werden nur mittelbar, vor allem für Maschinen und Werkzeuge, gebraucht.

Damit die Produktion reibungslos erfolgen kann, muss bei der Beschaffung darauf geachtet werden, dass die Produktionsmittel rechtzeitig, ohne Mängel und vollständig zur Verfügung stehen. Dies ist besonders wichtig, da eine Unterbrechung in der Produktion zu Ausfällen und höheren Kosten führt. Der Betrieb wird deshalb versuchen, durch eine entsprechende Lagerhaltung die wichtigsten Materialien für die Produktion bereitzuhalten.

5.4.1 Personalbeschaffung

1. **Wie ermittelt der Betrieb, ob er neue Mitarbeiter/-innen „als Verstärkung" benötigt?**
2. **Welche Informationen können Bewerber/-innen der Stellenanzeige entnehmen?**
3. **Was bedeutet „mit den üblichen Unterlagen"?**

Das geeignete Personal auf dem Arbeitsmarkt zu finden ist im Handwerksbetrieb Aufgabe des Handwerksmeisters. In größeren Betrieben übernimmt dies die Personalabteilung. Personalbeschaffung geht immer einher mit Personalplanung, Personalentwicklung und Personaleinsatz.

Auch bei steigenden Aufträgen muss der Betrieb in der Lage sein, termingerecht zu produzieren. Dies ist nur möglich, wenn durch eine vorausschauende Personalplanung und -entwicklung Mitarbeiter und Auftragslage aufeinander abgestimmt sind. Fort- und Weiterbildung sind notwendig, um die Mitarbeiter für neue Technologien oder Entwicklungen zu qualifizieren.

Personaleinsatz beginnt bereits mit der Einstellung. Hier gilt der Grundsatz: „die richtige Mitarbeiterin/der richtige Mitarbeiter am richtigen Platz." Bei einer Stellenausschreibung ist es deshalb wichtig, dass sie die wesentlichen Anforderungen an die Bewerber enthält, z.B. über Schul- und Berufsausbildung, Berufserfahrung, Kurse, besondere Kenntnisse und Fähigkeiten.

Durch zusätzliche Anreize, wie z.B. Prämien, Belegschaftsaktien oder Freizeitangebote, versuchen viele Betriebe, ihre Mitarbeiter zu motivieren und an das Unternehmen zu binden. Ein gutes Betriebsklima fördert die Leistungsbereitschaft und steigert damit die Produktivität.

5.4.2 Kapitalbeschaffung

Die Möbelfabrik ALBI liefert termingerecht den bestellten Wandschrank. Die Rechnungsabteilung der Möbelfabrik schickt drei Tage nach Auslieferung die Rechnung an den Kunden. Es wurde eine Zahlungsfrist von dreißig Tagen vereinbart.

1. **Der Möbelfabrik sind schon vor der Lieferung Kosten entstanden. Nennen Sie diese.**
2. **Wie kann ALBI ihre Kosten begleichen, obwohl der Kunde erst nach dreißig Tagen die Rechnung bezahlt?**
3. **Welche Möglichkeiten hat das Unternehmen, Geld zu beschaffen?**

Bei jedem Unternehmen besteht zwischen den Ausgaben für die Produktion und den Einnahmen durch Verkauf der Erzeugnisse eine zeitliche Spanne. Um diese finanzielle Lücke zu schließen, muss das Unternehmen Kapital beschaffen. Zudem benötigt ein Unternehmen auch Kapital, um anstehende Investitionen zu finanzieren. Solche Investitionen sind z. B. neue Werkstätten oder Maschinen.

Nach der Herkunft des Kapitals lassen sich folgende Finanzierungsarten unterscheiden:

- **Eigenfinanzierung:** Die Finanzierung erfolgt beim Einzelunternehmen aus dem Vermögen des Inhabers, bei Personengesellschaften durch die Einlagen der Gesellschafter.
- **Selbstfinanzierung:** Gewinne, die erzielt wurden, und Abschreibungserlöse aus dem Unternehmen werden zur Finanzierung im Unternehmen belassen.
- **Fremdfinanzierung:** Die Finanzierung erfolgt durch Aufnahme von Krediten, z. B. Bank- und Lieferantenkredite.

Bei der Finanzierung durch Fremdkapital ist zu beachten, dass Kosten für Zinsen entstehen. Außerdem werden für größere Kredite in der Regel zusätzliche Sicherheiten verlangt. Die Abhängigkeit des Unternehmens von den Kreditgebern steigt, je höher der Fremdkapitalanteil ist. Deshalb ist eine gute Mischung zwischen Eigen- und Fremdkapital wichtig.

1. **Nennen Sie die drei Grundfunktionen des Betriebes.**
2. **Erklären Sie den Unterschied zwischen Roh-, Hilfs- und Betriebsstoffen.**
3. **Nennen und erläutern Sie die Hauptaufgaben der Personalabteilung.**
4. **Warum sind Aus- und Weiterbildung wichtige Bereiche der Personalentwicklung?**
5. **Erläutern Sie den Unterschied zwischen Selbst- und Eigenfinanzierung.**
6. **Erklären Sie den Begriff Investition.**
7. **Inwiefern steigt mit dem wachsenden Anteil der Fremdfinanzierung die Abhängigkeit des Unternehmens vom Kreditinstitut?**

5.4.4 Lagerhaltung

1. Warum benötigt der Betrieb ein Lager?
2. An welchen Stellen des Produktionsablaufs ist eine Lagerhaltung notwendig?

In jedem Haushalt werden Vorräte angelegt. Die Vorratskammer ermöglicht es, auch unangemeldete Gäste zu bewirtschaften oder bei Sonderangeboten günstige Großeinkäufe zu tätigen. Diese Funktionen der Vorratskammer lassen sich auf die Lagerhaltung des Betriebes übertragen.

Die Materialbeschaffung kann zeitlich nicht immer mit dem Produktionsablauf in Einklang gebracht werden. Deshalb soll das Rohstoff- und Materiallager eine Brücke zwischen Beschaffungsmarkt und Produktion bauen. Die gleiche Pufferfunktion hat die Lagerhaltung im Bereich der Produktion. Zwischenlager ermöglichen es, Engpässe zu vermeiden oder Überkapazitäten aufzufangen. Im Endlager werden die Fertigprodukte bis zur Auslieferung an die Kunden gelagert.

Wichtig für die Lagerhaltung ist eine Lagerorganisation. Nur die sachgerechte und übersichtliche Lagerung der Ware schützt vor Verlusten. Die Lagerhaltung dient auch dazu, Roh- und Hilfsstoffe dann zu beschaffen, wenn kostengünstige Angebote vorliegen. Dabei muss aber berücksichtigt werden, dass die Lagerhaltung Kosten verursacht, z. B. Mieten für Gebäude, Löhne für Lageristen oder Nebenkosten für Strom und Heizung.

Lagerhaltung ist so gesehen für die Unternehmen „totes Kapital", denn durch eine zu große Lagerhaltung wird zu viel Kapital gebunden. Viele Unternehmen halten heute deshalb nur noch sehr geringe Vorräte. Dieses „Von-der-Hand-in-den-Mund-Leben" – auch **„Just-in-time"**-Produktion genannt – bringt für das Unternehmen Kapitaleinsparungen, birgt aber auch Risiken, z. B. steigt die Abhängigkeit von den Zulieferern und von den momentanen Marktpreisen.

5.5 Produktion

1. Wie ist der jeweilige Fertigungsablauf organisiert?
2. Welche Auswirkungen hat das Fertigungsverfahren auf die Produkte?

Die Produktion ist die wichtigste Grundfunktion eines Unternehmens. Je nachdem, ob ein Produkt einzeln oder mehrfach hergestellt wird, lassen sich verschiedene Fertigungsarten unterscheiden:

- **Einzelfertigung:** Ein Produkt wird nach Wunsch eines Kunden angefertigt. Dies ist gerade im Handwerk noch oft üblich, z.B. bei der Anfertigung von Einbaumöbeln oder Maßanzügen. Aber auch im industriellen Bereich kommen Einzelfertigungen vor, z.B. beim Brücken- oder Schiffsbau.
- **Serienfertigung:** Von einem Produkt werden größere Stückzahlen angefertigt. Nach Herstellung einer begrenzten Stückzahl wird eine neue Serie produziert. Dazu muss in der Regel die Fertigungsanlage umgestellt werden. Typische Serienfertigung ist die Herstellung von Elektrogeräten oder Möbeln. Bei der Serienproduktion von Autos handelt es sich um eine Großserienfertigung, die der Massenfertigung sehr nahekommt.
- **Sortenfertigung:** Während bei der Serienfertigung der Fertigungsprozess für jede Serie verändert wird, bleibt der Fertigungsablauf bei der Sortenfertigung immer gleich. So werden im Walzwerk aus dem gleichen Rohstoff verschiedene Sorten von Blechen mit unterschiedlichen Stärken oder in der Brauerei über die gleiche Anlage verschiedene Biersorten hergestellt.
- **Massenfertigung:** Eine sehr große Stückzahl völlig gleichartiger Erzeugnisse wird über einen längeren Zeitraum produziert, wobei der Fertigungsablauf unverändert bleibt. Massenprodukte sind z.B. Nägel, Zigaretten, Glühbirnen oder Papier.

Bei der Produktion versucht jedes Unternehmen, den Fertigungsablauf optimal zu organisieren, um Zeit und Kosten zu sparen. Die Organisation der Fertigung richtet sich u.a. nach der Art und Menge der Produkte, aber auch nach den Einsatzmöglichkeiten der Maschinen und Arbeitskräfte.

Je nach Organisation unterscheidet man die folgenden Fertigungsverfahren:

- **Werkstattfertigung:** Für die Produktion sind verschiedene Arbeitsvorgänge notwendig. Dabei werden bestimmte Maschinen mehrmals benutzt und Bearbeitungsvorgänge am Produkt wiederholt. Das Werkstück kann dabei in einer oder in mehreren Werkstätten bearbeitet werden.
  Vorteile der Werkstattfertigung sind: schnelle Anpassung und Umstellung auf neue Produkte, vielseitiger Einsatz der Arbeitskräfte und von Universalmaschinen, geringer Produktionsausschuss.
- **Fließfertigung:** Die Fertigung ist in einzelne Arbeitsvorgänge zerlegt und erfolgt am Fließband. Die Arbeit am Produkt wird durch Taktzeit und Fördergeschwindigkeit bestimmt. Um einen gleichmäßigen Arbeitsfluss zu gewährleisten, müssen die Bearbeitungsgänge genau aufeinander abgestimmt sein.
  Vorteile der Fließfertigung sind: niedrige Fertigungskosten, kurze Fertigungszeiten und Transportwege, leicht anlernbare Tätigkeiten.
- **Gruppenfertigung:** Fließfertigung wird immer öfter durch Gruppenfertigung ergänzt. Jede Gruppe ist dabei für einen bestimmten Bereich der Produktion oder Montage zuständig. Innerhalb der Gruppe wird vereinbart, welcher Arbeitsvorgang von wem übernommen wird. Die Gruppenmitglieder wechseln sich in ihren Aufgaben und Tätigkeiten ab.
  Vorteile der Gruppenfertigung sind: weniger monotone Arbeiten, größere Einsatzmöglichkeiten der Arbeitskräfte, geringerer Produktionsausschuss.
- **Automatisierung:** Die Entwicklung von computergesteuerten Fertigungsanlagen hat es in einigen Bereichen ermöglicht, dass die Fertigung weitgehend vollautomatisiert abläuft. Die Mitarbeiter übernehmen ausschließlich Überwachungs- und Wartungsarbeiten.
  Für die Automatisierung gelten die gleichen Vorteile wie bei der Fließfertigung. Weitere Vorteile sind eine hohe und gleichbleibende Qualität sowie geringe Lohnkosten.

1. **Nach welchen Gesichtspunkten unterscheidet man**
   a) Fertigungsarten,
   b) Fertigungsverfahren?
2. **Welche Fertigungsverfahren und Fertigungsarten lassen sich unterscheiden?**
3. **Erläutern Sie den Unterschied zwischen Serien- und Sortenfertigung.**
4. **Wieso ist die Automobilproduktion eine Serienfertigung, die der Massenfertigung sehr nahekommt?**
5. **Vergleichen Sie Fließbandarbeit und Gruppenarbeit.**
   Erstellen Sie dazu eine Wandtafel, an der Sie folgende Punkte gegenüberstellen:
   a) Verantwortung, b) Motivation der Mitarbeiter,
   c) Arbeitsplatz, d) Aufgabenbereich und Arbeitsplan.
6. **Ordnen Sie die Produkte den verschiedenen Fertigungsarten zu:**
   a) Staubsauger, b) Nägel, c) Elektrizität, d) Innentüren, e) Hoftor.
7. **Erläutern Sie, nach welcher Fertigungsart und nach welchem Fertigungsverfahren in Ihrem Betrieb gearbeitet wird.**
8. **„Massenprodukte sind Grundlage unseres Wohlstandes."**
   Diskutieren Sie über diese Aussage.
9. **Warum wird z. B. in Automobilwerken Fließfertigung mit der Gruppenfertigung kombiniert?**

5.6 Absatz

Lego baut Stein auf Stein

Dänischer Spielwarenhersteller wächst in Deutschland zweistellig

HOHENWESTEDT. Der Spielwarenhersteller Lego hat in Deutschland 17 % mehr Umsatz erzielt.

„Wir wachsen wesentlich schneller als der Markt", sagt Balke. Der Anteil von Lego am deutschen Spielwarenmarkt liegt bei 12 %.

Lange Zeit litt Lego unter Absatzproblemen. Wie die Marktforschung herausfand, identifizierten Eltern das Produkt mit einfachen Kunststoffbauteilen, die sie nicht mehr nachkauften. „Dann gelang es uns, das Image hin zu einem ‚differenzierten' Spielzeug zu wandeln", berichtet Balke. Die Zahl der angebotenen Artikel wurde verdoppelt. Jedes Jahr wird ein Drittel des Sortiments ausgetauscht.

Die Lego GmbH war der erste Markenartikler der Spielwarenbranche, der seine Produkte auch in Verbrauchermärkten anbot. „Das hat uns der Einzelhandel damals sehr übel genommen", weiß Balke. Inzwischen wird gut ein Viertel des Umsatzes in SB-Märkten erzielt, der traditionelle Fachhandel setzt 40 % um.

Autorentext

1. **Warum hatte Lego Absatzprobleme?**
2. **Wie wurde das Image des Spielzeugs verbessert?**
3. **Welche Absatzwege hat die Firma gewählt, um den Umsatz zu steigern?**

Ziel eines Unternehmens ist es, seine Produkte auf dem Markt mit Gewinn zu verkaufen. Der Absatz bildet damit den dritten Aufgabenbereich des Unternehmens nach Beschaffung und Produktion. Um möglichst viele Waren oder Dienstleistungen absetzen zu können, ist es notwendig, den Markt genau zu beobachten und die Wünsche und Bedürfnisse der Verbraucher zu kennen. Die Bedarfsermittlung erfolgt mithilfe der **Marktforschung**.

Die Marktforschung versucht z. B. durch statistische Auswertungen, Umfragen oder Interviews, den Markt und das Käuferverhalten zu erforschen. Die Daten sollen dem Unternehmen helfen, Werbung, Produktgestaltung, Absatzwege und Preisbildung so zu gestalten und aufeinander abzustimmen, dass möglichst viele Erzeugnisse abgesetzt werden können.

Die Marktforschung kennt drei verschiedene Fragestellungen:

- **Wie ist die momentane Marktsituation?** (Marktanalyse)
  Hier wird der Marktzustand in einer einmaligen Marktuntersuchung erforscht. Diese Zeitpunktanalyse wird z. B. bei Einführung neuer Produkte angewandt.
- **Wie hat sich der Markt entwickelt?** (Marktbeobachtung)
  Über einen längeren Zeitraum werden Veränderungen auf dem Markt und im Käuferverhalten beobachtet. Diese Zeitraumanalyse ist z. B. wichtig, um frühzeitig Mode- oder Geschmacksänderungen der Verbraucher zu erkennen.
- **Wie wird sich der Markt zukünftig entwickeln?** (Marktprognose)
  Vorhersagen und Vorausberechnungen sind für die Produktplanung von großer Bedeutung, um Produktion und Absatz für die Zukunft zu sichern.

„Wer nicht wirbt, der stirbt."

Diese Aussage macht deutlich, wie wichtig die Werbung für ein Unternehmen ist. Die Werbung unterstützt den Absatz, indem sie neue Bedürfnisse weckt und über die Produkte informiert. Durch die Werbung sollen alte Kunden erhalten und neue Kunden gewonnen werden.

Dabei werden verschiedene **Werbemittel** (z. B. Auslagen, Inserate, Prospekte, Fernsehspots) eingesetzt und der Verbraucher entweder direkt und persönlich oder indirekt angesprochen. Typische direkte Werbung sind Vertreterbesuche, Werbebriefe oder Kostproben; die indirekte Werbung bedient sich meistens der Massenmedien als Werbeträger.

Die Slogans verdeutlichen: Werbung kann von einzelnen Unternehmen, aber auch von mehreren Unternehmen oder Unternehmensverbänden ausgehen. Wegen der hohen Werbekosten sind **Werbegemeinschaften** gerade im Einzelhandel häufiger anzutreffen. Aber auch zur Imagepflege einer ganzen Branche eignet sich diese Art der Werbung besser als die **Einzelwerbung**.

Wie das Beispiel der Firma Lego zeigt, sind **Produktgestaltung** und neue **Absatzwege** wichtige Voraussetzungen, um den Umsatz zu steigern. So muss das Unternehmen auf veränderte Kundenwünsche durch eine entsprechende Produktgestaltung reagieren, z. B. durch Veränderung oder Neuentwicklung von Produkten.

Auf welchen Wegen das Erzeugnis den Verbraucher erreicht, richtet sich meist nach den Kosten für den Vertrieb oder nach den Chancen für den Umsatz. So kann es für eine Weinkellerei sinnvoll sein, den Wein direkt an den Verbraucher zu liefern oder über den Groß- und Einzelhandel abzusetzen.

Der Preis eines Produktes entscheidet auch über dessen Absatz. In der **Preisgestaltung** ist das Unternehmen von der Konkurrenzsituation, der Nachfrage und den Produktionskosten abhängig. Zur Preispolitik gehört es, Kunden durch besondere Leistungen für das Unternehmen oder ein Produkt zu gewinnen, z. B. durch Kundendienste oder Wartungsverträge. Sonstige Dienstleistungen, wie z. B. Finanzierungsangebote oder Rücknahmeverpflichtungen, sowie kundenfreundliche Zahlungs- und Lieferungsbedingungen sind Mittel der Preispolitik und der Absatzförderung.

Zur Wiederholung

1. Welche Fragen versucht die Marktforschung zu beantworten?
2. Nennen Sie die Aufgaben der Werbung.
3. Erklären Sie den Unterschied zwischen direktem und indirektem Absatzweg.
4. Welche Ziele werden mit der Preispolitik verfolgt?
5. Welche Möglichkeiten stehen dem Unternehmen für die Preisgestaltung offen?
6. Warum ist die Preispolitik ein wichtiges Mittel der Absatzförderung?
7. Handelt es sich bei den folgenden Beispielen um einen direkten oder indirekten Absatz?
   a) Ein Bauer verkauft seinen Weizen an die Mühle.
   b) Die Schuhfabrik verkauft an die Endverbraucher.
   c) Die Weinkellerei verkauft an einen Verbrauchermarkt.
8. Zeigen Sie die unterschiedlichen Absatzwege auf, die beim Vertrieb von Bier möglich sind.
9. a) Mit welchen Mitteln wirbt Ihr Ausbildungsbetrieb?
   b) Welche Werbeträger werden dabei eingesetzt?
10. Ordnen Sie die folgenden Slogans nach Einzel- und Gemeinschaftswerbung:
    a) Tapete – Kleb dir eine!
    b) Milch macht müde Männer munter
    c) Mars macht mobil – bei Arbeit, Sport und Spiel
    d) Wenn's um Geld geht – Sparkasse
    e) Schuhe kauft man gut bei Schaller
11. Welchen Einfluss hat das gewachsene Umweltbewusstsein der Verbraucher auf die Produktgestaltung? Nennen Sie Beispiele.
12. Diskutieren Sie die Aussage „Der Preis entscheidet über den Umsatz".

Handlungsimpulse

A Eine Stellenbeschreibung anfertigen

„Die richtigen Mitarbeiterinnen und Mitarbeiter am richtigen Platz."
Dies ist das Ziel für den betrieblichen Personaleinsatz. Als Grundlage hierfür dienen Stellenbeschreibungen, in denen die wesentlichen Anforderungen, Aufgaben und Zuständigkeiten aufgeführt werden.

Erstellen Sie in tabellarischer Form eine Stellenbeschreibung für Ihren Ausbildungs- oder zukünftigen Arbeitsplatz.

B Eine Stellenanzeige gestalten

Suchen Sie für Ihren Betrieb neue Mitarbeiterinnen und Mitarbeiter, indem Sie eine Stellenanzeige gestalten.

C Werbemittel gestalten

„Wer nicht wirbt, der stirbt."

Gestalten Sie für Ihren Betrieb eine Werbung, in der Sie für die Produkte bzw. Dienstleistungen werben.
Wählen Sie das für Ihren Betrieb geeignete Werbemittel aus (Plakat, Prospekt, ...).

D Eine Umfrage durchführen

Die Marktforschung teilt aufgrund ihrer Analysen die Konsumenten in verschiedene Gruppen ein:

Konsumenten-Gruppen

1. **Passiv-frustrierte Konsumenten.** Diese Personen sind mit dem bestehenden Angebot unzufrieden. Sie vertreten die Überzeugung, als Konsument keine Macht zu haben. Diese Gruppe lehnt die Aussage ab, die Hersteller bemühten sich um ein verbrauchergerechtes Angebot.
2. **Marktwirtschaftlich orientierte Zufriedene.** Diese Gruppe lehnt staatliche Aktivitäten wie Produkttests und die Festlegung von Qualitätsstandards ab. Die Zufriedenen vertrauen dem Marktmechanismus und den Unternehmen.
3. **Auf die Werbung vertrauende Konsumenten.** Diese Personengruppe vertritt häufiger als die anderen die Auffassung, dass Werbung meist ein richtiges Bild von dem entsprechenden Produkt gibt, also Qualität und Leistungen objektiv darstellt.
4. **Nicht herstellergebundene Konsumenten.** Diese Verbraucher behaupten, ihnen sei der Ruf eines Herstellers beim Kauf nicht wichtig. Andere Kriterien wie der Preis treten in den Vordergrund der Kaufentscheidung.
5. **Durchschnittskonsumenten.** Diese Gruppe vertritt in allen Punkten einen Sowohl-als-auch-Standpunkt.

Wirtschafts-Spiegel 10/1992

Erstellen Sie einen Fragebogen zu den fünf Konsumentengruppen. Führen Sie in Ihrer Lerngruppe eine Befragung durch und stellen Sie fest, wie viel Prozent sich der jeweiligen Konsumentengruppe zuordnen.

E Einen Schnäppchen-Führer herausgeben

Das Preis-Leistungs-Verhältnis ist ein Kriterium für Kaufentscheidungen. Erstellen Sie einen „Schnäppchen-Führer", indem Sie
- eine begrenzte Produktpalette festlegen,
- gemeinsame Bewertungskriterien (z. B. Preis, Qualität, Service, Garantie, Lieferbedingungen) erarbeiten, die Sie auf einem Bewertungsbogen festhalten,
- in Expertenteams die Untersuchung durchführen,
- die Ergebnisse präsentieren und als Schnäppchen-Führer herausgeben.

5.7 Ziele der Unternehmung

Lösch AG hat Unternehmensziele erreicht

Chemie-Konzern mit Umsatz und Ergebnis zufrieden

NEUNKIRCHEN. Der Chemiekonzern Lösch AG weist in seinem Geschäftsbericht einen höheren Gewinn als im Vorjahr aus. Nach Angaben des Unternehmens ist der Gewinn um 4% auf 600 Millionen EUR gestiegen. Ausschlaggebend für das gute Ergebnis war die hohe Inlandsnachfrage, während das Geschäft im Ausland durch die Schwankungen des US-Dollars leicht zurückging. Die Prognose für das Inlandsgeschäft ist aufgrund der guten Konjunkturlage optimistisch.

Im Bereich Farben und Lacke ist der Chemiekonzern weiterhin Marktführer. Trotz der starken Konkurrenz konnte der Marktanteil auf 23,7% (Vorjahr 21,9%) gesteigert werden.

Wegen Engpässen bei der Lieferung von Rohstoffen konnte im ersten Halbjahr die Nachfrage nicht sofort befriedigt werden. Für die notwendigen Investitionen im Umweltschutz hat das Unternehmen im letzten Jahr bereits 51 Millionen EUR ausgegeben, weitere 40 Millionen werden dieses Jahr folgen.

Die eingeleiteten Maßnahmen zur Kostenreduzierung zeigten bereits Wirkung. Durch neue Anlagen konnten die Lohnkosten verringert werden. Ein Sozialplan ermöglicht es, dass 700 Mitarbeiter des Konzerns in den vorzeitigen Ruhestand gehen konnten, ohne große Einkommensverluste hinnehmen zu müssen.

Autorentext

1. **Nennen Sie das wichtigste Ziel des Unternehmens.**
   a) **Welche anderen Ziele verfolgt das Unternehmen?**
   b) **Weshalb ist Umweltschutz ein Unternehmensziel?**
2. **Von welchen Entwicklungen ist das Erreichen der Unternehmensziele abhängig?**
3. **Welche „Maßnahmen zur Kostenreduzierung" kann ein Betrieb ergreifen?**

Unternehmen verfolgen verschiedene Ziele. Hauptziel erwerbswirtschaftlicher Unternehmen ist es, Gewinne zu erwirtschaften. Der Gewinn ergibt sich aus der Summe der Erlöse abzüglich der Summe der Aufwendungen:

Gewinn = Erlöse – Aufwendungen

Aufwendungen sind z.B. Löhne und Gehälter, Steuern oder Treibstoffkosten. Der Gewinn steht den Kapitalgebern zur Verfügung; er ist der Lohn für die Unternehmertätigkeit, für die Bereitstellung von Kapital und die Übernahme des Risikos. Dabei bleibt es den Eigentümern überlassen, wie viel Gewinn sie entnehmen und wie viel sie wieder in das Unternehmen investieren. Investitionen sind notwendig, um das Unternehmen zu erhalten, zu erweitern oder neue Anlagen anzuschaffen. Nur dadurch kann das Unternehmen konkurrenzfähig bleiben.

Neben dem Gewinnstreben verfolgt ein Unternehmen noch weitere, nachrangige Ziele:
- Umsatzsteigerung,
- Erhöhung des Marktanteils,
- Bedarfsdeckung,
- Kostenreduzierung,
- soziale Verantwortung.

Auch das Ziel des Umweltschutzes ist wichtiger geworden. Dies ist einerseits die Folge von erhöhten Umweltauflagen. Andererseits haben viele Unternehmen den Schutz der Umwelt als notwendig erkannt und nutzen ihre Investitionen in diesem Bereich zur Werbung und Imagepflege.

Ob die Unternehmensziele erreicht werden, hängt in erster Linie von der Leitung und den Mitarbeitern ab. Daneben beeinflussen außerbetriebliche Entwicklungen das Erreichen dieser Ziele. Solche Entwicklungen sind z. B. der Konjunkturverlauf, politische Ereignisse, das Rohstoffangebot oder die Konkurrenzsituation.

Auch der Staat hat eigene Unternehmen. Vorrangiges Ziel dieser **gemeinwirtschaftlichen Betriebe** ist nicht die Gewinnerzielung, sondern die Versorgung der Bevölkerung mit wichtigen Waren und Dienstleistungen. Solche staatlichen Betriebe sind z. B. Wasserwerke und Krankenhäuser. Um das Ziel der **Marktversorgung** zu erreichen, arbeiten diese Einrichtungen zum Teil auch unrentabel.

Viele der gemeinwirtschaftlichen Betriebe erwirtschaften keine Gewinne. Sie sind jedoch verpflichtet, ihre Aufwendungen durch die Erlöse abzudecken. Diese **Kostendeckung** wird aber nicht immer erreicht. In der Regel bleiben z. B. der öffentliche Personennahverkehr (ÖPNV) oder die Theater „Zuschussbetriebe", d. h., die öffentlichen Träger müssen die Verluste durch Zuschüsse ausgleichen.

1. **Erklären Sie den Unterschied zwischen erwerbswirtschaftlichen und gemeinwirtschaftlichen Betrieben.**
2. **Warum sind Gewinne für ein Unternehmen wichtig?**
3. **Wie lässt sich der Anspruch des Unternehmers auf Gewinn begründen?**
4. **Erläutern Sie den Unterschied zwischen Bedarfsdeckung und Marktversorgung.**
5. **Umweltschutz und Absatzchancen schließen sich nicht aus. Belegen Sie diese Aussage an Beispielen.**
6. **Im öffentlichen Personennahverkehr (ÖPNV) sind in den letzten Jahren etliche stillgelegte Strecken wieder in Betrieb genommen worden.**
   a) **Welches Ziel verfolgen damit die Verkehrsbetriebe?**
   b) **Beurteilen Sie dies im Hinblick auf die Aufgabe des ÖPNV, die dieser als gemeinwirtschaftlicher Betrieb hat.**

5.8 Betriebliche Kennziffern

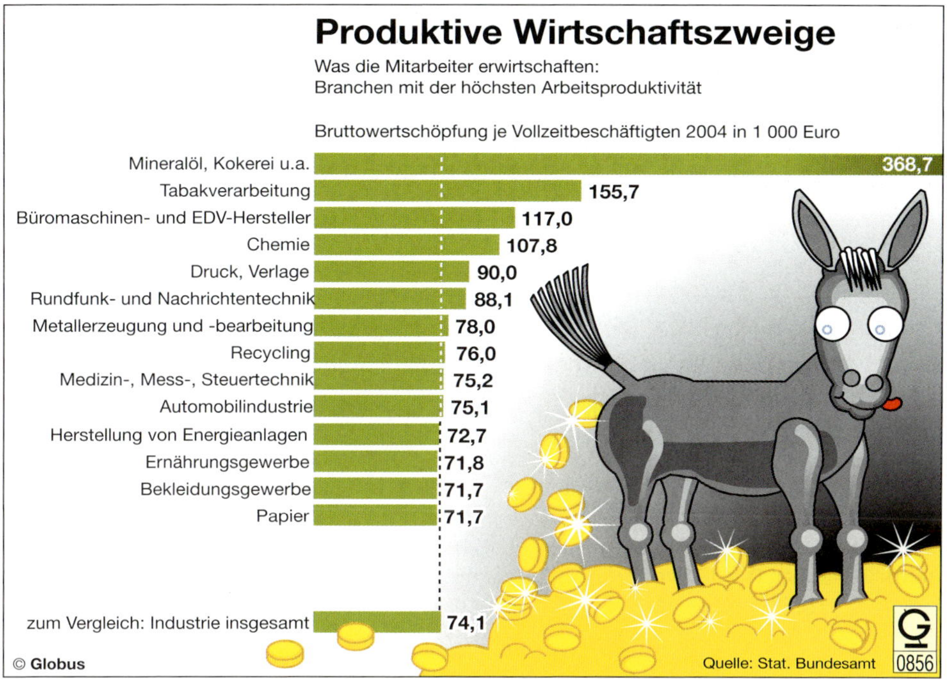

1. **Welches Verhältnis wird durch die Produktivität ausgedrückt?**
2. **Worauf lässt sich die unterschiedliche Produktivität in den beiden Branchen EDV/Büromaschinen und Ernährungsgewerbe zurückführen?**

Die Leistungsfähigkeit eines Betriebes lässt sich an verschiedenen Daten ablesen: Umsatz, Kapitaleinsatz, Kosten, Gewinn, Arbeitsstunden, Materialeinsatz, Maschinenlaufzeit, Produktionsmengen usw. Das Verhältnis verschiedener Daten zueinander ergibt die betrieblichen Kennziffern, die Auskunft über die Leistung eines Betriebes geben. Die wichtigsten Kennziffern sind:

Produktivität	Wirtschaftlichkeit	Rentabilität

Die **betrieblichen Kennziffern** sind einzeln wenig aussagekräftig. Nur in ihrer Gesamtheit und über einen längeren Zeitraum betrachtet geben sie die Leistungsfähigkeit von einzelnen Betrieben, Branchen oder einer Volkswirtschaft wieder.

Produktivität

Die Produktivität misst das Verhältnis von Produktionsergebnis (Mengen, Stückzahl) und eingesetzten Mitteln (Arbeitsstunden, Material, Maschinen):

$$\text{Produktivität} = \frac{\text{Produktionsergebnis (Output)}}{\text{eingesetzte Mittel (Input)}}$$

Nach der Art der eingesetzten Mittel erhält der Betrieb die Kennziffern für

- **Arbeitsproduktivität** (Produktionsergebnis: Arbeitsstunden),
- **Materialproduktivität** (Produktionsergebnis: Materialmenge),
- **Maschinenproduktivität** (Produktionsergebnis: Maschinenstunden).

Die wichtigste Größe ist die **Arbeitsproduktivität**. Die Zunahme der Arbeitsproduktivität beruht auf verschiedenen Ursachen. Eine höhere Arbeitsleistung kommt z. B. durch eine größere körperliche Leistung der Arbeitskräfte, durch den Einsatz neuer Maschinen oder durch Verbesserung der eingesetzten Materialien zustande.

Beispiel: In einer Kartonagenfabrik wurden bisher in acht Arbeitsstunden 4800 Kartons produziert. Durch eine neue Maschine werden 7200 Kartons hergestellt.

Arbeitsproduktivität bisher

$$\frac{4800 \text{ Karton}}{8 \text{ Stunden}} = \frac{600 \text{ Kartons}}{\text{in 1 Std.}}$$

Arbeitsproduktivität jetzt

$$\frac{7200 \text{ Kartons}}{8 \text{ Stunden}} = \frac{900 \text{ Kartons}}{\text{in 1 Std.}}$$

Die Arbeitsproduktivität hat sich somit um 50 % erhöht.

Die Arbeitsproduktivität spielt auch als Kennziffer für Tarifverhandlungen eine wesentliche Rolle. Die Gewerkschaften argumentieren vor allem, dass sich die Einkommen der Arbeitnehmer an der Arbeitsproduktivität orientieren müssen.

Wirtschaftlichkeit

Ein Betrieb arbeitet wirtschaftlich, wenn seine Erlöse höher sind als die bei der Produktion anfallenden Kosten. Die Leistungen werden nach dem Wert (Erlös) der Waren oder Dienstleistungen zu Marktpreisen ermittelt.

$$\text{Wirtschaftlichkeit} = \frac{\text{Erlös}}{\text{Kosten}}$$

Je größer das Ergebnis über der Kennziffer 1 liegt, umso größer ist die Wirtschaftlichkeit. Der Betrieb kann die Wirtschaftlichkeit erhöhen, indem er die Kosten senkt oder einen höheren Verkaufserlös für seine Produkte erzielt.

Beispiel: Die Kartonagenfabrik hatte im letzten Jahr einen Erlös von 5,1 Mio. EUR. Die Kosten betrugen 4,25 Mio. EUR. Durch Einsparungen und weniger Ausschuss konnten die Kosten bei gleichem Erlös auf 4,08 Mio. EUR gesenkt werden.

Wirtschaftlichkeit bisher

$$\frac{5{,}1 \text{ Mio. EUR}}{4{,}25 \text{ Mio. EUR}} = 1{,}2$$

Wirtschaftlichkeit jetzt

$$\frac{5{,}1 \text{ Mio. EUR}}{4{,}08 \text{ Mio. EUR}} = 1{,}25$$

Rentabilität

Wenn ein Sparer sein Geld bei der Bank anlegt, so erhält er dafür Zinsen. Der Unternehmer, der Kapital ins Unternehmen einbringt, erwartet ebenfalls eine Verzinsung. Wie hoch der Zins ist, hängt vom Gewinn des Unternehmens ab. Durch das Verhältnis von Gewinn zum eingesetzten Kapital lässt sich die Verzinsung oder Rentabilität eines Betriebes errechnen:

$$\text{Rentabilität} = \frac{\text{Gewinn x 100 \%}}{\text{eingesetztes Kapital}}$$

Beispiel: Ein Betrieb mit einem Gesamtkapital von 2,5 Mio. EUR hat im letzten Jahr einen Gewinn von 180 000,00 EUR erzielt.

$$\text{Rentabilität} = \frac{180\,000 \text{ x } 100\,\%}{2\,500\,000} = 7{,}2\,\%$$

Die betriebliche Kennziffer Rentabilität ist nur aussagekräftig im Vergleich mit den Zinsen, die von den Banken für das eingesetzte Kapital gezahlt würden. Erst dann kann beurteilt werden, ob sich das unternehmerische Risiko auch gelohnt und der Betrieb rentabel gearbeitet hat.

1. **An welchen Daten kann die Leistungsfähigkeit eines Betriebes abgelesen werden?**
2. **a) Was versteht man unter der Maschinenproduktivität?**
   b) Wodurch kann sie gesteigert werden?
   c) Welchen Einfluss hat eine höhere Maschinenproduktivität auf die Arbeitsproduktivität?
3. **Worin besteht der Unterschied zwischen den Kennziffern Produktivität und Wirtschaftlichkeit?**
4. **Durch einen Verbesserungsvorschlag können in einer Papierfabrik aus zwei Tonnen Zellstoff statt 30 Rollen jetzt 32 Rollen Papier hergestellt werden.**
   a) Errechnen Sie die alte und neue Produktivität.
   b) Um wie viel Prozent hat sich die Produktivität erhöht?
5. **Durch welche Maßnahmen kann ein Betrieb seine Wirtschaftlichkeit erhöhen?**
6. **In der Papierfabrik konnten durch Verbesserungsvorschläge die Kosten von bisher 220 000,00 EUR auf 200 000,00 EUR gesenkt werden. Die Erlöse erhöhten sich von 210 000,00 EUR auf 260 000,00 EUR.**
   a) Errechnen Sie die Wirtschaftlichkeit vor und nach den Verbesserungsmaßnahmen.
   b) Arbeitet die Fabrik wirtschaftlich?
7. **Ein Betrieb hat 87 500,00 EUR erwirtschaftet.**
   Sein Kapitaleinsatz betrug 1,25 Mio. EUR.
   a) Wie hoch ist die Rentabilität des Betriebes?
   b) Vergleichen Sie die Kennziffer mit den momentanen Marktzinsen der Banken. Hat sich das Risiko für den Unternehmer gelohnt?
8. **Warum sind die betrieblichen Kennziffern alleine wenig aussagekräftig?**

Sachwortverzeichnis

Bildquellenverzeichnis

Aktion modernes Handwerk, S. 221, 400, 409 links
AOK-Mediendienst, S. 271
akg-images, Berlin, S. 205
Associated Press, Frankfurt a. M., S. 311
BASF, S. 324
BilderBox.com, S. 319
Bongarts, S. 325
Bundesarchiv Koblenz, S. 35
Bundesministerium der Verteidigung/ Detmar Modes, S. 182 (3x)
Bundeswehr.de, S. 130
CDU/L. Chaperon, S. 96
Deutscher Bundestag, S. 90
Deutsches Museum, München, S. 231
DGB, S. 195 rechts oben, 301
dpa, Frankfurt a. M., S. 7 links oben, 28, 51, 80, 98, 165, 168, 291 unten, 308
Ebay, S. 373
Europäische Union, S. 104 (3x), 110, 217, 305 unten
Europarat, S. 119
F.A.Z./Felix Brocker, S. 128
Globus Infografik, Hamburg, S. 46, 47, 51, 62, 63, 114, 135, 155, 158, 164, 167, 179, 184, 197, 207 (2x), 216, 223, 237, 244, 245, 247, 254, 255, 258, 260 oben, 264, 266, 267, 270, 293, 302, 313, 314, 315, 318, 359, 366, 372 (2x), 395, 417
imu-Infografik, Essen, S. 218, 279, 380
Kieser-Archiv, S. 25, 34, 140 (2x), 234 unten, 248, 289, 291 oben, 408, 409 rechts
Kreissparkasse Köln, S. 334
mauritius images/A. Swan, S. 215
MEV Verlag, Augsburg, S. 7 unten, 50 (2x), 64, 79 (2x), 94 (3x), 97, 138, 141 (4x), 145, 151, 195 links oben, 208 (2x), 209 (2x), 241, 242, 274, 276 (2x), 305 oben (2x), 309, 343 (2x), 350 (2x)
Erich Schmidt Verlag, Berlin, S. 79, 81, 118, 123, 127, 219, 235, 260 unten, 262, 268, 285, 298, 375, 376, 383
Siemens-Pressebild, S. 195 unten
Simon Sven Fotoagentur, S. 297
Spiegel Verlag, Hamburg, S. 99
Stiftung Warentest, S. 340
SV-Bilderdienst, München: S. 15, 17, 18, 20, 22 (2x), 33, 36 (2x), 37, 38, 41, 106 (2x), 108
ullstein bild, Berlin, S. 7 rechts oben

Karikaturen/Zeichnungen

Behrendt/CCC, www.c5.net, S. 109 oben
Angelika Branner/Bildungsverlag EINS, S. 27 (4x)
Miklos Buttkai/Bildungsverlag EINS, S. 99
Nik Ebert, in: Rheinische Post, S. 124
Horst Haitzinger, S. 43, 93, 143, 156, 170
Wolfgang Horsch, S. 165
Peter Leger, © Haus der Geschichte der Bundesrepublik Deutschland, Bonn, S. 78, 105, 116
Reinhold Löffler, S. 261
Gerhard Mester, S. 109 unten
Burkhard Mohr, S. 65, 77, 129
Murschetz/CCC, www.c5.net, S. 186
Felix Mussil, S. 29, 59
papan/Baaske Cartoons, S. 75
Heiko Sakurai, S. 103, 115, 149
Karl-Heinz Schoenfeld, S. 88
Ivan Steiger, S. 73
Klaus Stuttmann, S. 50, 56, 91, 150
Jürgen Tomicek, S. 120
Oliver Wetterauer/Bildungsverlag EINS, S. 220 (2x), 251, 377
Götz Wiedenroth, S. 63, 112, 146
Wilk/CCC, www.c5.net, S. 316
Jupp Wolter, © Haus der Geschichte der Bundesrepublik Deutschland, Bonn, S. 70, 244